Doris Nauer

Seelsorge

Sorge um die Seele

Dritte, überarbeitete und erweiterte Auflage

Verlag W. Kohlhammer

Gewidmet allen Seelsorgerinnen und Seelsorgern

3. Auflage 2014

Print:
ISBN 978-3-17-025592-0

E-Book-Formate:
pdf: ISBN 978-3-17-025593-7
epub: ISBN 978-3-17-025594-4
mobi: ISBN 978-3-17-025595-1

Seelsorge
Sorge um die Seele

Wegmarkierungen

Begriffsproblematisierungen

I.   Seele

1.   Neurowissenschaftliche Frontalangriffe auf die Seele

2.   Unentschiedenheit und Unbefangenheit

3.   Seele contra Körper

4.   Rückbesinnung auf die biblische Sicht

5.   Reanimation des Seelenbegriffs

II.   Seelsorge

1.   Der Bedeutung des Wortes Seelsorge auf der Spur

Glaubwürdige Seelsorge

I.   Gottesbild: Theologisches Fundament

II. Menschenbild: Anthropologisches Fundament

III. Inhalte und Zielsetzungen von Seelsorge

IV. Komplexe Alltagspraxis und Methodik

V.   Komplexes Kompetenz- und Rollenprofil

Glaubwürdige Seelsorge

Spiritual Care

Wegende

Wegmarkierungen

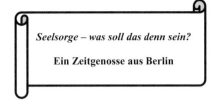

Seelsorge – was soll das denn sein?

Ein Zeitgenosse aus Berlin

1. Vorwort zur aktualisierten und stark erweiterten Auflage

Weil die Entwicklungen in der Seelsorge zwischen dem Erscheinen der ersten Auflage (2007) und der dritten Auflage dieses Buches (2014) in allen christlichen Konfessionen rasant vorangeschritten sind, war eine *vollständige Überarbeitung und Aktualisierung aller Kapitel* unumgänglich.[1] Auf folgende eklatante Veränderungen/Erweiterungen sei besonders hingewiesen:

- Weil *Spiritual Care* gegenwärtig die Plausibilität und Zukunftsfähigkeit professioneller christlicher (Krankenhaus/Altenheim/Hospiz) Seelsorge in Frage stellt, ist der Thematik am Ende des Buches ein umfangreiches eigenes Kapitel gewidmet, in dem alle bisherigen Überlegungen zusammenfließen.
- Weil hochaktuelle *neurowissenschaftliche* Forschungsergebnisse und daraus abgeleitete weltanschauliche Schlussfolgerungen die Existenz einer Seele, die für das christliche Seelsorge-Verständnis von elementarer Bedeutung ist, leugnen, erfolgt eine konstruktiv-kritische Auseinandersetzung mit prominenten, in der Öffentlichkeit äußerst kontrovers diskutierten neurowissenschaftlichen Positionen/Frontalangriffen.
- Weil Seelsorge erst dann glaubwürdig konzipiert und praktiziert werden kann, wenn aus *historischen Hypotheken* gelernt und begangene Fehler künftig nicht wiederholt werden, ist den Altlasten ein eigenes Kapitel gewidmet.

---

1 Auf folgende zwischenzeitlich erschienene Publikationen möchte ich gerne besonders hinweisen:
Handbücher: ENGEMANN, WILFRIED (Hg.) (2009): Handbuch der Seelsorge. 2. Auflage; WEIß, HELMUT, u.a. (Hg.) (2010): Handbuch interreligiöse Seelsorge; KLESSMANN, MICHAEL (Hg.) (2013): Handbuch der Krankenhausseelsorge. 4. Aufl.
Sammelbände: KÖHL, GEORG, GUNDO LAMES (Hg.) (2012): Abenteuer Hoffnung; UCAR, BÜLENT, MARTINA BLASBERG-KUHNKE (Hg.) (2013): Islamische Seelsorge zwischen Herkunft und Zukunft.
Festschriften: FELDER, MICHAEL, JÖRG SCHWARATZKI (Hg.) (2012): Glaubwürdigkeit der Kirche – Würde der Glaubenden, Festschrift für Leo Karrer; NOTH, ISABELLE, RALPH KUNZ (Hg.) (2012): Nachdenkliche Seelsorge - Seelsorgliches Nachdenken. Festschrift für Christoph Morgenthaler zum 65. Geb.; AIGNER, MARIA ELISABETH (Hg.) (2010): Räume des Aufatmens. Pastoralpsychologie im Risiko der Anerkennung. Festschrift zu Ehren von Karl Heinz Ladenhauf; LAMES, GUNDO (Hg.): Psychologisch, pastoral, diakonisch. Heribert Wahl zum 65. Geb; KRAMER, ANJA, GÜNTER RUDDAT, FREIMUT SCHIRRMACHER (Hg.) (2009): Ambivalenzen der Seelsorge. Michael Klessmann zum 65. Geb.
Monographien: SCHNEIDER-HARPPRECHT, CHRISTOPH (2012): Seelsorge – Christliche Hilfe zur Lebensgestaltung; ZIEMER, JÜRGEN (2013): Andere im Blick. Diakonie, Seelsorge, Mission; STEINKAMP, HERMANN (2012): Diakonie statt Pastoral; REUTER, WOLFGANG (2012): Relationale Seelsorge; HERBST, MICHAEL (2012): beziehungsweise. Grundlagen und Praxisfelder evangelischer Seelsorge; WEIß, HELMUT (2011): Seelsorge – Supervision – Pastoralpsychologie; KLESSMANN, MICHAEL (2009): Seelsorge. 2. Aufl.; MORGENTHALER, CHRISTOPH (2009): Seelsorge.

 Weil das von Papst Franziskus 2013 vorgelegte Apostolische Schreiben ‚Evangelii Gaudium' christliche Seelsorge nicht nur kirchenintern aufwertet, sondern allen Mut macht, Seelsorge in Treue zur christlichen Tradition innovativ und kreativ anzugehen, wird sich das katholische kirchenamtliche Dokument wie ein Roter Faden durch das gesamte Buch ziehen.

Wenn es gelingt, trotz des erweiterten Buchumfangs (inklusive der neuen Literaturliste) nicht zu langweilen, sondern jedem Leser/jeder Leserin inspirierende Impulse für das eigene Nachdenken zur Verfügung zu stellen, dann hat sich der Aufwand der Überarbeitung zumindest für mich gelohnt.

Besonders bedanken möchte ich mich an dieser Stelle für die konstruktiven Rückmeldungen, die es mir ermöglicht haben, mein Verständnis/Konzept von Seelsorge in Rückbindung an die seelsorgliche Alltagspraxis voranzutreiben. Rückmeldungen von (alt)katholischen und evangelischen SeelsorgerInnen, mit denen ich vor Ort arbeiten durfte; Verantwortliche in Seelsorge- und Pastoralämtern, die mir die (ermöglichenden und begrenzenden) personellen, strukturellen und finanziellen Rahmenbedingungen ins Gedächtnis riefen; Studierende (der Theologie und Pflegewissenschaft), die mich durch ihre (Rück)Fragen sehr inspiriert haben: KollegInnen, die mit ihrer jeweiligen Fach-Expertise mein Denken kontinuierlich bereichern.

2.   Seelsorge, SeelsorgerInnen, seelsorgliche Arbeitsfelder

Von welcher *Seelsorge* ist in diesem Buch eigentlich die Rede? Für manche mag diese Frage merkwürdig klingen. Angesichts der Tatsache aber, dass ‚Seelsorge' kein geschützter Begriff ist, weshalb nicht nur esoterische Bewegungen und religiöse Sekten wie Scientology den Seelsorgebegriff für sich reklamieren, sondern auch immer mehr seelsorgliche Lebensberatungspraxen philosophisch-psychologischer Couleur aus dem Boden sprießen, erscheint meine Ausgangsfrage durchaus berechtigt zu sein, denn: „Die Sorge um die Seele ist schon lange kein kirchliches Monopol mehr."[2] Welchen Schluss aber haben wir aus dieser Einsicht zu ziehen? Gilt es, die entstandene Pluralität seelsorglicher Angebote zu beklagen und mit sehnsüchtigem Blick auf vergangene Zeiten entsprechende Re-Monopolisierungsstrategien voranzutreiben? Meines Erachtens würden wir damit weder den gegenwärtigen 'Zeichen der Zeit' gerecht werden, noch auf die Präsenz Gottes inmitten unserer Zeit vertrauen. Mit diesem Buch ist deshalb kein romantisierend-restauratives Anliegen verbunden! Und doch ist es ein lautstarkes Plädoyer für die Not-Wendigkeit und Glaub-Würdigkeit kirchlicher Seelsorge! Die Rede ist also von einer Seelsorge, die aus der christlichen Glaubensgemeinschaft und deren Kirchen heraus alltäglich auf der ganzen Welt geschieht. Aufgrund des persönlichen Hintergrundes der Autorin sowie internationaler und interkultureller Differenzen wird jedoch eine Fokussie-

---

2   SCHMID, P. (2003): Menschengerechte Förderung und Herausforderung, 234.

rung auf (alt)katholische und evangelische Seelsorge im deutschsprachigen Raum vorgenommen.

Menschen, die Seelsorge betreiben nennen wir *SeelsorgerInnen*, wobei folgende Unterscheidungen zu treffen sind:

- Evangelische und katholische TheologInnen sind sich heutzutage darin einig, dass aufgrund des gemeinsamen Priestertums aller Gläubigen ChristInnen dazu aufgerufen sind, *einander SeelsorgerInnen* zu sein, weshalb Stefan Knobloch schlussfolgert: „Jede einzelne Person im Volk Gottes, wie gemeindedistanziert oder kirchenkritisch sie auch sei, hat nach Maßgabe von GS 22 das Zeug dazu, als Seelsorgesubjekt in Betracht zu kommen."[3] Ohne kirchliche Beauftragung, Amt oder Bezahlung erweisen sich Menschen in ihrer eigenen Familie, beim Friseur oder auch in der Kneipe als SeelsorgerInnen, wenn sie im Alltag anderen Menschen spontan helfend zur Seite stehen oder sich deren Nöte und Freuden einfach nur anhören.[4]

- Wollen Menschen dagegen gezielt seelsorglich tätig sein, dann besteht die Möglichkeit, sich ehrenamtlich, d.h. ohne Bezahlung, in der Funktion von *LaienseelsorgerInnen* zu engagieren. Ein Engagement, dem sich hauptsächlich Frauen widmen, die z.B. in Gemeinden, im Krankenhaus, im Hospiz oder auch in der Telefonseelsorge mitarbeiten.[5]

- Unterziehen sich Menschen dagegen einer theologischen Ausbildung, besteht die Möglichkeit, im Auftrag und zumeist auch bezahlt von Kirchen in amtlicher Funktion als *professionelle SeelsorgerInnen* tätig zu werden.

Wenn im Folgenden von SeelsorgerInnen die Rede ist, dann sind damit *kirchenamtlich autorisierte*, durch ihre theologische Aus- und Fortbildung *professionalisierte* SeelsorgerInnen gemeint.
Frauen und Männer, die in *Voll- oder Teilzeit,* oftmals in enger Kooperation mit ehrenamtlichen SeelsorgerInnen und in Ergänzung zu alltäglichen SeelsorgerInnen ihren Dienst verrichten.
SeelsorgerInnen, die *mit oder ohne Weihestatus* tätig sind, weshalb im katholischen Kontext, in dem die Priester- und Diakonenweihe nur Männern vorbehalten ist, nicht geweihten SeelsorgerInnen zentrale Tätigkeitsbereiche von Seelsorge vorenthalten sind. SeelsorgerInnen, die aufgrund *unterschiedlicher Ausbildung* auch *unterschiedlich bezahlt* werden, obgleich sie im Praxisalltag oftmals das Gleiche tun:
Pfarrer/Pfarrerin; Pastor/Pastorin; Vikar/Vikarin; Priester; Kaplan; Diakon; Ordensschwester/Ordensbruder; Pastoralreferent/Pastoralreferentin; Gemeindereferent/Gemeindereferentin.

---

3   KNOBLOCH, S. (2000): Seelsorge – Sorge um das Menschsein in seiner Ganzheit, 39. Vgl. auch SCHNEIDER-HARPPRECHT, C. (2005): Die Rolle der Seelsorge angesichts der Krise der Kirchen, 33.
4   Vgl. KLEIN, S. (2003): Alltagsseelsorge, 62; MÖLLER, C. (2001): Seelsorge im Alltag, 416.
5   Vgl. PEMSEL-MAIER, S. (2001): Seelsorge – Heilssorge – Leibsorge – Menschensorge, 19.

In welchen *Arbeitsfeldern* sind diese SeelsorgerInnen anzutreffen? Diese Frage lässt sich mit Verweis auf ein kirchengeschichtliches Novum beantworten: Fast 2000 Jahre lang hat sich Seelsorge hauptsächlich in christlichen Pfarreien/Gemeinden abgespielt, weshalb sie auch heute noch als *Gemeindeseelsorge/Pfarreiseelsorge* bezeichnet wird. Damit soll nicht behauptet werden, dass Seelsorge nur innerhalb kirchlicher Strukturen stattgefunden hat, denn aus der Gemeinde heraus haben sich SeelsorgerInnen schon immer in Einrichtungen wie Krankenhäusern, Altenheimen oder Gefängnissen engagiert. Wieso aber hat sich diese Arbeitsweise besonders in den 60iger und 70iger Jahren des 20. Jahrhunderts verändert? Zum einen, weil in jener Zeit die in Nordamerika boomende Seelsorgebewegung auch in Europa entdeckt worden ist. Die damit einhergehende inhaltlich-strukturelle Experimentierfreudigkeit breitete sich mit etwas Verzögerung auch auf katholischer Seite aus, wobei das Zweite Vatikanische Konzil die hierfür notwendigen Frei-Räume eröffnet hat. In der Folge ist in beiden Konfessionen ein flächendeckendes Netz an seelsorglichen Arbeitsfeldern inmitten säkularer Lebens- und Arbeitskontexte geknüpft worden. Zugeschnitten auf die Bedürfnisse spezifischer *Menschengruppen (*Jugend, Frauen, Behinderte, Blinde, Arbeiter, Obdachlose, Ausländer...), *Systeme* (Krankenhaus, Altenheim, Gefängnis, Militär...), *Orte* (Bahnhof, Flughafen, Autobahn, Hochschule, Betrieb...), *Medien* (Telefon, Internet...) und *Notfallsituationen* wurde eine Vielzahl von neuen Seelsorgestellen geschaffen. Das Innovative hierbei war nun aber, dass derartige Stellen in der Regel nicht sozusagen 'mitbetreut' wurden von SeelsorgerInnen aus der Gemeinde bzw. pensionierten Priestern/Pfarrern, sondern zunehmend mit speziell dafür aus- und fortgebildeten SeelsorgerInnen besetzt wurden. Die entstandenen Arbeitsfelder werden heute unter der Bezeichnung *Kategorialseelsorge/Spezialseelsorge/Zielgruppenseelsorge* zusammengefasst.

Doch auch die klassische Pfarrei- und Gemeindeseelsorge befindet sich inzwischen aufgrund finanzieller und personeller Ressourcenverknappung in einem strukturellen Wandlungsprozess. Zusammenlegungen zu *Seelsorgeeinheiten/Pfarrverbänden* sowie die Entstehung neuer Gemeindeformen (z.B. Citypastoral, Profilgemeinden) führen in der Regel zu räumlich vergrößerten Tätigkeitsfeldern, die Seelsorge im Team elementar voraussetzen.

Professionelle Seelsorge findet also gegenwärtig in einem komplexen Netz von Arbeitsfeldern statt. Einsatzorte, für die sich SeelsorgerInnen in Abhängigkeit von Stellenausschreibungen, Qualifikationen und persönlichen Vorlieben entscheiden können. Die Überlegungen dieses Buches beziehen sich daher *nicht* auf ein spezifisches Arbeitsfeld, sondern nehmen die Komplexität aller potentiellen Arbeitsfelder in den Blick.

Schaubild 1 auf der folgenden Seite soll *ohne Anspruch auf Vollständigkeit* einen Eindruck von der Vielfalt seelsorglicher Arbeitsfelder vermitteln.

Arbeitsfelder professioneller christlicher SeelsorgerInnen			
Territorialseelsorge	**Kategorialseelsorge**		
	Spezialseelsorge	**Zielgruppenseelsorge**	
Gemeinde Seelsorge Pfarrei Seelsorge	Krankenhaus Seelsorge Psychiatrie Seelsorge Kur Seelsorge Wellness Seelsorge	Kinder Seelsorge Jugend Seelsorge Frauen Seelsorge Männer Seelsorge	
Profilgemeinde Seelsorge	Altenheim Seelsorge Pflegeheim Seelsorge Hospiz Seelsorge	Senioren Seelsorge Familien Seelsorge Arbeiter Seelsorge	
Pfarrverbands Seelsorge Seelsorgeeinheit Seelsorge Seelsorgeraum Seelsorge	Betriebs Seelsorge Gastronomie Seelsorge Gefängnis Seelsorge Militär Seelsorge Polizei Seelsorge Grenzschutz Seelsorge Schifffahrts Seelsorge Kreuzfahrt Seelsorge Hafen Seelsorge Airport Seelsorge Bahnhofs Seelsorge Autobahn Seelsorge (Hoch)Schul Seelsorge Kloster Seelsorge	Schausteller Seelsorge Sportler Seelsorge Motorradfahrer Seelsorge Akademiker Seelsorge Touristen Seelsorge Pilger Seelsorge Schwulen Seelsorge Lesben Seelsorge Prostituierten Seelsorge Abhängigen Seelsorge Streetwork Seelsorge Obdachlosen Seelsorge	
Schaubild 1 *Doris Nauer*	Notfall Seelsorge Katastrophen Seelsorge Telefon/SMS Seelsorge Internet Seelsorge Fernseh Seelsorge	Asylanten Seelsorge Migranten Seelsorge Gehörlosen Seelsorge Blinden Seelsorge AIDS Seelsorge Behinderten Seelsorge City/Passanten Seelsorge	

3.   Glaubwürdigkeit als Leitkategorie

„Seelsorge ist in unserer Zeit unverzichtbar. Sie wird es auch in Zukunft bleiben."[6] Liegt Klaus Winkler mit seiner Einschätzung richtig? M.E. wird sich seine optimistische Sichtweise dann als realistisch erweisen, wenn SeelsorgerInnen auf der Basis eines glaub-würdigen Seelsorgeverständnisses eine für heuti-

---

6   WINKLER, K. (2000): Kommende Herausforderungen für die Seelsorge, 463.

ge Menschen glaub-würdige Seelsorgepraxis anzubieten haben. Wenn es zutrifft, wie kirchensoziologische Umfragen nahe legen, dass sowohl ChristInnen
als auch Nicht-ChristInnen die Glaubwürdigkeit christlicher Kirchen daran
festmachen, wie sie Seelsorge und SeelsorgerInnen sowohl in Gemeinden als
auch in säkularen Kontexten erfahren, dann ist folgender Schlussfolgerung Petra Bosse-Hubers, die sie im Blick auf die evangelische Kirche vorträgt, vorbehaltlos zuzustimmen: „Nur durch die Qualität ihrer Seelsorge, kann die Kirche
noch überzeugen."[7] Eine Sichtweise, die sich zunehmend auch im katholischen
Raum durchsetzt, wobei Kardinal Karl Lehmann bereits 1990 eindringlich darauf hingewiesen hat, dass die gesamte Sendung der katholischen Kirche mit ihrem Seelsorgeauftrag steht und fällt.[8] Zielsetzung dieses Buches ist es daher, zur
Glaubwürdigkeit professioneller christlicher Seelsorge beizutragen. Einer
Glaub-Würdigkeit, die sich in zwei entgegensetzte Richtungen zu bewähren hat:

1. Traditionsverwurzelung: Professionelle Seelsorge ist kein mehr oder minder
zufälliges, rein spontanes, alltagspragmatisches oder willkürliches Handeln.
Kein Handeln, das sich ausschließlich an dem zu orientieren hat, was KollegInnen oder VorgängerInnen immer schon getan haben. Kein Handeln, das sich
ausschließlich den persönlichen Charismen und Vorlieben der SeelsorgerInnen
selbst verdankt. Kein Handeln, das sich ausschließlich an vorhandenen (oder
fehlenden) Vorgaben kirchlicher AuftraggeberInnen ausrichtet. Kein Handeln,
das ausschließlich den von einzelnen Menschen und Personengruppen an sie
herangetragenen Nachfragen und Erwartungen vor Ort gerecht werden will.
Professionelle Seelsorge ist somit kein Privatvergnügen oder Einmann/ Ein-
frauunternehmen. Sie geschieht im Auftrag sowie mit Rückendeckung einer
zweitausend Jahre alten Glaubensgemeinschaft, wie es Jürgen Ziemer auf den
Punkt bringt: „Seelsorge ist nicht freischwebendes humanitäres Hilfshandeln allein; sie ist vielmehr wesenhaft bezogen auf die Basistradition des Glaubens,
das Evangelium von Jesus Christus und auf die durch sie begründete lebendige
Gemeinschaft des Glaubens."[9] Als wirklich glaub-würdig wird sich Seelsorge
daher m.E. erst dann erweisen, wenn sie sich in Theorie und Praxis konsequent
rück-bindet an die eigene Glaubenstradition, wie auch Bischof Joachim Wanke
immer wieder einfordert: „Unsere Seelsorge muss sich noch stärker auf ihre ureigensten Quellen besinnen."[10] Mit diesem Buch will ich dazu beitragen, Seelsorge von diesen Quellen her zu konzipieren. Ich will die sowohl in evangelikalen als auch in pastoralpsychologisch dominierten Kreisen immer häufiger hör-
bare (selbstkritische) Klage über die angebliche Bibel- und Geschichtsverges-
senheit moderner Seelsorge ernst nehmen, ohne dabei in die Falle zu laufen,

---

7 BOSSE-HUBER, P. (2005): Seelsorge – die ‚Muttersprache' der Kirche im 21. Jhdt., 17.
8 Vgl. LEHMANN, K. (1990): Seelsorge als Aufgabe der Kirche, 52.
9 ZIEMER, J. (2005): Seelsorge als Grenzerfahrung, 47.
10 WANKE, J. (2001): Lasst uns das Licht auf den Leuchter stellen, 73.

Tradition und Gegenwartswissen gegeneinander ausspielen zu wollen.[11] Freimut Schirrmachers Plädoyer, „Seelsorge bzw. Poimenik von einem eigenständigen theologisch-anthropologischen Paradigma her aufzubauen"[12], nehme ich deshalb radikal, d.h. bis an die Wurzeln gehend, ernst, weshalb ich versuchen werde, elementare Seelsorge-Bausteine auf der Basis eines tragfähigen theologisch-anthropologischen Fundamentes zusammenzutragen. Ein Fundament, das die Komplexität, Ambivalenz und Geheimnishaftigkeit sowohl der Rede von Gott als auch der Rede vom Menschen wahrt. Analog zu meiner evangelischen Kollegin Isolde Karle ziele somit auch ich darauf ab, das spezifisch christliche Profil professioneller Seelsorge um der Glaubwürdigkeit willen von Seelsorge und SeelsorgerInnen zu schärfen.[13]

2. Seelsorge auf der Höhe der Zeit: Professionelle Seelsorge wird sich langfristig nicht durch unkritische Anpassung an bzw. devote Unterwerfung unter den jeweiligen Zeitgeist profilieren können. Und dennoch gilt: Soll Seelsorge sich für heutige Menschen als ein glaubwürdiges Angebot präsentieren, stehen wir vor der Aufgabe, sowohl das Theorie- als auch das Praxisdesign von Seelsorge kontinuierlich auf seine Zeitgemäßheit hin zu überprüfen und gegebenenfalls zu korrigieren. Soll Seelsorge tatsächlich in der Traditionslinie Jesu Christi profiliert werden, dann ist zu bedenken, dass inhaltliche Kernbausteine von Seelsorge, die sich aus dem jüdisch-christlichen Gottes- und Menschenbild ableiten, nicht beliebig zur Disposition stehen. Konkrete Zielsetzungen und praktische Umsetzungsstrategien dagegen erfordern Abstimmungsprozesse unter elementarer Berücksichtigung der jeweiligen Zeichen der Zeit (Vatikanum II, Gaudium et Spes 4; Evangelii Gaudium Nr. 51), damit Bewährtes bewahrt und Neues gewagt und erprobt werden kann. Christlicher Seelsorge haftet daher aufgrund ihrer theologischen Verwurzelung weder der Charakter überzeitlicher starrer Unwandelbarkeit noch der zeitgebundener Willkürlichkeit an.[14] Papst Franziskus ermutigt daher zu folgender Vorgehensweise: „Ich hoffe, dass alle Gemeinschaften dafür sorgen, die nötigen Maßnahmen zu ergreifen, um auf dem Weg einer pastoralen und missionarischen Neuausrichtung voranzuschreiten, der die Dinge nicht so belassen darf, wie sie sind… Das Zweite Vatikanische Konzil hat die kirchliche Neuausrichtung dargestellt als die Öffnung für eine ständige Reform ihrer selbst aus Treue zu Jesus Christus… so dass wir nicht in der Nostalgie von Strukturen und Gewohnheiten verhaftet bleiben, die in der heutigen Welt keine Überbringer von Leben mehr sind… Die Seelsorge unter missionari-

---

11 So wird z.B. in dem im Jahr 2003 erschienenen Jahrbuch des Martin Bucer Seminars unter der Federführung von Ron Kubsch die Geschichts- und Theologievergessenheit heutiger Seelsorge massiv angeprangert. Der notwendige Dialog mit der Weisheit der Alten (7) erfordert m.E. jedoch nicht, dass eine rebiblisierte Seelsorgelehre (7) sich wieder unverwechselbar zu psychotherapeutischen Offerten abzusetzen hätte (8). Derartige Abgrenzungsmanöver gilt es endgültig zu überwinden! Vgl. KUBSCH, R. (2003): Die Wiederentdeckung des Glaubens in der Seelsorge.

12 SCHIRRMACHER, F. (2005): Multimodalität in der Seelsorge, 61.

13 Vgl. KARLE, I. (1996): Seelsorge in der Moderne, 244.

14 Vgl. FUCHS, OTTMAR (2010): Ohne Wandel keine inhaltliche Kontinuität.

schem Geschichtspunkt verlangt, das bequeme pastorale Kriterium des „Es
wurde immer so gemacht" aufzugeben. Ich lade alle ein, wagemutig und kreativ
zu sein".[15]

Zeitdiagnostische Parameter, die uns v.a. sozialwissenschaftliche Kontextanaly-
sen zur Verfügung stellen, sind nicht nur als Hintergrundinformation oder Rahmenbedingung von Seelsorge zu begreifen. Gesellschaftsanalytische Parameter
beeinflussen vielmehr maßgeblich sowohl die situations- und zeitgebundenen
seelsorglichen Zielsetzungen als auch die konkreten seelsorglichen Handlungsstrategien.[16] Seelsorge, die die ‚Zeichen der Zeit' übersieht oder bewusst nicht
zur Kenntnis nimmt, wird an den Problemen, Nöten und Freuden der Menschen
vorbeigehen und sich damit langfristig selbst diskreditieren. Einige zentrale
Analyse-Parameter, auf die im Buch verstreut immer wieder zurückgegriffen
wird, sollen kompakt, d.h. aber auch stark verkürzt, vorangestellt werden.
Dadurch soll bereits im Vorfeld deutlich gemacht werden, dass glaubwürdige
Seelsorge sich nicht (länger oder wieder) aus metaphysisch-ontologischen
Wahrheitspostulaten ‘von oben' deduktiv ableiten lässt, sondern aus der müh-
samen Verschränkung von theologisch-anthropologisch inhaltlichen Leit-
Vorgaben mit situativen Erfordernissen und Erfahrungen schrittweise ‚von un-
ten' induktiv aufzubauen ist:[17]

Auf welche Erfordernisse und Erfahrungen heutiger Menschen ist dabei nun besonders Rücksicht zu nehmen? SoziologInnen lehren uns, dass wir Menschen
uns gegenwärtig in *funktional differenzierten Gesellschaften* bewegen, in denen
die Bindekraft sozialer (d.h. auch religiöser) Institutionen/Gruppen drastisch
sinkt, wobei neue Formen oftmals nur vorübergehender sozialer Zusammengehörigkeit entstehen (Luhmann; Runkel). Gesellschaften, die von uns Menschen
abverlangen, uns eigenverantwortlich zwischen diversen Sektoren und Sub-
Systemen so zu bewegen, dass wir trotz unterschiedlichster Anforderungsprofile
und Rollenerwartungen dennoch eine kohärente und stabile Identität ausbilden.
Gerade die individuelle Identitätsausbildung aber wird zunehmend zum Problem, da unter den Bedingungen der *individualisierten Risikogesellschaft* (Beck;
Beck-Gernsheim; Kron) Menschen zugemutet wird, sich selbst eine Wahl-
Biographie zu erarbeiten. Ein gegenüber früheren Generationen enormer Frei-
heitsgewinn, da wir als aus kollektiv normierten Lebensläufen freigesetzte
Menschen nicht nur Beruf, Partner, Lebensform, Lebensstil, Feizeitgestaltung
und Wohnort, sondern auch unsere Weltanschauung/Religion frei, d.h. unter
Beachtung von Restriktionen wie finanzielle Möglichkeiten, Alter, Geschlecht,
Bildung, kulturelle Rahmenbedingungen, aus einer nahezu unüberschaubaren
Vielfalt an Optionen (aus)wählen können (Gross). Dass damit die Gefahr indi-
vidueller Überforderung einhergeht, ist einleuchtend. Ganz auf uns selbst zu-

---

15 EVANGELII GAUDIUM (2013), Nr. 25/26/108/33.
16 Vgl. POHL-PATALONG (2009): Gesellschaftliche Kontexte der Seelsorge.
17 Detailinformationen können den Literaturhinweisen, die jeweils in Klammern vermerkt und in der Literatur-
    liste aufgeführt sind, entnommen werden.

rückgeworfen tragen wir die Verantwortung für das eigene gelingende Leben. Das eigene Leben wird zur riskanten Dauerbaustelle. Die Sehnsucht nach Individualität, Selbstverwirklichung, Sinnfindung und Glück erzwingt ein Leben auf der Überholspur, das wiederum andersartige Normierungszwänge als früher mit sich bringt. Das Risiko, aus der Spur zu geraten, ist groß, zumal soziale Beziehungen und familiäre Sicherheitsnetze ihre Stabilität verlieren. Die uns heutigen Menschen abgeforderte interne und externe *Flexibilität und Mobilität* (Sennett) führt zu einer maßlosen Beschleunigung auf Hochtouren, die immer häufiger in einen intrapsychischen Kreisverkehr mit ebenso *maßloser Erschöpfung* mündet (Ehrenberg). Dass wir in einer *Erlebnisgesellschaft* (Schulze), d.h. auf einem riesigen Abenteuerspielplatz, zu leben glauben, auf dem wir selbst in unserer Freizeit kein Ereignis oder Event verpassen dürfen, weil Ent-Schleunigung und unspektakuläres Verhalten als Routine und Langeweile einzustufen sind, erhöht das Erschöpfungsrisiko, das das Leben eines jeden einzelnen Menschen bedrohlich überschattet, noch zusätzlich. Wenn ‚Er-Leben im Hier und Jetzt' als Norm deklariert wird, gerät die Vergangenheit und damit die Tradition aus dem Blick. Sich Erinnern und aus der Erinnerung Orientierung und Kraft zum Leben zu finden, verlieren ihre Plausibilität, werden als Störfaktor empfunden. In einer *posttraditionalen pluralen Gesellschaft* (Giddens) stehen somit traditionelle Werte prinzipiell zur Disposition. Da wir zugleich aber auch in einer *multikulturellen Gesellschaft* beheimatet sind, prallen im Aushandlungsprozess gesellschaftsnormierender Plausibilitäten unweigerlich extreme Positionen zwischen 'anything goes' und 'fundamentalistischem Wertekonservatismus' aufeinander (Meyer). Da auch in Deutschland inzwischen ca. 10% ausländische MitbürgerInnen leben, ist auch unsere Gesellschaft nicht nur multikulturell, sondern auch multireligiös geprägt. Obgleich wir bereits seit Jahrzehnten konfessionsübergreifend ein rasant fortschreitendes *Ent-Kirchlichungsphänomen* zur Kenntnis nehmen müssen (Gabriel; Hemminger), weisen neuere Untersuchungen darauf hin, dass sich eine *postsäkulare Gesellschaft* (Joas; Höhn; Franzmann; Vattimo, Knoblauch) herausbildet. Die stille Wiederkehr von Göttern und Religion (Graf; Küenzlen; Gross) scheint eine Trendwende bzw. einen Megatrend (Zulehner; Polak) im Blick auf die Wiederentdeckung von Spiritualität als Lebensquelle anzuzeigen.

Dass weltweite Entwicklungen wie *Globalisierungsprozesse,* die auf neoliberalen Grundannahmen beruhen, auch unser alltägliches Leben in Deutschland drastisch mitbestimmen, ist ebenfalls unbestritten (Koller; Nolte; Pies). Sowohl die positiven als auch die negativen Folgewirkungen dieser weltweiten Prozesse stellen sich jedoch für jedes Individuum anders dar.

Während die einen (Einzelpersonen, Personengruppen, Völkergruppen, Nationen, Wirtschaftsunternehmen, Großkonzerne) von der internationalen wirtschaftlichen, finanztechnischen, kulturellen und politischen Verflechtung massiv profitieren, kostet sie den anderen ihre Existenz. Verschärfter internationaler Wettbewerb liefert Unternehmensführungen im Kampf um Gewinnmaximierung schlagkräftige Argumente zur stetigen Kostenminimierung. Immer mehr Menschen müssen daher permanent um ihren Arbeitsplatz fürchten. Langzeit- und *Massenarbeitslosigkeit,* Ausschluss ganzer Menschengruppen aus dem Arbeitsleben, *Neue Armut, soziale Ungerechtigkeit* und stetiger *Abbau sozialer Sicherungssysteme* präsentieren sich auch uns in Deutschland inzwischen als Zeichen der Zeit (Struck). Markt-, Leistungs-, Konkurrenz- Erfolgs-, Konsum- und Profitdenken durchziehen die Gesellschaft bis in die private Beziehungsgestaltung hinein, weshalb nicht nur auf der Makro-, sondern auch auf der Meso- und Mikroebene sozialen Lebens massive *Ent-Solidarisierungsprozesse* um sich greifen (Mette). Beginnen Menschen, sich auf dem Arbeitsmarkt gegenseitig als ersetzbares 'Humankapital' zu taxieren, schleichen sich auch im gesundheitspolitischen Sektor sozialdarwinistisch gefärbte Ideologien ein, weshalb öffentliche Diskussionen aufflackern, in denen das *Lebensrecht* vieler (schwacher) Menschen zur Disposition gestellt wird. Opferbereitschaft, Engagement für andere und deren Wohl werden selbst in Intimbeziehungen zur Mangelware. Dass die angedeuteten Folgewirkungen der Globalisierungsprozesse sowohl zu sprengstoffreichen *Konflikten* innerhalb einzelner Gesellschaften führen (Heitmeyer) als auch grenzüberschreitende Gewaltpotentiale freisetzen, ist evident. Ein über alle Nationalgrenzen um sich greifendes (religiös motiviertes) *fundamentalistisches Denken* und *terroristisches Handeln* erweist sich aus dieser Sicht als die bedrohliche Spitze eines Eisbergs, den unsere gegenwärtige Welt- und Wirtschaftsordnung selbst speist (Tuschi).

Dass wir in einer globalisierten Weltgemeinschaft leben, wurde erst durch einen rasanten Zuwachs an Wissen und Technik möglich. Selbst unser Alltagsleben ist geprägt von Kommunikationsmöglichkeiten, von denen unsere Vorfahren nur träumen konnten. Leben in der *Informationsgesellschaft* (Wagner) birgt jedoch auch das Risiko, dass die Grenzen zwischen realer, medialer und virtueller Welt verschwimmen. Neue technische Errungenschaften haben zudem dazu beigetragen, dass das Leben auf der Erde kollektiv bedroht ist, denn in einem nie zuvor dagewesenen Ausmaß vernichten wir Menschen oftmals endgültig unsere eigene *ökologische* Lebensgrundlage (Engelhardt).

4.   Für wen und warum ist dieses Buch geschrieben?

Für SeelsorgerInnen

Christlichen SeelsorgerInnen, die vielleicht schon Jahre oder Jahrzehnte lang alltäglich in der Seelsorge tätig sind, soll dieses Buch als eine Art *Baukasten* dienen. Ich möchte dazu animieren, sich gemeinsam und/oder im Team die notwendige Zeit dafür zu nehmen, über das eigene Seelsorgeverständnis nachzudenken und sich darüber auszutauschen. Ich bin fest davon überzeugt, dass SeelsorgerInnen aufgrund ihrer Erfahrung die größten SeelsorgeexpertInnen sind, weshalb jeder/jede Seelsorger/Seelsorgerin eine eigene *Seelsorgekonzept-Kompetenz* besitzt. Im Alltag kann diese jedoch leicht verschüttet sein, weil zu viele Anforderungen und manchmal auch Teamkonflikte daran hindern, sich bewusst mit dem eigenen Seelsorgekonzept auseinanderzusetzen bzw. es zu profilieren, um es anderen in einfachen Worten transparent machen zu können. Dieses Buch nimmt niemandem die Arbeit ab, sich ein Seelsorgeverständnis zu entwickeln und den eigenen Arbeitsalltag daraufhin zu überprüfen. Es liefert jedoch eine Menge Bausteine, die dazu beitragen können, ein vielleicht implizit vorhandenes eigenes Seelsorgeverständnis expliziter formulieren zu können. Manche SeelsorgerInnen werden sich in ihrem eigenen Verständnis durch dieses Buch vielleicht bestätigt fühlen. Andere werden einige Aspekte für sich entdecken, die sie bisher in ihrer Tätigkeit vielleicht eher vernachlässigt haben. Wiederum andere werden eine andere Sichtweise von Seelsorge entgegenhalten. Über Rückmeldungen jeglicher Art bin ich sehr dankbar, denn nur gemeinsam werden Seelsorge-TheoretikerInnen und Seelsorge-PraktikerInnen meines Erachtens tatsächlich die Glaubwürdigkeit christlicher Seelsorge erhöhen.

Für Theologiestudierende

Dieses Buch kann als ein komprimiertes Lehr- bzw. Lernbuch für den Prüfungsbereich Praktische Theologie/Seelsorgelehre (Poimenik) benutzt werden. Das Buch soll jedoch nicht nur Wissen vermitteln. Mein erklärtes Ziel ist es, Studierende für den sicher nicht immer einfachen, aber dennoch persönlich bereichernden Seelsorgeberuf zu begeistern. Ich will Studierende erahnen lassen, weshalb eine zeitgemäße Seelsorge ein komplexes Kompetenzprofil voraussetzt und dazu ermutigen, sich notwendige Fähigkeiten frühzeitig anzueignen. Ich hoffe, dass dieses Buch dazu beitragen kann, Prüfungen im Fach Praktische Theologie nicht als Belastung und Qual zu empfinden, sondern als eine echte Chance, spielerisch und kreativ mit erlerntem Wissen umzugehen, um dadurch die eigene Kompetenz zu stärken.

Für kirchliche Verantwortungsträger

Mit diesem Buch will ich kirchliche Verantwortungsträger für die Notwendigkeit eines theologisch fundierten zeitgemäßen Seelsorgeverständnisses sensibilisieren. Ich möchte dazu ermutigen, eigene Seelsorgekonzepte und Pastoralpläne auf dem Fundament des jüdisch-christlichen Gottes- und Menschenverständnisses zu entwerfen und dementsprechend nicht hinter der sich daraus ableitenden Komplexität von Seelsorge zurückzubleiben. Erst die enge Kooperation zwischen kirchlichen Leitungspersonen, SeelsorgerInnen und Praktischen TheologInnen wird meines Erachtens dafür sorgen, dass Konzeptpapiere weder am theologischen Wurzelgrund noch an den Erfordernissen der Zeit vorbeigehen. Zudem will ich an die Kirchenleitungen appellieren, das Feld der Seelsorge nicht kampflos anderen zu überlassen, sondern die eigene Position am Markt zu festigen. Hierfür gilt es, mit großem PR-Einsatz die Öffentlichkeit über das kirchliche Engagement im Seelsorgesektor zu informieren.

Für Professionelle, mit denen SeelsorgerInnen zusammenarbeiten

Mit diesem Buch möchte ich VertreterInnen anderer Professionen, die mit SeelsorgerInnen beruflich in Berührung kommen, ein Bild von Seelsorge vermitteln,

das ihnen den Freiraum eröffnet, ihre eigenen Rollenerwartungen an SeelsorgerInnen sowie ihre persönlichen Vorurteile gegenüber Seelsorge zu überprüfen.
Mein Ziel ist es, deutlich zu machen, dass eine Kooperation mit SeelsorgerInnen nicht automatisch bedeuten muss, mit sturen RepräsentantInnen eines antiquierten Kirchensystems konfrontiert zu sein. Im Gewand des Pfarrers, der
Nonne oder des Gemeindereferenten können hochkompetente theologische Profis stecken, die nicht dazu tendieren, säkulare Institutionen als missionarische
Außenposten zu begreifen, Monopolansprüche auf Nächstenliebe zu erheben
oder Grenzüberschreitungen als konkurrierende Mini- oder Supertherapeuten
vorzunehmen. Profis, d.h. keine überflüssigen oder lächerlichen Randfiguren,
die sich im gemeinsamen Arbeitsalltag sowie im interdisziplinären Team als
enorme Bereicherung erweisen können.

Für alle, die vielleicht Seelsorge für sich in Anspruch nehmen möchten
Mit diesem Buch möchte ich Menschen dazu ermutigen, Seelsorge für sich in
Anspruch zu nehmen. Wo gibt es das schon? Hoch qualifizierte Profis bieten
Hilfeleistungen an, ohne Einforderung von Vor- oder Gegenleistungen (wie z.B.
Bezahlung oder Vertragsbindung). Mein Konzeptentwurf von Seelsorge will
dazu beitragen, dass das, was alltagspraktisch in der Seelsorge geschieht, von
Menschen als glaub-würdig und deshalb als hilfreich erlebt wird. Bieten wir ei-
ne glaubwürdige Form von Seelsorge an, dann entsteht der Freiraum, sich viel-
leicht trotz schlechter Erfahrungen erneut auf Seelsorge einzulassen.

Für Praktische TheologInnen
Praktische TheologInnen sind dazu beauftragt, innerhalb des theologischen Fächerkanons Studierende mit dem Fach Seelsorgelehre (Poimenik) vertraut zu
machen. Mit diesem Buch möchte ich nochmals darauf hinweisen, wie ernst wir
Praktische TheologInnen diesen Auftrag nehmen sollten. Wir schulden unseren
Studierenden einen fundierten Überblick über die Vielfalt und Heterogenität
existierender Seelsorgekonzepte und die Erarbeitung eines theologisch-
anthropologischen Seelsorgefundamentes, damit sie ausreichend Rüstzeug erhalten, um ihre eigene Seelsorgekonzept-Kompetenz ausbilden zu können. Dass
sowohl der theologische Wurzelgrund als auch die gesellschaftlichen Herausforderungen ein höchst komplexes Seelsorgeverständnis einfordern, wird uns
Praktische TheologInnen künftig noch stärker vor die Aufgabe stellen, neue
universitäre Ausbildungsmodule zu konzipieren und intensivere Kooperationsformen mit seelsorglichen Aus- und Fortbildungsinstituten zu suchen.
Dieses Buch ist natürlich auch als Diskussionsgrundlage für den wissenschaftlichen Austausch mit meinen (alt)katholischen und evangelischen KollegInnen
geschrieben. Mit den vorliegenden Überlegungen laufen für mich die Fäden
meiner wissenschaftlichen Tätigkeit zusammen. Während mein Interesse zu Beginn der 90iger Jahre noch auf das mir vertraute Tätigkeitsfeld Psychiatrieseel-
sorge fokussiert war, hat sich dieses Ende der 90iger Jahre auf die Sichtung
existierender Seelsorgekonzepte insgesamt verschoben. Inzwischen jedoch sehe

ich meine Aufgabe darin, theologische Grundlagenarbeit für ein glaubwürdiges Seelsorgeverständnis zu leisten. Mit diesem Buch will ich einen Beitrag zur international heftig geführten Debatte um das rechte Seelsorgeverständnis liefern. Ich tue dies nicht mit dem Anspruch, einen Paradigmenwechsel initiieren zu wollen oder das einzig wahre Konzept vorzulegen. Mein Anliegen ist es vielmehr, unfruchtbare Grabenkämpfe zwischen biblisch-evangelikal, pastoralpsychologisch oder diakonisch-interkulturell orientierten KonzeptvertreterInnen zu überwinden, denn: Aus theologischen Gründen sind die verschiedenen Zugänge zu Seelsorge nicht länger gegeneinander ausspielbar. Im Widerstreit bedürfen sie vielmehr einander, wenn die Sorge um die Seele tatsächlich eine christlich motivierte Seelsorge sein will.

5.   Welchem Weg folgen LeserInnen in diesem Buch?

SeelsorgerInnen sorgen sich per definitionem um die Seele ihrer Mitmenschen. Was aber genau bedeutet dies eigentlich? Welcher Begriff von Seele verlangt ihnen welches Verständnis und welche Praxis von Seelsorge ab? Der Weg, auf den sich LeserInnen in diesem Buch machen, wird zur Beantwortung genau dieser Fragen führen. Dabei werden folgende Wegmarkierungen passiert:

- Klärung des Seelen-Begriffs, der dem Seelsorgeverständnis zugrunde liegt.
- Erklärung, weshalb, trotz gewaltiger geschichtlicher Hypotheken, dennoch am Seelsorgebegriff festgehalten wird.
- Erarbeitung des theologischen Fundamentes (Gottesbild) glaubwürdiger Seelsorge mit ersten Schlussfolgerungen für das Seelsorgeverständnis.
- Erarbeitung des anthropologischen Fundamentes (Menschenbild) glaubwürdiger Seelsorge mit ersten Schlussfolgerungen für das Seelsorgeverständnis.
- Zusammentragung der inhaltlichen Seelsorgebausteine.
- Folgewirkungen für die sich daraus ableitende Seelsorgepraxis.
- Folgewirkungen für das seelsorgliche Rollen- und Kompetenzprofil.
- Zusammenfassendes Plädoyer für ein multidimensionales Seelsorgekonzept.
- Würdigung professioneller SeelsorgerInnen als flexible KünstlerInnen.
- Entkräftigung des Überforderungs-Vorwurfs.
- Ausweis multidimensionaler Seelsorge als glaub-würdige Seelsorge.
- Konstruktiv-kritische Auseinandersetzung mit ‚Spiritual Care'.

Kurze Anmerkungen zu *formalen Aspekten* dieses Buches: *Englischsprachige Zitate* werden im Original belassen. *Schaubilder* dienen nicht nur zur Komprimierung von Inhalten, sondern auch dazu, ein wenig Abwechslung in den Lesefluss zu bringen. *Jedes Kapitel* dieses Buches kann natürlich für sich gelesen werden. Da aber alle Kapitel stringent aufeinander aufbauen, wird der multidimensionale Ansatz erst in der Kapitelabfolge wirklich nachvollziehbar. Ich empfehle daher, den Weg dieses Buches analog zur Arbeitsweise der Verfasserin vom Wegbeginn bis zum Wegende (mit entsprechenden Verschnaufpausen) zu durchlaufen.

Begriffsproblematisierungen

I. Seele

> *Jeder Seelsorgekonzeption liegt ein
> implizites Seelenverständnis zugrunde.*
>
> Elisabeth Naurath (2003):
> 'Die Seele spüren', 98.

1. Neurowissenschaftliche Frontalangriffe auf die Seele

Hat das Wort *'Seele'* zu Beginn des 21. Jhdts. endgültig ausgedient? Wieso und
wozu diesen für viele Ohren extrem altmodisch klingenden Begriff heute überhaupt noch verwenden? Qualifiziert sich nicht jeder, der an der Seelenvorstellung (z.B. in der Berufsbezeichnung ‚Seelsorge‘) festhalten will, als konservativ
und fortschrittsresistent? Eine Behauptung, die tatsächlich von einer großen
Fraktion moderner NeurowissenschaftlerInnen aufgestellt worden ist, weshalb
kein Weg daran vorbeiführt, sich mit deren Forschungsergebnissen und weltanschaulichen Deutungen konstruktiv-kritisch auseinanderzusetzen.

1.1. Neue Wissenschaften im Anmarsch

Weil das Gehirn und seine faszinierenden Funktionen seit Mitte des letzten
Jahrhunderts international immer stärker in den Fokus wissenschaftlichen Inte-
resses gerückt ist, und weil dabei schnell deutlich wurde, dass Erkenntnisfort-
schritte interdisziplinäre Forschungsarbeit voraussetzten, schlossen sich 1994
auch in Deutschland ForscherInnen zu einer *Gesellschaft für Kognitionswissenschaft e.V (Science of Mind)* zusammen. Zu den Mitgliedern zählen inzwischen
nicht nur renommierte WissenschaftlerInnen aus dem Bereich Humanmedizin
(v.a. aus den Fachbereichen Neurologie, Neurochirurgie, Neuroanatomie, Neu-
rophysiologie, Psychiatrie, Radiologie), Neurobiologie, Neuropsychologie und
Neurophilosophie, sondern auch aus dem Sektor Neuroinformatik, Künstliche
Intelligenzforschung, Informationstechnik und Robotik.[1] Auf der Homepage der
Gesellschaft lässt sich programmatisch verdichtet nachlesen: „Die Kognitionswissenschaft mit ihrer heute mehr als vierzigjährigen Tradition verfolgt das
Ziel, die kognitiven Leistungen des Menschen und anderer Organismen zu verstehen und in technischen Systemen nachzubilden... Verbunden werden alle
kognitionswissenschaftlichen Arbeiten durch die Grundannahme, dass *geistige*
Prozesse als Informationsverarbeitung betrachtet werden können. Sie können
durch die Nervenzellen des Gehirns oder die Hardware eines Computers ausge-
führt werden. Zu der disziplinübergreifenden Grundlagenforschung kommt zu-

---

1   Dass in diesem Forschungskontext technische Entwicklungen von immenser Bedeutung sind, erkennt man be-
    reits daran, dass 2014 der Vorsitzende der ‚Gesellschaft für Kognitionswissenschaft‘ (Prof. Stefan Knopp)
    aus der Zunft ‚Computer Science‘ stammt.

nehmend auch die konkrete Umsetzung kognitionswissenschaftlicher Erkenntnisse in intelligenten technischen Systemen."[2] Da die Erforschung *geistiger*
Funktionen im Mittelpunkt steht und NaturwissenschaftlerInnen zunehmend die
Interpretationsgrenzen rein naturwissenschaftlicher Forschung überschreiten,
überrascht es nicht, dass sich gegenwärtig PhilosophInnen unter dem Label
‚Neurophilosophie' (*Philosophy of Mind*) verstärkt in den kognitionswissenschaftlichen Diskurs einschalten und die (in englischer Sprache zeitgemäßer
klingende) *Mind-Brain-Debatte* (früher: Leib-Seele-Diskussion) öffentlichkeitswirksam neu entfacht haben.[3] Erstaunlich ist es aber dennoch, denn gemäß
der selbstkritischen Analyse Josef Quitterers fristete die Leib-Seele-Debatte in
den letzten Jahrzehnten lediglich ein Randdasein in der Philosophie: „In Bezug
auf den Begriff der *Seele* herrschte im Bereich der Philosophie eine gewisse
Sprachlosigkeit. Der Begriff der *Seele* ist dort allgemein in Verruf geraten. Es
ist heute geradezu verpönt, sich in philosophischen Fachkreisen zum Begriff der
Seele zu äußern."[4] Und noch Ende der 90iger Jahre konstatierte Ingo Hannover
aus philosophischer Perspektive: „In der Gegenwart haben wir einen fast völligen Verlust an Nachdenken über die *Seele*".[5] In nur kurzer Zeit hat sich die be-
klagte Situation somit radikal verändert. Dass die anvisierte Kooperation von
Philosophie und Hirnforschung jedoch nicht spannungsfrei ist, lässt sich bei
Marcus Knaup nachlesen, der 2013 als Philosoph einen der fundiertesten und
verständlichsten Beiträge zur Mind-Brain-Debatte veröffentlicht hat: „Gegenwärtig kann man immer wieder den Eindruck bekommen, dass das Verhältnis
von Hirnforschern und Philosophen in vielen Fällen nicht wirklich von Liebe
und Zuneigung geprägt ist. Öffentlich wird gezankt und um Deutungshoheit ge-
stritten. Wenn es um gesellschaftlich-politische – und das heißt eben auch finanzielle – Zuwendung geht, wird das Miteinander in den seltensten Fällen ent-
spannter. Ein durchaus brisantes Verhältnis also."[6]
Dass die Kognitionswissenschaft (die manchmal als Teilbereich der Neurowissenschaft verstanden, manchmal aber auch mit der Neurowissenschaft gleichgesetzt wird), in den letzten zwei Jahrzehnten rasante Fortschritte zu verzeichnen

---

2   www.gk.-ev.de
3   Aktuelle Literatur zur Neurophilosophie, die in den 80iger Jahren in den USA/Kanada (Patricia Churchland)
    entwickelt wurde und inzwischen einen weltweiten Siegeszug antritt: KLEIN, H. (Hg.) (2005): Der Begriff
    der Seele in der Philosophiegeschichte; MEIXNER, U./ A. NEWEN (Hg.) (2003): Seele, Denken, Bewusst-
    sein. Zur Geschichte der Philosophie des Geistes; STURMA, D. (Hg.) (2006): Philosophie und Neurowissen-
    schaften; MEIXNER, U. (2007): Philosophy of mind; METZINGER, T. (Hg.) (2007): Das Leib-Seele-
    Problem. Grundkurs Philosophie des Geistes; RAVENSCROFT, I. (2008): Philosophie des Geistes; BE-
    CKERMANN, A. (2008): Das Leib-Seele-Problem. Eine Einführung in die Philosophie des Geistes; APPEL,
    K. (Hg.) (2008): Naturalisierung des Geistes? Beiträge zur gegenwärtigen Debatte um den Geist; NICKL,
    P./G. TERIZAKIS (Hg.) (2010): Die Seele. Metapher oder Wirklichkeit? Philosophische Erkundungen;
    CRONE, C. u.a. (2010): Über die Seele; GOLLER, H./N. BRIESKORN (2011): Das Rätsel von Körper und
    Geist. Eine philosophische Deutung; BRÜNTRUP, G. (2012): Das Leib-Seele-Problem. Eine Einführung;
    WERNER, T. (2013): „Die Seele". Vorstellungen und Bekenntnisse der Philosophie; KNAUP, M. (2013):
    Leib und Seele oder mind und brain?
4   QUITTERER, J. (2003): Ist unser Selbst Illusion oder neurobiologische Realität?, 80.
5   HANNOVER, I. (1998): Traktat über die Seele, 12.
6   KNAUP, M. (2013): Leib und Seele oder mind und brain?, 307.

hat,[7] verdankt sie hauptsächlich revolutionären technischen Entwicklungen. Relativ preiswerte und tlw. recht teure bildgebende Verfahren (*Neuroimaging*) wie Elektroencephalographie (EEG), Magnetenzephalographie (MEG), Computertomographie (CT), Kernspintomographie/Nuclear Magnetic Resonance (NMR), Funktionelle Magnetresonanztomographie (fMRT) und Positronenemissionstomographie (PET)[8] ermöglichen faszinierende Einblicke in die Funktionsweise des Gehirns lebender Menschen, weshalb GehirnforscherInnen nicht länger auf die Sektion von Leichen oder operative Verfahren angewiesen sind.

Durch die neuen technischen Möglichkeiten hat sich das Wissen um das menschliche Gehirn und seine Funktionsweisen im 21. Jhdt. v.a. auf der Mikro- und Makroebene enorm vergrößert.[9] Wir wissen heute, dass sich im etwa 1,5 kg schweren Gehirn eingebettet in ein hochkomplexes Stützzellensystem ungefähr 10^{12} Nervenzellen (Neurone) befinden, die durch nahezu unvorstellbare 10^{16} synaptische Verbindungen miteinander kommunizieren. Auf der Mikroebene verfügen wir inzwischen nicht nur über detailliertes Wissen bezüglich des Aufbaus von Nervenzellen, sondern auch über deren elektrische Signalübertragungsmechanismen (Ionenkanäle, Synapsen, Neurotransmitter etc.). Auf der Makroebene kennen wir seit 2013 die gesamte Anatomie des Gehirns bis ins Detail.[10] Außerdem wissen wir, wo zentrale motorische und mentale Funktionen wie z.B. Sehen, Hören, Sprache, Gedächtnis, Emotionalität, Handlungsplanung auf der Großhirnrinde lokalisiert sind, wodurch sich erklärt, weshalb Läsionen in diesen

---

7 Vgl. KANDEL, E. (Hg.) (2012): Neurowissenschaften.

8 Elektroencephalographie (EEG): Messung der elektrischen Aktivität von Neuronenverbänden/Nervenbündeln auf der Großhirnrinde mittels Oberflächenelektroden durch die Schädeldecke hindurch mit hoher zeitlicher Genauigkeit, aber relativ ungenauer räumlicher Auflösung.
Magnetenzephalographie (MEG): Messung der magnetischen Aktivität von elektrisch aktiven Neuronenverbänden/Nervenbündeln auf der Großhirnrinde von außen durch die Schädeldecke mit hoher zeitlicher Genauigkeit und besserer örtlicher Auflösung, da Knochen Magnetfelder weniger stören als elektrische Impulse.
Computertomographie (CT): Schichtweise Durchleuchtung des Gehirns mit Röntgenstrahlen bei hoher Strahlenbelastung. Darstellung der Hirnanatomie und pathologischer Defekte durch computergenerierte Bilder.
Kernspintomographie/Nuclear Magnetic Resonance (NMR): Darstellung der Hirnanatomie und pathologischer Defekte ohne Strahlenbelastung in Form computergenerierter kontrastreicher Bilder durch Nutzung magnetisch erzeugter Felder in einer ‚Magnetröhre‘.
Funktionelle Magnetresonanztomographie (fMRT): Eine erhöhte Aktivität von Nervenzellen geht mit einer erhöhten Durchblutung des entsprechenden Areals einher. Weil sauerstoffreiches Blut andere magnetische Eigenschaften aufweist als sauerstoffarmes Blut, ist es möglich, neuronale Aktivitäten ohne Belastung durch Röntgenstrahlen oder radioaktives Material in Form computererrechneter farbiger Bilder in hoher räumlicher Auflösung indirekt darzustellen.
Positronenemissionstomographie (PET): Eine dem Körper zugeführte radioaktiv markierte Substanz gelangt (bei entsprechender Strahlenbelastung) mit dem Blut ins Gehirn und lagert sich in besonders durchbluteten Arealen ab, wo durch den Zerfall des Isotops messbare Gammastrahlen freiwerden. Computergenerierte farbige dreidimensionale Bilder geben zwar in zeitlicher Verzögerung, dafür aber in hoher räumlicher Auflösung indirekt (!) Auskunft über Stoffwechselvorgänge im Gehirn.

9 Ein ausführlicher Überblick zum aktuellen Wissensstand findet sich in: BONHOEFFER, T./P. GRUSS (Hg.) (2011): Zukunft Gehirn. Neue Erkenntnisse, neue Herausforderungen. Ein Report der Max-Planck-Gesellschaft München; THOMPSON, R. (2010): Das Gehirn.

10 Nach 10-jähriger gigantischer Forschungsarbeit gelang es 2013 dem Team um Katrin Amunts am Forschungszentrum Jülich erstmals, einen detailgetreuen dreidimensionalen Hirnatlas (Big Brain) zu erstellen: „Es ist das erste Hirnmodell mit einer Auflösung von 2tausendstel Millimeter!" AMUNTS, in: „ZEHN JAHRE ‚DAS MANIFEST' (2014), 69.

Bereichen stets zu ähnlichen Ausfällen/Veränderungen führen. Trotz all dieser Erkenntnisse stehen wir 2014 jedoch noch immer vor einer extrem großen Wissenslücke auf der Mesoebene, die Dietrich Dörner als einer der Pioniere moderner Neurowissenschaft bereits 2004 eingestand: „Niemand weiß, auf welche Weise neuronale Netze und Zellverbände zum Beispiel Angst hervorbringen oder Denken oder einen genialen Einfall."[11] Unser Gehirn scheint einem extrem komplex vernetzten distributiv organisierten System zu gleichen, in dem eine riesige Anzahl an Aktivitäten in einem rekursiv verschalteten Verkabelungsnetz zwischen höher und tiefer gelegenen Gehirnregionen ohne ausmachbare Kommandozentrale parallel abläuft. Andreas Furger bringt diesen Sachverhalt mit Hilfe folgenden Bildes auf den Punkt: „Das Gehirn wird als eine Art Orchester gesehen, das ohne Dirigent funktioniert."[12]

Um dem Geheimnis Gehirn auf die Spur zu kommen, werden im 21. Jhdt. neurowissenschaftliche Forschungsprojekte durch Vergabe von immensen Forschungsgeldern weltweit vorangetrieben, weshalb Michael Madeja bereits 2006 zu verstehen gab: „Kein Zweifel, die Hirnforschung ist eine der wichtigsten wissenschaftlichen Disziplinen unserer Zeit."[13] Nachdem die amerikanische Regierung nach erfolgreichem Abschluss eines 13-jährigen Forschungsprojektes im Jahre 2003 stolz verkünden konnte, dass sich die staatliche Investition von 3,8 Milliarden US-Dollar Fördergelder für die Entschlüsselung des menschlichen Erbgutes (*Human Genome Projekt*) wirtschaftspolitisch als äußerst gewinnbringend erwiesen hat, war der Weg frei für noch größere staatliche Investitionen im Sektor Hirnforschung.[14] In einer ersten Stufe wurden daher 2010 zunächst rund 40 Millionen US-Dollar vom US-amerikanischen National Institute of Health für das Projekt *Human Connectecom* bereitgestellt. Ein Projekt, das darauf abzielt, bis zum Jahr 2015 eine dreidimensionale Landkarte des Gehirns zu erstellen. Die zweite Stufe wurde durch Barack Obama persönlich gezündet, der das Großprojekt *Brain Activity Map* ins Leben rief und 3 Milliarden US-Dollar staatliche Fördergelder in Aussicht stellte. Innerhalb von nur 10 Jahren (2013-2023) soll geklärt werden, wie sich Milliarden Hirnzellen mit ihren Billionen Verknüpfungen zu einem funktionierenden Ganzen organisieren. Analog zum 'genetischen Code' soll jetzt der 'neuronale Code' geknackt werden. Weil dafür nicht nur völlig neuartige Medizin-Technologien[15] entwickelt werden

---

11 DÖRNER, D. (2004): Man muss wissen, wonach man sucht, 38. Vgl. auch BECKER, P. (2009): In der Bewusstseinsfalle?, S. 163.

12 FURGER, A. (2004): Seelenbilder im Verlaufe der Jahrtausende, 21. Vgl. auch LASSEK, R. (2007): Graue Zellen, funkelnder Geist. Im Gehirn gibt es keine Kommandozentrale.

13 MADEJA, M. (2006): Neuromodestia, 50.

14 Vgl. GEBHARDT, ULRIKE (2014): Die Hirnoffensive; ABBOT, A. (2014): Die Vermessung des Geistes; BRODEMERKEL, A. (2013): Den Kopf kartieren.

15 Um den Verlauf von ganzen Nervenfaserbündeln darstellen zu können, braucht es Weiterentwicklungen der Magnetresonanztomographie wie z.B. das ,Diffusion Spectrum Imaging'. Experimentiert wird zudem mit völlig neuartigen Hightech-Werkzeugen aus Nanotechnik, Optik und Genetik. So werden z.B. elektrische Sonden aus organischem Material direkt ins Gehirn implantiert, wo sie Signale ganzer Neuronengruppen aufnehmen können. Besonders aussichtsreich scheinen optogenetische Hirnsonden zu sein. Dabei werden genetisch her-

müssen, sondern auch eine neue Generation an leistungsstarken Rechnern benö-
tigt wird, sind auch Computerfirmen wie Microsoft und Google am Projekt beteiligt.

Zeitgleich zu den Vereinigten Staaten rief auch die Europäische Union ein fast
noch ehrgeizigeres Forschungsprogramm ins Leben. Aus dem bisher größten
europaweiten wissenschaftlichen Wettbewerb (*Future Emerging Technology
Flagship Initiative*), an dem sich 26 Teams mit unterschiedlichsten Projektin-
halten beteiligten, gingen zwei Projekte als Sieger hervor. Eines davon ist das
Human Brain Project, das mit 1 Milliarde Euro gefördert wird.[16] Angesiedelt ist
es an der Technischen Hochschule Lausanne/Schweiz, wo unter der Leitung des
Hirnforschers Henry Markram weltweite Forschungsergebnisse aus 80 For-
schungseinrichtungen zusammenfließen. Ziel des Projektes ist es, innerhalb von
nur 10 Jahren (2013-2023) ein künstliches menschliches Gehirn im Computer
zu simulieren.[17] Anvisiert ist dabei nicht nur, die komplexe Arbeitsweise des
Gehirns zu enträtseln, um Gehirnerkrankungen besser diagnostizieren und Medikamente am Computergehirn testen zu können, sondern auch Wissen für die
Weiterentwicklung von Hochleistungsrechnern, Künstlicher Intelligenz und
Neurorobotern sammeln zu können. Gegenwärtig liegt das ehrgeizige Ziel jedoch noch in weiter Ferne, da ExpertInnen am Jülicher *Supercomputing Center*
mindestens bis 2020 damit beschäftigt sein werden, entsprechend leistungsstar-
ke Supercomputer bereitzustellen, um die anvisierte Hirn-Simulation technisch
überhaupt erst möglich zu machen.

1.2. Neurotheologische Fronten

Die modern klingende Wortkombination 'Neurotheologie' könnte die Assoziation hervorrufen, dass von einer innovativen theologischen Fachrichtung die
Rede ist, in der NeurowissenschaftlerInnen und TheologInnen eng zusammenarbeiten. Ein naheliegender Verdacht, da der Begriff tatsächlich von einem Re-
ligionswissenschaftler als Überschrift eines wissenschaftlichen Artikels 1984
ins Spiel gebracht wurde.[18] Aufgegriffen wurde er jedoch primär von nordamerikanischen und kanadischen NeurowissenschaftlerInnen, die ihn zum programmatischen Leitbegriff einer naturwissenschaftlich enggeführten For-
schungsrichtung machten, "die versucht, religiöses Erleben rein von seiner neu-

---

gestellte lichtempfindliche Proteine, sogenannte Opsine, ins Gehirn geschleust, wo sie durch äußere Lichtrei-
ze aktiviert sogar einzelne Neuronentypen sichtbar machen können. Details vgl. DEISSEROTH, K. (2013):
Lichtschalter im Gehirn. GOEBEL, R. (2012): Wir wollen die nächste Phase der Hirnforschung einläuten;
HOPFGARTEN, A. von (2012): Zoom in der Denkzentrale; THE NEW SCIENCE OF THE BRAIN (2014).

16 Dass die EU Forschungsgelder bereitwillig in die Hirnforschung investiert, ist kein Novum: „Von 2002 bis
2011 hat die EU bereits 187 Projekte aus der Hirnforschung mit mehr als 875 Millionen Euro unterstützt."
SCHLEIM, S. (2014): Zu viel versprochen, 54.

17 Vgl. MARKRAM, H. (2013): Auf dem Weg zum künstlichen Gehirn; BRODMERKEL, A. (2013): Das Denken simulieren.

18 Vgl. ASHBROOK, J. B. (1984): Neurotheology. The working brain and the Work of Theology.

robiologischen Grundlage her zu verstehen und zu erklären."[19] Dementsprechend forderte Matthew Alper, Phänomene wie Religiosität und Gottesglaube zu biologisieren und Theologen aus der Hand zu nehmen.[20] Nachdem neurotheologische Forschungsergebnisse und Schlussfolgerungen in den letzten Jahrzehnten mit reißerischen Buchtiteln medial inszeniert und nahezu sensationsheischend weltweit öffentlich platziert worden sind, zeichnet sich jedoch seit kurzem nicht nur die Tendenz ab, den Forschungsgegenstand präziser erfassen[21], sondern auch mit ReligionswissenschaftlerInnen und TheologInnen zusammenarbeiten zu wollen.[22] Im Folgenden werden zunächst einige der prominentesten neurotheologischen Positionen (inklusive einer gen-theologischen Position) komprimiert vorgestellt und anschließend kurz beleuchtet:

In den 90iger Jahren verkündete *Dean Hamer* (Molekularbiologe am ‚National Cancer Institute' in Bethesda, Maryland/USA) unter Zuhilfenahme moderner Genanalyse bei Menschen, die eine hohe Neigung zur Selbsttranszendenz und Religiosität aufweisen, ein Gen (VMAT2, d.h. eine Genvariante eines neuronalen Botenstoffes, der v.a. Bewusstseinszustände und Emotionen reguliert) entdeckt zu haben, das dafür verantwortlich sei, dass manchen Menschen die Fähigkeit zu glauben wortwörtlich im Blut liegt, anderen dagegen nicht. Ein vererbtes *Gottes-Gen*, das sich im Laufe der Evolution als Selektionsvorteil entwickelt hat, entscheide somit unabhängig von der Religionszugehörigkeit über die Glaubensdisposition eines jeden Menschen.[23] An anderer Stelle relativiert Hammer seine Position, indem er einräumt, dass höchstwahrscheinlich nicht ein Gen, sondern das Zusammenspiel mehrerer (bisher noch unbekannter) Gene verantwortlich sei und betont, dass seine Forschungsergebnisse keine Aussagen über die Existenz oder Nicht-Existenz Gottes zulassen.[24]

Bereits seit den 80iger Jahren stellte sich *Michael Persinger* (Neuropsychologe an der Laurentian University in Sudbury/Kanada) die Frage, inwiefern intensive religiöse Erfahrungen der Nähe Gottes, von denen ihm v.a. PatientInnen mit Schläfenepilepsie berichteten, mit messbaren neuronalen Vorgängen im Gehirn korrelieren und ob derartige Erfahrungen durch künstliche Erregung (auch bei

19 GOLLER, H. (2009): Erschuf Gott das Gehirn oder das Gehirn Gott?, 243.
20 Vgl. ALPER, M. (2008): The ‚God' Part of the Brain.
21 Andrew Newberg präzisiert: „Neurotheology is a unique field of scholarship and investigation that seeks to understand the relation especially between the brain and theology, and more broadly between the mind and religion." NEWBERG, A. (2010): Principles of Neurotheology, 1.
22 Folgende konstruktiv-kritische theologische und religionswissenschaftliche Auseinandersetzungen mit der Neurotheology sind m.E. wegweisend: BLUME, M. (2012): Glaube und Gehirn, 46. Lesenswerte theologische Auseinandersetzungen: SCHMIDT, U. (2009): Glaube und Gehirn. Eine theologische Auseinandersetzung mit gegenwärtigen Ergebnissen und Trends der Hirnforschung; EIBACH, U. (2009): Neurowissenschaften, religiöses Erleben und Religionskritik; IRLENBORN, B. (2009): Gott im Gehirn?; GOLLER, H. (2009): Erschuf Gott das Gehirn oder das Gehirn Gott?; HÄDE, TOBIAS (2011): Neurotheologie; ANGEL, H. F./ A. KRAUSS (2011): Neurotheologie; BLUME, M. (2012): Glaube und Gehirn; UTSCH, M. (2012): Neurotheologie; HOPPE, C. (2013): Gott und Gehirn.
23 Vgl. HAMER, D. (2006): Das Gottes-Gen, 91f.
24 Vgl. a.a.O., 95/30.

gesunden Menschen) ausgelöst werden können. Mit Hilfe des von ihm so benannten 'Gotteshelms', einer technischen Vorrichtung, die eine schmerzfreie
transkranielle elektromagnetische Stimulation des Schläfenlappens ermöglicht,
führte Persinger diverse Untersuchungsreihen durch und schlussfolgerte, dass
religiöse Erfahrungen durch Auslösung von Micro-Epilepsieanfällen aktiv herbeigeführt werden können und von daher in einen pathologischen Kontext einzuordnen sind.[25] Dass jedoch religiöse Erfahrungen nicht automatisch auslösbar
sind, erfuhr auch der bekennende Atheist Richard Dawkins, der sich bereitwillig
auf das Gotteshelm-Experiment einließ, aber trotz aller Offenheit nichts verspürte. Einem Forscherteam um *Pehr Ganqvist* (Neuropsychologe an der University of Uppsala/Schweden), gelang es außerdem nicht, in einem 2005 methodisch sauber durchgeführten Doppelblindversuch, Persingers Befunde zu verifizieren,[26] weshalb Ulrich Schnabel resümiert: „Persingers Helm und Granqvists
Experimente beweisen vor allem eines: die Macht des Glaubens. Offenbar ermöglicht uns unser Hirn die tollsten transzendentalen Reisen – sofern wir nur
glauben, dass wir (z.B. durch Magnetstimulation) dafür einen Freischein erhalten. Umgekehrt gilt: Wem jeglicher Glaube fehlt, wie Dawkins, dem hilft auch
kein noch so kräftiges Magnetfeld auf die Sprünge."[27]

Vilayabur Ramachandran (Neurologe und Direktor des ‚Center of Brain and
Cognition' an der University of California/USA) fokussierte sein Interesse seit
Ende der 70iger Jahre ebenfalls auf SchläfenlappenepileptikerInnen und fragte
sich, welche neuronalen Schaltkreise für deren erhöhte religiöse Sensibilität
verantwortlich sind. Sein Ziel bestand nicht darin, religiöse Gefühle elektromagnetisch zu stimulieren, sondern mit Hilfe der Aufzeichnung galvanischer
Hautreaktionen (Feststellung der Veränderung der elektrischen Leitfähigkeit der
Haut) nachzuweisen, dass immer dann, wenn die an Epilepsie erkrankten Menschen mit religiösen Bildern/Symbolen konfrontiert werden, die Leitfähigkeit
der Haut massiv zunimmt, was darauf schließen lässt, dass im linken Schläfenlappen, also dem Ort der Entstehung epileptischer Anfälle, ein spezifischer
neuronaler Schaltkreis aktiviert sein muss, den er als *Gottesmodul'* titulierte. Ob
es sich bei religiösen Erfahrungen letztlich um pathologische Prozesse handelt,
lässt er ebenso unbeantwortet wie die Frage, ob Aussagen über die Existenz oder Nichtexistenz Gottes getroffen werden können, wie an folgender leicht ironischen Textpassage sichtbar wird: „Wer wollte entscheiden, ob solche Erfahrungen ‚echt' oder ‚pathologisch' sind. Würden sie einen solchen Patienten
wirklich behandeln und dem Allmächtigen sein Besuchsrecht verwehren wollen?"[28]

---

25 Vgl. PERSINGER, M. (1987): Neuropsychological Bases of God Beliefs.
26 Vgl: GRANQVIST, P. u.a. (2005): Sensed presence and mystical experience.
27 SCHNABEL, U. (2010): Unterm Mystikhelm, 29.
28 RAMACHANDRAN, in: ANGEL, H./ A. KRAUSS (2011), Neurotheologie, 60. Vgl. auch RAMA-
    CHANDRAN, V. (2005): Eine kurze Reise durch Geist und Gehirn; Ders. (2013): Die Frau, die Töne sehen
    konnte. Über den Zusammenhang von Geist und Gehirn.

In den 90iger Jahren führten *Andrew Newberg* (Radiologe) und *Eugene D'Aquili* (Psychiater) an der University of Pennsylvania in Philadelphia/USA höchst interessante Versuchsreihen durch. Um herauszufinden, wie sich religiös-mystische Erfahrungen neuronal im Gehirn niederschlagen, wurde 8 Menschen mit jahrelanger tibetisch-buddhistischer Meditationserfahrung und 8 gebetserprobten katholischen Ordensfrauen (Franziskanerinnen) auf dem Höhepunkt ihrer Versenkung radioaktives Material gespritzt, wodurch mit Hilfe eines SPECT-Scans deren zerebrale Durchblutung sichtbar gemacht werden konnte. Dabei stellte sich heraus, dass die mystische Erfahrung von Einssein, Selbstverlust, Raum- und Zeitlosigkeit religionsübergreifend mit einer Erhöhung der Durchblutung im Stirnlappen (Sitz positiver Emotionen wie Glücksgefühl) und einer Minderdurchblutung im oberen Scheitellappen (Orientierungsareal) einhergeht. Mystische Erfahrungen seien demnach weder an Epilepsie gebunden noch stellten sie einen pathologischen Befund dar. Vielmehr werden die Versuchsergebnisse dahingehend interpretiert, dass Menschen prinzipiell die Fähigkeit zur Selbsttranszendenz besitzen, dass ihr Gehirn sogar als eine Art ‚Empfangsorgan' für religiös-transzendente Wirklichkeiten außerhalb des Gehirns dient, weshalb folgende zwei Schlussfolgerungen gezogen werden: 1. Der Glaube an Gott und mystische Erfahrungen gehören (religionsübergreifend) zum Mensch-Sein, weil dieser neuronal darauf angelegt ist. 2. „Neurology makes it clear: There is no other way for God to get into your head except through the brain's neural pathway."[29]

Eine weitere wichtige Entdeckung machte *Nina Azari* (Neuropsychologin an der University of Hawaii/USA) Anfang 2000 als Stipendiatin an der Universität Düsseldorf. Indem sie (unter Hinzuziehung einer atheistisch eingestellten Kontrollgruppe) Versuchspersonen, die alle einer freikirchlichen Gemeinde entstammten und damit einen ähnlichen religiösen Erfahrungshintergrund bei ähnlichem Alter aufwiesen, jeweils einen religiösen Psalm, ein fröhliches Kinderlied und eine Telefonbuchpassage intensiv rezitieren und dabei deren Hirndurchblutung mit Hilfe eines Positronenemissions-Scans analysieren ließ, stellte sie zweierlei fest: 1. Bei frommen ChristInnen werden während der Psalmrezitation andere Hirnareale aktiviert als bei AtheistInnen, wobei weniger emotionale als vielmehr kognitive Areale im Stirnlappen aktiviert sind. 2. Über den Gegenstand des Glaubens (Glaubensinhalte, Gott) lassen sich neurotheologisch keine Aussagen machen.[30]

Zu einem ähnlichen Ergebnis gelangte im Jahr 2008 auch *Richard J. Davidson* (Neuropsychologe und Psychiater im Waisman Lab for Brain Imaging and Behaviour an der University of Wisconsin in Madison/USA). In seiner Versuchsreihe konnte er mit Hilfe von 8 meditationserfahrenen buddhistischen Mönchen (und einer Kontrollgruppe aus 10 StudentInnen) folgende Nachweise führen: 1.

---

29 NEWBERG, A., E. D'AQUILI (2003): Why God won't go away, 37.
30 Vgl. AZARI, N. u.a. (2005): Religious Experience and Emotion.

Die EEG-Ableitungen belegen, dass alle meditierenden Mönche einen drastischen Anstieg von Gammawellen aufwiesen, was sich dadurch erkläre, dass
selbstinduziert verstreute Neuronenpopulationen in eine synchrone Schwingung
versetzt würden, wodurch religiöse Erfahrungen, Raum- und Zeitlosigkeitser-
fahrungen entstünden. 2. Mit Hilfe der funktionellen Magnetresonanztomographie ließ sich bei allen Mönchen ein Anstieg der Durchblutung im Präfrontal-
cortes nachweisen, was darauf hindeute, dass Menschen dazu in der Lage sind,
durch gezieltes Meditationstraining neuronale Aktivitäten zu intensivieren, die
Glücksgefühle erzeugen.[31]

Ungefähr zeitgleich verblüffte *Mario Beauregard* (Neuropsychologe an der
University of Montreal/Kanada) mit erstaunlichen Schlussfolgerungen, die die
Neurotheologie in eine völlig neue Denkrichtung führen sollten: Keine Bud-
dhisten, sondern 15 spirituell tief verwurzelte katholische Ordensfrauen (Kar-
melitinnen), die bereits mystische Zustände in ihrem Leben erfahren hatten,
wurden dazu aufgefordert, sich während der funktionellen Magnetresonanztomographie an ihr intensivstes mystisches Erleben zu erinnern. Erstaunlicher
Weise zeigte sich zweierlei: 1. Menschen sind in der Lage, durch bloße Erinnerung aktuelle mystische Erfahrungen zu reaktivieren. 2. Die Durchblutungsmes-
sung weist darauf hin, dass es kein lokalisierbares ‚Gottesmodul‘ gibt. Das neuronale Korrelat religiös-mystischer Erfahrung scheint vernetzt in mehreren Regionen vorzuliegen, wobei geistige/seelische Prozesse bei der Aktivierung eine
entscheidende Rolle spielen. Beauregard zieht daraus den Schluss, dass das Gehirn nicht ohne Geist/Seele und Geist/Seele nicht ohne Gehirn zu verstehen ist,
da beide komplementäre Aspekte der gleichen Wirklichkeit seien. In logischer
Folge plädiert er für einen Paradigmenwechsel hin zu einer *Spiritual Neuroscience*, d.h. einer *Nonmaterialistic Science of Mind*, die den Menschen ganzheitlich ins Visier nimmt und sich biologistisch-deterministischen Reduktionen
widersetzt.[32] Damit nimmt Beauregard ausdrücklich eine Gegenposition zu der
öffentlich kontrovers diskutierten naturalistisch-materialistischen Position Daniel Dennetts (nordamerikanischer Philosoph), Richard Dawkins (englischer
Neurobiologe) und Pascal Boyers (nordamerikanischer Anthropologe) ein.[33]

Eine Neurotheologie, die sich neuro-theologisch interdisziplinär aufstellt, mate-
rialistisch motivierten erkenntnistheoretischen Kurzschlüssen nicht erliegt und
methodische Mängel der Vergangenheit überwindet, hat ihre Glanzzeit m.E.
noch vor sich.[34] Auf theologischer Seite ist eine neurotheologische Forschung,
die nachweist, dass religiöse Gefühle/Gotteserfahrungen mit verstärkter Gehirn-

31 Vgl. DAVIDSON, R.J./ S. BERGLEY (2012): Warum wir fühlen, wie wir fühlen.
32 Vgl. BEAUREGARD, M./ D. O'LEARY (2008): The spiritual Brain. A Neuroscientist's Case for the Exist-
    ence of the Soul.
33 Vgl. DENNET, D. (2008): Den Bann brechen. Religion als natürliches Phänomen; DAWKINS, R. (2008):
    Der Gotteswahn; BOYER, P. (2011): Und der Mensch schuf Gott.
34 Eine ausführliche Zusammenstellung der bisherigen Mängel findet sich bei: GOLLER, H. (2009): Erschuf
    Gott das Gehirn oder das Gehirn Gott.

aktivität in neuronalen Zellverbänden einhergeht, durchaus positiv zu würdigen und eine Zusammenarbeit mit NeurowissenschaftlerInnen zu suchen. Ließe sich ein Nachweis ‚Neuronaler Korrelate' nämlich nicht führen, wäre der Mensch schlichtweg tot.[35] Solange aber ein Mensch am Leben ist, spiegeln sich seine religiösen Erfahrungen (gottgewollt) in seinem Gehirn wieder und können dort (gottgewollt) von Menschen aufgespürt werden. Dabei ist jedoch immer zu bedenken, dass die Lokalisierung Neuronaler Korrelate noch keine Auskunft über die Ursache von Religiosität/Glaube erteilt. Das Aufspüren neuronaler Korrelate ist nämlich weder ein naturwissenschaftlicher Beweis dafür, dass Religiosität auf neuronale Prozesse reduzierbar ist und damit als eine vielleicht sogar pathologische Eigenleistung des Gehirns zu beurteilen ist,[36] noch dafür, dass es keine vom Gehirn unabhängige Existenz religiöser Mächte und Gewalten gibt, wie Jörg Mey prägnant auf den Punkt bringt: „Selbst wenn es gelänge, religiöse Erfahrungen vollständig mit neurophysiologischen Prozessen zu korrelieren, würde das nicht notwendigerweise bedeuten, dass Gott außerhalb von uns nicht existiert."[37] Oder, wie Hans Ferdinand Angel und Andreas Krauss unter Bezugnahme auf die inzwischen angezweifelten Forschungsergebnisse von Persinger und Ramachandran salopp formulieren: Dass Gotteserlebnisse im linken Schläfenlappen ihr neuronales Korrelat haben, „sagt beispielsweise noch rein gar nichts über die Existenz oder Nichtexistenz eines höheren Wesens aus….Und sicher sitzt der Allmächtige auch nicht im Scheitellappen."[38]

1.3. Seele/Psyche/Geist im Visier

Trotz gravierender Erkenntnislücken, wagten es prominente Hirnforscher bereits im Jahre 2004, ein extrem optimistisches Grundsatzpapier zu formulieren, das in der Zeitschrift *Gehirn & Geist*, die von der Gesellschaft für Kognitionswissenschaft verbandlich unterstützt wird, publiziert wurde.[39] Unter dem nicht gerade bescheidenen Titel *Das Manifest. Elf führende Neurowissenschaftler über Gegenwart und Zukunft der Hirnforschung*[40] platzierten sie äußerst medi-

35 Vgl. MÜLLER, S./ W. HENRIK (2010): Religiöse Gehirne. Neurotheologie und die naturwissenschaftliche Erforschung religiöser Erfahrung; SCHJODT, U. (2011): The neural correlates of religious experience.

36 Vgl. EIBACH, U. (2009): Neurowissenschaften, 43.

37 MEY, J. (2009): Neurowissenschaftliche Untersuchungen religiöser Erfahrungen, 174. Zum gleichen Ergebnis gelangen auch: KLÄDEN, T. (2011): Neurowissenschaftliche Herausforderungen an die praktische Theologie; IRLENBORN, B. (2009): Gott im Gehirn;

38 ANGEL, H./ A. KRAUSS (2011): Neurotheologie, 71/72.

39 Der nahezu grenzenlose Optimismus der VerfasserInnen spiegelt sich auch in folgender zeitgleicher Ankündigung des Mitverfassers Christoph Koch wieder: „Die Zukunft der Hirnforschung: Das Bewusstsein steht kurz vor seiner Enthüllung." KOCH, C. (2004): Die Zukunft der Hirnforschung, 1. Kurze Zeit später formulierte Koch bereits weitaus vorsichtiger: KOCH, C. (2005): Bewusstsein. Ein neurobiologisches Rätsel.

40 Vgl. DAS MANIFEST DER NEUROWISSENSCHAFTLER, in: www.gehirn-und-geist.de/manifest, 2004. Etwas bescheidener im Titel (‚Memorandum' statt ‚Manifest'), aber ebenso programmatisch und selbstbewusst folgten in den Jahren darauf: 1. Ein Memorandum der (Neuro)PsychologInnen: PSYCHOLOGIE im 21. Jhdt. – Eine Standortbestimmung (2005); 2. Ein Memorandum zum Neuroenhancement: DAS OPTIMIERTE GEHIRN. Ein Memorandum sieben führender Experten (2009); 3. MEMORANDUM ‚REFLEXIVE NEUROWISSENSCHAFT' (2014).

enwirksam „ein manifestum, also eine öffentliche Erklärung dessen, was sich fast schon mit Händen greifen lässt".[41] Bezeichnend für die Inhalte des Manifestes ist, dass die Grenzen naturwissenschaftlich-empirischer Forschung im Blick auf weltanschauliche Aussagen weit überschritten werden: „Gesprochen wird nicht in Form eines Forschungsberichts, sondern in Form programmatischer Setzungen."[42] Programmatisch gibt sich das Manifest besonders an den Stellen, wo Aussagen über die Verhältnisbestimmung von 'mind and brain' getroffen werden. Ebenso wie bei den meisten HirnforscherInnen, die sich diesbezüglich äußern, treffen wir auch im Manifest auf eine gerade für Naturwissenschaftler außergewöhnliche Begriffsunschärfe, der Marcus Knaup sogar das Etikett „babylonische Sprachverwirrung"[43] verleiht. Begriffe wie *Psyche, Geist, Mentales* werden synonym verwendet oder auch unreflektiert miteinander kombiniert (z.B. geistig-psychisch). Erstaunlicherweise taucht im Manifest das Wort Seele nicht auf, obwohl es Manifest-Autoren in anderen Veröffentlichungen durchaus synonym zu Psyche, Mentales und Geist verwenden und ausdrücklich einen Frontalangriff auf die Seele starten. Im Folgenden werden die im Manifest verstreuten Aussagen zusammengetragen und anschließend kommentiert:

> ➤ „Wir haben herausgefunden, dass im menschlichen Gehirn neuronale Prozesse und bewusst erlebte *geistig-psychische Zustände* aufs Engste miteinander zusammenhängen." (33)
> ➤ „Die Daten, die mit modernen bildgebenden Verfahren gewonnen wurden, weisen darauf hin, dass sämtliche *innerpsychischen Prozesse* mit neuronalen Vorgängen in bestimmten Hirnrealen einhergehen." (33)
> ➤ „Auch wenn wir die genauen Details noch nicht kennen, können wir davon ausgehen, dass *alle diese Prozesse* grundsätzlich durch physikochemische Vorgänge beschreibbar sind." (33)
> ➤ „*Geist* und *Bewusstsein* – wie einzigartig sie von uns auch empfunden werden – fügen sich also in das Naturgeschehen ein und übersteigen es nicht. Und: *Geist* und *Bewusstsein* sind nicht vom Himmel gefallen, sondern haben sich in der Evolution der Nervensysteme allmählich ausgebildet. Das ist vielleicht die wichtigste Erkenntnis der modernen Neurowissenschaften." (33)
> ➤ „Dies bedeutet, man wird widerspruchsfrei, *Geist,* Bewusstsein, Gefühle, Willensakte und Handlungsfreiheit als natürliche Vorgänge ansehen, denn sie beruhen auf biologischen Prozessen." (36)
> ➤ „Sie werden dualistische Erklärungsmodelle – die Trennung von Körper und *Geist* – zunehmend verwischen." (37).

Wenn behauptet wird, dass Geist und Bewusstsein sich in das Naturgeschehen einfügen, dann wird die Botschaft vermittelt, dass naturwissenschaftliche Fak-

---

41 MARKL, H. (2004): Das Menschenbild als Palimpset, 40.
42 GASSER, G. (2010): Einleitung, 12.
43 KNAUP, M. (2013): Leib und Seele oder mind und brain?, 436.

ten ausreichen, um beide Phänomene erklären zu können.[44] Da moderne bildgebende Verfahren es tatsächlich ermöglichen, dass geistigen/ mentalen/ psychischen/ seelischen Leistungen und Erfahrungen neuronale Korrelate (aktivierte Neuronenverbände) zugeordnet werden können, wird der Schluss als zulässig angesehen, dass all diese Phänomene sich aus zugrundliegenden elektrophysiologischen und biochemischen Prozessen kausal ableiten lassen.[45] Auf dem Hintergrund eines naturalistisch-reduktionistischen Welt- und Menschenbildes bietet sich daher die programmatische Schlussfolgerung an, dass es ohne Gehirn keinen Geist/ keine Psyche/ keine Seele gibt, weshalb der Mensch weder aus Körper und Seele zusammengesetzt ist, noch als unsterbliche Seele seinen biologischen Tod überleben kann.[46]Auf dem Hintergrund derartiger Annahmen ist es nicht verwunderlich, dass sich das Magazin 'Der Spiegel' 2007 dazu ermutigt fühlte, neurowissenschaftliche Angriffe auf die Seele zum Titelthema zu machen und die öffentliche Diskussion mit provokativen Fragestellungen wie folgender anzuheizen: „Macht die moderne Gehirnforschung sogar die ehrwürdige Rede von der *Seele* überflüssig?"[47]

Betrachtet man Aussagen moderner Natur- und Neurowissenschaftler aus unterschiedlichen Ländern zur *Seele*, drängt sich dieser Eindruck nahezu auf, wie sich an folgenden Beispielen verdeutlichen lässt:

➢ Bereits 1984 behauptete der französische Neurobiologe Jean Pierre Changeux in seinem Grundlagenwerk 'Der neuronale Mensch. Wie die *Seele* funktioniert – die Entdeckung der neuen Gehirnforschung': „Fortan hat der Mensch nichts mehr mit dem ‚*Geist*' zu schaffen – es wird ihm genügen, ein neuronaler Mensch zu sein."[48]

➢ Joseph LeDoux, ein renommierter französischer Neurophysiologe, ging von ähnlichen Annahmen aus, weshalb er sein Forschungsvorhaben 2003 unter folgende programmatische Leitlinie setzte: 'From *Soul* to Brain'[49]

➢ Francis Crick, englischer Biochemiker, Entdecker der DNA-Struktur und Nobelpreisträger, schrieb 1994 in seinem Buch 'Was die *Seele* wirklich ist': „Ein moderner Neurobiologe braucht die religiöse Vorstellung einer *Seele* nicht, um das Verhalten von Menschen und anderen Lebewesen zu erklären. Man erinnert sich hier daran, wie Napoleon, als Pierre-Simon Laplace ihm das Sonnensystem erklärt hatte, fragte: ‚Und wo kommt Gott in all das hinein?' Worauf Laplace erwiderte: ‚Sir, ich brauche diese Hypothese nicht.'"[50]

44 Vgl. SCHLEIM, S. (2014): Zu viel versprochen, 52.
45 Vgl. RAGER, G. (2011): Selbst und Bewusstsein, 30 „Wenn Milliarden von Gehirnzellen miteinander kommunizieren, erzeugen sie Erregungsmuster, die ein Schlüssel zum Verständnis des menschlichen Geistes sein könnten." ZIMMER, C. (2013): Das Gehirn als Netzwerk, 7.
46 Vgl. LOICK, A. (2006): Seele, wo bist du? Die Hirnforschung und das Ende der dualistischen Auffassung von der Seele.
47 SCHREIBER, M. (2007): Die Reise ins Licht, 122.
48 CHANGEUX, J.P. (1984): Der neuronale Mensch, 216.
49 LeDOUX, JOSEPH (2003): The Self. From Soul to Brain.
50 CRICK, F. (1994): Was die Seele wirklich ist, 17.

Die Seelenhypothese ist gemäß Crick schlichtweg unnötig, weil sie als Produkt des Gehirns zu begreifen ist!

➢ Der kanadische Neurophilosoph Paul Churchland wies in seinem Buch 'The engine of reason, the seat of the *soul*' 1995 das Gehirn als Ort der Erzeugung von Seele aus. Da sich in der Wissenschaftsgeschichte angeblich unhintergehbare Aussagen immer wieder als unhaltbar herausgestellt haben, wird nach Churchland auch der Glaube an die Existenz einer *Seele* in sich zusammenbrechen und früher oder später als antiquierte Vorstellung aus unserem Sprachgebrauch verschwinden. Menschen aber, die dennoch am *Seelenbegriff* festhalten, ähneln denjenigen, die früher den Glauben daran, dass die Erde der Mittelpunkt der Welt sei, trotz Gegenbeweis nicht aufgeben wollten.[51]

➢ Thomas Metzinger, deutscher Neurophilosoph und ehemaliger Vorsitzender der Gesellschaft für Kognitionswissenschaft, veröffentlichte bereits 1996 einen Beitrag mit dem programmatischen Titel 'Wenn die *Seele* verloren geht. Der Fortschritt in den Neurowissenschaften erfordert eine neue Bewusstseinskultur'. Vier Jahre später legte er nach: „Gibt es so etwas wie eine *Seele* – eine *geistige Substanz* im ontologischen Sinn, die auch aus eigener Kraft existieren könnte? Gibt es eine überzeitliche *mentale Essenz*, einen unveränderlichen Kern der Persönlichkeit? Wenn bewusstes Erleben einmal auf der begrifflichen Ebene der Hirnforschung einer reduktiven Erklärung zugänglich werden sollte, dann würde der klassische Begriff *Seele* endgültig ein leerer Begriff."[52] In logischer Konsequenz formulierte er kurze Zeit später: „Und wenn tatsächlich so etwas wie das neuronale Korrelat des Bewusstseins existiert, ist es nur noch schwer vorstellbar, dass es Erfahrungen, Denken und Gefühle auch noch nach dem Tod des zugehörigen Organismus geben könnte. Logisch bleibt es natürlich möglich, aber empirisch wird es immer weniger plausibel. Die unsterbliche Seele hätte dann für viele ausgedient. Wir müssen uns als radikal sterbliche Wesen betrachten... Es sieht so aus, als ob wir biologische Ego-Maschinen ohne unsterbliche *Seelen* sind."[53]

➢ Analog hierzu postulierte 2011 auch der deutsche Neurophilosoph Wolf Singer, Mitautor des Manifestes: „Die Neurobiologie behauptet vielmehr, dass alles, was uns ausmacht, einschließlich aller *psychischen* und *mentalen Qualitäten*, auf neuronalen Prozessen beruht."[54] Die Konsequenz daraus zog er bereits Jahre zuvor in einem Interview: „Auch das Konstrukt einer immateriellen *Seele* ist wissenschaftlich nicht haltbar...Alles, was wir in dualistischen Leib-*Seele*-Modellen gern dem *Geistigen* zuschreiben, ist rein biologisch bedingt."[55] Für Singer ist evident, dass das *Geistige/Seelische* aus dem Biologi-

51 Vgl. CHURCHLAND, P. (1995): The engine of reason, the seat of the soul, 16.
52 METZINGER, T. (2000): Auf der Suche nach einem neuen Bild vom Menschen, 62/66.
53 METZINGER, T. (2006): Der Preis der Selbsterkenntnis, 42/44.
54 SINGER, W. (2011): Ich denke, also bin ich?, 17.
55 SINGER, in: SINGER, W./ T. METZINGER: Ein Frontalangriff auf unser Selbstverständnis und unsere Menschenwürde (2002), 32.

schen hervorgeht, weshalb nur noch geklärt werden muss, wie genau der „Phasenübergang zwischen dem Materiellen und *Geistigen*"[56] geschieht.

➤ Als maßgeblicher Autor des Manifestes fragte sich Gerhard Roth als Neurobiologe und Neurophilosoph schon 2004: „Wie macht das Gehirn die *Seele*?"[57] Jahre später gab er eindeutig zu verstehen: „Aus naturwissenschaftlicher Sicht finden jedoch alle *geistig-psychischen* Zustände mit dem Tod des Gehirns ein Ende."[58] Als Roth 2014 in einem Interview gefragt wurde, ob er immer noch der Überzeugung sei, dass *Geist* und Bewusstsein widerspruchsfrei auf biologische Prozesse zurückgeführt werden können, nahm er folgende, nicht diskutierbare Position ein: „Sicher, was denn sonst? Alles andere führt zu Geisterglauben und Mystizismus. Dass *Psyche* und *Geist* auf biologischen Prozessen beruhen, dieser Naturalismus also, ist schlicht nicht zu bezweifeln."[59]

➤ Auch Dietrich Dörner versuchte als Neuropsychologe bereits Anfang 2001 zu ergründen, wie genau das Gehirn das Phänomen Seele hervorbringt, so dass Menschen sich im Lebensalltag tatsächlich beseelt fühlen können.[60] Im Gegensatz zu den eher vorsichtigen Äußerungen der Autoren des Manifestes nimmt er eine klare Position zum Leib-Seele-Dualismus ein: „Weshalb erwecken die Manifestautoren den Eindruck, erst die zukünftige Forschung werde dualistische Auffassungen zum Verschwinden bringen? In Wirklichkeit sind diese längst überwunden: fraglich ist nicht, ob Neuronen die ‚Seele' konstituieren, sondern wie sie es tun."[61]

➤ Michael Pauen, Neurophilosoph und ehemaliger Vorsitzender der Gesellschaft für Kognitionswissenschaft, bemüht sich ebenfalls um eine naturalistische Erklärung des *Geistes*, weshalb auch er dualistische Denkmuster entschieden zurückweist.[62]

Sowohl die Positionen des Manifestes[63] als auch die soeben stark verkürzt dargestellten naturwissenschaftlich/neurobiologischen Thesen zum Mind-Brain-Verhältnis blieben natürlich nicht unkommentiert! Interessanter Weise meldeten sich sowohl Stimmen aus fachfremden Disziplinen wie aus dem neurowissenschaftlichen Lager selbst zu Wort. Während TheologInnen besonders monierten, dass die gewonnenen empirischen Befunde unter einer bestimmten weltan-

---

56 SINGER, W. (2011): Ich denke, also bin ich?, 18.
57 ROTH, G. (2004): Wie macht das Gehirn die Seele?
58 ROTH, G. (2012): Macht das Gehirn die Seele?, 24.
59 ROTH, in: ZEHN JAHRE ‚DAS MANIFEST' (2014), 66.
60 Vgl. DÖRNER, D. (2001): Bauplan für eine Seele.
61 DÖRNER, K. (2004): Man muss wissen, wonach man sucht, 37.
62 Vgl. PAUEN, M. (2010): Kein Rätsel des Bewusstseins.
63 Im Blick auf das gesamte Manifest geben Kritiker zu bedenken: „Beim ‚Manifest' handelt es sich weniger um eine kohärent entwickelte Position, als vielmehr um ein argumentativ und begrifflich ungenaues, in sich widersprüchliches Gemisch aus sachlicher Darstellung, nüchternem Problembewusstsein und angemessener Prognose einerseits, aus unreflektierten Vorurteilen, unbegründeten Thesen und freier Spekulation andererseits." TÖPFER, F. u.a. (2006): Ein neues Menschenbild?, 72.

schaulichen Perspektive überinterpretiert würden,[64] nutzten (Neuro) Psychologlnnen die öffentliche Aufmerksamkeit, um 2005 in Form eines eigenen Memorandums deutlich zu machen, dass das Verstehen und Erklären psychischer/geistiger/seelischer Phänomene nicht dem Zuständigkeitsbereich der Psychologie entzogen werden darf, weil sonst die Gefahr besteht, bloße Korrelationen (bestimmte Neuronengruppen feuern, wenn psychische/seelische Prozesse ablaufen) als kausale Zusammenhänge (Neurone erzeugen Psyche/Geist/Seele) auszugeben, wodurch den komplexen Zusammenhängen nicht Rechnung getragen wird.[65] Dass zwischen Körper und Geist eine Erklärungslücke klafft, die sich nicht allein durch kausale Logik schließen lässt, wird selbst unter Neurowissenschaftlern zunehmend erkannt, weshalb 15 renommierte NeurowissenschaftlerInnen im Jahr 2014 eine Art Gegen-Manifest im Memorandum-Stil verfasst haben.[66] Ihr Anliegen ist es, im Sinne einer *Reflexiven Neurowissenschaft* eine verstärkte inter- und transdisziplinäre Zusammenarbeit v.a. mit den Geisteswissenschaften zu suchen, um unrealistische Versprechen,[67] reduktionistische Kurzschlüsse und spekulative Deutungen weltanschaulicher Art künftig zu vermeiden, so dass folgendem Szenario, das Georg Gasser im Blick auf die Mind-Brain-Debatte an die Wand malt, der Boden entzogen wird: „Es besteht allerdings durchaus die Gefahr, dass es im Laufe der Zeit zu Verselbständigungen dieser Interpretationen kommt und dabei der Unterschied zwischen erhobenem Datenmaterial und Interpretationsleistung zunehmend verwischt wird. Am Ende kann ein relativ unspektakulärer ‚empirischer Kern' mit einer aufgeblasenen ‚Interpretationshülle' übrig bleiben, die allerdings den Eindruck vermittelt, dass eine gut abgesicherte empirische Basis gegeben sei."[68] Im Manifest wurde 2004 zwar suggeriert, es existiere eine geschlossene Front von HirnforscherInnen im Blick auf die Mind-Brain-Debatte. Dass dies realiter aber niemals der Fall war, soll zum Schluss exemplarisch aufgezeigt werden:

---

64 „Neurowissenschaftliche Erkenntnisse, die unter einem speziellen methodischen Blickwinkel ganz bestimmte Phänomene erklären, besitzen keine derart allgemein gültige Aussagekraft!" SCHOCKENHOFF; in: VOLAND, E. /E. SCHOCKENHOFF (2006): „Das wäre die Abschaffung des Menschen", 51.
65 Vgl. PSYCHOLOGIE im 21. Jhdt (2005), 60. Ebenso argumentiert auch Felix Tretter: TRETTER, F. (2014): Brücke zum Bewusstsein, 123.
66 Vgl. MEMORANDUM ‚REFLEXIVE NEUROWISSENSCHAFT" (2014).
67 Marcus Knaup weist zudem darauf hin, dass künftig gerade auch gegenüber der Öffentlichkeit der Eindruck zu vermeiden sei, dass lediglich technische Barrieren (bessere Messinstrumente, Techniken, Computer etc.) zu überwinden seien, um das Leib-Seele-Problem endgültig enträtseln zu können. Vgl. KNAUP, M. (2013): Leib und Seele oder Mind und Brain?, 321. Vgl. auch: RÖSLER, F. (2004). Es gibt Grenzen der Erkenntnis; MADEJA, M. (2006): Neuromodestia; HASLER, F. (2014): Neuromythologie; ECKOLDT, M. (2013): Gespräche über Hirnforschung und die Grenzen unserer Erkenntnis; CASPARY, R. (2010): Alles Neuro? Was die Hirnforschung verspricht und nicht halten kann; SCHLEIM, S. (2014): Zu viel versprochen; Selbst Pioniere wie Gerhard Roth und Wolf Singer gestehen inzwischen ein, dass ihr grenzenloser Optimismus der Anfangszeit Dämpfer erlitten hat: SINGER, W. (2013): „Heute weiß ich weniger über das Gehirn, als ich vor 20 Jahren zu wissen glaubte."; ZEHN JAHRE ‚DAS MANIFEST' (2014).
68 GASSER, G. (2010): Einleitung, 13. Andreas Bernard hinterfragt daher in der Süddeutschen Zeitung die öffentlich zugestandene Königsrolle der Hirnforschung. Vgl. BERNARD, A. (2012): Die Hirnforschung ist die Königin aller Wissenschaften.

✓ Als Biophysiker warnte Alfred Gierer bereits 2005 vor übertriebenem neurobiologischen Optimismus und schlussfolgerte: „Wenngleich keine Eigen-
schaft des Gehirns im Gegensatz zu Naturgesetzen und Evolutionsprinzipien
steht, können wir doch nicht umgekehrt das *Seelische* vollständig und philosophisch befriedigend aus Prinzipien der Naturwissenschaft ableiten."[69]

✓ In einem m.E. besonders einprägsamen Bild votiert Bernd Hontschick als
medizinischer Insider dafür, die Seele vor neurobiologischen Übergriffen zu
verteidigen: „Es wachsen und gedeihen Universitätsabteilungen, die den
Menschen als Maschine bis ins letzte Zahnrädchen zu erforschen suchen,
denn das verspricht Profit und letztlich auch Macht, selbst wenn jeder weiß,
dass man nicht Klavier spielen lernen kann, indem man einen Konzertflügel
in immer kleinere Einzelteile zerlegt."[70]

✓ Und auch Volker Sturm, Leiter der Neurochirurgie der Universitätsklinik
Köln, bekannte in einem Interview 2007: „Ich glaube, dass es eine Seele gibt,
als Christ glaube ich, dass wir unsterblich sind… Für mich ist die Seele nicht
irgendwo im Körper – also im Herzen oder im Hirn lokalisiert. Die Seele –
sie ist für mich die Software, die den gesamten Körper, also die Hardware, alle unsere Organe braucht. Sie ist überall in uns."[71]

✓ Anlässlich einer groß angelegten Online-Umfrage stellte sich 2007 heraus,
dass die Mehrzahl der befragten HirnforscherInnen zwar eine Zusammensetzung des Menschen aus den Substanzen Leib und Seele strikt ablehnt, zugleich aber ebenso wie Volker Sturm an der Vorstellung festhält, dass der
Mensch eine unauflösliche Einheit von mind und brain darstellt, weshalb in
den Labors/Instituten nicht primär die kausale Reduzierung von mind auf
brain, sondern deren komplexes Zusammenspiel analysiert wird.[72]

1.4. Ein neues Menschenbild als Befreiungsschlag

Viele HirnforscherInnen schicken sich nicht nur an, wie Tobias Kläden es vorsichtig formuliert, „am Selbstverständnis des Menschen zu kratzen"[73], sondern
beanspruchen, einen radikalen Paradigmenwechsel im abendländischen Menschenbild herbeiführen zu wollen, weshalb bereits im Manifest selbstbewusst
behauptet wird: „Dann werden die Ergebnisse der Hirnforschung in dem Maß,
in dem sie einer breiten Bevölkerung bewusst werden, auch zu einer Veränderung unseres Menschenbildes führen."[74] Eine Behauptung, die nicht erst im Ma-

69 GIERER, A.(2005): Biologie, Menschenbild und die knappe Ressource Gemeinsinn, 66. Ebenso kritisch äußert sich der Naturwissenschaftler Charles Probst, der sich auf den 1989 publizierten Hinweis des berühmten
Gehirnforschers John C. Eccles beruft, dass alle spirituellen Aspekte der menschlichen Natur rein wissenschaftlichen Erklärungen entzogen seien. Vgl. PROBST, C. (2001): Gehirn und Seele, 130.
70 HONTSCHICK, B. (2006): Körper, Seele, Mensch, 21-22.
71 STURM, in: LUIK, A./ T. RABSCH (2007): „Wir gehen in die Tiefe des Gehirns.", 203.
72 Vgl. SCHÄFER, T./ T. HORLITZ (2007): Jenseits des Dualismus, 69.
73 KLÄDEN, T. (2011): Neurowissenschaftliche Herausforderungen an die praktische Theologie, 40.
74 DAS MANIFEST DER NEUROWISSENSCHAFTLER, in: www.gehirn-und-geist.de/manifest, 2004, 37.
„Beansprucht wird, dass die ‚Hirnforschung' für die Interpretation des Menschen zuständig ist. GASSER, G.

nifest aufgestellt wurde, wie sich an einem Extraheft der Zeitschrift Gehirn &
Geist aus dem Jahr 2003 zeigen lässt, das den reißerischen Titel *Angriff auf das
Menschenbild* trägt.[75] Besonders öffentlichkeitswirksam meldeten sich Neuro-
philosophen wie Thomas Metzinger zu Wort, der eine unwiderrufliche materia-
listische Wende im Menschenbild konstatierte und folgende Behauptung aufstellte: „Das allgemeine Bild vom Menschen wird sich im Laufe dieses Jahrhunderts durch Fortschritte der Neuro-, Informations- und Kognitionswissenschaften tiefgehender verändern als durch jede andere wissenschaftliche Revolution der Vergangenheit.... Wir bewegen uns auf ein grundlegend neues Verständnis dessen zu, was es heißt, Mensch zu sein." [76] Noch vehementer äußerte
sich sein Kollege Wolf Singer: „Die Hirnforschung verändert in dramatischer
Weise unser Menschenbild und damit die Grundlagen unserer Kultur, die Basis
unserer ethischen und politischen Entscheidungen... Es handelt sich um eine
tief greifende Veränderung des Bildes von uns selbst. Das wird für manche von
uns schmerzhaft sein...Wir aber müssen etwas vermitteln, das einem Frontalangriff auf unser Selbstverständnis und unsere Menschenwürde gleichkommt."[77]
Metzinger und Singer interpretieren die Forschungsergebnisse der Neurowissenschaft dahingehend, dass fundamentale Axiome des christlich fundierten
abendländischen Menschenbildes wie Selbst- und Ichbewusstsein, Willensfreiheit, Verantwortungs- und Schuldfähigkeit zur Disposition stehen, weshalb eine
von christlichen Hintergrundannahmen losgelöste *Neuroethik* zu entwickeln
sei.[78] Weil Phänomene wie Ich-Erleben/Bewusstsein/Psyche/Seele als selbstge-
machte Produkte des Gehirns zu begreifen sind,[79] erweisen sich all diejenigen,

---

(2010): Einleitung, 12. Das Thema ‚Menschenbild' nimmt daher eine prominente Stellung in der Diskussion
ein wie folgende Beispiele belegen: BECK, B. (2013): Ein neues Menschenbild? Der Anspruch der Neurowissenschaften auf Revision unseres Selbstverständnisses; KNAUP, M. (2013): Leib und Seele oder mind
und brain? Zu einem Paradigmenwechsel im Menschenbild der Moderne; BECKERMANN, A. (2008): Gehirn, Ich, Freiheit. Neurowissenschaften und Menschenbild; CLAUSEN, J. u.a. (Hg.) (2008): Die ‚Natur des
Menschen' in Neurowissenschaft und Neuroethik; MÜLLER, O. (2008): Mensch und Gehirn. Eine Reflexion
über die Interdependenz von Anthropologie und Neurowissenschaften; AUS DER AU, C. (2011): Im Horizont der Anrede. Das theologische Menschenbild und seine Herausforderung durch die Neurowissenschaften;
PAUEN, M. (2007): Was ist der Mensch? Die Entdeckung der Natur des Geistes; KÖNNEKER, C. (Hg.)
(2006): Wer erklärt den Menschen? Hirnforscher, Psychologen und Philosophen im Gespräch; TÖPFER, F.
u.a. (Hg.) (2006): Ein neues Menschenbild?; ENGELS, E.M./ E. HILDT (Hg.) (2005): Neurowissenschaften
und Menschenbild; LINDEN, W., A. FLEISSNER (Hg.) (2004): Geist, Seele, Gehirn. Entwurf eines gemeinsamen Menschenbildes von Neurobiologen und Geisteswissenschaftlern. SCHMIDT, J. / L. SCHUSTER
(Hg) (2003): Der entthronte Mensch. Anfragen der Neurowissenschaften an unser Menschenbild.

75 Vgl. *Gehirn & Geist* Dossier (2013) 1.

76 METZINGER, T. (2000): Auf der Suche nach einem neuen Bild vom Menschen, 59; Ders.: (2006): Der Preis
der Selbsterkenntnis, 42. Vgl. auch Ders. (2005): Unterwegs zu einem neuen Menschenbild; Ders. (2008).
Auf der Suche nach einem neuen Bild des Menschen.

77 SINGER, W. (2003): Unser Menschenbild im Spannungsfeld zwischen Selbsterfahrung und neurobiologischer Fremdbeschreibung, 32-33.

78 Vgl. auch: VOGELSANG, F. / C. HOPPE (Hg.) (2008): Ohne Hirn ist alles nichts. Impulse für eine Neuroethik; LAUSEN, J./ O. MÜLLER/ S. SCHWENZFEUER (2008): Neuroethik.

79 Vgl. FIRTH, C. (2014): Wie unser Gehirn die Welt erschafft; KOCH, C. (2013): Bewusstsein. Bekenntnisse
eines Hirnforschers; MÜLLER, T. (2011): Ist das Bewusstsein nichts als das Feuer von Neuronen?; MÜL-
LER, T. (Hg.): (2011): Ich denke, also bin ich? Das Selbst zwischen Neurobiologie, Philosophie und Religion; MARKOWITSCH, H. (2010): Das menschliche Bewusstsein aus neurowissenschaftlicher Sicht; REI-

die noch immer daran glauben, dass der irdische Tod nicht das Ende individueller menschlicher Existenz darstellt, als extrem fortschrittsresistent: „Die Vorstellung einer Fortexistenz des bewussten Selbst nach dem physischen Tod wird
jetzt so unplausibel, dass der emotionale Druck auf Menschen, die dennoch an
ihren traditionellen Weltbildern festhalten wollen, nur schwer erträglich wird....
Nun engt sich jetzt auch für die allgemeine Öffentlichkeit, für den Normalbür-
ger, der Spielraum dessen ein, woran er als Privatmensch noch glauben kann –
ohne vom Rest der Gesellschaft belächelt zu werden. Wer dem wissenschaftlichen Erkenntnisfortschritt offen begegnet, kann bald nicht mehr an so etwas wie
ein personales Überleben nach dem Tod glauben."[80]
Nicht primär die Frage, was nach dem Tod geschieht, sondern v.a. die Frage, ob
der Mensch über einen freien Willen verfügt, entfachte in den letzten Jahren eine äußerst kontrovers geführte Diskussion.[81] Unter Berufung auf die sogenannten Libet-Experimente aus den 80iger Jahren,[82] zogen hauptsächlich Neurophi-
losophen folgenden Schluss: „Wir betrachten uns ja zum Beispiel als frei in unserem Handeln, obwohl diese Willensfreiheit neurobiologisch betrachtet gar
nicht existiert."[83] Wenn dem so wäre, dann gälte folgende Schlussfolgerung:
„Vor allem über unser Strafsystem werden wir neu nachdenken müssen. Wer
immer sich heute über Schuldfähigkeit Gedanken macht, ist gut beraten, die Erkenntnisse der Hirnforschung zur Kenntnis zu nehmen."[84] Die medienwirksam

CHERTZ, J. (Hg.) (2006): Akteur Gehirn oder das vermeintliche Ende des handelnden Subjekts; OESER, E.
(2006): Das selbstbewusste Gehirn; WEGNER, D. (2002): The Illusion of Conscious Will; METZINGER, T.
(2003): Being No One; DAMASIO, A. (2002): Ich fühle, also bin ich.

80 SINGER, in: SINGER, W./ T. METZINGER (2002): „Ein Frontalangriff auf unser Selbstverständnis und unsere Menschenwürde", 32.

81 Vgl. KEIL, G. (2012): Willensfreiheit; SCHÖNHERR-MANN, H. (2012): Willensfreiheit und Verantwortung zwischen Philosophie und Hirnforschung; FALKENBURG, B. (2012): Mythos Determinismus; PAUEN,
M./ G. ROTH (2008): Freiheit, Schuld und Verantwortung. Grundzüge einer naturalistischen Theorie der
Willensfreiheit; HUBER, M. (2006): Ist der Mensch noch frei?; MARKOWITSCH, H. (2004): Warum wir
keinen freien Willen haben; GEYER, C. (2004): Hirnforschung und Willensfreiheit.

82 Der US-amerikanische Neurophysiologe Benjam Libet führte Experimente durch, die zeigten, dass das Gehirn bereits eine Handlung vorbereitet hat (erkennbar als sogenanntes ‚Bereitschaftspotential' im EEG), bevor
die Versuchsperson eine angeblich freie Willensentscheidung gefällt hat. Nachfolgeexperimente (2008 John-
Dylan Haynes in Berlin) kamen zwar zu ähnlichen Ergebnissen, konnten aber auch belegen, dass das Bereitschaftspotential nicht determiniert, welche von zwei verfügbaren Alternativen (Hebung der rechten oder linken Hand) zum Zuge kommt, weshalb geschlussfolgert werden kann: „Unser Wille ist (potentiell) frei, frei
von Zufall, frei von Zwang, aber bedingt durch Erfahrungen. Deshalb setzt der Determinismus das Konzept
Willensfreiheit nicht außer Kraft, sondern ist im Gegenteil dessen notwendige Voraussetzung. Die Frage ist
nicht ob unsere Entscheidungen in einer Situation vorbestimmt sind, sondern wodurch." HERRMANN, C.
(2009): Determiniert – und trotzdem frei!, 57.

83 SINGER, in: SINGER, W./ T. METZINGER: „Ein Frontalangriff auf unser Selbstverständnis und unsere
Menschenwürde", 32. „Denn, wenn zutrifft, dass alles, was wir entscheiden, denken und uns vorstellen können, die Folge neuronaler Prozesse ist, dann kann der Wille nicht so frei sein, wie wir es empfinden und umgangssprachlich formulieren." SINGER, W. (2011): Ich denke, also bin ich?, 18.

84 SINGER, in: SINGER, W./ T. METZINGER: „Ein Frontalangriff auf unser Selbstverständnis und unsere
Menschenwürde", 33. Vgl. auch: FINK, H./R. ROSENZWEIG (Hg.) (2012): Verantwortung als Illusion?
Moral, Schuld, Strafe und das Menschenbild der Hirnforschung; STIER, M. (2011): Verantwortung und Strafe ohne Freiheit; SCHLEIM, S. (2011): Die Neurogesellschaft. Wie die Hirnforschung Recht und Moral herausfordert; WALTER, H. (2009): Sind wir alle vermindert schuldfähig? ROTH, G. (2005): Willensfreiheit
und Schuldfähigkeit aus der Sicht der Hirnforschung.

platzierte Behauptung, dass neurowissenschaftliche Forschungsergebnisse bewiesen hätten, dass Freiheit, eine Illusion ist und niemand für seine (verbreche-
rischen) Handlungen verantwortlich gemacht werden kann, wird inzwischen
von der Mehrzahl der ForscherInnen zurückgewiesen.[85] Volker Sturm kommentiert deshalb die öffentlichen Äußerungen seiner KollegInnen auf drastische Art
und Weise: „Ich glaube, Singer, Roth und all die Biologisten wie etwa Manfred
Spitzer aus Ulm, der knallhart sagt, es gibt keine Entscheidungsmöglichkeit,
machen den gleichen Fehler wie die Kirche im Mittelalter: Damals waren alle
Fakultäten der Theologie unterstellt, und das eigentliche Ziel jeder Forschung
war: der Gottesbeweis. Und heute soll ähnlich dogmatisch bewiesen werden,
dass es keinen freien Willen gibt. Wir sind aber keine Ratten..."[86]
Unter dem Stichwort 'Gehirn-Übertreibungssyndrom' kommentiert auch der
Engländer Nikolaus Rose Äußerungen seiner KollegInnen: „Zweifellos haben
Forscher beeindruckende neue Einsichten darin gewonnen, wie das Gehirn
funktioniert. Doch manche Wissenschaftler haben die gesellschaftliche Bedeutung dieses Wissens deutlich übertrieben."[87] Für Wolfgang Prinz, ehemaliger
Direktor des Max-Planck-Instituts München, stand daher schon 2004 fest, dass
das kaum reflektierte naturalistische Menschenbild vieler Hirnforscher revidiert
werden muss: „Dass also ‚unserem' Menschenbild beträchtliche Erschütterungen ins Haus stehen und wir deshalb ein ganz neues brauchen, halte ich noch
längst nicht für ausgemacht."[88] Eine sich selbst bescheidende Sichtweise, die
sich auch im 2014 veröffentlichten Memorandum ‚Reflexive Neurowissenschaft' findet.[89]
Birgit Beck kommt daher am Ende ihrer ausführlichen Analysen zu folgendem
Ergebnis: „Resultiert daraus tatsächlich ein ‚neues Menschenbild'? Die Antwort
lautet: Nein – ein gänzlich neues Menschenbild kann aus den Erkenntnissen der
Neurowissenschaften nicht abgeleitet werden."[90] Zugleich aber gilt, was Brigitte
Falkenburg auf den Punkt bringt: „Die Hirnforschung modifiziert unser Menschenbild. Sie lehrt uns neue, neurobiologisch bedingte Einschränkungen unserer Freiheit. Doch sie nötigt uns nicht dazu heraus, unser traditionelles Selbstverständnis als freie, moralische, intelligente Lebewesen vollständig aufzugeben. Wer dies meint, überschätzt ihre Tragweite."[91]

---

85 Das Ergebnis einer Online-Befragung von 385 neurowissenschaftlichen ExpertInnen erbrachte, dass über
   80% davon ausgehen, dass Menschen einen freien Willen haben. Vgl. SCHÄFER, T. (2007): Jenseits des
   Dualismus, 69. Vgl. auch SCHLEIM, S. (2012): Die 7 größten Neuromythen.
86 STURM, in: LUIK, A./ T. RABSCH (2007): „Wir gehen in die Tiefe des Gehirns.", 203.
87 ROSE, N. (2012): ‚Mancher leidet am Gehirn-Übertreibungssyndrom, 44.
88 PRINZ, W. (2004): Neue Ideen tun Not, 35.
89 Vgl. MEMORANDUM ‚REFLEXIVE NEUROWISSENSCHAFT' (2014), 5-6.
90 BECK, B. (2013): Ein neues Menschenbild?, 269. Vgl. auch: JANICH, P. (2009): Kein neues Menschenbild;
   AUS DER AU, C. (2011): Im Horizont der Anrede. Das theologische Menschenbild und seine Herausforderung durch die Neurowissenschaften, 69.
91 FALKENBURG, B. (2012): Mythos Determinismus, 389.

1.5. Neuroenhancement als alltagspraktische Folgewirkung

Obgleich gegenwärtig entgegen vollmundiger Ankündigungen keine umwälzende paradigmatische Veränderung des christlich inspirierten abendländischen Menschenbildes ansteht, muss dennoch zur Kenntnis genommen werden, dass neurowissenschaftliches Know-How es bereits jetzt ermöglicht, Neuroenhancement (neuronale Aufwertung) zu betreiben, d.h. aktiv in Gehirnfunktionen und damit in die die menschliche Natur einzugreifen.[92]

Nachdem das Bundesministerium für Bildung und Forschung eine Forschergruppe von 2008-2011 damit beauftragt hatte, Risiken und Potentiale des Neuroenhancement, das in Ländern wie den USA bereits weit verbreitet ist, zu analysieren, veröffentlichten nach Projektabschluss sieben daran beteiligte Mediziner, Ethiker und Juristen ein öffentliches Memorandum. Unter dem Titel *Das optimierte Gehirn* nahmen sie folgende Position zum *Gehirndoping* ein: „Bemühungen, die eigene geistige Leistungsfähigkeit oder das seelische Befinden zu verbessern, werden mit guten Gründen positiv beurteilt."[93]

Thomas Metzinger, der als Neurophilosoph für die Koordination des interdisziplinären Projektes verantwortlich war, stellte sich prinzipiell hinter das Memorandum, votierte jedoch dafür, statt von Neuro-Enhancement lieber von Kognitivem Enhancement zu sprechen, da nicht Nervenzellen im Gehirn, sondern kognitive Leistungen und psychische Befindlichkeiten verbessert werden sollen. Die neuen Möglichkeiten begrüßt auch er ausdrücklich und bezeichnet sie trotz seines Abgesangs auf die Seele als „*Schönheitschirurgie für die Seele*", da „jeder entscheidungsfähige Mensch erst einmal mit seinem Körper und Geist machen darf, was er will."[94] Machbar ist bereits jetzt, dass gesunde (!) Menschen Psychopharmaka zur künstlichen Intelligenzsteigerung und größerem psychischen Wohlbefinden (Happy Pills) einnehmen können. Unter dem Slogan 'Keine Angst vor IQ-Doping' verweist Michael Gazzangia darauf, dass z.B. das Medikament Ritalin, das nicht nur die schulische Leistung hyperaktiver Kinder, sondern auch die 'normaler' Kinder verbessern kann, weltweit von vielen Eltern zur Steigerung der Lernfähigkeit ihrer Kinder benutzt wird und stellt – auch im Blick auf wirtschaftliche Interessen vieler Pharmafirmen – die These auf: „Eines ist jedenfalls sicher: Medikamente zur Steigerung der kognitiven Fähigkei-

---

92 Literatur zur kontrovers geführten Diskussion: KIPKE, R. (2011): Besser werden. Eine ethische Untersuchung zu Selbstformung und Neuro-Enhancement; SCHLEIM, S. (2010): Cognitive Enhancement – sechs Gründe dagegen; KÖRTNER, U. (2010): Der machbare Mensch?; FRICK, E. (2010): Neuro-Enhancement; DICKEL, S. (2010): Entgrenzung der Machbarkeit? Biopolitische Utopien des Enhancements; FINK, H./ R. ROSENZWEIG (Hg.) (2010): Künstliche Sinne, gedoptes Gehirn; SCHÖNE-SEIFERT, B. u.a. (Hg.) (2009): Neuro-Enhancement; KNOEPFFLER, N./ J. SAVULESCU (Hg.) (2009): Der neue Mensch? Enhancement und Genetik; ACH, J. (2009): Neuro-Enhancement.

93 DAS OPTIMIERTE GEHIRN (2009), 40.

94 METZINGER, T. (2009): „Schönheitschirurgie für die Seele', 50. Vgl. Projekt 2008-2011: „Normalität, Normalisierung und Enhancement in den Neurowissenschaften: Ethische, soziokulturelle und neuropsychiatrische Aspekte von Cognitive Enhancement", gefördert mit Mitteln des Bundesministeriums für Bildung und Forschung. http://www.ifzn.uni-mainz.de/472.php.

ten werden kommen, und wir werden sie gebrauchen und missbrauchen."[95] Ob,
wie 2004 höchst optimistisch im Manifest der Neurowissenschaftler angekün-
digt worden ist, nicht nur eine neue Generation von Psychopharmaka psychische Erkrankungen heilen wird,[96] sondern auch *genetische Screeningverfahren*
bereits präventiv das Auftreten psychischer Störungen verhindern werden,
scheint dagegen auch 2014 noch immer ein unerfüllbarer Wunschtraum zu
sein.[97] In Reichweite dagegen liegt eine neue Generation an *Neuroimplantaten*
wie Hirnschrittmacher, die direkt ins Gehirn implantiert kognitive Leistungen
erhöhen bzw. verändern können, sowie *Neuroprothesen*, die über Neuro-
Interface-Schnittstellen direkt mit Teilen des Nervensystems interagieren und
dadurch neuronale Funktionen künstlich steuern.[98] Dass derartige Technologien
Tür und Tor für manipulative Denk- und Verhaltensbeeinflussung öffnen, liegt
ebenso auf der Hand wie die Tatsache, dass sich nur wohlhabende Menschen
pharmakologisches und technisches Gehirndoping leisten können. Dies wiederum bringt die Gefahr mit sich, dass über kurz oder lang eine Art Zweiklassen-
gesellschaft von Gedopten und Nicht-Gedopten mit entsprechendem Hand-
lungs- und Normierungsdruck heraufbeschworen wird.[99]

1.6. Ein friedlicher Ausblick

Unser Ausflug in die Neurowissenschaften sollte zeigen, dass SeelsorgerInnen/
TheologInnen/Verantwortliche in Kirchenleitungen aller Konfessionen dazu
herausgefordert sind, sich konstruktiv-kritisch sowohl mit den neurowissen-
schaftlich gewonnenen empirischen Forschungsergebnissen, als auch mit den
daraus gezogenen weltanschaulichen Schlussfolgerungen auseinanderzusetzen.
Der medial inszenierte neurowissenschaftliche *Frontalangriff auf die Seele* erweist sich bei näherem Hinsehen als ein Angriff auf die im Abendland noch

---

95 GAZZANGIA, M. (2005): Keine Angst vor IQ-Doping, 45. Vgl. auch: RETZBACH, J. (2012): Schlau auf
   Rezept?; HALL, S. (2009): Pfiffiger per Pille – ein Wunschtraum?; LIEB, K. (2009): Hirndoping; AUF DEM
   HÖVEL, J. (2008): Pillen für den besseren Menschen.
96 Trotz intensivster Forschung (v.a. in den USA) ist es bisher nicht gelungen sogenannte ,Biomarker' für psychische Erkrankungen ausfindig zu machen. Daher können psychische Erkrankungen bisher weder mit Hilfe
   von Gentests noch mit bildgebenden Verfahren diagnostiziert werden. Weltweit beobachtbar ist zudem, dass
   sich immer mehr Pharmafirmen aus der teuren Erforschung von Psychopharmaka zurückziehen, da seit 20
   Jahren kaum gravierende Fortschritte erzielt werden konnten. Ihr Interesse verlagert sich daher zunehmend
   auf die Erforschung von Medikamenten, die z.B. aus der Alzheimerforschung bekannt sind und zur kognitiven Leistungssteigerung Gesunder eingesetzt werden könnten. Vgl. WOLF, C. (2013): Uneingelöste Versprechen, 56; SCHLEIM, S. (2014): Zu viel versprochen, 54.
97 MANIFEST DER NEUROWISSENSCHAFTLER (2004), in: www.gehirn-und-geist.de/manifest, 37.
   Thomas Metzinger, der bereits 2002 für neuropsychiatrische Vorsorgeuntersuchungen plädiert, verstieg sich
   sogar zu folgender Aussage: „Vielleicht werden Versicherungen einmal Preisnachlässe für solche Antragstel-
   ler gewähren, die per Hirnscan Ausschluss bestimmter Krankheitsveranlagungen nachweisen." METZINGER,
   in: SINGER, W./ T. METZINGER (2002): Ein Frontalangriff auf unser Selbstverständnis, 35.
98 Lesbare Vertiefungsliteratur: SCHEICH, H. (2013): Direkter Zugang zum Gehirn; HILDT, E./ E.M. EN-
   GELS (Hg.) (2009): Der implantierte Mensch; VAAS, R. (2007): Schöne neue Neuro-Welt; DELIANO, M.
   (2010): Prothesen für das Gehirn; STURM, V. (2013): Neuronale Schrittmacher; MÜLLER, O. u.a. (Hg.)
   (2009): Das technisierte Gehirn; OHL, F. (2006): Hightech im Gehirn.
99 Vgl. UTSCH, M. (2014): Bewusstseinskontrolle.

immer favorisierte ontologisch-dualistische Zerlegung des Menschen in *Leib und Seele*, weshalb Ansgar Beckermann nüchtern schlussfolgert: „Sicher, wenn die vorgebrachten Argumente stichhaltig sind, werden wir uns damit abfinden müssen, dass wir keine immaterielle Seele besitzen, dass wir als Lebewesen ganz und gar natürliche Wesen sind - integraler Teil der uns umgebenden natürlichen Welt. Doch das hat weit geringere Konsequenzen als viele glauben."[100] Die Konsequenzen sind m.E. tatsächlich geringer als gedacht, weil ChristInnen sich nicht dadurch als solche erweisen, dass sie einer dualistischen Sicht von Welt und Mensch anhängen müssen. In den folgenden Kapiteln soll deutlich werden, woher die Vorstellung von *Leib und Seele* stammt und wie wenig sie mit dem biblischen Verständnis von Mensch-Sein zu tun hat. Wenn uns die moderne Neurowissenschaft aufzeigt, dass der Mensch nicht in einen sterblichen Körper und eine unsterbliche Seele zerlegt werden kann, dann stützt sie die biblische Sichtweise von Mensch-Sein und erweist sich dadurch als höchst kompatibel mit einer modernen Theologie, die sich (endlich) wieder auf ihre biblischen Wurzeln rück-besinnt. Für Christian Hoppe leistet die Neurowissenschaft daher eine Art Hebammendienst für die Theologie, weil sie wissenschaftliche Argumente dafür liefert, den Mut aufzubringen, mit Vorstellungen zu brechen, die das Denken der meisten abendländischen ChristInnen zwar noch immer zutiefst prägen, faktisch aber überhaupt nicht auf Jesus Christus, die ersten ChristInnen und ihre Sicht vom Menschen zurückgehen.[101]
Dass der Mensch aber dennoch mehr ist, als nur sein materieller vergänglicher Körper, diese Sichtweise breitet sich inzwischen selbst unter NeurowissenschaftlerInnen, die einer (weiter oben erläuterten) *Reflexiven Neurowissenschaft* bzw. einer *Neurotheologie* im Sinne Beauregards anhängen, unter ausdrücklichem Verzicht auf dualistische Erklärungsmuster immer stärker aus. Die Frage Joel Greens, was es für das christliche Seelsorgeverständnis bedeuten würde, wenn es zum Schluss gar *keine Seele* gibt, wäre aus neurowissenschaftlicher Perspektive dahingehend zu präzisieren, was es für Seelsorge bedeuten würde, wenn es *keine unsterbliche Seele* gibt?[102] Reaktiviert man den biblischen Seelenbegriff und besinnt sich auf das biblische Verständnis von 'Auferweckung', braucht die Frage Joels keine Angst zu machen, wie im Laufe dieses Buches deutlich werden soll.

Bestreiten NeurowissenschaftlerInnen jedoch Ich-Bewusstsein, Willensfreiheit, Schuldfähigkeit und die Möglichkeit menschlicher Existenz nach dem irdischen Tod, dann gilt es, wie bereits Bernd Irlenborn einfordert, sich als ChristIn gegen eine derart reduktionistisch-materialistische Sicht von Mensch-Sein lautstark und öffentlichkeitswirksam zur Wehr zu setzen![103]

---

100 BECKERMANN, A. (2008): Gehirn, Ich, Freiheit, 133.
101 Vgl. HOPPE; C. (2013): Gott und Gehirn, 152.
102 Vgl. GREEN, J. (2005): Body and Soul, 9. Vgl. Auch VASEK, T. (2010): Seele. Eine unsterbliche Idee.
103 Vgl. IRLENBORN, B. (2009): Gott im Gehirn?, 283.

2. Unentschiedenheit und Unbefangenheit

2.1. Psychiatrisch-psychologische Unentschiedenheit

Obgleich die medizinische Disziplin Psychiatrie erst seit ungefähr 200 Jahren existiert, kann sie bereits auf mehrere äußerst folgenreiche Paradigmenwechsel zurückblicken. Naturphilosophisch-religiös dominierte erste Interpretationsrahmen wurden abgelöst von naturwissenschaftlich-medizinisch, neuroanatomisch-operativ, erbbiologisch-spekulativ, philosophisch-daseinsanalytisch, antipsychiatrisch und sozialpsychiatrisch dominierten Sichtweisen, die sich in extrem unterschiedlichen Krankheitslehren, Diagnose- und Therapieversuchen niederschlugen. In Folge aktueller neurowissenschaftlicher Forschungsergebnisse vollzog sich Ende des 20. Jhdts. relativ unspektakulär ein Paradigmenwechsel weg vom sozialpsychiatrischen Ansatz, den nicht nur eine multikausale Krankheitslehre, sondern auch eine interdisziplinäre Behandlungsstrategie kennzeichnet, hin zu einem stark neurobiologisch-medizinisch dominierten Ansatz, in dem psychische Erkrankungen (wieder) monokausal als reine Erkrankung des Gehirns verstanden und dementsprechend hauptsächlich medikamentös behandelt werden. Ein von der Pharmaindustrie gestützter Wandel, den der Pharmakologe Felix Hasler selbstkritisch folgendermaßen charakterisiert: „Es gab in der Psychiatrie in den letzten Jahren eine dramatische Verschiebung in Richtung Biologie."[1] Für renommierte, v.a. in Universitätskliniken tätige PsychiaterInnen, die sich hauptsächlich neurowissenschaftlichen Forschungsstrategien zuwenden, hat der Seelenbegriff daher in der Regel ausgedient, selbst wenn sie ihn noch in Publikationen öffentlichkeitswirksam benutzen. Ein eklatantes Beispiel hierfür ist Florian Holsboer, Chemiker, Psychiater und Leiter des Max-Planck-Instituts München, der v.a. im Blick auf die Behandlung von Depressionen unter dem Titel ,*Biologie für die Seele*' für eine ,personalisierte', d.h. eine auf den jeweiligen Patienten maßgeschneiderte medikamentöse Therapie als Ausdruck einer ,humanen Medizin', die effizient heilt, plädiert.[2]

Gegenwärtig melden sich jedoch immer mehr PsychiaterInnen zu Wort, die den biologisch-reduktionistischen Ansatz lautstark kritisieren, zumal die versprochenen medikamentösen Weiterentwicklungen bisher nicht den erwünschten Erfolg brachten, wie Christian Wolf zugibt: „Man hat Tausende von Studien durchgeführt und viel Geld investiert und letztlich nichts für die klinische Anwendung Relevantes gefunden... Die enttäuschten Hoffnungen gingen nicht spurlos an der Pharmabranche vorbei. Viele Firmen sind pessimistisch, was die kommerziellen Aussichten in der Psychopharmakologie betrifft; mehrere große

---

1 HASLER, in: WOLF, C. (2013): Uneingelöste Versprechen, 52. Vgl. HOFF, P. (2006): Leib & Seele – Gehirn & Geist – Gesundheit & Krankheit, 47-48.

2 Vgl. HOLSBOER, F. (2009): Biologie für die Seele. Einen ähnlichen Ansatz verfolgt der US-Amerikaner Eric Kandel, der für seine Forschung sogar mit dem Nobelpreis ausgezeichnet worden ist. Vgl. KANDEL, E. (2009): Auf der Suche nach dem Gedächtnis. Die Entstehung einer neuen Wissenschaft des Geistes, 379-389. Vgl. auch KANDEL, E. (2008): Psychiatrie, Psychoanalyse und die neue Biologie des Geistes.

Unternehmen haben sich mittlerweile sogar ganz aus der Entwicklung neuer Wirkstoffe zurückgezogen... Allmählich scheint sich ein Umdenken abzuzeichnen. Psychiater nehmen mittlerweile wieder mehr Abstand davon, psychiatrische Erkrankungen lediglich als Hirnerkrankungen zu betrachten."[3] Hans Christian Thuberg stellt daher folgende Frage: „Warum wird das Wort 'Seele' in der Psychiatrie nicht mehr benutzt? Haben wir Scheu, den Begriff 'Seele' zu benutzen? Obwohl meine Berufsvorgänger sich Ärzte für Seelenheilkunde nannten?"[4] Auch sein Kollege Paul Hoff fragt sich, warum die Seelen-Thematik gemieden wird, wie ein Blick in die Buchregister psychiatrischer Standardwerke schnell offenbart. Ein doch recht erstaunliches Phänomen, zumal eine der bedeutendsten Forschungsstätten der deutschen Psychiatrie in Mannheim den Namen 'Zentralinstitut für seelische Gesundheit' trägt. Daniel Hell, Klinischer Direktor an der Psychiatrischen Universitätsklinik Zürich, sieht sich deshalb dazu gezwungen, der Psychiatrie die Tendenz zu attestieren, sich zu angewandten seelen-losen Neurowissenschaften zu entwickeln. In seinem 2003 erschienenen Buch 'Seelenhunger' plädiert er deshalb ausdrücklich für die Wiederentdeckung der Seele in der Psychiatrie und damit einhergehend für eine erneute Profilierung der Psychiatrie als *„Seelenwissenschaft*[5]. Neurobiologischen Engführungen widersetzt er sich offen, wobei er 2007 folgende relativ optimistische Einschätzung wagt: „Nach und nach wurde in der wissenschaftlichen Psychologie und Psychiatrie deutlich, dass die Seele des Menschen kein objektivierbares Phänomen ist, das sich auf rein naturwissenschaftlich-medizinische Weise erfassen lässt. Das völlige Aufgeben des Seelischen in einer konsequenten Gehirnkunde oder Encephaliatrie (statt Psychiatrie) erweist sich zunehmend als unbefriedigend."[6] 2013 veröffentlicht er daher ein wegweisendes Buch unter dem Titel ,Krankheit als seelische Herausforderung'.[7] Unterstützung in seinem Bestreben der Wiederentdeckung der Seele erhält Hell von seinem Kollegen Hartmut Hinterhuber. Angesichts der grausamen Verbrechen, die von PsychiaterInnen im Zweiten Weltkrieg auch an wehrlosen Kindern begangen worden sind, plädiert er dafür, in der Psychiatrie einen jeden Menschen in seiner Ganzheit wahrzunehmen und ihn vor totalitären Übergriffen prinzipiell zu schützen. Hierbei kommt seines Erachtens dem Seelenbegriff eine Schlüsselfunktion zu, denn: „Im Wort 'Seele' liegt immer noch eine starke humanisierende Kraft, sowohl für den Einzelnen als auch für die moderne Kultur."[8]
Schwenken wir von der Psychiatrie zur Psychologie, so stellt sich die Situation ähnlich ambivalent dar. Bereits vor mehr als 10 Jahren machte Arist von

---

3 WOLF, C. (2013): Uneingelöste Versprechen, 57.
4 THUBERG, H. (2004): Die Psychiatrie und die Seele, 71.
5 Vgl. HELL, D. (2003): Seelenhunger, 16.
6 HELL, D. (2007): Die Identität der Seelsorgenden aus der Sicht des Psychiaters, 72.
7 Vgl. HELL, D. (2013): Krankheit als seelische Herausforderung.
8 HINTERHUBER, H. (2001): Die Seele, 225. In Publikationen, in denen ganzheitliches Denken propagiert wird, taucht daher der Begriff Seele noch immer auf. Vgl. ZEHENTBAUER, J. (2006): Chemie für die Seele; BECK, M. (2000): Seele und Krankheit; PAYK, T. (2000): Forscher im Labyrinth der Seele.

Schlippe eine Entdeckung, die ihn zu folgender Fragestellung reizte: „Warum sagt denn die moderne Psychologie so wenig über die Seele aus? In keinem psychologischen Wörterbuch, das ich mir anschaute, auch nicht in einem der aktuellsten Einführungswerke in die Psychologie von 1999 mit einem immerhin 25-seitigen engzeilig gesetzten Stichwortverzeichnis findet sich das Wort Seele."[9] Die konsequente Verdrängung des Seelenbegriffs aus der Psychologie erklärt sich für Heribert Wahl folgendermaßen: „Je exklusiver sich die 'Seelenkunde' seit ca. 1850 als empirisch-experimentelle, quantitative Wissenschaft verstand, desto mehr wurde sie zur Psychologie ohne Seele."[10] Nicht die Seele, sondern die Psyche galt es zu untersuchen und durch entsprechende Messverfahren (man denke an Intelligenztests) möglichst naturwissenschaftlich und objektiv zu vermessen. Dass dies gerade im neurowissenschaftlichen Forschungskontext dazu führte, dass PsychologInnen, die die neue Fachrichtung ‚Neuropsychologie' für sich entdeckten, dazu tendieren, den Seelenbegriff als antiquiert zu verabschieden, liegt auf der Hand.

Zugleich aber ist feststellbar, dass gegenwärtig immer mehr Stimmen von (Neuro)PsychologInnen erklingen, die sich von der angeblich endgültigen Verabschiedung von der ‚Seele' verabschieden und trotz ihrer professionellen Fokussierung auf die Psyche des Menschen keine Scheu davor haben, von ‚Seele' und ‚seelischer Erkrankung' zu sprechen, um den ganzen leidenden Menschen in den Blick zu bekommen. Selbst in den Zeitschriften ‚Gehirn & Geist' und ‚Psychologie Heute' findet der Terminus Seele anscheinend ungeniert Verwendung, wobei jedoch zuweilen der Verdacht aufkeimt, dass er lediglich aus wortspielstrategischen, sprich verkaufstechnischen Gründen benutzt wird.[11]

2.2. Theologische Unentschiedenheit

Wie aber hält es die heutige Theologie mit der Seele? Dass nicht wenige TheologInnen konfessionsübergreifend mit der Seele ein Problem haben, wird selbst von außen wahrgenommen, weshalb der bereits zitierte Psychiater Daniel Hell ironisch fragt, warum eigentlich „die meisten Theologen den Seelenbegriff fürchten, wie der Teufel das Weihwasser"?[12] Tatsache ist, dass der Begriff Seele längst nicht mehr zum selbstverständlichen Vokabular heutiger TheologInnen gehört, wobei Ulrich Barth 2004 sogar folgende Behauptung aufstellte: „Auch in der heutigen Theologie sucht man ihn vergebens, sowohl in der Dogmatik, Anthropologie, Ethik als auch – was noch mehr verwundert – in der Seelsorgelehre und Religionspsychologie."[13] Dass gerade in der Seelsorgelehre schon seit

---

9   SCHLIPPE, A. v. (2004): ‚In des Menschen Brust ist Unendlichkeit', 61.
10 WAHL, H. (2004): Seele, 1106.
11 Vgl. auch folgende Publikationen: RICHARDT, G. (2002): Notfallpsychologie – erste Hilfe für die Seele; SCHMIDBAUER, W. (2000): Vom Umgang mit der Seele. Entstehung und Geschichte der Psychotherapie.
12 HELL, D. (2003): Seelenhunger, 20.
13 BARTH, U. (2004): Selbstbewusstsein und Seele, 199. Im Blick auf die Dogmatik korrespondiert diese These mit der Behauptung Grubers, dass gerade die Dogmatik den Seelenbegriff ad acta gelegt habe. GRUBER, F.

längerem eine ‚silence about soul' festzustellen ist, wird auch im nordamerikanischen Raum beklagt. Die eingetretene Stille ist nach Herbert Anderson jedoch
nicht grundlos aufgetreten, sondern lässt sich v.a. auf folgende Gründe
zurückführen: „The language of soul has not been in vogue in pastoral theology,
partly out of fear of returning to old body/soul dualisms and partly because the
psychological paradigm has dominated definitions of human."[14] Für den
deutschsprachigen Raum attestiert Walter Hoeres aus konservativer Perspektive
sogar eine offene Seelenfeindschaft, wobei er als besonders bedauernswert einstuft, dass in neueren Bibelübersetzungen der Begriff Seele durch den Begriff
Leben ausgetauscht worden ist (z.B. Mt. 16,25): „Damit wird eine Theologie
und Praxis zementiert, die der ungeliebten Seele offenbar endgültig den Abschied geben und sie lieber heute als morgen dem Orkus der Vergessenheit an-
heimgeben will."[15] Etwas vorsichtiger weist auch Werner Wasmuth auf eine eklatante *Seelenvergessenheit* hin, wobei er im Blick auf seine eigene Ausbildung
räsoniert: „Ich erinnere mich nicht, dass er (der Seelenbegriff) während meines
Theologiestudiums jemals Gegenstand einer theologischen Erörterung war."[16]
Eine Beobachtung, die sich zumindest auch für meine Studienzeit Anfang der
80iger Jahre bestätigen lässt. Bereits damals fragte sich z.B. Otto Hermann Pesch in einer der wenigen Publikationen zur Seele, ob das Wort Seele nicht ent-
behrlich sei und durch das Wort Geist ersetzt werden könne.[17]
Gegen diesen Vorschlag sprach sich als einsamer Rufer in der Wüste bereits in
den 80iger Jahren Wilhelm Zauner aus, für den das Wort Seele trotz seiner
Vieldeutigkeit und Missverständlichkeit für ChristInnen ein unverzichtbares
Urwort darstellt.[18] Während in Nordamerika in den 90iger Jahren besonders in
(evangelikal) evangelischen Kreisen für eine 'recovery of soul'[19] plädiert wurde,
ließen sich derartige Rufe in Deutschland erst ein Jahrzehnt später hören. Hervorzuheben ist hier besonders die evangelische Theologin Elisabeth Naurath,
die im schillernden Seelsorgebegriff ein Potential erkennt, das es für Seelsorge
neu zu nutzen gilt.[20] Lautstark setzten sich außerdem gerade diejenigen Theologen für eine *Rehabilitation des Seelenbegriffs* ein, die sich konstruktiv-kritisch

---

(2002): Empathisches Menschsein, 389. Dass Barths These auf die Seelsorgelehre zutrifft, lässt sich bereits
bei Hauschild nachlesen. Vgl. HAUSCHILDT, E. (2002): Interkulturelle Seelsorge, 256.

14   ANDERSON, H. (2001): Whatever happened to Seelsorge?, 34.

15   HOERES, W. (2006): Ein Abschied in Raten? Zur Seelenvergessenheit heutiger Theologie, 181. Vgl. auch
Ders. (2008): Seelenfeindschaft.

16   WASMUTH, W. (2004): Wo aber bleibt die Seele?, 6.

17   PESCH, O. (1986): Gott – die Freiheit des Menschen, 210.

18   ZAUNER, W. (1987): Sorge um die Seele, 148-149.

19   Vgl. ASHBROOK, J. (1991): Soul; MOORE, T. (1992): Care of the soul; ANDERSON, H. (1994): Recovery
of Soul.

20   Vgl. NAURATH, E. (2003): ‚Die Seele spüren', 103. In kritischer Auseinandersetzung mit Naurath empfiehlt
auch Konrad Stock aus systematisch-theologischer Sicht eine Rehabilitation des Seelenbegriffs. Vgl. STOCK,
K. (2003): ‚...auf der Suche nach ihrer Seele..."?, 115-116. Psychologisch qualifizierte TheologInnen scheinen weniger Berührungsängste gegenüber dem Selenbegriff zu haben, wie z.B. folgende Publikationen belegen: WINKLER, K. (2003): Grundmuster der Seele; UTSCH. M. (Hg.) (2000): Wenn die Seele Sinn sucht;
MÜLLER, W. (1999): Auf der Suche nach der verlorenen Seele.

mit neurowissenschaftlichen Forschungsergebnissen auseinandersetzen, denn, wie Christoph Gestrich neurobiologischen Todeshymnen auf die Seele entgegenhält: „Über die Qualität der menschlichen Seele wird nicht in der Biochemie entschieden."[21] Dass sich gegenwärtig ein Umdenken anbahnt und der Begriff ‚Seele' wieder in das theologische Blickfeld rückt, lässt sich schon daran ablesen, dass im Jahr 2014 selbst die (pastoralpsychologisch-theologische) Fachzeitschrift ‚Wege zum Menschen' der ‚Seelen-Thematik' ein eigenes Themenheft widmet.[22]

2.3. Alltagssprachliche Unbefangenheit

Befindet sich die Rede von der ‚Seele' tatsächlich auf dem gesellschaftlichen Rückzug, wie Gregor Maria Hoff 2005 behauptete?[23] Können heutige Menschen wirklich nichts mehr mit dem Seelenbegriff anfangen?

In der Umgangssprache zumindest ist die Seele *noch immer präsent*: Etwas brennt uns auf der Seele. Wer seelenlos handelt oder auf Kinderseelen herumtrampelt gilt als unmenschlich. Wer seine eigene Seele verkauft, begeht offensichtlich einen nicht mehr gutzumachenden Fehler. Wer dagegen beseelt handelt, scheint es auf eine besonders positive Art und Weise zu tun. Menschen suchen schließlich auch heute noch nach Nahrung für ihre Seele und nennen sich gegenseitig ‚gute Seelen'. Dass sich selbst postmoderne Menschen von 'Bildern der Seele' durchaus angezogen fühlen, lässt sich exemplarisch an zwei Kunstausstellungen aufzeigen, die ein unerwartet großes Publikum begeisterten.[24] Schlägt man die Berliner Tageszeitung 'Der Tagesspiegel' vom 1. April 2007 auf, dann wird uns auf Seite R1 im Reiseteil in großen Lettern erklärt, dass sich Körper und Seele mit Hilfe von Wellness-Maßnahmen im Einklang befinden sollten. Im Kulturteil auf S. 25 wird uns außerdem großflächig Gustav Mahler als genialer Seelenkomponist angepriesen. Lässt man die Internet-Suchmaschine 'Google' nach der Seele fahnden oder durchforstet das 'Verzeichnis lieferbarer Bücher' nach Buchtiteln, in denen das Wort Seele auftaucht, muss man viel Zeit mitbringen, denn die Ergebnisfülle übertrifft alle Erwartungen. Versucht man zumindest eine grobe Systematisierung der Literaturflut, dann zeigt sich schnell, dass wissenschaftlich qualifizierbare Abhandlungen zur Seele nur eine periphere Rolle spielen. Der Seelenbegriff scheint dagegen in folgenden Sparten, die eine breite Leserschaft ansprechen, zu Hause zu sein: Lebenshilfe- und Ratgeberliteratur; Besinnungs- und Meditationsliteratur; Al-

---

21 GESTRICH, C. (2002): Sie könnte zerstört werden, 30. Ders. (2009): Die Seele des Menschen und die Hoffnung der Christen; Ders. (2006): Was hülfe es dem Menschen. Zur Wiederherstellung der theologischen Rede von der Seele; UTSCH, M. (2006): Streit um Geist und Seele; KLÄDEN, T. (2006): Seele - ein praktisch unverzichtbarer Begriff der Theologie?

22 Vgl. KIESSLING, K. (2014): „Wie…? Seele…? Hamwa lange nich jehabt!"; VOGD, W. (2014): Seele, Sorge, Seelsorge; GESTRICH, C. (2014): ‚Seele' – ein Begriff, der wieder gedacht werden kann.

23 Vgl. HOFF, G. (2005): Seele/Selbstwerdung, 130.

24 Vgl. die Ausstellungskataloge: FURGER, A. (1997): Das Bild der Seele. Im Spiegel der Jahrtausende; AUGENBLICK UND EWIGKEIT (2004): Körper, Seele, Gesicht.

ternative Medizinliteratur; Wohlfühl- und Wellnessliteratur; Fitness- und Koch-buchliteratur; Reiseliteratur; Esoterische- und Reinkarnationsliteratur; Populär-psychologische Literatur. Ein regelrechter Seelenboom lässt sich zudem in der Werbung feststellen. Sollen z.B. Antidepressiva am umkämpften Markt platziert werden, scheut selbst die von (zweck)rationalen Überlegungen dominierte Pharmaindustrie nicht davor zurück, derartige Medikamente als 'Seelen-Aufheiterer' anzupreisen. Und auch in der (volkstümlichen) Schlagerindustrie ist der Seelenbegriff unüberhörbar präsent! Die Rede von der Seele scheint be-vorzugt immer dann reaktiviert zu werden, wenn *individualisierende, romanti-sierende, anti-rationalistische, holistische* oder *idealisierende Sehnsüchte* ange-sprochen bzw. *Spekulationen über Jenseits, Unsterblichkeit und Wiedergeburt* angestellt werden.

Wenn in einer im Jahr 2007 erhobenen Umfrage danach gefragt wird, ob der Mensch eine unsterbliche Seele hat, antworten erstaunlicherweise 52% der Be-fragten mit Ja und 41% mit Nein.[25] Eine Focus-Umfrage aus dem Jahr 2011 brachte sogar das überraschende Ergebnis, dass 89% der Befragten daran glau-ben, dass Menschen eine Seele haben – und dies, obgleich nur 63% angaben, an einen Gott zu glauben.[26] Die Komplexität dessen jedoch, was Menschen sich genau unter Seele vorstellen, brachte erst eine Umfrage des Magazins ‚Stern‘ aus dem gleichen Jahr zu Tage.[27] Besonders erstaunlich ist, mit welcher Selbst-verständlichkeit viele abendländisch geprägte Menschen Seele mit Unsterblich-keit in Verbindung bringen. Wieso aber tun sie das? Nach Wolfgang Beinert und Tobias Kläden ist diese Frage leicht zu beantworten: Weil sich eine dualis-tische Verhältnisbestimmung von ‚Körper und Seele‘ im abendländischen Den-ken seit über 2000 Jahren eingebrannt hat.[28] Nicht nur in der Umgangssprache und Werbung[29] ist die Zerlegung des Menschen in ‚Leib und Seele‘ öffentlich-keitswirksam präsent, sondern auch konfessionsübergreifend in liturgischen Texten, Gebeten und Liedern, in kirchenamtlichen Dokumenten[30] und in theo-logischer Fachliteratur. Woher aber stammt dieses Denken? Verdanken wir es Jesus oder den ersten ChristInnen? Dieser Frage wird im folgenden Kapitel nachgegangen. *Schaubild 2* soll ohne Anspruch auf Vollständigkeit einige As-soziationen, die heutige Menschen mit dem Wort Seele verbinden, wiedergeben.

---

25 TNS-Forschung für den Spiegel vom 28./29. März 2007 (1000 Befragte). Vgl. SCHREIBER, M. (2007): Die Reise ins Licht.

26 Vgl. FOCUS-UMFRAGE: Und was glauben Sie?, in. *Focus* (2011) 51, 26-31.

27 WAS IST DIE SEELE?, in: *Stern* (2011) 8, 58-66.

28 Vgl. BEINERT, W. (2000): Die Leib-Seele-Problematik in der Theologie, 676; KLÄDEN, T. (2004): Mit Leib und Seele, 315-316.

29 In einem Werbeflyer der Schwestern der heiligen Maria Magdalena Postel (SMMP) wird z.B. folgenderma-ßen für einen Urlaubsaufenthalt im Kloster geworben: „Urlaub für Leib und Seele‘. Ein Angebot des Berg-klosters Bestwig im Sauerland.“

30 Vgl. z.B. eine Textpassage des emeritierten Papstes Benedikt, in der sogar Geist und Seele synonym verwen-det werden: „Der Mensch wird dann ganz er selbst, wenn Leib und Seele zu innerer Einheit finden. Wenn der Mensch nur Geist sein will und den Leib sozusagen als bloß animalisches Erbe abtun möchte, verlieren Geist und Leib ihre Würde.“ *Deus Caritas Est. Enzyklika von Papst Benedikt XVI, 2005, Nr. 5*

Göttlich Geistig Unsterblich Ewig
Unkörperlich Jenseitig
Ich Immateriell
Selbst **Seele**
Tiefe
Individualität Identität
Innerste
Lebenskraft Unsichtbar Bewusstsein Mitte Vitalität
Geheimnis Aura Kern
Das Eigentliche

Schaubild 2
Doris Nauer

3. Seele contra Körper

3.1. (Neu)Platonische Steilvorlagen

„Die Bedeutung der platonischen Seelenkonzeption für die Geschichte der abendländischen Kultur, insbesondere auch aufgrund ihrer Rezeption und Vermittlung im christlichen Kontext, kann nicht hoch genug eingeschätzt werden."[31] Die meisten unserer (Vor)Urteile über die Seele gehen auf ein Seelenverständnis zurück, das vor zweieinhalbtausend Jahren von einem Philosophen entwickelt worden ist: Platon (427-348 vor Chr.), Schüler des Sokrates und

---

31 FIGL, J. (2002): Bilder für die Seele, 22. „Platon bleibt der einflussreichste Denker in der Geschichte der westlichen Welt." WRIGHT; T. (2011): Von Hoffnung überrascht, 100.

Lehrer des Aristoteles. Platon, der bedeutendste Philosoph der griechischen Antike, weshalb ihn der Maler Raffael 1512 auf einem 8 Meter breiten, in den Privatgemächern des Vatikan bestaunbaren Fresco, das die weltberühmte Philosophieschule Athens darstellt, im Zentrum der Bildszene verewigt hat.[32] Das Besondere an Platon war, dass er erstmals eine explizite Seelenlehre entwickelt hat, die gemäß Thomas Szelzak dazu führte, dass dem Wort ‚Seele' eine zentrale Bedetuung in der Philosophiegeschichte zukam.[33] Wollen wir uns dem platonischen Seelenverständnis annähern, dann ist zu berücksichtigen, dass Platon seine Reflexionen in Form von Dialogen und nicht in Form von logischen Traktaten überliefert hat. Dialoge, in denen aus verschiedenen Perspektiven in bestimmten Problemkontexten über die Seele nachgedacht wird, wobei Platon selbst im Verlauf seines Lebens verschiedene Interpretationen und Weiterentwicklungen vorgelegt hat.[34] Weil in der Dialog-Schrift ‚Phaidon' (Über die Unsterblichkeit der Seele) Platons Seelenverständnis besonders konzentriert zum Vorschein kommt, wird im Folgenden hauptsächlich auf diese Schrift rekurriert.[35] Gemäß dem Platon-Experten Franz von Kutschera basieren alle Seelenreflexionen Platons auf der metaphysischen Grundannahme, dass der Mensch in einer Welt lebt, die von zwei Arten des Seienden gekennzeichnet ist:[36]

1. Die sichtbare, vergängliche, sich wandelnde, sterbliche, materielle Welt.
2. Die unsichtbare, ewige, immaterielle, unsterbliche Welt der Ideen/ des Guten/ des Schönen/ des Göttlichen, die nur durch (philosophisches) vernünftiges Denken erfassbar ist.

In den Worten Platons: *„So wollen wir also dein Einverständnis voraussetzen, zwei Arten von Dingen setzen, eine sichtbare und eine unsichtbare."*[37]
Wozu aber gehört die Seele? Die Antworten Platons variieren, wobei er im Laufe seines Lebens, beeinflusst v.a. von orphisch-pythagoräisch und sokratischem Gedankengut, eine höchst komplexe Seelenlehre entwickelt, die im Kern auf folgender Annahme beruht: Die Seele ist eine vom Körper unabhängige immaterielle rein geistige Substanz, die bereits vor der Geburt des Menschen existiert und bei der Geburt in den Körper gelangt, wo sie zwar das Eigentliche (Selbst)[38]

---

32 Vgl. SCHÜSSLER, W. (Hg.) (2000): Philosophische Anthropologie, 23; ERLER, M. (2006): Platon; ZEHN-PFENNIG, B. (2011): Platon.
33 Vgl. SZLEZAK; T. (2010): Der Begriff ‚Seele' als Mitte der Philosophie Platons, 15. Vertiefende Literatur: GOETZ, S./ C. TALLIFERRO (2011): A brief history of the soul; FINCK, F. (2007): Platons Begründung der Seele im absoluten Denken; GERBURG, T. (2005): Metamorphose und Struktur. Die Seele bei Platon und Aristoteles; GÖDDE, S. (2004): Seele. Griechisch-römische Antike; RIST, J. (1998): Platonic Soul, Aristotelian Form, Christian Person.
34 Vgl. NANNINI, S. (2006): Seele, Geist und Körper, 43-44.
35 PLATON: Von der Unsterblichkeit der Seele, in der Übersetzung aus dem Jahre 2010, wobei jeweils die Buchseitenzahl angegeben wird.
36 Vgl. KUTSCHERA, F. (2003): Platon.
37 PLATON: Von der Unsterblichkeit der Seele, 53.
38 In den Spätwerken (v.a. in den Gesetzen) arbeitet Platon den Gedanken aus, dass es etwas im Menschen gibt, das sein Innerstes, d.h. alle Endlichkeit überdauerndes Wesen, ausmacht, weshalb die Seele als der Kern des Menschen zu begreifen ist: *„Schon in diesem Leben ist das, was das Selbst eines jeden Menschen von uns*

des Menschen ausmacht, aber als Geistiges im Körperlichen quasi wie in einem Grab oder Kerker festsitzt: *„Die Weisheitsliebenden gelangen zu folgender Erkenntnis: Ihre Seele war, ehe die Philosophie sie in ihre Obhut nahm, völlig an den Körper gekettet und mit ihm wie zusammengeschweißt; sie war gezwungen, die Dinge durch den Körper wie durch einen Kerker zu betrachten."*[39] Dass die immaterielle Seele im materiellen Körper nicht verkümmert oder gar zugrunde geht, liegt daran, dass sie gemäß Platon - analog zur damaligen Gesellschaftsordnung, die sich in drei Stände/Klassen/Schichten gliederte - aus drei Teilen/ Arten/Vermögen/Funktionen/Kräften zusammengesetzt ist, und ein Seelenteil erstaunliche Fähigkeiten aufweist:[40]

1. Die Begierdeseele (das begehrende triebhafte Vermögen, das im Unterleib sitzt, auf sinnlichen Genuss und Besitz aus ist).
2. Die Mutseele (das willentliche Vermögen, das in der Brust sitzt, auf Ehre, Recht und Prestige aus ist).
3. Die *Vernunftseele* (das denkende Vermögen, das im Kopf sitzt und auf die Welt des Ewigen/Göttlichen ausgerichtet ist).

Im Bild eines gefiederten Gespanns (zwei Rosse, die einen Wagen ziehen und von einem Wagenlenker gezügelt werden) erläutert Platon die Unterschiede zwischen den drei Seelenanteilen: Begierde- und Mutseele als niedere Seelenanteile fungieren als zwei zusammengebundene widerspenstige Rosse, die durch den höheren Seelenanteil (die Vernunftseele) wie von einem Wagenlenker gezügelt werden müssen, damit der Wagen (der Körper des Menschen) nicht umstürzt, sondern vorankommt. Der Vernunftseele kommt dabei nicht nur die außergewöhnliche Fähigkeit zu, den menschlichen Körper schon zu Lebzeiten in Richtung ‚Reich des Ewigen' transzendieren und damit dem Menschen ahnungsvolle Einblicke eröffnen zu können, sondern auch die auf Erden einmalige Fähigkeit, sich im Moment des Todes aufgrund der eigenen immateriellen Beschaffenheit aus dem toten materiellen Körper zu befreien, ihn von sich aus zu verlassen. Nur die Vernunftseele hat gemäß Platon Teil an der Welt des Ewigen/Guten/Göttlichen, den Platon poetisch als überhimmlischen Ort der Ideenwelt umschreibt, weshalb auch nur sie als unsterblich zu betrachten ist, während die beiden anderen Seelenanteile zusammen mit dem materiellen Körper zugrunde gehen. Solange der Mensch am Leben ist, gilt es, mit Hilfe der Ver-

---

ausmacht, nichts anderes als die Seele." PLATON, zitiert nach: KUTSCHERA, F. (2003): Platon, 2. Für Platon ist die Seele kein göttlicher Wesensanteil im Menschen oder eine Art göttlicher Funke, der nur darauf wartet reaktiviert zu werden. Die geistesgeschichtliche Innovation Platons bestand ja gerade darin, dass er sich von der vorsokratischen Vorstellung befreit hat, dass der Mensch ausschließlich durch göttliche Kräfte (fremd) gesteuert wird. Sein Seelen-Begriff eröffnet sozusagen den Blick in die Innenwelt des Menschen, wobei aber genau dort – im Inneren – das Einfallstor zur Welt der Ideen und der Unendlichkeit zu finden ist.

39 PLATON: Von der Unsterblichkeit der Seele, 62.
40 Vgl. SZLEZAK, T. (2010): Der Begriff der ‚Seele', 24. Jens Halfwassen weist auf die verblüffende Ähnlichkeit des triadischen (drei-geteilten) Seelenmodells Platons mit den von Sigmund Freud postulierten drei menschlichen Grundkräften hin: Begierde (Es), Affekte (Ich), Vernunft (Über-Ich). Vgl. HALFWASSEN, J. (2013): Was leistet der Seelenbegriff in der klassischen Metaphysik?, 46.

nunftseele im Sinne einer geistigen Umwandlung über das rein Materielle hin-
auszustreben, um bereits zu Lebzeiten eine Ahnung davon zu bekommen, was
die eigene Seele bereits vor ihrer Einkerkerung in den menschlichen Körper er-
schaut hat. Hierzu ist es notwendig, die Herrschaft des vernünftigen Seelenan-
teils über die anderen Seelenanteile sicherzustellen. Um dies zu erreichen, müssen Menschen der Gefahr entgegensteuern, sich in die Endlichkeit hinein zu
verlieren. Bedürfnisse, Eitelkeiten, Begierden und Süchte wie Ehre, Ruhm,
Geldsucht und Völlerei, die vom Eigentlichen, nämlich der Schau der Ideen,
abhalten, sind in Maßen zu halten. Ein Maßhalten, das sich nicht einer prinzi-
piellen Körperverachtung verdankt, sondern der Sorge um das Auseinanderhal-
ten von Zeitlichem und Überzeitlichem, Schein und Sein, eigentlich Wichtigem
und weniger Wichtigem. Als vernunftorientierter Philosoph warnt Platon vor
körperlichen Abhängigkeiten und materiellen Fixierungen, weshalb er dazu aufruft, sich nicht der ‚zärtlichen Pflege des Leibes‘ hinzugeben, sondern, sich von
ihm und seinen Bedürfnissen möglichst frei zu machen, denn: „*...solange wir
mit dem Körper behaftet sind und unsere Seele mit diesem Über verhaftet ist,
werden wir niemals in vollem Maße erreichen, wonach wir streben... Denn tau-
senderlei Unruhe verursacht uns der Körper schon durch die notwendige Sorge
für seine Ernährung; stellen sich aber außerdem noch Krankheiten ein, so hindern sie uns in der Jagd nach dem Seienden. Ferner erfüllt uns der Körper mit
allerlei Liebesverlangen, mit Begierden und Ängsten und allerhand Einbildun-
gen und vielerlei Tand, kurz er versetzt uns in einen Zustand, in dem man sozusagen gar nicht recht zur Besinnung kommt. Denn auch Kriege, Aufruhr und
Schlachten sind allein eine Folge des Körpers und seiner Begierden. Denn um
den Erwerb von Geld und Gut handelt es sich bei der Entstehung aller Kriege,
Hab und Gut aber sehen wir uns gezwungen zu erwerben um des Körpers willen, dessen Ansprüche befriedigt sein wollen.*"[41]
Für Platon steht daher fest, dass nur eine vernunftbetonte ‚philosophische‘ Lebensweise, die sich körperlicher Begierden enthält, in der die Suche nach
Wahrheit und Gerechtigkeit zentral steht, dem Mensch-Sein gerecht wird: „*Die
ganze Arbeit der Philosophen ist ja eben nichts anderes als Lösung und Trennung der Seele vom Leibe... Eben deshalb mein lieber Simmias und Kebes, enthalten sich die richtigen Philosophierenden standhaft aller körperlichen Begierden und geben sich ihnen nicht hin, nicht etwa aus Furcht vor häuslichem
Ruin oder Armut.*"[42] Seine Seele pflegen impliziert daher, körperlichem Verlangen zu entsagen, denn nur gereinigt von körperlichen Begierden kann sich die
Seele aus ihren körperlichen Fesseln befreien: „*Und so lange wir leben, werden
wir, wie es scheint, dem Wissen dann am nächsten kommen, wenn wir uns so
viel als möglich des Verkehrs mit dem Körper enthalten und nur, soweit es unbedingt nötig ist, mit ihm in Gemeinschaft treten und uns von seiner Natur nicht*

---

41 PLATON: Die Unsterblichkeit der Seele, 23-24.
42 A.a.O., 26. An anderer Stelle schreibt er sogar, dass es gilt, in ‚Feindschaft‘ mit dem Körper zu leben. (27)

durchdringen lassen, sondern uns rein von ihm halten... Im Hinblick nun da-
rauf darf der um seine Seele unbesorgt sein, der während seines Lebens den
körperlichen Lüsten und allem Tande äußerlichen Schmucks entsagt hat als ei-
nem ihm fremden Element.“[43]
Die endgültige Befreiung der unsterblichen Seele aus dem Körper kann gemäß
Platon jedoch erst dann geschehen, wenn der materielle Körper tot ist: *„Und tot*
sein bedeutet nichts anderes als dieses, dass der Körper ausschließlich für sich
sei, befreit von der Seele und die Seele rein für sich, befreit von dem Körper.
Nichts anderes als dieses ist doch wohl der Tod?“[44] Erst im Augenblick des Todes ist es der unsterblichen Seele möglich, von sich aus die sterbliche Körper-
hülle zu verlassen und z.B. durch ein offenes Fenster zu entweichen. Im Unterschied zu archaischen Vorstellungen geht Platon nun aber nicht wie z.B. Homer
davon aus, dass die Totenseelen in einer niederen Existenzform als bloße Schat-
tenbilder der Verstorbenen kraft- und freudlos in einer Art Unterwelt/Hades
weiterexistieren. Für Platon steht vielmehr fest, dass die unterblichen Seelen
nicht in eine Unter-, sondern in eine Art Oberwelt im Sinne einer höheren ‚erlösten‘ Existenzform eintreten, weshalb er Sokrates sagen lässt: *„ Und die Seele,*
das Unsichtbare, die nach einem ihrem Wesen gleichartigen Ort entweicht, ei-
nem würdigen und unsichtbaren Ort, dem wahren Hades (Stätte der Unsicht-
barkeit), zu dem guten und vernünftigen Gott, wohin, so Gott will, auch meine
Seele alsbald aufbrechen muss... Ist sie nun in dieser Verfassung, so entweicht
sie doch wohl in das Reich des mit ihr gleichartigen Unsichtbaren, des Göttli
chen und Unsterblichen und Vernünftigen, wo angelangt sie selige Ruhe findet,
befreit von Irrsal und Unvernunft, von Furcht, Liebesraserei und den sonstigen
menschlichen Übeln. Dort lebt sie, wie es von den Eingeweihten heißt, die übri-
ge Zeit in Wahrheit mit den Göttern vereint.“[45] Eine Art göttliche Vereinigung,
die jedoch nur denjenigen Seelen zuteil wird, die zu Menschen gehörten, die
sich während ihrer irdischen Lebenszeit als sittlich gute Menschen erwiesen haben. Eine Vereinigung (mit Göttern und bereits Verstorbenen), auf die z.B. Sokrates in den Augen Platons hoffen darf, weshalb er sein durch die Athener ver-
hängtes Todesurteil angeblich ohne Angst vor dem Tod sogar mit Freude angenommen habe.
Die Seelen schlechter Menschen dagegen müssen für ihre irdische Lebensführung büßen, indem sie auf der Erde umherirren bzw. um ihre Grabstätten herum-
flattern, bis sie folgendes Schicksal ereilt: Sie werden (zeitweise oder für immer) in eine Art Unterwelt/Tartaros verbannt oder im Körper eines anderen
Menschen wiedergeboren: *„Und sie irren so lange umher, bis sie aus Begierde*
nach dem ihnen noch anhaftenden Leibartigen wieder in einen Körper einge-
schlossen werden.“[46] Die Vorstellung, dass die unsterbliche Seele nach dem

---

43 A.a.O., 25/131.
44 A.a.O., 19.
45 A.a.O:, 57/58.
46 A.a.O., 59.

Tod ihres ‚Wirtskörpers' in einen anderen menschlichen oder tierischen Körper ‚wandert', ist keine Neuschöpfung Platons, sondern verdankt sich der Gedankenwelt damaliger Mysterienkulte, mit denen sich Platon intensiv auseinandergesetzt hat. Ob Seelen in eine Ober- oder Unterwelt gelangen, ob sie körperlich in ewiger Seligkeit verharren oder wiedergeboren werden – bei allen Variationsmöglichkeiten gilt folgende Grundannahme, die Platon Sokrates in den Mund legt: *„Sokrates: Weiter nun! Bestehen wir nicht aus Leib und Seele?... Sokrates: Welchen von beiden also gleicht die Seele? Kebes: Die Seele dem Göttlichen, der Leib dem Sterblichen. Das liegt zutage...Sokrates: Also ist die Seele dem Unsichtbaren ähnlicher, der Körper aber dem Sichtbaren... Sokrates: Unzweifelhaft also, mein Kebes, ist die Seele unsterblich und unzerstörbar..."*[47] Auf dem Hintergrund seines dualistischen Weltbildes (materielle/sichtbare + immaterielle/unsichtbare Welt) steht für Platon fest, dass der Mensch sich aus zwei Substanzen (materieller, sichtbarer sterblicher Körper + immaterielle, unsterbliche, unsichtbare Seele) zusammensetzt, die auch unabhängig voneinander existieren können. Weil der Mensch in Platons Sichtweise aus ‚*Leib und Seele*' besteht, wird sein Menschenbild als **dualistisch** bezeichnet: „Daher ist bei Platon schon angelegt, was in der gegenwärtigen Philosophie als ‚Dualismus' zwischen Geist und Körper benannt wird."[48]

Die Formulierung ‚angelegt', lässt bereits erahnen, dass es platonische Denk-Vorlagen waren, die neuplatonische Steilvorlagen dualistischen Denkens im Abendland möglich machten. Unter ausdrücklicher Berufung auf Platon wurde 500 Jahre nach dessen Tod in der Philosophenschule des sogenannten *Neuplatonismus* ein Seelen- und Menschenbild konzipiert, das großen Einfluss auf das christliche Abendland haben sollte. Unter der Federführung des aus Ägypten stammenden in der Spätantike bekanntesten Philosophen **Plotin** (205-270 nach Chr.), der in der Weltstadt Rom lehrte und zu dessen Hörerschaft selbst Kaiser Gallienus und seine Frau zählten, wurden weitreichende Schlüsse aus der Lehre Platons gezogen, die dieser selbst nicht gezogen hatte.[49]

Analog zu Platon betrachtete Plotin die Seele ebenfalls als eine unsterbliche Substanz, die aufgrund ihrer immateriellen Beschaffenheit in der geistigen Welt/Weltseele, der sie entstammt, beheimatet ist.[50] Wieso aber verlässt die Seele (bis auf einen Seelenanteil, der nach Plotin stets im Geistigen verbleibt) ihre naturgemäße Heimat, ihren glückseligen Status und steigt sozusagen als Einzelseele in einem Akt der Abtrennung von der All-Einheit hinab in die ihr we-

---

47 A.a.O., 53/56/54/116.
48 NANNINI, S. (2006): Seele, Geist und Körper, 43. Vgl. auch BECKERMANN, A. (2008): Das Leib-Seele-Problem, 12. Eine etwas andere Position nimmt Michael Bordt ein, der davon ausgeht, dass die Seele zwischen dem Materiellen und Immateriellen anzusiedeln ist, weshalb die Anthropologie Platons nicht als streng dualistisch einzustufen sei. Vgl. BORDT, M. (2006): Metaphysiker und anthropologischer Dualismus, 99.
49 Vgl. HALFWASSEN, J. (2004): Plotin und der Neuplatonismus; MÖBUß, S. (2005): Plotin; ZINTZEN, C. (2005): Bemerkungen zur neuplatonischen Seelenlehre; OBERHEIDEN, A. (2013): Neuplatonismus und Christentum.
50 Vgl. HALFWASSEN, J. (2010): Die Seele und ihr Verhältnis zum Geist bei Plotin, 61.

sensfremde materielle Körperwelt? Diese Frage lässt sich nur auf dem Hintergrund der gesamten Weltsicht Plotins beantworten. Weil der göttliche Geist eine vollkommene universale Weltordnung erschaffen hat, ist der kühne Abstieg der Seele als ein gottgewolltes Geschehen zu beurteilen, von dem die materielle Körperwelt profitiert, weil sie durch die Beseelung Anteil erhält an der ewigen geistigen Welt/Weltseele. Mit dieser Sichtweise distanzierte sich Plotin ausdrücklich von einflussreichen gnostischen Strömungen des 2./3. Jhdt.,[51] die ebenfalls unter (simplifizierender) Berufung auf Platon ein extrem dualistisches Welt- und Menschenbild propagierten. Im Unterschied zu Plotin vertraten sie jedoch die Ansicht, dass die gesamte Weltordnung nicht gottgewollt und gut sei. Die Existenz der minderwertigen materiellen Welt verdanke sich nicht dem vollkommenen Gott, sondern einem Demiurgen (einem irregeleiteten Schöpfergott), der eine unvollkommene fehlerhafte Welt erschaffen habe, weshalb ein unüberbrückbarer Gegensatz zwischen guter geistiger Welt (Seele) und böser materieller Welt (Körper) besteht. Die Seele, die irriger Weise in den Körper herabgestiegen ist, muss durch entsprechende Körperzüchtigung aus diesem befreit werden, damit sie in das Reich des Geistigen zurückkehren kann, denn: Der Körper als weltverhafteter Teil der materiellen Welt ist prinzipiell nicht erlösungsfähig, weshalb er als Feind der Seele anzusehen und dementsprechend zugunsten einer rein spirituellen Existenz zu kasteien ist, so dass sich die Seele endgültig und für alle Zeiten aus der körperlichen Gefangenschaft befreien kann.

Derartige Gedanken lehnte Plotin schlichtweg ab. Er interpretiert den Abstieg der Seele in den Körper zwar auch als eine leidvolle Erfahrung für die unsterbliche Seele, weshalb diese nach dem Tod des irdischen Körpers vorübergehend wieder in ihre geistige Heimat zurückkehrt. Dort verbleibt sie aber nicht, sondern steigt erneut in einen menschlichen, tierischen oder pflanzlichen Körper hinab, um diesem erneut Anteil am Geistigen zu erschließen.

Analog zu Platon plädiert auch Plotin dafür, bereits zu Lebzeiten die Seele durch tugendhaftes Leben zu reinigen, wobei er jedoch den Schluss zieht, dass die ‚mystische Einkehr in die denkende Seele‘, sprich die ‚Konzentration auf das eigene Innere‘, die den ersehnten ‚Aufstieg der Seele‘ ermöglicht, eine radikale Abkehr von der äußeren Welt und ihren Versuchungen einfordert.[52] Weil nur eine philosophische, d.h. tugendhafte Lebensweise, die sich ausschließlich auf das geistig Schöne ausrichtet, die Seele aufsteigen lassen kann, gelte es, materiellen Begehrlichkeiten zu entsagen und körperliche Bedürfnisse abzutöten. Eine alltagspraktische Schlussfolgerung, die bei Platon in dieser Stringenz nicht zu finden ist, dafür aber umso stringenter v.a. von AnhängerInnen der Gnosis gezogen wurde.

---

51 Theo Heckel zeigt z.B. auf, wie stark dualistisch-gnostisches Gedankengut z.B. das nicht in die Bibel aufgenommene Thomasevangelium beeinflusst hat. Vgl. HECKEL, T. (2010): Die Seele im hellenistischen Judentum und frühen Christentum, 337. Vgl. hierzu auch BRANKAER, J. (2010): Die Gnosis, 200-209.
52 Vgl. SONG, E. (2009): Aufstieg und Abstieg der Seele, 37 ff.

Plotin selbst, der sich nicht über seine eigene Geburt – den Tag des Abstiegs der unsterblichen Seele in seinen vergänglichen Körper – gefreut hat, weshalb er weder seinen Geburtstag feierte, noch jemals aus seinem Leben erzählte, noch sich jemals porträtieren ließ, wird von seinem Schüler und Biographen Porphyrios daher folgendermaßen charakterisiert: *„Plotin, der Philosoph unserer Tage, glich einem Mann, der sich schämt, im Leibe zu sein.“*[53] Seinen Körper habe Plotin aus tugendhafter Absicht derart vernachlässigt, ausgehungert und misshandelt, dass er am Ende seines Lebens schwer (an TBC und/oder Lepra) erkrankt nur noch eine eiternde und stinkende Hülle war, die jeden abstieß, weshalb selbst seine Schüler sich von ihm distanziert hätten. Hat dies dazu geführt, dass Plotin philosophisch an Bedeutung verloren hat? Im Gegenteil! Seine extrem dualistische Seelenlehre konnte sich nicht nur in intellektuellen Kreisen, sondern auch in der breiten (römischen und christlichen) Bevölkerung ausbreiten und bis in unsere Gegenwart hinein deutliche Spuren hinterlassen.[54]

3.2. (Früh)Christliche Interpretationen

Wann und warum aber unterwanderten (neu)platonische Seelenvorstellungen christliches Denken? Eine unmissverständliche Antwort auf diese Frage gibt uns der religionsphilosophische Fachmann Peter von Inwagen: „Wenn wir die Kirchenväter betrachten, lässt sich der Triumph des Dualismus nicht bestreiten. Die Kirchenväter waren fast ausschließlich Dualisten.“[55]

Erste Spuren dualistischen Gedankengutes finden wir jedoch bereits in einigen wenigen biblischen Texten. Dies ist nicht verwunderlich, da deren griechisch sprechende und schreibende Verfasser sich seit der Eroberung Palästinas durch Alexander den Großen (332 vor Chr.) in einer hellenistisch geprägten Kultur bewegten und dementsprechend von deren philosophisch geprägten Sichtweisen geprägt waren: „So Greek influence was ubiquitous, not just among the diaspora and non-Jewish Christians, but also among the Palestinian Jews of the 1st century.“[56] Interessanter Weise tauchten in frühjüdischen alttestamentlichen Schriften, die erst im 2. Jhdt. vor Chr. bereits in griechischer Sprache verfasst worden sind und erstmals die Hoffnung auf eine endzeitliche individuelle oder kollektive Auferstehung zum Inhalt haben (vgl. 2 Makkabäer 2,7; Daniel 12,2; Jesaja 26,19) erstmals im Alten Testament dualistische Motive auf, deren Existenz Theo Heckel folgendermaßen zu erklären versucht: „Die Auferstehungshoffnung impliziert im Judentum wie dann auch im Christentum immer auch eine Fortsetzung der individuellen Existenz. Wenn der Leib verwest, bedarf es ei-

---

53 PORPHYRIUS, in: AMMICHT-QUINN, R. (2005): Das Innere des Körpers – das Andere des Körpers, 66.
54 Vgl. ENGELHARDT, P. (2000): Seele. Philosophisch-anthropologisch, 37.
55 INWAGEN, P. van (2010): Dualismus und Materialismus, 104. „Ich trete nicht gern gegen eine solche ‚Wolke von Zeugen' auf. Nichtsdestoweniger bin ich der Meinung, dass die Anthropologie der Väter das Resultat einer unglücklichen Ehe von Athen (griechisch-philosophisches Denken) und Jerusalem (hebräisch-biblisches Denken) ist, und auch wenn ich den Vätern in den meisten Angelegenheiten, in denen sie sich einig sind, folge, werde ich das in dieser Angelegenheit nicht tun." (104)
56 BOYD, J. (1998): A history of the concept of soul during the 20th century, 75.

nes Mediums, diese individuelle Existenz zu gewährleisten. An dieser Stelle legt sich der Begriff ‚Seele' nahe."[57]

In den außerbiblischen Schriften *Philos von Alexandria* (20 vor Chr. bis 50 nach Chr.), ein gebildeter griechisch sprechender Jude und Zeitgenosse Jesu aus der Weltstadt Alexandria, finden sich daher bereits viele Spuren dualistischen Denkens, wenn er z.B. Bilder wie diejenigen gebraucht, dass der Leib die Seele einkerkere wie eine Muschel, ein Gefängnis oder ein Grab. Formulierungen, die sich etwas später auch bei *Flavius Josephus* wiederfinden (37-100 nach Chr.), der als gebildeter Jude im letzten Jahrzehnt des 1. Jhdts. in Rom sein epochales Werk über den jüdischen Krieg in Palästina verfasste.[58]

Erst im 2./3. Jahrhundert jedoch ist eine massive Öffnung gegenüber (neu) platonischem Gedankengut feststellbar. Zu verdanken ist dies v.a. den gebildeten *Kirchenvätern*, die sich bemühten, den christlichen Glauben (und damit die neu entstehende christliche Religion) in der kulturellen und geistesgeschichtlichen Umgebung ihrer Zeit intellektuell besser profilieren und damit auch (missions) strategisch effizienter am pluralen religiösen Markt positionieren zu können, wie Jan Bremmer herausgearbeitet hat: "It's only after the growing influence of philosophically trained Greek theologians such as Clemens of Alexandria and Origen, that the platonic opposition was gradually taken over by the Christian community."[59] Erfolg aber konnten sie mit dieser Vorgehensweise nur haben, weil ChristInnen anscheinend bereits truh eine gewisse Affinität für dualistisches Denken entwickelten, wie der Zulauf zu gnostischen Strömungen, die stark (neu)platonisch beeinflusst waren, belegt. Angezogen von der in diesen extremen Gruppierungen radikal gezogenen Scheidung zwischen Göttlich und Widergöttlich, Leben und Tod, Diesseits und Jenseits scheinen sich ChristInnen angesichts der brutalen Verfolgungserfahrungen in der christlichen Konsolidierungsphase angesichts der Vernichtung ihrer Körper die tröstliche Rettung ihrer Seelen ins Jenseits erhofft zu haben. Auf den Körper ist im dualistischen Denkrahmen verzichtbar, weshalb GnostikerInnen nicht nur Körper- und Diesseitsverachtung predigten, sondern auch davon überzeugt waren, dass die Seele nach dem Tod sofort von ihrer körperlichen Hülle befreit wird und zu Gott zurückkehrt. Eine Vorstellung, die jedoch mit biblischen Vorgaben kollidiert, weshalb Kirchenväter zwar (neu)platonische Ideen übernahmen, zugleich aber im Kampf gegen gnostische Strömungen und Irrlehren darauf insistierten, dass Seele und Körper nach dem Tod nicht getrennt werden, sondern der ganze Mensch zu Gott aufersteht.[60] Mit ihrer körperlichen Variante von Auferstehung setzten sich die Kirchenväter dezidiert ab von (neu)platonisch und gnostisch gefärbten Vorstel-

---

57 HECKEL, T. (2010): Die Seele im hellenistischen Judentum und frühen Christentum, 331. Vgl. auch: BOVON, F. (2010): The soul's comeback. Immortality and ressurection in early Christianity; REIS, D. (2009): Thinking with soul. Psyche and Psychikos in the construction of early Christian identities.
58 Vgl. HECKEL, T. (2010): Die Seele im hellenistischen Judentum und frühen Christentum, 333/338.
59 BREMMER, J. (2002): The soul in early and classical Greece, 162. Vgl. auch ZACHHUBER, J. (2004): Seele, 1101; BOVON, F. (2010): The soul's comeback, 405.
60 Vgl. GRESHAKE, G. (2000): Seele. Theologie- und Dogmengeschichtlich, 375.

lungen der Seelenrettung. Da sie sich in ihrer Argumentation jedoch des philosophisch geprägten dualistischen Denk- und Sprachspiels ihrer Zeit bedienten,
legten sie dennoch den Grundstein dafür, dass sich dieses im Christentum rasant
ausbreiten konnte, wobei die ursprünglich platonisch-philosophische Komplexität des Seelenbegriffs aber immer mehr verloren ging.
Werfen wir einen Blick auf die kirchengeschichtliche Entwicklung, dann lassen
sich stark verkürzt folgende für unser heutiges Seelenverständnis extrem einflussreiche Traditionslinien ziehen: Frühe griechisch sprechende Apologeten
und Kirchenväter verbreiteten in Absetzung von gnostischen Bewegungen eine
(neu)platonisch beeinflusste Seelenvorstellung, wie z.b. folgende Interpretation
des *Origenes von Alexandria* (185-254 nach Chr.), der wiederum stark vom Juden Philo von Alexandria beeinflusst war, belegt: „Gott schuf nun die gegenwärtige Welt, und er fesselte die Seele an den Körper zu ihrer Bestrafung."[61]
Diese Traditionslinie wurde v.a. von *Augustinus* (354-430 nach Chr.) aufgenommen, wodurch sie ihren Weg in die lateinische Sprache und die alltägliche
Vorstellungswelt des Mittelalters bis in unsere Zeit hinein fand, wie Christoph
Horn aufgezeigt hat.[62]
Im Hochmittelalter jedoch treffen wir auf eine Gegenströmung, die sich zwar
auf die (scholastische) Theologie auswirkte, die aber im Blick auf die breite
Masse der Menschen doch eher folgenlos blieb. Die Rede ist von der Seelenkonzeption des *Thomas von Aquin* (1225-1274), die gegenwärtig interessanterweise gerade in der Auseinandersetzung mit neurowissenschaftlichen Forschungsergebnissen wiederentdeckt wird.[63] Die Besonderheit seines Seelenverständnisses beruht darauf, dass er sich in Absetzung von der dominanten platonischen Traditionslinie ausdrücklich nicht auf Platon, sondern auf dessen Schüler *Aristoteles* (384-322 vor Chr.) beruft. Über spätantike arabische Kommenta-
toren, die Aristoteles mit einem neuplatonischen Einschlag versehen haben, war
ihm dessen Seelenlehre zugänglich. Im Unterschied zu Platon hat sich Aristoteles, der stark naturwissenschaftlich interessiert war, der Seelenproblematik in
logisch aufgebauten philosophischen Traktaten ('Über die Seele') angenommen.
Analog zu Platon sind jedoch auch bei Aristoteles divergierende, weil weiter-
entwickelte Theorien zur Seele feststellbar. Was Aristoteles für Thomas von
Aquin besonders interessant machte, ist, dass der griechische Denker Körper
und Seele nicht gegeneinander ausgespielt oder gegeneinander priorisiert hat.

---

61 ORIGENES. Vier Bücher von den Prinzipien, I, 8, 273. Thomas Kläden weist darauf hin, dass bei Origenes
    Leib und Seele nicht nur dualistisch getrennt werden, sondern in Feindschaft zueinander stehen. Vgl. KLÄ-
    DEN, T. (2010): Anima forma corporis, 257.
62 Vgl. HORN, C. (2010): Seele, Geist und Bewusstsein bei Augustinus. Vgl. auch KERSTING; W. (2005): No-
    li foras ire. In te ipsum redi. Augustinus über die Seele; GOETZ, S./ C. TALLIAFERO (2011): A brief histo-
    ry of the Soul, 6-29.
63 Vgl. KLÄDEN, T. (2006): Thomas von Aquin und die Mind-Brain-Debatte; KLÄDEN, T. (2010): Anima
    forma corporis. Die Aktualität der nicht-dualistischen Sicht des Menschen bei Thomas von Aquin; GOEBEL;
    B. (2009): Die Wiederkehr des Dualismus in der Philosophie des Geistes. Aristoteles und Thomas als Alter-
    native.

Hyle (Stoff/Materie/Körper) braucht Morphe (Seele/Form) und umgekehrt. Beide brauchen einander, wobei die Seele als Form oder Funktionsprinzip des lebendigen Körpers zu verstehen ist (Hylemorphismus).[64] Der Mensch besteht daher nicht wie bei Platon aus zwei voneinander unabhängigen Substanzen, sondern ist als eine nicht auseinander dividierbare Leib-Seelische Einheit zu begreifen. Das, was man Seele nennt, kann daher nirgendwo im Menschen lokalisiert werden, sondern durchformt als eine Art Lebensprinzip den gesamten Körper, wodurch dieser zu einem beseelten Leib wird: „Wenn Aristoteles von der Seele spricht, dann geht das für ihn nur, wenn er eben etwas über den beseelten Leib sagt. Leib und Seele gehören für ihn zusammen. Kopfschütteln seinerseits über Leute, die meinen, der Leib sei bloß ein Gefängnis der Seele...Wenn Aristoteles über die Seele referiert, meint er damit das, was ein Lebewesen (also z.B. Sie oder mich) zu dem macht, was es ist."[65]

Diese Sichtweise übernahm Thomas von Aquin, indem er die sogenannte Anima-Forma-Corporis-Lehre formulierte.[66] In logischer Konsequenz propagierte er daher ein Menschenbild, in dem Seele und Leib ungeachtet ihrer Verschiedenheit den einen Menschen konstituieren. Analog zu Aristoteles ging auch Thomas davon aus, dass nicht nur Menschen, sondern auch Tiere und Pflanzen beseelte Wesen sind. Da nun aber offenkundig ist, dass nicht alle Lebewesen über dieselben Fähigkeiten verfügen unterscheiden beide drei Arten von Seele:

1. Die Vegetative Seele (anima nutritiva), die Pflanzen auszeichnet, weil sie die Fähigkeit besitzen, sich zu ernähren, zu wachsen und sich zu reproduzieren.
2. Die Animalische Seele (anima sensitiva), die Tiere auszeichnet, weil sie über die anima nutritiva hinaus die Fähigkeit der Sinneswahrnehmung besitzen.
3. Die Vernunftseele (anima intellectiva), die Menschen auszeichnet, weil sie über die anima nutritiva und sensitiva hinaus, die Fähigkeit zum Denken besitzen. Nur der Vernunftseele kommt Unvergänglichkeit, Unzerstörbarkeit und damit Unsterblichkeit zu, ohne deshalb selbst göttlich zu sein.[67]

Wenn nun aber ein unbeseelter Körper tot und die Vernunftseele unzerstörbar ist, bleiben dann Aristoteles und Thomas trotz aller behaupteten Leib-Seelischen-Einheit letztlich nicht doch dualistischen Denkmustern verhaftet? Tobias Kläden entscheidet sich für folgende Ambivalenz-Antwort: „Eindeutig ist, dass Thomas einen Substanz-Dualismus klar ablehnt, wie er ihn als den platonischen rekonstruiert und wie er später prototypisch von Descartes vertreten wird.... Obgleich die Ablehnung eines solchen Substanz-Dualismus bei Thomas völlig unstrittig ist, scheint er aber dennoch ins dualistische Lager zu gehören, weil er von einem immateriellen und subsistenten Bestandteil des Menschen

64 Vgl. BUSCHE, H. (2012): Die Seele als System. Aristoteles' Wissenschaft von der Psyche; HÜBNER, T. (2007): Seele, Körper und Substanztheorie beim frühen Aristoteles.
65 KNAUP, M. (2013): Leib und Seele oder mind und brain?, 224/226. Vgl. auch RAGER, G. (2011): Selbst und Bewustsein, 35.
66 Vgl. KNEBEL, S. (2005): Scientia de anima. Die Seele in der Scholastik.
67 Vgl. KLÄDEN, T. (2010). Anima forma corporis, 275; BUSCHE, H. (2012): Die Seele als System, 33-96.

ausgeht, eben der anima intellectiva, die als Form des Körpers die höheren kognitiven Funktionen des Menschen ermöglicht."[68] *Schaubild 3* soll die Rezeptions-Hauptlinien des abendländisch-christlichen Seelenverständnisses komprimiert vor Augen führen:

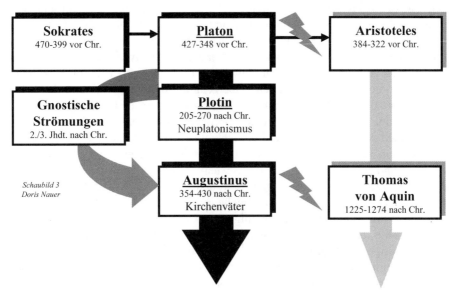

Haupt-Rezeptionslinien des Seelenverständnisses in der abendländisch-christlichen Tradition

3.3. Dualistische Folgewirkungen im Abendland

Die drastischen Folgewirkungen der im letzten Kapitel angedeuteten christlichen Rezeption philosophisch-dualistischen Denkens bringt Franz Gruber in einer schonungslosen Metapher auf den Punkt: „Die spätantike Mischung aus Platonismus und Gnosis tropft seither als leibfeindliche, sexualneurotische und frauenverachtende Essenz durch die Geschichte des Christentums."[69] Ebenso deutlich konstatiert Regina Ammicht-Quinn: „Dieser anthropologische Dualismus, der in der christlichen Geschichte eine eigene Geschichte hat, lehrt nicht nur das Auseinanderklaffen von 'Leib' und 'Seele', Materiellem und Immateriellem, sondern eine Art Kriegszustand zwischen beiden, einen Belagerungszustand mit wechselseitigen Überraschungsangriffen: den asketischen Angriffen der Seele auf den Leib, den ekstatisch-lustvollen Angriffen des Leibes auf die

---

68 A.a.O., 260.
69 GRUBER, F. (2002): Empathisches Menschsein, 382. Vgl. auch: BLEIBTREU-EHRENBERG, G. (2005): Der Leib als Widersacher der Seele. Ursprünge dualistischer Seinskonzepte im Abendland.

Seele."[70] Wird der Körper zum Fremd-Körper, drängt sich selbstdestruktives Handeln im Sinne körperlicher Vernachlässigung, exzessiver Askese oder blutiger Selbstgeißelung, nahezu auf: „Der Körper wird zum Feind, stückweise abgetötet und vernichtet. Man kämpft dabei aber nicht nur gegen, sondern auch für etwas: für das Leben der Seele."[71] Jean-Guy Nadeau gibt deshalb zu bedenken: „Mit dem Fleisch und den Leidenschaften wird der Leib suspekt und Gegenstand der Kontrolle. Eine umso nötigere Kontrolle, als das ewige Leben auf dem Spiel steht."[72] Der Kampf gegen den Körper wurde daher im Christentum schon immer als besonders fromm und nacheifernswert eingestuft. Obgleich ChristInnen von Anfang an daran glaubten, dass Gott selbst Mensch geworden ist, konnte diese körper-freundliche Überzeugung die Verdächtigung des Körpers als Ort der Sünde bis in unsere Gegenwart hinein nicht unterlaufen, wie folgendes autobiographisches Zeugnis Hermann Hofers erahnen lässt: „In meiner Kindheit war eine Kultur der Leiblichkeit kein Thema. Der Körper hatte gesund zu sein und zu funktionieren... Im kirchlichen Bereich war der Leib abgewertet und in Verbindung mit der Sexualität etwas Gefährliches, am Rande der Sünde. Der Leib hatte eben nichts mit dem Geist zu tun, und dass das Geistige höher zu werten ist als das Leibliche, war für uns während und nach dem Krieg überhaupt keine Frage. Frömmigkeit, so wie man es uns damals zu erklären versuchte, bestand ganz wichtig in der Beherrschung des Körpers, um das höher Geistige nicht zu behindern."[73] Nach Tobias Kladen kommen wir daher auch zu Beginn des 21. Jhdts. nicht darum herum, uns einzugestehen, dass das abendländische Verständnis von Seele von philosophisch eingefärbten dualistischen Eintrübungen und Einseitigkeiten dominiert wird.[74] Michael Klessmann erklärt sich dies folgendermaßen: „Volkstümlich gewinnt diese Tendenz immer wieder Oberhand, weil sie plausibel und tröstlich erscheint und der Alltagserfahrung nahe steht."[75] Peter van Inwagen gibt jedoch aus religionsphilosophischer Sicht zu bedenken: „Ich habe die Frage gestellt, ob der Christ auf den Dualismus festgelegt ist. Ich glaube, dass die Antwort lauten muss, dass er das nicht ist – jedenfalls nicht einfach insofern er Christ ist... Es ist für einen Christen zulässig, zu glauben... dass der Dualismus uns ein falsches Bild vom Wesen des Menschen liefert (ein Bild, das zur Weltsicht der meisten Christen wurde, weil die Kultur, in der sich die junge Kirche entwickelte, von griechischer Metaphysik durchdrungen war)."[76] Als renommierter katholischer systematischer Theologe ruft Herbert Vorgrimler deshalb dazu auf, sich von dualistischen Eintrübungen im eigenen Seelenverständnis endgültig zu befreien, denn: „Niemand ist vom Glauben her genötigt, sich auf das Seelendenken bei Aristoteles und bei

---

70 AMMICHT-QUINN, R. (2003): Jung, schön, fit – und glücklich?, 74.
71 A.a.O., 69. Vgl. auch AMMICHT-QUINN, R. (1999): Körper – Religion – Sexualität, 33-34.
72 NADEAU, J. G. (2002): Einheit oder Dichotomie von Leib und Seele?, 165.
73 HOFER, H. (2002): Mensch sein, mit Leib und Seele, 242.
74 Vgl. KLÄDEN, T. (2006): Die aktuelle Debatte um das Leib-Seele-Problem, 221.
75 KLESSMANN, M. (2009): Seelsorge, 45.
76 INWAGEN, P. van (2010): Dualismus und Materialismus, 114.

Thomas von Aquin einzulassen. Karl Rahner nannte es eine ‚Hilfskonstruktion‘ und Joseph Ratzinger bezeichnete es als ein ‚sekundäres Gedankenmuster.‘[77] Gleiches gilt für die (neu)platonisch-dualistische Zerlegung des Menschen in ‚Leib und Seele‘, weshalb Folkert Siegert als Bibelwissenschaftler deutlich zu verstehen gibt „Meine Antwort soll erfolgen aufgrund des Neuen Testaments: Platon ist nicht kanonisch. Ich wundere mich, wie sehr er es für die Kirche geworden ist... Die Frage ist, ob die Kirche ihr Evangelium auch ohne Zuhilfenahme Platons ausdrücken kann. Das wäre insofern besser, als dessen Grundannahmen weder von der Bibel noch von den säkularen Wissenschaften unserer Zeit geteilt werden.“[78] Immer mehr katholische, evangelische und anglikanische TheologInnen besinnen sich deshalb wieder zurück auf das ureigen biblische Verständnis von Seele: Bibelwissenschaftler wie Hans Walter Wolff, Alfons Weiser, Ernst Haag, Bernd Janowski, Jean Zumstein, Tom Wright, Siegert Folker und Joachim Kügler; Systematiker wie Wolfgang Beinert, Herbert Vorgrimler, Franz Gruber, Christof Gestrich und Peter van Imwegen; PastoraltheologInnen wie Michael Klessmann, Jürgen Ziemer, Wolfgang Reuter und die Verfasserin dieses Buches.

4. Rückbesinnung auf die biblische Sicht

4.1. Seele im Alten Testament

Entspricht unser heutiges, von philosophischen Annahmen korrumpiertes Seelenverständnis eigentlich dem biblischen? Was, wenn dies nicht so wäre? Welche Assoziationen werden in der Bibel mit Seele verbunden? Nach welchen Begriffen müssen wir denn überhaupt fahnden, um hierüber Klarheit zu gewinnen?

In der ursprünglich hebräisch verfassten Tora, der Heiligen Schrift der Juden, haben wir nach dem Wort נֶפֶשׁ (näfäsch) zu suchen, das auch der Jude Jesus und die ersten ChristInnen im umgangssprachlichen aramäischen Dialekt benutzt haben. Da aber im hellenistischen Großreich, zu dem aus Palästina zählte, immer weniger Menschen Hebräisch verstanden, musste man zwischen dem 3. und 1. Jhdt. vor Chr. die Tora in die damalige Weltsprache Griechisch übersetzen, wobei man für das Wort נֶפֶשׁ (näfäsch) das Wort ψυχή (psyché) verwendete. Als das griechische Weltreich dem römischen weichen musste, war spätestens im 4. Jhdt. nach Chr. eine Übersetzung in die Weltsprache Latein, die zur Gelehrtensprache des Mittelalters avancierte, unumgänglich, wobei ψυχή (psyché) jetzt mit **anima** übersetzt wurde. In der deutschen Übersetzung (im 16. Jhdt. durch Martin Luther) wurde anima mit **Seele** übersetzt, was sich bis in die heutigen (Einheits)Übersetzungen aller christlichen Konfessionen durchhält.[79] In

77 VORGRIMLER, H. (2007): Unsterbliche Seele?, 31.
78 SIEGERT, F. (2013): Von der Sterblichkeit der Seele zur Leiblichkeit der Auferstehung, 50/57.
79 Das altgermanische Wort ‚sele‘ bezeichnete den Innenraum eines Gegenstandes. In religiös konnotierter Bedeutung ist ‚sele‘ zudem ‚die zum See gehörende‘, denn nach germanischer Vorstellung wohnten die ‚selen‘ der Ungeborenen und der Toten im Wasser. Einzelheiten hierzu in vergleichenden kultur- und religionswis-

Folge der Übersetzungen ging die ursprüngliche Bedeutung des hebräischen Wortes נֶפֶשׁ (näfäsch) immer mehr verloren, zumal andere Wörter, die nicht hebräischen, sondern anderen Denkkontexten entstammten, automatisch andere Assoziationen/Vorstellungen weckten. Auf zwei, der Übersetzung geschuldete Folgewirkungen für das abendländische Seelenverständnis soll besonders hingewiesen werden:

1. Das hebräische Wort נֶפֶשׁ, das im Alten Testament relativ häufig, nämlich 754-mal auftaucht, wird in der griechischen Übersetzung fast durchgängig, d.h. 680-mal mit dem griechischen Wort ψυχή übersetzt. Dass nicht immer mit ψυχή übersetzt worden ist, deutet bereits darauf hin, dass sich hinter dem hebräischen Wort eine Bedeutungsvielfalt verbirgt, die sich nicht immer mit dem griechischen Wort für Seele wiedergeben ließ. Folgende Tabelle soll den ursprünglichen Bedeutungsreichtum von נֶפֶשׁ andeuten:[80]

נֶפֶשׁ als konkretes Organ (Sättigungsorgan/Atemorgan): Kehle, Schlund, Rachen	
Jesaja 5,14	Darum sperrt die Unterwelt ihre נֶפֶשׁ auf, maßlos weit reißt sie ihr Maul auf.
Habakuk 2,5	Wahrhaftig, der Reichtum ist trügerisch, wer hochmütig ist kommt nicht ans Ziel, wenn er auch seine נֶפֶשׁ aufsperrt wie die Unterwelt und unersättlich ist wie der Tod.
נֶפֶשׁ assoziiert mit Hunger, Begierde, Gier, Emotionen, Verlangen, Bedürftigkeit	
Exodus 15,9	Da sagte der Feind: Ich jage nach, hole ein. Ich teile die Beute, ich stille die נֶפֶשׁ.
Hosea 9,4	Ja ihr Brot reicht nur für die eigene נֶפֶשׁ.
Psalm 42.2	Wie der Hirsch lechzt nach frischem Wasser. so lechzt meine נֶפֶשׁ Gott. nach dir.
Jeremia 31,25	Denn ich tränke die ermattete נֶפֶשׁ, jede schmachtende נֶפֶשׁ sättige ich.
Sprüche 10,3	Jahwe lässt nicht hungern des Gerechten נֶפֶשׁ, aber die Gier der Gottlosen stößt er zurück.
נֶפֶשׁ als ganzer lebendiger Mensch (Entweichung der נֶפֶשׁ steht für Sterben/Tod)	
Genesis 2,7	Da formte Gott der Herr den Menschen aus Staub vom Ackerboden und blies in seine Nase den Lebensatem. So wurde der Mensch zu einer lebendigen נֶפֶשׁ
Psalm 30,4	Herr, du hast meine נֶפֶשׁ herausgeholt aus dem Reich des Todes, aus der Schar der Todgeweihten mich zum Leben gerufen.
Sprüche 8.36	Doch wer mich verfehlt, der schadet seiner נֶפֶשׁ.
Genesis 14,21	Der König von Sodom sagte zu Abraham: Gib mir die Leute (נֶפֶשׁ) zurück, die Habe behalte.
Genesis 46,15	Da waren die Söhne Leas, die sie Jakob in Paddan-Aram geboren hatte, dazu seine Tochter Dina, an Söhnen und Töchtern insgesamt dreiunddreißig Personen (נֶפֶשׁ).
Psalm 25,13	Dann wird er (נֶפֶשׁ) wohnen im Glück. Seine Kinder werden das Land besitzen.
1 Könige 17,17	Nach einiger Zeit erkrankte der Sohn der Witwe, der das Haus gehörte. Die Krankheit verschlimmerte sich so, dass zuletzt kein Leben (נֶפֶשׁ) mehr in ihm war.

senschaftlichen Untersuchungen: KRASBERG, U. (2009): Und was ist mit der Seele? FIGL, J./ H. KLEIN (Hg.) (2002): Der Begriff der Seele in der Religionswissenschaft; HASENFRATZ, H.-P. (1999): Seele. Religionsgeschichtlich; HOHEISEL, K. (2004): Seele. Religionswissenschaftlich, religionsgeschichtlich.

80 Vgl. SEEBASS, H. (2004): Seele. Alter Orient und Altes Testament, 537.

2. Diejenigen (die Legende spricht von 70 Gelehrten, weshalb die griechische Übersetzung der hebräischen Tora als ‚Septuaginta' bezeichnet wird), die zwischen 300 und 100 vor Chr. den hebräischen Text ins Griechische übersetzten, leisteten dies im kosmopolitischen Kontext der zweitgrößten hellenistischen Stadt Alexandria. Durch ihre Übersetzungsarbeit geschah zweierlei: Zum einen gelangte durch die gebildeten griechisch sprechenden und schreibenden Übersetzer trotz all ihrer Bemühungen um den Erhalt der hebräischen Denkstruktur automatisch philosophisch-hellenistisches Gedankengut in die Tora. Zum anderen brachte die Übersetzung von näfäsch mit ψυχῆ eine extrem folgenreiche Konsequenz mit sich: Bei denjenigen die selbst die Tora lasen bzw. denen daraus vorgelesen wurde, und die nicht mit dem hebräischen Denkkontext vertraut waren – was viele Juden, die nicht in Palästina lebten betraf – weckte das Wort ψυχῆ automatisch dualistische Assoziationen, denn es handelte sich um kein neues/neutrales Wort, sondern wurde bereits von griechischen Philosophen, v.a. von Platon verwendet, wenn er von der unsterblichen Seele schwärmte. „Selbst wenn also die Übersetzer psyché im alten Sinne als angemessene Wiedergabe von näfäsch verstanden haben, konnten doch die Leser der griechischen Bibel an die platonische Philosophie mit ihrer Seelenwanderungslehre erinnert werden. Psychè in dieser Lesart war nun eingeschränkt auf die Seele als wesentlicher Bestandteil des Menschen."[81] Da die Texte des Neuen Testamentes ab Mitte des 1. Jhdts. von Anfang an in griechischer Sprache verfasst worden sind, wurde von Anfang an das Wort ψυχῆ verwendet, weshalb christliche Leser und Hörer, denen hebräisches Denken fremd war – was dank der paulinischen Missionstätigkeit außerhalb Palästinas bereits Ende des 1. Jhdts. für die Mehrheit der Christen galt – Seele im philosophisch-dualistischen Sinn verstanden, da diese Sichtweise überall im römischen Weltreich präsent war.

Was aber verstanden Jesus und die ersten ChristInnen unter ‚Seele'? Gibt es so etwas wie einen *ur-kundlichen Text*[82] des jüdisch-christlichen Seelenverständnisses? Konfessionsübergreifend sind sich Bibelwissenschaftler darin einig, dass wir die Antwort darauf in einem uralten Bibeltext finden, der bereits 500 Jahre vor Platon (!) im Kontext der jahwistischen Schöpfungsgeschichte ca. 800 vor Christus niedergeschrieben worden ist. Ein Text von derart zentraler Bedeutung, dass ihn der Maler Michelangelo zu Beginn des 16. Jhdts. eindrucksvoll an die Decke der Sixtinischen Kapelle in Rom gemalt hat. Ein Text, der den Kern christlicher Anthropologie widerspiegelt, weshalb er im Kapitel ‚Menschenbild' erneut aufgegriffen wird. Ein Text, der nicht selten Anlass zu Missverständnissen gab, weil dualistische Assoziationen in ihn eingetragen wurden. Im Rahmen der Schöpfungsgeschichte wird in Genesis 2,7 (***Schaubild 4***) bildgewaltig von der Schöpfung des Menschen erzählt:

---

81 RÖSEL, M. (2009): Der hebräische Mensch im griechischen Gewand, 32. Vgl. auch Ders. (2009): Die Geburt der Seele in der Übersetzung.
82 Vgl. WENZEL, K. (2003): Sakramentales Selbst, 105.

Da formte Gott der Herr
den Menschen aus Staub vom Ackerboden
und blies in seine Nase den **Lebensatem**.
So wurde der Mensch
zu einer lebendigen **Seele** (נֶפֶשׁ).

Genesis 2,7

Schaubild 4
Doris Nauer

Gott haucht dem Staub vom Acker weder Seele (Näfäsch) noch Geist (Ruach) ein, sondern vitalisierenden Lebensatem, wodurch sich nach hebräischer Auffassung alles Lebendige im Unterschied zum Toten auszeichnet.[83] Für den Menschen bedeutet das ‚Am-Leben-Sein‘, dass er als eine lebendige Seele, d.h. als ein ganzheitliches und gutes, weil von Gott selbst gewolltes Seelenwesen zu betrachten ist. Eine urbiblische Sichtweise, die sich im Volksmund erhalten hat, wenn gesagt wird: „Du bist aber eine gute Seele“. Der Mensch *__hat__* demnach keine Seele, sondern *__ist__*, solange er am Leben ist, als Ganzes ein Seelenwesen. Eine Interpretation, die absolut nicht neu ist, denn bereits Anfang der siebziger Jahre hat Hans Walter Wolff sie in seiner ‘Anthropologie des Alten Testaments’, auf die auch heute noch immer Bezug genommen wird, vorgetragen.[84] Aufgegriffen wurde seine Textanalysen u.a. von Ernst Haag, der den Menschen

---

83 In der Interpretation dieser Stelle passieren manchmal Irrtümer, denen auch ich bereits erlegen bin, wie diejenigen bezeugen können, die 2003 meiner Antrittsvorlesung in Tilburg beigewohnt haben. So schreibt z.B. auch Herbert Haslinger: „Lebensatem ist die Übersetzung des hebräischen Näfäsch, welche ursprünglich Kehle, Schlund bzw. Gurgel …bedeutet.“ Hier geschieht eine irrtümliche Begriffszuordnung, wodurch das Spezifische des Seelenbegriffs verloren geht, denn: Näfäsch/Seele ist eben gerade nicht der Lebensatem Gottes! Vgl. HASLINGER, H. (2004): Seelsorge, 159.

84 Vgl. WOLFF, H. W. (1974): Anthropologie des Alten Testaments, 23.

in seiner psychosomatischen Ganzheit als 'lebendige Seele' umschreibt.[85] Eine Sichtweise, die auch von Pastoraltheologen aufgegriffen wird, weshalb Michael Klessmann behauptet: „ Der Mensch im hebräischen Verständnis *ist* durch und durch näfäsch, er *hat* keine näfäsch, wie es die Griechen formulieren würden."[86] Eine Sichtweise, an die sich auch Jürgen Ziemer als Praktischer Theologe herantastet, wenn er schreibt: Menschsein heißt, eine Seele *haben*, besser vielleicht noch: Seele *sein*."[87] Auch Dogmatiker, die sich (wieder) mit theologischen Anthropologien beschäftigen, greifen zunehmend den exegetischen Befund auf, weshalb z.B. Franz Gruber in seiner Erarbeitung zentraler Konturen des christlichen Menschenbildes eindeutig zu verstehen gibt: „Der Mensch *ist* eine näfäsch"[88]Der alttestamentliche Seelenbegriff ist daher nicht mit Partialität, sondern mit Ganzheitlichkeit konnotiert, weshalb auch das dazugehörige Menschenbild ganzheitliche Züge trägt: „Die Bibel spricht immer ganzheitlich vom Menschen. Hebr. Näfäsch ‚Seele' meint ihn ganz…"[89]

Das in Genesis 2,7 aufscheinende Seelenverständnis unterscheidet sich somit fundamental sowohl von (neu)platonischen als auch von aristotelischen Sichtweisen, weshalb hier keinerlei dualistische Konnotationen eintragbar sind! Der sterbliche Mensch hat keine unsterbliche Seele eingeblasen bekommen, die vielleicht als eine Art göttlicher Funke in ihm schlummert und darauf wartet, den menschlichen Körper im Augenblick des Todes wieder verlassen zu können, weshalb Ernst Haag mit Nachdruck schreibt: „Auf keinen Fall meint 'Seele' im Zeugnis der Heiligen Schrift eine rein geistige Größe, die unabhängig vom Leib schon in sich die Unsterblichkeit und Unvergänglichkeit besitzt."[90] Ein exegetischer Befund, den Michael Schrom als Redakteur der Zeitschrift ‚Christ in der Gegenwart' aufgreift, indem er schreibt: „Anders als in der griechischen Philosophie ist gemäß der Anthropologie der Bibel der Mensch nicht einfach aus sterblichem Körper und unsterblicher Seele zusammengesetzt. Der Mensch hat keine vom Körper unabhängige Seele."[91]

Eine dualistische Zerlegung des Menschen in Körper und Seele analog zum griechischen Denken ist dem hebräischen Erfahrungs- und Denkhorizont fremd, wie Frank Crüsemann als Experte alttestamentlicher Theologie eindringlich zu

---

85 Vgl. HAAG, E. (2000): Seele, 374. „The nephesh is not one part of the person in this foundational text but is the totality of the person. The soul here is the whole." BECK, J. (2003): Self and soul, 26.
86 KLESSMANN, M. (2009): Seelsorge, 29. Ebenso deutlich schreibt Bruno Schrage: „Der Mensch *hat* keine Seele, sondern er *ist* Seele." SCHRAGE, B. (2011): Ein möglicher Aufbruch, 32.
87 ZIEMER, J. (2013): Andere im Blick, 58.
88 GRUBER, F. (2003): Das entzauberte Geschöpf, 36.
89 SIEGERT, F. (2013): Von der Sterblichkeit der Seele zur Leiblichkeit der Auferstehung, 51. „The Hebrew Bible (or Christian Old Testament) and the New Testament affirm what might be called a holistic or integrated view of human beings. We are not souls trapped inside our bodies." GOETZ, S./ C. TALIAFERO (2011): A brief history of the soul, 30.
90 HAAG, E. (1986): Seele und Unsterblichkeit in biblischer Sicht, 92. Vgl. auch SCHÖPFLIN, K. (1999): Seele. Altes Testament, 740. Und auch Bernd Janowski gibt eindeutig zu verstehen: „Mit näfäsch ist jeweils die Lebendigkeit des ganzen (!) Menschen gemeint, nicht seine unsterbliche Seele im Gegensatz zum vergänglichen Leib." JANOWSKI, B. (2013): Die lebendige Naephäsch, 18.
91 SCHROM, M. (2012): Wann ist der Mensch tot?, 171.

verstehen gibt: „Seit langem hat die Wissenschaft die Fremdheit dieser Konzepte gegenüber den biblischen Vorstellungen aufgedeckt und die durchgängige Körperlichkeit im Hintergrund der biblischen Seelenvorstellung entdeckt."[92] Bernd Janowski bringt daher als evangelischer Bibelwissenschaftler auf den Punkt: „Ein Verständnis, nach dem der Mensch aus Leib und Seele bestünde, ist damit ausgeschlossen."[93] Wenn dem so ist, dann ist nach Michael Klessmann folgende Schlussfolgerung unumgänglich: „Alle gnostisch-dualistischen Vorstellungen von einer unsterblichen Seele im sterblichen Leib, von einem Identitäts- und Wesenskern sind vor diesem Hintergrund zurückzuweisen."[94] Christof Gestrich ruft deshalb sich und anderen ins Gedächtnis: „Wir können keinen anthropologischen Dualismus lehren, demzufolge der Mensch aus einem vergänglichen Körper und einer ewigen, unsterblichen Seelensubstanz zusammengesetzt wäre."[95] Als der renommierte Moraltheologe Eberhard Schockenhoff in einem Interview gefragt wurde, ob der Mensch nach christlicher Vorstellung eine Doppelnatur aus ‚Leib und Seele' aufweist, antwortete er auf dem Hintergrund exegetischer Forschungsergebnisse klipp und klar: „Nein… Das biblische Menschenbild ist ganzheitlich: Der Mensch ist nicht aus zwei Dingen zusammengesetzt".[96] Die philosophische Vorstellung, dass die Seele das Wertvollere und Eigentliche des Menschen, der Körper dagegen das Uneigentliche und Wertlose darstellt, widerspricht schlichtweg dem ganzheitlichen biblischen Monschonbild.[97] Trifft dies aber auch auf das Neue Testament zu?

4.2. Seele im Neuen Testament

Für den Neutestamentler Oscar Cullmann jedenfalls steht fest: „Die neutestamentliche Anthropologie ist nicht die griechische; sie schließt sich an die jüdische an… wir verstehen das Neue Testament falsch, wenn wir es im griechischen Sinne interpretieren."[98] Für das Seelenverständnis bedeutet dies: „Aufs Ganze gesehen findet sich im Neuen Testament jenes Verständnis der Seele wieder, das auch in den alttestamentlichen Texten vorherrscht."[99] Eine Behauptung Gerhard Hennigs, die auch von James Beck geteilt wird: „First, the meaning of soul in the Bible as a whole is anchored to its use in the Old Testament. We know for example, that the highly influential Septuagint carried on

---

92 CRÜSEMANN, F. (2006): Die Außenwelt der Innenwelt, 30.
93 JANOWSKI, B. (2005): Der Mensch im alten Israel, 156.
94 KLESSMANN, M. (2009): Seelsorge, 48.
95 GESTRICH, C. (2009): Die Seele des Menschen, 75.
96 SCHOCKENHOFF, in: VOLAND, E./ E. SCHOCKENHOFF (2006): „Das wäre die Abschaffung des Menschen", 54.
97 Dementsprechend schreiben renommierte Bibelwissenschaftler: „Das Alte Testament kennt keine Abwertung des Leiblichen, keinen Dualismus von Geist/Seele und Leib." JANOWSKI, B. (2012): Was ist der Mensch?, 5.; „Die Seele ist das Eigentliche, wertvoller als der vergängliche Leib. Ein solcher Seelenbegriff ist den biblischen Texten weitgehend fremd." KÜGLER, J. (2006): Seele, 364.
98 CULLMANN, O. (2010): Unsterblichkeit der Seele oder Auferstehung der Toten?, 19.
99 HENNIG, G. (2001): Wie redet die Bibel von der Seelsorge?

the Old Testament's understanding of soul through the Intertestamental Period, thus providing New Testament authors with a continuity of thought."[100] Und auch Werner Wasmuth stellt die These auf: „Das alttestamentliche Seelenverständnis wird auch im Neuen Testament durchgehalten. Trotz griechischer Einflüsse, trotz sprachlicher Anklänge an gnostische und neuplatonische Redeweisen, die später ein dualistisches Menschenbild tradieren, bleibt neutestamentliches Denken ungebrochen in der Wirkungsgeschichte des Alten Testaments verwurzelt."[101] Und auch Tom Wright besteht aus anglikanischer Perspektive auf die Gültigkeit der ur-biblischen Sichtweise, die sich wie ein Roter Faden durch das Neue Testament zieht: „Dort, wo das Wort ‚Seele' auftaucht (was nicht oft der Fall ist), spiegelt es die dahinterstehenden hebräischen oder aramäischen Wörter wider, und diese Wörter verweisen nicht auf ein unkörperliches Sein, das sich in der äußeren Hülle unseres Wegwerfkörpers verbirgt, sondern diese Wörter verweisen auf das, was wir die ganzheitliche Person oder Persönlichkeit nennen würden."[102] Liegen die genannten Autoren mit ihrer Einschätzung richtig?

Um diese Frage beantworten zu können, bedarf es einer genaueren Analyse. Der Terminus ψυχή wird im Neuen Testament tatsächlich relativ sparsam gebraucht. Er taucht insgesamt nur 103-mal (hauptsächlich in den synoptischen drei Evangelien) auf, weshalb er keine zentrale Bedeutung für die christliche Sicht des Menschen besitzt.[103] Christian Möller, der eine Erklärung für diesen Sachverhalt sucht, bietet folgende Interpretation an: „Im Neuen Testament wird sehr viel sparsamer von psyche geredet als im AT von näfesch. Das mag seinen Grund darin haben, dass der Begriff psyche durch das griechische Denken schon zu fest geprägt ist."[104]

Dies scheint besonders für Paulus zuzutreffen, der das Wort ψυχή nur sehr peripher gebraucht. Wenn es auftaucht, dann greift er selbst im Kontext seiner Reflexionen zur Auferstehungshoffnung nicht auf die ihm sicherlich bekannten philosophischen und gnostischen Interpretationen von ψυχή zurück.[105]

Wie aber ist dann eine Textstelle wie 1 Thessalonicher 5,23 zu verstehen, in der Paulus plötzlich von der Trias *Körper, Seele* und *Geist* spricht? Und wie Römer 8,5f. interpretieren, wo Paulus Körper und Geist (nicht Körper und Seele) sogar antithetisch gegenüberstellt? Hat sich hier nicht doch ein *Körper-Seele-Dualismus* verkleidet als *Körper-Geist-Dualismus* eingeschlichen? Ein Problem, dem sich Günther Harder bereits in den 70iger Jahren gestellt hat. Für ihn steht fest, dass Paulus die Begriffe Körper und Geist nicht als Wesensumschreibung von Menschsein verwendet hat, sondern als Chiffre zur Umschreibung

100 BECK, J. (2003): Self and soul, 25.
101 WASMUTH, W. (2004): Wo aber bleibt die Seele?, 19. Vgl. auch WEISER, A. (1971): Worauf gründet ein Christ seinen Auferstehungsglauben?, 30.
102 WRIGHT, T. (2011): Von Hoffnung überrascht, 39.
103 Vgl. ZUMSTEIN, J. (2004): Seele. Christentum, 1100.
104 MÖLLER, C. (2004): Einführung in die Praktische Theologie, 151.
105 Vgl. DAUTZENBERG, G. (1999): Seele. Neues Testament, 746.

von zwei divergierenden Lebensweisen unter irdischen Bedingungen: Leben aus Glauben und Gottesverbundenheit heraus oder Leben ohne Gott und Geisterfüllung.[106] Teilt man diese Interpretation, dann scheint folgende Schlussfolgerung Jean Zumsteins plausibel: „Auch wenn der Apostel Termini der platonischen Tradition rezipiert, interpretiert er sie auf nicht dualistische Weise und betont die Einheit des Menschen."[107] Dieser Befund lässt sich ausdehnen auf das gesamte Neue Testament, wobei ψυχή bevorzugt in der alttestamentlichen Konnotation von ‚lebendiger Mensch' Verwendung findet. Wenn daher in Matthäus 6,25 im Namen Jesu dazu aufgefordert wird, sich weder um Alltäglichkeiten wie Essen und Kleidung noch um den eigenen Körper zu sorgen, dann offenbart sich hier keine neuplatonische oder gnostische Körperverachtung, denn der Aufforderung wird dezidiert vorangestellt, dass sich Menschen nicht um ihre ψυχή, also um ihr Leben sorgen sollen. Warum aber, so könnte man fragen, sollen sich Menschen nicht gebührend um sich selbst sorgen? Warum sollte Jesus das nicht wollen? Weil übertriebene (!) Selbst-Sorge nicht erforderlich ist, angesichts der Für-Sorge Gottes, wie in Vers 30 erläutert wird. Eine Vorstellung, die dem griechisch-philosophischen Auftrag zur Selbst-Sorge diametral gegenübersteht.

Um die Kontinuität der alt- und neutestamentlichen Seelenvorstellung deutlich zu machen, werden im Folgenden einige Beispiele der Verwendung des Wortes Seele/ψυχή im Neuen Testament zusammengestellt:

ψυχή : der ganze lebendige Mensch / das menschliche Leben als solches	
Markus 8, 35	Denn wer sein Leben (ψυχή) retten will, wird es verlieren; wer aber sein Leben (ψυχή) um meinetwillen und um des Evangeliums willen verliert, wird es retten.
Matthäus 6, 25/27/30	Sorgt euch nicht um euer Leben (ψυχή) und darum, dass ihr etwas zu essen habt, noch um euren Leib und darum, dass ihr etwas anzuziehen habt....Wer von euch kann mit all seiner Sorge sein Leben auch nur um eine kleine Zeitspanne verlängern?....Wenn aber Gott schon das Gras so prächtig kleidet, das heute auf dem Feld steht und morgen ins Feuer geworfen wird, wie viel mehr dann euch, ihr Kleingläubigen!
Markus 10, 45	Denn auch der Menschensohn ist nicht gekommen, um sich dienen zu lassen, sondern um zu dienen und sein Leben (ψυχή) hinzugeben als Lösegeld für viele.
Lukas 12, 20	Da sprach Gott zu ihm: Du Narr! Noch in dieser Nacht wird man dein Leben (ψυχή) von dir zurückfordern.
Johannes 10,15	Ich setze mein Leben (ψυχή) ein für die Schafe.

106 Vgl. HARDER, G. (1971): Seele, 111. Eine Interpretation, der auch René Buchholz und Monika Christoph folgen. Vgl. BUCHHOLZ, R. (2005): Körper/Leib, 398-399; CHRISTOPH, M. (2005): Pneuma und das neue Sein der Glaubenden.
107 ZUMSTEIN, J. (2004): Seele. Christentum, 1100.

5.   Reanimation des Seelenbegriffs

Obgleich, ja gerade weil die Seele gegenwärtig durch neurowissenschaftliche Frontalangriffe heftig attackiert wird, plädiere ich für eine umfassende Rehabilitation und Reanimation der Rede von der Seele.

Hierzu bedarf es der Rückbesinnung auf das *biblische Seelenverständnis*, um (neu)platonisch gefärbte Assoziationen, die noch immer unseren Kulturkreis durchtränken, endgültig überwinden zu können. Während Leigh Conver davon ausgeht, dass die biblische Sicht von Seele im Verlauf der Christentumsgeschichte verloren ging, neige ich eher zu der Annahme, dass sie sich nie wirklich etabliert hat, weshalb sie letztlich auch nicht verloren gehen konnte.[108]

Zu Beginn des 21. Jhdts. stehen wir deshalb m.E. vor der Aufgabe, den biblischen Seelenbegriff neu zu ent-decken und uns zuzugestehen, gängige Seelen-Plausibilitäten fallen zu lassen. Es geht darum, „zum ureigensten, genuinen Seele-Verständnis des christlichen Glaubens zurückzukehren"[109] und von dort aus Seelsorge durchzubuchstabieren, denn: „Die hebräische Vorstellung vom Menschen als näfäsch macht auf Aspekte aufmerksam, die in der griechischen Tradition vernachlässigt werden, aber für die Anthropologie und für die Seelsorge unverzichtbar erscheinen. Der Mensch wird hier gesehen als ganzer Mensch in seiner Bedürftigkeit, Empfänglichkeit und Relationalität."[110]

Ich bin davon überzeugt, dass dies nicht zu einer völlig antiquierten inhaltlichen Konzeption von Seelsorge führt, sondern zu einem zeitgemäßen glaubwürdigen Entwurf einer Seelsorge, die sich tatsächlich als ‚Sorge um die Seele' erweist.

Wenn Gerhard Hennig mit leicht ironischem Unterton fragt: *„Wo kommt die Seele in der Seelsorge vor"*,[111] dann sollten wir diese Frage nicht nur als ein Wortspiel begreifen, sondern sehr ernst nehmen und uns *Rechenschaft* darüber ablegen, was genau wir eigentlich unter Seele verstehen.

Professionelle SeelsorgerInnen führen das Wort Seele sogar in ihrer Berufsbezeichnung. Von ihnen darf daher erwartet werden, dass sie sich über ihren Seelenbegriff im Klaren sind und Sorge dafür tragen, dass sich ihr Verständnis von Seele auch in ihrem Verständnis von Seelsorge niederschlägt.

---

108 CONVER, L. (1997): Care of the soul, 119.
109 HASLINGER, H. (2004): Seelsorge, 159.
110 KLESSMANN, M. (2009): Seelsorge, 46.
111 HENNIG, G. (2001): Wo kommt die Seele in der Seelsorge vor?

II.   Seelsorge

1.   Der Bedeutung des Wortes Seelsorge auf der Spur

1.1.   Biblische Spurensuche

Vertiefen wir uns in die Begriffsgeschichte des Wortes Seelsorge, dann ist das
Ergebnis im Blick auf die Bibel zunächst ernüchternd, denn wir können die
Spur der Seelsorge in der Bibel nicht aufnehmen, weil das Wort Seelsorge dort
überhaupt nicht auftaucht. Analog zu Johann Steiger müssen wir daher schlussfolgern: „Der Begriff 'Seelsorge' ist kein biblischer".[1] Gegenüber der im hellenistischen Sprachraum geläufigen Verbindung der Wörter Seele und Sorge weisen sowohl das hebräisch verfasste Alte Testament als auch das griechisch verfasste Neue Testament eine eigentümliche Distanz, ja sogar eine Art Sperrigkeit
auf.[2] In der einzigen Textstelle, in der beide Begriffe zwar nicht miteinander
verbunden, aber doch aufeinander bezogen sind (Matthäus 6,25), wird im Namen Jesu Christi ausdrücklich dazu aufgefordert, sich *nicht* um die eigene Seele
zu sorgen, 'denn um all das geht es den Heiden. Euer himmlischer Vater weiß,
dass ihr das alles braucht. Euch aber muss es zuerst um sein Reich und um seine
Gerechtigkeit gehen; dann wird euch alles andere dazu gegeben.' (Matthäus 6,
32-33). Auf den ersten Blick könnte der Schluss nahe liegen, diese Textstelle
sogar als eine biblisch begründete prinzipielle Ablehnung von Seelsorge zu begreifen. Auf den zweiten Blick jedoch wird ersichtlich, dass hier eine bestimmte
Form der Sorge um die Seele abgelehnt wird. Nämlich die rein selbstbezogene
Sorge um die eigene Seele. Eine (übertriebene) Selbstsorge, der nicht nur das
Vertrauen auf die Fürsorge Gottes abhanden gekommen ist, sondern auch der
Blick auf den Nächsten und dessen Nöte.
Wenn wir das Wort Seelsorge in der Bibel nicht ausfindig machen können, dann
könnten wir uns jetzt alternativ auf die Suche nach inhaltlichen Äquivalenten/
Umschreibungen von Seelsorge in der Bibel machen, denn Seelsorge hat natür-
lich, wie Jürgen Ziemer betont, der Sache nach ihren Ursprung sehr wohl in der
biblischen Überlieferung.[3] Diesen Weg werde ich jedoch nicht einschlagen,
denn: „Die Gefahr ist zu groß, dabei nur die eigene Auffassung in die Bibel zu-
rückzuprojizieren und mit Bibelzitaten zu drapieren."[4]

1.2.   Philosophische Spurensuche

Woher stammt der Begriff Seelsorge, der für uns so bedeutsam ist? Nach
Thomas Bonhoeffer gibt es auf diese Frage nur eine Antwort: „Seelsorge ist ein

---

1   STEIGER, J. (2000). Seelsorge. Kirchengeschichtlich, 8.
2   Vgl. MÖLLER, C. (1994): Entstehung und Prägung des Begriffs Seelsorge, 10; MÖLLER, C. (2001): Seel-
    sorge im Alltag, 410.
3   Vgl. ZIEMER, J. (2004): Seelsorge, 111.
4   HENNIG, G. (2001): Wie redet die Bibel von der Seelsorge?, 181.

genuin Platonischer Begriff."[5] Unser Seelsorgebegriff hat seine Wurzeln in einer Philosophieströmung, die einige Jahrhunderte vor Christus entwickelt worden ist. Wenn hier die Ursprünge liegen, dann dürfen wir davon ausgehen, dass sich inhaltliche Spuren des philosophischen Seelsorgebegriffs bis in unser Seelsorgeverständnis hinein bewahrt haben, weshalb Wolfgang Beinert davon überzeugt ist, dass der philosophische Seelsorgebegriff das christliche Seelsorgeverständnis entscheidend bis in unsere Gegenwart hinein eingefärbt hat.[6] Aus diesem Grund gilt es, zunächst die philosophische Spur zu verfolgen.

Der früheste Beleg der Wortkombination Seele und Sorge findet sich in der verbalen Form **seelsorgen** in der Frühschrift 'Apologie' des Philosophen Platon (427-348 v. Chr.). In einer Verteidigungsrede seines Lehrers Sokrates lässt Platon Sokrates ein wortgewaltiges Plädoyer für die **Sorge um die eigene Seele** (ἐπιμέλεια τῆς ψυχῆς) halten, weshalb das Wort Seele immer nur im **Singular** auftaucht. Sokrates zieht den Unmut seiner Zeitgenossen, der ihm ein Todesurteil einbringt, auf sich, weil er sie dazu auffordert, sich mehr um ihre eigene Seele zu sorgen und weniger um Reichtum, Ehre und Macht.[7]

> Bester Mann! Als ein Athener, aus der größten und für Weisheit und Macht berühmtesten Stadt, schämst du dich nicht, für Geld zwar zu sorgen, wie du dessen aufs meiste erlangest und für Ruhm und Ehre; für Einsicht aber und Wahrheit und für deine Seele, dass sie sich aufs beste befinde, sorgst du nicht, und hierauf willst du nicht denken?
> Denn nichts anderes tue ich, als dass ich herumgehe, um Jung und Alt unter euch zu überreden, ja nicht für den Körper und das Vermögen zuvor, noch überall so sehr zu sorgen, als für die Seele, dass diese aufs beste gedeihe – zeigend wie nicht aus dem Reichtum die Tugend entsteht, sondern aus der Tugend der Reichtum und alle andern menschlichen Güter, eigentümliche und gemeinschaftliche.

Im Dialog 'Laches' führt Platon für sorgen ein neues Verb ein, wodurch die Selbst-Sorge um die Seele (θεραπεία τῆς ψυχῆς) eine **pädagogisch- therapeutische** Einfärbung erfährt. In Sokrates erkennt Platon nun ausdrücklich einen kompetenten Experten für die erzieherische Seelenpflege, d.h. für eine Sorge um die Seele anderer! In der Schrift 'Gesetze', in der sich Platon gegen den moralischen und politischen Verfall Athens wendet, plädiert Platon sogar dafür, Sorge um die Seele zu einem staatlichen Anliegen zu machen und gesetzlich zu verankern.[8] Im Dialog 'Charmides' wird zudem deutlich, dass die Sorge um die Seele sehr konkrete (therapeutische) Auswirkungen auf den Körper haben kann. Charmides, ein schöner und überall beliebter Jüngling, leidet unter uner-

5   BONHOEFFER, T. (1990): Zur Entstehung des Begriffs Seelsorge, 20.
6   Vgl. BEINERT, W. (2002): Die Leib-Seele-Problematik in der Theologie, 14.
7   PLATON, zitiert nach: BONHOEFFER, T. (1989): Seelsorge in Platos Apologie, 285.
8   Vgl. MÖLLER, C. (1994): Entstehung und Prägung des Begriffs Seelsorge.

träglichen Kopfschmerzen, weshalb ihm Sokrates folgende Therapie, in der keinerlei Körperverachtung durchscheint, empfiehlt:[9]

> Als er mich fragte, ob ich ein Mittel wider den Kopfschmerz wüsste, brachte ich wiewohl mit Mühe und Not die Antwort heraus, ich wüsste es…
>
> Ich sagte darauf, es wäre eigentlich ein Blatt (Heilkraut), aber es gehöre noch ein Spruch zu dem Mittel…Gelernt habe ich ihn (den Spruch) auf dem Felde von einem jener Ärzte unter den Zalmoxischen Thrakiern, von denen man sagt, sie machten auch unsterblich. Dieser Thrakier nun sagte… so wie man nicht unternehmen dürfte, die Augen zu heilen ohne den Kopf, noch den Kopf ohne den ganzen Körper, so auch nicht den Körper ohne die Seele….
>
> Die Seele aber, mein Guter, sagte er, werde behandelt durch gewisse Besprechungen, und diese Besprechungen wären die schönen Reden. Denn durch solche Reden entstehe in der Seele Besonnenheit, und wenn diese entstanden und da wäre, würde es leicht, Gesundheit auch dem Kopf und dem übrigen Körper zu verschaffen.

1.3. Historische Spurensuche

In diesem Kapitel wird den Bedeutungsverschiebungen des Begriffs Seelsorge in der Kirchengeschichte nachgespürt. Im begrenzten Rahmen vorliegenden Buches kann dies aber nur in einem extrem komprimierten Schnelldurchlauf geschehen, wobei zu bedenken ist, dass es sich gerade bei der Seelsorgegeschichte um einen vernachlässigten Bereich historischer Forschung handelt.[10] Ein besonderes Augenmerk wird darauf zu richten sein, inwiefern Elemente der griechisch-philosophischen Vorstellungen der Sorge um die Seele im christlichen Seelsorgeverständnis wiederkehren oder auch nicht.

Der erste Beleg für die ausdrücklich christliche Variante der Formulierung Seelsorge in griechischer Sprache findet sich bei *Basilius von Cäsarea* (330-379 nach Chr.), einem der einflussreichsten Kirchenväter der Alten Kirche. Drei Aspekte seines Seelsorgeverständnisses will ich besonders herausarbeiten, weil diese m.E. sowohl den Rückbezug auf platonische Formulierungen und Inhalte als auch den Vorgriff auf spätere Entwicklungen deutlich machen:

❖ Basilius, wohlhabender Bischof von Cäsarea sowie Metropolit von Kappadokien, sah sich analog zu den ersten Jüngergemeinden dazu verpflichtet, *diakonisches Hilfshandeln* in der Nachfolge Jesu Christi sicherzustellen, weshalb er nicht nur die geschwisterliche *Armenfürsorge* in seinen Gemeinden

---

9   PLATON, zitiert nach: SCHÄRTL, T. (2006): Platon und Wittgenstein und die Bedeutung für ein theologisches Konzept von Seelsorge, 257.

10 Vgl. MUSCHIOL, G. (2001): „Den Weinberg der Seele bebauen", 59. Im historischen Überblick beziehe ich mich hauptsächlich auf folgende Quellen, wobei sich die Verfasser oftmals aufeinander berufen: KLEIN, S. (2013): Die Entwicklung der Seelsorge in der Geschichte des Christentums; BONHOEFFER, T. (1985): Ursprung und Wesen der christlichen Seelsorge; Ders. (1990): Zur Entstehung des Begriffs Seelsorge; MÖLLER, C. (1994/1995/1996): Geschichte der Seelsorge in Einzelporträts. 3 Bände; MÜLLER, P. (2000): Seelsorge; STEIGER, J. A (2000): Seelsorge; ZIEMER, J. (2004): Seelsorge; STOLLBERG, D. (1996): Seelsorge; HAUSCHILDT, E. (2000): Seelsorge.

vorantrieb, indem er z.B. Privatvermögen für die Errichtung von Waisenhäusern, Herbergen und Kranken-Häusern einsetzte, sondern auch selbst als *Fürsprecher* Armer und Ausgegrenzter gegenüber der Obrigkeit auftrat. Da die jungen christlichen Gemeinden aufgrund der Christenverfolgung mit dem Problem konfrontiert waren, dass Gefangene und Gefährdete Unterstützung und Trost bedurften, wies die gegenseitige Sorge stark tröstenden Charakter auf, wie auch in den überlieferten Trost-Briefen des Basilius deutlich wird. Neben Hilfshandeln und Trost bedurfte es jedoch bereits früh eines Reglements, wie mit Abgefallenen und Sündern umzugehen ist, weshalb die Sorge füreinander von Anfang an den Aspekt von Buße und Zucht einschloss. Basilius' Verständnis von Seelsorge ist daher sowohl eine diakonische und tröstende, als auch eine ermahnend-züchtende Dimension inhärent.[11]

❖ Als gebildeter und weit gereister griechisch sprechender Bischof war Basilius sicherlich vertraut mit (neu)platonischem Gedankengut. Dass beide im Singular formulierte Wortschöpfungen Platons (ἐπιμέλεια τῆς ψυχῆς und θεραπεία τῆς ψυχῆς) in den Schriften des Basilius auftauchen ist sicher kein Zufall. Indem Basilius diese Formulierungen aufgreift, begreift er Seelsorge, analog zu Jamblich, der ein Jahrhundert früher lebte und Basilius nachweislich beeinflusst hat, als *Sorge um die eigene Seele*. Platons Metapher des Vergleichs von Seelsorge und Heilkunst findet sich daher auch bei den frühen Kirchenvätern wieder, wobei jetzt aber nicht die Unvernunft, sondern die Sündhaftigkeit der Menschen angeprangert und Seelsorge als Ärztliche Kunst zur Heilung der Seele ausgewiesen wird. Eine Kunst, die zu Ehre Gottes betrieben werden soll, die jedoch unbußfertigen ChristInnen notfalls auch vorzuenthalten sei, damit erlebte Schmerzen ihre erzieherische Wirkung entfalten können.[12] Dass Basilius Seelsorge noch im platonischen Assoziationshorizont von Selbst-Sorge verstand, hängt auch damit zusammen, dass er in engem Kontakt zu einer in der damaligen Zeit sehr populären Bewegung stand: Dem anachoretischen Mönchtum, das sich im 4. Jhdt. nach Chr. v.a. in Nordägypten sozusagen am Rand der inzwischen konsolidierten und institutionalisierten Kirche ausbreitete. Anachoreten, d.h. Einsiedler, Entwichene oder Eremiten, verstanden ihr Leben in der Wüste als radikale Nachfolge Jesu Christi. Ihr Alltag war gekennzeichnet von strenger Askese, Gebet, Arbeit, Buße und meditativem Sitzen. Ihr Ziel bestand im Ringen um Wahrheit und geistige Vervollkommnung, weshalb der Kampf mit den Mächten der Finsternis aufzunehmen war. Unter den Anachoreten fielen einige Männer und Frauen besonders auf, weil sie nicht nur eine wichtige Funktion für Mitbrüder

---

11 Die ermahnend-züchtigende Dimension ist besonders evident in einem kanonischen Brief, den *Gregor von Nyssa,* Bruder des Basilius und ebenfalls Kirchenvater, 385 an Letoios, den Bischof von Melitene, schickte., Analog zu Bonhoeffer charakterisiert auch Möller diesen Brief als den ersten Konzeptentwurf kirchlicher Einzelseelsorge. Vgl. MÖLLER, C. (1994): Entstehung und Prägung des Begriffs Seelsorge.

12 Eine Sichtweise, die auch vom Kirchenvater *Gregor von Nazianz* (Studienkollege des Basilius, gest. 390 n. Chr.) geteilt wurde. Vgl. BONHOEFFER, T. (1990): Zur Entstehung des Begriffs Seelsorge, 15.

in den Klöstern innehatten, sondern auch viele Menschen anzogen, die sich auf den weiten Weg in die Wüste machten, um sich von ihnen Rat zu holen: Wüstenväter und Wüstenmütter (zu denen auch Makrina, die Schwester des Basilius zählte), die sowohl Mönchen als auch ratsuchenden Menschen Apophthegmata, d.h. kurze Lebensworte oder Ratschläge erteilten. Ihre Funktion war die von vertrauenswürdigen SeelenführerInnen, SeelenärztInnen oder geistlichen BegleiterInnen, die sich moralisierenden, richtenden oder zurechtweisenden Interventionen in der Regel enthielten.[13] Wüstenmönche ähnelten in ihrer Vorgehensweise der sokratischen Vorgehensweise, indem sie Mönche/Menschen v.a. zur Selbst-Sorge im Sinne eines sündenfreien Lebens anhielten. Basilius hatte nicht nur Kenntnis von dieser sehr spezifischen Form von Einzelseelsorge, sondern trug auch aktiv dazu bei, sie in den aufstrebenden Klöstern zu etablieren, wo sie bis in unsere Gegenwart hinein auch beheimatet blieb.

❖ Zugleich aber hat Basilius die Definition von Seelsorge als Selbst-Sorge gesprengt, indem er eine kleine, jedoch extrem folgenreiche Veränderung der platonischen Formulierung vornahm und damit ein Verständnis von Seelsorge initiierte, das fast 2000 Jahre lang die Christentumsgeschichte prägen sollte. Als Bischof, der Verantwortung trägt für viele Seelen, ersetzte er die damals geläufige platonische Einzahlformulierung durch eine Pluralformulierung: ἐπιμέλεια/ θεραπεία τῶν ψυχῶν. Dementsprechend ist jetzt von einer *Seelensorge* die Rede, die sich v.a. dadurch auszeichnet, dass kirchliche Verantwortungsträger um die Seelen ihrer Gemeindemitglieder Sorge zu tragen haben. Ein wichtiges Anliegen, da Bischöfe und Priester ihrem diesbezüglichen Auftrag aus der Sicht des Basilius oftmals nicht gebührend nachkamen. Und doch ein Anliegen mit verhängnisvollen Konsequenzen, weil Seelensorge bzw. *cura animarum* wie die lateinische Übersetzung lauten wird, von nun an in den Zuständigkeitsbereich der Kirchenleitung fällt, wie Gisela Muschiol nachgewiesen hat: „Gerade in der westlichen Kirche hat der Begriff der cura animarum sich auf diesem Hintergrund eng mit Amtsführung und Amtsverständnis eines geweihten Klerikers verbunden und eine rechtlichinstitutionelle Prägung erfahren."[14] Das, was Seelensorge inhaltlich auszumachen hat, liegt somit von nun an in der Entscheidungsbefugnis der Kirchenleitung, wobei Wolfgang Bienert bereits im Blick auf Basilius hervorhebt: „Seelsorge und Kirchenleitung bilden bei Basilius eine unauflösliche Einheit."[15] Nach Thomas Bonhoeffer knüpft Basilius trotz seiner Uminterpretation dennoch an platonisches Gedankengut an, da ja bereits Platon Sokrates

---

13 Diese Aussage können wir heute treffen, weil uns eine Sammlung dieser Sprüche, die ‚Apophthegmata Patrum', die wahrscheinlich auf den Altvater Poimen Mitte des 5. Jhdts. zurückgeht, erhalten ist. Vgl. GÄRTNER, H. (1982): Individualseelsorge in der Alten Kirche; SEITZ, M. (1994): Wüstenmönche; HELL, D. (2002): Die Sprache der Seele verstehen. Die Wüstenväter als Therapeuten.
14 MUSCHIOL, G. (2001): „Den Weinberg der Seele bebauen", 60.
15 BIENERT, W. (1994): Basilius von Cäsarea, 129.

lehrhaft auftreten ließ und in seinen Spätwerken sogar dafür votiert hatte, die Sorge um die Seele staatlich zu lenken, was Basilius nun im Blick auf christliche Seelensorge konsequent aus kirchlicher Sicht in die Tat umsetzte.[16]

Wie aber genau sollte in den Gemeinden Seelsorge realisiert werden? Die bereits von Basilius propagierte diakonische, tröstende und individuell begleitende Dimension von Seelsorge blieb zwar im Hintergrund präsent, als kirchengeschichtlich dominant jedoch erwies sich bis in die Reformationszeit hinein ein Verständnis von Seelsorge, das darauf abzielte, möglichst viele Seelen aus ewiger Verdammnis und Höllenqualen zu retten. Wie aber sollte dies geschehen? Indem Seelsorge dazu beiträgt, Menschen, die aufgrund ihres sündhaften Lebenswandels vom rechten Weg abgekommen sind, wieder auf den rechten Weg zu bringen. Mit welcher Strategie ist dies jedoch am effizientesten zu erreichen? Nach damaliger Meinung durch die Spendung von Sakramenten, wobei dem *Bußsakrament,* das bereits zu Basilius Zeiten im Mönchtum eine wichtige Funktion innehatte, flächendeckend eine immer größere Rolle beigemessen wurde, wie Thomas Bonhoeffer hervorhebt: „Das verfestigte sich noch als unter iroschottischem Einfluss das kirchliche Beichtinstitut entstand und die Beichte als ein ganz genau geregeltes kirchliches Verfahren zum Inbegriff christlicher Seelsorge wurde. Die seit 1215 einmal jährlich zur Pflichtbeichte gemachte Beichte wurde derjenige Ort, an dem sich Seelsorge im Sinne von cura animarum kirchlich institutionalisierte. Hier geschahen Bußzucht und Absolution. Hier wurde der Hirtendienst am Volk Gottes vollzogen."[17] Über die Beichte erhofften kirchlich beauftragte Hirten, Zugang zu den Seelen der ihnen anvertrauten Schafe zu finden, um sie gegen dämonische Angriffe sowie die sieben Todsünden zu wappnen und ihnen den Weg ins jenseitige Paradies zu bahnen (man denke an die Gemälde von Hieronymus Bosch).[18] Jahrhundertelang geschah cura animarum daher aus tiefsitzenden Angstgefühlen heraus, die Franz Gruber folgendermaßen charakterisiert: „Angst vor dem Heilsverlust aufgrund der Erbsünde, die den Zugang zum Heil von Geburt an und von vornherein verhindert, und der Angst vor einem endgültigen Heilsverlust aufgrund einer Todsünde."[19]

Obgleich immer wieder Protest gegenüber einer derartigen Engführung der cura animarum aufflammte, konnte sich erst Martin Luther (1483-1546) mit seiner Kritik öffentlichkeits- und kirchenpolitisches Gehör verschaffen. Luther warf dem Papsttum und Klerus vor, dass sie weder predigen noch *seelsorgen* könnten.[20] Mit diesem Verb schuf Luther wohl ein neuartiges Wort, das er neben den bereits bekannten Substantiven Seelensorge und Seelsorge in seinen Schriften sehr häufig gebrauchte. Das erneut im Singular stehende Wort *Seelsorge* konnte sich in der Folge nicht nur in die deutsche Sprache und Theologie einbürgern,

---

16 Vgl. BONHOEFFER, T. (1989): Seelsorge in Platos Apologie, 286.
17 BONHOEFFER, T. (1990): Zur Entstehung des Begriffs Seelsorge, 17.
18 Vgl. STEIGER, J. (2000): Seelsorge. Kirchengeschichtlich, 12.
19 GRUBER, F. (2002): Empathisches Menschsein, 389.
20 Vgl. MÖLLER, C. (1995): Einführende Bemerkungen zur Seelsorge im 16., 17. und 18. Jahrhundert, 9.

sondern auch spätestens im 18. Jhdt. den Terminus Seelensorge verdrängen.[21]
Die Einzahl im Wort Seelsorge zeigt bereits an, dass Luther wieder verstärkt
den einzelnen Menschen in den Blick nimmt. Nicht nur Luthers theologische
Werke, sondern auch seine Trost-Briefe belegen, wie stark er aufgrund seines
theologischen Ansatzes der Rechtfertigungslehre an die ursprünglich nicht kle-
rikalisierte *tröstend-begleitende* Dimension seelsorglichen Handelns anschloss
und dafür eintrat, Menschen das *Wort Gottes* nicht vorzuenthalten, sondern
durch Seelsorge zugänglich zu machen.[22] Da Luthers Gnadentheologie eine Fixierung auf den Sünder-Status des Menschen sprengt, musste er sich gegen die
zwanghafte Fixierung auf Sünde und Sündenvergebung zur Wehr setzen, weshalb Christian Möller schlussfolgert: „Auch die 95 Thesen gegen den Ablasshandel sind im Kern seelsorglich ausgerichtet, weil sie einer falschen Sorge um
die Seele mit Hilfe von Ablassbriefen Einheit gebieten wollen und die rechte
Sorge um die Seele in der täglichen Umkehr zu Jesus Christus fördern."[23] Damit
ist nicht ausgesagt, dass Luther die Beichte als solche abschaffen wollte, denn
bis ins 18. Jhdt. hinein spielte die regelmäßige (Einzel)Beichte gemäß Ulrich
Körtner auch im Luthertum durchaus eine wichtige Rolle.[24] Dem Zwangscha-
rakter und kirchenpolitisch motivierten Missbrauch der Beichte als Seelsorgein-
strument jedoch sagte Luther unmissverständlich den Kampf an.

Neben dem und zusätzlich zum lutherischen Seelsorgeverständnis bildete sich
im 16. und 17. Jhdt. auch eine spezifisch reformiert-orthodoxe Sichtweise von
Seelsorge heraus, die sich als äußerst folgenreich erweisen sollte: Ein Seelsorgeverständnis, das sich hauptsächlich der Wirkungsgeschichte Martin Bucers
(1491-1551) und Johannes Calvins (1509-1564) verdankte. In seiner 1538
publizierten Schrift 'Von wahrer Seelsorge und rechtem Hirtendienst' entwickelte Bucer ein Seelsorgeverständnis, das sich weniger als klerikale Führung,
sondern als wechselseitiger Dienst von ChristInnen aneinander versteht, damit
alle dazu beitragen, gemeinsam *Gemeinde* aufzubauen und einander in Gemeinde zu halten. Die Problematik dieser Sichtweise besteht nicht nur darin, dass Integration in die Gemeinde oberste Priorität besitzt, wodurch Seelsorge ein stark
missionarisches Profil erhält, sondern auch darin, dass ChristInnen sich dazu
herausgefordert fühlen, sich gegenseitig auf eine gottgefällige Lebensweise hin
zu überwachen. Für Johannes Calvin stand deshalb außer Frage, dass Seelsorge
und *Kirchenzucht* untrennbar zusammengehören, weshalb er in Genf die sogenannte visitatio domestica einführte, die Christian Möller folgendermaßen erklärt: „Einmal jährlich fand eine Hausvisitation statt, bei der ein Geistlicher und
ein Ältester in Begleitung des städtischen Bezirksvorstehers, von Haus zu Haus

---

21 Vgl. EBELING, G. (1994): Luthers Gebrauch der Wortfamilie Seelsorge, 44. Die erste Verwendung des Be-
    griffs ‚Seelsorge' kann nicht mehr rekonstruiert werden. Fakt aber ist, dass er bereits vor Luther existierte.
    Vgl. MÜLLER, P. (2000). Seelsorge, 385.
22 Vgl. MÖLLER, C. (1995): Martin Luther.
23 MÖLLER, C. (2004): Einführung in die Praktische Theologie, 153.
24 Vgl. KÖRTNER, U. (2006): Sündenvergebung, 259.

gehend, sich über die gesamte Lebensführung jedes Einzelnen im Haus unterrichten sollten."[25] Durch derartige Seelsorgestrategien kam es zu einer neuartigen Instrumentalisierung von Seelsorge, in die selbst die staatliche Obrigkeit
verwickelt war. Eine Entwicklung, von der sich Luther gemäß den Forschungsergebnissen Christian Möllers eindeutig distanzierte: „Dagegen schärfte Luther
ein, dass Vater und Mutter wohl ein Amt zur Predigt und Seelsorge im eigenen
Hause haben. Unberufene, selbsternannte Prediger und Seelsorger aber, die
durch die Häuser schleichen, galten fortan als verwerflich."[26]

Herausgefordert durch die Ereignisse der Reformation war natürlich auch die
katholische Kirche gezwungen, ihr Seelsorgeverständnis und ihre Seelsorgepraxis zu überdenken. Offiziell geschah dies am Konzil von Trient (1545-1563),
das jedoch keine wirklich neuen Impulse setzte, sondern eher jahrhundertealte
Entwicklungen offiziell zu einem Abschluss brachte. Die Notwendigkeit, Bis-
tümer in überschaubare Seelsorgebezirke mit klaren Zuständigkeiten zu unter-
gliedern, wurde bereits von Basilius erkannt und sukzessive bis zum 4. Laterankonzil 1215 vorangetrieben, indem fest umrissene Parochien/Pfarreien errichtet
wurden. Permanent schwelende seelsorgliche Zuständigkeitskonflikte zwischen
Pfarreikirchen, Bistumskirchen, Stiftskirchen, Hauskapellen und Klosterkirchen
waren damit jedoch noch lange nicht ausgeräumt. Diesbezüglich wollte das
Trienter Konzil Klarheit schaffen, indem nicht nur eine parochiale Neuglied-
rung in überschaubare Einheiten beschlossen, sondern erstmals auch eine Resi-
denzpflicht von Priestern eingeführt wurde, deren theologische Ausbildung garantiert sein musste um seelsorglich tätig zu sein. Das Konzil wollte mit derartigen Maßnahmen Sorge dafür tragen, „dass es keine Gläubigen mehr geben würde, die ohne Pfarrei und damit ohne eigenen Pfarrer und ohne pfarrliche Seelsorge blieben."[27] Damit aber war zugleich der organisatorische Grundstein gelegt für eine Effektivierung des bisherigen Seelsorgeverständnisses, wobei lediglich der stark kritisierte Ablasshandel zunehmend an Bedeutung verlor. Der
Katalog an Seelsorgepflichten, den das Konzil für Pfarrer vorsah, lässt erahnen,
dass keine tiefgreifende Kurskorrektur am klerikalen Betreuungsmodell vorgenommen wurde. Dementsprechend wurden die Weichen dafür gestellt, Seelsorge auch in den folgenden Jahrhunderten in erster Linie als Sakramentenspendung, Feier des Gottesdienstes und individuelle betreuende Seelenführung zur
Erlangung des jenseitigen Seelenheils zu begreifen.[28] Dass es auch im katholischen Raum immer wieder Strömungen und Einzelpersonen (z.B. Meister
Eckart) gab, die sich gegen ein derart verengtes Seelsorgeverständnis mehr oder
minder laut zur Wehr setzten, kann nicht bestritten werden. Interessanterweise
gingen fast alle Protestaktionen von monastischen Bewegungen (z.B. Franzis-

25 MÖLLER, C. (2004): Einführung in die Praktische Theologie, 156.
26 Ebd.
27 Vgl. METTE, N. (2006): Vom pfarrlichen Territorialprinzip zur Option für ortsbezogene Gemeinden, 13.
28 Vgl. PEMSEL-MAIER, S. (2001): Seelsorge – Heilssorge – Leibsorge – Menschensorge, 61-62.

kanerInnen, Zisterzienser) aus, was nicht gerade verwundert, angesichts der wichtigen Rolle, die Klöster von Anfang an im Blick auf die Weitertradierung seelsorglicher Selbst- und Einzelseelsorge gespielt haben.[29] Ihr Plädoyer für eine verinnerlichte *mystagogische* Seelsorge wirkte sich jedoch stärker innerhalb als außerhalb von Klostermauern aus.

Während in der katholischen Seelsorge keine wirklich gravierenden Einschnitte bis ins 20. Jhdt hinein zu vermelden sind, dürfen einige Entwicklungen im evangelischen Raum aufgrund ihrer Folgewirkungen nicht unterschlagen werden. Der erste Einschnitt betrifft die Zeit des Pietismus im 17./18. Jhdt. Als Frömmigkeitsbewegung kennzeichnete sich der Pietismus hauptsächlich aus durch seinen Zug zur Innerlichkeit und Individualisierung auch im Blick auf Seelsorge. An die Stelle äußerer Zucht und verordnetem Zwang sollte die innere Einsicht treten, weshalb in der Seelsorge v.a. auf das Erleben und Empfinden des einzelnen Menschen einzuwirken sei. Dementsprechend gelte es, Interesse für die *inneren Seelenzustände* des Menschen aufzubringen, um effizienter auf den Menschen und dessen Erbauung der Seele einwirken zu können. Phillip Fresenius legte daher in seinen Pastoralsammlungen, die zwischen 1748 und 1760 jährlich erschienen, Seelsorgefälle vor, die er auf innere Vorgänge analysierte. In pietistischen Kreisen entwickelte sich in der Folge eine Seelsorgepraxis, in der nicht nur Laien an der Ausübung von Seelsorge beteiligt waren, sondern auch mit Seelsorge in Gruppen experimentiert wurde.[30]

In kritischer Absetzung vom pietistischen Seelsorgeverständnis, dem ein subtiler Zwang der Seelenlenkung unterstellt wurde, öffneten sich Seelsorgetheoretiker im 18. und 19. Jhdt. zunehmend den Ideen der Aufklärung, wobei Gisela Muschiol als Charakteristikum hervorhebt: „Im Zeitalter der Aufklärung erhielten die seelsorglichen Konzepte eine stärker rationale und vor allem moralischpädagogische Ausrichtung. Seelsorge hat es nun programmatisch damit zu tun, die Menschen zum selbstständigen Gebrauch ihrer Vernunft anzuleiten (Kant) und sie in den Stand zu versetzen, den Aber- und Wunderglauben… zu überwinden und den Weg des verdienstvollen tugendhaften Lebens zu beschreiten."[31] Christian Möller weist zudem darauf hin, dass es in der Seelsorge der Aufklärungszeit „nicht mehr um das Heil oder die Seligkeit der Seele, sondern um den Nutzen für die Gesellschaft und für die Tugend des Einzelnen" ging[32]. Auch Friedrich Schleiermacher, der im evangelischen Raum entscheidend zur Profilierung der Praktischen Theologie beigetragen hat, war von Aufklärungs-

---

29 1540 kam es zur Gründung des Jesuitenordens, der direkt dem Papst unterstellt war, und der eine besondere Rolle für die Revitalisierung von Seelsorge spielen sollte. In der Gründungsbulle sind als seelsorgliche Zielsetzungen hervorgehoben: „Verbreitung des Glaubens, Bemühung um Fortschritt der Seelen in Leben und christlicher Lehre, und das durch Predigten, Dienst am Wort Gottes, Erteilung der geistlichen Übungen, Liebeswerke, Unterweisung der Kinder und einfachen Leute in der christlichen Lehre, Beichthören. Vgl. MÖLLER, C. (1995): Einführende Bemerkungen in die Seelsorge des 16., 17. und 18. Jahrhunderts, 15.
30 Vgl. STEIGER, J. (2000): Seelsorge, 19-21.
31 MUSCHIOL, G. (2001): „Den Weinberg der Seele bebauen", 64.
32 Vgl. MÖLLER, C. (1995): Einführende Bemerkungen zur Seelsorge im 16., 17. und 18. Jahrhundert,19.

ideen beeinflusst, weshalb er ein Seelsorgeverständnis propagierte, das sich ganz und gar auf den Einzelnen ausrichtete und darauf abzielte (erzieherischen) Beistand zu gewähren.[33] Seelsorge wurde dadurch mit einer Art *moralisch-pädagogischem* Beratungsprofil versehen, das jedoch wieder in den Hintergrund trat, als zu Beginn des 20. Jahrhunderts die Seelsorgekonzeption Eduard Thurneysens, die sich in Absetzung von der Liberalen Theologie auf die Dialektische Theologie Karl Barths berief, unter der Titulierung 'Kerygmatische Seelsorge' ihren weltweiten Siegeszug antrat. Mit dem verkündigenden Seelsorgeverständnis trat eine radikale Wende hin zur Bibel und damit zur *Verkündigung des Wortes Gottes* an den Einzelnen als Ziel seelsorglichen Handelns ein. Eine Trendwende, die ganze Generationen von Pfarrern geprägt hat, wobei das kerygmatische Konzept auch heute noch (bzw. wieder) für viele SeelsorgerInnen eine hohe Anziehungskraft besitzt.[34]

1.4. Gegenwärtige Spurensuche: Konzeptvielfalt

Im Jahr 2002 stellte Christian Albrecht fest: „Über eines haben sich Seelsorgelehrer und Seelsorgepraktiker in der zweiten Hälfte des letzten Jahrhunderts niemals ernsthaft beklagen können: Über eine Uniformität der Konzepte für die Seelsorge. Vielmehr ist das Sortiment der Seelsorgelehre nun schon seit Jahrzehnten durch eine kaum je gesehene Vielfalt bestimmt."[35] Kurz darauf vermeldete auch Uta Pohl-Patalong: „Seelsorge präsentiert sich gegenwärtig in einer Pluralität von Konzeptionen und methodischen Orientierungen."[36] Dass die Konzeptpluralität in den letzten Jahren eher zu-, statt abnahm, lässt sich 2014 bei Michael Klessmann nachlesen: „Es gibt kein dominantes Paradigma der Seelsorge mehr, sondern eine Vielfalt an individuell, kulturell, methodisch und religiös differenzierten Formen. Ein christliches, westlich-psychotherapeutisch geprägtes Seelsorgeverständnis erscheint nicht mehr selbstverständlich als einzig mögliches."[37]
Wie aber war es möglich, dass angesichts der im katholischen Raum vorherrschenden Dominanz des Konzeptes Betreuende Seelsorge/Sakramentenpastoral und des im evangelischen Raum vorherrschenden Konzeptes Kerygmatische Seelsorge/Verkündigende Seelsorge im Verlaufe des 20. Jhdts. eine derart überwältigende *Vielfalt an Seelsorgekonzeptionen* mit entsprechenden Auswirkungen auf die Seelsorgepraxis entstehen konnte? Nachdem auf katholischer Seite das Zweite Vatikanische Konzil Mitte der 6oiger Jahre Raum für innova-

---

33 Im katholischen Raum wurde die Praktische Theologie im Kontext einer staatlich verordneten Studienreform, die Maria Theresia im 18. Jhdt. in Wien angestoßen hatte, zum universitären Studienfach, wobei der Benediktinerabt Franz Stephan Rautenstrauch die notwendige Konzeptarbeit leistete.
34 Vgl. NAUER, D. (2001): Seelsorgekonzepte im Widerstreit, Kapitel ‚Kerygmatische Seelsorge'.
35 ALBRECHT, C. (2000): Systemische Seelsorge, 213.
36 POHL-PATALONG, U. (2004): Seelsorge, 1115.
37 KLESSMANN, M. (2014): Im Strom der Zeit, 14. Vgl. auch NOTH, I. (2013): Seelsorge(konzepte) zwischen Modernität und religiöser Tradition; NAUER, D. (2014): Weil nichts bleibt, wie es war. Paradigmenwechsel im christlichen Seelsorgeverständnis.

tive Veränderungen eröffnet hatte und auf evangelischer Seite zeitgleich der Freiraum entstand, den kerygmatischen Ansatz hinterfragen und weiterentwickeln zu dürfen, konnte die aus Nordamerika stammende pastoralpsychologisch dominierte Seelsorgebewegung (Pastoral Counseling Movement) auch in Deutschland Fuß fassen. Die dadurch eingeleitete empirische Wende im Seelsorgeverständnis, d.h. die radikale Ernstnahme des konkreten diesseitigen Menschen mitsamt seinen Problemen und Nöten sowie die Bereitschaft, von psychotherapeutischen Kenntnissen und Methoden in der Seelsorge profitieren zu wollen, führte in den 70iger und 80iger Jahren zu einem Boom eines entweder stärker am Modell der Begleitung oder stärker am Modell der therapeutisch gestützten Beziehungsaufnahme orientierten Seelsorgeverständnisses. Ein Boom, der nicht nur für damalige Verhältnisse völlig neuartige Aus- und Fortbildungsmöglichkeiten (Deutsche Gesellschaft für Pastoralpsychologie; Klinische Seelsorgeausbildung etc.) mit sich brachte, sondern auch eine bunte Vielfalt an Kooperationsmöglichkeiten mit psychotherapeutischen Schulen eröffnete, weshalb sowohl gesprächspsychotherapeutisch, tiefenpsychologisch, themenzentriert, gestalttherapeutisch-integrativ, logotherapeutisch oder systemtherapeutisch ausgerichtete Seelsorgekonzeptvarianten entstanden.[38] Trotz, vielleicht auch wegen dieser Vielfalt erlangte die pastoralpsychologische Interpretation von Seelsorge bald selbst paradigmatischen Status, was wiederum zum Entwurf alternativer Konzepte anregte. Spätestens seit Mitte der 90iger Jahre ist daher deutlich ge worden, dass auch das pastoralpsychologische Paradigma von Seelsorge an seine Grenzen gestoßen ist, weshalb selbst Michael Klessmann als eine der großen Pioniergestalten der Pastoralpsychologie 2005 einräumte: „Die Seelsorgebewegung und ihre therapeutische Orientierung ist nicht mehr das leitende Paradigma für die Seelsorge; die Seelsorgeszene hat sich in einer kaum noch übersehbaren Weise pluralisiert."[39]

---

38 Vgl. STOLLBERG, D. (2009): Pastoralpsychologische Richtungen in der Seelsorge.
39 KLESSMANN, M. (2005): Kirchliche Seelsorge, 250. Bereits 1994 hatte Rolf Schieder behauptet: „Die Tage der Seelsorgebewegung sind gezählt... Das psychotherapeutische Paradigma verliert an Plausibilität. Nicht mehr als Befreiung, sondern als Zwang wird es empfunden." SCHIEDER, R. (1994): Seelsorge in der Postmoderne, 26/27. Entschieden vorsichtiger räumte auch Jürgen Ziemer ein: „Insgesamt wird man davon ausgehen dürfen, dass das therapeutische Paradigma in der Seelsorge nicht mehr so dominant sein wird wie zu den Hochzeiten der Seelsorgbewegung. Es wird notwendiger Weise Anreicherungen und Modifikationen des pastoralpsychologischen Ansatzes geben, keineswegs jedoch dessen Destruktion und Verabschiedung." ZIEMER, J. (2000): Seelsorgelehre, 107. In gleichem Tenor gab auch Klaus Winkler zu bedenken: „Bei alledem erscheint die Seelsorgebewegung als eine notwendige Phase innerhalb poimenischen Denkens und Handelns, die keineswegs zu Ende ist, allerdings unter den gegenwärtigen veränderten Umständen gründlich fortentwickelt werden sollte...Wer die Seelsorgebewegung am Ende wähnt und ihre Tage gezählt sieht, wird sich auf eine gründliche Auseinandersetzung einstellen müssen: Diese Bewegung wird auch in Zukunft in modifizierter Form im poimenischen und im praktisch-seelsorglichen Bereich eine innovative Konkurrenz darstellen, eine Konkurrenz, die das Geschäft belebt." WINKLER, K. (2000): Die Seelsorge zwischen Spezialisierung und Globalisierung, 5/11. Und auch Andreas Wittrahm gibt zu bedenken: „Die ‚therapeutischen' Seelsorgekonzepte sind nicht am Ende... Die Pastoralpsychologie wiederum muss sich vorwerfen lassen, auf dem Hintergrund ihres therapeutischen Leitbildes die kritische Auseinandersetzung mit den Zeichen der Zeit zu verpassen und das pastorale Handeln insgesamt in ein individualistisches und ahistorisches Korsett zu zwängen." WITTRAHM, A. (2001): Seelsorge, Pastoralpsychologie und Postmoderne 55/22.

Pluralisiert zum einen, weil oftmals in radikaler Abgrenzung von psychologischen Zugangsweisen, ausdrücklich nach dem christlichen Profil und damit nach dem biblisch-theologischen Fundament von Seelsorge gesucht wird, wie neo-kerygmatisch, nuthetisch, energetisch, evangelikal, charismatisch oder mystagogisch ausgerichtete Konzeptvarianten belegen.[40] Pluralisiert zum anderen, weil der Ruf nach einer kontextsensiblen Seelsorge, die individuumszentrierte Engführungen überwindet, immer lauter wird, weshalb diakonisch, politisch, feministisch, systemisch oder interkulturell und interreligiös ausgerichtete Konzeptvarianten an Bedeutung gewinnen. *Unterschiedliche, ja sogar widersprüchliche* Fassungen und Zielsetzungen von Seelsorge befinden sich somit gegenwärtig am Markt und können von SeelsorgerInnen als Konzeptgrundlage gewählt werden. Alle Funktionsumschreibungen von Seelsorge, die im historischen Abriss aufleuchteten (diakonisch handeln, trösten, ermahnen, spirituell begleiten, züchtigen, missionieren, predigen, Sünden vergeben, Sakramente spenden, psychologisch vorgehen, beraten, moralisch unterstützen...) sind somit auch heute noch – jetzt allerdings nebeneinander präsent.

2.   Folgenreiche konfessionelle Besonderheiten

2.1.   Cura animarum specialis und Cura animarum generalis

Im evangelischen Raum ist eine von KatholikInnen oftmals in ihrer Bedeutung nicht wahrgenommene Besonderheit festzustellen: „Der protestantische Sprachgebrauch von Seelsorge hat sich zunehmend auf die cura animarum specialis beschränkt."[41] Sowohl in der katholischen als auch in der evangelischen Kirche wird zwischen einem weiten Seelsorgebegriff (cura animarum generalis) und einem engeren (cura animarum specialis) unterschieden.[42] Der weite Begriff definiert Seelsorge als ein Geschehen, das alle Aktivitäten umfasst, die mit der Sorge um die Seele verbunden sein können, während der engere Begriff ausschließlich *Individualseelsorge*, d.h. die konkrete *Seelsorgebeziehung* bzw. *das persönliche Gespräch* in den Blick nimmt.[43] Die starke Konzentration evangelischer Seelsorge auf den *Einzelnen* verdankt sich dem Einfluss der Seelsorgekonzeption Friedrich Schleiermachers, der Seelsorge als dasjenige Handeln ver-

---

40 So kommentiert z.B. Manfred Josuttis sein Anliegen folgendermaßen: „Eine ganze Generation lang haben therapeutische Konzepte und Theorien die Ausbildung und die Praxis von Seelsorge definiert. Inzwischen verbreitet sich mehr und mehr der Eindruck, dass die Möglichkeiten einer solchen Fundierung ausgeschöpft sind... Der Import aus der therapeutischen Verarbeitungsindustrie kann gestoppt, die verschütteten Quellen des Ursprungs sollen freigelegt werden." JOSUTTIS, M. (2000): Segenskräfte, 9/10.
    In Nordamerika stehen sich inzwischen zwei Bewegungen offensiv gegenüber: Das *pastoralpsychologisch* dominierte *Pastoral Counseling Movement* mit der Berufsorganisation *American Association of Pastoral Counselors (AAPC)*, die Seelsorge als *Pastoral Counseling* begreift, und das *evangelikal* dominierte *Christian Counseling Movement* mit den Berufsvereinigungen *American Association of Christian Counselors (AACC)* und der *Christian Association for Psychological Studies,* die Seelsorge ausdrücklich als *Christian Counseling* begreifen. Vgl. JOHNSON, E. L. (2004): Reformational Counseling: a middle way.
41 STOLLBERG, D. (1996): Seelsorge, 173.
42 Vgl. METTE, N. (2005): Einführung in die katholische Praktische Theologie, 89.
43 Vgl. ZIEMER, J. (2004): Seelsorge.

standen wissen wollte, welches sich auf den Einzelnen bezieht.[44] Nach Thomas
Bonhoeffer zeugt diese Interpretation von Seelsorge jedoch tatsächlich von einer nicht zwingend erforderlichen *Selbstbeschränkung*, wobei er räsoniert: „Die
Verengung des Seelsorgebegriffs auf die Einzelseelsorge ist neuzeitlich-
protestantischen Ursprungs und dem Geist dieses Ursprungs verhaftet."[45] Mit
der *Individuumszentriertheit* wird jedoch ein Problem erkauft, das Christian
Möller deutlich benennt: „Dagegen hat die protestantische Zuspitzung der Seelsorge auf 'spezielle Seelsorge' den Nachteil, dass in ihr vieles ausgeblendet
bleibt, was im Sinne einer cura animarum generalis durchaus auf die Seelsorge
einwirkt, wie z.B. soziale Strömungen, gesellschaftliche Entwicklungen, geistige Auseinandersetzungen usw."[46] Begreift man Seelsorge ausschließlich individuumszentriert, dann liegt es nahe, die soziale Dimension von Seelsorge nicht
nur aus der Seelsorgelehre in die Soziallehre und Diakoniewissenschaft, die
sich inzwischen als eigenständiger Zweig der Praktischen Theologie etabliert
hat, auszugliedern, sondern auch in der seelsorglichen Alltagspraxis die diakonische Dimension seelsorglichen Handelns in caritative Einrichtungen/Dienste
outzusourcen, wodurch Seelsorge ihren diakonischen Charakter einbüßt. Christoph Schneider-Harpprecht plädiert daher ausdrücklich dafür, Seelsorge gerade
im protestantischen Raum wieder stärker als cura animarum generalis zu begreifen.[47] Damit ließe sich auch ein Problem, das Peter Zimmerling nicht nur im
Blick auf Seelsorge formuliert hat, entschärfen: „Ihr (der evangelischen Spiritualität) ist nämlich spätestens im Laufe des 19. Jahrhunderts die Dimension der
Sozialität verloren gegangen. Im heutigen Protestantismus herrscht ein Fröm-
migkeitstypus vor, der stark von Individualismus, Subjektivismus und Innerlichkeit geprägt ist. Dahinter steht die neuzeitliche Denkfigur von Gott und der
Einzelseele."[48] Aus evangelischer Sicht deckt Seelsorge zudem nur einen *Teilbereich* des klassischen Aufgabenfeldes von PfarrerInnen ab (1. Predigt/ Gottesdienst; 2. Unterricht; 3. Seelsorge), wobei immer wieder mit Bedauern darauf
hingewiesen wird, dass gegenwärtig gerade die Seelsorge nicht zu den obersten
Prioritäten von PfarrerInnen gehört: „In den meisten Gemeinden spielt Seelsorge, wenn wir ehrlich sind, faktisch nur eine geringe Rolle."[49]

2.2. Cura animarum und Cura pastoralis

Aber auch im katholischen Raum ist eine von ProtestantInnen oftmals in ihrer
Bedeutung nicht wahrgenommene Besonderheit festzustellen: „Der deutsche
allgemeine Begriff Seelsorge umfasst *zwei verschiedene rechtliche Sachverhal-
te*, die im CIC/1983 mit den Begriffen cura animarum (Seelsorge) und cura pas-

---

44 Vgl. HAUSCHILDT, E. (2000): Seelsorgelehre, 56.
45 BONHOEFFER, T. (1985): Ursprung und Wesen der christlichen Seelsorge, 11.
46 MÖLLER, C. (1996): Einführende Bemerkungen zur Seelsorge im 19. und 20. Jahrhundert, 12.
47 Vgl. SCHNEIDER-HARPPRECHT, C. (2005): Die Rolle der Seelsorge, 29.
48 ZIMMERLING, P. (2004): Die Bedeutung der Gemeinschaft, 222.
49 ZIEMER, J. (2004): Weltlichkeit und Spiritualität, 23.

toralis (Hirtensorge) beschrieben werden."[50] Eine recht trockene und relativ un-interessant klingende, jedoch enorm folgenreiche Aussage, denn: Im Seelsorge-alltag kommt es regelmäßig zu Problemen folgender Art:

> Eine Pastoralreferentin begleitet einen Patienten in seinem Sterbeprozess. Der todkranke Mensch oder seine Angehörigen bitten die Seelsorgerin um die Ohrenbeichte und/oder das Sterbesakrament. Aus kirchenrechtlicher Perspek-tive darf die Seelsorgerin diesem Wunsch jedoch nicht nachkommen.

> Eine Gemeinde hat bereits lange keinen Priester mehr. Dafür aber einen be-liebten Pastoralreferenten. Die Gemeinde möchte, weil die sonntäglichen Eu-charistiefeiern aufgrund des fehlenden Priesters immer häufiger ausfallen, dass 'ihr Seelsorger', d.h. 'ihr Pastoralreferent' die Messe mit ihnen feiert, damit die Gemeinde eine lebendige Gemeinde bleibt. Aus kirchenrechtlicher Perspektive darf der Seelsorger diesem Wunsch jedoch nicht nachkommen.

Im Zusammenspiel von Cura animarum und cura pastoralis geschieht christliche Seelsorge. Dass zusätzlich zur cura animarum eine spezifische Hirtensorge exis-tiert, lässt sich als Resultat der im historischen Abriss angedeuteten Verrechtli-chung und Klerikalisierung von Seelsorge verstehen, die spätestens mit der 'Regula Pastoralis' Gregors des Großen im Jahre 591 besiegelt war. Da die Hir-tensorge von Anfang an auf geweihte Amtsträger beschränkt war, und eine Be-teiligung von Laien kirchenrechtlich nicht in allen priesterlichen Tatigkeitsbe-reichen möglich ist, werden die oben angedeuteten Probleme wohl auch in Zu-kunft weiter bestehen. Versuche, die Bezeichnung Seelsorge ausschließlich auf die cura pastoralis anwenden oder ausschließlich Priester als ‚Seelsorger' be-zeichnen zu wollen, lassen sich nach Heribert Hallermann kirchenrechtlich je-doch nicht halten.[51] Folgender kirchenrechtlicher Exkurs soll die Problematik schlagwortartig verdeutlichen:[52]

Cura animarum (Seelensorge/Seelsorge) = cura <u>non</u> plena (nicht volle Seelsorge)	**Cura pastoralis** (Hirtensorge) = cura plena (volle Seelsorge)
Voraussetzung: **Christliche Taufe** Träger: Alle Christusgläubigen	Voraussetzung: **Priesterweihe+Kirchenamt** Träger: Priester/Geistliche Hirten
Spezielle Seelsorgeaufgaben können im Auftrag des **Diözesanbischofs** aufgrund einer _kirchlichen Sendung_ und/oder der Übertragung eines _Kir-chenamtes_ von Professionellen (Gemeinde- und PastoralreferentInnen, Diakone, Ordenspersonal) sowie von Laien übernommen werden.	Die Hirtensorge steht nur Priestern zu. Unter der **Leitung eines Priesters** können jedoch Professio-nelle (Gemeinde- und PastoralreferentInnen, Dia-kone, Ordenspersonal) und Laien an der cura pasto-ralis _beteiligt_ werden – bis auf die Aufgaben, die ausschließlich **Klerikern** vorbehalten sind!

---

50 HALLERMANN, H. (2004): Seelsorger(in) – ein geschützter Begriff?, 212. CIC = Codex Iuris Canonici.
51 Stefan Knobloch weist darauf hin, dass das 1994 erlassene ‚Römische Direktorium für Dienst und Leben der Priester' darauf besteht, dass allein dem Priester die Bezeichnung ‚Seelsorger' zukommt. Vgl. KNOBLOCH, S. (2000): Seelsorge, 35-36. Vgl. HALLERMANN, H. (2004): Seelsorger(in), 212.
52 Vgl. RIEDEL-SPANNENBERGER, I. (1998): Seelsorge und Sendung in der kirchlichen Rechtsordnung; HALLERMANN, H. (2004): Seelsorger(in) – ein geschützter Begriff?

3.   Historische Hypotheken

3.1.   Altlasten, die (das Wort) Seelsorge in Frage stellen

Seelsorge ist weder innerhalb noch außerhalb christlicher Kirchen ein harmloser Begriff. Auf ihm lasten schwere Hypotheken, die die Frage aufkommen lassen, ob der Begriff nicht entsorgt und durch einen besseren ersetzt werden sollte, bzw. ob nicht sogar das, was mit Seelsorge inhaltlich anvisiert wird, ganz und gar aufzugeben ist. Nicht selten lehnen heutige Menschen/ChristInnen professionelle und/oder ehrenamtliche christliche Seelsorge prinzipiell ab. Oftmals sind dies ältere Menschen/ChristInnen, die im Laufe ihres Lebens schlechte Erfahrungen mit Kirche/SeelsorgerInnen gemacht haben. Oftmals sind es aber auch junge (Nicht)ChristInnen, die auf keinerlei Erfahrungen mit Kirche/ SeelsorgerInnen zurückgreifen können, aber dennoch vom ‚Hören und Sagen' über vergangene und gegenwärtige Fehlentwicklungen in den christlichen Kirchen unterrichtet sind. Dankende Ablehnung kann auch aggressive Züge annehmen, wenn z.B. Altlasten auf SeelsorgerInnen projeziert und diese persönlich für eigene Leiderfahrungen oder kritisierbare kirchliche Zustände haftbar gemacht werden. Dies geschieht nicht grundlos, denn über Jahrhunderte hinweg haben sich nun einmal negative Erfahrungen mit Kirche/Seelsorge als historische Hypotheken in das kollektive Gedächtnis vieler Generationen eingebrannt. Altlasten, die die Seelsorge in ein schiefes Licht rücken. Im Folgenden sollen diese ohne Anspruch auf Vollständigkeit komprimiert vor Augen geführt werden. Nicht, um Seelsorge und christliche SeelsorgerInnen (nestbeschmutzend) in Verruf zu bringen, sondern um auf der Basis eingestandener Fehlentwicklungen Seelsorge künftig glaubwürdig(er) gestalten zu können.

3.2.   Selbstaufopferungsmentalität

Die aufgrund antiker philosophischer Einflüsse ursprünglich mit Seelsorge assoziierte *Selbst-Sorge-Dimension*, die dem christlichen Seelsorgeverständnis sowie der seelsorglichen Alltagspraxis in den ersten Jahrhunderten durchaus inhärent war, ist im Laufe der Christentumsgeschichte immer mehr in den Hintergrund getreten.[53] Selbst-Sorge und Für-Sorge, die gemeinsam Seelsorge konstituieren, drifteten auseinander bzw. wurden sogar (oftmals gerade auch im Ordenskontext) mehr oder minder bewusst gegeneinander ausgespielt. Ein Grund hierfür mag darin liegen, dass das Postulat der unlösbaren Zusammengehörigkeit von *Gottes-, Nächsten- und Selbstliebe*, das Jesus Christus selbst als höchstes Gebot ausgewiesen hat (Markus 12, 29-31; Matthäus 22, 34-38), zunehmend auf das Zweiergebot von Gottes- und Nächstenliebe reduziert wurde, wodurch (un)gewollt einer sowohl gottes- als auch menschenunfreundlichen *Aufopfe-*

---

53 Vgl. BONHOEFFER, T.(1990): Zur Entstehung des Begriffs Seelsorge, 7-21.Interessanterweise hat sich vor kurzem Hermann Steinkamp der Aufgabe unterzogen, den Selbst-Sorge-Aspekt von Seelsorge unter Einbeziehung sowohl der ursprünglich philosophischen Konnotation als auch der diakonischen Dimension von Seelsorge zu rehabilitieren. Vgl. STEINKAMP; H. (2005): Seelsorge als Anstiftung zur Selbstsorge.

rungsmentalität von SeelsorgerInnen und allen, die sich in den (Liebes)Dienst und die Nachfolge Jesu Christi stellen, Tür und Tor geöffnet worden ist. Selbst in lehramtlichen Dokumenten wie z.b. der Enzyklika ‚Deus Caritas Est' vom emeritierten Papst Benedikt XVI, die als leidenschaftliches Plädoyer für die „notwendige Wechselwirkung" (Nr. 18) zwischen Gottes- und Nächstenliebe gelesen werden kann, wird das Gebot der lebensförderlichen Selbstliebe, das im Einführungskapitel zwar durch Wiedergabe entsprechender Bibelstellen zumindest formal Erwähnung findet, inhaltlich nicht mehr aufgegriffen oder gar vertieft, weshalb in der Enzyklika nur noch von ‚Gottes- und Nächstenliebe' (z.B. Kapitelüberschrift Nr. 16) die Rede ist.[54]

3.3. Körper- und Sexualitätsabwertung

Die auch im heutigen Seelenverständnis oftmals noch mitschwingende dualistische Zerlegung des Menschen in einen sterblichen Leib und eine unsterbliche Seele, die sich v.a. dem Einfluss (spät)antiker Philosophie und deren Rezeption durch gebildete Kirchenväter verdankt, fand im (abendländischen) Christentum einen nahezu idealen Nährboden.: „Viele bedeutende christliche Theologen (haben) seit früher Zeit das Heilsverständnis auf das Seelenheil verengt und in Zusammenhang mit einer asketischen Grundhaltung körperfeindliche Züge ausgeprägt. In der Neuzeit und in der Moderne hat diese tief verankerte Tendenz zur Körperabwertung das Loslassen des Körpers erleichtert."[55] Seelsorge, verstanden als Sorge um die unsterbliche Seele und das ewige Seelenheil dominierte christliches Denken und Handeln bis in unsere Gegenwart hinein. Wird die Seele als das Eigentliche und Wertvollere des Menschen, der Körper dagegen als das Uneigentliche, Wertlose und Hinderliche eingestuft, dann ist nicht nur der Nährboden für Körper-, sondern auch für Sexualitäts- und Frauenverachtung bereitet. Rainer Bucher diagnostiziert deshalb zu Recht eine kirchliche *Körper-Schuldgeschichte*, deren Bearbeitung nicht nur auf gesamtkirchlicher Ebene, sondern auch in der Praktischen Theologie und Seelsorgelehre bis heute aussteht: „Die Umkehr von der traditionellen Körperverachtung zum Körper als positivem Ort theologischer Bedeutungszuschreibung innerhalb des christlichen Heilsgeschehens aber wäre eine pastorale Revolution."[56] Eine dringend notwendige Revolution, denn selbst zu Beginn des 21. Jhdts. denken nicht wenige ChristInnen immer noch, dass gerade diejenigen, die ihrem Körper durch exzessives Fasten, achtlose Vernachlässigung und blutige Selbstgeisselung unvorstellbare Gewalt angetan haben, als besonders fromm und nacheifernswert einzustufen sind. Der Hinweis Regina Ammicht-Quinns, dass „die Geschichte des Körpers im Christentum noch nicht geschrieben"[57] ist, zeigt nicht nur die Dring-

---

54 Vgl. Enzyklika ‚Deus Caritas Est'. Papst Benedikt XVI, 2005.
55 HELLER, B./ A. HELLER (2014): Spiritualität und Spiritual Care, 164. Vgl. auch BEINERT, W. (2000): Die Leib-Seele-Problematik in der Theologie, 673-687.
56 BUCHER, R. (2002): Kosmos – Kirche – Körper, 191.
57 AMMICHT-QUINN, R. (1999): Körper – Religion – Sexualität, 38.

lichkeit dieser Aufgabe an, sondern lässt bereits erahnen, dass dabei eine Hypo-
thek an Schuldgeschichte zum Vorschein kommen könnte, in die Seelsorger tief
verstrickt waren und bisweilen auch heute noch sind, wie auch der emeritierte
Papst Benedikt XVI in seiner Enzyklika ‚Deus Caritas Est' zumindest im Blick
auf die Vergangenheit vorsichtig einräumt: „Heute wird dem Christentum der
Vergangenheit vielfach Leibfeindlichkeit vorgeworfen, und Tendenzen in diese
Richtung hat es auch immer gegeben."[58] In deutlicheren Worten gestehen Isolde
Karle und Thomas Günther im Blick auf die evangelische Kirche(n) ein: „Die
christliche Tradition war und ist nicht frei von leibfeindlichen und auf proble-
matische Weise spiritualisierenden Strömungen."[59]

3.4. Ewiges Seelenheil statt irdisches Heil

Eine der schwersten Hypotheken, die auf Seelsorge lasten, resultiert daraus,
dass in der Seelsorgepraxis die vom christlichen Ursprung her inhärente diakonische Dimension, die in der Konsolidierungsphase der Gemeinden noch eine
zentrale Rolle spielte, im Laufe der Christentumsgeschichte immer mehr vernachlässigt bzw. sogar verraten wurde. Eine Entwicklung, die sich damit erklären lässt, dass SeelsorgerInnen sich aufgrund gesamtkirchlicher Entwicklungen
(Verarbeitung der Erfahrung, dass die erwartete Rückkehr Jesu Christi auf Erden nicht stattfand und dass die subversiv lebende soziale Gruppierung um Jesus Christus sich im Römischen Weltreich zu einer öffentlichen Staatsreligion
mauserte) weniger für das Diesseits als vielmehr für das Jenseits zuständig fühlten, denn: „Das biblische Modell von 'Heil-in-und-durch-Geschichte' wurde
transformiert zur Hoffnung auf 'Heil-außerhalb-und-nach-der-Geschichte'."[60] In
logischer Konsequenz zogen daher z.B. „Volksmissionare durch das Land und
predigten, dass sich die Menschen weniger um das kümmern sollten, was dem
Leib nützlich ist, als vielmehr um das, was der Seele in ihrem unsterblichen Leben hilft."[61] Verschiebt sich in der Seelsorge jedoch das Interesse vom diesseitigen konkreten Heil des Menschen auf das jenseits zu erwartende ewige *Seelenheil*, dann reklamiert Seelsorge nicht nur eine Erstzuständigkeit für die jenseitige Rettung der Menschen,[62] sondern tendiert auch dazu, irdische Probleme und
Nöte zu bagatellisieren. Michael Klessmann verweist in diesem Zusammenhang
als Paradebeispiel auf die Seelsorge Johann Hinrich Wicherns, der als einer der
Gründerväter der evangelischen Diakonie die Verelendung der Arbeiterschaft,
die er bei seinen vielen Hausbesuchen hautnah miterlebte, nicht als Folge der
Industrialisierung und der damit einhergehenden Massenausbeutung der Unter-
schichtsbevölkerung, sondern als Folge der Sündhaftigkeit und Gottlosigkeit

---

58 Enzyklika ‚Deus Caritas Est'. Papst Benedikt XVI, 2005, Nr. 5.
59 KARLE, I./ T. GÜNTHER (2009): Krankheitsdeutungen in der postsäkularen Gesellschaft, 13.
60 GRUBER, F. (1997): Heilwerden im Fragment, 229.
61 ZAUNER, W. (1987): Sorge um die Seele, 150.
62 Vgl. REUTER, W. (2004): Heilsame Seelsorge, 235; BOPP, K. (2000). Einen neuen Himmel oder eine neue
    Erde?, 4.

der einzelnen ArbeiterInnen interpretierte. Deshalb gilt es schonungslos einzugestehen: „Theorie und Praxis der Seelsorge haben allerdings häufig die fatale
Konsequenz gehabt, sich nur auf die ‚Seele' in einem populär-platonischen Sinn
(also verstanden als der unsterbliche, zeitlose Wesenskern des Menschen) zu
fokussieren, d.h. sich als zeitloses geistliches Angebot zu verstehen und darüber
die Auswirkungen der sozialen Umstände zu vernachlässigen."[63]
Dementsprechend ließe sich auch eine soziale Schuldgeschichte von Seelsorge
rekonstruieren. Eine Schuldgeschichte, die deutlich benennt, wann Seelsorge
Menschen vertröstend zur Weltflucht animiert hat, anstatt sie dazu zu ermutigen, ihre diesseitigen Nöte zu beheben. Eine Schuldgeschichte, in der eingestanden wird, dass Seelsorge einzelne Menschen und ganze Menschengruppen,
die sehr konkrete Hilfeleistungen nötig gehabt hätten, immer wieder im Stich
gelassen hat (ob es sich dabei um angebliche Hexen handelte, um sogenannte
Ungläubige, um rechtlose Bauern oder auch um zur Vernichtung freigegebene
sogenannte Geisteskranke und Kinder). Eine Schuldgeschichte, die daher auch
Verflechtungen von Seelsorge und kirchlichen Machtträgern mit (gesell-
schafts)politischen Mächten und Gewalten aufdeckt, die nicht zu einer Befreiung aus materieller Not und Leid, sondern zu deren Stabilisierung beigetragen
hat und an vielen Orten der Welt auch heute noch beiträgt.

3.5. Missionarische Seelenrettung

Dass Seelsorge besonders im Rahmen kirchlicher Missionsbestrebungen über
Jahrhunderte nicht nur segensreich für viele Menschen war, sondern auch Gewalt verbreitet und viel Leid verursacht hat, gilt es gemäß Udo Schmälzle ebenfalls öffentlich einzugestehen, denn: „Faktum ist, dass es in der Kirche eine
Sorge um Seelen gegeben hat und immer noch gibt, die nicht merkt, dass eigentlich Seele zerstört wird."[64] Norbert Mette findet für diese Hypothek, die heute
viele Menschen vor Seelsorge zurückschrecken lässt, noch deutlichere Worte:
„Auch in ihrer pastoralen Praxis hat die Kirche keineswegs immer nur Gutes für
die Menschen bewirkt. Um ihre Aufgabe zu erfüllen, die Menschen der ewigen
Seeligkeit teilhaftig werden zu lassen, waren ihr häufig alle möglichen Mittel
recht, um die Menschen aus ihrer ihnen zugeschriebenen (erb)sündlichen Ver-
dorbenheit herauszureißen – bis hin zu Zwangsbekehrungen und Hexenver-
brennungen."[65] Auch Seelsorger haben sich trotz all ihrer weltweiten Verdienste
immer wieder daran beteiligt, einzelne Menschen oder ganze Menschengruppen
(aus)zusortieren nach beseelt, wertvoll, superior und deshalb schützenswert o-
der unbeseelt, wertlos, inferior und deshalb vernichtbar. An dieser Stelle offenbart sich eine *Vernichtungs-Schuldgeschichte*, die Ottmar Fuchs als „zum Teil

63 KLESSMANN, M. (2009): Seelsorge, 11.
64 SCHMÄLZLE, U. (2003): Seelsorge – Leben mit Ambivalenzen, 136.
65 METTE, N. (2005): Einführung in die katholische Praktische Theologie, 62.

blutige Christentumsgeschichte" identifiziert, deren weltweites Ausmaß bei weiten noch nicht erfasst ist.[66]

3.6. Gewalt und sexueller Missbrauch

Dass (Nicht)ChristInnen im 21. Jhdt. damit konfrontiert werden, dass es in allen christlichen Konfessionen weltweit anscheinend schon immer einzelne christliche SeelsorgerInnen gab, die v.a. abhängige, schutzlose, hilflose, isolierte und behinderte Kinder/Jugendliche bis in die Mitte des 20. Jhdts. hinein nicht nur (extrem) gewalttätig behandelt, sondern diese auch sexuell missbraucht haben, erweist sich als eine nahezu un-glaubliche Hypothek, die viele gut-gläubige Menschen von ihrer jeweiligen Kirche als Beheimatungsort entfremden.[67] Eine Entfremdung, die noch dadurch verstärkt wird, dass zur Anzeige gekommene Missbrauchsfälle nicht konsequent genug aufgeklärt, schonungslos transparent gemacht und in bedingungsloser Solidarität mit den Opfern geahndet werden. Für Andreas Heller kann daraus v.a. im Blick auf die Katholische Kirche nur ein Schluss gezogen werden: „Kirche hat sich in einer systematisch-strukturellen Weise in Widerspruch zu sich und ihrer Botschaft gebracht. Und diese Währung ist abgestürzt an den Börsen der öffentlichen Kreditwürdigkeit, sie befindet sich im freien Fall."[68] Dass SeelsorgerInnen (gerade auch im Ordenskontext) vor psychischer und physischer mehr oder weniger sichtbarer Gewaltanwendung nicht immer zurückschreckten, gesteht auch Margot Käßmann als evangelische Theologin für ihre Kirche öffentlich ein: „Aber Prügeln und Strafen, das gab es in der Kirche und im Protestantismus leider auch."[69]

Auf eine weitaus sublimere Form der Gewaltanwendung macht zudem Papst Franziskus aufmerksam, wenn er von seiner Beobachtung berichtet, dass manche SeelsorgerInnen noch immer dazu tendieren, Menschen wortwörtlich und übertragen aus Kirchen(gebäuden) auszuschließen, indem sie diese an liturgischen Feiern und Sakramenten ‚aus irgendeinem beliebigen Grund' nicht teilnehmen lassen.[70]

3.7. Sünden- und Beichtfixierung

Als langfristige Hypothek erweist sich zudem die über Jahrhunderte erfolgte seelsorgliche Fixierung auf Sünde, Sündeneingeständnis und Sündenvergebung, v.a. in Form der Beichtpraxis. Magnus Striet ermahnt daher zum selbstkritischen Hin- und nicht zum Wegsehen: „Die Rede von der Sünde hat dem Chris-

---

66 FUCHS, O. (2008): Sieben Thesen zu einer Missionarischen Pastoral, 13.
67 Vgl. ZIMMER, A. u.a.(2014): Sexueller Missbrauch in kirchlichen Institutionen.
68 HELLER, A. (2010): Kultur der Krankenhausseelsorge, 316. Für Heller steht fest: „Die Dimensionen des Problems ‚sexualisierte Gewalt' werden auf allen Ebenen der Kirche unterschätzt, sie haben ein weltkirchlich-global-katholisches Ausmaß... Man ahnt die Dimensionen der ‚sexualisierten Gewalt' und bietet deshalb keine Entschädigungen an und kann daher auch nur halbherzig aufklären und aufarbeiten und verliert weiter an Glaubwürdigkeit und Vertrauen." Vgl. HELLER, A. (2011): Sexualisierte Gewalt in der Kirche, 984/987.
69 KÄSSMANN, M. (2013): „Dort sind alle Tränen abgewischt", 46.
70 Vgl. EVANGELII GAUDIUM (2013), Nr. 47.

tentum eine Hypothek beschert, die kaum noch abzugleichen ist…Und wenn
heute immer wieder von einer Glaubenskrise gesprochen wird, die hauptver-
antwortlich sei für die Erosionsphänomene des Christlichen in den westlichen
Gesellschaften, dann muss man auch fragen, ob es nicht dieser theologische
Ballast ist, der mit dafür verantwortlich zeichnet."[71] Gemäß den Forschungsergebnissen Hermann Härings verdanken wir v.a. der (Erb)Sündenlehre des (späten) Kirchenvaters Augustinus die folgenreiche Vorstellung, dass ein jeder
Mensch aufgrund der Ursünde Adams einer universalen Menschheitsschuld vor
Gott verhaftet ist, „die unsere Freiheit schon ruinierte, bevor wir überhaupt geboren wurden."[72] Magnus Striet, der darauf hinweist, dass das augustinische
Erbsündenkonstrukt sich nicht biblisch begründen lässt, erläutert die damit einhergehende Hypothek folgendermaßen: „Die gesamte menschliche Natur sei in
der einen sündigen Tat Adams gefallen. Von der Denunziation des Fleisches
abgesehen, die damit einherging – schließlich sollte diese Ursünde durch Sexu-
alverkehr übertragen werden – hat Augustinus eine tiefe Verunsicherung in die
von diesem Christentum pathologisierte Welt gebracht. Von einer unbedingten
Güte Gottes konnte fortan nicht mehr ausgegangen werden. Stattdessen waren
es nur noch wenige, die auf Rettung hoffen durften."[73] Dass die von der Kirche
geschürte Fixierung auf lässliche Sünde und sogenannte Todsünden (Trägheit,
Gefräßigkeit, Wollust, Zorn, Hochmut, Neid, Habgier) v.a. im Mittelalter nahezu pathologische Dimensionen im Alltagsleben der Christgläubigen annehmen
konnte, verdankte sich letztlich einer theologischen Weiterentwicklung der au-
gustinischen Erbsündenlehre durch Anselm von Canterbury. Um erklären zu
können, weshalb Jesus am Kreuz sterben musste, entwickelte dieser im 11. Jhdt.
die sogenannte Sühnetheorie, mit deren Hilfe (sündigen) Menschen durch Seelsorger ein schlechtes Gewissen eingeredet werden konnte, da Jesus angeblich
für ihre (Erb)Sünden den Opfertod auf sich genommen habe und daher jeder
einzelne Mensch am Tode Jesu mitschuldig sei. Eine biblisch nicht haltbare
Theorie, die fatale praktische Folgewirkungen mit sich brachte, die Magnus
Striet öffentlich anprangert: „Dass die Sühnetheorie sich so tief in das kulturell-
religiöse Gedächtnis der christlichen Tradition einschreiben konnte, spricht
Bände über das Selbstverständnis, vor allem aber über die Nöte und Ängste von
Generationen."[74]
Während Heribert Wahl die *Sünden- und Beichtfixierung* noch relativ vorsichtig
als Strategie zur subtilen Seelenlenkung qualifiziert und Hans-Joachim Höhn
die damit einhergehende 'Durchleuchtung menschlicher Sexualität und Sinn-

---

71 STRIET, M. (2011): Wie heute über Sünde reden?, 568.
72 HÄRING, H. (2012): Es geht ums Ganze, 23.
73 STRIET, M. (2014): Vorwort, 9-10. Striet nennt die Erbsündenlehre eine ‚Erfindung' des Augustinus, die
    dazu diente, nicht Gott, sondern den Menschen das Negative in der Welt anzulasten.
74 STRIET, M. (2012): Erlösung durch den Opfertod Jesu?, 19. Welch dramatische Folgen die Sündenfixierung
    für viele ChristInnen über viele Jahrhunderte mit sich brachte, lässt sich in der (bedrückenden) kultursozio-
    logischen Studie Gerhard Schulzes nachlesen. Vgl. SCHULZE, G. (2006): Die Sünde. Das schöne Leben und
    seine Feinde.

lichkeit als Ort der Sünde' anprangert, deckt Norbert Mette die Seelsorgestrategie der Erteilung oder Verweigerung der Absolution in Form der Beichte als eine Strategie auf, der bis heute ein Herrschafts- und Machtmissbrauchspotential
inhärent ist: „Sakramente sind eben auch als Instrumente zur Legitimation un-
terdrückerischer Machtausübung missbraucht worden. Noch heute kann man
von älteren Menschen hören, wie sehr sie beispielsweise unter der ihnen aufer-
legten Beichtpraxis gelitten und es als Befreiung empfunden haben, sich ihr
nicht mehr länger aussetzen zu müssen.[75] Frauen, die sich immer an Männer
wenden mussten, um Sakramente gespendet zu bekommen, haben nicht selten
darunter besonders gelitten."[76] Nicht umsonst ermahnt deshalb Papst Franziskus
noch im Jahr 2013 alle Kleriker, den Beichtstuhl nicht zu einem Ort der Folter-
kammer verkommen zu lassen, da er als Ort real erfahrbarer Barmherzigkeit
Gottes und des Seelsorgers gedacht ist.[77] Die *Kontroll-Schuldgeschichte*, die
sich aufgrund der Sündenfixierung auftürmte, war und ist jedoch nicht nur ein
Problem der katholischen Kirche, wie Ursula Riedel-Pfäfflin und Julia Strecker
selbstkritisch einräumen: „Die Seelsorge der protestantischen Kirchen ist noch
heute oft auf das Aufdecken von Sünde ausgerichtet, damit dann dem, der seine
Schuld bekennt, die umso größere Gnade Gottes zugesprochen werden kann."[78]
Fast schon lakonisch fragt daher Wilfried Engemann, was SeelsorgerInnen denn
heute überhaupt noch zu tun bliebe, wenn Menschen tatsächlich ihr Gerechtfertigt-Sein entdecken würden und sich nicht mehr auf ihr Sünder-Sein fixieren
ließen.[79]

3.8. Droh-Botschaft statt Froh-Botschaft

Die aktive Schürung von Sünden-, Heilsverlusts-, Höllen- und Teufelsangst ist
ebenfalls in den Katalog historischer Hypotheken aufzunehmen, denn: „Mit der
Höllenangst lässt sich gut Herrschaft ausüben. Wer nicht nur mit zeitlichen,
sondern auch noch mit ewigen Strafen drohen kann, dem fließt eine schier unendliche Macht über die Menschen zu. Bis hin zur Rechtfertigung äußerster
Gewalt und Grausamkeiten im Diesseits…. Auch die Christenheit ist immer
wieder in den Fehler hinein verfallen, Gott mit eigenen Wenn-dann-
Bedingungen und Strafandrohungen zu verdunkeln und von daher ganze Völker
in Angst und Schrecken zu versetzen, bis hin zur die diesseitige Hölle verbrei-

---

75 Im Konzil von Trient (16. Jhdt.) wurde in der Katholischen Kirche festgelegt, dass man „in der Beichte Sünden nach Art, Zahl und Gattung bekenne… Diese Verordnungen gaben Anlass zu vielen Abhandlungen und
   zur Entfaltung von Sündenregistern. Repräsentativ für das Verständnis der Sünde seit dem Trienter Konzil
   war fast ausschließlich die Orientierung an der Norm und ihrer Übertretung. Die meisten Katechismen dieser
   Zeit (bis zum heutigen Katechismus der Katholischen Kirche (KKK) waren besonders an der Unterscheidung
   zwischen Todsünde und lässlicher Sünde interessiert." DLUGOS, S./ S. MÜLLER (2012): Was ist Sünde?,
   31-32.
76 METTE, N. (2005): Sakramente – Instrumente der Unterdrückung und Symbole der Befreiung, 318. Vgl.
   auch WAHL, H. (2003): „Wenn Seelen blühen…"; HÖHN, H.-J. (2007): ‚Was soll ich denn noch beichten?'
77 Vgl. EVANGELII GAUDIUM (2013), Nr. 44.
78 RIEDEL-PFÄFFLIN, U./ J. STRECKER (1998): Flügel trotz allem, 35.
79 Vgl. ENGEMANN, W. (2006): Aneignung der Freiheit, 37.

tenden vermeintlichen 'Höllendiakonie', als dürfte der Dienst daran, dass die Menschen nicht in die Hölle kommen, alle Gewalttätigkeit erlauben, damit sie sich taufen lassen bzw. den richtigen Glauben haben."[80] Ottmar Fuchs entlarvt daher (be)drohende Gottesbilder und Seelsorgestrategien, die auch heutigen Menschen oft noch sehr präsent sind, als eine Form menschenverachtender, ungnädiger und un-barmherziger Drohpastoral, die die Gnaden- und Heilsbotschaft des christlichen Glaubens ins Gegenteil verzerren. Bis in unsere Gegenwart hinein, wachsen ChristInnen in manchen christlichen Kreisen mit Gottesbildern, Glaubensvorstellungen und Wenn-Dann-Kausalitäten auf, die sie unfrei, unglücklich und oftmals sogar krank machen.[81] Ein Faktum, dem christliche Seelsorge in allen Konfessionen aktiv entgegenzuarbeiten hat, wenn sie im 21. Jhdt. glaubwürdig sein/bleiben/werden will, denn, wie Magnus Striet beschämt eingesteht: „Die Hoffnung auf Rettung aller, auf einen grenzenlos gnädigen Gott überlebte nur in Seitenarmen der christlichen Überlieferungsströme."[82]

3.9. Paternalistische Hirtenmacht

Eine weitere Hypothek ist auf dem Niveau der professionellen seelsorglichen Beziehungsgestaltung lokalisiert und lässt sich als folgenreiche *Macht-Schuldgeschichte* charakterisieren. In Rekurs auf den französischen Philosophen Michel Foucault haben sowohl Hermann Stenger als auch Hermann Steinkamp Rollenmuster in der Gestaltung von Seelsorgebeziehungen aufgedeckt, die dem philosophischen Theorem der *Pastoralmacht* entsprechen.[83] Bereits im Bild der *Hirtenmetapher* wird ersichtlich, dass Seelsorge jahrhundertelang Menschen im Bild der Schafe gesehen hat, die es zu führen, zu betreuen, zu versorgen und abhängig zu halten gilt. Als göttlich beauftragte Hirten wussten Seelsorger sozusagen a priori, was ihre Schafe nötig haben. Dass Seelsorge daher von vielen Menschen als ein extrem asymmetrisch, paternalistisch und auch patrialistisch ablaufendes Geschehen erfahren worden ist und manchmal auch heute noch erfahren wird, dürfte auf diesem Hintergrund nicht überraschen. Für Rainer Bucher und Karl Heinz Ladenhauf lässt sich daher an folgender Einsicht nicht rütteln: „Seelsorge war ein am Heil der Seelen dominiertes, fürsorgliches bis bevormundendes Handeln von Klerikern an Laien."[84]

3.10. Klerikale Monopolisierung

Die erfolgte Klerikalisierung von Seelsorge, die besonders der katholischen Amtskirche enorme Vorteile einbrachte, wurde und wird jedoch von ChristIn-

---

80 FUCHS, O. (2007): Das Jüngste Gericht, 58.
81 Vgl. KRÄTZL, H. (2010): ...und suchen dein Angesicht, 165-166.
82 STRIET, M. (2011): Wie heute über Sünde reden?, 568.
83 Vgl. STENGER, H. (2002): Im Zeichen des Hirten und des Lammes; STEINKAMP, H. (2005): Seelsorge als Anstiftung zur Selbstsorge; DERS. (2003): Leiten heißt Beziehung stiften. Ja – aber...
84 BUCHER, R./ K. LADENHAUF (2004): Räume des Aufatmens, 159.

nen nicht immer als segensreich erfahren, weshalb bereits Karl Rahner (selbst-kritisch) einräumte: „Die Priester werden somit zu den Mittlern zwischen Gott und den Menschen. Um sie kommt kein Mensch herum… Nicht zu übersehen ist schließlich, dass diese Grundkonzeption der Seelsorge für die Kleriker und das Kirchensystem enorm nützlich ist. Die Monopolisierung des Heils in den Händen des Klerus/der Kirche verschafft diesen eine ungeheure Position."[85] Über viele Jahrhunderte hinweg kamen Gläubige um Kleriker nicht herum, wenn sie dem (ewigen) Seelenheil teilhaftig werden wollten, wobei Frauen und Mädchen in der Regel ausschließlich auf männliche kirchliche Ansprechpartner angewiesen waren. Dass Frauen – gerade auch Ordensfrauen – sich nicht (ge-nügend) zur Wehr setzten bzw. den Klerikalismus durch dienende Unterstüt-zung noch verstärkten, ist ein weiteres dunkles Kapitel, das es aufzuarbeiten gilt. Papst Franziskus jedenfalls findet in Evangelii Gaudium deutliche Worte zum ‚übertriebenen Klerikalismus' der verhindert, dass Laien ihre Charismen zum Wohle aller zum Einsatz bringen können. Klerikalismusanfälligen Pries-tern attestiert er: „Da ist kein Eifer mehr für das Evangelium, sondern der un-echte Genuss einer egozentrischen Selbstgefälligkeit."[86]

3.11. Zähl-Sorge statt Seel-Sorge

Dass Seelsorge im Laufe der Geschichte immer wieder dazu neigte, vereins-ideologische Rekrutierungsstrategien zu verfolgen, indem sie Menschen dazu anhielt, spendenbereites bzw. zahlendes Kirchenmitglied zu werden bzw. zu bleiben, ist eine (hoffentlich) überwundene Altlast, die v.a. Hermann Steinkamp in den Blick nimmt: „Die Kritik richtet sich auf die Endmoränen der pastoralen Mentalität, aus Thron- und Altarzeiten, als Staat und Kirche Hand in Hand ihre Untertanen flächendeckend zu erfassen, zu betreuen und moralisch zu disziplin-ieren als ihre gottgegebenen Auftrag ansahen."[87] Aus einer voraussetzungs- und bedingungslosen Seel-Sorge für alle Menschen wurde dadurch eine be- und abrechnende Zähl-Sorge, die sich letztlich nicht primär den Interessen des Ge-genüber, sondern der beauftragenden Instanz Kirche/Staat verpflichtet fühlte.

4.   Plädoyer für das Wort Seelsorge

„Seelsorge ist vielen heute ein fremdes Wort geworden."[88] Wenn dem so ist, dann bietet es sich an, nach Begriffsalternativen zu suchen. Dies erklärt, wes-halb wir z.B. bei Norbert Schuster und Jürgen Ziemer auch auf das Wort 'Pasto-ralarbeit' stoßen.[89] Lässt sich das Wort 'Seelsorge' aber tatsächlich durch ein

---

85 ZULEHNER, P. (2002). Im Gespräch mit Karl Rahner, 38/48. Vgl. auch BUCHER, R. (2010): Priester des Volkes Gottes, S. 23 ff. Für Bucher war Klerikalismus eine durchgängige ‚pastorale Handlungsform' (23).
86 EVANGELII GAUDIUM (2013), Nr. 102/94.
87 STEINKAMP, H. (2013): Sozialpastoral, 14.
88 ZIEMER, J. (2000): Seelsorgelehre, 13.
89 Vgl. SCHUSTER, N. (2006): Organisationskompetenz als vergessene Qualifikation für die Pastoralarbeit; ZIEMER, J. (2000): Seelsorgelehre, 94.

Wort ersetzen, in dem der Begriff 'Pastoral' zentral steht? Für Bernhard Wunder würden wir damit einen gravierenden Kategorienfehler begehen, weil beide Begriffe aufgrund unterschiedlicher Bedeutung nicht synonym verwendbar sind.[90] Aus katholischer Sicht (Zweites Vatikanisches Konzil, Pastoralkonstitution) steht das Wort Pastoral für etwas sehr Allgemeines und zugleich sehr Grundlegendes. Es umschreibt das Verhältnis der Kirche zur Welt und zu den Menschen von heute.[91] Pastorales Handeln ist somit das *evangeliumsgemäße* Handeln *aller* Gläubigen bzw. der ganzen Gemeinde unter Ernstnahme der Zeichen der Zeit. Es umfasst alle Formen des Handelns, in denen ausdrücklich christlich motiviert Zeugnis abgelegt wird in Wort und Tat vom Reich Gottes nach Innen (Gemeinde) und Außen (Welt). Pastorales Handeln ist somit weder an Kleriker noch an professionelle Berufsgruppen gebunden. Damit umfasst es zwar auch alle (d.h. auch nicht professionalisierte) Formen von Seelsorge, geht aber weit darüber hinaus, weshalb Seelsorge als *eine von vielen* möglichen Realisationsformen von Pastoral begriffen werden kann. Zusätzlich zur Deckungsgleichheit beider Begriffe scheint mir die Streichung des Wortes Seelsorge zugunsten von Wörtern, in denen Pastoral auftaucht, noch aus einem anderen Grund mehr als fragwürdig. Ich gehe davon aus, dass die meisten Menschen die Bedeutung von Pastoral, die das Zweite Vatikanische Konzil dem Wort zuerkannt hat, überhaupt nicht kennen. Ihr Verständnis von Pastoral scheint mir mit ganz anderen Assoziationen verbunden zu sein, denen ich in meinem Freundes- und Bekanntenkreis nahezu durchgehend begegne. Das Wort Pastoral erinnert sie an Pastoren/hirten und deren Führungshandeln gegenüber Schafen, weshalb Vorstellungen von ländlicher Idylle mit Hirtenmusik und/oder Schäferstündchen auftauchen. Wenn Menschen aber derartige Assoziationen mit dem Wort Pastoral verbinden, dann würden wir Gefahr laufen, mit diesem Wort keine glaubwürdige Alternative anzubieten.

Warum also nicht bei dem Begriff ,Seelsorge' bleiben? Für Herbert Haslinger ein durchaus berechtigtes Anliegen, denn: „Seelsorge ist eine Bezeichnung, die in unserer Gesellschaft nach wie vor auf breiter Ebene, sogar dem denkbar großen Publikum der ,tagesschau'- und ,heute'- Zuschauer, verständlich ist."[92] Diese im Blick auf Nachrichtenberichte über Notfallseelsorge vorgetragene Behauptung greife ich im Wissen um die ambivalenten Gefühle, die das Wort Seelsorge aufgrund seiner geschichtlichen Hypotheken bei vielen Menschen erzeugt, auf und plädiere analog zu Heribert Wahl: „Lasst uns bei der guten alten ,Seelsorge' bleiben, denn sie bewirkt, neben Caritas und Diakonie, heute noch eine erstaunlich hohe Akzeptanz von Seiten auch kirchlich distanzierter und kirchenferner Menschen."[93] Lasst uns das Wort 'Seelsorge' nicht durch andere

---

90 Vgl. WUNDER, B. (2003): Weißt du, wovon du sprichst? Zum Sprachgebrauch der Begriffe Seelsorge und Pastoral.
91 Vgl. BUCHER, R. (2004): Die pastorale Konstitution der Kirche.
92 HASLINGER, H. (2004): Seelsorge, 158.
93 WAHL, H. (2003): „Wenn Seelen blühen…", 246.

Worte ersetzen, denn gerade in der Wortkombination 'Seel-Sorge' kommt das spezifisch christliche Proprium dessen, was wir inhaltlich damit meinen, am besten zur Geltung, wie Herbert Anderson es auf den Punkt bringt: „The language of Seelsorge keeps Christian identity clear."[94] Ein erstaunliches Zitat des nordamerikanischen Praktischen Theologen, der schon seit Jahren – angesichts der gegenwärtigen Umbenennungsstrategien jedoch immer lauter – zu einer Rückbesinnung nicht auf die Begriffe 'pastoral care' oder 'pastoral counseling', sondern auf den alten Seelsorgebegriff 'soul care' aufruft. Im Unterschied zu anderen, die aus evangelikal-charismatischen Lagern ebenfalls die Wiedergewinnung des Seelsorgebegriffs herbeisehnen, verbindet Anderson damit jedoch keinerlei restaurative Anliegen.[95] Gleiches trifft auch auf Daniel Louw zu, der gegen den Zeittrend ausdrücklich an der Titulierung ‚soul care' festhalten will.[96] Entgegen dem allgemeinen Trend hört man inzwischen sogar in den Niederlanden wieder vereinzelte, aber dennoch unüberhörbare Stimmen, die sich für eine aktualisierte Wiederentdeckung des in Vergessenheit geratenen Seelsorgebegriffs (zielzorg) aussprechen.[97] Aber auch im deutschsprachigen Raum zeigt sich, dass selbst dann, wenn TheologInnen sich aufgrund der historischen Hypotheken vom Seelsorgebegriff aus guten Gründen distanziert haben, erneut Annäherungen möglich sind, wie sich exemplarisch in einer autobiographischen Textpassage von Franz Weber nachlesen lässt: „Nach einer länger andauernden Skepsis gegenüber dem Wort 'Seelsorge', das mir aus meiner befreiungstheolo gischen Grundüberzeugung fragwürdig und individualistisch verengt erschien, kann ich mich gerade auf Grund meiner pastoralen Erfahrung in Lateinamerika heute wieder neu zu diesem Begriff bekennen."[98] Und auch Matthias Sellmann lässt uns wissen: "Zunächst einmal: Ich mag den Begriff der Seelsorge wirklich sehr... der Begriff hat seine Tücken. Und doch möchte ich, dass wir ihn behalten. Der Begriff behauptet ganz ungeschützt, dass wir als Menschen eine Seele haben, ja dass wir eine Seele sind – und dass diese Seele Aufmerksamkeit, ja: Pflege verdient. Hier hat sich über die Jahrhunderte ein theologischer Begriff in die theologische Gegenwart gerettet, der auf eine naiv-trotzige Weise durch die Hintertür vor allem eines reklamiert: dass es einen Gott gibt, der mir begegnen will und dem ich begegnen kann."[99]
Auch ich bekenne mich nach anfänglicher Skepsis heute aus voller Überzeugung zum Seelsorgebegriff, vorausgesetzt er wurzelt im biblischen Seelenver-

---

94 ANDERSON, H. (2001): Whatever happened to Seelsorge?, 39.
95 Anderson zitiert als Gewährsmann z.B. Homer Ashby, der jedoch die Begriffskombination *cure of soul* vorzieht. Vgl. ASHBY, H. (1996): Reclaiming the Soul of the Cure of Soul. Stärker evangelikal ausgerichtet dagegen präsentieren sich folgende Plädoyers für Seelsorge/soul care: CONVER, L.E. (1997): Care of the soul. The repurchase of a stolen birthright; JOHNSON, E. L. (2004): Reformational Counseling.
96 Vgl. LOUW, D. (2010): „Habitus" in soul care.
97 Vgl. KNIPPENBERG, T. van (2005): Existentiele zielzorg.
98 WEBER, F. (2003): Wahrhaft menschlich – entklerikalisiert – interkulturell, 157.
99 SELLMANN, M. (2009): Seelsorge oder: Warum die Seele Aufmerksamkeit verdient, 340-341. Eine klare Option für den Seelenbegriff trifft auch Gerhard Reitzinger in seinem Grundlagenwerk: REITZINGER, G. (2009): Wer trägt Seelsorge, 342 ff.

ständnis und ist dementsprechend komplex inhaltlich gefüllt. 2000 Jahre Christentums- und Seelsorgegeschichte haben Spuren und Wunden hinterlassen. Diese können und wollen wir nicht einfach übergehen oder gar auslöschen. Wir können jedoch daraus lernen und uns auf die Suche machen nach dem Reichtum einer zutiefst gottes- und menschenfreundlichen Interpretation von Seelsorge, in der sowohl das theologische Fundament als auch die Zeichen der Zeit ernst genommen werden. Dieser Aufgabe wollen die folgenden Kapitel dieses Buches gerecht werden. *Schaubild 5* skizziert zusammenfassend den Wortwandel von Seele und Seelsorge, wodurch das Kapitel Begriffsproblematisierungen zum Abschluss kommt.

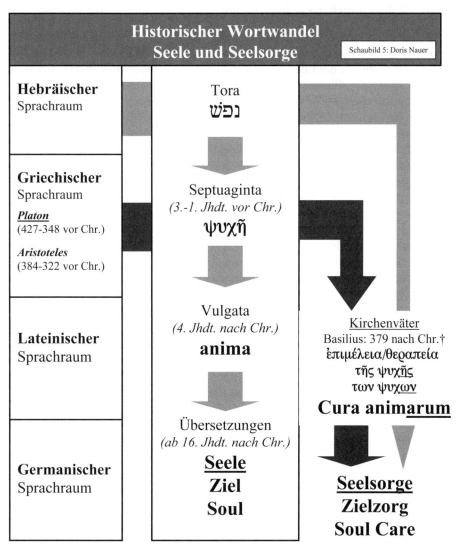

Glaubwürdige Seelsorge

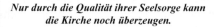

> *Nur durch die Qualität ihrer Seelsorge kann die Kirche noch überzeugen.*
>
> Petra Bosse-Huber (2005): Seelsorge –
> die Muttersprache der Kirche im 21. Jhdt, 17.

I. Gottesbild: Theologisches Fundament

1. Das christliche Gottesbild?

1.1. Erfahrungen als Erkenntnisquelle

'Niemand hat Gott je gesehen' (Johannes 1,18). Sind wir aufgrund dieser biblisch bezeugten und in unserer Alltagswirklichkeit leicht zu verifizierenden Tatsache überhaupt in der Lage, von Gott zu sprechen oder Konturen eines jüdisch verwurzelten christlichen Gottesbildes ausfindig zu machen? Woher sollen wir denn entsprechendes Wissen nehmen, wenn doch schon im Alten Testament steht: 'Du kannst mein Angesicht nicht sehen; denn kein Mensch kann mich sehen und am Leben bleiben.' (Exodus 33,20)? Wenn Gott tatsächlich im unzugänglichen Licht wohnt (1 Timotheus 6,16), was sollen wir dann schon über ihn aussagen können? Praktische TheologInnen vermeiden es daher (in der Regel) Ist-Aussagen über Gott zu wagen oder ewige Wahrheitspostulate in Form von leeren Behauptungshüllen aufzustellen. Sie enthalten sich dem verführerischen Anliegen, Gott definieren oder Gottesbilder konstruieren zu wollen. Um Gottes- und der Menschen willen weigern sie sich, Gott zu verobjektivieren oder zu instrumentalisieren, denn: „Sprachliche Zeichen, die man von Gott hat, seine Begriffe, Namen und Bilder, treffen Gott nie ganz und umfassend."[1] Soll dennoch von Gott gesprochen bzw. geschrieben werden, dann im Modus der Erfahrung. Erfahrungen, die Menschen mit dem jüdisch-christlichen Gott gemacht haben und noch stets machen. Erfahrungen, die sich aufgrund ihres subjektiven Charakters objektiver Beweisführung jedoch entziehen. In dieser Vorgehensweise treffen sich Praktische TheologInnen mit DogmatikerInnen wie Bernd Jochen Hilberath, der dazu aufruft, keine Gottesrede ohne Rückbindung an Gotteserfahrungen zu wagen und in der Interpretation von Gotteserfahrungen darauf zu achten, den Geheimnischarakter Gottes prinzipiell zu wahren.[2]

Woher aber sollen wir entsprechende Erfahrungen nehmen? Eigentlich eine überflüssige Fragestellung, denn bei genauerem Hinsehen brauchen wir diese nicht lange zu suchen. Sie treten uns sozusagen in verschiedenen Aggregatszuständen auf Schritt und Tritt entgegen, vorausgesetzt wir sind dazu bereit, sie als solche überhaupt wahrzunehmen:

1 BUCHER, R. (2014): Gott und Pastoral, 5.
2 Vgl. HILBERATH, B. (1990): Der dreieine Gott, 73. GROM, B. (2007): Gottesvorstellungen – God concepts. Spiegelbilder religiösen Denkens und Erlebens

Schriftlich fixierte Gotteserfahrungen: Erfahrungen, die uns natürlich v.a. in den Texten der *Heiligen Schrift* überliefert sind. Texte sowohl aus dem Alten als auch aus dem Neuen Testament, denn für ChristInnen gilt, „dass christliche Identität nicht zu haben ist außerhalb der Vorgaben der Religion Israels, wie sie in der jüdischen Bibel grundgelegt sind."[3] Die Bibel als Grunddokument christlichen Glaubens lässt sich daher begreifen „als poetische Verdichtung kontinuierlicher und kontinuierbarer Erfahrungen"[4] Margot Käßmann schreibt daher im Blick auf ihre Person: „Es hat meinen Glauben nie gefährdet, die Bibel als ein Buch zu sehen, in dem Menschen ihre Erfahrungen mit Gott über die Jahrtausende aufgezeichnet haben."[5] Wer sich in alt- und neutestamentliche Bibeltexte hinein vertieft, wird jedoch schnell merken, dass diese von einer enormen Pluralität an unterschiedlichsten Erfahrungen mit dem jüdisch-christlichen Gott zeugen. „Es gehört zu den Eigenheiten der Bibel, dass in ihr keine geradlinige Lehre von Gott und seinem Verhältnis zu Menschen und Welt geboten wird. Der Leser erhält vielmehr in den verschiedenen biblischen Büchern ein höchst facettenreiches Bild vielfältigster Perspektiven auf die Wirklichkeit Gottes und ihre Wirkung auf den Menschen und die menschliche Gesellschaft."[6] Als BibelleserInnen sind wir also mit einer Fülle von widerstreitenden Gotteserfahrungen und Gottesbildern konfrontiert. Und dies sowohl in alttestamentlichen, als auch in neutestamentlichen Texten, wobei Pablo Richard im Blick auf die diversen 'Gesichter Jesu' festgehalten wissen will: „… alle Gesichter und Bilder Jesu entsprechen den Erfahrungen, die die Jüngerinnen und Jünger mit diesem historischen Jesus gemacht haben, oder der Erfahrung, wie sie nach seiner Auferstehung die JüngerInnen der zweiten und dritten Generation innerhalb der ‚Jesus-Bewegung' machten."[7]
Erfahrungen, die sich aber nicht einfach in ein starres Gottes- oder Christusbild bündeln, sondern nur in ihrer Heterogenität sammeln und auf einige Grundlinien verdichten lassen. Biblische Texte können uns somit zu einer Lernschule für Pluralität werden.[8] Sie lehren uns ein Suchen nach und Sprechen von Gott, das anstelle von Eindeutigkeit Mehrdeutigkeit nicht nur zulässt, sondern sogar herausfordert, weshalb Rainer Bucher und Johann Pock schlussfolgern: „Sie (die Bibel) ist eine einzige Geschichte immer neuer Versuche, von Gott zu reden, und sie ist auch eine Geschichte der wechselseitigen Kritik dieser Versuche. Ihre Pluralität in den Formen und Inhalten ihrer Antworten ist daher kein

---

3   NIEMAND, C. (2002): Die christliche Bibel, 218.
4   DREHSEN, V. (2006): Narrare necesse est, 66. Oder anders ausgedrückt: „As such the Bible is a literary resource for validating human experience." ANDERSON, H. (2005): The Bible and pastoral care, 205.
5   KÄßMANN, M. (2013): „Dort sind alle Tränen abgewischt", 44.
6   MIGGELBRINK, R. (2002): Der zornige Gott, 41.
7   RICHARD, P. (2002): Die unterschiedlichen Gesichter Jesu in den synoptischen Evangelien, 38. Vgl. auch FRANKEMÖLLER, H. (2005): Jesus Christus/Christologie, 256; SCHMIDT, W. H. (1995): Vielfalt und Einheit des alttestamentlichen Glaubens, 182.
8   Vgl. KÜGLER, J. (2004): Ferne Zeichen lesen lernen. Wie mit der Bibel umgehen?, 215; FUCHS, O. (1990): Zwischen Wahrhaftigkeit und Macht, 62.

Manko, sondern notwendig – und sie ist unsere Chance. Denn den AutorInnen
der Bibel ging es offenkundig nicht viel anders als uns: Sie konnten von Gott
nicht schweigen, das endgültige Wort von ihm und über ihn aber nicht finden."[9]
Zusätzlich zu den uns vorliegenden Bibeltexten können wir aber auch noch auf
andere schriftliche Erfahrungsdokumente zurückgreifen: *Individuelle* Glau-
bensdokumente, die von Kirchenvätern, MystikerInnen, Heiligen oder auch un-
bekannten Gläubigen niedergeschrieben worden sind, sowie *kollektive* Glau-
bens- und Kirchendokumente, die z.b. auf Konzilien verfasst worden sind, und
sich im Laufe der Christentumsgeschichte in einer nahezu unübersehbaren Fülle
angesammelt haben. Unter diese Rubrik fallen natürlich auch *theologische
Schriften*, in denen sich ebenfalls individuelle und kollektive Gottes- und Glaubenserfahrungen niedergeschlagen haben können.

Mündlich tradierte Gotteserfahrungen*:* Erfahrungen, die sich vielleicht gerade
deshalb, weil sie nicht schriftlich fixiert und damit auch nicht kirchlichenamt-
lich kanalisiert und domestiziert wurden, sozusagen am Rande des offiziellen
Kirchenlebens von Generation zu Generation bis in unsere Gegenwart hinein
weitertradiert haben. Glaubenserfahrungen, die sich oftmals im Rahmen der
Volksfrömmigkeit geäußert oder ihren Niederschlag in individuellen oder kollektiven *Bräuchen*, *Ritualen* oder *Festen* gefunden haben. Hinzu treten Gottes-
und Glaubenserfahrungen, denen wir in unserer eigenen *Familie/Umgebung* begegnet sind. Individuelle und/oder kollektive Erfahrungen, die uns in den Erzählungen oder auch in den vorgesungenen Liedern unserer eigenen Eltern,
Großeltern oder sonstigen Verwandten aufscheinen.

Kreativ verdichtete Gotteserfahrungen*:* Kreativ begabte Menschen haben uns
schon immer ihre Erfahrungen in Form von außergewöhnlichen Kunstwerken
zur Verfügung gestellt. Erfahrungsverdichtungen, denen wir in unterschiedlichsten Spielarten sowohl in religiösen als auch in sakralen Kontexten begegnen können: In der *Architektur* (Kirchengebäude lassen sich daher nicht nur als
kunstgeschichtlich interessante Objekte, sondern auch als Orte verdichteter Gotteserfahrung lesen und erfahren), der *Musik*, der *bildenden Kunst*, der *Literatur*,
der *Poesie,* dem *Theater*, der *Oper*, dem *Ballett*...

Gegenwärtige Gotteserfahrungen*:* Gleichstufig zu schriftlich, mündlich oder
kreativ verdichtet tradierten Erfahrungen aus der Vergangenheit gilt es, Glaubenserfahrungen, die Menschen *hier und jetzt,* innerhalb und außerhalb christ-
lich-kirchlicher Räume im Kontext ihrer jeweiligen kulturell-religiösen Lebens-
kontexte machen, auf die Spur zu kommen. Erfahrungen, die Menschen alleine
oder zusammen mit anderen sowohl in einer religiösen Feier, Meditation oder
Sakramentenspendung überkommen können, als auch dann, wenn sie sich z.B.
von der Schönheit der Natur oder der Intensität einer Liebesbeziehung überwäl-
tigt fühlen.

Schaubild 6 soll die Komplexität der Erfahrungsquellen illustrieren:

---

9 BUCHER, R./ J. POCK (2004): Entdeckungen wagen. Wie heute von Gott reden?, 194.

Schaubild 6: Doris Nauer

1.2. Gott im Erfahrungsmodus Trinität/Dreifaltigkeit

Um die verschiedenen, bisweilen auch widersprüchlichen Gottes- und Glaubenserfahrungen vergangener sowie gegenwärtiger Menschen systematisieren bzw. in ein kohärentes und dennoch dynamisches Gottesbild bündeln zu können, greife ich auf das Trinitäts-Bild zurück. Natürlich ist auch mir nicht entgangen, dass immer mehr Menschen (auch ChristInnen und selbst TheologInnen) hinter der Rede vom trinitarischen Gott einen unbiblischen, spekulativen, unnötig verkomplizierenden, unverständlichen, altmodischen und daher historisch überholten theologischen Ballast vermuten, den es über Bord zu werfen gilt.[10] Im alltäglichen Glaubensleben scheint das trinitarische Gottesverständnis tatsächlich nicht mehr präsent zu sein. Immer dann aber, wenn sich ChristInnen 'im Namen des Vaters, des Sohnes und des Heiligen Geistes' bekreuzigen, einander segnen, ihre Kinder taufen lassen oder auch einfach nur liturgische Formeln nachsprechen, ist es plötzlich, wenn auch unreflektiert und vielleicht sogar

---

10 „Verlegenheit ist noch das Harmloseste, was viele Christen (darunter nicht wenige Theologen) befällt, wenn die Sprache auf die Trinitätslehre kommt." OBERDORFER, B. (2004): Man müsste sie erfinden, 56. Eine Verlegenheit, die noch verstärkt wird, wenn trinitarisches Denken seitens der Theologie als ‚unbiblische Komplizierung' ausgewiesen wird, wie dies z.B. bei Karl-Heinz Ohlig der Fall ist. Vgl. OHLIG, K.-H. (1999): Ein Gott in drei Personen?, 121. Ohligs Frontalangriff auf die Rede von der Trinität wird gestützt durch die Tatsache, dass die Bibel keine entfaltete Trinitätslehre kennt. Vgl. WOHLMUTH, J. (2004): Trinität, 33; SCHEFFCZYK, L. (2001): Der dreifaltige Gott als Lebens- und Weltgeheimnis, 124.

ungewollt, wieder präsent.[11] Aber nicht nur in der individuellen Alltagsfrömmigkeit, sondern auch in der abendländischen Theologie hat sich bis zum Beginn des 21. Jhdts. eine erstaunliche Trinitätsvergessenheit, die für Raimon Panikkar sogar Züge einer aktiv betriebenen Trinitätsverfinsterung annahm, breit gemacht.[12] Eine Verdrängungsstrategie, die jedoch im letzten Jahrzehnt einer weltweiten Renaissance der Trinitätslehre gewichen ist, wie uns Christoph Schwöbel 2002 als Insider berichtet: „War es noch vor einigen Jahren üblich – und nicht unberechtigt – über die Trinitätsvergessenheit der Theologie zu klagen, so wird jetzt die Trinitätslehre in den Mittelpunkt systematisch- theologischer Reflexion gestellt."[13]

Wie aber ist dies zu erklären? Die Antwort hierauf finden wir bei Josef Kreiml, der nur vier Jahre später als Schwöbel bereits einen Paradigmenwechsel diagnostiziert: „Verschiedene Anzeichen deuten darauf hin, dass im theologischen Denken der Gegenwart die Trinitätslehre eine Art Führungsrolle übernimmt."[14]. Als Erklärung dieses Booms führt er an, dass die Wiederentdeckung der Dreifaltigkeitslehre auf dem Bestreben beruhe, mit Hilfe trinitarischen Denkens das christliche Gottesbild im multireligiösen Gesellschaftskontext deutlicher profilieren zu wollen. Trinitarisches Denken soll also helfen, das Gottesgeheimnis in seiner Komplexität aussprechbarer und damit glaubwürdiger zu machen. Es soll helfen, an einem einzigen Gott festzuhalten und zugleich den pluralen und ambivalenten Gotteserfahrungen vergangener und gegenwärtiger Menschen auf der Ebene des Gottesbildes selbst gerecht zu werden.[15] Die Rede vom Dreieinen Gott ist also keine bloße theologische Spekulation mit mathematischer Aussagespitze, sondern sie spiegelt die Pluralität an Erfahrungen wieder, die Menschen sowohl mit dem Vater Jesu Christi als auch mit Jesus Christus selbst und dem Heiligen Geist gemacht haben und auch heute noch machen, weshalb Josef Ratzinger bereits 1968 festhielt: „Die Trinitätslehre ist nicht aus einer Spekulation über Gott entstanden... sondern sie hat sich aus dem Mühen um eine Verarbeitung geschichtlicher Erfahrungen ergeben."[16] Obgleich ChristInnen nur an einen Gott glauben, gilt daher, was Karl Rahner treffend auf den Punkt gebracht hat: „Für uns sind Vater, Sohn-Logos, Geist zunächst nicht dieselben."[17] Dieser Erfahrungs-Differenz versucht die Trinitätslehre auf dem Boden eines monotheistischen Gottesverständnisses (1 Gott!) gerecht zu werden, wobei sozusagen en

---

11 „Im überkommenen Liedgut geschützt, fristet der trinitarische Gott im konkreten Glaubensvollzug kaum mehr als ein randständiges Dasein in Form eines reinen Lippenbekenntnisses." STRIET, M. (2002): Spekulative Verfremdung?, 202.

12 Vgl. PANIKKAR, R. (2005): Trinität, 376.

13 SCHWÖBEL, C. (2002): Gott in Beziehung, 25.

14 KREIML, J. (2006): Das trinitarische Bekenntnis, 135.

15 Vgl. DÜNZL, F. (2006): Kleine Geschichte des trinitarischen Dogmas in der Alten Kirche, 151. Vgl. auch FISCHER, H. (2008): Haben Christen drei Götter? HÄRLE, W. (2007): Warum ausgerechnet drei?

16 RATZINGER, J. (1968): Einführung in das Christentum, 125. Vgl. auch HILBERATH, B. (1990): Der dreieine Gott, 73; SCHNEIDER, T. (2006): Der einzige ist der Dreieine, 47.

17 RAHNER, K. (1984): Grundkurs des Glaubens, 142.

passant sichergestellt wird, dass Jesus Christus für das christliche Gottesverständnis tatsächlich eine Schlüsselfunktion zukommt.[18]
Dass Gott überhaupt erfahrbar ist im irdischen Koordinatensystem von Raum und Zeit, darin erkennt Jürgen Werbick *das Spezifikum* überhaupt: "Gottes Geschichtsbezogenheit gilt als Spezifikum israelitisch-christlicher Gotteserfahrung und Theologie. Der Gott Israels und Jesu Christi offenbart sich in der Geschichte, er handelt in ihr."[19] Biblische Dreierformeln wie ‚geht hin und tauft sie auf den Namen des Herrn und des Sohnes und des Heiligen Geistes' (Matthäus 28,19) lassen sich somit als „kleine Summen urchristlicher Gotteserfahrungen charakterisieren."[20] Wenn es zutrifft, dass das trinitarische Bekenntnis „die Kurzformel des christlichen Glaubens und die entscheidende Aussage des christlichen Gottesverständnisses ist"[21], oder wie Leonardo Boff es formuliert, das Herz des Christentums ausmacht, weil wir es hier mit Gott selbst zu tun haben, so wie Menschen ihn erfahren haben und noch stets erfahren,[22] dann lässt sich das theologische Fundament glaubwürdiger Seelsorge nicht ohne Rückbindung an das trinitarische Gottesverständnis ausfindig machen. M.E. ermöglicht uns gerade die verstaubt klingende Rede vom dreieinen Gott aus folgenden Gründen den notwendigen Schlüssel, um zumindest zentrale Konturen des jüdisch verwurzelten christlichen Gottesbildes ausmachen zu können:

• Sie basiert auf dem Vertrauen in die *Geschichtsmächtigkeit Gottes* in Vergangenheit, Gegenwart und Zukunft.[23]

• Sie nimmt die komplexen und durchaus *ambivalenten Gotteserfahrungen* vergangener und gegenwärtiger Menschen radikal ernst.

• Sie versucht nicht, Gott seines *Geheimnischarakters* zu entkleiden, sondern belässt ihn in seiner Abgründigkeit und Unerfassbarkeit.

• Sie ermöglicht es, *Gottes- und Menschengeschichte* als unlösbar ineinander verschränkt zu begreifen, weshalb Albrecht Grözinger schlussfolgert: „Trinität lässt sich nur überzeugend denken, wenn man sie als die Geschichte Gottes mit sich selbst und daher auch mit den Menschen nacherzählt."[24] Auf katholischer Seite war es v.a. der Jesuit Karl Rahner, der (in relativ komplizier-

---

18 Die Ausformulierung der Trinitätslehre lässt sich in drei Etappen gliedern: 1. Konzil von Nizäa (325 n. Chr.): Festhalten an der Gottheit Jesu Christi; 2. Konzil von Konstantinopel (381 n. Chr.): Festhalten an der Gottheit des Heiligen Geistes und Betonung, dass Gott als ein Gott in drei Hypostasen/Personen zu begreifen ist; 3. Konzil von Chalkedon (451 n. Chr.): Festhalten am Menschsein Jesu Christi, weil Jesus Christus Menschen unvermischt und ungetrennt sowohl als wahrer Gott als auch als wahrer Mensch erfahrbar wurde. Warum diese Bekenntnisaussage (gerade auch für ein theologisches Fundament von Seelsorge) von eminenter Bedeutung ist, präzisiert Ingolf Dahlferth: „Genauer bekennen sie damit ein Zweifaches, nämlich dass Jesus (und kein anderer) der maßgebliche Zeuge Gottes ist, und dass Gott so ist, wie Jesus bezeugt (und nicht anders): erbarmende Liebe." DALFERTH, I. (2004): Gott für uns, 61.
19 WERBICK, J. (2005): Geschichte/Handeln Gottes, 494.
20 HILBERATH, B./ B. NITSCHE (2005): Trinität. Dogmatisch, 363.
21 KASPER, W. (1974): Jesus der Christus, 203.
22 Vgl. BOFF, L. (1987): Der dreieine Gott, 40.
23 Vgl. FUCHS, O. (2014): Der zerrissene Gott. Das trinitarische Gottesbild in den Brüchen der Welt.
24 GRÖZINGER, A. (1994): Differenz-Erfahrung, 41.

ter Sprache) immer wieder (nahezu selbstkritisch) darauf hinwies, dass menschliche Spekulationen über den trinitarischen Gott (er sprach von der ‚immanenten Trinität' als Beziehungsdynamik zwischen Vater, Sohn und Geist) nur dann Sinn machen, wenn man dabei deren Bedeutung für das versprochene konkrete Heil aller Menschen (Rahner spricht hier von der ‚ökonomischen Trinität') mit in den Blick nimmt, selbst wenn Heil/Rettung im Moment (noch) nicht erfahrbar ist.[25]

Aus den genannten Gründen schließe ich mich der Meinung Bernd Oberdorfers an, dass man die Trinität, wäre sie nicht schon erfunden, heute erfinden müsste, um der Komplexität und Pluralität im christlichen Gottesbild überhaupt gerecht werden zu können, denn: „Die Trinitätslehre ist kein überflüssiges Dogma, sondern ein Fenster zum Himmel."[26] Ein Fenster zum Himmel wird jedoch niemals den Blick auf den ganzen Himmel freigeben, weshalb es uns nur möglich ist, einige, wenn vielleicht auch zentrale Konturen des christlichen Gottesbildes zu erfassen. Mit Hilfe des trinitarischen Denkrasters, das als eine Art Rahmentheorie dient, werde ich versuchen, die Komplexität, Multidimensionalität und Ambivalenz des jüdisch verwurzelten christlichen Gottesbildes, das Menschen seit Jahrtausenden bezeugen, in den Blick zu bekommen.[27] Die Rede vom dreieinen Gott wird den notwendigen Freiraum schaffen, um angesichts einer Welt, die gekennzeichnet ist von Leid, Not, Gewalt, Krieg und Katastrophen, das Wort Gott überhaupt noch im Munde führen zu können, nämlich 'an den Grenzen zum Verstummen', wie Jürgen Werbick programmatisch einfordet.[28] Mit Respekt vor genau dieser Grenze sollen im Folgenden zumindest einige Eckpfeiler des christlichen Gottesbildes freigelegt werden. Methodisch gehe ich dabei so vor, dass Antworten auf folgende drei Fragestellungen gesucht werden:

❑ Welche Erfahrungen haben Juden und Christen seit mehr als 3000 Jahren dazu bewogen, ihren Gott im Bild des *Schöpfers*, *Vaters*, *Bundespartners*, *Befreiers*, *Retters* und *Richters* zu beschreiben? In diesem Teil gilt es, sich dem jüdischen Erbe im christlichen Gottesbild anzunähern und weitreichende christliche Modifikationen zu identifizieren.

❑ Welche Erfahrungen haben Juden mit ihrem *Mit-Mensch Jesus* in Palästina vor 2000 Jahren gemacht und welche außergewöhnliche Erfahrung hat dazu geführt, dass Christen ihn (im Unterschied zu Juden) selbst im 21. Jhdt. noch immer als den *Christus*, den *Erlöser* und *Sohn Gottes* bekennen, weshalb sie sich ausdrücklich Christen und nicht Jesuaner nennen, also Anhänger der Person Jesus, dessen Lebensstil und Lehre sie begeistert ? In diesem Teil gilt es, sich den Spezifika des christlichen Gottesverständnisses anzunähern.

---

25 Vgl. RAHNER, K. (1984): Grundkurs des Glaubens, 141. Vgl. Auch LaCUGNA, C. (1993): God for us, 231.

26 OBERDORFER, B. (2004): Man müsste sie erfinden, 56.

27 Den Begriff der ‚Rahmentheorie' übernehme ich von Christoph Schwöbel, der die Trinität als Rahmentheorie des christlichen Glaubens schlechthin ausweist. Vgl. SCHWÖBEL, C. (2002): Gott in Beziehung, 48.

28 Vgl. WERBICK, J. (2005): Von Gott sprechen an den Grenzen zum Verstummen.

❑ Welche Erfahrungen haben Christen bis zum heutigen Tag dazu bewogen, ihren Gott als *Heiligen Geist* zu begreifen? Warum haben sie ausgerechnet Bilder wie das der *Taube* oder der *Feuerzunge,* die für heutige Menschen merkwürdig bis fremd anmuten, gewählt, um von ihm zu erzählen? Glauben Christen etwa an einen Gott in Tiergestalt?

2.   Gott erfahrbar als Schöpfer, Vater, Befreier, Richter

2.1.   Erfahrungen der Nähe und Fürsorge Gottes

Was JüdInnen und ChristInnen immer schon miteinander verband, ist die (Glaubens)Erfahrung, dass der Gott Israels es ist, der die Welt und alles darin erschaffen hat, weshalb nach Werner H. Schmidt der Glaube an den *Schöpfergott* als das Haupterbe des Alten Testaments an die Christenheit identifiziert werden kann.[29] In metaphorisch ausgeschmückten Bildern wird im Alten Testament festgehalten, dass Gott selbst es war, der höchstpersönlich die ganze Welt mitsamt den Menschen in einem äußerst kreativen Akt geschaffen hat. Gleich zwei Schöpfungsberichte zeugen von der ungeheuren Schöpferkraft Gottes, der allein durch sein Wort mit spielerischer Kraft all das hervorbringt, was kein Mensch je erzeugen kann, weshalb er durchgehend als derjenige gepriesen wird, der Himmel und Erde gemacht hat (z.B. Psalm 115,15).[30] Nicht weil Menschen Gott als ursprungslosen Ursprung oder unsichtbar und unvergänglich Ewigen gedacht haben, sondern weil sie ihn in ihrem Alltagsleben als Grund allen Seins, als Schöpfungskraft inmitten der Schöpfung erspürt haben, war es ihnen möglich, sich zum Schöpfer als treuen '*Vater*' (z.B. Deuteronomium 32,6) bzw. als tröstende '*Mutter*' (z.B. Jesaja 66,13) zu bekennen. Gott als Schöpfergott erfahren impliziert, ihn als *geschichtsmächtigen Gott* zu erfahren, der nicht nur der Welt und jedem einzelnen menschlichen Leben einen Anfang und ein Ende gesetzt hat, sondern inmitten der Schöpfung wirkmächtig präsent ist. Eine Präsenz, die von Völkern und einzelnen Menschen entweder als hilfreiche Intervention oder auch als Verweigerung von Hilfe erfahren werden kann. IsraelitInnen lebten somit aus der Glaubenserfahrung heraus, dass ihr Gott, der sich ihnen in ihrer Geschichte offenbart hat, der *einzige Gott* ist (Deuteronomium 6,4: Höre Israel! Jahwe unser Gott, Jahwe ist einzig), weshalb sie in ihm den König aller Götter, den *Herrn über alle Mächte und Gewalten* erkannten (Psalm 95,3). Für sie galt, dass Gott sich als ein '*Gott-mit-uns*' (= Immanuel, vgl. Jesaja 7,14), d.h. als treuer *Bundesgott* zu erkennen gegeben hat.

In gewaltigen Bildern (Flutgeschichte, Genesis 6-9) wird davon erzählt, dass Jahwe sich selbst dazu verpflichtet hat, alles Lebendige nicht mehr zu vertilgen

---

29 Vgl. SCHMIDT, W. H. (1984): Gott. Altes Testament, 614.
30 Der erste Schöpfungsbericht (Genesis 1,1-2,4a) gilt als die jüngere Textversion der Priesterschrift, die erst in exilisch-nachexilischer Zeit ca. 600 vor Chr. verfasst worden ist, während der zweite Schöpfungsbericht (Gen 2,4b f.) als der ältere bereits um 800 vor Chr. zu datieren ist. Vgl. GANOZCY, A. (2005): Schöpfung.

(vgl. Genesis 8,21), sondern den Fortbestand der Schöpfung für alle kommenden Generationen zu garantieren, wobei der Regenbogen am Firmament als ein das Flutereignis überdauerndes Bundeszeichen interpretiert wurde, das auch heute noch Menschen an den Treuebund Gottes mit den Menschen erinnern soll. Dass jedoch die Bundestreue Gottes zu seinem erwählten Volk diesem nicht immer erfahrbar war, zeigte sich spätestens im politisch erzwungenen Exil des Volkes Israel, weshalb Propheten die Notwendigkeit erkannten, einen neuen Bund zwischen Jahwe und Israel anzukündigen (vgl. Jeremia 31,31; Ezechiel 11,19; Hosea 2,20). Obgleich auch im Blick auf diesen Neuen Bund an der Bündnisachse Jahwe-Israel festgehalten wurde, entstanden im Erfahrungskontext des Exils auch Visionen wie die, „dass Jahwe seinen (Heils-)Willen nicht nur an und in Israel zur Geltung bringt, dass er nicht nur der wahre König und Erlöser Israels ist, dass er vielmehr König sein wird ‚über die ganze Erde' (Sacharia 14,9)."[31] An die Vorstellung des neuen Bundes und eine Ausweitung auf alle Völker konnten ChristInnen anknüpfen, denn in Jesus Christus sahen sie diesen Neuen Bund Wirklichkeit werden. Aus christlicher Perspektive dürfen daher alle Menschen darauf vertrauen, dass Gott sich ihnen in ihrem konkreten Leben als treuer Bündnispartner erweist, wobei Bundesgrenzen, die sich vielleicht aus der Zugehörigkeit zu einem Volk oder einer Kultur ableiten ließen, endgültig gesprengt werden (vgl. Johannes 3,16). In der erfahrbaren Bundestreue des Schöpfergottes lässt sich somit ein tragender Eckpfeiler des christlichen Gottesbildes erkennen, weshalb Peter F. Schmid sich zu folgender Ist-Aussage ermutigt sieht: „Der jüdisch-christliche Gott ist zweifellos ein Gott der Beziehung. In seinem Bundesangebot hat er sich als ein Gott offenbart, der auf die Menschen 'zugeht' und sie 'anspricht'… Er ist kein unnahbarer Götze, kein kalter Schiedsrichter des großen Weltentheaters."[32] Bundesbrüche führen aufgrund der maßlosen Vergebungsbereitschaft Gottes nicht zum Beziehungsbruch (vgl. Jeremia 31,34: ‚denn ich will ihnen ihre Missetaten vergeben und ihrer Sünde nimmermehr gedenken'), sondern eröffnen, wenn Reue und Umkehr geschieht, neue Zukunftsmöglichkeiten, weshalb Christoph Morgenthaler räsoniert: „Mit dem Bund kommt ein dynamisches Moment in die Geschichte menschlicher Gemeinschaften… Gott eröffnet überraschend Zukunft. Menschliche Gemeinschaften werden nicht auf ihre Vergangenheit festgelegt, sondern erhalten bisher 'unerhörte' Möglichkeiten eröffnet."[33]

Gott zeichnet sich demnach hauptsächlich durch seine *Nähe* zu den Geschöpfen aus, wie Sean Freyne hervorhebt: „Dieses Gespür für die Nähe Gottes hat Israel nie verloren: Gott war ein Gott der Geschichte, der es auf den Irrwegen der Wüste begleitete, der bei der Landnahme zugegen war, und der es während des babylonischen Exils bzw. nach der Rückkehr nach Zion nicht im Stich ließ."[34]

---

31 WERBICK, J. (2005): Geschichte/Handeln Gottes, 496.
32 SCHMID, P. F. (1989): Personale Begegnung, 228.
33 MORGENTHALER, C. (1999): Systemische Seelsorge, 137.
34 FREYNE, S. (2001): Das frühchristliche Gottesverständnis, 62.

Eine Nähe-Erfahrung, die sich sogar in der Gottesprädikation ‚Jahwe' selbst widerspiegelt, wie Kardinal Karl Lehmann aufzeigt: „Er (Jahwe) wird als ein personal begegnendes Gegenüber erfahren, als einer, der handelt und sich um die Sorgen und das Elend der Geschichte des Menschen kümmert. 'Ich bin der immer für euch sein werde' (Exodus 3,14)."[35] In den so genannten Bekenntnisformeln des Alten Testaments wird Jahwe daher bekannt als treu, freundlich, huldvoll, barmherzig, gnädig, langmütig und reich an Güte (z.B. Psalm 103,8). „Diese Formel führt wie eine Spur durch die Jahrhunderte und durch die Traditionen der biblischen Bücher des Alten Testaments und markiert in Umrissen die Gottes- und Menschenwirklichkeit, die auch für die neutestamentlichen Schriften konstitutiv sind."[36]
Eine besonders einprägsame Beschreibung des Liebeshandelns Jahwes an seinem Volk liefert uns Hosea: 'Als Israel ein Kind war, gewann ich es lieb, rief aus Ägypten meinen Sohn. Doch je mehr ich sie rief, liefen sie weg von mir. Den Baalen opfern sie, und den Gußbildern räuchern sie. Dabei habe ich doch Ephraim laufen gelehrt, ihn auf meine Arme genommen, doch sie merkten nicht, dass ich sie heilte. Mit Menschen-Stricken zog ich sie, mit Liebes-Seilen' (Hosea 11,1-4). Zusätzlich zur Eltern-Metapher spricht die Heilige Schrift von Jahwe auch in der Hirten-Metapher (Psalm 23,1) oder auch in der Ärzte-Metapher, wobei Jahwe prinzipiell als ein 'Freund des Lebens' (Weisheit 11,26) ausgewiesen wird, weshalb ihm in den Mund gelegt werden kann: 'Ich bin der Herr, dein Arzt' (Exodus 15,26). Hinter diesen Metaphern verbirgt sich die Erfahrung von Generationen von IsraelitInnen, die Jahwe als treuen Wegbegleiter in Freud und Leid erlebt haben, weshalb Franz Schmatz sich zu folgender euphorischen Einschätzung hinreißen lässt: „Fast jedes Kapitel der Heiligen Schrift handelt von der Begleitung des Menschen durch Gott."[37] Für Werner H. Schmidt sind es aber hauptsächlich die Psalmen, in denen unmittelbar zum Ausdruck kommt, dass Menschen immer wieder die Erfahrung mach(t)en, dass sie darauf vertrauen dürfen, dass Gott sie in ihrem Leid nicht vergisst, weshalb jedes Geschöpf auch in tiefster Not, Ausweglosigkeit, Klage und Gottesfinsternis die Hoffnung auf den helfenden Beistand Gottes nicht aufgeben muss.[38] Wird Gottes Nähe erfahrbar, dann kann sich dies für Menschen selbst dann, wenn sich an ihrer Situation nichts ändert, enorm *tröstend* auswirken, wie sowohl im Alten Testament (z.B. Jesaja 66,13) als auch im Neuen Testament (z.B. Matthäus 5,4; 2 Korinther 1,3) immer wieder berichtet wird.
Die begleitende *Für-Sorge* Jahwes kann aber auch sehr *konkret und materiell* erfahrbar werden, weshalb ihm aus voller Überzeugung in den Mund gelegt werden kann: 'Ich habe das Elend meines Volkes in Ägypten gesehen, und ihr Wehklagen über die Gewalt ihrer Unterdrücker habe ich gehört. Ich kenne ihre

---

35 LEHMANN, K. (2003): Kriterien und Umriss des christlichen Menschenbildes, 10.
36 SCHNEIDER-FLUME, G. (2005): Zur Frage nach dem christlichen Menschenbild, 353.
37 SCHMATZ, F. (1983): Begleitung, 45.
38 Vgl. SCHMIDT, W. H. (1984): Gott. Altes Testament, 615.

Leiden. Ich bin herabgestiegen, um sie der Hand der Ägypter zu entreißen.'
(Exodus 3,7). Als Schöpfer kommt ihm somit die Macht zu, Menschen und ganze Völker selbst noch im scheinbaren Untergang vor der Vernichtung zu retten,
indem er selbst eingreift oder über die Bevollmächtigung und aktive Unterstützung auserwählter Menschen/ProphetInnen indirekt dazu beiträgt, Leidende aus
Unterdrückungs-, Ausbeutungs-, Unrecht- oder Hungersituationen zu befreien.[39]
Diese Erfahrung scheint eine der prägenden Ur-Erfahrungen mit Jahwe gewesen
zu sein, die sich daher auch im Gottesbild Jesu und damit im christlichen Gottesbild niedergeschlagen hat. Ebenso wie Jahwe im Alten Testament angerufen
werden konnte, seine *rettende Gerechtigkeit und Barmherzigkeit* walten zu lassen (vgl. Psalm 31,1; Jesaja 54,5), kann auch vom neutestamentlichen Gott erwartet werden, dass er Gerechtigkeit schafft, wobei Gerechtigkeit und Reich
Gottes unlösbar miteinander verknüpft werden. Herbert Haslinger geht daher
davon aus, dass folgende Aussage über Gott gewagt werden darf: „Der wahre
Gott ist der, der die Elenden befreit, der sich solidarisch an die Seite der Nie-
dergedrückten stellt, der die Herrschaft der Unterdrücker anklagt und zerbricht.
Die Wahrheit Gottes besteht in seiner Zuwendung, die den entwürdigten Menschen dazu befreit, dass er entsprechend seiner Würde leben kann. Die helfende,
befreiende Zuwendung zum Menschen erwächst aus der Heiligkeit Gottes
selbst; sie ist der Ausweis für das Gottsein Gottes. Die Wahrheit Gottes tritt im
Einsatz für Gerechtigkeit und für ein menschenwürdiges Leben zutage; dieses
helfende, befreiende Handeln ist der Ort, an dem sich Gott – gegenüber den vielen unwahren Götzen – als wahrer Gott erweist."[40] Sowohl das jüdische als auch
das christliche Gottesbild beruhen somit auf der Glaubenserfahrung, dass Gott
selbst es ist, der das (Über)Lebensrecht und die Würde eines jeden einzelnen
Geschöpfs persönlich garantiert, der kein Geschöpf fallen lässt, der Not lindern
und Gerechtigkeit schaffen will, der – wenn dies unter irdischen Bedingungen
(noch) nicht möglich ist – die Hoffnung auf ein besseres Leben wach hält (Jeremia 29,11: Denn ich will euch eine Zukunft und eine Hoffnung geben).
Abhängig von ihrer momentanen Lebens- und Bedürfnislage, haben JüdInnen
und ChristInnen Jahwe/Gott somit schon immer als kreativen Schöpfer, Urgrund allen Seins, fürsorglichen Vater/Mutter, geschichtsmächtigen Bündnis-
partner, treuen Begleiter, geduldigen Tröster, solidarischen Helfer und fürsorglichen Retter/Befreier erfahren. Als einen Gott, dem sie sich anvertrauen und
dem sie trauen können. Als einen Gott, dessen Nähe ihnen gut tut.

2.2. Erfahrungen des Zornes Gottes

Gerade weil Menschen gemäß dem Zeugnis des Alten Testaments spürten, dass
sie ihrem Gott nicht gleichgültig sind, mussten sie aber auch mit einer zweiten

---

39 Vgl. BERGES, U. (2012): Prophetischer Protest im Namen der rettenden Gerechtigkeit, 166; JANOWSKI, B.
    (2010): Die rettende Gerechtigkeit.
40 HASLINGER, H. (2005): „Ein wahres Wort ist ein helfendes Wort", 112.

Erfahrung, die sozusagen die Rückseite der Für-Sorge Gottes ausmacht, zurechtkommen: Die Erfahrung, dass sie es mit einem Gott zu tun haben, der sich fordernd zeigt, Ansprüche stellt, lenkt, richtet und straft, weshalb JüdInnen und ChristInnen immer wieder auf das Bild des *zornigen Richters* zurückgegriffen haben. Gottes Sorge um seine Geschöpfe kann von diesen somit auch als bedrohlich erfahren werden. Dies besonders dann, wenn sie hinter Gottes Erwartungen zurückbleiben: „Es ist der Zorn gegenüber Engherzigkeit, Lieblosigkeit und Gewalt, die ihm, der Liebe ist, nicht gleichgültig sein können."[41]

In der Bibel wird unmissverständlich klar gemacht, dass Menschen als Geschöpfe Gottes sich an die Spiel-Regeln des Schöpfers zu halten haben. In prächtigen, extrem dramatischen Bildern wird berichtet, dass bereits Adam und Eva diese Spielregeln mutwillig übertraten, weshalb sie mit göttlichen Sanktionen, in der Bildsprache der Bibel mit der Vertreibung aus dem Paradies, zu rechnen hatten. (Genesis 3). In der Bibel wird zudem davon erzählt, dass Menschen die Erfahrung machten, dass sie ihr Gemeinschaftsleben regeln mussten, weshalb sie versuchten, sich durch Gesetzes- und Normenkataloge an den Willen Gottes zurückzubinden. Gelang ihnen dies nicht, fürchteten sie seinen Zorn. Nicht wenige Verfasser des Alten Testamentes neigten gemäß den Analysen Manfred Görgs im Kontext eigener territorialer Expansionsbestrebungen zeit- und kulturbedingt dazu, Jahwe in äußerst gewaltvollen Bildern zu zeichnen und gewaltvolles Handeln (nicht nur einzelner Menschen, sondern des gesamten Volkes) als von ihm gefordert/bestätigt zu interpretieren.[42] Gemäß der exegeti-

---

41 STRIET, M. (2012): Erlösung durch den Opfertod Jesu?, 21.

42 In der Bibel findet sich die Interpretation, dass Jahwe selbst Unheil und Gewalt aufgrund seiner Zornesausbrüche und Rachegelüste gezielt herbeiführt (*Jesaja 31,2: Er führt das Unheil herbei; Nachum 1,2: Ein eifernder und rächender Gott ist Jahwe, ein rächender Jahwe und Herr des Zorns. Rache nimmt Jahwe an seinen Bedrängern*). An vielen Stellen wird er als ein rachedurstiger, sein eigenes Volk verteidigender Kriegsherr beschrieben, der gnadenlos Menschen und ganze Völker gegeneinander aufhetzt und vernichtet (*Jesaja 63,6: Ich zertrat die Völker in meinem Zorn, zerschmetterte sie mit meinem Grimm und ließ zur Erde rinnen ihren Saft; Exodus 12,29: Es war Mitternacht, als der Herr alle Erstgeborenen in Ägypten erschlug; Exodus 14,30: So rettete der Herr Israel aus der Hand der Ägypter. Israel sah die Ägypter tot am Strand liegen*). Wenn Gott nicht selbst Rache nimmt, zerstört und mordet, dann ruft er angeblich zu blutiger Rache auf (*Psalm 137,8: Tochter Babel. Du Zerstörerin! Wohl dem, der dir heimzahlt, was du uns getan! Wohl dem, der deine Kinder packt und sie am Felsen zerschmettert*) oder erteilt anderen den Auftrag zur gnadenlosen Vernichtung (*Deuteronomium 20,13: Wenn der Herr, dein Gott dir die Stadt preisgibt, so sollst du alles, was darin männlich ist, mit der Schärfe des Schwertes schlagen.*). Dass derartige Aufträge erfolgreich durchgeführt wurden, wird z.B. in Deuteronomium 2,34 stolz berichtet: *,Damals eroberten wir alle Städte. Wir weihten die ganze männliche Bevölkerung, die Frauen, die Kinder und die Greise der Vernichtung; keinen ließen wir überleben. Als Beute behielten wir nur das Vieh und das, was wir in den eroberten Städten geplündert hatten.'* Interessanter Weise wird nicht nur ein Bild von Jahwe gezeichnet, der sich gegen die Feinde des Volkes Israels wendet, sondern auch ein Bild des gnadenlosen Richters gegenüber seinem eigenen Volk, das er angeblich schlägt, bestraft und am Ende sogar preisgibt (*Jesaja 5,25: Darum entbrennt der Zorn des Herrn gegen sein Volk. Er streckt seine Hand gegen das Volk und schlägt zu; Jeremia 16,5: Ich habe mein Heil von diesem Volk genommen, die Gnade und das Erbarmen; Hosea 1,9: Ihr seid nicht mehr mein Volk, und ich bin nicht mehr für euch da*). Interessanter Weise wird Jahwe im Kontext eigener territorialer Expansionsbestrebungen nicht nur eine prinzipielle Vorliebe für Gewalt und Krieg, sondern auch ein zutiefst eifersüchtiges Verhalten attestiert (Deuteronomium 4,24). Gegenstand seiner Eifersucht ist in der Regel das Volk Israel, das sich anderen Göttern zuwendet. Gottes Liebe zu seinem Volk droht dabei so groß zu werden, dass sie in (tödliche) Eifersucht mündet, weshalb Norbert Lohfink kommentiert: „Der grausamste Gott des alten Orients war vielleicht Assur. Aber er wütete gegen andere Völker, nicht gegen sein eigenes Volk. Jahwes Eifersucht da-

schen Analysen von Walter Dietrich und Christian Link ist im Alten Testament tatsächlich eine lawinenartig anwachsende Darstellung von Gewalt und Vergeltung unübersehbar: „An ungefähr tausend Stellen ist davon die Rede, dass der Zorn Jahwes entbrennt, dass er mit Tod und Untergang bestraft, wie ein fressendes Feuer Gericht hält, Rache nimmt und Vernichtung androht;… kein anderes Thema taucht so oft auf, wie die Rede vom blutigen Wirken Gottes."[43] Wer die Bibel aufschlägt, der trifft unweigerlich auf Erzählungen von offenem oder heimtückischem Mord und Totschlag, wobei sich die Gewaltexzesse, die zumeist unter Berufung auf den Willen Jahwes geschehen, hauptsächlich gegen andere Völker richten. Dieses Motiv tritt im Neuen Testament deutlich in den Hintergrund. Das Zorn- und Richtermotiv jedoch ist durchaus präsent: „Keineswegs trifft das Klischee zu, wonach das Neue Testament den liebenden und das Alte den zürnenden Gott verkündet. Auch das Neue Testament kennt, wie gesagt, bedrohliche Züge an Gott, und im Alten sind sie keineswegs dominant."[44] Für Menschen war und ist das Bild vom zornigen Richtergott schon immer eine erfahrbare Realität, die verhindert, sich ein ‚nur liebes', macht- und harmloses Gottesbild zurechtzulegen. Bernd Janowski, der sich als Exeget intensiv mit dem Zornesmotiv auseinandergesetzt hat, kommt deshalb ebenso wie Ralf Miggelbrink zu dem Ergebnis, dass die Erfahrung des Zornes Gottes nicht einfach verschwiegen, entschärft oder abqualifiziert werden darf, wenn man dem jüdisch-christlichen Gottesbild wirklich gerecht werden will.[45]
Zugleich aber will er festgehalten wissen, dass der Zorn Gottes nur die Schattenseite des unendlichen Erbarmens, der rettenden Gerechtigkeit und des unaufhaltsamen Heilswillens Gottes darstellt.[46] Das Bild des nicht primär strafenden sondern rettenden Richters darf nicht aufgegeben werden, damit Menschen sich nicht der Verantwortung entziehen können, sich ebenfalls für Gerechtigkeit einzusetzen und damit rechnen müssen, dass Ungerechtigkeit und Lieblosigkeit von Gott nicht einfach hingenommen werden. Dass Menschen jedoch schon immer dazu neigen, dem Richterbild aus menschlichen Bestrafungs- und Rachephantasien heraus eine zu große Bedeutung beizumessen, wodurch sie das Gottesbild einseitig verzerren, ist ein Faktum, das Janowski beklagt, weshalb er explizit dazu aufruft, straf-dominierte Bilder von Gott fallenzulassen: „Die alt-

---

gegen ging fast bis zum Mord an der Geliebten." LOHFINK, N. (1989): Unsere neuen Fragen und das Alte Testament, 101. Walter Dietrich und Christian Link kommentieren: „Hier im Zentrum des alttestamentlichen Glaubens treffen wir – und dafür gibt es keinerlei religionsgeschichtliche Parallelen – auf einen intoleranten Ausschließlichkeitsanspruch, der sich zum Bild des ‚eifersüchtigen Gottes' verdichtet hat." DIETRICH, W./ C. LINK (1995): Die dunklen Seiten Gottes, Band 1, 79. Vgl. auch GÖRG, M. (1995): Der un-heile Gott.

43 DIETRICH, W./ C. LINK (1995): Die dunklen Seiten Gottes, Band 1, 77.

44 A.a.O., 149. Vgl. KAISER, N. (2013): Zorn und Strafe Gottes im Alten und Neuen Testament; GÄBEL, C. (2013): Der Zorn Gottes in der Bibel.

45 Vgl. JANOWSKI, B. (2013): Ein Gott, der straft und tötet?; MIGGELBRINK, R. (2002): Der zornige Gott. Vgl. auch: HERMISSON, H. (2004): Vom Zorn und Leiden Gottes; ZABOROWSKI, H. (2005): Im Zorn die Liebe; BAUMANN, G. (2006): Der gnädige Gott ist zornig.

46 Vgl. JANOWSKI, B. (2013): Ein Gott, der straft und tötet?, 172. Ähnlich argumentiert auch Richard Riess: „So erscheint der göttliche Zorn als notwendiges Korrelat zu der göttlichen Liebe, die die Rettung seines Volkes sucht." RIESS, R. (2007): Zorn Gottes, List des Teufels und der Aufstand des Menschen, 134.

testamentliche Vorstellung, dass Jahwe ein Gott der Gerechtigkeit ist, wurde in
der Rezeptionsgeschichte jedoch immer wieder überlagert von der anderen Vorstellung, dass Gott der strafende Richter sei, der über der Welt als höchstes Wesen thront, alles menschliche Verhalten ständig registriert und von Zeit zu Zeit
entsprechend reagiert, indem der gute Mensch mit Lohn, der böse mit zeitlichen
oder ewigen Strafen belegt wird... Es ist schwer verständlich, wie zäh viele
Zeitgenossen an ihren Vorurteilen gegenüber dem alttestamentlichen ‚Richtergott‘ festhalten, ohne sich die Mühe einer Überprüfung dieser Vorurteile zu machen und auch ohne die Korrekturen wahrzunehmen, die in den letzten Jahrzehnten in der biblischen Exegese stattgefunden haben."[47]

3.   Gott erfahrbar als Jesus Christus

3.1. Der Mit-Mensch Jesus in Wort und Tat

3.1.1. Jesu Leben und Sterben

Was wir über Jesus wissen, verdanken wir neben einigen wenigen außerbiblischen jüdischen und römischen Quellen aus dem 1. und 2. Jahrhundert hauptsächlich den Schriften des Neuen Testaments.[48] Schriften, die nicht den Anspruch erheben, historische Tatsachenberichte zu liefern, weshalb wir weder eine Biographie Jesu noch eine Interpretation der historischen Ereignisse um Jesus erwarten dürfen.[49] Unterschiedliche Autoren haben in unterschiedlicher Nähe zur Lebenszeit Jesu in unterschiedlichen kulturellen Lebenskontexten im
Blick auf eine unterschiedliche Leser- bzw. Hörerschaft versucht, unterschiedliche Erfahrungen und Interpretationen von Menschen, die Jesus persönlich
kannten oder von ihm gehört hatten, so zu verarbeiten, dass die Frohe Botschaft
für die folgenden Generationen weitergegeben werden konnte. Viele Informationen, die wir heute in den Texten vermissen, waren entweder allgemein bekannt
oder wurden nicht als wichtig erachtet, weil die Texte in erster Linie als Glaubenszeugnisse konzipiert waren. Vergleicht man, was in den vielen Texten über
Jesus erzählt wird, dann zeigt sich zwar, dass wir aufgrund der soeben angedeuteten Unterschiede auf verschiedene Gesichter Jesu stoßen. Zugleich aber sind
wir auch mit einer oft verblüffend übereinstimmenden Wiedergabe und Interpretation der damaligen Ereignisse rund um die Person Jesus konfrontiert, weshalb im Folgenden schlagwortartig zusammengefasst werden soll, wie Menschen ihn vor 2000 Jahren erlebten:

47 JANOWSKI, B. (2013): Ein Gott der straft und tötet?, 57/319. „Gott war und ist zuerst ein Gott des Heils.
   Erst nachdem dies klar gemacht ist, kann auch von Gottes Verhältnis zum Unheil, von seinem Zürnen und
   Richten gesprochen werden." DIETRICH, W./ C. LINK (1995): Die dunklen Seiten Gottes, Band 1, 149.
48 Vgl. THEISSEN, G./ A. MERZ (2011): Der historische Jesus, 73-95; STROTMANN, A. (2012): Der histori-
   sche Jesus, 37-39.
49 Neuere Arbeiten zur Person Jesu: GROSSBONGARDT, A./ D. PIEPER (Hg.) (2013): Jesus von Nazareth
   und die Anfänge des Christentums; LÜDEMANN, G. (2013): Der echte Jesus; ROLOFF, J. (2012): Jesus;
   STROTMANN, A. (2012): Der historische Jesus; KÜNG, H. (2012): Jesus; EBNER, M. (2007): Jesus von
   Nazareth; SÖDING, T. (2007): Ereignis und Erinnerung. Die Geschichte Jesu im Spiegel der Evangelien;
   JESUS VON NAZARETH. Annäherungen im 21. Jhdt. (2007).

- Da sich zwei Evangelien über die Geburt Jesu ausschweigen und im Matthä-us- und Lukasevangelium zwei historisch unvereinbare Geburtsgeschichten erzählt werden, die in Rückgriff auf alttestamentliche Motive aus der Davids-tradition (Geburtsort Betlehem, Hirtenmotiv, Sternendeuter...) ausgestaltet werden, wissen wir recht wenig über die Zeit vor seinem öffentlichen Wir-ken. Bekannt ist, dass er mit seiner Familie, d.h. mit seiner Mutter Maria, sei-nem Vater Josef und seinen Geschwistern (Markus 6,3; Matthäus 13,55, 1 Kor 9,5) in Nazareth, einem sehr kleinen, völlig bedeutungslosen bäuerlichen Dorf in der Nähe des Sees Genezareth im römisch besetzten Palästina, lebte, wo er den Beruf des Zimmermanns/Bauhandwerkers (Matthäus 13,55) erlern-te. Jesus – ein tief gläubiger Jude aus einfachen Verhältnissen, der aramäisch (hebräischer Dialekt) sprach und nur ca. 30 Jahre alt wurde.[50]
- In die Öffentlichkeit trat Jesus mit ungefähr 27 Jahren, indem er sich von Jo-hannes dem Täufer, einem radikalen Gerichtsprediger, der zur Rettung vor dem drohenden Untergang als Zeichen der Sündenvergebung taufte, taufen ließ, weshalb Jesus anfangs zu dessen Jüngerkreis gehört haben könnte.[51]
- Jesu öffentlichkeitswirksames und charismatisches Auftreten als Wanderpre-diger (Lukas 8, 1-3), das seine eigene Familie nicht begrüßte (Markus 3,21, Johannes 7,5) verdankte sich dem Umstand, dass er äußerst anziehend auf Menschen gewirkt haben muss, weswegen viele Männer und Frauen, darunter auch Maria aus Magdala, sowie ein fester Kreis (12 ‚Apostel') alltäglich mit ihm zusammenlebten, für seinen Unterhalt sorgten, sich mit ihm auf den Weg machten, viel für ihn aufgaben.[52]
- Menschen, denen Jesus begegnete erlebten ihn als einen *Mit-Menschen*, mit menschlichen Bedürfnissen, Stärken und Schwächen, der so viel Freude am Leben und Feiern hatte, dass seine Gegner ihm sogar nachsagten, er sei ein Fresser und Säufer gewesen (vgl. Matthäus 11,19), der körperlich unbefangen mit Menschen umgegangen ist, sie wortwörtlich und übertragen berührte und sich selbst von angeblich Unberührbaren berühren ließ.
- Ein Mit-Mensch, der zwar auch mit wohlhabenden und sozial angesehenen Menschen, ja sogar mit den verhassten Kollaborateuren der römischen Besat-zungsmacht (Zöllner) Umgang pflegte, sich aber in erster Linie den Men-schen zuwandte, die aus damaliger Sicht als unrein, liturgieunfähig, ungläu-

---

50 Ob Maria Jesus im Sinne sexueller Jungfräulichkeit im heutigen Verständnis zur Welt gebracht hat, wird auch innerhalb der Theologie kontrovers diskutiert. Margot Käßmann positioniert sich in einem Interview folgen-dermaßen: „Da bin ich ganz Theologin des 21. Jahrhunderts. Ich glaube, dass Maria eine junge Frau war, die Gott vollkommen vertraut hat. Aber dass sie im medizinischen Sinne Jungfrau war, das glaube ich nicht." KÄßMANN, M. (2013): „Dort sind alle Tränen abgewischt", 44. Dass Jesus mindestens 4 Geschwister hatte, die nach seinem Tod in der Gemeindeleitung eine führende Rolle einnahmen, ist dagegen in der neueren For-schung unbestritten. Vgl. LÜDEMANN, G. (2013): Der echte Jesus, 20.

51 Vgl. STROTMANN, A. (2012): Der historische Jesus, 2012.

52 Vgl. THEISSEN, G./ A. MERZ (2011): Der historische Jesus, 203-207, BIEBERSTEIN, S. (2013): Die Jün-gerinnen des Nazareners; PIEPER, D. (2013): Anfang einer neuen Zeit. Das Leben und Sterben des jüdischen Wanderpredigers Jesus von Nazareth.

big, sündig oder fremd galten. Menschen, die isoliert, verachtet und verspot-
tet am Rande der Gesellschaft lebten, wie Dirnen, Kranke (Aussätzige, Ge-
lähmte, Blinde, Besessene), Hungernde, Arme, Witwen und Waisen. Mit
ihnen pflegte er Umgang und Mahlgemeinschaft, was ihm den Vorwurf einbrachte, er solidarisiere sich leichtfertig mit Sündern (Lukas 15,2).

- Obgleich Jesus oft umringt von vielen Menschen auftrat, kennzeichnet sich
  sein Handeln gerade dadurch, dass er ausdrücklich den Kontakt mit einzelnen
  Menschen suchte und diese in den Mittelpunkt des Geschehens rückte, wie
  die Begegnung mit dem Zöllner (vgl. Lukas 18), mit der Samariterin am Ja-
  kobsbrunnen (vgl. Johannes 4) oder auch mit dem reichen Jüngling (vgl.
  Matthäus 19) zeigt. Gerade dann, wenn die Würde eines Menschen ange-
  schlagen war oder ihm sein Wert aberkannt wurde, suchte Jesus seine Gesellschaft, sprach ihm bereits durch seine Zuwendung Würde und Wert zu.

- Menschen spürten, dass Jesus ihnen etwas zutraute, dass er ihnen aber auch
  abverlangte, auf die Liebe und heilsame Nähe Gottes zu vertrauen, weshalb
  er sie – ohne sie zu überfordern – dazu aufforderte, das eigene Leben in die
  Hand zu nehmen und bisher unverzichtbare Krücken wegzuwerfen.

- Sein Umgangsstil konnte daher auch unkonventionelle und humorvolle Züge
  annehmen. Berichtet wird aber auch, dass Jesus durchaus zielstrebig auf den
  wunden Punkt von Menschen zu sprechen kam und oftmals durch das Erzählen eines Gleichnisses oder durch die Bezugnahme auf den jüdischen Gott
  neue Sicht- und Handlungsperspektiven ins Spiel brachte. Wenn Jesus auf
  Gleichnisse zurückgriff, dann geschah dies auf eine ganz charakteristische
  Art und Weise: „Jesus als Gleichnis-Erzähler legt nicht autoritär Glaubens-
  wahrheiten vor, denen gegenüber nur bedingungslose Annahme oder Ablehnung möglich ist ('Vogel iss oder stirb!'). Er bringt vielmehr Erzählungen ins
  Spiel, knüpft an bewährte Lebensgewissheiten an, wirbt mit erzählerischer
  Kraft um Zustimmung, lädt argumentierend ein, in Freiheit Ja zu sagen…
  Gleichnisse sind also auf die Situation der Adressaten ausgerichtet."[53]

- Obgleich Jesus Menschen offensiv in Streitgespräche verwickelte, wird immer wieder davon erzählt, dass er fragte, was er für Menschen tun könne,
  dass er nicht moralisierend verurteilte, drohte, fertige Lösungen für alle Probleme parat hatte oder besserwisserisch belehrte, weshalb Isidor Baumgartner
  schlussfolgert: „Da soll niemand bekehrt, nichts bewiesen, niemand für über-
  geordnete Zwecke vereinnahmt werden."[54] Im Gegenteil: Im Markusevangelium (7,24-30) wird sogar davon berichtet, dass Jesus kein Problem damit
  hatte, sich selbst von einer Frau (!) und Heidin (!) belehren zu lassen.

- Zugleich aber konnte Jesus durchaus auch konfrontative Züge an den Tag legen. Nämlich immer dann, wenn er sich für das Wohl von Menschen bzw.
  gegen den Missbrauch Gottes z.B. für finanzielle Interessen wehrte, weshalb

---

53 Vgl. SORGER, K. (2003): Synoptische Gleichnisse als Leitbilder für die Pastoral, 326/325.
54 BAUMGARTNER, I. (2000): Heilung und Befreiung, 403.

Leo Karrer hervorhebt: „Zum 'milden' Jesus gehört aber auch der rügende und zornige Jesus, beobachtbar etwa an der Vertreibung der Händler aus dem Tempel (Markus 11,15-19)."[55]

- Die Art und Weise, wie Jesus mit seinen JüngerInnen lebte, wie er mit Menschen umging und was er ihnen von Gott erzählte, konnten viele seiner Zeitgenossen nur als Provokation empfinden.[56] *Sadduzäer*, die dünne Oberschicht der Tempelpriester und Theologen, die in Arrangement mit der römischen Besatzungsmacht vom Kult- und Opferdienst in Jerusalem profitierten, mussten sich von Jesus, der weder Priester noch Theologe war, extrem provoziert fühlen, da er aus ihrer Sicht den Tempelkult (ihre Einnahmequelle) und das funktionierende religiös-politisch-wirtschaftliche System gefährdete. *Pharisäer*, die kleinbürgerliche Mittelschicht der frommen Schrift- und Gesetzesausleger musste sich ebenfalls durch Jesus, der kein Gesetzeslehrer war, extrem provoziert fühlen, da er aus ihrer Sicht unfrommes und gesetzeswidriges Verhalten an den Tag legte. *Essener*, weltflüchtige Asketen, mussten sich von Jesus, der kein Asket war, ebenfalls provoziert fühlen, weil er in ihren Augen zu öffentlich und lebensfroh auftrat. *Zeloten* (wie Judas Ischariot), die die römischen Besatzer mit Waffengewalt aus dem Land vertreiben wollten, mussten sich ebenfalls durch Jesus, der sich nicht als sozialpolitischer Revolutionär verstand, extrem provoziert gefühlt haben, da Jesus nicht für den Einsatz von Gewalt, sondern für prinzipielle Gewaltlosigkeit plädierte.[57]
- Religiöse und politische Machthaber waren herausgefordert, auf den Nonkonformismus Jesu zu reagieren. In dem Moment, in dem Jesus nicht mehr wie viele andere Wanderprediger in ländlicher Umgebung lehrte, sondern sein Wirken in das Machtzentrum Jerusalem verlagerte, wo er viele Menschen um sich scharte, obgleich dies unter römischer Herrschaft streng verboten war, und vor Ort den Tempelkult kritisierte, wurde er in jüdisch-römischer Zusammenarbeit gefangengenommen, als politischer Schwerverbrecher (,König der Juden') gefoltert und durch Kreuzigung, eine der grausamsten Hinrichtungsarten, die lediglich für Sklaven und politisch Aufständische vorgesehen waren, brutal hingerichtet.[58]

3.1.2. Jesu Botschaft vom Reich Gottes

Was aber war eigentlich der Inhalt der Lehre Jesu, die für ihn so zentral war, dass er sogar sein Leben dafür riskierte? Was erzählte er, dass einflussreiche Menschen sich durch ihn derart bedroht fühlten? Welche Botschaft hatte er? Und inwiefern ist diese Botschaft tatsächlich eine ‚Frohe Botschaft' (Evangelium) für uns Menschen? Alle Worte und Taten Jesu drehen sich im Kern um die

---

55 KARRER, L. (1999): Jesus, 150.
56 Vgl. SCHREIBER, S. (2013): Der politische Jesus.
57 Vgl. KÜNG, H. (2012): Jesus; SCHRÖTER, J. (2013): Jesus im Judentum seiner Zeit.
58 SCHREIBER, S. (2013): Der politische Jesus, 191; SÖDING, T. (2013): Kreuzesnachfolge, 155.

Botschaft vom Reich Gottes, wie auch der emeritierte Papst Benedikt XVI ausdrücklich hervorhebt: „Der zentrale Inhalt des Evangeliums lautet: Das Reich
Gottes ist nahe."[59] Mit seiner Botschaft vom Reich Gottes konnte Jesus an die
relativ spät, d.h. im apokalyptischen Denkkontext entstandene alttestamentliche
Erwartung des messianischen Reiches des Friedens und der Gerechtigkeit anknüpfen. Ein Reich, das Gott selbst am Ende der Zeit durch das Kommen des
von Gott eingesetzten Messias-Königs nicht im Himmel, sondern auf der Erde
errichten wird (vgl. Daniel 7-12). Von dieser Erwartung, die Jesu ZeitgenossInnen geläufig war, wich Jesus jedoch in zentralen Punkten ab, indem er folgenreiche Uminterpretationen vornahm:

♦ Das Reich Gottes sei mit ihm als Person bereits angebrochen, weshalb im
  Lukasevangelium schlichtweg behauptet wird: 'Das Reich Gottes ist schon
  mitten unter euch' (Lukas 17,21).
♦ Das Reich Gottes kann durch menschliches Handeln aktiv vorangetrieben
  werden.
♦ Das Reich Gottes kann jedoch unter irdischen Bedingungen nicht endgültig
  errichtet werden, sondern bleibt eine permanent anzustrebende Zielgröße.
  Dies entlastet einen jeden Menschen, denn jeder kann nur im Rahmen seiner
  (begrenzten) Möglichkeiten einen (kleinen, aber effektiven) Beitrag beisteuern. Nicht mehr, aber auch nicht weniger.
♦ Die (Teil)Realisation von Reich Gottes wirkt sich bereits auf Erden auf das
  (Zusammen)Leben von Menschen und Völkern aus, weshalb ChristInnen beten 'Dein Reich komme, Dein Wille geschehe wie im Himmel, so auf der Erden' (Matthäus 6,10).
♦ Reich Gottes im Verständnis Jesu realisiert sich nicht in Folge eines kosmischen Ereignisses katastrophalen Ausmaßes, sondern entwickelt sich still und
  leise, ohne dass dazu ein irdischer Messias oder eine irdische Königsherr-
  schaft vorausgesetzt ist. Nicht einander beherrschen, sondern einander solidarisch zugetan sein (diakonein/diakonia) lässt Reich Gottes wachsen.[60]

Dementsprechend begriff Jesus sein gesamtes Leben als Einsatz für ‚mehr
Reich Gottes auf Erden', wie Herbert Haslinger herausgearbeitet hat: „Jesu
Existenz hat nicht diakonische Elemente, Jesu Existenz ist Diakonie… Es gibt
bei Jesus keine von seiner diakonischen Praxis abtrennbare verbale Reich-
Gottes-Verkündigung. Seine auf Mitmenschlichkeit bedachte Praxis ist in sich
authentisches Zeugnis vom Reich Gottes. Die Botschaft Jesu besteht in seiner
diakonischen Praxis. Darin macht er spürbar, was 'Reich Gottes' für den Menschen bedeutet. Die Reich-Gottes-Botschaft Jesu ist seine heilend-befreiende
Reich-Gottes-Praxis."[61] Eine Praxis, die Jesus durch unterschiedliche Hand-

---

59 RATZINGER, J. (2007): Jesus von Nazareth, 77. Vgl. auch PETERSEN, C. (2005): Die Botschaft Jesu vom
   Reich Gottes.
60 Vgl. WACKER, M. T. (2005): Reich Gottes, 12; WERBICK, J. (2005): Geschichte/Handeln Gottes, 497.
61 HASLINGER, H. (1996): Diakonie zwischen Mensch, Kirche und Gesellschaft, 674.

lungsstrategien in kleinen Schritten mitten im Alltagsleben 'der kleinen Leute'
auf dem Land umzusetzen versuchte, weshalb in den Evangelientexten weder
von imposanten (politischen) Großaktionen, noch von kultisch-liturgischen Inszenierungen berichtet wird. Berichtet wird jedoch von folgenden *drei Handlungsstrategien*, die aufgrund ihrer Bedeutung für Seelsorge besonders hervorgehoben werden sollen:

♦ *Jesu aktiver Einsatz* zur Veränderung konkreter Lebensverhältnisse im
   Kampf für mehr *Gerechtigkeit, Solidarität und Gewaltlosigkeit*, denn: „Die
   Botschaft vom Reich Gottes kritisiert all die Lebensformen und Verhältnisse,
   seien sie politisch, kulturell oder religiös bedingt, in denen der Wille Gottes
   nicht geachtet wird... Das Reich Gottes richtet sich gegen Verhältnisse, in
   denen das Menschsein des Menschen, das Humanum bzw. die Würde des
   Menschen verletzt sind."[62] Selig gepriesen werden daher nicht die Reichen
   und Mächtigen, sondern Menschen in Not: 'Selig die Armen, denn ihrer ist
   das Reich Gottes. Selig die Hungernden, denn sie werden gesättigt werden.
   Selig die Weinenden, denn sie werden lachen (Lukas 6, 20b-21). „Der au-
   thentische Ort des Reiches Gottes ist folglich dort, wo Befreiung und Gerechtigkeit angesichts menschlicher Not eingelöst werden."[63] Die Arbeit am Reich
   Gottes implizierte daher für Jesus, sich in die Traditionslinie alttestamentlicher Propheten und deren Gesellschaftskritik zu setzen. Sein gewaltloser Einsatz für Rechtlose, Verstummte, Gescheiterte und Ausgegrenzte erhielt
   dadurch automatisch politische Züge,[64] denn wer dieser riesigen Menge von
   Benachteiligten Selbstwertgefühl verschafft und ihnen ein 'Reich' der Gerechtigkeit in Aussicht stellt, mischt sich gesellschaftspolitisch ein. Selbst
   wenn Jesus sich nicht als Sozialreformer, Politiker oder Revolutionär begriff,
   wurde er sowohl von den Ohnmächtigen als auch von den Mächtigen als jemand erfahren, der sowohl religiöse als auch gesellschaftliche Plausibilitäts-
   und (Macht)Strukturen unterläuft bzw. in Frage stellt, weshalb Henning Luther kommentiert: „Jesu Sorge galt nie nur allein der Realitätsertüchtigung,
   der Wiederherstellung der Fähigkeit zu normalem, angepassten Verhalten,
   sondern öffnet durch seine Gesetzes-, Normen- und Institutionskritik, durch
   die Offenlegung verfehlten Lebens (Sünde) immer zugleich den Freiraum,
   neuen, anderen Lebens."[65] Folgender Überlegung Kardinal Karl Lehmanns
   kann daher nur zugestimmt werden: „Heute sehen wir auch deutlicher, dass
   Jesus der Menschensohn nicht bloß eine ethische oder soteriologische Trös-

62 A.a.O., 691.
63 BAUMGARTNER, I. (2000): Heilung und Befreiung, 405. In der ‚Bergpredigt', die Ottmar Fuchs als öffentliche politische Rede qualifiziert, legte sich Jesus mit den Mächtigen seiner Zeit öffentlich an. Vgl. FUCHS,
   O. (1990): Heilen und Befreien, 227; SCHREIBER, S. (2013): Der politische Jesus.; ASLAN, R. (2013): Zelot. Jesus von Nazareth und seine Zeit; SÖDING, T. (2014): Prophetischer Realismus. Der politische Ansatz
   Jesu und seine neutestamentlichen Variationen.
64 Vgl. KÜGLER, J. (2006): Das Reich Gottes auf den Dörfern, 9.
65 LUTHER, H. (1992): Religion und Alltag, 230.

tung der privaten Innerlichkeit bedeutet, sondern eine öffentliche und in gewisser Weise sogar politische Provokation darstellt."[66]

♦ *Jesu Heilendes Handeln*: „Es ist nicht zu bezweifeln, dass die zahlreichen wunderbaren Heilungen von Kranken und Besessenen, auch wenn sie im Einzelnen legendarisch ausgeschmückt sind, im Ganzen doch zu dem historisch sichersten gehören, was uns von Jesus überliefert worden ist."[67] Gemäß Matthäus 4,25 wissen wir von Jesus: 'Er zog in ganz Galiläa umher, lehrte in den Synagogen, verkündete das Evangelium vom Reich und heilte im Volk alle Krankheiten und Leiden.' Auch wenn wir es hier mit einer dieser legendarischen Ausschmückungen zu tun haben, weil Jesus unmöglich alle kranken Menschen heilen konnte, gilt dennoch: „Jesus hat ohne Zweifel im Rahmen seiner Reich-Gottes-Botschaft geheilt, auch körperlich geheilt…"[68] Weshalb gerade die Befreiung von Krankheit und Behinderung für Jesus einen Schritt auf dem Weg zur Realisierung von Reich Gottes bedeutete, versucht Herbert Haslinger folgendermaßen zu erklären: „Inhalt und Sendung Jesu ist es… den heilen Zustand des Reiches Gottes bereits hier auf Erden erfahrbar zu machen und dies gerade durch das Heilen von Menschen… Der Inhalt dessen, was Jesus als sein Wirken ankündigt, besteht darin, dass er heilt."[69] Auf die Signalfunktion von körperlich-psychischer Heilung für das Reich Gottes macht uns auch Regina Ammicht-Quinn aufmerksam: „Die Heilungen sind Zeichen des hier und jetzt schon angebrochenen Gottesreichs, das sich in Jesu Person und Wirken offenbart. Heilungen sind Heilstaten, die die verheißene Heilszeit anbrechen lassen. Heilungen sind damit die konkrete und körperliche Seite des verkündeten Heils."[70] Wenn jedoch Heilung und Reich Gottes, d.h. Heilung und Heil derart eng miteinander korreliert werden, dann liegt der Schluss nahe, dass Krankheit Reich Gottes verhindert, weshalb Krankheit und Behinderung als gotteswidrige Zustände mit allen Mitteln zu bekämpfen sind. Dies aber würde bedeuten, dass kranken und behinderten Menschen abgesprochen wird, in und trotz ihrer Krankheit Reich Gottes erleben, sprich Erfahrungen von Heil machen zu können.[71] Zur Entschärfung des Problems bietet Joachim Hänle folgende Interpretation an: Heilung und Heil gehören zwar unlösbar zusammen, weil im Heilungshandeln die endgültige Vollendung des Menschen zeichenhaft

---

66 LEHMANN, K. (2003): Kriterien und Umriss des christlichen Menschenbildes, 18.

67 CAMPENHAUSEN, H. v. (1963): Kirchliches Amt und geistliche Vollmacht, 6. Vgl. auch RADELBECK, OSSMANN, R. (2013): Kranke heilen, Besessene befreien; BAUMGARTNER, I. (2011): Die heilend-befreiende Praxis Jesu; POPKES, E. (2009): Die Heilungen Jesu und die Anfänge der Jesusbewegungen; ANNEN, F. (2012): Jesus heilte nicht Krankheiten, sondern kranke Menschen.

68 BUCHER, R./ K. H. LADENHAUF (2004): ‚Räume des Aufatmens', 160.

69 HASLINGER, H. (1996): Diakonie zwischen Mensch, Kirche und Gesellschaft, 724/725.

70 AMMICHT-QUINN, R. (2005): Das Innere des Körpers – Das Andere des Körpers, 69.

71 Vehement hat Ulrich Bach auf diese Folgewirkung hingewiesen, weshalb er betont: „Jesus hat nicht gegen Krankheiten gekämpft… Er hatte keinen Heilungs-Auftrag, genauer: er hat geheilt, aber er musste nicht heilen… er ist nicht zum Heilen gekommen." BACH, U. (1993): ‚Wie lange noch wollen wir fliehen?', 392.

vorweggenommen wird. „Das Heil des Menschen steht aber weltimmanent immer unter dem Vorzeichen des 'noch nicht': Heilung und Heil fallen ebenso wenig zusammen, wie Krankheit und Unheil."[72] Dass die ursprünglich enge Verbindung von Heilung, Heil und Reich Gottes im Laufe der Geschichte in den Hintergrund trat, verdankte sich der bereits früh erfolgten Uminterpretation der Heilungsgeschichten Jesu in apologetische Wunderberichte. Im Kontext der missionarischen Bestrebungen frühchristlicher Gemeinden galt es, Jesus angesichts des boomenden Heilermarktes der damaligen Zeit als einen Heiler auszuweisen, der alle anderen Heiler übertraf. Sein Heilungshandeln wurde daher als Wunderhandeln interpretiert, das zur Illustration seiner göttlichen Macht diente, weshalb ihm schließlich selbst Totenerweckungen zuzutrauen waren.[73] Isidor Baumgartner schärft uns jedoch ein: „Die Heilungswunder sind nicht einfach legitimatorisch zu lesen, als müsste mit ihnen die Gottheit Jesu unter Beweis gestellt werden."[74] Liest man sie dagegen auf der Folie der Reich Gottes Botschaft, dann werden folgende Kennzeichen jesuanischer Heilungspraxis sichtbar:

✓ Jesus heilte unspektakulär, d.h. ohne öffentliche Inszenierung und ohne Rückgriff auf besondere (religiöse) Rituale oder Zaubersprüche: „Da Jesus keine Geheimcodes oder Beschwörungsformeln verwandt hat, bleiben seine Heilungen durchsichtig für andere, verweisen von der eigenen Person und Macht weg auf die göttliche Macht, die wirksam ist".[75]

✓ Jesus heilte nicht, um damit eigene Ziele zu verfolgen. Im Heilungsgeschehen ging es ausschließlich um den leidenden Menschen und dessen Wohlergehen. Wovon Menschen geheilt werden wollten, beließ Jesus in der Definitionsmacht der Leidenden selbst.

✓ Jesu Heilungen bezogen immer den ganzen Menschen in all seinen Bedürftigkeiten, d.h. auch sozialer und religiöser Art, ein. Wenn Jesus daher betonte, dass der Glaube zur Heilung beiträgt (vgl. Lukas 7,50), dann setzte er Glauben nicht als Voraussetzung für sein heilendes Handeln voraus, sondern bezog die Gottesbeziehung als heilenden Faktor mit ein.

✓ Jesus setzte weder sich noch seine Jünger, die er beauftragte sein Werk der Heilung und Befreiung fortzusetzen (vgl. Matthäus 10,1), unter Druck, alle Menschen heilen und befreien zu wollen bzw. zu müssen. Dass Jesus nicht allen Menschen helfen (vgl. Markus 1,32-34) und manchmal sogar überhaupt keine Heilungstaten vollbringen konnte (vgl. Markus 6,5), gilt daher auch für seine JüngerInnen.[76]

72 HÄNLE, J. (1997): Heilende Verkündigung, 506.
73 In diesem Kontext taucht das Christus-Medicus-Motiv auf. Die alttestamentliche Arzt-Metapher als Gottesprädikation wird nach der Auferweckungserfahrung der JüngerInnen auf Jesus Christus übertragen, wobei jedoch in diesem Bild nicht nur ein Machtaspekt mitschwingt, sondern auch die ursprüngliche Reich-Gottes-Konnotation. Vgl. BAUMGARTNER, I. (1992): Heilende Seelsorge, 48.
74 BAUMGARTNER, I. (1997): Heilende Seelsorge – ein verkehrtes Leitwort?, 238.
75 CORNELIUS-BUNDSCHUH, J. (2003): Heil und Heilung, 182.
76 Vgl. EIBACH, U. (2006): Glaube, Krankenheilung und Heil, 302.

♦ **Jesu ‚Dämonenaustreibungen':** Dass auch die Austreibung von ‚Dämonen'
als Ausdruck anbrechender Gottesherrschaft zu interpretieren ist, lässt sich
programmatisch in Matthäus 12,28 und Lukas 11,20 nachlesen: 'Wenn ich
durch den Geist Gottes Dämonen austreibe, dann ist das Reich Gottes schon
zu euch gekommen.' Im Neuen Testament wird immer wieder davon berichtet, dass Jesus sich Besessenen zuwandte und deren 'Dämonen' austrieb. Eine
Handlungsstrategie, die ihm so wichtig war, dass er sie ausdrücklich auch
seinen JüngerInnen ans Herz legte (vgl. Markus 16,17). Als Kind seiner Zeit
gehörte auch für Jesus der Glaube an die Existenz (personaler) ‚dämonischer
Mächte und Gewalten' zu seinem Weltbild. Überliefert ist uns jedoch, dass er
fest davon überzeugt war, dass die Macht derartiger Mächte und Gewalten
durch den Anbruch des Reiches Gottes für alle Zeit gebrochen ist (vgl. Lukas
10,18).[77] Menschen dürfen daher freigesprochen werden von dem Gefühl,
sich noch stets von diesen Mächten bedroht zu fühlen. In der Vollmacht Gottes gilt es daher, 'Teufel auszutreiben', d.h. Menschen daran glauben zu lassen, dass es keinen kosmischen Kampf mehr gibt zwischen Gott und Teufel,
weshalb letzterer sie auch nicht mehr besetzen und damit zu Besessenen machen kann. Dementsprechend machte es sich Jesus zur Aufgabe, derartige
‚Dämonen und unsaubere Geister' (vgl. Markus 1,23), die Jürgen Moltmann
als 'dämonische Quälgeister des Verderbens' und Joachim Kügler exegetisch
als 'mythologische Fassung aller Hindernisse, die sich der Machtergreifung
Gottes noch (aber letztlich erfolglos) in den Weg stellen' identifizieren, endgültig aus dem Leben der Menschen zu vertreiben[78] Auch diesbezüglich lassen sich einige Hauptkennzeichen des ‚exorzistischen' Handelns Jesu ausmachen:
- ✓ Jesu ‚anti-dämonisches' Befreiungshandeln war am Menschen und nicht
  an Teufel und Dämonen interessiert.
- ✓ Jesus handelte im Vertrauen darauf, dass Gott tatsächlich die einzige
  Macht im Kosmos ist, weshalb die Vertreibung der Geister eine längst
  durch Gott beschlossene Tatsache ist, die lediglich aufzudecken und
  glaubwürdig zu machen ist.
- ✓ Psycho-physische Gewalt jeglicher Art findet sich bei Jesus ebenso wenig
  wie formalisierte Exorzismusrituale.[79]

3.1.3. Jesu Verhältnis zu Gott als spirituelle Kraftquelle

Woher nahm Jesus die Inspiration und die Kraft für sein Leben und Wirken?
„Jesu Leben, seine Verkündigung und seine Reich-Gottes-Praxis sind nur von

---

77 Vgl. SCALA, M. (2012): Der Exorzismus in der Katholischen Kirche, 437.
78 Vgl. MOLTMANN, J. (2001): Jesus Christus, 508; KÜGLER, J. (2006): Das Reich Gottes auf den Dörfern,
12. Manfred Hauke dagegen liefert eine andere Interpretation der biblischen Belege, weshalb er von einem
personalen Satan überzeugt ist, der als dualistische Antimacht in der Lage ist, Reich Gottes aktiv zu blockieren. Dämonen sind böse Geister die in einer hierarchisch gestuften Führung Satan unterstehen, der als Widersacher des Reiches Gottes fungiert. Vgl. HAUKE, M. (2006): Theologische Klärungen.
79 Vgl. STOLLBERG, D. (2007): Der Umgang der Kirche mit dem Bösen, 86-87.

seiner Gotteserfahrung her zu verstehen".[80] Als gläubiger Jude, schöpfte Jesus Kraft aus seinem innigen Gottesverhältnis zu Jahwe. Ein derart inniges Verhältnis, dass er es nicht nur wagte, von Gott als seinem (himmlischen) Vater zu sprechen (vgl. Lukas 11,2), sondern ihn im Gebet (vgl. Markus 14,36) sogar mit dem Kinderwort 'Abba' (lieber Vater, Papa) anzusprechen.

Die Pflege seiner Beziehung zu Gott war daher für Jesus derart wichtig, dass er sich in einsame Orte wie die Wüste zurückzog, um alleine zu sein, zu beten und zu fasten (vgl. Matthäus 14,13). Spiritueller Rückzug und aktives Handeln, Aktion und Kontemplation gehörten für Jesus untrennbar zusammen. Gottes- und Nächstenliebe stellten für ihn deshalb keine Gegensätze dar, weshalb unter Berufung auf ihn formuliert werden konnte: 'Wenn jemand sagt: Ich liebe Gott, aber seinen Bruder hasst, ist er ein Lügner' (1 Johannes 4,19). Die Jesus sicherlich bekannten, weil bereits in der hebräischen Bibel auffindbaren Gebote der Gottesliebe (Deuteronomium 5,6: Darum sollst du den Herrn deinen Gott lieben mit ganzem Herzen, mit ganzer Seele und mit ganzer Kraft) sowie der Nächsten- und Selbstliebe (Levitikus 19,18: Du sollst deinen Nächsten lieben wie dich selbst) wurden von ihm unlösbar miteinander verbunden (Matthäus 22, 37-39: Du sollst den Herrn deinen Gott lieben mit ganzem Herzen, mit ganzer Seele und mit all deinen Gedanken. Das ist das wichtigste und erste Gebot. Ebenso wichtig ist das zweite: Du sollst deinen Nächsten lieben wie dich selbst) und radikalisiert, indem er das Liebesgebot selbst noch auf Feinde ausweitete und damit jüdische Vorgaben sprengte (Matthäus 5,43-44: Ihr habt gehört, dass gesagt worden ist: Du sollst deinen Nächsten lieben und deinen Feind hassen. Ich aber sage euch: Liebt eure Feinde). Soll Reich Gottes anbrechen, dann dürfen Gottes-, Nächsten-, Selbst- und Feindesliebe aus der Sicht Jesu somit nicht gegeneinander ausgespielt oder voneinander getrennt werden. Liebe scheint für Jesus Antriebsmotor und Kraftquelle seines Handelns gewesen zu sein, wobei er Jahwe anscheinend selbst als sprudelnde Liebes- und Kraftquelle erfahren hat.

In seiner Todesnot am Kreuz jedoch scheint selbst Jesus mit dem Gefühl der Hoffnungslosigkeit und Gottverlassenheit gekämpft zu haben. Tiefste menschliche Not blieb somit auch ihm nicht erspart. Nicht nur die Tatsache, dass Menschen ihm unerträgliches Leid zugefügt haben, sondern auch die Erfahrung, dass Gott ihm in Not offensichtlich nicht rettend zur Seite steht, stürzte Jesus in tiefe Verzweiflung, die sich im Klageschrei, d.h. einem Anklage-Schrei entlud (vgl. Markus 15,34). Die 'Warum-Frage' stand damit unabwendbar auch im Leben und Sterben Jesu im Raum und verstärkte sein Leiden zusätzlich, weshalb Ottmar Fuchs sich zu folgender Schlussfolgerung berechtigt sieht: „Auch für Jesus ist am Kreuz das nahe Verhältnis zu seinem Vater 'offenbar' zerbrochen. Er kann am Kreuz nur noch den Bruch dieser Beziehung hinausschreien."[81]

---

80 HILBERATH, B./ B. NITSCHE (2005): Trinität, 362.
81 FUCHS, O. (2007): Das Jüngste Gericht, 100. „Das Kreuz Jesu bezeichnet nicht nur das Hinrichtungsinstrument, an dem er den Tod fand. Es steht auch stellvertretend für das Leid, von dem viele Menschen in ihrem Leben betroffen sind." SCHOCKENHOFF, E. (2013): Das erlittene Kreuz im Leben, 263.

3.2. Von Jesus zu Christus

3.2.1. Die Auferweckungs-Erfahrung als Katalysator neuer Sichtweisen

Wenn Jesus eine so zentrale Rolle spielt im Christentum, wieso nennen sich diejenigen, die sich auf ihn berufen dann nicht JesuanerInnen, sondern ausdrücklich ChristInnen? Welche Erfahrung verbirgt sich hinter dieser Selbstprädikation und inwiefern ist diese belangreich für die Frage nach dem christlichen Gottesbild?

Dass es überhaupt ChristInnen gibt, verdankt sich einem recht nebulösen Ereignis vor rund 2000 Jahren: Dem ‚Oster-Ereignis', das als 'Wiege des Christentums' bezeichnet werden kann. Nebulös, weil historisch nicht beweisbar, da es sich um eine subjektive Erfahrung von Menschen handelt, die sie selbst so deuteten, dass der gekreuzigte Jesus aus Nazareth durch eine göttliche Intervention von den Toten auferweckt worden sei.[82] Wäre mit der Kreuzigung und Beerdigung die Geschichte Jesu beendet gewesen, dann wäre Jesus als außergewöhnlicher Mensch sicher in der Erinnerung vieler Menschen geblieben. Eine neue Religionsgründung hätte er aber wohl nicht hervorgerufen. Tatsächlich sah es zunächst auch so aus, als ob mit dem Tod Jesu auch dessen Vision vom Reich Gottes gescheitert sei. Gott hatte Jesus offensichtlich im Stich gelassen, weshalb Jesu JüngerInnen wahrscheinlich trauernd und all ihrer Hoffnungen beraubt geflüchtet waren. Marie-Louise Gubler gibt daher zu bedenken: „Ohne die Ostererfahrungen wäre der Karfreitag des Jahres 30 (oder 31) das Ende der Jesusbewegung gewesen."[83]

Was aber war passiert? Etwas, was nicht genau rekonstruierbar ist, das aber tiefen Eindruck auf Menschen gemacht haben muss. Etwas, das die Autoren des Neuen Testaments, die selbst nicht dabei waren, in unterschiedlichen Bildern Jahrzehnte später unter Einbeziehung der Augenzeugenberichte relativ knapp zu beschreiben versuchen und doch nicht wirklich fassen können (vgl. Markus 16; Matthäus 28, Lukas 24; Johannes 20-21), weshalb Joachim Kügler aus exegetischer Perspektive eingesteht: „Was die ersten Zeugen gesehen und gehört haben, wissen wir nicht, denn der Inhalt ihrer Visionen wird nirgends genau beschrieben."[84] Was die biblischen Texte jedoch deutlich machen, ist nach Bertram Stubenrauch folgendes: „Durch die Begegnung mit ihrem Auferstandenen Herrn verdichteten sich bestimmte Ahnungen schlagartig zur existentiellen Gewissheit. Vorher schon mit Erstaunen und Sorgfalt registrierte Phänomene gaben sich plötzlich in ihrer ganzen Tragweite zu erkennen, fügten sich zur klaren Botschaft." Der Botschaft, dass Jesus doch nicht gescheitert ist, dass Gott sich zu ihm und seiner Reich-Gottes-Lehre über den Tod hinaus bekannt hat, dass das, was mit Jesus begonnen hat, noch lange nicht zu Ende sein wird. Auferckungs-Erfahrungen, die zuerst Frauen widerfuhren, die im Gegensatz zu den

---

82 Vgl. HEMPELMANN, H. (2006): ‚Wirklich auferstanden!'
83 GUBLER, M. (2007): Das Kreuz, 99.
84 Vgl. KÜGLER, J. (2003): „Für wen haltet ihr mich?", 311.

geflohenen Jüngern unter dem Kreuz Jesu ausharrten und nach seinem Tod sein Grab aufsuchten (vgl. Johannes 20), spiegeln somit eine dreifache tiefgehende Beziehungs-Erfahrung wieder: 1. Die Beziehung Gott-Jesus wird über den Tod Jesu hinaus durch Gottes Heilshandeln an Jesus bestätigt und auf eine neue Ebene gehoben. Wie genau dies ‚historisch' ablief, bleibt das Geheimnis Gottes, weshalb wir letztlich darüber keine beweisbaren Aussagen machen, sondern es nur glauben können. Die ersten Zeuginnen beschreiben ihren Glauben im Bild: ‚Das Grab ist leer'. 2. Die Beziehung Jesus-JüngerInnen wird über den Tod Jesu hinaus befestigt, was diese darin bestärkt, sich im Namen und in der Nachfolge Jesu in der Welt für mehr Reich Gottes einzusetzen, was sie in den ersten Jahrzehnten oftmals mit ihrem Leben bezahlen. 3. Die Beziehung Gott-Mensch erhält eine neue, für alle Menschen gültige Dimension, weil das Auferweckungsgeschehen eine universale Heilsgeschichte eröffnet, in die alle Menschen ohne zu erbringende Vor- und/oder Gegenleistung mit hineingenommen sind.

Aufgrund der Auferweckungs-Erfahrungen der JüngerInnen erkannten im Laufe der Zeit immer mehr AnhängerInnen Jesu in ihm den *Christus*, d.h. den im Alten Testament erwarteten *Messias/Gesalbten*, weshalb sie sich als *ChristInnen*, d.h. als diejenigen begriffen, die ihren Mit-Menschen Jesus für den *Erlöser aller Menschen* (auf den JüdInnen noch warten) halten.[85] 2000 Jahre später wagen es noch immer Menschen, den Erfahrungen der Jüngerinnen am Grab Christi zu glauben, weshalb sie sich, ohne selbst dabei gewesen zu sein, auch heute noch ChristInnen nennen und jedes Jahr zu Ostern des historisch nicht fassbaren, aber ihren Glauben begründenden ‚Oster-Ereignisses' gedenken und es als höchstes christliches Fest in wortwörtlicher ‚Oster-Freude' feiern.

Dass Jesu JüngerInnen in ihm den Christus erkannten, musste dazu führen, dass sie neue/andere Blicke sowohl auf das Kreuzigungsgeschehen, als auch auf die Mensch-Werdung Jesu und seine Relevanz für uns Menschen riskierten. Neue Blicke und Sichtweisen, die sich im christlichen Gottesbild entscheidend niederschlagen, weshalb sie eines genaueren Hinsehens bedürfen.

3.2.2. Ein neuer Blick auf das Kreuzigungsgeschehen

Vor den Ostererfahrungen konnte das Kreuz nur als ein Folterwerkzeug gesehen werden, denn am Kreuz nahm das Lebensprojekt Jesu ein jähes, brutales und auch schmachvolles Ende.[86] Miterstickt aber war damit auch die Hoffnung vieler ‚kleiner Leute' auf das Wahrwerden des Reiches Gottes. Mit den Ostererfahrungen aber wuchs die Überzeugung, dass Gott das Urteil der Kreuzigung trotz seines Vollzugs aufgehoben und Jesus mitsamt seiner Botschaft rehabilitiert hat, wie in den ältesten Auferweckungsformeln zum Ausdruck kommt (Galater 1,1: Gott, der ihn von den Toten auferweckt hat; Römer 4,24: die wir an den glauben, der Jesus unseren Herrn auferweckt hat). Der Gott, der Jesus anscheinend

85 Vgl. NIEMAND, C. (2003): „Jesus – wie er wirklich war"?, 259.
86 Vgl. BORGMAN, E. (2003): Die der Selbstentäußerung verdankte Nähe des befreienden Gottes, 512.

doch nicht im Stich gelassen hat, ist der alttestamentliche Jahwe-Gott, der sich nun aber durch die Gottesprädikation ‚der Jesus von den Toten auferweckt hat', die JüdInnen nicht nachvollziehen können, auszeichnet. Die Rede von Gott und die Rede von Jesus Christus lassen sich aus christlicher Sicht somit nicht voneinander trennen. Will man von Gott reden, redet man automatisch auch von Jesus Christus und umgekehrt, denn: „Das Besondere und Neue des neutestamentlichen Offenbarungsverständnisses liegt darin, dass die Offenbarungsphänomene sozusagen in den Sog der Person und der Geschichte Jesu geraten".[87] Auf diesem Glaubens-Hintergrund war der Weg frei, das Kreuz anders zu sehen und anders zu bewerten. So neu und anders, dass es im Laufe der Christentumsgeschichte sogar zu ‚dem' Symbol der christlichen Religion werden sollte. Zu einem Symbol, das nicht für passive Schicksals- und Leidensergebenheit steht, sondern für Hoffnung und Befreiung. Das Kreuz als Ort des Abbruchs des irdischen Lebens (Jesu) und damit Ort des Aufbruchs und Durchbruchs in ein neues Leben bei Gott.[88] Das Kreuz als Ort der paradoxen Verschränkung von Ohnmacht und Macht. Ein Leidens-Ort, den Jesus nicht gesucht, aber auch nicht gemieden hat, weshalb auch Menschen ihn nicht glorifizieren und suchen sollen, denn: „Nicht das Kreuz erzwingt die Auferstehung, sondern die Auferstehung wird dem Gekreuzigten geschenkt."[89] Das Kreuz, ein Ort der Sym-Pathie Gottes mit der leidenden Kreatur, auch und gerade weil er nicht direkt eingreift.

3.2.3. Ein neuer Blick auf die Mensch-Werdung Jesu Christi

Vor den Ostererfahrungen konnte Jesus nur als ein, wenn auch außergewöhnlicher, Mit-Mensch gesehen werden. Mit den Ostererfahrungen aber fiel ein neuer Blick auf Jesus und neue Fragen taten sich auf: Wenn Gott ihn auferweckt, war er dann nicht schon immer mehr als nur ein Mensch? War er nicht so etwas wie ein Gott-Mensch – ganz Gott und ganz Mensch, weshalb er auch bereits vor seinem Erdenleben existiert haben muss? Fallen dann Gott und Jesus nicht in Eins oder haben wir es mit zwei Göttern zu tun?

Die Fragen wurden dahingehend beantwortet, dass bereits auf der Textebene des Neuen Testament strikt am Eingott-Glauben festgehalten wurde. Gott ist Gott und Jesus Christus ist Jesus Christus.[90] Und doch kristallisierte sich immer deutlicher heraus, dass Jesus Christus nicht einfach nur als Mensch zu verstehen ist, sondern als *Sohn Gottes*, weshalb bereits im Markusevangelium einige Jahrzehnte nach dem Tod Jesu bezeugt wird: 'Wahrhaftig, dieser Mensch war Gottes Sohn' (15,39). Als Sohn Gottes aber wurde er schon früh analog zu Jahwe als der ‚Herr' bekannt, weshalb Jesus Christus letztendlich doch so etwas wie ein *göttlicher Status* zukommt. Eine Sichtweise, die hauptsächlich im Johannesevangelium entfaltet wird (Johannes 10,30: Ich und der Vater sind eins). Indem

---

87 WIEDENHOFER, S. (2005): Offenbarung, 288.
88 Vgl. KARRER, L. (2006): Vom Kreuz zum Gekreuzigten, 25.
89 WITTRAHM, A. (2007): Das Kreuz zwischen Heil und Unheil, 105.
90 Vgl. VORGRIMLER, H. (2003): Gott, 44.

der Sohn Gottes nun aber Mensch wird, d.h. sich in die endliche Schöpfung hinein inkarniert/verleiblicht, nimmt Gott selbst im Sohn menschliche Gestalt an, d.h. er kommt als Geschöpf seinen Geschöpfen zum Anfassen nahe. „So bezeugen wir das Paradox, dass Gott, der Schöpfer der Welt, in Jesus Christus sein eigenes Geschöpf geworden und damit für uns zugänglich geworden ist."[91] Eine religionsgeschichtliche Provokation, die Franz Gruber gerade deshalb als das Grunddogma des Christentums bezeichnet.[92] Nicht verkleidet wie ein Mensch, sondern als Mensch hat Gott selbst gemäß dieser Glaubensüberzeugung vor 2000 Jahren auf der Erde gelebt, wie Arno Schilson die für jüdische und hellenistische Ohren extrem provokativ klingende Glaubensüberzeugung auf den Punkt bringt.[93]

Gott, kein neutraler Urgrund alles Seienden, kein willkürlicher Despot, der sich ab und zu auch als Vater zu erkennen gibt, sondern ein Gott, der sich selbst in Geschichte hinein verwickelt indem er Fleisch wird (vgl. Johannes 1,14) und menschliches Leben mitsamt aller damit verbundenen Konsequenzen wie Endlichkeit, Verletzlichkeit und Zerbrechlichkeit teilt (vgl. Philipper 2,7).[94] Hinter dieser Glaubens-Überzeugung mag die Glaubens-Erfahrung der ersten JüngerInnen gestanden haben, dass sie Jesus, den sie kannten oder von dem sie hörten, tatsächlich ganz und gar als irdischen Mensch erlebten und doch zugleich aus der nachösterlichen Perspektive spürten, dass sie in ihrem Mit-Mensch Jesus Gott selbst begegnet sind, weshalb ihnen in Jesus Christus das wahre Gesicht bzw. Wesen Gottes aufleuchtete. Ein Gott, der sich seinen Geschöpfen nicht in all seiner königlichen Macht präsentierte, sondern ihnen als Verspotteter und Gefolterter nahe kam. Ein Gott, der die geschöpfliche Erfahrung von Leid und Tod an sich selbst heran ließ, weshalb sie ihm, an den sich leidende Menschen wenden, nicht fremd ist. „Ein Gott in seiner Unendlichkeit ,angefüllt' mit den unendlichen Nöten der Welt und in seiner solidarischen Wegbegleitung ,angefüllt' mit all den menschlichen Versuchen, Heil aufzubauen – was für ein mitmenschlicher Gott, was für ein befreiender Gott!"[95]

3.2.4. Ein neuer Blick auf die Relevanz Jesu Christi für uns Menschen

Vor den Ostererfahrungen haben Menschen sicher bereits gespürt, dass Jesu Botschaft vom Reich Gottes für ihr Leben und ihren Glauben an Jahwe äußerst relevant ist. Im Zentrum aber stand die Botschaft und nicht die Person Jesus. Mit den Ostererfahrungen aber fiel auch ein neuer Blick auf die Relevanz der Person Jesu Christi 'für uns', d.h. für die Menschheit insgesamt. Schon in den ältesten Texten des Neuen Testament wird daher eine Verbindung gezogen zwischen dem Christusereignis (Tod und Auferweckung Jesu Christi) und der

---

91 STOLLBERG, D. (1990): Gottesbilder in der Seelsorge, 73.
92 Vgl. GRUBER, F. (2002): Empathisches Menschsein, 386.
93 Vgl. SCHILSON, A. (2005): Inkarnation/Menschwerdung, 198.
94 Vgl. SÖDING, T. (2003): Inkarnation und Pascha, 10.
95 FUCHS, O. (1991): Einübung der Freiheit, 251.

Bedeutung dieses Ereignisses für uns (Galater 4,5: damit wir die Sohnschaft erlangen). Um uns Menschen Heilserfahrungen zu eröffnen, so die Interpretation, lebte, starb und wurde Jesus Christus von den Toten erweckt, weshalb ihm der Titel *Heiland* und *Erlöser* zuzuerkennen ist.[96] Alle bereits verstorbenen, lebenden und künftigen Menschen werden sozusagen durch das Christusereignis mit hineingesogen in die universale Heilsgeschichte Gottes, die für uns Menschen mit der Schöpfungsgeschichte begann, sich in der Erlösungsgeschichte verdichtete und unausweichlich in eine Vollendungsgeschichte, die die Rettung aller Menschen impliziert, münden wird. Obgleich in den biblischen Texten nicht behauptet wird, dass deshalb Kreuzes-Erfahrungen jeglicher Art Menschen erspart bleiben werden (was sich bereits in den frühen Christenverfolgungen wortwörtlich bestätigte), wird dennoch dazu ermutigt, selbst in tiefster Not auf die kosmisch dimensionierte Heils- und Erlösungsgeschichte zu vertrauen.

Vielen ChristInnen fehlt jedoch bis heute dieses Ur-Vertrauen, weil sie mit dem Gedanken groß geworden sind, dass Jesus wegen ihrer Sünden von Gott auf die Erde geschickt wurde, um dort zur Sühnung ihrer Sünden zu leiden und zu sterbe. Ein Gedankenmodell, das im 11. Jhdt. durch den Benediktinerabt Anselm von Canterbury flächendeckend Einzug in christliches Denken hielt: „Seine Antwort auf die Frage ‚warum ist Gott Mensch geworden?' lautete in aller Kürze zusammengefasst: Jesus ist gekommen, um Sühne zu leisten, Sühne für die unendliche Sünde der Menschen".[97] Anselm konnte diese These entfalten, weil bereits Paulus Jahrzehnte nach Jesu Tod Gedanken in diese Richtung entwickelte (vgl. 1 Korinther 15, 3: Jesus ist für unsere Sünden gestorben). In der aktuellen Theologie wird die Interpretation des Todes Jesu als Sühne- und Opfertod jedoch zunehmend hinterfragt, denn: „Der Tod Jesu wurde nicht mehr als der ‚konsequente' Endpunkt einer konkreten sinn- und gnadenvollen Lebenspraxis gesehen, sondern zu einem Sühneprozess verdinglicht."[98]

Von Anfang an lebten ChristInnen aus der Glaubensüberzeugung heraus, dass ihr durch Gott selbst 'Erhöhter Herr' sich am Ende der Geschichte als 'kosmischer Retter' der Welt erweisen wird. Nicht im Sinne eines mit übernatürlichen Kräften ausgestatteten 'Supermans', sondern als der mit den Wundmalen der Kreuzigung gekennzeichnete Auferstandene, der alle Menschen mitzieht in die Heilsvollendung. Von Anfang an bekannten ChristInnen Jesus daher als den 'Menschensohn' und 'Richter', der alle Menschen am Ende der Zeit auf der Grundlage der Kriterien des Reiches Gottes (Gerechtigkeit und Barmherzigkeit) (aus)richten und gerade deshalb retten wird (vgl. Matthäus 25,31-46).[99] Alle Hoheitstitel, die Jesus aus nachösterlicher Sicht zugeschrieben wurden (Chris-

---

96 Vgl. MIGGELBRINK, R. (2006): Inkarnation, 422..
97 VORGRIMMLER, H. (2003): Gott, 88.
98 HÄRING, H. (2012): Es geht ums Ganze. Zur Revision des Opfermodells im Diskurs von Gnade und Sünde, 27-28. STRIET, M. (2012): Erlösung durch den Opfertod?, FEHLING, R. (2010): „Jesus ist für unsere Sünden gestorben". STRIET, M. / J. H. TÜRCK (Hg.): Erlösung auf Golgatha? Der Opfertod Jesu im Streit der Interpretationen.
99 Vgl. FUCHS, O. (2007): Das Jüngste Gericht, 114/116/133.

tus, Sohn Gottes, König, Herr, Erlöser, Menschensohn, Retter, Richter) verdanken sich daher nicht theoretischen Spekulationen, sondern der Glaubens-
Erfahrung, dass Jesus 'für uns' über alle Zeit und jeden Raum hinweg heils-
bedeutsam ist.[100]

4.   Gott erfahrbar als der/die Heilige Geist

4.1.   Gotteserfahrungen hier und jetzt

Was aber bedeutet es für uns Menschen hier und jetzt, dass Gott einst die Welt
geschaffen hat und Jesus Christus vor rund 2000 Jahren lebte, starb und von den
Toten auferweckt wurde? Haben wir nun keine Chance mehr, Gott mitten unter
uns anzutreffen? Bleiben uns nur die Erfahrungs- und Glaubenszeugnisse der
ZeitgenossInnen Jesu? Bleibt für uns nur der Gott, der sich zwar einst in
menschliche Geschichte hinein verwickelt hat, sich inzwischen aber wieder ‚auf
die sichere Seite' jenseitiger Transzendenz zurückgezogen hat?
Dem widersprechen die Gottes- und Glaubenserfahrungen vieler heutiger Menschen! Erfahrungen, die im trinitarischen Jargon als Geist-Erfahrungen identifiziert werden können. Geist-Erfahrungen der Präsenz Gottes mitten in der Welt,
wie es Dietrich Stolberg prägnant auf den Punkt bringt: „Wo und wie ist er denn
da, dieser liebende, solidarische und so ohnmächtige, verzichtende Gott? Er ist
da, sagt der Konsensus der Kirche, als Heiliger Geist."[101] Als Heiliger Geist ist
Gott somit auch gegenwärtig noch passioniert in die Heilsgeschichte seiner
Schöpfung involviert.
Ein jeder Mensch darf also damit rechnen, Gott als Heiligem Geist, d.h. als
weltimmanenter Kraft, überall in der Schöpfung auf ganzheitliche Weise zu begegnen. Geist-Erfahrungen setzen daher weder eine bestimmte Kultur-, Religi-
ons-, Konfessions- oder Kirchenzugehörigkeit, noch eine spezielle Frömmig-
keits- oder Askesepraxis voraus. Als dynamische, kreative, Leben spendende,
lodernde Kraft (oftmals symbolisiert als *Feuerzunge*) weht der Geist Gottes sowohl kraftvoll tönend als auch leise säuselnd auf unberechenbare Art und Weise
wo und wann er will (vgl. Johannes 3,8).[102] Bemächtigungs- und Instrumentalisierungsversuchen jedoch widersetzt er sich ebenso wie Monopolisierungsstra-
tegien, weshalb Wunibald Müller räsoniert: „Dieser Geist lässt sich nicht ein-
fangen, nicht von mir, nicht von dir, nicht von der katholischen oder evangelischen Kirche. Genauso wenig von Charismatikern, Fundamentalisten, Spiritis-
ten, Esoterikern, den sogenannten großen Meistern oder welcher spirituellen

---

100 Die Verschränkung von Kreuz und Auferstehung, von Tod und Leben, von Jesus Christus und seiner Bedeu-
    tung für uns Menschen spiegelt sich m.E. besonders eindrucksvoll in der Kreuzesdarstellung der evangeli-
    schen **Kaiser-Wilhelm-Gedächtnis-Kirche** in Berlin wieder, weshalb sie als **Umschlagbild** für dieses Buch
    gewählt wurde.
101 STOLLBERG, D. (1978): Gottes Wille – unsere Freiheit, 65. Vgl. auch WEITZ, B. (2014): Gibt es ihn noch, den
    Heiligen Geist?; WENDEL, S. (2013): Gott Heiliger Geist - Der störende Dritte? BECHMANN, U. (2009):
    Der Lebenshauch Gottes.
102 Vgl. ECKOLT, M. (2005): Die faszinierende Neuheit des Heiligen Geistes, 93;

Gruppe auch immer."[103] Menschen können sich daher sowohl mitten in ihrer Alltagswelt als auch in religiös-rituell dominierten Erfahrungskontexten von Gott ergreifen und ‚durchfluten', sich von ihm begeistern und inspirieren lassen. Eine Inspiration, die es jedoch in sich hat, denn Geist-Begeisterung impliziert nicht automatisch spirituelle Befriedung und persönliche Stabilisierung, sondern kann auch Irritation, Verunsicherung, Destabilisation und Hinterfragung individueller, kollektiver und struktureller Vorgegebenheiten, Plausibilitäten und Routinen bewirken. Weil der Heilige Geist kein schwebender Geist ist, sondern der Geist Gottes, weshalb er seinen Ursprung sowohl in Gott-Vater als auch in Jesus Christus hat, ist auch er sozusagen 'infiziert' von der Reich-Gottes-Botschaft. Deshalb ist damit zu rechnen, dass notleidende Menschen und ungerechte Strukturen die Präsenz des Heiligen Geistes stärker herausfordern werden als gut situierte Menschen und gerechte Lebensverhältnisse. Für Franz Weber gilt deshalb: „Der Geist Gottes manifestiert sich für den gesellschaftlich Machtlosen und psychisch Kraftlosen als Gottes Macht und Lebenskraft."[104]

4.2. Biblisch bezeugte Erfahrungen mit dem Heiligen Geist

Fokussieren wir auf das *Alte Testament*, dann wird schnell deutlich, dass der Begriff Geist (רוח) an über 400 Stellen vorkommt, weshalb er als ein zentraler Begriff der hebräischen Bibel ausgewiesen werden kann. Interessanterweise handelt es sich um ein weibliches Wort. Übersetzt in die griechische Sprache wurde daraus ein neutrales Wort (πνεῦμα), im lateinischen Sprachraum dagegen ein männliches (spiritus).[105] Die Rede vom Geist Gottes ist also keine Neuschöpfung des Christentums! Wenn im Alten Testament vom Geist und seinem Wirken erzählt wird, dann immer vom Geist Jahwes. Im Wirken des Geistes erfuhr Israel das Wirken Gottes sowohl in der Schöpfung allgemein als auch in der eigenen Volksgeschichte.[106] Welche Erfahrungen aber wurden mit dem Wirken des Geistes in erster Linie verbunden? Die Erfahrung einer aktiv eingreifenden, rettenden, schöpfenden, lebensschenkenden und zukunftsverheißenden Kraft, die machtvoll in der (Volks)Geschichte wirksam ist, wobei zwei Erfahrungsdimensionen unterscheidbar sind:

Zum einen die Erfahrung der lenkenden und rettenden Macht Jahwes in der Geschichte Israels. Bereits sehr früh haben IsraelitInnen den Geist als ein Werkzeug Jahwes interpretiert. Wenn Jahwe in die Geschichte Israels eingreifen will, dann geschieht dies über seinen Geist. Soll sein Volk gerettet werden, dann schickt Jahwe ihn in Form eines starken Windes, der eine Heuschreckenplage über das Land bringt (vgl. Exodus 10,13), die Ägypter ins Meer treibt (vgl. Exodus 10,19) oder auch Speise in Form von Wachteln zum hungernden und murrenden Volk befördert (vgl. Numeri 11,31). Wenn Jahwe Führer/ Richter/

---

103 MÜLLER, W. (2005): Wenn der Geist die Seele berührt, 121.
104 WEBER, F. (1995): Not lehrt handeln, 97.
105 Vgl. SCHÜNGEL-STRAUMANN, H. (2005): Heiliger Geist/Pneumatologie, 104.
106 Vgl. MOLTMANN, J. (1999): Die Fülle der Geistesgaben und ihre christliche Identität, 35.

Könige auswählt, die sein Volk leiten sollen, dann werden sie dadurch, dass der Geist Gottes auf sie niederkommt göttlich legitimiert und durch das Entweichen des Geistes ent-mächtigt (vgl. Richter 3,10; 1 Samuel 16,14).

Zum anderen die Erfahrung der lebensspendenden Schöpfermacht Jahwes. Eine Erfahrung, die nicht von Anfang an eine zentrale Rolle spielte, denn erst im Kontext des Exils, d.h. in einer Geschichtsphase, in der die Existenz des Volkes Israel auf dem Spiel stand, wurde die lebensschaffende und lebenserhaltende Dimension des Geist-Wirkens derart intensiv herbeigefleht und auch erlebt, dass die Sehnsuchts-Erfahrung sich auch schriftlich niederschlug. In Genesis 1,2 wird deshalb die gesamte Schöpfung auf das Wirken des Geistes Gottes, der beim Schöpfungsakt über den Wassern flattert, zurückgeführt. Im Buch Ezechiel, in dem der Prophet angesichts der schwierigen Lage des Volkes Israel eine Neu-Schöpfung in Aussicht stellt, wird in logischer Konsequenz im Schöpfer-Geist Gottes, der einst am Schöpfungswirken aktiv beteiligt war, der Geist der Neu-Schöpfung erkannt. Ein Geist, der Lebensodem einbläst und dadurch Israel Heimkehr und Zukunft ermöglicht (vgl. Ezechiel 37).

Fokussieren wir auf das *Neue Testament,* zeigt sich, dass auch hier mit dem Geist Gottes eine geschichtsmächtige Kraft assoziiert wird.[107] Trotz der vorhandenen Kontinuität zum Alten Testament treten nun jedoch neue und andersartige Erfahrungen und deren Interpretationen in den Vordergrund. Die wichtigste Abweichung dürfte darin bestehen, dass ChristInnen die Anwesenheit des Heiligen Geistes in ihren Gemeinden, in denen sie versuchten, die Botschaft vom Reich Gottes zu realisieren, als äußerst intensiv erfahren haben, weshalb sie davon überzeugt waren, dass der Geist Gottes besonders auf denjenigen ruhe, die an Jesus Christus glauben. Der Heilige Geist war für sie so erfahrungsnah, dass sie sich nicht nur auf den Namen des Vaters und des Sohnes, sondern auch auf den des Heiligen Geistes taufen ließen (vgl. Matthäus 28,19). Woher aber nahmen sie ihre Gewissheit von der Anwesenheit des Heiligen Geistes in ihren Gemeinden? Der Wurzelgrund hierfür dürfte wohl darin bestanden haben, dass sie fest davon überzeugt waren, dass bereits Jesus in einer außergewöhnlich engen Verbindung zum Heiligen Geist stand, weshalb in den biblischen Texten festgehalten wurde, dass sein Auftreten von Anfang an vom Wirken des Geistes begleitet war. Bereits seine Zeugung sei geistgewirkt gewesen (vgl. Matthäus 1,18); Bei seiner Taufe sei der Heilige Geist wie eine *Taube* auf ihn herabgestiegen (vgl. Markus 1,10); In seinem Handeln sei Jesus vom Geist geführt und geleitet worden (vgl. Matthäus 4,1). Die ersten ChristInnen waren sich sicherlich dessen bewusst, dass Jesus in ihren Gemeinden nicht mehr präsent war. Wenn Jesus aber in einem derart engen Geistverhältnis stand, dann lag der Schluss nahe, dass er seinen Geist auch ihnen nicht vorenthält, weshalb er ihn auch über sie 'ausgießt'. Eine Erfahrung, die ihren Niederschlag fand in der far-

---

107 Udo Schnelle bestätigt z.B. für das Johannesevangelium, dass auch hier der Heilige Geist als machtvolle Gegenwart Gottes interpretiert wird. SCHNELLE, U. (1991): Neutestamentliche Anthropologie, 158.

benreich ausgestalteten Erzählung vom Pfingstereignis im zweiten Kapitel der Apostelgeschichte. Die spezifisch neutestamentliche Geist-Erfahrung ist also die, dass der Geist, d.h. der bereits im Alten Testament bezeugte *Geist Gottes*, in Folge des Christus-Ereignisses nicht mehr nur einigen wenigen Menschen erfahrbar wird, sondern allen.[108] In diesem Sinn war es ChristInnen nun auch möglich, vom *Geist Christi* bzw. vom *Parakleten*, d.h. ihrem Tröster und Kraftspender in konkreter Not (vgl. Johannes 14-16) zu sprechen, denn so und nicht anders wurde der Geist Gottes für sie und alle Menschen, die sich ihm öffneten, real erfahrbar.

4.3. Geist-Vergessenheit und Geist-Entdeckungen

„Bis in die 60er Jahre des 20. Jhdts. hinein konnte der christliche Osten dem lateinischen Westen den Vorwurf der 'Geistvergessenheit' machen."[109] Bernd Jochen Hilberath weist darauf hin, dass im Laufe der westlichen Kirchen- und Theologiegeschichte Geist-Erfahrungen (und damit auch die pneumatologische Dimension des christlichen Gottesbildes) immer mehr in Vergessenheit gerieten bzw. bewusst verdrängt worden sind. Worin aber lag dies?

♦ Lag es daran, dass christliche Kirchen Schwierigkeiten damit hatten, den Heiligen Geist als göttliche Person ins Gottesbild zu integrieren, weil er in der Bibel nicht ausdrücklich als Gott bezeichnet wird?[110]

♦ Lag es daran, dass die Rede vom Heiligen Geist alttestamentlich besetzte Assoziationen hervorrief, die aus kirchenpolitischen Gründen lange nicht opportun erschienen?

♦ Oder lag es daran, dass man spürte, dass sich mit dem Heiligen Geist eine unkontrollierbare und subversive Dimension in das Gottesbild und damit auch in die Katholische Kirche und deren Theologie einschlich?

♦ Oder lag es vielleicht daran, dass bestimmte christliche Gruppen und Bewegungen den Heiligen Geist zunehmend für sich okkupierten, was ihn wiederum für die (Amts)Kirchen suspekt machte? Tatsächlich lässt sich nachweisen, dass gerade in evangelikalen, pflingstlerischen und charismatischen Gruppen, die sich weltweit v.a. im letzten Jahrhundert an den Rändern der großen Kirchen etablierten, eine offensive Geist-Entdeckung einsetzte. Ein Boom, der jedoch die Gefahr einer Geist-Überbeanspruchung mit sich brachte, weil andere Dimensionen des christlichen Gottesbildes dabei aus dem Blick gerieten. In der Theologie scheint sich der Heilige Geist seit Mitte des 20. Jhdts. seinen Stammplatz zurückzuerobern, wovon die zunehmende Zahl an Publikationen zur Geistlehre/Pneumatologie zeugt.

---

108 In der Ausgießung des Geistes auf *wirklich alle Menschen* – d.h. nicht nur auf ChristInnen – konnten die jungen Gemeinden eine Verheißung des Propheten Joel in Erfüllung gehen sehen: ‚Danach aber wird es geschehen, dass ich meinen Geist ausgieße *über alles Fleisch*.' (Joel 3,1)

109 HILBERATH, J. (2004): Sender-Empfänger-Botschaft, 210.

110 Vgl. BRÜNDL, J. (2005): Gegenwart des Geistes? Zu den Grundproblemen der Pneumatologie.

5.   Multidimensionales geheimnisvolles Gottesbild

Rechnen wir damit, dass der eine christliche Gott als Schöpfer, Jesus Christus und Heiliger Geist in seiner Schöpfung präsent war und noch immer ist, wodurch er Menschen auf unterschiedliche Art und Weise erfahrbar wurde und noch immer wird, dann besticht das christliche Gottesbild vor allem durch seine Komplexität, Multidimensionalität und innere Dynamik. Die Kontur eines für alle Zeiten exakt definierten Gottes weicht der Kontur eines zwar fest umrissenen, aufgrund seiner trinitarischen Verfasstheit jedoch in sich selbst in Beziehung und Bewegung bleibenden Gottes, der sich durch Relationalität nach innen (d.h. in sich selbst) sowie nach außen (d.h. zu seinen Geschöpfen) kennzeichnet. Christoph Theobald wagt daher die These: „Gott ist Beziehung."[111] Aus dieser Überzeugung heraus haben ChristInnen das Bild vom trinitarischen Gott entwickelt, wobei Leonardo Boff betont: „Die Drei bedeutet hier weniger die mathematische Zahl als vielmehr die Behauptung, dass der Name ‚Gott' für Unterschiede steht, die sich nicht ausschließen, sondern einbeziehen, die nicht gegeneinander, sondern in Gemeinschaft miteinander stehen... Das Eine und das Viele, die Einheit und die Verschiedenheit treffen sich in der Dreieinigkeit."[112] Der Widerstreit von Identität (ein Gott) und Differenz (drei Erfahrungsdimensionen), von Einheit und Vielfalt, von Universalität und Partialität, von Absolutheit und Relativität erweist sich demnach als konstitutiv für das christliche Gottesbild, weshalb Auflösungsversuche in eine Richtung als obsolet einzustufen sind.[113]

Obgleich erfahrbar, weshalb Sean Freyne 'Gott als offenbar gewordene Verborgenheit' und Magnus Striet ihn als 'offenbares Geheimnis'[114] bezeichnen, bleibt Gott somit für den menschlichen Verstand dennoch unerfassbar und unergründbar. Für Karl Rahner lässt sich Gott daher nur ehrfürchtig als das zwar anwesende, sich aber dennoch entziehende unergründliche Geheimnis der Welt bestaunen.[115] Als ein Geheimnis, dessen Spur Menschen in ihrer (Lebens) Ge-

---

111 THEOBALD, C. (2001): „Gott ist Beziehung". Carter Heyward schlussfolgert daher: „Die Trinität als Inbegriff Gottes ist eher ein Bild dynamischer Bewegung als das eines statischen, unveränderlichen Wesens." HEYWARD, C. (2006): Jesus neu entwerfen, 100.
112 BOFF, L. (1987): Der dreieinige Gott, 22/15. Mit ähnlicher Aussagespitze formuliert Joachim Track: „So wird Gott in der christlichen Tradition als unbedingt tragender Grund (Schöpfung), als barmherziger und befreiender Gott (Versöhnung) und als seine und unsere Zukunft in Liebe heraufführender Gott (Erlösung) ausgelegt. Darin begegnet Gott in seiner unverfügbaren Einheit und in seiner wahrzunehmenden Differenz." TRACK, J. (1996): Theologie am Ende – am Ende Theologie?, 53.
113 Vgl. KASPER, W. (1997): Die Kirche angesichts der Herausforderungen der Postmoderne, 663/665.
114 Vgl. STRIET, M. (2003): Offenbares Geheimnis; FREYNE, S. (2001): Das frühchristliche Gottesverständnis: Erfahrung und Geheimnis, 66. Vgl. auch SCHEFFCZYK, L. (2001): Der Dreifaltige Gott als Lebens- und Weltgeheimnis.
115 RAHNER, K. (1984): Grundkurs des Glaubens, 63. Ein unauflösliches Geheimnis, das sich nach Joseph Ratzinger allem Begreifen, Durchschauen- und Verstehenwollen entzieht. RATZINGER, J. (1968): Einführung in das Christentum, 133. Vgl. auch: RENZ, A. (Hg.) (2012): „Der stets größere Gott"; LEHMANN, K. (2008): Gott – das bleibende Geheimnis; FUCHS, O. (2010): Gott. Unendliches Geheimnis als unerschöpfliche Liebe.

schichte zwar aufnehmen können, dessen Enträtselung ihnen jedoch deswegen, weil sie Menschen sind, prinzipiell versagt ist. Wenn Gott derart geheimnisvoll ist, dann können aber auch die in diesem Kapitel herausgearbeiteten Eckpfeiler des trinitarisch strukturierten christlichen Gottesbildes trotz ihres richtungweisenden Charakters nur als vorläufig betrachtet werden. Obgleich sich die gefundenen Aspekte des christlichen Gottesbildes den Gottes- und Glaubenserfahrungen vieler Generationen verdanken, bleiben sie trotz aller Fülle und kirchenamtlicher Verdichtungsversuche letztlich fragmentarisch, denn vom christlichen Gott ist zu erwarten, dass er, weil er Gott ist, all diese Versuche weit übersteigt. Der Geheimnischarakter Gottes erklärt, dass ChristInnen, wenn sie von ihren Gotteserfahrungen erzählen, immer schon eine eigentümliche Ambivalenz bezeugen.[116] Eine Ambivalenz, die sich nicht in erster Linie mangelndem menschlichen Glauben verdankt, sondern die mit dem Wesen Gottes selbst zu tun hat. Eine Ambivalenz, die anscheinend für alle ChristInnen unauflösbar ist und deshalb ausgehalten werden muss:[117]

o ChristInnen erfahren Gott als sich selbst offenbarend, d.h. als diesseitig in ihrer (Lebens)Geschichte präsent. Sie erleben ihn als Mutter/Vater, als Bruder/Schwester, als Freundin/Freund oder sogar als Geliebten/Geliebte.[118] Sie spüren in ihm eine mächtige (personale) Kraft, weshalb sie in ihm einen Begleiter, Tröster, Sinngeber, Heiler, Berater, Beschützer, Helfer, Bündnispartner, Anwalt, Befreier erkennen. Nicht immer aber erleben sie die Präsenz Gottes derart hilfreich, denn daneben gibt es auch die Erfahrung der bedrohlichen Nähe Gottes, die immer dann virulent wird, wenn Menschen ihn ihm eher den Zürnenden, Strafenden, Kontrollierenden, Richter erkennen.

o ChristInnen erfahren Gott aber auch als transzendent und verborgen, als sich nicht offenbarend. Als einen Gott, der weit weg ist und sich offensichtlich nicht in irdisches Leben einmischt. Einen Gott, der sich nicht interessiert, keine Sympathie zeigt, nicht hilft, nicht tröstet, nicht beschützt, nicht befreit. Sie erleben Gott als ohnmächtig und machtlos. Sie hadern mit Gott, weil er sie und die Welt anscheinend brutal im Stich lässt.

116 Eine Ambivalenz, die sich auch an der Volksfrömmigkeit ablesen lässt, denn Erfahrungen von göttlichem Beschützt- und Behütet werden haben z.b. den Glauben an Schutzengel und Schutzheilige, der auch heute noch sehr präsent ist, hervorgebracht, während Erfahrungen der Gottverlassenheit eine Fülle an Ritualen zur Vergewisserung von Gottesnähe bzw. zur Abwehr gottfeindlicher Mächte hervorgebracht haben. Vgl. SCHWÖBEL, C. (2002): Gott in Beziehung, 350.
117 Trotz aller Ambivalenz menschlicher Gotteserfahrung überwiegt nach Ottmar Fuchs jedoch *letztendlich* der Pol der rettenden Nähe Gottes: „Die widersprüchlichen Erfahrungen von Gottes heilsamer Nähe und vernichtender Gottesverlassenheit werden nirgendwo aufgelöst, doch besteht die biblische Hoffnung durch all diese Erfahrungen hindurch und über sie hinaus auf das Vertrauen, dass Gott einmal am Ende, sei es in der Geschichte, sei es über sie hinaus, retten wird." FUCHS, O. (2007): Das Jüngste Gericht, 124.
118 So hat z.b. Marguerite Porete, die als fromme Begine im 14. Jhdt. eine theologische Schrift über den Weg der Seele zur Vollkommenheit verfasst hatte und nach der Verbrennung ihres Buches selbst als Ketzerin verbrannt worden ist, ihre innige Verbindung zu Gott im Bild des ,fernnahen Geliebten' ausgedrückt. Vgl. THIERFELDER, C. (2001): Gott im Werden, 242-246. Und auch Hildegard Keul überschreibt einen Artikel in ähnlicher Formulierung: KEUL, H. (2008): Gottesferne ganz nah.

Beide Erfahrungsmodi sind möglich, gehen manchmal sogar nahtlos ineinander über oder wechseln sich ab. Der Wille des Menschen allein, scheint nicht ausschlaggebend dafür zu sein, ob und wie Gott im eigenen Leben erfahrbar wird. Auch eine spezifische Religions-, Konfessions-, Kirchen-, Gemeinde- oder Klosterzugehörigkeit scheint keine Garantie dafür zu sein, Gott automatisch als nah und hilfreich erfahren zu können. Im christlichen Gottesbild scheint grundgelegt zu sein, dass der Gottesbeziehung ein unverfügbarer Charakter zukommt, weshalb selbst die intensivste Bibellektüre, die längsten Exerzitien, die härtesten Askese-Maßnahmen und die selbstlosesten diakonischen Einsätze daran im Grunde nichts ändern können. Im christlichen Gottesbild selbst ist somit grundgelegt, dass Gott niemandem eingeredet oder aufgezwungen werden kann, dass aber mit Gott überall dort zu rechnen ist, wo wir ihn vielleicht überhaupt nicht erwarten würden.

Schaubild 7 auf der folgenden Seite soll die Komplexität des trinitarisch strukturierten christlichen Gottesbildes symbolisieren. Da Bilder die menschliche Vorstellungskraft inspirieren, weshalb wir dazu tendieren, uns auch Gottes- und Menschenbilder zu machen, möchte ich zum Abschluss dieses Kapitels ein Trinitätsfresko aus einer Kapelle in Urschalling, das Ende des 14. Jhdts. gemalt worden ist, nicht vorenthalten. Nur wenige Darstellungen sind uns erhalten, in denen Gott (klassisch alter Mann mit weißem Bart), Jesus Christus (klassisch: junger Mann mit jüdischer Frisur) und Heiliger Geist (außergewöhnlich: junge Frau in langem Gewand) weiblich dargestellt und nahezu liebevoll in der Bildmitte platziert wird. In der Bildsprache treffen wir hier auf das Faktum, dass Heiliger Geist im hebräischen Denken als weiblich betrachtet wurde. Damit soll nicht ausgesagt werden, dass Gott als Frau zu denken ist, sondern, das Gott nicht in Kategorien wie männlich/weiblich einzuordnen ist.

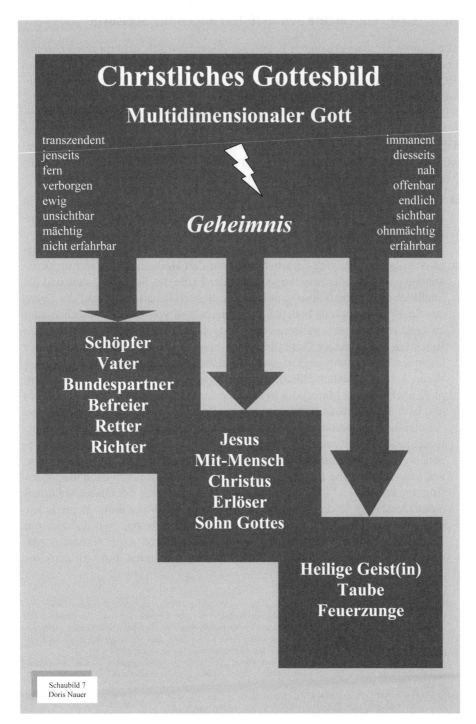

Christliches Gottesbild
Multidimensionaler Gott

transzendent	immanent
jenseits	diesseits
fern	nah
verborgen	offenbar
ewig	endlich
unsichtbar	sichtbar
mächtig	ohnmächtig
nicht erfahrbar	erfahrbar

Geheimnis

Schöpfer
Vater
Bundespartner
Befreier
Retter
Richter

Jesus
Mit-Mensch
Christus
Erlöser
Sohn Gottes

Heilige Geist(in)
Taube
Feuerzunge

Schaubild 7
Doris Nauer

6.   Erste allgemeine Schlussfolgerungen für Seelsorge

Die soeben herausgearbeiteten Eckpfeiler des trinitarisch strukturierten christlichen Gottesbildes sollen das Fundament für Seelsorge liefern. Die in diesem Buch zu entwickelnde inhaltliche Fassung von Seelsorge wird nur dann glaubwürdig sein, wenn sie nicht im Widerspruch zu ihrem eigenen Fundament steht. Wäre dies doch der Fall, dann würde sie sich nicht als ein solides Bauwerk erweisen, sondern lediglich als ein schnell dahingestelltes Kartenhaus, das über kurz oder lang in sich zusammenfällt. Das Kapitel 'Gottesbild' wird daher abgeschlossen mit ersten allgemeinen Schlussfolgerungen für ein glaubwürdiges Seelsorgeverständnis, das erst später ausführlich inhaltlich ausgearbeitet wird.

■ Glaubwürdige Seelsorge fixiert sich weder in ihrem Theoriedesign noch in ihrer Alltagspraxis auf nur eine Dimension des *komplexen christlichen Gottesbildes*. Daraus folgt, dass keine der drei göttlichen Personen/ Hypostasen/ Wirkweisen Gottes für das Seelsorgeverständnis dominant werden darf. Diese Aussage bezieht sich natürlich auch auf den Heiligen Geist, der nicht unabhängig, neben oder losgekoppelt von der Ferne des Schöpfergottes und der inhaltlichen Botschaft Jesu vom Reich Gottes 'zu haben ist'.[119] Auf der Ebene des Seelsorgegesprächs bedeutet dies, niemals so von Gott zu sprechen oder zu erzählen, dass er eindimensional festgelegt wird. Alternativ gilt es, den Reichtum existierender Gottesbilder ins Spiel zu bringen und Menschen zur kreativen Entdeckung ihres eigenen Gottesbildes zu ermutigen.

Wenn bereits alttestamentliche Gotteserfahrungen davon zeugen, dass Gott nicht alternativ als Mann oder Frau zu denken ist (Hosea 11,9: Denn Gott bin ich, kein Mann), dann sollten wir mit geschlechtsspezifischen Attributen und Zuschreibungen besonders sensibel umgehen.[120] Schauen wir in unsere jahrtausendealte Tradition, dann wird schnell klar, dass Gott allein schon deswegen, weil er auch ‚die Heilige Geist' ist, schon immer weibliche Züge trug, wie uns nicht nur die Exegese und Kunstgeschichte, sondern auch die Volksfrömmigkeit lehren.[121] Vielleicht weisen Vorschläge wie der Gisela Matthiaes einen (Aus)Weg. In der Strategie, Begriffe wie Gott/Vater durch Begriffe wie Göttin/Mutter ersetzen zu wollen, sieht sie keine Lösung, weil dadurch nur eine klischeeartige Metapher durch eine andere ersetzt wird. Alternativ plädiert sie dafür, nach neuen Bildern/Metaphern zu fahnden. Nach Bildern, die

119 Diese Sichtweise trifft sich mit einer Schlussfolgerung, die Peter Zimmerling aufgrund seiner Analyse charismatischer Bewegungen und deren Seelsorgeverständnis zieht: „Die fehlende Verortung des Geistes in der ökonomischen Trinität und die damit verbundene Überbetonung seines Wirkens hat Auswirkungen auf die gelebte Frömmigkeit in charismatischen Bewegungen. Beides führt dazu, dass Menschen auf den Geist regelrecht fixiert sind." ZIMMERLING, P. (2001): Die charismatischen Bewegungen, 249.
120 Erwin Dirscherl bringt die Problematik auf den Punkt: „Was anthropologisch gegeben ist, eine geschlechtsspezifische Rede, ist theo-logisch nicht möglich." DIRSCHERL, E. (2006): Grundriss Theologischer Anthropologie, 103.
121 Vgl. SCHÜNGEL-STRAUMANN, H. (2005): Heiliger Geist/Pneumatologie, 112; KLEIN, S. (2002): Das männliche Gottesbild und die Religiosität von Frauen und Männern, 14.

Geschlechtsfixierungen übersteigen und eine Ahnung von der Mehrdeutigkeit, der Unvorhersehbarkeit und der Buntheit Gottes vermitteln. Sie selbst favorisiert das Bild des geschlechtsunspezifischen Clowns, weil darin die für das christliche Gottesbild typische Verschränkung von Ohnmacht und Macht, von Stärke und Schwäche, von Mitspielen und alle Spielregeln Durchbrechen zum Ausdruck kommt.[122]

- Glaubwürdige Seelsorge enthält sich allen Versuchen und Versuchungen, Gott enträtseln und ihn dadurch seines Geheimnischarakters entkleiden zu wollen, denn: „Niemand kann das *trinitarische Geheimnis* denkerisch bewältigen oder auf irgendeine Weise durchschauen. Außerdem lässt es sich weder politisch noch religiös vereinnahmen. Sein Geheimnischarakter zwingt vielmehr dazu, Gott in die Unbegreiflichkeit hinein freizugeben und menschliche Wunschvorstellungen, die nur allzu leicht in Ideologien umschlagen, fallen zu lassen.“[123] SeelsorgerInnen müssen daher nicht alles über Gott 'wissen' und schon gar nicht alle Fragen über Gott beantworten können. Ebenso wie alle anderen Menschen ist auch ihr Wissen über Gott nur äußerst fragmentarisch. Un-Wissen gilt es auszuhalten und nicht hinter Pseudo-Wissen oder vorfabrizierten Standardfloskeln zu verstecken. Versuche der Verobjektivierung und der Instrumentalisierung Gottes für (eigene) seelsorgliche Zielsetzungen verbieten sich. Selbst dann, wenn es sich um Zielsetzungen wie Heilung und Befreiung handelt. Das Geheimnis Gott übersteigt alle menschlichen, d.h. auch seelsorglichen Strategien, weshalb es sich allen Wenn-Dann-Kausalitäten prinzipiell entzieht. Im Namen Gottes seelsorglich tätig sein impliziert deshalb, Gott nicht zu vollmundig im Munde zu führen, denn gerade dann, wenn er wirken soll, kann sein Wirken auch ausbleiben.

- Glaubwürdige Seelsorge nimmt die *Ambivalenz menschlicher Gotteserfahrungen* ernst. Wenn wir davon ausgehen, „dass Seelsorge letztlich nichts anderes ist, als die Widerspiegelung des begleitenden Beziehungsangebotes Gottes“[124], oder dass Seelsorge als Echo der Für-Sorge Gottes gegenüber uns Menschen zu begreifen ist,[125] oder dass SeelsorgerInnen transparent werden auf den bedingungslos liebenden und annehmenden Gott,[126] dann ist dieser Sichtweise nichts entgegenzuhalten, denn sie spiegelt die schon immer bezeugte Erfahrung der Nähe und Fürsorge Gottes wieder. Zugleich jedoch gilt es, die ebenso reale Erfahrung der Ferne und mangelnden Fürsorge Gottes ernst zu nehmen, wenn man nicht folgender Gefahr, die Michael Klessmann markiert hat, erliegen will: „Durch die 'annehmende Seelsorge' ist ein ziem-

---

122 Vgl. MATTHIAE, G. (2001): Clownin Gott... und Clownin Mensch, 32-33. Weiterführende Aspekte bieten sicher auch: RIEDEL-PFÄFFLIN, U./ J. STRECKER (1998): Flügel trotz allem; SCHIBLER, G. (1999): Kreativ-emanzipierende Seelsorge, 426.

123 STUBENRAUCH, B. (2002): Dreifaltigkeit, 100.

124 BAUMGARTNER, K. (1999): Gottes Sorge um den Menschen, 371.

125 Vgl. MORGENTHALER, C. (2007): Sieben Gründe, warum Spitalseelsorge not-wendig ist, 92.

126 Vgl. BLARER, S. (2003): Das Seelsorgegespräch, 249-250.

lich einseitiges Gottesbild verbreitet worden – Gott als der ausschließlich Liebende, der Annehmende, der Vergebende – ... Ausgeklammert blieben die biblischen Symbole vom Zorn Gottes, von seiner Strafe, vom Gericht, von der Hölle. Und so wurde aus dem Gott der Liebe manchmal ein lieber, harmloser Gott – genau wie manche annehmende Seelsorge in der Gefahr stand, harmlos zu werden."[127] Nehmen SeelsorgerInnen wirklich alle Erfahrungen, die Menschen mit Gott mach(t)en ernst, dann dürfen sie nicht vorschnell harmonisieren und die Ferne Gottes überspielen. Andernfalls werden die Erfahrungen gerade der Menschen verhöhnt, die Gottes Liebe absolut nicht spüren und nachvollziehen können. Gottesferne gilt es zu benennen, zuzulassen und mit auszuhalten. Gelingt es SeelsorgerInnen, die Ambivalenz menschlicher Gotteserfahrung ein Stückchen zu verschieben in Richtung erfahrbarer Gottesnähe, dann erleben sie eine Sternstunde ihrer Tätigkeit. Eine Sternstunde, weil sich derartige Verschiebungen nicht beliebig reproduzieren lassen, denn Gottes Nähe oder Ferne sind dem seelsorglichen Zugriff entzogen.

■ Glaubwürdige Seelsorge darf mit der *Anwesenheit des Heiligen Geistes* in allen Kulturen, Religionen und Menschen rechnen: „Seelsorgetheorie und Seelsorgepraxis gehen davon aus, dass Gottes zuvorkommendes Handeln in den alltäglichen Lebenszusammenhängen bereits am Werk ist, bevor seelsorgliches Handeln überhaupt die Menschen erreichen kann."[128] SeelsorgerInnen können darauf vertrauen, dass der Heilige Geist auch heute noch Menschen begeistern will und dies auch kann. Sie müssen daher Gott nicht in das Leben von Menschen hinein sprechen oder hinein manipulieren bzw. mit Gewalt darin halten. Sie dürfen darauf vertrauen, dass Seelsorge nicht nur von ihnen und ihrer Leistung abhängt, denn Seelsorge ist ein zutiefst pneumatologisches Geschehen, in dem Gott selbst aktiv ist. Trotz allen Ernstes kennzeichnet sich Seelsorge daher als etwas Spielerisch-Leichtes, als etwas was Spiel-Räume eröffnet und nicht verschließt.

■ Glaubwürdige Seelsorge orientiert sich an den Worten und Taten Jesu Christi: „Sein konkretes Leben, sein Umgang mit Menschen ist und bleibt Korrektiv für jedes seelsorgliche Selbstverständnis."[129] Entsprechend deutlich formulieren auch Rainer Bucher und Karl-Heinz Ladenhauf: „Christliche Seelsorge muss sich, wie jedes pastorale Handeln der Kirche, von der Verkündigung Jesu her begründen. Denn sonst gründet Kirche nicht in Jesus. Zentrum der Verkündigung Jesu ist seine Botschaft vom unmittelbar anbrechenden Reich Gottes."[130] SeelsorgerInnen stellen sich also bewusst in die Nachfolge

---

127 KLESSMANN, M. (1989): Wie geht es in der Seelsorge weiter?, 117.
128 HENKE, T. (1994): Seelsorge und Lebenswelt, 449.
129 SCHMID, P. F. (1989): Personale Begegnung, 217. Isidor Baumgartner erkennt in der Praxis Jesu die ‚Matrix einer heilend-befreienden' Seelsorge. Vgl. BAUMGARTNER, I. (1997): Heilende Seelsorge, 238.
130 BUCHER, R./ K. H. LADENHAUF (2004): „Räume des Aufatmens", 499. Auch in der Pastoralkonstitution des Zweiten Vatikanischen Konzils wird ausdrücklich betont, dass die Pastoral/Seelsorge als Fortsetzung des Werkes Christi zu begreifen ist. (Gaudium et Spes 3).

Jesu Christi, indem sie an der Realisierung von Reich Gottes mitarbeiten. *An Jesus Maß nehmen* heißt also, den Auftrag Jesu ernst nehmen, wie er in Lukas 9,2 formuliert ist: ‚Er sandte sie aus, das Reich Gottes zu verkünden und zu heilen'. Mit der Fokussierung auf Reich-Gottes-Praxis kristallisieren sich einige grundlegende Aspekte von Seelsorge heraus: 1. Seelsorge geschieht in der Spannung des bereits angebrochenen und dennoch ausstehenden Reiches Gottes. In kleinen Schritten kann am Reich Gottes mitgearbeitet werden, weshalb übertriebener Aktionismus eher schadet als nutzt. 2. Weder Fixierungen auf das Diesseits noch Weltflucht ins Jenseits werden der Reich Gottes Praxis Jesu gerecht. In der Seelsorge gilt es daher die Balance zwischen Jenseits und Diesseits zu halten, ohne den Spagat nach einer Richtung aufzulösen. SeelsorgerInnen werden daher analog zu ihrem Gott zu GrenzgängerInnen zwischen Transzendenz und Immanenz, zwischen Machbarem und Nicht-Machbarem. 3. Seelsorge richtet sich am dreifachen Liebesgebot Jesu aus und basiert auf dessen Maxime 'Was willst Du, dass ich dir tun soll?' (Lukas 18,41). Daraus ist jedoch nicht zu schließen, dass Seelsorge sich ausschließlich auszurichten hat an den Bedürfnissen oder Erwartungen, die an SeelsorgerInnen herangetragen werden. Letztere sind zu messen an den Kriterien von Reich Gottes. Werden also Erwartungen an Seelsorge gestellt, die dem Humanisierungs- und Gerechtigkeitspostulat der Reich Gottes Botschaft widersprechen, dann wird Seelsorge widerborstig, widersetzt sich, weigert und verweigert sich. Seelsorge unterliegt somit nur begrenzt dem Axiom der Kundenorientierung, obgleich sie sich dem Einzelnen und dessen Bedürfnissen zuwendet. 4. Analog zur Praxis Jesu gehören Wort und Tat in der Seelsorge zusammen. Fehlende oder gegenläufige Taten machen jedes Wort unglaubwürdig. Taten der Verwirklichung von Reich Gottes aber bleiben dennoch glaubwürdig, auch wenn Worte nicht fallen.

■ Da SeelsorgerInnen jedoch nicht Jesus Christus sind, besteht ihre Aufgabe nicht darin, ihn *kopieren, nachahmen oder imitieren* zu wollen. Sie besitzen weder die gleiche Autorität wie Jesus noch sein Durchhaltevermögen, denn Jesus war der Sohn Gottes und SeelsorgerInnen sind und bleiben fehlbare Menschen, weshalb sie immer hinter Jesus zurückbleiben werden und dies auch dürfen.

■ Glaubwürdige Seelsorge geschieht nicht aus persönlichem *Mitleid*, aus *paternalistischer Überheblichkeit* oder um sich als *SeelsorgerIn* wichtig und unentbehrlich fühlen zu dürfen, um *Ehre, Ruhm* oder *Verdienste* anzuhäufen, um sich bei Gott beliebt zu machen, oder bei den Menschen gut dazustehen. SeelsorgerInnen sind zur Seelsorge berufen, weil Gott an seinen Geschöpfen gelegen ist. Deshalb trägt Gott selbst Sorge dafür, dass es Menschen gibt, die sich selbstlos und kompetent umeinander sorgen. SeelsorgerInnen sind zur Seelsorge berufen, weil Jesus Christus Menschen die Erfahrung von Reich Gottes ermöglicht hat und alle Menschen durch seine Auferweckung in die universale Auferweckungsdynamik mit hineingenommen sind. Deshalb trägt Gott selbst Sorge dafür, dass es Menschen gibt, die diese Heilserfahrung anderen Menschen zugänglich machen. SeelsorgerInnen sind zur Seelsorge berufen, weil Gott als Heiliger Geist in der Welt präsent ist, d.h. im Antlitz eines jeden, bevorzugt aber eines jeden armen und benachteiligten Menschen erfahrbar werden kann. Deshalb trägt Gott selbst Sorge dafür, dass es Menschen gibt, die dies erkennen und dafür sorgen, dass keinem menschlichen Antlitz Schaden zugefügt wird. Daher gilt: 'Was ihr für einen meiner geringsten Brüder getan habt, das habt ihr mir getan' (Matthäus 25,40). Seelsorge geschieht also, weil SeelsorgerInnen sich ohne Hintergedanken ihren Mitgeschöpfen auf gottgewollte Art und Weise zum Nächsten machen. Seelsorge geschieht, weil SeelsorgerInnen sich zu ihrem Auftrag berufen fühlen und sich bewusst in die Nachfolge Jesu Christi stellen. Eine *Berufung* und *Selbstverpflichtung*, die dazu führen kann, mit sich selbst, der Umwelt und Gott im Reinen zu leben.

■ Glaubwürdige Seelsorge setzt keinerlei *Vor-Bedingung oder Gegen-Leistung* voraus. Alle Menschen sind potentielle *AdressatInnen* von Seelsorge. Keine Nationalitäts-, Kultur-, Religions-, Konfessions-, Kirchen- oder Gemeindezugehörigkeit kann deshalb als Grenz-, Abgrenzungs- oder Ausgrenzungsdemarkationslinie geltend gemacht werden. Kirchen- und Gemeindenahe sowie Kirchen- und Gemeindeferne, Starke und Schwache, Reiche und Arme, Opfer und Täter gehören somit prinzipiell zum Adressatenkreis von Seelsorge. Aufgrund der Reich Gottes Botschaft ist jedoch eine bevorzugte Konzentration auf all diejenigen abverlangt, die Hilfe dringend nötig haben. Das Plädoyer des Paulus, dass es unter ChristInnen nicht mehr Juden und Griechen, nicht mehr Sklaven und Freie, nicht mehr Mann und Frau geben soll (vgl. Galater 3,26), ist aufzugreifen und umzusetzen. Damit ist aber auch gesagt, dass SeelsorgerInnen ihre AdressatInnen bzw. ihre ‚Klientel' nicht analog zu TherapeutInnen aussuchen können. Auch unangenehme, unzuverlässige, ungepflegte, undankbare, ewig klagende, anscheinend nichts mitbekommende Demente, pausenlos redende, streitsüchtige oder aggressive Menschen sind in den Augen Gottes Seelsorge-würdig. Niemand darf deshalb (mehr oder weniger bewusst) übergangen oder (mehr oder weniger auffällig) aussortiert werden. Bis heute existiert keine wirklich überzeugende Bezeichnung für die Menschen, mit denen Seelsorge geschieht. Ein Manko, das vielleicht damit zusammenhängt, dass Seelsorge ursprünglich Selbst-Sorge war, weshalb es auch kein Gegenüber zu benennen galt. Wörter wie Gegenüber, Hilfesuchende, KlientInnen, PastorandInnen sind lediglich Hilfsbegriffe und bleiben defizitär. Aus theologischer Perspektive bietet es sich deshalb an, einfach nur von Menschen (mit denen Seelsorge geschieht) zu reden.

II. Menschenbild: Anthropologisches Fundament

1. Das christliche Menschenbild?

1.1. Aktuelle Herausforderung

Die bereits in der Bibel gestellte Frage '*Was ist der Mensch?*' (Psalm 8,4) ist auch heute noch bzw. wieder aktuell.[1] Angesichts der Flut an technischen, medizinischen, genetischen und neurowissenschaftlichen Möglichkeiten bricht die Frage nach dem Menschenbild nicht nur im Rahmen ethischer Fachdebatten auf, sondern rückt zunehmend auch ins öffentliche Rampenlicht. Antworten auf die Frage nach dem Menschen stehen uns in nahezu unüberschaubarer Menge aus unterschiedlichsten Fachdisziplinen, Religionen und Weltanschauungen zur Verfügung.[2] Aufgrund ihrer Verschiedenheit und auch Widersprüchlichkeit wird eine Verständigung über die Basisaxiome des 'abendländischen' Menschenbildes jedoch immer schwieriger. Eine Verständigung über das, was wir unter Mensch-Sein verstehen, ist aber notwendig, denn ein Menschenbild ist kein bloßes theoretisches Konstrukt, das völlig beliebig ausfallen kann. Das Menschenbild entscheidet vielmehr darüber, wie Menschen sich gegenseitig sehen, wie sie miteinander umgehen, welche Handlungsstrategien sie für zentral erachten und wo sie die Grenzen von Handlungsmöglichkeiten ansetzen.

Auch Seelsorge operiert auf dem Hintergrund eines bewusst oder unbewusst zugrunde gelegten Menschenbildes. Jedes Seelsorgeverständnis und jede Seelsorgepraxis ist direkt beeinflusst von anthropologischen Vorentscheidungen. Ich plädiere dafür, diese offenzulegen und Seelsorge auf ein solides anthropologisches Fundament zu stellen, denn: „Theologische Anthropologie ist ein bleibendes Anliegen, das für die Seelsorge in Theorie und Praxis von ausschlagge-

---

1   Am Übergang zum 21. Jhdt. sind allein in Deutschland mehrere Publikationen erschienen, die die Frage nach dem Menschen im Titel tragen. SCHMITZ, B. (2013): „Was ist der Mensch"? Eine religionswissenschaftliche Gegenüberstellung des Menschenbildes der Weltreligionen; HAILER, M. (2013): „Was ist der Mensch, dass du seiner gedenkst?". Ein Bericht über Anthropologie in evangelischer Wahrnehmung; BOEHME, K. (2013): „Wer ist der Mensch?". Zur Anthropologie aus katholischer Perspektive; BAUKS, M. u.a. (Hg.) (2008): Was ist der Mensch, dass Du seiner gedenkst?; GANTEN, D. u.a. (2008): Was ist der Mensch? BOLZ, N. (Hg.) (2003): Was ist der Mensch?; BRÖKER, W. (1999): Was ist der Mensch? Theologische Anthropologie aus dem Dialog zwischen Dogmatik und Naturwissenschaft; ELSNER, N./ H. SCHREIBER (Hg.) (2002): Was ist der Mensch?; GRAF, M./ F. MATHWIG, M. ZEINDLER (Hg.) (2004): Was ist der Mensch? Theologische Anthropologie im interdisziplinären Kontext; HILLE, R./ H. KLEMENT (Hg.) (2004): Der Mensch – Was ist das?; KANDLER, K.-H. (Hg.) (2002):'Was ist der Mensch, dass Du seiner gedenkst?' Das christliche Menschenbild angesichts moderner Genforschung; ARNOLD, T. u.a. (2013): Herr, was ist der Mensch, dass du dich seiner annimmst? LANGTHALER, R. (2004): Was ist der Mensch?

2   Vgl. z.B. RAGER, G./M. von BRÜCK (2012): Grundzüge einer modernen Anthropologie; VOSSENKUHL, W. u.a. (Hg.) (2009): Ecce homo! Menschenbild – Menschenbilder; ROSENAU, H./ T. WERNER (Hg.) (2011): Menschenbilder; KÖBLE, R. (2013): Menschenbilder in der Sozialen Arbeit; SCHAUPP, W. (2010): Medizin, Spiritualität und Menschenbild; PETZOLD, H. (Hg.) (2012): Die Menschenbilder in der Psychotherapie; KLEINERT, N. (2009): Die Menschenbilder der Weltreligionen; MAHENDRARAJA, T. (2013): Menschenbilder im interkulturellen Vergleich.

bender Bedeutung ist."[3] Ein Anliegen, das jedoch gerade in der Seelsorgelehre erstaunlicherweise weitgehend vernachlässigt worden ist.

1.2. Mensch-Sein Coram Deo (vor und mit Gott)

Wenn aus theologischer Perspektive die Frage nach dem Menschen gestellt wird, dann schwingt immer der Beisatz mit, den der Psalmist dem Fragesteller in Psalm 8,4 in den Mund gelegt hat: 'Was ist der Mensch, *dass du seiner gedenkst?*' Für Eberhard Jüngel verbirgt sich im zweiten Satzteil bereits die Antwort auf die gestellte Frage, denn gefragt ist nicht nach speziellen Eigenschaften oder Selbstdefinitionen, sondern nach dem *wahren Menschsein*, das sich aus biblischer Sicht daraus ableitet, wie der Mensch in den Augen Gottes sozusagen aus der Außenperspektive gesehen wird: „Eine seelsorgliche Kirche ist eine Kirche für die Menschen. Sie hat den Menschen, wie ihn Gott erträumt hat, als Mass."[4] Das, was den Menschen wirklich, d.h. in seinem *Wesen* ausmacht, erschließt sich also erst, wenn der Mensch in seiner Gottesrelation gesehen wird. Die Kernaussage jüdisch-christlicher Anthropologie besteht deshalb darin, dass der Mensch *Coram Deo* (vor Gott) zu begreifen ist, weshalb wir es mit einem zutiefst *theozentrischen* Menschenbild zu tun haben. Was dies bedeutet, erläutert uns Pierre Bühler: „Theologie und Anthropologie gehören zusammen. Vom Menschen kann nur so geredet werden, dass zugleich von Gott gesprochen wird und umgekehrt."[5] Theologie und Anthropologie stehen in einem direkten Korrelationsverhältnis, indem sie sich gegenseitig auslegen.

Damit aber ist eine Aussage mit großer Tragweite getroffen. Behauptet wird nämlich nicht nur, dass im christlichen Menschenbild auch der Transzendenzbezug des einzelnen Menschen elementar zu berücksichtigen ist. Diese Schlussfolgerung ist richtig und wichtig, für sich allein aber zu kurz gegriffen. Behauptet wird vielmehr, dass die Beziehung des dreieinen jüdisch verwurzelten christlichen Gottes zur Menschheit insgesamt den Schlüssel zum Verständnis von Mensch-Sein in all seinen Bezügen (auch sozialer, gesellschaftlicher, kultureller und sonstiger Art) liefert. Coram Deo impliziert daher, Mensch-Sein in allen Lebenskontexten im Licht des trinitarischen Gottesverständnisses zu betrachten, d.h. im Licht der komplexen und ambivalent erfahrenen Beziehung, die Gott als Schöpfer, Jesus Christus und Heiliger Geist mit der Welt und den Menschen schon immer eingegangen ist und stets aufs Neue eingeht.[6] Wenn dem so ist, dann dürfen wir vom christlichen Menschenbild erwarten, dass es sich analog zum christlichen Gottesbild nicht durch Komplexitätsreduktion, Eindimensionalität und Harmonisierung von Ambivalenzen auszeichnet. Im Gegenteil: Wir dürfen ein hoch komplexes, multidimensionales Menschenverständnis erwarten, in dem Ambivalenzen und Widersprüche nicht einfach geglättet werden, son-

---

3   THEILEMANN, W. (2007): Unfreie Frei-Willigkeit. Seelsorge und Anthropologie, 10.
4   MORGENTHALER, C. (2009): Der Traum einer seelsorglichen Kirche, 289.
5   BÜHLER, P. (1999): In Gottes Angesicht: der Mensch in der jüdisch-christlichen Tradition, 57.
6   Vgl. SCHWÖBEL, C. (2002): Menschsein als Sein-in-Beziehung, 195.

dern als zum Mensch-Sein dazugehörig ihren Platz zugewiesen bekommen. Worauf aber können wir uns stützen, wenn wir Eckpunkte des komplexen christlichen Menschenbildes erarbeiten wollen? Sicherlich auf biblische ‚Bilder vom Menschen', denn die Bibel erweist sich als eine schier unerschöpfliche Quelle an Erfahrungen und Interpretationen von Mensch-Sein. Erfahrungen und Interpretationen, die trotz ihrer mythologisch-metaphorischen Ausdrucksweise letztlich nichts an Aktualität und Attraktivität verloren haben.[7] Biblische Aussagen über den Menschen können jedoch nicht wortwörtlich aus der Bibel entnommen werden. Ihr kultureller Entstehungskontext erfordert eine hermeneutische Annäherung, die die Differenz von damals zu heute berücksichtigt. Gelingt uns dies, wird es uns aber dennoch nicht gelingen, ein in sich geschlossenes Menschenbild herauszufiltern. Nach Auskunft moderner ExegetInnen erweist uns weder das Alte noch das Neue Testament diesen Gefallen.[8] Konfrontiert sind wir vielmehr mit einem Kaleidoskop an Sichtweisen über den Menschen. Sichtweisen, die sich manchmal ergänzen und gegenseitig bestätigen, manchmal aber auch widersprechen. Gemäß den Analysen Gerhard Dautzenbergs ist das neutestamentliche Verständnis vom Menschen zwar prinzipiell durch seine Kontinuität zum alttestamentlichen geprägt. Entscheidend ist aber, dass neue Akzente gesetzt werden. Der wichtigste dürfte wohl darin bestehen, dass aus christlicher Perspektive 'wahres Mensch-Sein' erst auf dem Hintergrund des Lebens, der Lehre, des Todes und der Auferweckung Jesu Christi erkennbar wird. Erst in Jesus Christus wird endgültig klar, wie Gott die Menschen sieht und in welcher Beziehung er sich zu ihnen setzt. Über den Menschen sprechen impliziert somit, über Jesus Christus zu sprechen. Wird Mensch-Sein jedoch aus der Perspektive Jesu Christi betrachtet, dann widersetzt es sich allen Abstrahierungs-, Normierungs- und Idealisierungsversuchen. Maß genommen wird nämlich nicht an einer über-menschlichen Idealgestalt, sondern am leidenden und gekreuzigten Jesus.[9]

1.3. Einbeziehung nicht-theologischen Wissens über den Menschen

Obgleich eine theozentrisch, d.h. an Jesus Christus Maß nehmende Anthropologie auf den ersten Blick altmodisch und hermetisch in sich abgeschlossen erscheinen könnte, ist genau das Gegenteil der Fall. Gerade weil Mensch-Sein aus

---

7 Dass die metaphorisch-mythische Bildsprache der Bibel natürlich für uns heutige Menschen Probleme hervorrufen kann, ist unbestritten. Hans-Peter Müller sieht das größte Akzeptanzhindernis biblischer Bilder vom Menschen nicht darin, dass sie historisch nicht verifiziert werden können, sondern darin, dass sich die narrativ dominierte Wirklichkeitsdeutung der Bibel nicht ohne weiteres in die begrifflich-diskursive Wirklichkeitsdeutung unserer Zeit übertragen lässt, weshalb uns biblische Texte oftmals als simplifiziert, d.h. der komplexen Struktur der Wirklichkeit nicht gerecht werdend, erscheinen. Vgl. MÜLLER, H.-P. (2003): Was der Akzeptanz einer biblischen Anthropologie entgegensteht, 3. Vgl. auch KÜGLER, J. (2008): Hände weg!? Warum man die Bibel nicht lesen sollte…und warum doch.

8 Vgl. JANOWSKI, B. (2005): Der Mensch im Alten Israel, 150; FREVEL, C. (Hg.) (2010): Biblische Anthropologie; STAUBLI, T. (2010): Das Menschenbild der Bibel; SCHNELLE, U. (1991): Neutestamentliche Anthropologie.

9 Vgl. RAISER, K. (2004): Christlich-Theologische Anthropologie, 60-61.

der Perspektive des 'Coram Deo' gesehen wird, sind Erkenntnisse, die Menschen über ihr Mensch-Sein herausgefunden haben, in das christliche Menschenbild zu integrieren. Wenn Gott tatsächlich als Schöpfer der Welt und Heiliger Geist noch stets äußerst aktiv in seiner Schöpfung präsent ist, dann kann es keinen Ort auf dieser Welt geben, der nicht von ihm durchdrungen ist, weshalb jedem Ort und damit auch jeder Wissenschaft in ihrer Eigenständigkeit gottgewollte Produktivität und Wahrheit zuzutrauen ist. Im christlichen Menschenbild schließen sich deshalb biblische Fundierung und *konstruktiv-kritische Rezeption anthropologischer Einsichten moderner Human- und Sozialwissenschaften* nicht aus, sondern ein. Erst die Kombination beider Zugangsweisen zur Wirklichkeit schafft die Voraussetzung dafür, nicht der Gefahr simplifizierender Kurzschlüsse zu erliegen, sondern Mensch-Sein in aller Komplexität überhaupt erfassen und dadurch spätmodernen Menschen in ihrer komplexen Lebenswelt überhaupt gerecht werden zu können. Von folgenden Strategien im Umgang mit nicht-theologischen anthropologischen Kenntnissen gilt es sich jedoch deutlich zu distanzieren:

1. *Prinzipielle Ablehnung* nicht-theologischen Wissens als *satanische Gefahr* für den christlichen Glauben. Eine Strategie, die besonders in evangelikal-charismatischen Kreisen immer wieder aufflackert. **2.** *Superioritätsdenken*, indem die biblische Menschensicht als die allen anderen Sichtweisen überlegene und einzig wahre Sichtweise ausgewiesen wird, wobei die Tatsache der internen Pluralität und Widersprüchlichkeit biblischer Texte schlichtweg übergangen wird. Eine Strategie, die sich z.B. in folgender Behauptung Lothar Gassmanns widerspiegelt: „In der Bibel ist uns in vollkommener Weise und in unübertroffenem Realismus offenbart, wer der Mensch ist – in vollkommenerer Weise als in allen psychologischen und soziologischen Systemen, die immer nur Teilaspekte des Menschseins erfassen und sich deshalb auch untereinander vielfach widersprechen."[10] **3.** *Übergriffe* auf fachfremdes Wissen, das aus seinem ursprünglichen Welt- und Denkzusammenhang herausgelöst, von ideologischen Elementen gesäubert, re-interpretiert bzw. re-konstruiert und in ein christliches Sprachspiel überführt wird, wodurch z.B. eine eigenständige *'Christliche Psychologie'* entsteht, die sich wiederum allen anderen psychologischen Systemen überlegen fühlt. Eine Strategie, die besonders in charismatischen Gruppierungen durchaus AnhängerInnen findet. **4.** *Selektiver Gebrauch* nicht- theologischen Wissens über den Menschen. Andere Wissenschaften dienen als *Hilfswissenschaften*, denen Kenntnisse und Methoden selektiv, d.h. relativ willkürlich ohne Rücksicht auf deren inhärenten Denkrahmen, entlehnt werden, um eigenes Wissen zu untermauern. Eine Strategie, die bis zur Jahrhundertwende unabhängig von konservativer oder progressiver Positionierung sehr beliebt war, mittlerweile jedoch immer stärker unter Kritik steht, weshalb sie auch immer seltener anzutreffen ist.

---

10 GASSMANN, L. (2000): Selbstverwirklichung, 45.

Die im Rahmen dieses Buches gewählte Strategie lässt sich als eine Kombinati-on folgender Vorgehensweisen interpretieren: **1.** Nicht-theologische Menschen-bilder werden in ihrer gottgewollten *Eigenständigkeit und Unabhängigkeit res-pektiert*. Übergriffe und Missbrauch jeglicher Art werden so gut es geht ver-mieden. Das gefundene Gedankengut wird jedoch *nicht kritiklos übernommen*. Wenn sich das anthropologische Theoriegebäude als eindimensional, reduktio-nistisch und exklusiv erweist, sprich wenn ein stark verengtes Menschenbild geboten wird, dieses als die einzig mögliche Sichtweise propagiert wird und mit der Reich-Gottes-Botschaft Jesu keine Kompatibilität aufweist, dann wird eine Unverträglichkeitsgrenze mit der christlichen Sichtweise überschritten, die ei-nen konstruktiv-kritischen Dialog im Sinne gegenseitiger Lernbereitschaft un-möglich macht.[11] **2.** Kenntnisse, die uns andere Wissenschaften zur Verfügung stellen, werden nicht nur in ihren *konvergierenden Sichtweisen*, sondern auch in ihrer *fremdprophetischen Provokation* ernst genommen. Es wird also nicht nur nach einer Bestätigung dessen gefahndet, was wir bereits wissen, sondern auch nach dem, was uns fremd erscheint und uns dazu ermutigt, in unserer eigenen Tradition noch etwas tiefer zu graben und verschüttete oder vergessene Sicht-weisen ans Tageslicht zu holen, weshalb mit Franz Gruber konstatiert werden kann: „Die Theologische Anthropologie braucht also heute aufs dringlichste die Rezeption der Humanwissenschaften und anderer Zugänge, auch fernöstliche, um ein integrales Verständnis vom Menschen zurück zu gewinnen."[12] Ich schließe mich der Sichtweise Peter F. Schmids an, der dafür plädiert, das Eigene durch das Fremde besser verstehen zu lernen bzw. das anscheinend bekannte Eigene durch das Fremde so *verfremden* zu lassen, dass es als Eigenes wieder besser erkennbar wird.[13] **3.** Die Einbeziehung nicht-theologischen Wissens über den Menschen zielt daher nicht auf eine *Verdoppelung* von Wissen oder eine *Synthese* ab. Verschiedenartiges Wissen darf einander bereichernd *nebeneinan-der* bestehen bleiben, wobei sich gerade dadurch ein komplexes Bild des Men-schen aufbauen lässt, in dem auch Ambivalenzen ihren Platz haben.

1.4. Ecksteine christlicher Anthropologie

Wird die Verschränkung von biblisch-theologischen und nicht-theologischen Sichtweisen über den Menschen zu einem eindeutig konturierten christlichen Menschenbild führen? Wer dies im Folgenden erwartet, wird enttäuscht werden, denn: „Es gibt offenbar innerhalb der Orthodoxie zahlreiche, jeweils legitime Deutungen des christlichen Menschenbildes."[14] Oder, wie Gunda Schneider-Flume es ausdrückt: „Gibt es ein christliches Menschenbild, gar *das* christliche Menschenbild? Angesichts der unterschiedlichen als christlich bezeichneten

---

11 Vgl. LEHMANN, K. (2003): Kriterien und Umriss des christlichen Menschenbildes, 8.
12 GRUBER, F. (2003): Das entzauberte Geschöpf, 93.
13 Vgl. SCHMID, P. F. (2003): Menschengerechte Förderung und Herausforderung, 235.
14 LEHMANN, K. (2003): Kriterien und Umriss des christlichen Menschenbildes, 7.

Menschenbilder, die sich Christen jeweils zu ihrer Zeit gemacht haben, muss man diese Frage eindeutig verneinen."[15] Deshalb ist Christina aus der Au zuzustimmen, wenn sie feststellt: „Es ist nicht unproblematisch, von ‚dem' christlichen Menschenbild zu sprechen".[16] Manche Theologen warnen sogar prinzipiell davor, sich ein Bild vom Menschen machen zu wollen, weil Menschen aus jüdisch-christlicher Sicht dazu aufgefordert seien, ihr Bild-Sein zu leben, ohne sich dabei festgezurrte Bilder (voneinander) machen zu wollen.[17]

Im Folgenden wird so vorgegangen, dass nicht der Versuch unternommen wird, *das* (eine einzig wahre unwandelbare) christliche Menschenbild festzuklopfen. Vielmehr werden, *Ecksteine* einer gegenwärtig theologisch verantwortbaren Sicht des Menschen so zusammengefügt, dass ein tragfähiges, aber erweiterbares theologisches Fundament für Seelsorge entsteht.

2.   Ganzheitliches Seelenwesen („Du gute Seele!")

Findet sich in der Bibel so etwas wie eine Kernaussage zum Verständnis von Mensch-Sein? Für den Bibelwissenschaftler Horst Seebass eine Frage, die kein längeres Nachdenken erfordert. Der Kern biblischer Anthropologie offenbart sich dort, wo im älteren der zwei Schöpfungsberichte (Genesis 2,7, verfasst ca. 800 Jahre vor Christus) bildgewaltig von der Erschaffung des Menschen erzählt wird, wobei in der Verwendung des Wortes Seele der Schlüssel zum Verständnis von Mensch-Sein aufscheint: Da formte Gott der Herr den Menschen aus Staub vom Ackerboden und blies in seine Nase den Lebensatem. So wurde der Mensch zu einer lebendigen Seele (נפש).[18] In konsequenter Rückbindung an das in Kapitel I herausgearbeitete biblische Seelenverständnis wird im vorliegenden Konzept von Seelsorge der Mensch als ein zutiefst gottgewolltes ganzheitliches Seelenwesen begriffen, das sich nicht auf dualistische Art und Weise in einen (vergänglichen, minderwertigen) Leib und eine (wertvollere unsterbliche) Seele zerlegen lässt. Die ‚Gute Seele Mensch', wie es im Volksmund noch bis ins 21. Jhdt. hinein tradiert wird, ist als Ganzes von Gott in ihrem So-Sein gewollt, weshalb der Mensch auch in der Seelsorge immer nur als ganzer Mensch mit all seinen Möglichkeiten und Grenzen, mit all seinen Stärken und Schwächen, in all seinen Ambivalenzen wahr- und ernstgenommen werden kann. Im Folgenden werden in konsequenter Rückbindung an das jüdisch verwurzelte christliche Gottesbild die notwendigen Bausteine für ein ebenso jüdisch verwurzeltes und gerade deshalb zeitgemäßes christliches Verständnis von Mensch-Sein freigelegt.[19] Dies geschieht in folgenden Schritten:

---

15 SCHNEIDER-FLUME, G. (2005): Zur Frage nach dem christlichen Menschenbild, 347.
16 AUS DER AU, C. (2011): Im Horizont der Anrede, 46.
17 Vgl. ZABOROWSKI, H. (2008): Spielräume der Freiheit, 41-56.
18 Vgl. SEEBASS, H. (2004): Seele, 538.
19 Vgl. IRSIGLER, H. (2010): Zur Interdependenz von Gottes- und Menschenbildern.

1. Herausarbeitung des <u>jüdischen Erbes</u> im christlichen Menschenbild. Hierzu wird die seit Jahrtausenden gemachte unauflösbare Ambivalenzerfahrung, die in alttestamentlicher Sprache als *Fast Gott gleich & Staub* beschrieben wird, in den Mittelpunkt gerückt. Biblische Bilder, wie *Geschöpf, Ebenbild* und *Bundespartner Gottes*, die vor langer Zeit von Menschen gewählt wurden, um die Erfahrung des ‚Fast Gott gleich' auszudrücken und das Bild vom *Staub*, das sozusagen den Gegenpol beschreiben soll, gilt es daraufhin zu befragen, was sie über Mensch-Sein aussagen. Ziel dabei ist es, antiquiert erscheinende Begriffe, die (z.B. in Predigten oder in Leitlinien von christlichen Krankenhäusern/Altenheimen/Schulen) schnell über die Lippen kommen bzw. schnell ‚hingeschrieben' sind, aber von heutigen Menschen kaum mehr verstanden werden, in moderne Sprache zu übersetzen.

2. Herausarbeitung der <u>christlichen Spezifika</u>, die sich deutlich vom jüdischen Wurzelgrund unterscheiden. Hierzu wird die unauflösbare Ambivalenzerfahrung *Sündig & Erlöst* in den Mittelpunkt gerückt und v.a. danach gefahndet, welch hochaktuelle menschliche Erfahrungen sich hinter anscheinend altmodischen Begriffen wie *sündig, erlöst, gerechtfertigt, begnadigt* verbergen und wie man diese in moderner Sprache ausdrücken kann.

3. Herausarbeitung der <u>Komplexität menschlicher Existenz</u> unter den Stichworten Körper-Dimension, Psyche-Dimension, Geist-Dimension, Soziale-Dimension, Kontext-Dimension, Geschichts-Dimension, wobei v.a. nicht-theologisches Wissen rezipiert wird.

4. Die Bausteine werden so gebündelt, dass ein höchst <u>geheimnisvolles</u> multidimensionales Verständnis von Mensch-Sein in den Blick kommt und erste Schlussfolgerungen für Seelsorge gezogen werden können.

3.   Fast Gott gleich & Staub

3.1.   Einzigartiges Geschöpf

In Genesis 2,7 wird uns nicht berichtet, dass Menschen aus einem Götterkampf hervorgingen oder von diesen aus Lehm/Erde getöpfert wurden, um als 'Vieh der Götter' Sklavendienst zu leisten: „Im Unterschied zu anderen Schöpfungsmythen ist der Mensch aus jüdischer (und christlicher) Sicht gerade nicht dazu geschaffen, den Göttern bzw. Gott zu dienen. Er ist vielmehr – salopp gesagt – (Junior)Partner Gottes."[20] In der alttestamentlichen Erzählung wird der Mensch durch Gott beatmet und verlebendigt, um als dessen Geschöpf zwar in Bezogenheit auf ihn, aber dennoch nicht im Frondienst für ihn, sondern eigenständig

---

20 BREDOW, U./ A. MAYER (2001): Die Autoren der Genesis gegen den Rest der Welt. Schöpfung auf Altorientalisch und im Alten Testament, 92. Thomas Hieke hat nachweisen können, dass es kulturgeschichtlich einen gewaltigen Unterschied macht, ob der Mensch aus Lehm oder Staub gemacht ist. Die Israeliten brachen nämlich mit der im alten Orient vorherrschenden Vorstellung, dass Götter sich Menschen aus Lehn/Erde basteln, um sie für ihre Zwecke zu benutzen. Vgl. HIEKE, T. (1998): Staub vom Acker.

und selbstverantwortlich sein Leben zu leben. Mensch-Sein impliziert daher aus jüdisch-christlicher Sicht, dass ein jeder Mensch so wie er ist *kein Zufallsprodukt* ist, sondern sich als ein außergewöhnliches, einmaliges und unersetzbares *Kunst- und Meisterwerk* begreifen darf.[21] Jeder Mensch wird gesehen als ein *einzigartiges Unikat*, dessen Existenz sich der spielerischen Kreativität seines Schöpfers verdankt: „Der Einzelne ist – das ist die Kernthese theologischer Anthropologie – in einer einmaligen, unverrechenbaren, kein zweites Mal sich wiederholenden Weise von Gott gewollt, bejaht und in seine Individualität gerufen."[22] Nicht sich selbst oder anderen Menschen verdankt der Mensch somit in erster Linie seine Existenz, sondern Gott. Weder der Beginn seines Lebens (d.h. der erste Atemzug), noch das Ende (d.h. der letzte Atemzug) liegen dann aber in der Hand des Menschen, weshalb in Psalm 139,15 über das Wunderwerk Mensch staunend erzählt wird: 'Als ich geformt wurde im Dunkeln, kunstvoll gewirkt in den Tiefen der Erde, waren meine Glieder dir nicht verborgen. Deine Augen sahen, wie ich entstand, in deinem Buch war schon alles verzeichnet'. Menschliches Leben ist also in erster Linie *verdanktes Leben*. Im Blick auf sich selbst ist der Mensch daher letztendlich besitzlos.[23] Eine Sichtweise, die nach Isidor Baumgartner nicht beunruhigen muss, denn die Aussagespitze ‚verdankten Lebens' ist extrem positiv: „Man muss sich nicht zuerst selbst erschaffen, gestalten, verwirklichen, aus eigenen Kräften realisieren, sondern Liebenswürdigkeit, Anerkennung, Angenommensein sind von Geburt an mitgeliefert als unverlierbare Ressource, gratis ohne Rechnung."[24]

Obgleich Gott viele Geschöpfe geschaffen hat, steht doch der Mensch aufgrund des ihm bildlich eingeblasenen Lebensatems in einer außergewöhnlich engen Beziehung zu seinem Schöpfer. Geschaffen und angesprochen durch Gott wird er zum antwortenden *Dialogpartner Gottes*, was ihn vor allen anderen Geschöpfen auszeichnet.[25] Seine Gottesbezogenheit konstituiert den Menschen somit bis ins Mark, auch wenn er sie nicht wahrnimmt, ihr nicht gerecht wird oder auch nicht gerecht werden will.[26] In diesem Sinn können sich Menschen auch als *Kinder Gottes* begreifen, denn sie dürfen von ihrem Schöpfer väterliche Fürsorge erwarten. Ein Motiv, das im Neuen Testament vertieft wird (z.B. 1 Johannes 3,1). Als beatmetes Seelenwesen ist Menschen aus biblischer Sicht aber auch ein Stück Unruhe eingeblasen, weshalb sie sich als dynamische und *offene Wesen* erweisen, die sich – aus ihrer Alltagsroutine herausgerufen – immer wieder 'auf Wanderschaft' begeben (vgl. Genesis 12,1).

---

21 Vgl. HÄRLE, W. (2005): Menschsein in Beziehungen, 426.

22 KNOBLOCH, S. (1999): Mensch, 348. Franz Gruber erkennt v.a. im Annerkantsein des Menschen durch Gott den Kern theologischer Anthropologie, die sich genau dadurch von philosophischen und humanwissenschaftlichen Sichtweisen unterscheidet. Vgl. GRUBER, F. (2002): „Was ist der Mensch?", 65.

23 Vgl. JÜNGEL, E. (2002): Was ist der Mensch?, 87; HENTSCHEL, G. (2006): Leben als Geschenk.

24 BAUMGARTNER, I. (2004): Vom Proprium christlicher Caritas, 193.

25 Vgl. SCHEFFCZYK, L. (2001): Grundfragen christlicher Anthropologie, 12; DIRSCHERL, E. (2006): Grundriss theologischer Anthropologie, 72.

26 Vgl. JANOWSKI, B. (2003): Konfliktgespräche mit Gott. Eine Anthropologie der Psalmen, 152.

3.2.   Königliches Ab- und Ebenbild

Schlägt man die Bibel auf, dann beginnt diese nicht mit dem zeitlich älteren
Schöpfungsbericht (ca. 800 vor Chr.), in dessen Rahmen von der Menschen-
schaffung (Genesis 2,7) berichtet ist. Die Bibel beginnt mit Genesis 1, d.h. mit
dem zeitlich jüngeren zweiten Schöpfungsbericht (ca. 600 vor Chr.), der von
der Erschaffung der Welt erzählt. Nachdem Gott alle Dinge und Lebewesen geschaffen hat, macht er schließlich auch Menschen, wobei besonders betont
wird: ‚Gott schuf also den Menschen, als *sein Abbild*; als *Abbild Gottes* schuf er
ihn. Als Mann und Frau schuf er sie' (Genesis 1, 27). Während Menschen den
Status der geschöpflichen Geschaffenheit noch mit allen anderen Lebewesen
teilen, wird ihnen durch ihre Gottesebenbildlichkeit ein Sonderstatus eingeräumt. Die Vorstellung, den Menschen als Gottes Ebenbild/Abbild zu begreifen,
war nun aber keine völlig neuartige Sichtweise, denn im Kulturraum von Ägypten und Mesopotamien war sie längst bekannt. Könige/Pharaonen galten dort
als Abbilder und irdische Repräsentanten ihrer Götter. Indem der Verfasser des
Schöpfungsberichts den königlichen Hoheitstitel Abbild/Ebenbild Gottes auf
die Gattung Mensch überträgt, geschieht nach Ute Neumann-Gorsolke jedoch
etwas völlig Neuartiges und auch Revolutionäres: Die Bild-Gottes-Vorstellung
wird sozusagen 'demokratisiert', denn nicht nur ein auserwählter König, sondern alle Menschen werden aufgrund ihrer Erschaffung durch Gott in einen königlichen Status erhoben. Die menschliche Gattung als solche wird sozusagen
royalisiert.[27] Mensch-Sein zeichnet sich daher nicht dadurch aus, Diener Gottes
zu sein, sondern dessen Stellvertreter, Repräsentant und Beauftragter auf Erden,
weshalb Thomas Eggensberger folgende Aussage wagt: „Der Mensch ist Gott
näher, als er vielleicht ahnt – weil er Gott gleicher ist, als er vielleicht denkt."[28]
Als Beauftragte Gottes hat Gott seine Ebenbilder jedoch nicht in erster Linie
mit (Voll)Macht, sondern mit einem Auftrag versehen. Den Auftrag, sich als
Ebenbilder zu erweisen, weshalb Gottesebenbildlichkeit, die zwar *alle Menschen* auszeichnet und durch nichts verloren gehen kann, weniger als ein Besitz
als eine Zielvorgabe zu begreifen ist: „Insofern ist die imago Dei kein geheim-
nisvoller ontologischer Titel, sondern Einweisung in eine Aufgabe. Sie gibt
nicht primär Antwort auf die moderne Frage, wer oder was der Mensch ist, sondern sagt, wozu er da ist. Er soll mit seiner Existenz Gott erscheinen lassen, ihn
in der Welt vertreten und repräsentieren…"[29] Obgleich der Mensch also bereits
durch seine bloße Existenz von Gott kündet, wird er seinem Ebenbild-Charakter
erst dann gerecht, wenn er sich in der Schöpfung tatsächlich als Ebenbild erweist. Wenn er also *verantwortungsvoll*, beschützend und bewahrend mit sich,
seinen Mitgeschöpfen und der Schöpfung als Ganzer umgeht und dadurch sei-

---

27 Vgl. NEUMANN-GORSOLKE, U. (2004): Herrschen in den Grenzen der Schöpfung, 303. ZWAHLEN, R.
     (2010): Das revolutionäre Ebenbild Gottes; SCHELLENBERG, A. (2011): Der Mensch, das Bild Gottes?
28 EGGENSBERGER, T. (2004): Schöpfung und Abbild, 41.
29 LINK, C. (1999): Menschenbild, 65.

nen Herrschaftsauftrag über die Erde erfüllt. In den Worten von Papst Fran-
ziksus: „Wir sind als Menschen nicht bloß Nutznießer, sondern Hüter der anderen Geschöpfe."[30] Als Geschöpfe und Ebenbilder Gottes leben Menschen nun
aber nicht im Himmel, sondern auf Erden, weshalb sie irdischen Spielregeln
verhaftet sind. Analog zu allen Lebewesen sind daher auch sie als *Naturwesen*
natürlichen Abläufen und Gesetzmäßigkeiten unterworfen.[31] Auch ihre Gat-
tungs-Entwicklung verdankt sich natürlichen Evolutionsprozessen, die uns NaturwissenschaftlerInnen in ihrer Komplexität immer genauer erklären. Beharren
ChristInnen, die sich v.a. im US-amerikanischen Kontext als KreationistInnen
bezeichnen, weil sie die biblischen Berichte der Creatio/Schöpfung wortwörtlich nehmen, auf dem biblischen Schöpfungsablauf, weshalb sie z.B. Darwins
Evolutionstheorie rundweg ablehnen, dann besteht die Gefahr, dass sich christlicher Fundamentalismus ins christliche Welt- und Menschenbild einschleicht.
Menschen stehen nicht über der Natur. Zugleich aber, und dies drückt die Metapher vom Geschöpf- und Ebenbild-Sein aus, sind sie doch nicht dem reinen
Zufall und der Willkür der Natur ausgeliefert, denn Gott 'gedenkt ihrer'. Ihr Anfang und ihr Ende ist somit trotz aller Gesetzmäßigkeiten der Welt nicht rein zufällig, denn: „Gedenken hält Leben machtvoll aus Zufall und Nichtigkeit heraus."[32] Wie genau man sich dies vorzustellen hat, bleibt aber menschlicher Erkenntnis und Beweisführung enthoben.

3.3. Erwählter, freiheitsliebender Bundespartner

Obgleich der Mensch offensichtlich nur aus Staub gemacht ist, wird in der Bibel
davon erzählt, dass Gott sich dennoch mit ihm verbündet, indem er sich das
endliche Staub-Wesen zum Bundespartner erwählt. Schalom Ben-Chorin sieht
deshalb im Bundesschluss Jahwes mit den Menschen eines der zentralsten
Merkmale biblischer Anthropologie: „Der Erwählte wird zum Bundespartner
Gottes. Dieses Motiv klingt schon bei Noah an, dem der Regenbogen als Bundeszeichen gesetzt wird; jetzt aber, in Abraham, findet erst der Bundesschluss
statt, der das biblische Menschenbild beherrschen soll".[33] Während in Genesis
6,18 noch davon erzählt wird, dass Gott sich nur gezielt einige Menschen, nämlich Noah und seine Familie, als Bundespartner erwählt und deshalb vor der
Flut rettet, wird in Genesis 9,9 der Bundesschluss bereits ausgedehnt auf alle
Nachkommen Noahs, denen zugesagt wird, künftig vor göttlichen Vernich-
tungs-Fluten verschont zu bleiben. In Genesis 17,7 schließt Jahwe erneut einen
Bund, diesmal jedoch einen 'ewigen Bund' zwischen sich, Abraham und dessen
Nachkommen. Einen Bund, der mit dem Bundeszeichen der Beschneidung be-
siegelt wird. Einen Bund, in dem Gott sich selbst darauf verpflichtet, für eine

---

30 EVANGELII GAUDIUM (2013), Nr. 215.
31 Vgl. KLINNERT, L. (2007): Die Evolution des gottebenbildlichen Menschen.
32 SCHNEIDER-FLUME, G. (2005): Zur Frage nach dem christlichen Menschenbild, 355.
33 BEN-CHORIN, S. (1986): Was ist der Mensch. Anthropologie des Judentums, 23.

zahlreiche Nachkommenschaft Abrahams zu sorgen und ihr Land zur Verfügung zu stellen. Erst in Exodus 19,5 bietet Gott im Rahmen der rettenden Herausführung Israels aus Ägypten diesem über Moses einen Bund am Berg Sinai an, der speziell zwischen ihm und dem Volk Israel geschlossen wird. Einen Bund, den er trotz aller Verfehlungen seiner Bundespartner nicht zurücknimmt, wie z.B. in Jeremia 33,20 ausdrücklich betont wird. Obgleich es Gott anscheinend gut meint mit seinen Bundespartnern, ist die Bibel voll von Geschichten, in denen einzelne Menschen oder das ganze Volk Israel den Bund brechen. Gerade weil Menschen von Gott als Bundespartner geachtet werden, ist ihnen anscheinend die Freiheit zuerkannt, eigene Entscheidungen zu treffen und in der Folge sich auch gegen Gott selbst wenden zu können. Die menschliche Abwendung von Gott impliziert jedoch nicht, dass auch Gott sich abwendet und metaphorisch gesprochen seinen Bund mit den Menschen aufkündigt. Menschen können sich daher darauf verlassen, dass die Zuwendung des Schöpfers durch keinerlei menschliches Verhalten oder Nicht-Verhalten versiegt.

Wenn in der Bibel Menschen nicht als Objekte oder inferiore Wesen gesehen werden, sondern als 'Bündnis-Partner Gottes', dann wird ihnen der Status *freier* und *entscheidungsfähiger* Wesen zugesprochen. Eberhardt Schockenhoff formuliert dies so: „Das Menschenbild der Bibel beruht darauf, dass der Mensch sein von Gott empfangenes Leben verantwortlich führt. Nur der Mensch ist mit einem Gewissen ausgestattet und mit der Fähigkeit, Sinnfragen zu stellen: Woher komme ich? Wohin gehe ich?"[34] Trotz der Fürsorge Gottes gilt es, das eigene Leben *aktiv* in die Hand zu nehmen, denn: „Die Fürsorge Gottes bedeutet nicht, dass Gott uns die Sorge und die Vorsorge abnimmt. Wer sich keine Nahrung verschafft oder verschaffen kann, der wird nicht vom himmlischen Vater ernährt, sondern er wird vor Hunger umkommen. Gottes Fürsorge bedeutet vielmehr, dass er seinen Geschöpfen Selbstständigkeit und Freiheit schenkt und damit die Möglichkeit gegeben hat, für sich und andere zu sorgen."[35] Der biblische Freiheitsbegriff ist jedoch nicht identisch mit einem Freiheitsbegriff, in dem Autonomie zentral steht. Aus bibel-theologischer Sicht kann der Mensch *niemals vollkommen autonom* sein. Als Geschöpf Gottes wird er gesehen als eingewoben in ein Netz geschöpflicher Abhängigkeiten und Begrenzungen, weshalb er immer nur im Rahmen dieser ihn begrenzenden geschöpflichen Freiheit agieren kann. Mensch-Sein und Autonom-Sein fällt daher aus biblischer Sicht nicht in eins, weshalb niemandem, der nicht (mehr) oder noch nicht autonom entscheiden kann, sein Mensch-Sein abgesprochen werden darf.

3.4. Vergänglicher Staub

Der Mensch, nur wenig geringer gemacht als Gott (vgl. Psalm 8,6), ist gerade deshalb, weil er ein Naturwesen ist, letztlich dennoch vergänglicher Staub (vgl.

---

34 SCHOCKENHOFF; in: VOLAND, E./ Ders. (2006): „Das wäre die Abschaffung des Menschen", 53.
35 VORGRIMLER, H. (2003): Gott, 33.

Psalm 104,29). Mit dieser *Ambivalenz* müssen Menschen zurechtkommen, denn
genau sie kennzeichnet aus biblischer Sicht ihr Wesen.[36] Trotz aller Ebenbild-
lichkeit wird in der Bibel unmissverständlich deutlich gemacht: der Mensch ist
Mensch und Gott ist Gott. Wollen Menschen diese Grenze verwischen, indem
sie Gott sein wollen, wird ihnen durch Gott selbst ein Riegel vorgeschoben.
Sein-Wollen-wie-Gott führt zum Verlust des un-ambivalenten paradiesischen
Lebenszustandes, wie in Genesis 3 bildstark erzählt wird.[37] In der Folge gilt,
was Gott seinen Geschöpfen auf dem Weg in die mühsame Erdenexistenz *'jen-
seits von Eden'* mitgibt: ‚Im Schweiße deines Angesichts sollst du dein Brot es-
sen, bis du zurückkehrst zum Ackerboden; von ihm bist du ja genommen. Denn
Staub bist du, zum Staub musst du zurück' (Genesis 3,19). Rückkehr in den
Staub impliziert, dass Gott dem Menschen seinen Lebensodem wieder entzieht.
In der Folge zerfällt der Mensch zu dem, woraus er geformt wurde: zu losem
Staub. 'Verbirgst du dein Angesicht, nimmst du weg ihren Odem, so vergehen
sie und werden wieder Staub der Erde' (104,29). Eingebunden in den Kreislauf
von Werden und Vergehen gehört daher auch das Sterben unabdingbar zum
Mensch-Sein dazu, weshalb es ihm weder Angst machen muss, noch mit allen
Mitteln zu verhindern ist.

Die Erfahrung, dass das eigene Leben in rasantem Tempo wie ein Windhauch
vorüberzieht (vgl. Psalm 39,6), muss Menschen daher nicht beunruhigen oder
traurig stimmen. Von Kohelet kann vielmehr gelernt werden, dass sowohl Ge-
borenwerden, Leben und auch Sterben ihre Zeit haben und auch haben dürfen
(vgl. Kohelet 3,2). In der Gewissheit des eigenen Todes gilt es daher, sich gerade durch ein aktives Leben im Rahmen der eigenen Möglichkeiten als Mensch
zu erweisen. Dass sich auch die eigenen Möglichkeiten und Spielräume im Laufe des Lebens dabei nicht als unendlich, sondern als endlich, d.h. als stark ein-
gegrenzt erweisen werden, ist unvermeidbar, weshalb Mensch-Sein und *Be-
grenzt-Sein* immer in einem Atemzug zu nennen sind.[38] Aus bibel-theologischer
Sicht sind somit der conditio humana Unvollkommenheit, Fragmentarität, Gebrechlichkeit, Gebrochenheit, Behinderung, Krankheit, Unheilbarkeit, Leid,
Vergänglichkeit, Altwerden und Sterben als Wesenskennzeichen von Mensch-
Sein essentiell eingeschrieben. Regina Radlbeck-Ossmann ruft uns daher in Erinnerung, dass aus christlicher Sicht „Gesundheit ein hohes, aber nicht das
höchste Gut darstellt.“[39] Der Mensch kann sich zwar (präventiv) darum bemühen, Leid-Zustände zu vermeiden. Letztendlich aber wird er gerade dadurch
zum Menschen, dass er lernt, seine Begrenztheiten als zum Leben dazugehörig
in das eigene Leben zu integrieren. Mensch-Sein heißt daher, sich selbst als
endliches Staub-Geschöpf zu akzeptieren und in wirklich allen Lebens-
Situationen seine Lebens-Möglichkeiten auszuschöpfen.

---

36 Vgl. HILBRANDS, W. (2004): Die hohe Anthropologie von Psalm 8.
37 Vgl. RAISER, K. (2004): Christlich-Theologische Anthropologie, 65.
38 Vgl. HÄRLE, W. (2005): Menschsein in Beziehungen, 430.
39 RADLBECK-OSSMANN, R. (2012): Die Zurückhaltung aufgeben, 94.

4. Sündig & Erlöst

4.1. Verstrickt in Sünde und Schuld

Ist der Mensch tatsächlich frei, dann ist er natürlich nicht nur fähig zum Guten, sondern auch zum Schlechten. Dementsprechend konfrontiert uns die Bibel mit einer höchst realistischen Sichtweise vom Menschen. Missbrauchen Menschen ihre Freiheit, dann kommt biblisch gesprochen die Sünde in ihr Leben. Sünde ist ein spezifisch religiös besetzter Begriff, weshalb er mehr bedeutet als nur Schuld.[40] Schuldig werden Menschen immer dann wenn sie eine Norm, ein Gesetz oder eine abgesprochene Spielregel übertreten und dadurch ihren Mitgeschöpfen in Form von Handlungen oder Unterlassungen Schaden zufügen und sogar rechtlich dafür belangt werden können. Sündig dagegen werden Menschen immer dann, wenn sie entweder versuchen sich selbst an die Stelle Gottes zu setzen, wenn sie gottgewollte Grenzsetzungen (z.B. ‚vernichte nicht die Schöpfung‘ oder ‚füge deinen Mitgeschöpfen durch Viehhaltung keinen Schaden zu; oder ‚verführe nicht die Freundin deines Freundes‘ oder ‚rede nicht schlecht über andere‘ oder ‚entwickle und setze keine Massenvernichtungswaffen ein‘) missachten, oder wenn sie hinter ihren gottgewollten Möglichkeiten als Mensch zurückzubleiben und etwas nicht tun, was sie tun könnten (besonders alte Menschen leiden oft darunter, dass sie jemandem nicht gesagt haben, dass sie ihn lieben; dass sie nicht verziehen haben, obwohl es doch möglich gewesen wäre; dass sie sich nicht am Leben gefreut haben; dass sie nicht gut zu sich und anderen waren etc.). In der Regel werden Menschen im Alltagsleben nicht sündig, indem sie morden, stehlen und betrügen, sondern indem sie ihre gottgegebenen Potentiale nicht nutzen, weshalb sie sich selbst verfehlen bzw. an sich selbst vorbeigehen, wie Kardinal Karl Lehmann es ausdrückt.[41]
Für Jesus scheint die Sündenthematik nicht gerade ein zentrales Thema seiner Reich-Gottes-Botschaft gewesen zu sein, weshalb sie in den Evangelien keine prominente Stellung einnimmt. Und selbst Paulus, der sich intensiv mit dem universalen Phänomen der Sünde auseinandergesetzt hat, interessiert sich nicht für die Sünde als solche, sondern hauptsächlich für deren Überwindung. Knut Wenzel, der entsprechende Textpassagen des Neuen Testamentes genauer analysiert hat, kommt deshalb zu folgendem Schluss: „Der Diskurs der Sünde hat seine Sinnspitze in der Exponierung des Heils, der Befreiung, der Vergebung.‘‘[42] Wenn dem so ist, dann lässt sich aus dem biblischen Befund nicht ableiten, dass der Mensch hauptsächlich als Sünder zu sehen ist. Sicherlich ist die Sünde so etwas wie eine *anthropologische Hintergrund-Konstante* im Leben aller Menschen, weshalb Jürgen Ziemer vorschlägt: „Wir dürfen und sollten auch davon ausgehen, dass es jenseits der Konfessionsgrenzen Erfahrungen gibt, die dem

---

40 Vgl. DLUGOS, S./ S. MÜLLER (2012): Was ist Sünde?, 31.
41 Vgl. LEHMANN, K. (2003): Kriterien und Umriss des christlichen Menschenbildes, 12.
42 WENZEL, K. (2003): Sakramentales Selbst, 166.

entsprechen, was in der christlichen Tradition mit ‚Sünde' gemeint ist. Das Wort ‚Sünde' bezeichnet eine menschliche Grunderfahrung."[43] Menschen sind nun einmal nicht Gott, sondern zur Freiheit berufene Geschöpfe, weshalb sie ihre Freiheit nicht immer gottgemäß ausleben werden. Die Annahme einer potentiellen sündigen Grundverfasstheit aller Menschen darf nun aber nicht dazu führen, den Menschen primär als Sünder zu begreifen, weshalb Magnus Striet von einer Kirche träumt, in der der Mensch nicht auf seinen Sünder-Status festgelegt und Sünde nicht zum dominanten Thema wird.[44] Schon vor 20 Jahren warnte auch der evangelische Praktische Theologe Joachim Scharfenberg (auch im Blick auf freikirchliche Gruppierungen) davor, Sünde zum Verstehensschlüssel menschlicher Existenz machen zu wollen.[45] Folgende These Werner Jentschs ist daher zwar nicht vollkommen von der Hand zu weisen, aber im Blick auf das christliche Menschenbild doch eher missverständlich, weshalb ein Veto angebracht ist: „Aber so 'gut' ist der Mensch nun einmal nicht, er ist und bleibt, ob Ratsuchender oder Berater, ein armer, elender, sündhafter Mensch."[46]

Sünde hängt zudem nicht nur am Einzelnen! Als anthropologische Konstante scheint sie den Menschen bereits in die Wiege gelegt zu sein. Um diesen Sachverhalt in Worte fassen zu können, entwickelte man in der Christentumsgeschichte die Vorstellung von der *Erbsünde*. Ein Begriff, der zu vielen Missverständnissen/Gewalttaten Anlass bot und dazu beitrug, das christliche Menschenbild durch die Überbetonung des Sünder-Status zu verdunkeln. Die Aussagespitze der erbsündigen Verfasstheit menschlicher Existenz besteht aber nicht darin, Menschen auf ihr Sünder-Sein festlegen zu wollen, damit sie sich permanent sündig fühlen oder sich dazu ermutigt fühlen, erst recht zu sündigen, weil sie sich der Sünde ja sowieso nicht entziehen können. Die Aussagespitze ist vielmehr die, dass Menschen immer schon in eine Schuldgeschichte universalen Ausmaßes verstrickt sind.[47] Die Welt ist voll von vergangener und gegenwärtiger Sünden- und Schuldgeschichte, von individueller, kollektiver und *struktureller Sünde*[48] und Schuld, weshalb niemand seine Hände in Unschuld waschen kann, wie Ottmar Fuchs eindringlich vor Augen führt: „Die erbsündliche Verfasstheit der Menschheitsgeschichte ist ein scharfes Glaubensbild für das, was die Menschen tatsächlich an Bösem tun und an Gewalt und an Ungerechtigkeit erleben, und für die Tatsache, dass alle Menschen darin verstrickt sind und zugleich gefährdet, in bestimmten Umständen selbst abgrundtief böse

---

43 ZIEMER, J. (2009): Sünde und Gnade, 35. Vgl. auch: MIGGELBRINK, R. (2010): Einsichten zur Sünden-
    wirklichkeit aus katholischer Perspektive.

44 Vgl. STRIET, M. (2011): Wie heute über Sünde reden?, 572. Ob der Traum in Erfüllung geht, das können
    LeserInnen vor Ort selbst herausfinden, indem sie z.B. während eines Gottesdienstes darauf achten, wie oft
    das Wort ‚Sünde/Schuld' bzw. das Thema ‚sündigen' in Gebeten, Liedern, Predigten vorkommt.

45 Vgl. SCHARFENBERG, J. (1990): Pastoralpsychologische Kompetenz, 146.

46 JENTSCH, W. (1982): Der Seelsorger, 100.

47 Vgl. PRÜLLER-JAGENTEUFEL, G. (2006): Schuld als Beziehungsgeschehen, 94.

48 „Der Begriff der sozialen oder strukturellen Sünde wurde in der lateinamerikanischen Theologie der Befrei-
    ung in prophetisch-kritischer Absicht geprägt und hat sich in der gesamten Theologie bis in die offiziellen
    kirchlichen Dokumente durchgesetzt." DLUGOS, S. /S. MÜLLER (2012): Was ist Sünde?, 35.

zu werden."[49] Der Terminus strukturelle Sünde erinnert Menschen daran, dass sie sich nicht darauf zurückziehen können, ‚dass sie es ja nicht gewesen sind', ‚dass sie nichts dafür können', ‚dass das andere waren, ‚dass es nicht in ihrer Macht steht'. Angesichts unbarmherziger, ungerechter, unmenschlicher Strukturen, die Reich-Gottes blockieren, verpflichtet die Identifikation ‚strukturelle Sünde' dazu, nicht weg zu sehen und im Rahmen der eigenen Möglichkeiten an Veränderungen mitzuwirken.

4.2. Und doch erlöst/gerechtfertigt

Das Spezifikum der christlichen Sichtweise des Menschen liegt darin, dass der Mensch trotz, vielleicht sogar wegen seiner Sünden-Verstrickung ohne, dass er es sich irgendwie verdient hätte oder es sich erarbeiten könnte als durch Gott gerechtfertigt, begnadigt/erlöst fühlen darf.[50] Schon für Paulus stand fest, dass, weil Jesus der Christus ist, die Gnade Gottes alle Sündhaftigkeit der Menschen weit übersteigt (Römer 8,24). Für Franz Gruber bedeutet dies: „Die Gnade ist das *bedingungslose* Ja Gottes zum Sünder – weil in Jesus Christus Gott sich zum Menschen nicht als unentschiedenes Ja oder Nein, sondern als vorbehaltloses Ja verhält (2 Korinther 1,19)."[51] Ein Ja, das keinerlei Vor-Bedingungen oder Gegen-Leistungen voraussetzt, wie Ottmar Fuchs unter Verweis auf Martin Luther illustriert: „Luther erfährt die beglückende Einsicht: Nichts, gar nichts muss ich tun, damit mich Gott liebt. Er liebt mich unbedingt, ohne Bedingungen, und zwar als Sünder, noch bevor ich mich verändert habe. Nicht ein Wenn-dann oder Ja-Aber, sondern ein Ohne-wenn-und-aber bestimmt diese Beziehung. Gott ist nicht eine Belastung, sondern eine Entlastung im Leben (Mt 11,28-30). Er fordert nicht erst, sondern er schenkt zuerst. Seine Gnade ist voraussetzungslos… Luther hat erkannt: Es ist ein Wahn, sich Gottes Liebe erwirtschaften zu wollen. Gott liebt bedingungslos, jeden Augenblick neu. Dies ist die Dauerdynamik, die die Schöpfung trägt, die die Welt und die Menschen am Leben hält."[52]
Eine befreiende Botschaft, die bis heute (leider) nicht alle ChristInnen erreicht hat, weshalb viele noch immer dem Wahn erliegen, nichts wert zu sein oder sich die Liebe Gottes bzw. ihre Erlösung erst noch verdienen zu müssen. Dagegen legt Isidor Baumgartner Einspruch ein, denn: „Gott kommt menschlichem Tun durch seine Gnade zuvor! Es ist uns etwas gegeben, das nicht von uns geleistet werden kann und braucht… dieses 'Existential der Begnadetheit' wie es Karl Rahner bezeichnet und dem 'Existential der Sünde' übergeordnet, meint: Mensch-Sein ist zuerst Gabe vor Aufgabe, Sein-Dürfen vor Sein-Sollen, Zuspruch vor Anspruch."[53] Zeitgleich zu Karl Rahner wagte es **Papst Johannes XXIII** in ei-

49 FUCHS, O. (2007): Das Jüngste Gericht, 33.
50 Vgl. KLAIBER, W. (2003): Der gerechtfertigte Mensch, 145.
51 GRUBER, F. (2003): Das entzauberte Geschöpf, 56.
52 FUCHS, O. (2007): Das Jüngste Gericht, 139/144. Ders. (2008): Christliche Eschatologie, 120.
53 BAUMGARTNER, I. (2004): Vom Proprium christlicher Caritas, 193.

nem Gebet das auszusprechen, was bereits Paulus im Römerbrief 8,24 als christliche Grundüberzeugung formulierte: „Gib unserem Apostolat Begeisterung, damit es alle Menschen und Völker erreicht, **denn alle Menschen sind erlöst**"[54]. Klipp und klar wird hier der Kern des christlichen Menschenbildes von einem Papst in Form von drei Kernaussagen auf den Punkt gebracht:

Sind erlöst
*und nicht _sind erlösungsbedürftig_ oder _werden künftig (vielleicht) erlöst_
Alle Menschen
*und nicht eine von Gott oder der Kirche auszuwählende _Anzahl von Menschen_
aufgrund bestimmter Kriterien wie z.B.
Religions-, Konfessions-, Kirchen- oder Gemeindezugehörigkeit,
Gläubigkeit, Frömmigkeit, Kirchengehorsamkeit, Diakonischer Einsatz
Menschen
*und nicht _unsterbliche Seelen_

Was aber bedeutet eigentlich **erlöst**? Wenn Jesus tatsächlich der erhoffte Messias, der Erlöser aller Menschen ist, dann sind wir Menschen mit hineingenommen in eine unaufhaltsame universale Heilsgeschichte, die mit der Schöpfung begann, durch das Leben, Sterben und die Auferweckung Jesu Christi für alle Zeiten unumkehrbar wurde und sich bereits hier und jetzt auf Erden immer dann, wenn Reich Gottes spürbar wird, spätestens aber nach dem Tod eines jeden Menschen vollenden wird. Erlösung steht deshalb nicht für Vertröstung auf ein Jenseits, sondern signalisiert, dass jeder Mensch schon auf der mit Jesus Christus angebrochenen ‚neuen Erde' sich in großer Gelassenheit am wachsenden Reich Gottes erfreuen und – egal, wie das Leben auf Erden verlaufen ist – die berechtigte Hoffnung auf ein Leben nach dem Tod haben darf.

Tom Wright will deshalb als ehemaliger anglikanischer Bischof und Bibelwissenschaftler in seinem äußerst lesenswerten Buch ‚Von Hoffnung überrascht' festgehalten wissen: „Das Werk der Erlösung umfasst im vollen Sinne (1) ganze Menschen, nicht nur Seelen; (2) es umfasst die Gegenwart, nicht einfach die Zukunft; (3) es umfasst das, was Gott durch uns tut, nicht nur das, was Gott in uns und für uns tut…Erlösung heißt also nicht, ‚in den Himmel gehen', sondern im neuen Himmel und der neuen Erde Gottes zum Leben auferweckt werden. Solange wir Erlösung in dem Sinne verstehen, dass wir in den Himmel gehen, wenn wir sterben, solange wird die Hauptaufgabe der Kirche dazu verurteilt sein, im Sinne der Errettung von Seelen für jene Zukunft verstanden zu werden."[55]

---

54 PAPST JOHANNES XXIII (1881-1963), in: SUDBRACK, J. (1998): Entzünde in uns das Feuer deiner Liebe. Gebete zum Heiligen Geist, 53. In der Übersetzung von Römer 8,24 steht in der Einheitsübersetzung leider nicht das Originalwort ‚erlöst', sondern ‚gerettet'.
55 WRIGHT T. (2011): Von Hoffnung überrascht, 215/212/2011.

Erlöst, begnadet, gerechtfertigt impliziert demnach, dass die Macht der Sünde
bereits auf Erden endgültig gebrochen ist, obgleich Menschen natürlich unter
irdischen Bedingungen auch weiterhin sündigen werden und auch der strukturellen Sündenverhaftetheit nicht entkommen können. Eine anthropologische
Grundbestimmung des Menschen, die Martin Luther in der paradoxen Formulierung *'simul iustus et peccator'* (sündig & erlöst zugleich) treffend zum Ausdruck gebracht hat.[56] Aus christlicher Sicht kann sich zwar kein Mensch selbst
rechtfertigen. Kein einziger Mensch fällt aber auch aus dem Rechtfertigungs-
handeln Gottes heraus, denn: „Mit dem Gerichtsakt der Rechtfertigung ist von
Gott her garantiert: Gottes Gnade ist weder Laune noch Herablassung, sondern
ein Rechtstitel. Gott setzt sein Geschöpf ins Recht, auch sich selbst gegenüber."[57] 'Ins Recht setzen' impliziert für Elsa Tamez jedoch nicht nur Sündenvergebung, sondern auch, dass Gott allen Menschen ihre Gottesebenbildlichkeit
endgültig bestätigt und deshalb allen (!) Menschen ein Leben in Gerechtigkeit,
das bereits auf der Erde beginnt, zusagt, wie bereits im Begriff 'gerechtfertigt'
aufscheint. Gerechtfertigt-Sein wird somit zu einer Grundbestimmung menschlichen Seins, weshalb Eberhard Jüngel die These aufstellt: „*Rechtfertigung definiert den Menschen als Menschen.*"[58] Obgleich kein Mensch den christlichen
Glauben annehmen muss, um in den Genuss der unverdienten Gnade Gottes zu
kommen, kann dem Menschen erst im Glauben an Jesus Christus der Zustand
des Begnadet-Seins überhaupt erfahrbar bzw. interpretierbar werden und sich
als Gewissheit heilsam auf sein Leben auswirken, so dass er in extremer Freude
und Gelassenheit sein Leben genießen kann, weshalb Magnus Striet behauptet:
„Wer dies zu glauben vermag, dessen Leben verändert sich bereits jetzt. Er weiß
um das Geschenk, autonom leben zu dürfen, verschweigt auch die damit verbundenen Nöte nicht, klagt die Ungerechtigkeit an, aber: Er wird zugleich gelassen, ohne weltflüchtig zu werden."[59]

4.3. Leben nach dem Tod

'Born for eternity'[60] Ein Slogan, der knapp und präzise auf den Punkt bringt,
welche Konsequenz Erlösung bzw. der Status des Gerechtfertigt-Seins für das
christliche Menschenbild mit sich bringt, denn, wie Markus Striet es formuliert:
„Da sich Gott als der offenbar gemacht hat, der ein unbedingtes Ja für den Menschen hat, wird er den Tod nicht das letzte Wort über den Menschen sein lassen."[61] Auch der gerechtfertigte Mensch ist und bleibt ein sterblicher Mensch,

56 Vgl. BERNER, K. (2005): Der neue Mensch, Rechtfertigungslehre und personale Identität, 185.
57 FUCHS, O. (2007): Das Jüngste Gericht, 141.
58 JÜNGEL, E. (2002): Was ist der Mensch?, 85. Vgl. auch TAMEZ, E. (1998): Gegen die Verurteilung zum
    Tod; TAMEZ, E. (1999): Die Rechtfertigung durch den Glauben
59 STRIET, M. (2012): Erlösung durch den Opfertod Jesu?, 21.Vgl. auch FUCHS, O. (2007): Das Jüngste Ge-
    richt, 145.
60 HÄRLE, W. (2005): Menschsein in Beziehungen, 43.
61 STRIET, M. (2012): Erlösung durch den Opfertod Jesu?, 21. Vgl. auch: FUCHS, O. (2013): Überströmende
    Liebe schenkt unerschöpfliches Leben. Glauben über den Tod hinaus; FUCHS, O. (2011): Hoffnung über den

weshalb der Tod als zum Leben gehörig zu akzeptieren ist. Zugleich aber wird der Tod nur als eine *vor-letzte* Wirklichkeit bewertet, als eine Art *Durchgansstadium* in ein ‚anderes Leben‘, weshalb sich Mensch-Sein nicht vom biologischen Verfallsdatum her definieren lässt. Eine der zentralsten christlichen Glaubensüberzeugungen, an die bereits Paulus die ersten ChristInnen immer wieder mit Nachdruck erinnerte: ‚Brüder, wir wollen euch über die Verstorbenen nicht in Unkenntnis lassen, damit ihr nicht trauert wie die anderen, die keine Hoffnung haben. Wenn Jesus – und das ist unser Glaube – gestorben und auferstanden ist, dann wird Gott durch Jesus auch die Verstorbenen zusammen mit ihm zur Herrlichkeit führen.‘ (1 Thessalonicher 4,13). Im Unterschied zum jüdischen Denkhorizont impliziert für ChristInnen ‚in die Herrlichkeit führen‘ weder, dass Menschen in ein unterirdisches Totenreich (Sheol) gelangen, indem sie dahinvegetieren, noch, dass sie einer endzeitlichen gemeinsamen Auferweckung aller Menschen teilhaftig werden.[62] ChristInnen glaubten vielmehr von Anfang an, dass ein jeder einzelne Mensch, wenn er stirbt, bildlich gesprochen in die Hände Gottes fällt, und von diesem aus dem Todesstatus erweckt wird, wobei Raum- und Zeitkategorien keine Geltung mehr haben, weshalb ein derartiges Geschehen für Menschen kaum vorstellbar ist. Der altmodisch klingende Begriff ‚Auferweckung‘ eignet sich weitaus besser als der moderner klingende Begriff ‚Auferstehung‘, um das geheimnisvolle Handeln Gottes in Worte fassen zu können, denn Menschen haben nicht die Fähigkeit, von sich aus aufzuerstehen, sondern können nur darauf vertrauen, dass Gott, so wie er Jesus von den Toten erweckt hat, auch jeden anderen Menschen erweckt. Eine Sichtweise, die für viele ZeitgenossInnen wie z.B. für den renommierten australischen Ethiker Peter Singer als ein tröstliches Märchen einzustufen ist: „Of course it could just be that it is comforting to think that, even though our bodies die, we will somehow live on. It's a kind of a nice fairytale that adults tell each other."[63] Interessanter Weise zeigen empirische Untersuchungen, dass selbst ChristInnen immer mehr dazu neigen, nicht mehr an ein ‚Leben nach dem Tod‘ zu glauben, während z.B. in muslimisch geprägten Ländern wie der Türkei über 90% von einem Weiterleben im Jenseits überzeugt sind.[64]

Tod hinaus?; RIEGER, M. (2013): Dem Tod entgegenwachsen – Sterben als Abbruch oder Vollendung?; VORGRIMLER, H. (2007): „... und das ewige Leben. Amen!". Christliche Hoffnung über den Tod hinaus; SWARAT, U./ T. SÖDING (Hg.) (2013): Gemeinsame Hoffnung – über den Tod hinaus; KEHL, M. (2012): Glaube und Vernunft. Anmerkungen eines Theologen zur christlichen Hoffnung auf ein Leben nach dem Tod.

62 Alttestamentliche Texte aus der Zeit des babylonischen Exils belegen, dass der bis dahin im Judentum dominante Glaube daran, dass Menschen nach ihrem Tod in der Unterwelt (Scheol), d.h. in einem düsteren Schattenreich, in dem tote Menschen dahindämmern, versammelt werden (Kohelet 9,10), sich verschob zum Glauben an eine endzeitliche gemeinschaftliche Totenerweckung (Jesaja 24-27). Vgl. HAAG, E. (1986): Seele und Unsterblichkeit in biblischer Sicht, 67.

63 SINGER, P. (2010): Interview, 7.

64 „Soziologen stellen fest, dass der Jenseitsglaube in den modernen Gesellschaften des 20. Jahrhunderts verdunstet ist." HELLER, B./ A. HELLER (2014): Spiritualität und Spiritual Care, 205. Hier lassen sich auch die Hinweise auf die empirischen Untersuchungen, v.a. die Daten der Europäischen Wertestudie Paul M. Zulehners finden.

Was genau sich Menschen unter einem ‚Leben nach dem Tod' vorstellen, weicht jedoch extrem voneinander ab, da ja niemand wirklich wissen kann, was passieren wird. Alle Überlegungen, die im Diesseits über das Jenseits angestellt werden, bleiben daher letztlich spekulativ und unbeweisbar. Auch ChristInnen können keine exakte Auskunft geben, weil selbst in der Bibel diesbezüglich kein Detailwissen überliefert ist. Wovon wir aber ausgehen dürfen ist, dass das ‚Leben nach dem Tod' andersartig und vollkommen neu sein wird (vgl. 1 Korinther 15,35 ff.). Wenn es aber tatsächlich eine neue Art von Leben sein wird, dann ist mit Horst-Georg-Pöhlmann einzugestehen: „Wir wissen nicht, wie dieses neue Leben ausschaut, sonst wäre es nichts Neues, sondern eine Neuauflage des alten."[65] Was wir aber annehmen dürfen, ist, dass ‚Leben nach dem Tod' nicht bedeutet, das eigene irdische Leben einfach fortsetzen zu können oder z.B. reinkarniert in Gestalt eines anderen Menschen oder eines Tieres auf die Erde zurückzukehren. Aus christlicher Sicht lebt der Mensch nur ein einziges Mal auf Erden und ist von Gott dazu ermutigt und befähigt, dieses in Solidarität mit seinen Mit-Menschen aktiv zu gestalten und zu genießen. Menschen können darüber nachdenken und sich darüber austauschen, was sie sich unter der Chiffre ‚Himmel' für ein ‚Leben nach dem Tod' erwarten/erträumen, wie dies z.B. Margot Käßmann tut, wenn sie in einem Interview bekennt: „Was den Himmel angeht, glaube ich, dass uns die Auferstehung erwartet, in welcher Form auch immer. Die Bibel sagt, dort sind alle Tränen abgewischt – Not, Leid, Geschrei werden ein Ende haben."[66] Wenn ‚Himmel' bedeutet, sich nicht in reine Energie aufzulösen, sondern als der Mensch, der man auf Erden war, Gott ‚von Angesicht zu Angesicht' zu begegnen, dann ist im christlichen Menschenbild grundgelegt, dass niemand Angst vor dem Tod haben muss. Sterben verursacht den oftmals höllischen Schmerz, sein Leben loslassen zu müssen. Der Tod reißt bei den Hinterbliebenen manchmal unheilbare Wunden, weil er zunächst einen brutalen Beziehungsabbruch der Verstorbenen mit den Lebenden verursacht. Erst durch den Tod aber ist es aus christlicher Sicht möglich, dass Verstorbene ‚Himmel', sprich etwas durch und durch ‚Positives', erleben und ihren Angehörigen selbst als Verstorbene nicht verlorengehen.[67]

4.4. Unsterbliche Seele?

Bereits Anfang der 70iger Jahre hat sich der Priester und Bibelwissenschaftler Alfons Weiser mit der Frage auseinandergesetzt, worauf ein Christ seinen Auferweckungsglauben gründet und kam zu folgendem (selbst)kritischen Ergebnis: „Fragt man einen Christen, der vom Leben nach dem Tod überzeugt ist, worauf er diese seine Überzeugung stützt, so erhält man oft die Antwort, die ‚Unsterb-

---

65 PÖHLMANN, H. G. (2004): Wo aber bleibt die Seele? – Leben nach dem Tod, 148.
66 KÄßMANN, M. (2013): „Dort sind alle Tränen abgewischt", 44.
67 Wie in den unterschiedlichen Religionen ‚Tod' gesehen wird, hat Birgit Heller zusammengestellt: HELLER, B. (2012): Wie Religionen mit dem Tod umgehen.

lichkeit der Seele.“[68] Was Weiser dabei erstaunt ist, dass, ChristInnen, ohne dass
sie dies überhaupt wissen, statt biblischer philosophische Sichtweisen im Kopf
haben und dass dies anscheinend denen zu verdanken ist, die ihnen den christlichen Glauben verkündet/beigebracht haben. Vierzig Jahre später stellt ein weiterer Bibelwissenschaftler die gleiche Frage wie Weiser und kommt zum gleichen Ergebnis: „Wenn wir heute einen Durchschnittschristen, sei es Protestant
oder Katholik, Intellektueller oder nicht, fragen, was das Neue Testament über
das individuelle Los des Menschen nach dem Tode lehrt, so werden wir, von
wenigen Ausnahmen abgesehen, die Antwort erhalten: „Die Unsterblichkeit der
Seele“. In dieser Form ist diese Meinung jedoch eines der größten Missverständnisse des Christentums. Es hilft nichts, diese Tatsache zu verschweigen
oder sie durch willkürliche Umdeutungen, die den Texten Gewalt antun, zu verschleiern.“[69] Und auch Peter von Inwagen, der die Beeinflussung des Christentums durch philosophisches Denken untersucht hat, stellt mit Verwunderung
fest: „Die meisten Christen scheinen sich das Leben nach dem Tod auf eine
Weise vorzustellen, die man, ohne zu unfair zu werden, als ‚platonisch‘ beschreiben könnte. Wenn man stirbt, zerfällt der Körper und das, was einen
‚ausmacht‘, was man immer gewesen ist, die immaterielle Seele oder der Geist
oder das Selbst, besteht fort.“[70]
Tom Wright macht zudem als Bibelwissenschaftler darauf aufmerksam, dass die
unbiblische Idee der ‚unsterblichen Seele‘ nicht nur in kirchlichen Lehrdoku-
menten aller Konfessionen, sondern auch in liturgischen Texten, Liedern und
Gebeten präsent ist.[71] Auch im ‚Katechismus der Katholischen Kirche‘ aus dem
Jahr 1993 stoßen wir auf folgende Glaubensvorgabe: „Was heißt Auferstehung?
Im Tod, bei der Trennung der Seele vom Leib, fällt der Leib des Menschen der
Verwesung anheim, während seine Seele Gott entgegengeht und darauf wartet,
dass sie einst mit ihrem verherrlichten Leib wiedervereinigt wird.“[72] Dass bibel-
fremdes dualistisches Gedankengut bis in den Katechismus einsickern konnte,
verdankt sich hauptsächlich dem 5. Laterankonzil, wo 1513 die ‚Unsterblichkeit
der Seele‘ als verbindliche Glaubenswahrheit ausgewiesen wurde.[73] Herbert
Vorgrimler, Schüler von Karl Rahner und kirchenamtlich anerkannter katholischer Theologe, steht dieser Lehrmeinung sehr kritisch gegenüber und ermutigt
heutige Menschen dazu, sich aus dualistischen Denkkorsetts und damit von der
Idee einer ‚unsterblichen Seele‘ zu befreien, denn: „Der Partner, die Freundin,
die Oma, sie sind bei Gott. Dabei muss nicht über die Seele als Seinsprinzip, als
‚geistiges Selbst‘, als ‚Ich‘ spekuliert werden. Niemand ist vom Glauben her
genötigt, sich auf das Seelendenken bei Aristoteles und bei Thomas von Aquin

68 WEISER, A. (1971): Worauf gründet ein Christ seinen Auferstehungsglauben?, 28.
69 CULLMANN, O. (2010): Unsterblichkeit der Seele oder Auferstehung der Toten?, 13.
70 INWAGEN, P. von (2010): Dualismus und Materialismus, 101.
71 Vgl. WRIGHT; T. (2011): Von Hoffnung überrascht, 103.
72 KATECHISMUS DER KATHOLISCHEN KIRCHE (1993), Ziffer 997.
73 Vgl. SWARAT, U. (2013): Jenseits des Todes, 29.

einzulassen. Karl Rahner nannte es ‚eine Hilfskonstruktion‘, und Josef Ratzinger bezeichnete es als ein ‚sekundäres Gedankenmuster.‘[74] Kein Christ ist daher gezwungen, an die Trennung von Leib und Seele im Tod zu glauben,[75] wie Gisbert Greshake überzeugend herausgearbeitet hat.[76] Im Unterschied zu ihren hellenistisch geprägten ZeitgenossInnen glaubten ChristInnen ursprünglich nämlich nicht, dass die Seele als das Eigentliche des Menschen wortwörtlich un-sterblich ist, d.h., dass ein Mensch nicht ganz sterben kann, weil sich die unsterbliche Seele von sich aus aus dem sterblichen Körper befreit und z.b. durch ein offenes Fenster entweicht. In der Anfangszeit waren ChristInnen vielmehr davon überzeugt, dass ein jeder Mensch analog zu Jesus tatsächlich ganz und gar stirbt und ‚hinabsteigt in das Reich des Todes‘. Nur dann nämlich, wenn Jesus tatsächlich ganz gestorben ist (so dass keine unsterbliche Seele Jesu dessen Kreuzestod unbeschadet überlebt hat), erklärt sich die *Radikalität der (die neue Religion konstituierenden) Oster-Erfahrung*. Weil Jesus wirklich tot war, hat Gott ihn aus dem Reich des Todes auferweckt, weshalb er bildlich gesprochen ‚zur rechten Seite Gottes sitzt‘ und alle Menschen bis auf den heutigen Tag darauf vertrauen dürfen, ebenfalls auferweckt zu werden, wie Oskar Cullmann auf den Punkt bringt: „Nur wer mit den ersten Christen das Grauen des Todes erfasst, den Tod ernst nimmt, kann den Osterjubel der Urgemeinde begreifen und verstehen, dass das ganze Leben und Denken der ersten Christen durch die Auferstehung beherrscht ist... Auferstehung ist eine positive Aussage: der ganze Mensch, der wirklich gestorben ist, wird durch einen neuen Schöpfungsakt Gottes zum Leben gerufen. Es geschieht etwas. Ein Schöpfungswunder!... Christus in neuem Leib, im Auferstehungsleib. Wer das Grauen des Todes nicht erfasst hat, kann nicht mit Paulus in den Siegeshymnus einstimmen: Verschlungen ist der Tod – Tod, wo ist dein Sieg? Tod, wo ist dein Stachel? (1 Korinther 15,54).‘[77] Im Glaubensbekenntnis bezeugen daher ChristInnen aller Konfessionen seit jeher nicht das Fortleben einer unsterblichen Seele, sondern bestehen auf eine

74 VORGRIMLER, H. (2007): Unsterbliche Seele?, 31.
75 Viele ChristInnen sind davon überzeugt, dass die Seele eines Verstorbenen, den Körper/Raum verlässt. Viele berufen sich dabei auch auf sogenannte Nahtod-Erlebnisse und damit verbundene Erfahrungen, die diese Sichtweise zu bestätigen scheinen. Moderne Forscher wie Christian Hoppe hinterfragen jedoch derartige Interpretationen. Hoppe argumentiert, dass der Mensch im Moment des Todes ganz und gar aufhört zu existieren, denn „wie sollte der Geist den unwiderruflichen Verlust aller Hirnfunktionen im Tod überleben können, wenn er bereits bei der Narkose oder allabendlich beim Einschlafen ‚den Geist aufgibt‘?“ Eine Tatsache, die Christen jedoch keinesfalls beunruhigen muss, denn wenn sie sich auf die Bibel rückbesinnen würden, dann bräuchten sie nicht die Hilfskonstruktion ‚Seele‘ um daran zu glauben, dass der Verstorbene längst, nämlich ganz und gar, bei Gott ist. Hoppe fragt sich: „Warum wollen dann so viele vermeintlich Christgläubige nach ihrem Tod unsterbliche, ewige Seelen mit unverletzlichen Astralkörpern aus Licht werden?“ Vgl. HOPPE; C. (2013): Gott und Gehirn, 153-154/165. Vgl. auch: EWALD, G (2011): Auf den Spuren der Nahtoderfahrungen. Gibt es eine unsterbliche Seele?; KUHN, W. (2012): Out-of-body.
76 Vgl. GRESHAKE; G. (2008): Auferstehung des Leibes und/oder Unsterblichkeit der Seele? Greshake zeigt allerdings auch auf, wie schnell Christen sich an hellenistisches Denken gewöhnten und dieses in ihre Lehre integrierten, wodurch biblisches Denken Schritt für Schritt überfremdet wurde.
77 CULLMANN, O. (2010): Unsterblichkeit der Seele oder Auferstehung der Toten?, 17-18. Vgl. auch SIEGERT, F. (2013): Von der Sterblichkeit der Seele zur Leiblichkeit der Auferstehung, 66.

Auferweckung des ganzen Menschen, weshalb sie anti-hellenistisch bekennen: *„Ich glaube an die Auferstehung des Fleisches."*[78] Eine Sichtweise, die unausweichlich dazu führte, dass ChristInnen hellenistisch denkenden ZeitgenossInnen suspekt erscheinen mussten. Dies erklärt, warum römische Intellektuelle wie Kelsos Christen abfällig als ‚die in ihren Leib verliebten' verspotteten.[79] Mit ihrer (auf Jesus zurückgehenden) positiven Körperbewertung setzten sich ChristInnen zudem von gnostischen Gruppierungen ab, die den Körper prinzipiell als wertlos, heils- und erlösungsunfähig betrachteten.

In der Theologie wird gegenwärtig heftig darum gerungen, ob im christlichen Menschenbild davon auszugehen ist, dass der Mensch doch nicht ganz stirbt, weil die unsterbliche Seele als der Wesenskern des Menschen den Tod überlebt und nach einer Art ‚Zwischenlagerung' zu Gott kommt, oder ob der Mensch tatsächlich ganz und gar stirbt (Ganztodhypothese) und als Ganzer in die Hände Gottes fällt – wie auch immer man sich dies vorzustellen hat.[80] Ganztod-Hypothetiker haben biblische Glaubenszeugen wie Paulus auf ihrer Seite, denn dieser war der Überzeugung, dass nicht eine unsterbliche Seele, sondern der Mensch als ganzes auf eine völlig neuartige Seinsweise bei Gott sein wird, weshalb er nahezu salopp formulieren konnte: „Nun könnte einer fragen: Wie werden die Toten auferweckt, was für einen Leib werden sie haben? Was für eine törichte Frage!... Gesät wird ein irdischer Leib. Auferweckt ein überirdischer Leib." (1 Korinther 15, 35/44). Für Wilhelm Zauner steht daher fest: „Der Mensch ist nicht deshalb unsterblich, weil er in sich einen Stoff enthielte, der unzerstörbar ist, sondern weil der unsterbliche Gott seine Hand auf ihn gelegt und ihn an sich gezogen hat"[81] Ein liebesvolles ‚aus dem Tode Ziehen' des ganzen Menschen, der trotz seiner Andersartigkeit immer noch derjenige ist, den die Menschen auf Erden kannten.[82]

4.5. Gericht und Neuausrichtung

Auf dem Weg vom alten in das qualitativ neuartige Leben bei Gott gilt es jedoch noch eine Hürde zu überwinden. Eine Hürde, deren Interpretation in der Christentumsgeschichte immer wieder zu einseitigen Verzerrungen und Verdunkelungen des Menschenbildes geführt hat: Das *Gericht*. Ottmar Fuchs, der sich als Praktischer Theologe aus pastoralem Interesse sehr intensiv mit dem

---

78 Tom Wright zeigt in seinem Buch auf, wie das ursprüngliche Credo der ChristInnen (Auferweckung des ganzen Menschen) im Laufe der Geschichte immer mehr in Vergessenheit geriet. Für ihn liegen zwischen der biblischen Sicht und der platonischen, die sich im Christentum breit gemacht hat, unüberbrückbare Welten. Vgl. WRIGHT; T. (2011): Von Hoffnung überrascht.

79 Vgl. GRESHAKE; G. (2008): Auferstehung des Leibes und/oder Unsterblichkeit der Seele?, 113.

80 Vgl. MEIXNER, U. (2012): Leib-Seele-Dualismus und Auferstehungshoffnung; GESTRICH, C. (2010): Unsterblichkeit der Seele? KOENEN, K./ J. SCHUSTER (Hg.) (2012): Seele oder Hirn? Vom Leben und Überleben der Personen nach dem Tod; BRÜNTRUP, G. (Hg.) (2010): Auferstehung des Leibes – Unsterblichkeit der Seele; SIEGERT, F. (2013): Von der Sterblichkeit der Seele zur Leiblichkeit der Auferstehung; JANSSEN, C. (2009): Mit welchem Körper werden wir auferstehen?

81 ZAUNER, W. (1987): Sorge um die Seele, 151.

82 Vgl. HUXEL, K. (2006): Unsterblichkeit der Seele versus Ganztodthese?, 354.

Thema des Jüngsten Gerichts befasst hat, legt folgende Interpretation vor:
„Wenn es eine neue Welt gibt, dann kann es zwischen der alten und der neuen
Welt keinen glatten Übergang geben. Vielmehr ist es nötig, dass sich die Menschen im Gericht auf diese neue Welt hin ausrichten lassen, damit sie in die
neue Zukunft nicht wieder das Alte hineintragen, nämlich das Böse und das
Leid. Es wird so etwas geben wie eine 'Schleuse' zwischen alter und neuer
Welt. Die biblische Botschaft spricht hier vom Gericht."[83] Im Bild des Gerichts
wird festgehalten, dass mit dem Tod die schlechten Taten von Menschen weder
durch eine göttliche Generalamnestie ausgelöscht werden noch durch individuelle Amnesie der Vergessenheit anheim fallen. Weil Menschen Menschen sind,
haben sie auch noch über ihren Tod hinaus Verantwortung für das zu übernehmen, was sie individuell, kollektiv oder auch strukturell verbrochen haben. Sie
werden um der Opfer willen zur Rechenschaft gezogen werden und gezwungen
sein, sich mit ihren Taten und Unterlassungen auseinanderzusetzen. Obgleich
'Anklageschriften' verlesen werden, dient der 'Gerichtsprozess' jedoch nicht
dazu, Bestrafungsprozesse zu initiieren, sondern dazu, Menschen Umkehr und
Reue zu ermöglichen, denn: „Im Gericht verwirklicht sich die allumfassende
Gnade für alle Menschen."[84]
Menschen brauchen das Gericht daher trotz seines Ernstes nicht zu fürchten,
denn es eröffnet ihnen eine 'letzte Chance', ihr Geschöpfsein und ihren Eben-
bildcharakter zu erkennen. „Von daher kann gehofft werden: Wer sich in den
Gerichtsprozess hineinbegibt, ist bereits gerettet."[85] 2012 wagt Ottmar Fuchs
daher, ein Buch unter folgendem, für viele Ohren sehr provokativen Titel zu
veröffentlichen: „Wer's glaubt wird selig...Wer's nicht glaubt, kommt auch in
den Himmel."[86] Und 2014 schärft er uns ein: „Die Neuschöpfung im Gericht
übersteigt alle unsere Vorstellungen".[87] Für Sabine Pemsel-Maier bedeutet dies:
„Der christliche Glaube muss mit der Möglichkeit der Hölle rechnen und kann
sie daher nicht einfach aus der Verkündigung streichen. Zugleich gilt: Eben
weil die christliche Hoffnung niemanden aufgibt, dürfen Christen hoffen, dass
die Hölle leer sein möge." Hölle – demnach kein 'Ort', in den Gott gnadenlos
und unbarmherzig Menschen verdammt, um sie sadistisch zu quälen, sondern
ein von Menschen in Freiheit gewählter Zustand der bewussten Verweigerung
der Liebe und Gnade Gottes.[88]

---

83 FUCHS, O. (2007): Das Jüngste Gericht, 30. Vgl. auch: Ders. (2008): Christliche Eschatologie und Seelsor-
    ge; Ders. (2013): Ein 'lieber' Gott – Verweichlichung oder Verschärfung des Gerichts?
84 A.a.O., 147. Vgl. auch SÖDING, T. (2009): Rettung durch das Gericht.
85 A.a.O., 123.
86 Vgl. FUCHS, O. (2012): Wer's glaubt, wird selig...Wer's nicht glaubt, kommt auch in den Himmel.
87 FUCHS, O. (2014): Der zerrissene Gott, 179. Vgl. hierzu auch: YOUNG, P. W. (2009): Die Hütte.
88 Viele Menschen wollen aus menschlichem Vergeltungsdenken an einer Hölle im Sinne eines göttlichen Be-
    strafungsortes ausdrücklich festhalten. Margot Käßmann und Markus Striet geben diesbezüglich jedoch zu
    bedenken: „Ich möchte Hitler oder Stalin auch nicht Laute spielend auf einer Wolke sehen. Aber es gilt doch
    zu fragen, welche Rachebilder wir hier im Kopf haben. Wenn diese Verbrecher die Opfer ihrer Taten vor Au-
    gen hätten, meinen Sie nicht, sie würden erkennen, wie völlig verfehlt die eigene Existenz war? Wäre da nicht
    einen tiefe Trauer über ein entsetzlich gescheitertes, von unendlicher Schuld belastetes Leben?" KÄßMANN,

Trotz seines realistischen Charakters zeichnet sich das christliche Menschenbild somit durch einen kaum zu überbietenden (Heils)Optimismus aus. Mensch-Sein und *Erlöst-Sein* dürfen in einem Atemzug genannt werden.[89] Der Mensch, ein Wesen, das schon in der irdischen Lebenszeit eine (Vor)Ahnung ewigen Lebens entwickeln und daraus Kraft für sein alltägliches Leben schöpfen kann. Der Mensch, ein *Hoffnungs-Wesen*, das selbst in tiefster Not und Verzweiflung die Hoffnung auf ein anderes Leben im Diesseits und Jenseits nicht aufgeben muss, weil es selbst dann, wenn alle Fakten dagegen sprechen, längst in die universale Heilsgeschichte Gottes eingebunden ist.

4.6. Besessen von ‚dämonischen‘ Mächten und Gewalten?

'Weder Tod noch Leben, weder Engel noch Mächte, weder Gegenwärtiges noch Zukünftiges, weder Gewalten der Höhe oder Tiefe noch irgendeine andere Kreatur können uns scheiden von der Liebe Gottes, die in Jesus Christus ist, unserem Herrn' (Römer 8,38-39). Wenn dem so ist und Satan tatsächlich entmachtet wie ein Blitz vom Himmel fiel (vgl. Lukas 10,18), dann dürfen wir darauf vertrauen, dass der Mensch kein Austragungsort kosmisch dimensionierter Schlachten zwischen Gut und Böse, zwischen Gott und Teufel, zwischen Engel und Dämonen ist.[90] Wir dürfen darauf vertrauen, dass Mensch-Sein, wirklich ganz und gar *Mensch-Sein* bedeutet, weshalb keine un-menschlichen Kräfte in Menschen fahren, von Menschen Besitz ergreifen, sich im Menschen einnisten oder einen Menschen besetzen können, um ihn dadurch zu einem Besessenen zu machen. Ein jeder Mensch steht im Machtbereich Gottes, weshalb er nicht von widergöttlichen Mächten und Gewalten besessen werden kann.[91]

Kein Mensch muss sich bedroht fühlen von Teufel und Dämonen, denn kein Mensch muss in der Angst leben, am Ende seines Lebens durch die Intervention derartiger Mächte ewiger Verdammnis und Höllenqualen ausgeliefert zu sein.[92] Damit ist aber auch ausgesagt, dass kein Mensch 'seine Seele an den Teufel

---

M. (2013): „Dort sind alle Tränen abgewischt", 46; „Warum soll Gott nicht auf jede Strafe verzichten, weil er es will? Weil er Gott ist, nicht ein Mensch, und auf seine freisetzenden Möglichkeiten vertraut, die dazu führen, dass Schuld eingestanden, Reue gezeigt und um Vergebung gebeten werden kann?" STRIET, M. (2012): Erlösung durch den Opfertod Jesu?, 20.

89 WERBICK, J. (2005): Erlösung, 242.

90 „Wo der Teufel als metaphysische Gegenfigur zu Gott postuliert wird, wo die teuflische Macht zur göttlichen Gegenmacht in absoluter Polarität stilisiert ist, dort ist die vom IV. Lateranum vorgegebene Demarkation überschritten... Dualismus ist und muss im Rahmen einer Rede vom Teufel ausgeschlossen werden." LEIM-GRUBER, U. (2004): Kein Abschied vom Teufel, 335. Vgl. auch SINGER, A. (2006): Teufel, Dämonen, Besessenheit, Exorzismus, 263.

91 Vgl. UTSCH, M. (2013): Besessenheit.

92 Eine These, die nicht nur auf Zustimmung stoßen wird, was an folgenden Zitaten ablesbar ist: „Die Auseinandersetzung mit der unsichtbaren Welt der Finsternis ist selbstverständlich Bestandteil unseres Glaubens... Eine Verharmlosung dieser Auseinandersetzung bringt uns in Gefahr." SCHIRRMACHER, T. (2003): Der Christ und die dämonischen Mächte, 132. Schirrmacher ist davon überzeugt, dass Dämonen sich im Kriegszustand mit Menschen befinden und diese aktiv angreifen, um in sie eindringen zu können. „Die Besessenheit ist die deutlichste Form dämonischer Beeinflussung... Besessenheit meint einen Zustand, in dem ein böser Geist vom Körper eines Menschen Besitz ergreift und über ihn verfügt, als wäre es sein eigener." HAUKE, M. (2006): Theologische Klärungen, 205/200.

verkaufen kann', oder als Kollaborateur von Teufel und Dämonen diffamiert und deshalb exekutiert werden darf. Dass sich Menschen dennoch von dämonischen Mächten bedroht oder sogar besetzt fühlen, ist ein ernstzunehmendes Phänomen, dessen Symbolsprache es zu entschlüsseln gilt, um effektiv helfen, sprich Menschen ihr Begnadet- und Erlöstsein spürbar machen zu können.

5.   Hochkomplexes Wesen Mensch

5.1   Ineinander verwobene und ambivalente Dimensionen

Sehen wir den Menschen aus biblischer Perspektive als ein gottgewolltes ganzheitliches Seelenwesen, dann bekommt ein Menschenbild Kontur, in dem der Mensch sehr komplexe Züge annimmt. Wollen wir die Komplexität erfassen, bietet es sich an, die verschiedenen Dimensionen menschlicher Existenz getrennt voneinander in den Blick zu nehmen, obgleich sie nur ineinander verwoben Mensch-Sein in vollem Umfang ausmachen. Jede Dimension wird also für sich dargestellt, wobei hauptsächlich auf 4 Aspekte Wert gelegt wird: 1. Die *Ambivalenz* jeder Dimension soll deutlich werden. 2. Sowohl bibel-theologische als auch nicht-theologische Sichtweisen sollen auf je eigene und eigenständige Weise zu ihrem Recht kommen, weshalb sie nicht synthetisiert werden. 3. Die Deckungsungleichheit von Seele, Psyche und Geist soll deutlich werden. 4. Im Rahmen dieses Buches ist nur ein stark verdichteter Überblick möglich, weshalb kein Anspruch auf Vollständigkeit oder Ausschließlichkeit erhoben wird.

5.2.   Körper-Dimension

„Die Erfahrung der Leiblichkeit ist die Urerfahrung des Menschseins."[93] Aus bibeltheologischer Sicht lässt sich der Mensch nicht auf ein seelisches oder geistiges Substrat reduzieren.[94] Der Körper gilt als extrem wertvoll, denn er ist ein einmaliges *Geschenk des Schöpfers*. Er gehört unlösbar zum Menschen dazu, weshalb er keinesfalls als unwichtig oder minderwertig abgelehnt werden darf.[95] Wenn Gott tatsächlich einen menschlichen Körper angenommen hat und wenn Jesus weder seinen eigenen Körper noch den seiner Mitmenschen missachtet, ausgehungert oder gar misshandelt hat, sondern körperlichen Genüssen durchaus zugetan war, weshalb er als Fresser und Säufer diffamiert worden ist (Matthäus 11,19), dann lässt sich schlussfolgern, dass der Körper für den Menschen eine so wichtige Bedeutung hat, dass *Mensch-Sein* und *Im-Fleisch-Sein* (Johannes 1,14) unlösbar zusammengehören. Dass der Körper, den es zu würdigen, zu hegen und zu pflegen gilt, sogar ein zentraler *Erfahrungs-Ort Gottes* ist, dieses Erfahrungs-Wissen wird uns seit Tausenden von Jahren tradiert, weshalb wir in 1 Korinther 6,7 bereits auf die rhetorische Frage stoßen: 'Oder wisst ihr

---

93 GRUBER, F. (2003): Das entzauberte Geschöpf. Konturen des christlichen Menschenbildes, 85.
94 Vgl. DIRSCHERL. E. (2006): Grundriss Theologischer Anthropologie, 50.
95 Vgl. STENDEBACH, F. J. (2001): Wege der Menschen, 71.

nicht, dass euer Körper ein Tempel des Heiligen Geistes ist, der in euch wohnt und den ihr von Gott habt?' Für Paulus stand daher fest, dass Jesus Christus nicht gegen, sondern im und durch den Körper verherrlicht werden will (Philipper 1,20). Auf diesem Hintergrund formuliert Helga Kohler-Spiegel: „Die Bibel macht deutlich: jüdisch-christlicher Glaube ist konkret. Es ist fast eine Provokation: Wir sind leiblich, wir sind endlich – wir sind in unserem Geschlecht. Und darin ist Gott erfahrbar, in der Liebe und in der Freude, im Leid und im Schmerz. In Geburt und Tod."[96]

Dass es jedoch gerade der Körper ist, der Menschen aufgrund seiner Staub-Beschaffenheit auch abgrundtiefen Schmerz bereitet und Menschen zu äußerst anfälligen, gebrechlichen und sterblichen Wesen macht, diese Erfahrung blieb weder Gott am Kreuz, noch allen seinen Geschöpfen bis auf den heutigen Tag erspart. Dass der Körper zudem als Erlebnis-Ort von gottgewollter Sexualität, Sinnlichkeit und Lust auch zum Einfalls-Ort von (selbst)destruktiver Begierde und Unzucht werden kann, dieses Wissen veranlasste bereits Paulus zu folgender Warnung: 'Lasst uns ehrenhaft leben wie am Tag, nicht in Fressen und Saufen, nicht in Unzucht und Ausschweifung, nicht in Hader und Eifersucht.' (Römer 13,13).

Wenden wir uns aktuellen Kenntnissen zu, die Wissenschaften wie *Medizin* und *Biologie* über Mensch-Sein zur Verfügung stellen, dann zeigt sich, dass diese trotz ihres divergierenden Sprachspiels letztlich in eine ähnliche Richtung weisen. Wir lernen, dass unser aus einem plumpen Zellverband grazil ausdifferenzierter Körper aufgrund des komplizierten Zusammenspiels von Organen, Geweben, Muskeln, Sehnen, Bändern, Knochen, Knorpeln, Fett, Körperflüssigkeiten, Nerven und Gehirn ein hochkomplexes, genetisch, elektrophysiologisch, endokrinologisch und neurochemisch gesteuertes, rekursiv vernetztes, autopoietisches System ist. Ein äußerst effizientes System, das keine permanenten, von Menschen aktiv auszuführende Überwachungs- oder Reparaturarbeiten einfordert. Ein höchst komplex verschaltetes System, das die notwendigen Rahmenbedingungen bereitstellt, um uns fortzupflanzen, lebensnotwendige Luft und Nahrung aufzunehmen und wieder auszuscheiden, um Phasen von aktivem Wachsein und passivem Schlaf zu durchlaufen, um aufrecht zu stehen und uns fortzubewegen. Ein System, das uns unsere Umwelt sinnlich wahrnehmen lässt, weshalb wir nicht nur Essen und Trinken schmecken, sondern auch Töne, Farben und Gerüche genießen können. Ein Körpersystem, das aber auch enorme Abhängigkeiten und Begrenzungen schafft, denn: „Unsere Ohren und Augen verlieren allmählich ihre Genauigkeit des Horchens und Sehens, die Spannkraft der Muskeln und Sehnen schwindet, die Verkalkung der Knochen schreitet voran, das Herz wird anfällig, und auch die übrigen Organe lassen in der Präzision

---

96 KOHLER-SPIEGEL, H. (2006): Im Leib (zu Hause) sein, 403. Und auch Hildegard Wustmans ist davon überzeugt: „Unsere Körper sprechen. Menschen sind ein Text, an dem etwas abzulesen ist. Sie sind Tätowierte ihres Lebens. Der Körper kann demnach eine wichtige Erfahrungsquelle für die Spiritualität sein". WUSTMANS, H. (2004): Lebens-Mittel, 247.

und Verlässlichkeit ihrer Funktionen nach."[97] Das effizient funktionierende Körper-System erweist sich somit früher oder später doch als äußerst störanfällig. Einzelne Körperteile, Körperfunktionen und genetische Baupläne können zwar (vorübergehend) repariert, verbessert oder ersetzt werden. Wir können uns Hilfsmittel wie Hörgeräte, Kontaktlinsen, Perücken, Zahnersatz und Gehstöcke zulegen. Wir können uns künstliche Ersatzteile wie Herzklappen, Gefäßspanner oder auch ganze Gelenke einbauen lassen. Wir können falsch ablaufende oder ausbleibende Körperfunktionen medikamentös beeinflussen und sogar Insulinpumpen in den Körperkreislauf zwischenschalten. Wir können kompatible Körperteile anderer Menschen mit entsprechender Immunsuppression in unseren eigenen Körper integrieren. Tatsache aber ist, dass die materielle Beschaffenheit menschlicher Existenz uns ausnahmslos dazu verurteil, alt und anfällig zu werden, kaputt zu gehen, Behinderungen zu entwickeln, an Gebrechen, akuten oder chronischen Krankheiten zu leiden, den Zustand hoffnungslosen Siechtums zu durchleiden, langsam oder auch plötzlich zu sterben.

Im-Körper-Sein ist somit eine extrem *ambivalente Erfahrung*. Körperlichkeit ermöglicht Genuss, Freude und Wohlbefinden, weshalb der Körper ein Ort von Heil sein kann. Körperlichkeit impliziert aber auch Leid, Verwundbarkeit und Verletzbarkeit, weshalb der Körper zum Ort von Un-Heil wird. Nicht nur Krankheitserreger in Form von Bakterien, Viren, Pilzen und Parasiten lauern dem menschlichen Körper von außen auf. Bedroht ist er auch durch eigene Missachtung in Folge falscher Ernährung, mangelhafter Hygiene, Dauerstress, Selbstausbeutung und sich zu Tode Hungern. Die größte Bedrohung für den Körper aber geht von anderen menschlichen Körpern aus: Menschen halten anderen Menschen Nahrung und Wasser vor, misshandeln, missbrauchen und vergewaltigen einander, verletzen absichtlich, foltern, töten und morden.

5.3. Psyche-Dimension

Der gottgewollte Mensch ist aus biblischer Sicht ein denkendes, kluges, weises, (nach sich selbst) fragendes, sich erinnerndes, sinnsuchendes, frohsinniges, hoffendes, (mit)fühlendes, liebendes, trauerndes, entscheidungsfähiges, moralisches und aktiv handelndes Wesen. Qualitäten und Fähigkeiten, die dem Menschen qua Geschöpfsein mitgegeben sind, wie uns z.B. in Jesus Sirach 17,6-7 berichtet wird: 'Er bildete ihnen Mund und Zunge, Auge und Ohr und ein Herz zum Denken gab er ihnen. Mit kluger Einsicht erfüllte er sie und lehrte sie, Gutes und Böses zu erkennen.' Das Wort *'Herz'* (leb) ist ein wichtiger Begriff alttestamentlicher Anthropologie, der häufig Verwendung findet: „Nicht nur für *Gefühle* oder sentimentale Aspekte ist dieses Organ zuständig, sondern für alles, was mit *Verstand*, *Vernunft*, *Entscheidungsfähigkeit*, *Gewissen*, selbstständigem *Handeln* usw. in Verbindung steht. Das Herz ist das Zentrum des Menschen, seines Willens, seiner Entschlüsse. Hier ist auch die *Weisheit* angesiedelt, die

---

97 BETZ, O. (2003): Der Leib und seine Sprache, 217.

sich z.B. Salomo wünscht (vgl. 1 Könige 3,9). Alles, was mit Bildung zu tun hat, mit *Einsicht* in Zusammenhänge, geht vom Herzen aus."[98] Der Psalmist kann daher in Psalm 25,17 bitten: 'Die Enge meines Herzens mach weit'. Werden innerste Motive geprüft, dann werden sie nach Jeremia 11,20 'auf Herz und Nieren' geprüft, denn innere Organe symbolisieren unterschiedliche Stimmungen und Emotionen. Dass das Herz Sitz der Liebe ist, weshalb es diese bis heute symbolisiert, diese Vorstellung findet sich bereits bei Paulus, der im Römerbrief 5,5 schreibt: 'Denn die Liebe Gottes ist ausgegossen in unsere Herzen'.

Dass die Liebe aber nicht immer dominiert, sondern Herzen sich als verstockt erweisen, dass Menschen ihren gottgegebenen psychischen Fähigkeiten nicht immer gerecht werden oder gerecht werden können, weshalb sie unvernünftig und entgegen ihrer Einsicht oder gar hinterlistig handeln, falsche Entscheidungen treffen, hassen, grübeln, hadern, zweifeln oder gar verzweifeln, ist ebenfalls bereits in der Bibel nachlesbar, wie Psalm 39 oder das Buch Hiob belegen. Auch diese Seite des Menschen wird als elementar zum Mensch-Sein gehörend akzeptiert, weshalb sie nicht verschwiegen oder beschönigt wird. Dass Menschen zerrissen sind, Gutes wollen und Schlechtes tun, selbst aber nicht wissen, warum sie etwas tun oder auch nicht tun, diese Grundeinsicht über den Menschen war auch Paulus bereits bekannt, weshalb er im Römerbrief 7,15 selbstkritisch eingesteht 'Denn ich begreife mein Handeln nicht: Ich tue nicht das, was ich will, sondern das, was ich hasse.'

Öffnen wir uns Kenntnissen, die uns moderne Humanwissenschaften wie *Psychologie* (ausdifferenziert nach den verschiedenen Psychotherapieschulen)[99] und *Psychiatrie* (als Teildisziplin der Medizin) über den Menschen zur Verfügung stellen, dann können wir von diesen Wissenschaften, die sich ausdrücklich der Psyche des Menschen widmen, etwas über die Komplexität dessen lernen, was wir bereits aus biblischen Texten wissen. Wir lernen, dass der Mensch ein mit *kognitiven*, *affektiven*, *kreativen* und *Verhaltens*-Fähigkeiten ausgestattetes Lebewesen ist. Fähigkeiten, die menschliches Leben enorm bereichern:

- Als homo sapiens/animal rationale ist der Mensch vernunftbegabt, d.h. er ist mehr oder minder intelligent, logisch, erfinderisch, kann abstrakt und kausalanalytisch (nach)denken, planen und selbst komplexeste Probleme lösen.
- Der Mensch kann sich selbst als Ich und Subjekt seines Lebens erkennen. Er kann sich eine eigene Identität ausbilden, sich selbst verwirklichen und seinem Leben Sinn verleihen.
- Der Mensch kann sich selbst moralische Leitlinien für sein Handeln erstellen und ethisch urteilen, wodurch er sich als ein Wesen mit Gewissen ausweist.

---

98 SCHÜNGEL-STRAUMANN, H. (2004): Das Menschenbild der Bibel, 145.

99 *Die* Psychologie existiert nicht, denn sie ist in viele Schulen/Therapieformen ausdifferenziert. Ich beziehe mich auf Wissen, das uns v.a. die Tiefenpsychologie, Gesprächspsychotherapie, Verhaltenstherapie, Kognitive Therapie, Gestalttherapie/Integrative Therapie, Logotherapie, Systemtherapie/Familientherapie zur Verfügung stellen. Ich gehe davon aus, dass alle Schulen, trotz ihrer zum Teil *widersprüchlichen anthropologischen Grundannahmen* dennoch Wichtiges über den Menschen auszusagen haben. Vgl. FAHRENBERG, J. (2004): Annahmen über den Menschen.

- In kritischer Distanz zu sich selbst kann der Mensch sein Denken, Wollen und Handeln überprüfen, gegebenenfalls korrigieren und neu ausrichten.
- Der Mensch kann sich erinnern, seine Lebensgeschichte (re)konstruieren.
- Der Mensch kann vorausdenken, Visionen und Utopien entwickeln, sich auf Zukunft hin entwerfen, auf Veränderungen hoffen und diese aktiv initiieren.
- Der Mensch kann Informationen aus seiner Umwelt filtern und selektiv in sein System integrieren, wodurch er sich permanent weiterentwickelt und sich als ein niemals fertiges oder in sich abgeschlossenes Wesen erweist.
- Der Mensch besitzt ein Arsenal an Verhaltensmöglichkeiten, wobei sein Handeln von diversen Einflussfaktoren abhängt.
- Der Mensch entstammt dem Tierreich, weshalb er auch instinkt- und triebgesteuert ist. Und doch kann er selbst unbewusst ablaufende Motivkonstellationen aufdecken und sein Handeln kontrollieren.
- Der Mensch verfügt über eine große Palette an Gefühlszuständen, weshalb er glücklich und zufrieden, aber auch unglücklich und unzufrieden sein kann.
- Der Mensch kann staunen, verspielt und kreativ sein und sich planlos dem Müßiggang hingeben.
- Der Mensch ist phantasiebegabt, weshalb er sich auch in widrigsten Umständen in sich selbst hinein flüchten und 'in seiner Welt' überleben kann.
- Der Mensch kann mit anderen Menschen kommunizieren, Kontakt aufnehmen, sich vernetzen, enge Beziehungen eingehen und diese aktiv gestalten.

Psychologie und Psychiatrie lehren uns aber auch, dass derartige Fähigkeiten sich nicht immer in vollem Maße ausbilden. Jeder Mensch läuft Gefahr, bereits erworbene Fähigkeiten wieder zu verlieren. Nicht nur körperliche Erkrankungen, sondern auch Stress und fehlende Stimulation, verursacht durch Verlust-Erfahrungen, traumatische Erlebnisse, Mobbing-Erfahrungen am Arbeitsplatz, Arbeitslosigkeit oder Einsamkeit können dazu beitragen, dass Menschen stagnieren, sich zurückentwickeln, am negativen Pol der Gefühlsskala verharren, ihre kreativen Potentiale verkümmern lassen, (selbst)destruktive Verhaltensweisen an den Tag legen oder selbst ihr soziales Fangnetz zerreißen. Aufgrund der Tatsache, dass Menschen immer älter werden, ist nicht nur mit körperlichen, sondern auch mit psychischen Verschleißerscheinungen zu rechnen. Demzufolge werden immer mehr Menschen in einen Demenz-Prozess hineinleiten. Ein schleichender Prozess, der dazu führt, dass ein Mensch nicht nur seine erworbene Intelligenz einbüßt, sondern auch seine lebenslang aufgebaute personspezifische Identität wieder 'vergisst', weil er sich selbst und anderen ent-gleitet. Psychisch gefährdet sind aber nicht nur ältere Menschen. Immer mehr junge Menschen geraten aus dem psychischen Gleichgewicht, entwickeln psychopathologische Syndrome, verlieren sich in die Un-Tiefen der eigenen Psyche, verfahren sich in einem neurotisch, depressiv oder psychotisch gefärbten inneren Kreisverkehr, den sie nicht mehr von sich aus durchbrechen können oder wollen. Ein Kreisverkehr, der nicht selten in die Einbahnstraße des Suizids mündet.

Auch die psychische Dimension von Mensch-Sein erweist sich somit als äußerst *ambivalent*. Die Psyche, die ‚von außen' beobachtbar ist, weshalb PsychologInnen Tests zu deren quantitativ-qualitativer Erfassung entwickelt haben, gehört unabdingbar zum Mensch-Sein dazu, unterliegt jedoch ebenso wie der Körper enormen Gefährdungen.

5.4. Geist (Spiritus)-Dimension

In der Bibel treffen wir auf das interessante Phänomen, dass einerseits von Gott als ‚*Heiliger Geist*' und andererseits vom Menschen als einem Wesen mit ‚*Geist*' gesprochen wird.[100] Wie hängen beide Aussagen zusammen und was genau ist unter der Geist-Dimension menschlicher Existenz zu verstehen?

Ist Geist, wie es zumeist umgangssprachlich assoziiert wird, der Verstand des Menschen? Dagegen sprechen zwei gewichtige Gründe: 1. Wie im letzten Abschnitt deutlich werden sollte, gehörigen kognitive Leistungen wie Verstand/Intelligenz in den Gegenstands- und Forschungsbereich moderner Psychologie/Psychotherapie, weshalb sich PsychologInnen ausdrücklich nicht GeistologInnen, sondern fokussiert auf die Psyche-Dimension PsychologInnen nennen. 2. Weil Geist die deutsche Übersetzung des lateinischen Wortes ‚*spiritus*' ist, bezeichnet Geist die spirituelle Dimension menschlicher Existenz. Was aber ist damit gemeint? Um sich dem Gemeinten anzunähern ist es notwendig, das rein (natur)wissenschaftliche Sprachspiel um ein eher metaphorisches, mit dessen Hilfe existentielle menschliche Erfahrungen ausgedrückt werden können, zu erweitern. Welche Ur-Erfahrungen aber sollen dies sein?

In der Rede vom Geist drückt sich die Erfahrung aus, dass wir Menschen nur vorübergehend auf dieser Welt sind. Dass wir unruhige Wesen sind. Wesen, die ein Leben lang auf der Suche nach *spiritueller Beheimatung im unendlichen Kosmos* sind, wobei die Unruhe selbst dann nicht weicht, wenn wir anscheinend 'alles haben'. Eine Erfahrung, die auch Heinrich Böll festhält: „Der Mensch ist ja ein Gottesbeweis. Ich meine die Tatsache, dass wir eigentlich wissen – auch wenn wir es nicht zugeben – dass wir hier auf der Erde nicht zu Hause sind. Dass wir also noch woanders hingehören und woanders herkommen. Ich kann mir keinen Menschen vorstellen, der sich nicht – jedenfalls zeitweise, stundenweise, tageweise oder auch nur augenblicksweise – klar darüber wird, dass er nicht auf diese Erde gehört."[101] Für Kardinal Karl Lehmann ist es daher die Geist-Dimension, die es den Menschen ermöglicht, sich nicht nur den unentrinnbaren Bedingungen des Hier und Jetzt zu unterwerfen, sondern Faktisches, Empirisches und Normales immer wieder auf Mögliches, Para-Normales und Transzendentes hin *überschreiten* zu können.[102] Für Karl Rahner ist der Mensch daher erst richtig erfasst, wenn er gesehen wird als ein *Wesen der Transzendenz,*

---

100 Im Römerbrief wird deshalb prinzipiell festgehalten: 'Ihr habt den Geist empfangen.' (Römer 8,15).
101 BÖLL, H., in: KUSCHEL, K.-J. (1985): Weil wir uns auf dieser Erde nicht ganz zu Hause fühlen, 65.
102 Vgl. LEHMANN, K. (2002): „Aus Gottes Hand in Gottes Hand", 254.

das *a priori*, d.h. tatsächlich von seinem angeborenen Wesen her, dazu in der
Lage ist, die eigenen Fühler in die über-irdische Wirklichkeit auszustrecken und
dort nicht ins Leere, sondern auf den Heiligen Geist zu stoßen.[103] Geschieht
letzteres, beschreibt Bischof Wolfgang Huber dies als großes Glück für den
Menschen: „Der Mensch ist dasjenige Wesen, das über sich hinausstrebt und
über sich hinausdenkt. Es ist sein großes Glück, wenn er dabei nicht einfach nur
auf sich selber stößt, sondern in diesem sich Hinaustreben und Hinausdenken
Gott begegnet und, in seiner Sehnsucht nach Transzendenz, das Andere seiner
selbst findet."[104] Trifft der Mensch in seiner Selbstüberschreitung auf Gott und
lässt er sich von ihm be-geistern, dann findet er Anschluss an die in ihm selbst
verborgen liegenden spirituellen Kraftquellen und ist in der Lage, seine spirituellen *Traumflügel* im Kontext der eigenen Kultur- und Religionszugehörigkeit
zu entfalten.[105] Die Geist-Dimension des Menschen eröffnet Menschen somit
einen Erfahrungs-Raum, der ihnen *gut tut*, weil sie unverkrampft und gelassen
im Wissen um das '*Mehr ihrer Existenz*' im Hier und Jetzt leben und aus ihrer
Gottesbeziehung *Kraft* für ihr Leben und Sterben schöpfen können. Jeder (!)
Mensch besitzt aus bibel-theologischer Sicht die mehr oder minder rudimentär
ausgebildete Fähigkeit, seine spirituellen Antennen auszufahren, um an den
Heiligen Geist andocken zu können. Jeder Mensch besitzt die Möglichkeit, Gott
im eigenen Alltags- und Arbeitsleben als Bereicherung und Kraftquelle nicht
nur für das eigene Leben, sondern auch für das soziale Miteinander ent-decken
und ganzheitlich er-spüren zu können. Jeder Mensch kann, weil er ein spirituelles Wesen ist, Gott körperlich erfahren, als psychisches Wesen darüber nachdenken und sich daran emotional erfreuen. Damit ist jedoch weder gesagt, dass
eine Art göttlicher Funke im Sinne eines göttlichen Restes im Menschen
schlummert, der auf seine Reaktivierung harrt, noch, dass der Mensch selbst
göttlich ist.
Dass Menschen dazu tendieren, entweder ihre Geist-Dimension brach liegen
bzw. ihre spirituellen Traumflügel verkümmern zu lassen oder sie unangemes-
sen überzubewerten, indem sie die Grenze zwischen sich und Gott zu verwischen beginnen, ist ebenfalls bereits in der Bibel in bildstarken Geschichten dokumentiert.
Interessanterweise wird die Geist-Dimension gegenwärtig auch in anderen Wissenschaften (neu) entdeckt bzw. äußerst kritisch diskutiert. Lassen wir uns darauf ein, werden wir uns aus christlicher Sicht in manchem bestätigt, in manchem aber auch zum Widerspruch herausgefordert sehen. Wie im letzten Kapitel dieses Buches deutlich werden wird, weisen nicht nur psychologische, sondern auch sozialwissenschaftliche, medizinische und pflegewissenschaftliche

---

103 Vgl. RAHNER, K. (1984): Grundkurs des Glaubens, 45. Paul Zulehner und Josef Brandner attestieren dem
    Menschen deswegen, weil er im innersten Wesen auf Gott ausgerichtet ist, eine ihm angeborene *Gottes-
    Sehnsucht*. Vgl. ZULEHNER,P./ J. BRANDNER (2002): Meine Seele dürstet nach dir, 120.
104 HUBER, in: HUBER, W./ R. SPAEMANN (2007): „Es sind die Gläubigen, die die Vernunft verteidigen", 8.
105 Vgl. RIEDEL-PFÄFFLIN, U./ J. STRECKER (1998): Flügel trotz allem, 46.

empirische Forschungsergebnisse weltweit darauf hin, dass Spiritualität, trotz aller Definitionsproblematik, in allen Kulturen als eine (unausrottbare) Grunddimension menschlicher Existenz zu begreifen ist. Zugleich aber gilt, wie im Kapitel ‚Neurowissenschaftliche Frontalangriffe auf die Seele' deutlich wurde, dass im Bereich kognitionswissenschaftlicher Grundlagenforschung ebenso weltweit Tendenzen unübersehbar sind, Spiritualität als Meisterleistung des Gehirns zu ‚entzaubern'. Obgleich Skepsis geboten ist gegenüber allen Versuchen der (z.B. therapeutischen) Instrumentalisierung von Spiritualität, ist empirisch evident, dass die Geist-Dimension des Menschen, deren Existenz bisher nicht schlüssig neurotheologisch widerlegt werden konnte, einen positiven Effekt auf das Wohl-Befinden des Menschen haben kann. Sehen wir jedoch genau hin, dann müssen wir auch zur Kenntnis nehmen, dass exakt das Gegenteil der Fall sein kann. Nicht wenige psychiatrische Krankheitsbilder gehen einher mit religiösen Zwangs- und Wahnvorstellungen, wobei nicht immer klar ist, ob die Religiosität/Spiritualität/Frömmigkeit des Menschen an der Entstehung der Krankheit mitbeteiligt war, oder ob die Krankheit sich religiöser Sprache und Symbolik bedient, um sich Ausdruck zu verschaffen. Die zumeist auf empirischem Datenmaterial basierenden sozialwissenschaftlichen Analysen lassen zudem nicht nur den Schluss zu, dass Spiritualität/Religiosität weltweit nicht – wie seit geraumer Zeit vorausgesagt – an Bedeutung verliert, sondern auch, dass weltweit eine Tendenz zu religiös motiviertem Fundamentalismus feststellbar ist. Spirituelle Sehnsüchte lassen sich somit auch instrumentalisieren, kanalisieren und politisch instrumentalisieren, weshalb Menschen einander zu (selbst)destruktivem fanatischen Denken und Handeln verleiten. Auch die Geist-Dimension erweist sich damit für den Menschen als durchaus *ambivalent*. Sie kann ihm eine transzendente Welt, Geborgenheit, eine Kraftquelle und Glauben eröffnen, aber auch als Humus für religionspsychopathologische Verwirrungen und fundamentalistisch-fanatische Verirrungen dienen.

5.5. Soziale-Dimension

Wenn der Mensch tatsächlich dem sich in Beziehungen konstituierenden christlichen Gott ähnelt, dann ist folgender Satz Peter F. Schmids durchaus haltbar: „Der Mensch ist Beziehung."[106] Dementsprechend ist auch Eberhard Jüngels drastischer Schlussfolgerung zuzustimmen: „Ein in splendid isolation existierender Mensch wäre gerade kein wahrer Mensch. Ein auf sich selbst reduzierter Mensch wäre nichts anderes als – eine Leiche."[107]

---

106 SCHMID, P. F. (1998): Der Mensch ist Beziehung. Reinhold Boschki schlussfolgert deshalb: „Wer vom Menschen sprechen will, muss von dessen Beziehungen sprechen." BOSCHKI, R. (2005): Von welchem Subjekt reden wir eigentlich?, 63. Dietrich Stollberg konkretisierte bereits vor über 30 Jahren: „Mensch sein heißt bezogen sein, heißt in der Gruppe, in Gruppen sein." STOLLBERG, D. (1971): Die Seelsorgegruppe, 189.
107 JÜNGEL, E. (2002): Was ist der Mensch?, 90. Vgl. auch REBER, J. (2005): Das christliche Menschenbild, 56-83, HEINZ, A. (2008): Der Mensch ist Mit-Mensch.

Schlagen wir die Bibel auf, dann tritt uns der Mensch als ein durch und durch sozial ausgerichtetes *Beziehungswesen* entgegen. Beide Schöpfungsberichte erzählen davon, dass Gott es nicht gut fand, dass der Mensch alleine sei, weshalb er ihn – wenn auch mit etwas Verzögerung – in der zweigeschlechtlichen Polarität und Gleichwertigkeit von *Mann und Frau* schuf (vgl. Genesis 1,27; Genesis 2,18).[108] Der Vorteil der Zweisamkeit wird uns in Kohelet 4, 9-11 auf nachvollziehbare Weise erläutert: 'Zwei sind besser als einer... Denn wenn sie hinfallen, richtet einer den anderen auf. Doch wehe dem, der alleine ist, wenn er hinfällt, ohne dass einer bei ihm ist, der ihn aufrichtet. Wenn zwei zusammen schlafen, wärmt einer den anderen; einer allein – wie soll der warm werden?' Dass es Vorteile hat, sich nicht nur auf eine Zweierbeziehung festzulegen, sondern ein tragfähiges *soziales Netzwerk* aufzubauen, wird ebenfalls bereits in der Bibel gesehen. Menschen werden daher nicht nur in ihren familiären und freundschaftlichen Verflechtungen, sondern auch in ihrer Sippen- und Volkszugehörigkeit positioniert. Ein soziales Netzwerk, das ihnen Zugehörigkeit, Schutz, Geborgenheit und auch Überleben garantiert. Menschen erleben sich also essentiell als *Mit-Menschen*, die im gottgewollten *Mit-Einander* und *Für-Einander* existieren. Immer schon waren Menschen aufeinander angewiesen, sorgten füreinander, übernahmen *Für-Sorge* füreinander. Eine Form von *gegenseitiger Abhängigkeit*, die keine Schwäche, sondern eine Stärke von Mensch-Sein ausmacht, wie Hennig Luther deutlich macht: „Geschöpflichkeit meint also, in Beziehung zu leben. In Beziehung leben heißt, angewiesen sein auf andere, vom Austausch im Wechselprozess mit anderen zu leben."[109] Auch von Jesus wird uns berichtet, dass er eng mit Menschen zusammengelebt, alltägliches Leben mit ihnen geteilt und alle Menschen als Glieder des Volkes Gottes gesehen hat, weshalb diejenigen, die sich nach seinem Tod und seiner Auferweckung versammelten, bis auf den heutigen Tag christliche Gemeinschaften und Gemeinden gründen.

Bereits in der Bibel aber werden wir schonungslos mit der menschlichen Realität konfrontiert, dass Menschen zwar nicht ohne einander, aber auch nicht miteinander leben können, weshalb sie beinahe unvermeidlich aneinander scheitern. Ein Paradox, das im Buch Jesus Sirach in aller Kürze auf den Punkt gebracht wird: 'Ein treuer Freund ist wie ein festes Zelt; wer einen solchen findet, hat einen Schatz gefunden.' (Jesus Sirach 6,14). Zugleich aber wird eingestanden: 'Mancher Freund wird zum Feind' (Jesus Sirach 6,9). Selbst Brüder kommen langfristig nicht miteinander aus, wie die Mord-Geschichte zwischen Kain und Abel (Genesis 4) illustriert. Und auch die ursprünglich harmonische Beziehung zwischen Mann und Frau schlägt um in eine Herrschaftsgeschichte des Mannes über die Frau (Genesis 3,16: Du hast Verlangen nach deinem Mann; er aber wird über dich herrschen). Mord und Totschlag sind an die Stelle von Lie-

---

108 Vgl. LENZEN, V. (2005): Gottesverständnis, 72.
109 LUTHER, H. (1988): Diakonische Seelsorge, 482.

be und Freundschaft getreten, weshalb in Genesis 6,11 illusionslos konstatiert wird: 'Die Erde war in Gottes Augen verdorben, sie war voller Gewalttaten.' Wie aber beurteilen heutige Wissenschaften die soziale Dimension des Menschen? Messen sie ihr auch eine derart zentrale Bedeutung zu wie die Bibel? Christoph Schwöbel beantwortet diese Frage in Form seiner ersten von 'zwölf Thesen für eine christliche Anthropologie': „Das Verständnis des Menschseins als Sein-in-Beziehung ist ein gemeinsames Element anthropologischer Reflexion in der Gegenwart."[110] Und auch Peter Zimmerling behauptet: „Der Mensch ist ein soziales Wesen. Er lebt in Beziehungen und findet sich immer schon in ihnen vor. Darin sind sich Theologie, Philosophie und Humanwissenschaften – abgesehen von Einzelgängern – einig."[111] Eine These, die sich bestätigen lässt. Moderne *Sozialwissenschaften* basieren auf dem Axiom der sozialen Vernetztheit menschlicher Existenz auf Mikro-, Meso- und Makroebene menschlichen Zusammenlebens.[112] Dass der Mensch nicht als eine Monade, sondern als ein 'zoon politikon' bzw. als ein 'ens sociale' zu betrachten ist, diese Einsicht ist jedoch nicht erst den Sozialwissenschaften zu verdanken, sondern gehörte bereits zum Basiswissen der ersten *philosophischen* Reflexionen der Menschheit.[113] Selbst in die meisten psychotherapeutischen Schulen hat sich die soziale Dimension menschlicher Existenz inzwischen Eintritt verschafft, wobei die *systemtherapeutische* Richtung den Weg zur Ausweitung einer rein individuumszentrierten Sicht- und Arbeitsweise inzwischen unumkehrbar geöbnet hat.[114] Mensch-Sein-in-Beziehung wird als unabdingbar gesehen nicht nur für die Ausbildung der eigenen Identität, sondern auch zur Aufrechterhaltung des je eigenen autopoietisch organisierten psycho-physischen Systems.[115] Eine Sichtweise, die selbst in *naturwissenschaftlichen* Kreisen inzwischen kaum mehr ernstzunehmende Kritik erfährt, wie Dirk Evers betont: „Die Hirnforschung impliziert also die sozietäre Struktur des Menschen. Der Mensch ist gerade als Fühlender und Denkender ein kommunikatives und soziales Wesen."[116]

Analog zur Bibel, in der verdichtet in dramatischen Geschichten von der *Ambivalenz* der sozialen Dimension menschlicher Existenz erzählt wird, versuchen auch moderne Wissenschaften, ihr auf die Spur zu kommen. Eine unabdingbare Notwendigkeit angesichts der Tatsache, dass am Beginn des 21. Jhdts. noch immer soziale Barbareien wie zwischenmenschliche Gewalt, (Bürger)Kriege, Völkermorde, Pogrome, (Terror)Anschläge und ein Hinwegsehen über das alltägliche (Ver)Hungern von Millionen von Menschen an der Tagesordnung sind.

---

110 SCHWÖBEL, C. (2002): Menschsein als Sein-in-Beziehung, 193.
111 ZIMMERLING, P. (2004): Die Bedeutung der Gemeinschaft für den Menschen, 217.
112 Vgl. FASSLER, M. (2003): Vernetzungen oder Beziehungen.
113 Vgl. SPINDELBÖCK, J. (2001): Der Mensch als soziales Wesen, 73.
114 Vgl. ALTMEYER, M. (2006) (Hg.): Die vernetzte Seele. Die intersubjektive Wende in der Psychoanalyse; MÜLLER, W. (2003): Menschsein heißt In-Beziehung-Sein.
115 Vgl. HELD, P. (2003): Vom systemischen Denken zur systemischen Praxis, 18.
116 EVERS, D. (2003): Der menschliche Mensch, 342.

5.6. Kontext-Dimension

Das Seelenwesen Mensch, ausdifferenziert in Körper, Psyche und Geist tritt uns nie blanko entgegen, sondern eingebettet sowohl in soziale Beziehungen als auch in natürliche und kulturelle Lebenskontexte. Menschen sind *Natur-Wesen*. Sie entstammen dem Tierreich, weshalb sie nicht alleine, sondern verflochten in ein komplexes System von Lebewesen im Öko-System Universum/Kosmos/ Welt/Erde existieren. Zugleich aber sind Menschen immer schon *Kultur-Wesen*, denn es gehört zu ihrer Natur, unterscheidend in den vorgegebenen Weltzusammenhang einzugreifen und Kultur zu stiften, d.h. sich ihre eigenen Lebenskontexte durch Kunst, Technik, Medien, Wirtschaft, Wissenschaften, Politik und Institutionen selbst zu schaffen.

Bereits in der Bibel wird davon erzählt, dass Menschen nicht blanko, sondern im Rahmen einer Welt-Schöpfung erschaffen wurden. Es wird ihnen *Lebens-Raum* im Kosmos zugewiesen, den sie sich mit anderen Lebewesen zu teilen haben, weshalb sie mit allen Geschöpfen zusammen eine *Schicksalsgemeinschaft* bilden. In der Schöpfungserzählung wird ausdrücklich hervorgehoben, dass Menschen in einer '*sehr guten Schöpfung*' beheimatet werden (vgl. Genesis 1,31). Jedem Geschöpf wird sein eigener Entfaltungs- und *Nahrungs-Raum* zugewiesen, damit das Überleben eines jeden Geschöpfes sichergestellt ist und tödliche Übergriffe aufeinander vermieden werden.[117] Wenn der Mensch dazu beauftragt wird, über die Erde zu herrschen (vgl. Genesis 1,26), dann nicht, um als selbstherrlicher Despot das Beste aus der Erde für sich selbst herauszuholen. In seiner hervorgehobenen Position als Ebenbild Gottes wird er vielmehr von Gott selbst in die Pflicht genommen, Verantwortung für die Schöpfung mit zu tragen. Er hat darüber zu wachen, dass diese auch wirklich 'sehr gut' bleibt. Zugleich wird ihm aber auch zugestanden, zu domestizieren und zu kultivieren, sprich sich seinen eigenen Lebensraum nach eigenen Vorstellungen zu gestalten, weshalb Christoph Uehlinger schlussfolgert: „Die Differenzierung des Lebensraums auf Erden, die Schaffung von Raum für Kultur kann als Verlängerung des göttlichen Schöpfungswirkens verstanden werden, wie sie nach dem Verständnis des Verfassers von Genesis 1 nur von einer gottähnlich gedachten Gattung erbracht werden konnte."[118] Aus ihrem Lebens- und Nahrungsraum dürfen Menschen somit ihren *Wohn-, Gestaltungs-, Forschungs- und Spielraum* kreieren, solange sie sicherstellen, dass sie anderen Geschöpfen dadurch keinen Schaden zufügen. Dass Menschen sich nicht lange an diese Spielregel hielten, blieb auch Gott nicht verborgen, denn nach der Vernichtungs-Flut, die er aus menschlicher Sicht als Bestrafung für die 'Verderbtheit' der Menschen über sie verhängte, stand für ihn fest, dass Menschen 'Furcht und Schrecken' unter an-

---

117 Vgl. GRUBER, F. (2001): Im Haus des Lebens. Eine Theologie der Schöpfung.
118 UEHLINGER, C. (2001): Dem Segen Raum geben, 395. Vgl. auch NEUMANN-GORSOLKE, U. (2004): Herrschen in den Grenzen der Schöpfung, 355-356; HENTSCHEL, G. (2006): Leben als Geschenk. Zum Verständnis alttestamentlicher Schöpfungsaussagen.

deren Geschöpfen hervorrufen und Tabugrenzen überschreiten, indem sie z.B. ihre tierischen Mit-Geschöpfe verspeisen (vgl. Genesis 9, 1f.).

Mit der bereits in der Bibel dokumentierten Einsicht, dass der paradiesische Urzustand geschöpflichen Miteinanders und die göttlich vorgesehene Verantwortungsübernahme des Menschen für die Natur sich mehr und mehr ins Gegenteil verkehren, konfrontieren uns, in einem anderen Referenz- und Sprachsystem, auch moderne Wissenschaftszweige, die sich *ökologischen* Fragestellungen widmen. Wir lernen, dass das Ökosystem der Erde bedroht ist. Wir wissen, dass anderen Lebewesen durch die hemmungslose Ausbreitung des Menschen der Lebensraum genommen wird, weshalb bereits unzählige Pflanzen- und Tierarten für immer ausgestorben sind. Wir wissen, dass Bodenschätze und Rohstoffe derart rücksichtslos abgebaut werden, dass dabei die Verwüstung der umgebenden Natur in Kauf genommen wird. Wir wissen, dass wir unsere Umwelt enorm belasten, indem wir unseren Müll aus Industrie, Haushalt, Kernkraftwerken und Raumfahrt absichtlich in sie hinein entsorgen bzw. dort auf unbestimmte Zeit deponieren. Wir wissen, dass wir die gesamte Biosphäre aus dem Gleichgewicht bringen, wenn wir giftiges Wasser in den Wasserkreislauf einbringen und giftige Gase in die Luft abgeben. Wir wissen, dass wir unsere Mitgeschöpfe nicht achten, weil wir sie nicht prinzipiell unter Schutz stellen und sie zu unserer Ernährung oftmals unter qualvollen Lebensbedingungen gefangen halten, transportieren und schlachten. Wir wissen, dass wir selbst ein Naturprodukt sind, denn: „Der Mensch, ein Wirbel- und Säugetier, ist eine späte Knospe am Stammbaum des Lebens. Vor wohl 2-3 Mio. Jahren zweigte er als homo habilis und homo erectus ab vom Ast der Primaten. Er ist körperlich recht unspezialisiert und deshalb vielen anderen Arten weit unterlegen."[119] Wir wissen, dass wir uns von der Zellbiologie her nicht prinzipiell von Tieren unterscheiden, dass wir sogar genetisch verwandt sind, weshalb artenübergreifende Verständigungsmöglichkeiten zwischen Tier und Mensch möglich sind. Und doch behandeln wir diese in der Regel nicht mit Respekt, sondern als minderwertige Besitz-Gegenstände und/oder Test-Objekte zu Forschungszwecken. Der Mensch als Natur-Wesen lässt sich somit kaum als ein harmonisch in die Natur eingebettetes Lebewesen beschreiben.

Betrachten wir ihn als Kultur-Wesen, kommen wir aus *kulturanthropologischer* Sicht ebenfalls zu keinem wirklich schmeichelhaften Ergebnis.[120] Obgleich der Mensch in der Lage ist, kulturelle Höchstleistungen zu vollbringen (man denke an die Erschaffung von Symphonien und Gemälden; oder an die Entdeckung

---

119 FISCHBECK, H.-J. (2003): Wer oder was ist der Mensch, 311.

120 Der Begriff ‚Kultur' wird hier analog zu Christoph Schneider-Harpprecht in konstruktivistischem Sinn gebraucht: Kulturen sind Interpretationswelten von Individuen/Gruppen, die Produktivität, Kreativität und Verhalten steuern: „Die konstruktivistische Sicht der Kultur macht uns deutlich, dass Kultur nichts Festes ist, vielmehr stets im Fluss und dass in jeder Gesellschaft eine Vielzahl von Kulturen und Subkulturen nebeneinander existieren." SCHNEIDER-HARPPRECHT, C. (2005): Interkulturelle systemische Seelsorge, 224. Einen Vergleich wichtiger Kultur-Theorien liefert: MOEBIUS, S. (Hg.) (2006): Kultur – Theorien der Gegenwart.

von Ursachen und die Bekämpfung von Krankheiten; oder an die Möglichkeit, ins Weltall fliegen und es erforschen zu können; oder an den Aufbau funktionierender Demokratien und effizienter Verwaltungsapparate; oder an die Erfindung von Transport- und Kommunikationsmitteln) scheint er dennoch Schwierigkeiten damit zu haben, sich all das nicht auszudenken und nicht zu verwirklichen, was ihm und seiner Gattung massiv schadet (man denke z.B. an alle Arten von Massenvernichtungswaffen; oder an politische Diktaturen und Terrorsysteme; oder an gentechnisch mögliche Eingriffe in die Natur von Mensch, Tier und Pflanze, deren Ausmaß unübersehbar sind; oder an den Versuch, den Homunkulus, den idealen künstlichen Computer- oder Maschinen-Menschen entwickeln zu wollen; oder an die Schaffung virtueller Welten, aus denen Menschen den Weg nicht mehr zurück in die Realität finden).

Als Ergebnis der bisherigen Überlegungen können wir festhalten, dass sich auch die kontextuelle Dimension menschlicher Existenz als höchst *ambivalent* erweist. Als Natur-Wesen erleben Menschen die Natur als Schutz-, Nahrungs-, und Erholungsraum. Zugleich fühlen sie sich von der Natur, die sie selbst malträtieren, in ihrer eigenen Existenz bedroht, wenn die Natur z.B. die Bereitstellung von Nahrung verweigert oder sich in Naturkatastrophen wie Überschwemmungen, Trockenperioden oder Erdbeben zu Wort meldet. Als Kultur-Wesen bewegen sich Menschen in einem Geflecht von Spannungsfeldern wie real und virtuell; stabil und dynamisch; sicher und unsicher; mobil und ansässig; national und global; privat und öffentlich; arm und reich; satt und hungrig; gebildet und ungebildet; arbeitstätig und arbeitslos; herrschend und beherrscht; geschützt und schutzlos; medizinisch behandelt und unbehandelt. Im Unterschied zu früheren Zeiten scheint sowohl der religiös-weltanschauliche als auch der gesellschaftspolitische Lebenskontext gegenüber dem wirtschaftlichen und technischen Lebenskontext an Bedeutung zu verlieren. Gerade diese beiden Kontexte aber erweisen sich für den Menschen aufgrund ihres globalen Ausmaßes zunehmend als Segen und Fluch zugleich.

5.7. Historische-Dimension

Wenn in der Bibel langweilig klingende Geschlechterabfolgen aufgezählt werden, dann geht es nicht wirklich um die Abfolge der Namen, die man sich merken sollte. Der Zweck dieser 'toledot' ist es, Menschen in einen größeren Geschichtskontext einzubinden, wie Erwin Dirscherl verdeutlicht: „Die Geschichte wird als Geschlechterfolge zusammengefasst, wie es auch zu Beginn des Matthäusevangeliums geschieht, wenn Jesus in und aus dieser Geschichte heraus gedeutet wird."[121] In der Bibel wird der Mensch somit nicht nur als synchron in der *Gegenwart* vernetzt betrachtet, sondern immer auch als diachron vernetzt, d.h. sowohl mit Blickrichtung auf *Vergangenheit* als auch mit Blickrichtung auf *Zukunft*. Mensch-Sein spielt sich deshalb aus bibel-theologischer Sicht als ein

---

121 DIRSCHERL, E. (2006): Grundriss Theologischer Anthropologie, 61.

punktuelles Geschehen ab, das eingebettet ist in einen über-individuellen *Geschichtsbogen*, der sich von der anfänglichen Schöpfungs- und Bundesgeschichte über die sich in Jesus Christus verdichtete Erlösungsgeschichte bis hin zur eschatologischen Vollendungsgeschichte spannt. Mensch-Sein impliziert daher, im *Hier und Jetzt* zu leben, dabei aber immer ein Auge auf Vergangenes zu werfen, d.h. sich der *Toten* und der kollektiven *Tradition* zu *erinnern* und zugleich *vorausschauend* ein Auge auf die Zukunft zu werfen, d.h. die Verantwortung für *künftige Menschen* in die eigenen Visionen, Utopien und Handlungsstrategien mit einzubeziehen. Individuelle *Lebensgeschichte* beginnt daher bereits lange vor der Geburt, weil Familien-, Sippen- und Volksgeschichte sich als kollektive Erinnerungen auf individuelles Leben auswirken, und endet auch nicht mit dem Tod, weil gegenwärtiges Leben immer schon künftiges mitbestimmt. Mensch-Sein definiert sich daher als ein dynamisches Unabgeschlossensein. „Der Mensch ist ein werdender Mensch, unterwegs zu sich selbst. Die Ergebnisse seines Werdeprozesses sind offen."[122]
Eine für den Menschen wiederum *ambivalent* zu qualifizierende Erfahrung, denn: In eine individuelle und kollektive (Volks-, Familien-, Lebens-) Geschichte eingebunden zu sein, kann sich eben nicht nur als hilfreich und lebensförderlich erweisen, sondern auch als blockierend und destruktiv. Dass Menschen, Familien und ganze Völker aus ihrer Geschichte oftmals keine Lehren ziehen und die gleichen Fehler und Verfehlungen immer wieder reproduzieren, ist eine anscheinend nur schwer zu umgehende Tatsache. Dass Menschen dazu neigen, (radikale) Utopien im Blick auf sich selbst, andere, ja sogar die gesamte Gesellschaft zu entwickeln und zu deren Umsetzung nicht vor Gewalt und Terror zurückschrecken, ist ebenfalls ein bekanntes Menschheitsphänomen.

6.   Multidimensionales geheimnisvolles Menschenbild

6.1.   Ausgestattet mit unantastbarer Würde

Weil der Mensch aus christlicher Perspektive zu begreifen ist als ein Geschöpf, Bundespartner und Ebenbild Gottes, das durch das Gnadenhandeln Gottes nicht nur gerechtfertigt ist, sondern auch zum Ort der Anwesenheit des Heiligen Geistes in der Welt wird, ist er mit einer unantastbaren Würde und nicht verhandelbarem Wert ausgestattet. Damit soll nicht behauptet werden, dass sich die Würde und der Wert eines Menschen nur auf dem Hintergrund der christlichen Sicht vom Menschen begründen ließen.[123] Gesagt werden soll vielmehr, dass die spezifisch christliche Begründung menschlicher Würde und menschlichen Werts sich direkt aus dem jüdisch verwurzelten christlichen Gottesbild ableitet,

122 SCHWARTE, J. (2001): Dynamisierung des christlichen Menschenbildes, 117.
123 Martin Honecker verweist auf die Erklärung der Menschenrechte in der deutschen Gesetzgebung aus dem Jahr 1948: Alle Menschen sind „frei und gleich an Würde geboren" (Artikel 1 GG). Vgl. HONECKER, M. (2006): Menschenwürde in Medizin und Pflege. Vgl. auch PROFT; I. (2010): Würde oder ‚Mehrwert' des Menschen; STOLINA, R. (2008): Das Geheimnis Gottes und die Würde des Menschen.

wodurch sie auf einem breiten trinitarischen Fundament zu stehen kommt.[124]
Die göttliche Zusage von menschlicher Würde und menschlichem Wert kann
jedoch nur als Verheißung begriffen werden, denn unter irdischen Lebensbedingungen werden sich beide nie in aller Fülle realisieren lassen. Diese Aussage
ist eminent wichtig, weil dadurch all den Menschen, denen Würde und Wert
(bisher) verwehrt ist, die Hoffnung auf ein menschenwürdiges Leben nicht genommen, sondern bestärkt wird. Wenn Mensch-Sein per se bedeutet Würde und
Wert zu besitzen, dann lassen sich beide nicht an bestimmten Kriterien oder
Qualitäten festmachen.[125] Die Konsequenzen dieser Aussage will ich im Folgenden schlagwortartig zuspitzen:

❖ Menschliche Würde und Wert hängen nicht ab vom Gesundheitszustand oder
  vom Behinderungsgrad eines Menschen. Nicht von psychischer Stabilität,
  Normalität oder Rehabilitationsfähigkeit. Nicht vom Grad kognitiver Leistungen (quantifiziert durch einen IQ-TEST) oder kreativen Fähigkeiten.
  Nicht von der Fähigkeit zur Weiterentwicklung und auch nicht von dem Vor-
  handensein von Autonomie. Nicht vom Grad der Wachheit und Ansprechbar-
  keit. Nicht vom Alter, vom Geschlecht, von der Schönheit oder Sportlichkeit.

❖ Menschliche Würde und Wert hängen nicht ab von der Zugehörigkeit zu einer Rasse, Nationalität, Kultur, Subkultur, Klasse oder Kaste. Nicht von sozialen Statusmerkmalen wie Beruf, Arbeitslosigkeit, Bildung und Vermögens-
  stand. Nicht von gesellschaftlicher Stellung. Nicht von politischer Macht.
  Nicht vom eigenen 'Marktwert'. Nicht vom Nutzen für die Gesellschaft. Und
  auch nicht von der eigenen 'Sozialverträglichkeit'.

❖ Menschliche Würde und Wert hängen nicht ab vom 'richtigen Glauben', d.h.
  von der Zugehörigkeit zu einer bestimmten Religion, Konfession, Kirche o-
  der Gemeinde. Nicht von einer bestimmten Frömmigkeitspraxis. Nicht von
  kirchengemeindlichem Engagement. Und selbst nicht von religiös- funda-
  mentalistischer Enthaltsamkeit.

Aus christlicher Sicht ist jedes menschliche Leben – so wie es ist – *heilig* und
unantastbar.[126] Da alles menschliche Leben als *gleich wertvoll* erachtet wird,
sind Kategorien wie Über-Menschen, Unter-Menschen oder Herren-Menschen
obsolet. Solange ein Mensch am Leben ist, d.h. Gottes Lebensatem noch nicht
aus ihm entwichen ist, ist dieses (oftmals hilflose) Leben wertvoll und absolut
schützenswert. Aus christlicher Sicht lässt sich Mensch-Sein und Person-Sein
nicht trennen. Keinem Menschen darf das Person-Sein und damit indirekt seine
Würde abgesprochen werden.[127] Jeder Mensch steht unter dem Schutz Gottes

---

124 Vgl. auch KUHLMANN, H. (2006): Menschenwürde, 467.
125 Vgl. EIBACH, U. (2004): Streit um Menschenwürde und Gottebenbildlichkeit, 254.
126 Vgl. EVANGELII GAUDIUM (2013), Nr. 213.
127 Das christliche Menschenbild steht somit im direkten Widerspruch zu philosophisch-ethischen Positionen wie
    denen Peter Singers. Singer geht davon aus, dass Mensch-Sein und Person-Sein nicht deckungsgleich sind,
    weshalb auch nicht jedem menschlichen Wesen gleiche Würde zukommt. Dementsprechend ist auch nicht al-
    les menschliche Leben schützenswert. Vgl. SINGER, P. (2002): Praktische Ethik. Vgl. auch: WERBICK, J.
    (2007): Überlegungen zum Menschenbild in Auseinandersetzung mit Peter Singer.

und ist deshalb vor *Ent-Würdigungen jeglicher Art* zu schützen. Aus christlicher Sicht ist die Idee des (genetisch oder künstlich herstellbaren) *perfekten Menschen* daher eine menschenverachtende Ideologie.

6.2. Geheimnisvolles Wesen

Erst im komplexen Zusammenspiel der körperlichen, psychischen, geistigen, sozialen, kontextuellen und historischen Dimension konstituiert sich Mensch-Sein. Aus christlicher Sicht lässt sich der Mensch deshalb am treffendsten als *ein multidimensionales Wesen* umschreiben. Dies bedeutet aber auch, dass die geistig-spirituelle Dimension des Menschen zwar unabdingbar zu ihm dazu gehört, aber dennoch nur eine Dimension von vielen ist. Die verschiedenen Dimensionen dürfen weder gegeneinander ausgespielt werden noch einander dominieren. Indem die Dimensionen einander bereichern und ergänzen, verschmelzen sie miteinander und bewirken so, dass der komplexe Mensch wesenhaft ein *ganzer Mensch* ist und bleibt. Der Terminus 'Ganzheitlichkeit' kann leicht Widerstand hervorrufen, denn oftmals wird damit ein Bild vom Menschen verbunden, in dem alle Schattenseiten und Brüche menschlicher Existenz ausgeblendet werden, weshalb Albrecht Grözinger festgehalten wissen will: „Daher wird christliche Seelsorge skeptisch sein gegenüber allen anthropologischen Ansätzen, die an 'Ganzheitlichkeit' orientiert sind. So populär die Rede von 'Ganzheitlichkeit' gegenwärtig ist, christliche Seelsorge wird sich an dieser Stelle spröde verhalten."[128] Der im multidimensionalen Ansatz verwendete Ganzheitlichkeitsbegriff widersetzt sich daher ausdrücklich allen esoterisch angehauchten naiv-optimistischen, harmonisierend-idealisierenden Konnotationen, die unter Ideologieverdacht gestellt werden. Aus multidimensionaler Perspektive ist der Mensch gerade deshalb ein ganzheitlicher Mensch, weil auch die dunklen, fragmentarischen und ambivalenten Seiten seiner Existenz als elementar zu ihm dazu gehörig betrachtet werden.

In der Ausarbeitung der diversen Dimensionen sollte deutlich werden, dass in jeder Dimension unauflösbare *Ambivalenzen* aufscheinen. Sie gilt es daher besonders ernst zu nehmen und nicht voreilig zu glätten. Die Grundambivalenz menschlicher Existenz möchte ich mit Hilfe folgenden Bildes umschreiben: Der Mensch – ein einzigartiges und atemberaubend schönes, höchst komplexes, sich permanent in Veränderung befindliches Eiskristall am Fenster, das in Sekundenbrüchen in sich zusammenfallen und sich anscheinend ins Nichts auflösen kann. Ein Bild, das meines Erachtens auch den *Geheimnischarakter* menschlicher Existenz deutlich machen kann. Sowohl aus bibel-theologischer als auch wissenschaftlicher Sicht ist und bleibt der Mensch lebenslang sowohl *für sich selbst* als auch *für alle (!) anderen* ein Geheimnis. Gelingt die Enträtselung eines Teil-Geheimnisses, wird zumeist nur der Blick auf weitere, noch komplexe-

---

128 GRÖZINGER, A. (1994): Differenz-Erfahrung, 58.

re Geheimnisse geschärft.[129] Alle Antworten, die die Bibel, die Theologie und alle Wissenschaften auf die Frage ‚Was ist der Mensch' bis heute gegeben haben und auch künftig noch geben, werden nicht ausreichen, um das Geheimnis Mensch umfassend zu lüften. Der Mensch wird ebenso wie Gott immer mehr sein, als alle Antworten suggerieren. Deshalb gilt: *„Der Mensch: definitiv undefinierbar."*[130] Will man nicht alle Dimensionen menschlicher Existenz aufzählen, um die geheimnisvolle Komplexität von Mensch-Sein auszudrücken, kann man entweder vom *multidimensionalen Menschen* sprechen oder schlichtweg vom gottgewollten Seelenwesen, denn im Wort Seele sind alle Dimensionen von Mensch-Sein präsent, weshalb Herbert Anderson schreibt: „No image more clearly reflects the bio-social-spiritual unity of the human person than soul."[131] Oder wie Gerhard Nachtwei uns fragt, und dabei die Antwort gleich mitliefert: „Hütet denn nicht das Wort ‚Seele' das Geheimnis des Menschen…?"[132]

7.   Erste allgemeine Schlussfolgerungen für Seelsorge

Auch die soeben herausgearbeiteten Eckpfeiler des multidimensionalen christlichen Menschenbildes sollen dazu beitragen, ein solides Fundament für eine glaubwürdige Seelsorge zu liefern. Analog zum Kapitel Gottesbild werden daher auch die anthropologischen Reflexionen mit ersten sehr allgemeinen Schlussfolgerungen für ein glaubwürdiges Seelsorgeverständnis abgeschlossen, das im folgenden Kapitel inhaltlich herausgearbeitet werden soll.

■ Glaubwürdige Seelsorge ist bereits aufgrund des kirchlichen Auftragsrahmens, des persönlichen Glaubens des/der SeelsorgerIn und eventuell auch der Räumlichkeiten (z.B. Kirchengebäude, Krankenhauskapelle), hauptsächlich aber wegen des *impliziten Menschen- und Weltbildes,* das es im Seelsorgegeschehen nicht ausdrücklich zu thematisieren gilt, immer ein spezifisch christlich motiviertes Geschehen. „Ein jedes Seelsorgegeschehen findet in einem durch das Wort Seelsorge gestalteten Rahmen statt. Dadurch ist eine spezifisch christliche Wirklichkeitsauffassung, ein spezifischer Deutungshorizont, immer schon vorgegeben im Sinne von Du und ich und unsere Wirklichkeit – *coram Deo.* Dieser Rahmen ist allen beteiligten Personen voraus… Dieser Rahmen ist präsent, auch wenn keine explizite Vereinbarung über ein Seelsorgegespräch getroffen ist, auch wenn im ganzen Gespräch kein Wort religiöser Sprache gesprochen wird."[133]

■ Glaubwürdige Seelsorge zeichnet sich dadurch aus, dass der Mensch als Individuum oder Teil einer Gruppe im Mittelpunkt steht. Seelsorge geschieht auf Augenhöhe *mit* Menschen, d.h. nicht *an* und auch nicht herabbeugend *für*

---

129 Vgl. OORSCHOT, J. v. (2001): Menschenbild, Gottesbild und Menschenwürde, 342.

130 DIRSCHERL, E. (2006): Grundriss Theologischer Anthropologie, 29.

131 ANDERSON, H. (2001): Whatever happened to Seelsorge, 39.

132 NACHTWEI, G. (2003): Das doppelte Lottchen, 232.

133 DRECHSEL, W. (2004): Zwischen Zuspruch, Anspruch und Einspruch, 8.

Menschen. Nur wenn Menschen nicht mehr in der Lage sind, sich selbst zu helfen, wird Seelsorge zu fürsorglichem und stellvertretendem Handeln.

■ Glaubwürdige Seelsorge bezieht sich auf den *ganzen* Menschen. Alle Dimensionen menschlichen Seins werden in die Seelsorge einbezogen, weshalb sie sich nicht nur auf die geistig-spirituelle Dimension beschränken darf. Für Seelsorge gibt es daher weder bestimmte Personen(gruppen), noch Gesprächsthemen, von denen sie sich als ‚nicht zuständig' dispensieren könnte.

■ Glaubwürdige Seelsorge betrachtet die Lebens- und Arbeitskontexte von Menschen nicht nur als Hintergrundvariablen, sondern versteht sich um der Menschen willen als prophetisch-kritische Seelsorge *an Strukturen* und *am Ganzen*.

■ Glaubwürdige Seelsorge stellt sich niemals zur Aufgabe, das *Geheimnis* Mensch zu enträtseln. Seelsorge überlässt daher jedem Menschen selbst, wie viel er/sie von sich zeigen und verraten will.

■ Dass der Mensch in all seinen Dimensionen ein extrem *ambivalentes* Wesen ist, verlangt von SeelsorgerInnen, Menschen nicht zu idealisieren und damit unter Druck zu setzen, sondern sie in ihren Gebrochenheiten ernst zu nehmen. Obgleich ein jeder Mensch primär als gerechtfertigt und erlöst zu betrachten ist, sind gegenteilige Erfahrungen nicht zu banalisieren oder zu tabuisieren.

■ Glaubwürdige Seelsorge verteidigt auf individueller, kollektiver und struktureller Ebene den *Wert und die Würde* eines jeden einzelnen Menschen. Ein Axiom, das nicht nur extrem unterschiedliche Handlungsstrategien einfordert, sondern Seelsorge auch zu einem äußerst riskanten Unternehmen für SeelsorgerInnen macht.

Schaubild 8 am Ende dieses Kapitels kann als ein Versuch gelesen werden, die Multidimensionalität des christlichen Menschenbildes zu bündeln. Das Schaubild soll nicht suggerieren, dass sich der Mensch aus verschiedenen Teilen, die vielleicht sogar unterschiedlich zu gewichten wären, zusammensetzt. Das Bild ist eher so zu betrachten, dass es immer um den einen ganzen gottgewollten Menschen geht (die gute Seele Mensch), um den man sozusagen herumlaufen kann weshalb man manchmal mehr die körperliche, manchmal mehr die psychische, manchmal mehr die spirituelle, manchmal aber auch mehr seine soziale, kontextuelle und geschichtliche Lebensdimension wahrnimmt.

Christliches Menschenbild

Gottgewolltes ganzheitliches ambivalentes

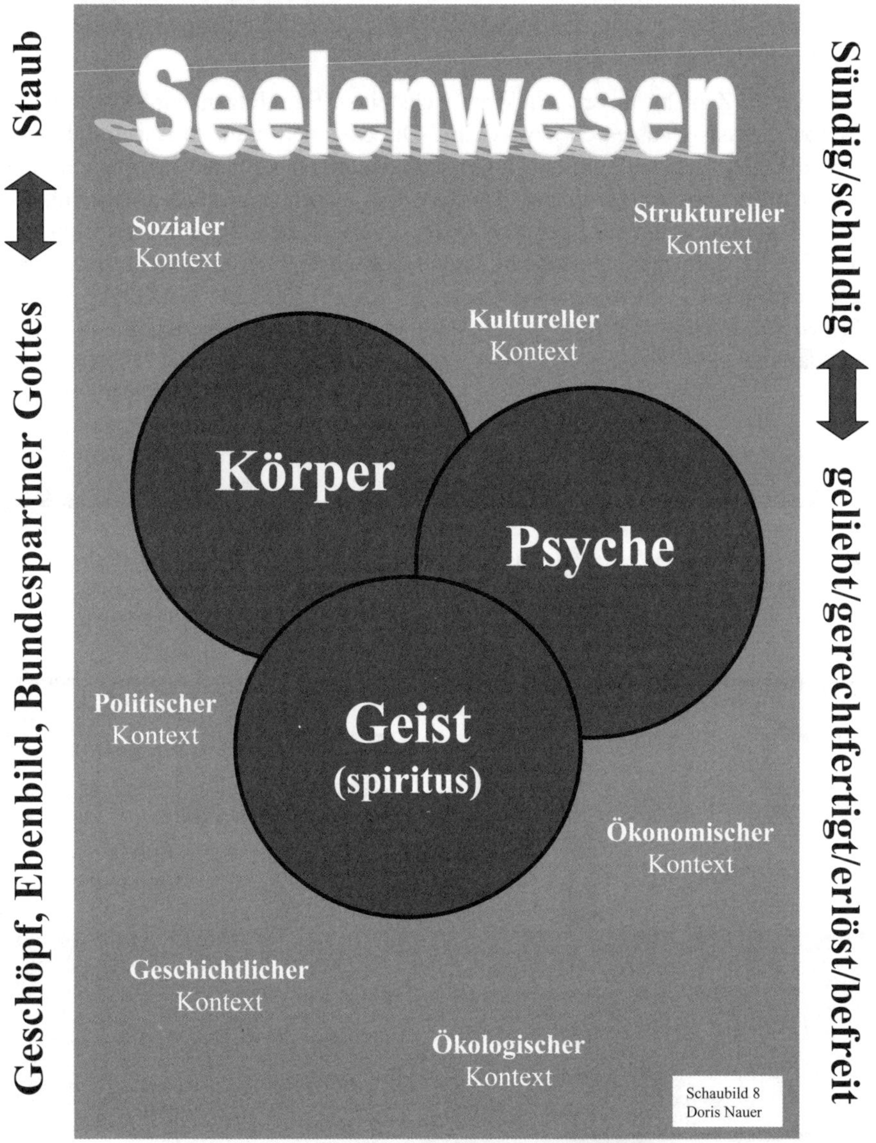

Seelenwesen

Staub

Sündig/schuldig

Geschöpf, Ebenbild, Bundespartner Gottes

geliebt/gerechtfertigt/erlöst/befreit

Sozialer Kontext

Struktureller Kontext

Kultureller Kontext

Körper

Psyche

Politischer Kontext

Geist (spiritus)

Ökonomischer Kontext

Geschichtlicher Kontext

Ökologischer Kontext

Schaubild 8
Doris Nauer

Multidimensionales Geheimnis

III. Inhalte und Zielsetzungen von Seelsorge

1.   Notwendige Bausteine/Dimensionen

Werden dem christlichen Seelsorgeverständnis die soeben skizzierten Eckpfeiler des multidimensionalen christlichen Gottes- und Menschenbildes als Fundament zugrunde gelegt, dann können Inhalte und Zielsetzungen von Seelsorge nicht beliebig bestimmt werden.

Eine große Zahl an unverzichtbaren Ecksteinen/Bauklötzen wird sichtbar, die sich zu 3 Basis-Bausteinen bzw. Grund-Dimensionen bündeln lassen. Obgleich sich die drei Bausteine/Dimensionen voneinander abgrenzen lassen, bedingen sie einander bzw. setzen einander voraus. Erst zusammen liefern sie die inhaltlichen Konturen glaubwürdiger Seelsorge. Um der Übersichtlichkeit willen werden die drei Dimensionen im Folgenden trotz ihrer Interdependenz nacheinander besprochen.
Schaubild 9 zeigt die drei Bausteine/Dimensionen von Seelsorge auf ihrem Fundament.

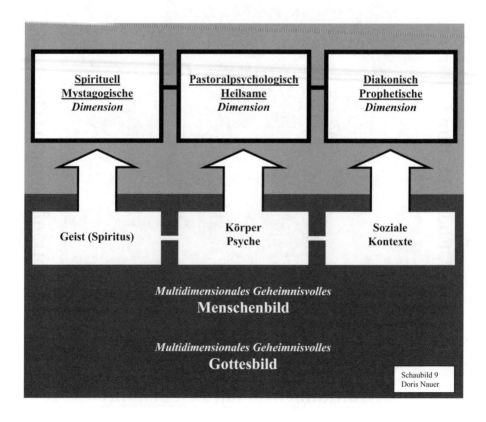

Schaubild 9
Doris Nauer

2. Spirituell-Mystagogische Dimension

2.1. Spirituelle (Auf)Atem- und Glaubenshilfe

Fokussieren wir auf die *Geist-Dimension* (*spiritus*) des Menschen und nehmen wir ernst, dass *Gottes Geist* (die ruach) in unserer (Alltags)Welt tatsächlich präsent ist, dann definiert sich Seelsorge als unaufdringliche, äußerst sensible Begleitung von Menschen und Menschengruppen (z.B. auch einer christlichen Gemeinde) auf ihrem Glaubensweg/spirituellen Weg. Für Christoph Morgenthaler steht deshalb fest, dass eine Seelsorge, die die Glaubensbedürfnisse/spirituellen Bedürfnisse von Menschen übersieht oder ausblendet, lediglich eine amputierte Form von Seelsorge ist.[1] Seelsorge zielt somit immer auch auf spirituelle (Auf)Atem- und Glaubenshilfe ab. Gerade das Wort Glaubenshilfe kann jedoch negative Assoziationen wachrufen, weshalb zunächst einige Abgrenzungen vorzunehmen sind:

- Glaubenshilfe ist nicht gleichzusetzen mit kirchenpolitisch motivierten Strategien, Menschen im klassischen Sinne *missionieren*, d.h. sie mit allen Mitteln zum christlichen Glauben *bekehren* und sie als zahlende Mitglieder im Sinne vereinsideologischer Rekrutierung in christliche Kirchen/Gemeinden *integrieren* bzw. mit allen Mitteln darin halten zu wollen, denn Seelsorge ist ganzheitliche Seel-Sorge und keine numerische Zähl-Sorge.[2]
- Glaubenshilfe zielt nicht darauf ab, Menschen *vorschreiben zu wollen*, woran sie zu glauben haben, denn unter spätmodernen Lebensbedingungen können und wollen „wir Menschen nicht von außen oder oben verordnen, was sie zu glauben haben."[3] Im Blick auf caritatives Handeln gibt deshalb der emeritierte Papst Benedikt XVI klipp und klar zu verstehen: „Wer im Namen der Kirche karitativ wirkt, wird niemals dem anderen den Glauben der Kirche aufzudrängen versuchen."[4]
- Glaubenshilfe realisiert sich nicht dadurch, dass dogmatisch festgeschnürte unhinterfragbare *Glaubenspakete* und *absolute Wahrheiten* in das Leben von Menschen importiert[5] bzw. Menschen auf Glaubensbekenntnisse und Glaubensformeln eingeschwört werden, weshalb für Jürgen Ziemer feststeht: „Jeder Methodismus und jedes '*Bekenntnisklima*' sind der Seelsorge zuwider. An den Stellen, wo die großen Fragen der Existenz auftauchen, wo

---

1 Vgl. MORGENTHALER, C. (2005): Der Blick des Anderen, 49.

2 Paul Zulehner und seine MitarbeiterInnen typisieren diese Form des Missionsverständnisses als ‚aggressive Angriffsoffensive zur Proselytenmacherei'. ZULEHNER, P./R. POLACK/U. HAMACHERS-ZUBA (2005): Respiritualisierung als „heilsgeschichtliches Muss", 278.

3 NACHTWEI, G. (1999): Plädoyer für den ‚schwachen' Seelsorger, 335.

4 DEUS CARITAS EST (2005), Nr. 31.

5 Für Heribert Wahl hängt das Gelingen von Seelsorge daher von folgender Abstinenz ab: „Gelingen kann dies nur, wenn sich christlich motivierte Seelsorge nicht – wie vorher angedeutet – großmütig als kirchliche Sprachlehrerin, als ‚mater et magistra' aufführt, welche die letztlich alleinrichtigen Deutemuster und Formeln parat hat und alle anderen religiösen Ausrichtungen korrigierend auf den rechten Pfad des Glaubens zurückbringen will." WAHL, H. (2003): Vier Impulse zum „Einfall Gottes", 213.

die Wahrheit als persönliche Herausforderung ins Blickfeld gerät, da hilft die fertige Antwort sowenig wie das vorformulierte Responsorium".[6]

🖋 Glaubenshilfe lässt sich nicht auf *sakramentale Vollzüge*, d.h. weder auf die Versorgung mit Sakramenten noch auf liturgische Feiern reduzieren.

Glaubenshilfe bedeutet vielmehr, Menschen dabei zu unterstützen, entweder ihres bereits vorhandenen (christlichen) Glaubens intensiver (d.h. lebensförderlicher) gewahr zu werden oder die Suche nach *ihrer persönlichen* Spiritualität überhaupt erst anzustoßen oder wohlwollend zu begleiten.[7] Wenn wir sowohl den Geheimnischarakter Gottes ernst nehmen als auch die Nicht-Herstellbarkeit und Ambivalenz menschlicher Gotteserfahrungen, dann gibt es kein Zurück hinter folgende Einsicht: „Seelsorge kann keinen Glauben schaffen, aber sie kann den Raum öffnen, in dem die Suche nach Gott und der Zweifel an ihm angemessen artikuliert werden können."[8] Auch durch Seelsorge kann die ambivalente Erfahrung von Gottesferne und Gottesnähe, von Glauben und Unglauben nicht aufgehoben werden. Eine Ambivalenz, von der bereits im Neuen Testament berichtet wird, wenn der paradoxe Satz fällt: 'Ich glaube Herr, hilf meinem Unglauben!' (Markus 9,24). SeelsorgerInnen, die selbst dieser Ambivalenz unterliegen, können sie weder für sich selbst noch für andere auflösen. Sie können jedoch dazu beitragen, sie auszuhalten und auf produktive Art und Weise in das eigene Leben zu integrieren.

2.2. Gemeinsam Spuren Gottes ent-decken und auf-decken

Wenn Gott trotz seines Geheimnischarakters in der Schöpfung und damit auch im (Alltags)Leben längst präsent ist, dann muss er nicht durch ein christlich gefärbtes Vokabular oder geheimnisvolle Beschwörungsformeln in das Leben von Menschen hineingesprochen oder mit allen Mitteln darin gehalten werden. Folgende Seelsorgestrategien, die Karl Rahner bereits vor Jahrzehnten als „krampfhaften Pastoralfaschismus, der sich in harten Formen des seelsorglichen Umgangs ausdrückt"[9] gebrandmarkt hat, sind daher als obsolet einzustufen:

🖋 Prinzipielle Abweisung von Menschen, weil sie aufgrund fehlenden Glaubens, falscher Konfessionszugehörigkeit oder sonstiger 'Mängel' als nicht Seelsorge-würdig einzustufen sind.

🖋 Aussonderung und Nicht-Zulassung von Menschen/Menschengruppen zu seelsorglichen Angeboten.

🖋 An-Predigen, d.h. das Wort Gottes ungebeten und/oder situationsungemäß verkünden.

🖋 Ungefragte Erteilung biblischer Schnell-Ratschläge.

6 ZIEMER, J. (2004): Weltlichkeit und Spiritualität, 34.
7 Vgl. EVANGELII GAUDIUM (2013), Nr. 14.
8 ZIEMER, J. (2005): Seelsorge als Grenzerfahrung, 44.
9 RAHNER, in: ZULEHNER, P. (2002): Im Gespräch mit Karl Rahner, 82.

♦ Beschwichtigung, Vertröstung und Ruhigstellung unter Verweis auf das Leiden Christi, und dass jeder sein Kreuz ohne Murren zu tragen habe.

♦ Glaubenszweifel als Unglauben identifizieren und bekämpfen.

♦ Monologisches Be-Sprechen und unsensibles 'religiöses Plattwalzen' von (leidenden) Menschen.

♦ Machtförmiger Rückzug auf eine religiöse Expertensprache.

♦ Autoritäre Besserwisserei, Aufdrängen von Problemlösungsstrategien, Abspulung vorgefertigter Glaubens-Antworten auf vielleicht nicht einmal gestellte Fragen.

♦ Bloßstellen (z.b. durch voyeuristische Sündenaufdeckung).

♦ Bevormundende, zurechtweisende, moralisierende, (vor)verurteilende Belehrung und Disziplinierung.

♦ Um- und Neuprogrammierung von Menschen mit Hilfe verdeckt angewandter manipulativer Methoden z.b. aus der (Kognitiven) Verhaltenstherapie.

♦ Angst einjagen (z.b. durch Drohung mit Hölle, Fegefeuer und Verdammnis), Bedrängen, unter Druck setzen, psycho-physische Gewaltanwendung.

Wenn all die genannten Strategien zu unterlassen sind, wodurch zeichnet sich Seelsorge dann aber aus? Hauptsächlich durch ihre *mystagogische* Vorgehensweise. Das griechische Wort *Mystagogie* kann uns jedoch leicht auf eine falsche inhaltliche Fährte locken. Die deutsche Übersetzung *'ins Geheimnis einführen'* legt nämlich den Verdacht nahe, dass hier Menschen, ebenso wie in griechischen *Mysterienkulten*, durch einen speziellen *Ritus* in einen äußerst geheimen *elitären* Kult und damit in außergewöhnliche, nur einem engen Kreis bekannte *Geheimnisse* oder Sakramente eingeführt werden sollen.[10] Genau diese Interpretation aber ist im Begriff 'Mystagogie', so wie ihn *Karl Rahner* in Rekurs auf die Spiritualität des Ignatius von Loyola geprägt hat, nicht gemeint.[11] Für Karl Rahner geht es in der Mystagogie nicht um Kultisches, Elitäres oder Geheimnisvolles, sondern um „ein Einführen des Menschen in jenes Geheimnis, welches sein Leben immer schon ist, nämlich Gottes Liebesgeschichte mit jedem Menschen."[12] Mystagogisch ist Seelsorge also immer dann, wenn nicht etwas von außen an Menschen herangetragen wird, sondern wenn diese dazu ermutigt werden, *die Spur des geheimnisvollen Gott*es in ihrem eigenen Leben aufzunehmen. Seelsorge ist mystagogisch, weil sich Menschen gemeinsam mit SeelsorgerInnen auf den Weg machen, Spuren Gottes im unspektakulären Alltag, in der Natur, in Beziehungen, in Strukturen wie z.B. denen eines Altenheims, im liturgischen Geschehen, im Gemeindeleben und in der eigenen Person zu entdecken bzw. auf-zudecken.[13] Seelsorge zielt somit nicht darauf ab, das Geheimnis Gottes lüften zu wollen, sondern darauf, den *Frei-, Spiel- und Zwischenraum*, der nötig ist um sich von der Präsenz Gottes er-greifen, be-geistern und

---

10 Zur Begriffsgeschichte von ,Mystagogie' vgl. HASLINGER, H. (1991): Was ist Mystagogie?
11 Vgl. ZINKEVICIUTE, R. (2007): Karl Rahners Mystagogiebegriff.
12 RAHNER, in: ZULEHNER, P. (2002): Im Gespräch mit Karl Rahner, 83.
13 Vgl. HASLINGER, H. (2011): Mystagogie, 104.

be-rühren zu lassen, entweder überhaupt erst zu erschließen oder im Sinne eines längerfristigen 'pneumatologischen Biotops' offen zu halten.[14] Bestimmen wir Seelsorge im Kern als ein mystagogisches Geschehen, dann trauen wir Menschen grundsätzlich zu, nicht nur etwas über Gott lernen oder wissen, sondern Gott selbst *erfahren* zu können, wodurch sie sich als 'GottesexpertInnen' ausweisen und damit den SeelsorgerInnen diesbezüglich in nichts nachstehen. In der Seelsorge ist somit immer von den Erfahrungen der Menschen selbst auszugehen. Es gilt, „die Frage nach Gott in der Weise aufzunehmen, wie die Menschen sie stellen. Darauf zu hören, wie sie die Frage nach Gott 'anspielen', wie sie sie zum Ausdruck bringen. In ihrer eigenen Sprache nämlich, in der Sprache ihrer Erfahrungen, ihrer Glücks- und Sinnsuche. Ihre Erfahrungen substantiell ernst nehmen, sie als Erfahrungen zu werten, in denen sich Gott in ihrem Leben auf differente Weise äußert – anfanghaft, undeutlich und gebrochen –, daran hat die Seelsorge einfühlsam, behutsam und tolerant zu arbeiten."[15] Will man sich zusammen mit Menschen auf den Weg machen, spirituellen Erfahrungen, Bedürfnissen und Sehnsüchten auf die Spur zu kommen, darf man daher nicht an der Glaubens-, Sprach- und Symbolwelt der Menschen vorbeigehen oder den Weg vorschnell mit (ihnen vielleicht fremden) theologischen Inhalten, (ihnen vielleicht fremden) Bibeltexten oder (ihnen vielleicht fremden) Frömmigkeitsformen und Ritualen versperren, wie Wolfram Rösch ausdrücklich hervorhebt: „Mystagogische Seelsorge fängt daher beim Menschen an, bei seiner Selbsterfahrung und Existenz und endet dort auch wieder. Sie trägt die christliche Botschaft nicht an den Menschen heran wie etwas Fremdes oder Äußeres, sondern sucht die Erweckung und Interpretation des Innersten im Menschen, der letzten Tiefe der Dimension seiner Existenz."[16] Seelsorge will Menschen also dabei unterstützen, sich einen Weg in die eigene Tiefe zu bahnen, in sich selbst hineinzuspüren, in die eigene Stille zu hören, um für die Anwesenheit und die Sprache Gottes hellhörig zu werden. Bildet sich ein entsprechendes Gehör aus, dann kann es geschehen, dass das Seelenwesen Mensch „in den Atemrhythmus Gottes hineinkommt,"[17] d.h. Anschluss an seine *innersten spirituellen Quellen* findet, aus denen es Kraft schöpfen kann. Selbst dann, wenn die Fähigkeit zum inneren Hören wieder abnimmt, weil die Erfahrung von Gottesnähe der Erfahrung von Gottesferne weicht, steht für Anne Steinmeier fest, dass die einmal zum Sprudeln gebrachte Kraftquelle nie mehr vollkommen versiegen wird: „Eine solche Erfahrung kann einem Menschen nichts und niemand mehr nehmen. Sie lässt sich nicht festhalten, aber einmal erlebt und zur Sprache gebracht, geht sie nicht mehr verloren. Auch nicht, wenn sie wieder vergessen wird."[18]

---

14 Vgl. BOBERT, S. (2011): Seelsorge in der Postmoderne, 270; DELGADO, M. (2012): Mystagogische Seelsorge aus dem Geist der Mystik und Weitergabe des Glaubens.
15 RAHNER, in: ZULEHNER, P. (2002): Im Gespräch mit Karl Rahner, 83.
16 RÖSCH, W. (1997): Mystagogie, 257.
17 MÖLLER, C. (2004): Einführung in die praktische Theologie, 151.
18 STEINMEIER, A. M. (1996): Wiedergeboren zur Freiheit, 205.

Gerade weil es um die *Tiefen-Dimension* des eigenen Lebens geht, gilt es, Menschen den Weg zur *Höhen-Dimension* zu weisen, indem Seelsorge dabei hilft, die eigene *Transzendenzfähigkeit* zu entdecken und in der Folge die eigenen *spirituellen Traumflügel* zu entfalten und sich hinauszuwagen über die alltäglichen Routinen und Sicherheiten, ohne dabei die nötige Erdung zu verlieren. Mystagogie darf daher nicht verwechselt werden mit reiner Innerlichkeit und spiritueller Befriedung, denn 'spirituell fliegen lernen' impliziert, Gewohntes und Gängiges auch hinter sich zu lassen. Seelsorge will Menschen deshalb dazu ermutigen, sich im göttlichen Geheimnis so zu beheimaten, dass sie sich dort nicht einfach nur festsetzen, sondern von dort aus immer neu aufbrechen und auch ihren Glauben immer wieder kritisch überprüfen und weiterentwickeln, denn: „Das Thema der Religion ist nicht Gewissheit und Eindeutigkeit, sondern Beunruhigung."[19] In der Seelsorge geht es somit darum, Menschen für den *Mehr-Wert* ihrer eigenen Existenz sensibel zu machen, damit sie sich selbst in ihrem So-Sein von einer alles umfassenden Segensmacht als gewollt, bejaht, und geliebt fühlen können.[20] Eine Akzeptanz, die Menschen gerade dann zur Hilfe werden kann, wenn ihnen von ihren Mit-Menschen derartige Erfahrungen vorenthalten werden. Lernen Menschen, sich im Kosmos zu *beheimaten*, kann sich dies in Form einer größeren Gelassenheit und Zufriedenheit, selbst in größter Not und in Phasen erlebter Gottesferne, im eigenen Leben auswirken.

2.3. (Selbst)Evangelisieren und Missionieren

Verwickelt sich die Verfasserin jetzt nicht in einen eklatanten Widerspruch? Hat sie nicht zuvor behauptet, Glaubenshilfe ließe sich nicht mit missionarischer Bekehrung gleichsetzen? Ob tatsächlich ein Widerspruch vorliegt, hängt davon ab, was man unter missionieren versteht. Schließt man sich dem Verständnis von Papst Franziskus an, was in diesem Buch geschieht, dann liegt kein Widerspruch vor. Im Gegenteil! Für Papst Franziskus, der ausdrücklich für eine „*missionarische Pastoral*" als Alternative zu einer „*rein bewahrenden Pastoral*" plädiert, erhält Seelsorge immer dann missionarische Qualität, wenn nicht primär der Verstand, sondern zum einen die Herzen der gläubigen ChristInnen im Sinne der froh und frei machenden ‚Frohen Botschaft' (mystagogisch) neu entzündet und zum anderen Nicht-Gläubige in ihrer ‚insgeheimen' Suche nach Gott aktiv unterstützt werden.[21] Besonders letzteres erfordert höchste Sensibilität, um nicht dem historisch überholten Bekehrungsparadigma anheimzufallen.

---

19 Vgl. LÄMMERMANN, G. (1992): Wider die gesellschaftliche Verdrängung von Schwäche, 230.

20 Vgl. WEIHER, E. (2008): Das Geheimnis des Lebens berühren; Ders. (2009): Spiritualität achten und Gott im Spiel halten; Ders. (2010): (Klinik)Seelsorge als Kommunikation spiritueller Erfahrung.

21 EVANGELII GAUDIUM (2013), Nr. 14/15. Vgl. auch ZULEHNER, P. (2002): Im Gespräch mit Karl Rahner, 18; JOHN, O. (2003): Warum missionarische Kirche sein? Christian Hoppe schreibt eindrucksvoll: „Christliche Mission ist daher ‚Ansteckung zur Liebe von Herz zu Herz', kein weltanschaulicher Ideentransfer." HOPPE, C. (2013): Gott und Gehirn, 164.

Aus evangelischer Perspektive mahnt daher Jürgen Ziemer: „Kulturell sensible Seelsorge gebietet auch Zurückhaltung gegenüber dem verständlichen Wunsch einer Seelsorgerin, es möge jemand über dem Seelsorgegespräch zum Glauben an Christus kommen."[22] Mit Blick auf Klinikseelsorge, die zunehmend auf Nicht-ChristInnen trifft, schlussfolgert auch Walter Burri: „Missionarischer Eifer wäre fehl am Platz."[23] Eine Sichtweise, die sich auch im 'Europäischen Standard für Krankenhausseelsorge' wiederfindet, denn dort wird ausdrücklich dazu aufgerufen „Patienten vor unerwünschter spiritueller Einflussnahme und vor Bekehrungsversuchen möglichst zu schützen."[24] Zugleich aber wird auch festgeschrieben „dafür Sorge zu tragen, dass auf die spirituellen Bedürfnisse der Menschen unterschiedlicher religiöser und kultureller Herkunft eingegangen und der Glaube eines jeden Menschen respektiert wird."[25] Gelingt es, für die spirituellen Bedürfnisse nicht-christlicher Menschen auf mystagogische Art und Weise Sorge zu tragen, dann ist dies bereits eine Form missionarischer Tätigkeit. Auf diesem Hintergrund kann Ottmar Fuchs folgende These aufstellen: „Es ist dann wichtig, dass Anders-Gläubige in ihrer eigenen Religion lernen, ihren Gott als unbedingt Liebenden zu erfahren, der ihrem Leben Schutz und Rückenstärkung gibt, als dass sie zu einem Bekenntnis manipuliert oder getrieben werden... das treffende Motto lautet also: den Muslimen zu ermöglichen, ihren Glauben im Horizont dessen, was wir Praxis des Reiches Gottes nennen, zu sehen und von dieser Außenperspektive ihrer selbst ihre eigene Identität zu profilieren."[26]

Missionarisch kann es aber auch sein, wenn es gelingt, *Missverständnisse* und *Vorurteile*, die vielleicht gegenseitig im Blick auf Religion und Glauben bestehen, miteinander auszuräumen, gegenseitige *Neugier* zu wecken und auch *Begeisterung* für die christliche Interpretation von Wirklichkeit auszulösen.[27] Dies kann öfters geschehen, als man denkt, denn häufig gehören Menschen überhaupt keiner Religion oder Weltanschauung an, weshalb sie trotz anfänglicher Skepsis oftmals positiv darauf reagieren, wenn SeelsorgerInnen dazu beitragen, ihren spirituelle Sehnsüchten überhaupt eine Sprache zu verleihen, denn: *Religiöser Analphabetismus* und spirituelle *Sprach-Losigkeit* sind weit verbreitete Phänomene.[28] Wolfgang Drechsel sieht die missionarische Dimension von Seelsorge deshalb darin, gerade kirchenfernen Menschen überhaupt noch eine Ahnung bzw. ein Gefühl davon vermitteln zu können, worum es im Christentum überhaupt geht, um sie dadurch mit den oftmals verloren gegangenen Wurzeln ihrer eigenen *abendländischen Kultur* in Verbindung zu bringen.[29]

---

22 ZIEMER, J. (2000): Zur interkulturellen Seelsorge, 70.
23 BURRI, W. (2007): Seelsorge im Spital, 59.
24 Europäischer Standard für Krankenhausseelsorge 2002, in: INAUEN, M. (2007): Standards, 122.
25 Ebd.
26 FUCHS, O. (1995): 'Sein-Lassen', 147.
27 Details hierzu finden sich in: WEIß, H. (2010): Handbuch interreligiöse Seelsorge.
28 Vgl. SCHNEIDER-HARPPRECHT, C. (2005): Die Rolle der Seelsorge angesichts der Krise der Kirchen, 33.
29 Vgl. DRECHSEL, W. (2004): Zwischen Zuspruch, Anspruch und Einspruch, 18.

Missionarisches Engagement wird aber erst dann Herzen im Sinne von Papst Franziskus entzünden, wenn SeelsorgerInnen selbst entbrannt sind. Missionarisch ausstrahlen impliziert primär sich selbst kontinuierlich zu evangelisieren, d.h. sich selbst auf die Frohe Botschaft einzuspuren, indem man sich (selbstkritisch hinterfragt, ob das eigene seelsorgliches Handeln wirklich (noch) dazu beiträgt, Reich Gottes voranzutreiben. Missionarische SeelsorgerInnen stellen daher sich und anderen die unbequeme Frage: Stehen wir (Gemeinde, Krankenhaus, Schule, Kloster...) überhaupt noch in der Tradition der Nachfolge Jesu Christi? Fördern oder blockieren wir Reich Gottes? Für Stefan Knobloch zwei extrem ernst zu nehmende Fragen, die im seelsorglichen Alltag eher untergehen, da sowohl dem Thema Gott als auch der aktiven Pflege individueller und kollektiver Spiritualität aufgrund chronischer Arbeitsüberlastung oftmals kaum Beachtung geschenkt wird: „Seit Jahren spricht man nicht zu Unrecht vom 'ekklesialen Atheismus', ein Begriff, der auf die Gefahr aufmerksam macht, dass Gott in der Kirche über die Geschäftigkeit einer mit allem möglichen beschäftigten Seelsorge, vor allem auch einer mit Finanzsorgen und Strukturproblemen befassten Kirche, in Vergessenheit geraten kann. Auch wenn sein Name noch so oft genannt und im Munde geführt wird..."[30] (Selbst)evangelisierende Seelsorge spurt ChristInnen, christliche Gemeinschaften und Kirchen (wieder) auf die Spur Jesu Christi und seine Frohe Botschaft vom Reich Gottes ein, wodurch deren Glaubwürdigkeit sowohl nach innen in den Kirchenraum als auch nach außen in die Gesellschaft hinein zunimmt. Paul Michael Zulehner, Regina Polack und Ursula Hamachers-Zuba stellen daher sogar folgende These auf: „Wenn die Kirche durch die eigene Respiritualisierung und Missionspraxis selbst eine Lernende wird, kann eine neue, transformierte Kirche entstehen, die wir uns heute noch gar nicht vorstellen können."[31]
(Selbst)evangelisierende Seelsorge will ChristInnen dabei helfen, ihren *Glauben* an den christlichen Gott zu *vertiefen und zu verfestigen*. Seelsorge zielt dabei jedoch nicht auf eine eintönige Uniformität ab, sondern will Gläubige dazu ermächtigen und dazu ermutigen, sich ihr eigenes *persönlichkeitsspezifisches Credo* auszubilden. „Diese Forderung spricht gegen pastorale Konzepte, die eine zu starke Identifikation mit allen amtskirchlichen Vorgaben anstreben und dogmatisch definitiv festschreiben, wie ein Christ heute zu leben und zu handeln hat. Vielmehr hat sich eine zeitgemäße Pastoral in einem offenen Begegnungsprozess abzuspielen, der jedem Suchenden in der Erlebnisgesellschaft auch Raum lässt, seine eigene Form christlicher Existenz zu entwickeln und zu entfalten."[32] Jürgen Ziemer plädiert deshalb für ein gehöriges „Maß an Toleranz für unorthodoxe Ausdrucksformen des Glaubens".[33] Bringen SeelsorgerInnen

---

30 KNOBLOCH, S. (2006): Seelsorge im Widerstreit, 424.
31 ZULEHNER, P./R. POLACK/U. HAMACHERS-ZUBA (2005): Respiritualisierung, 278.
32 KOCHANEK, H. (1998): Spurwechsel, 122.
33 ZIEMER, J. (2005): Seelsorge als Grenzerfahrung, 46.

aller Konfessionen genau diese Toleranz auf, dann kann sich Seelsorge tatsächlich als ‚missionarisch', d.h. glaub-würdig für heutige Menschen erweisen.[34]

2.4. Destruktive Gottesbilder loslassen

Seelsorge zielt nicht darauf ab, Gott und die Bilder, die sich Menschen von Gott machen, eindimensional festlegen zu wollen. Der Reichtum existierender Gottesbilder wird vielmehr als Chance begriffen, sich ihm, dem bleibenden Geheimnis, auf unterschiedliche Art und Weise nähern zu dürfen. Dementsprechend werden auch *nicht christliche Gottesbilder* trotz ihrer Fremdheit und Andersartigkeit nicht als minderwertig abqualifiziert, sondern respektiert. Unterschiede werden nicht heruntergespielt oder überspielt, sondern deutlich markiert. Michael Klessmann plädiert deshalb dafür, gerade die „Differenzen in den Gottesbildern und in der religiösen Praxis sorgsam und respektvoll wahrzunehmen, sie geradezu herauszuarbeiten, ihre Bedeutung wechselweise besser zu verstehen, statt sie auf einen gemeinsamen Grund, in dem letztlich alles verschwimmt, oder der sich doch für verschleierte Machtausübung eignet, zu reduzieren... Der fremde Mensch sollte die Erfahrung machen können, dass er mit der anderen Gestalt seines Glaubens angenommen und gewürdigt und nicht abgewertet und argumentativ in Frage gestellt wird.“[35] Erzählen sich Menschen gegenseitig von ihrem Verständnis von Gott, dann kann es nach Dietrich Stollberg im Idealfall geschehen, dass Gottesbilder „miteinander zu sprechen beginnen und einander erneuern, erweitern, befreien.“[36] Was aber, wenn einer oder alle GesprächspartnerInnen ihr Gottesbild als das einzig wahre propagieren, wenn sie kein anderes daneben bestehen lassen, wenn sie keinerlei Interesse an einer gegenseitigen Horizonterweiterung haben, wenn sie ihr eigenes Verständnis (mit aller Gewalt) monopolisieren und dem Gegenüber aufdrängen wollen?

Sind wirklich alle Gottesbilder gleich(berechtigt)? Oder können sich hinter Gottesbildern auch Götzenbilder verbergen? *Götzenbilder,* die Menschen in die Irre laufen lassen und sie verwirren bzw. das Leben von Menschen und/oder deren Umgebung extrem belasten? Harmonisierende Gleich-Macherei hilft hier nicht weiter. Wir brauchen Kriterien zur *Unterscheidung der Geister*, im Blick *nach außen* (nicht-christliche Gottesbilder und Spiritualitätsformen) als auch *nach innen* (christliche Gottesbilder und Spiritualitätsformen). Seelsorge erweist sich somit immer auch als ein *religions- und spiritualitätskritisches* Unternehmen, denn: „Es gibt einen Weg zu Gott nur durch die Kritik der Idole und der ständig wiederkehrenden Versuchung, ihn mit anderen als ihm selbst zu verwechseln.“[37] Vor der Versuchung der Banalisierung und Trivialisierung, der Instrumentalisierung und der Verdunkelung Gottes scheint kein Mensch und keine religiös-

---

34 Vgl. GOODLIFF, P. (1998): Care in a confused climate, 192-206.
35 KLESSMANN, M. (2006): Gott hat viele Namen, 258-259/261.
36 STOLLBERG, D. (1990): Gottesbilder in der Seelsorge, 73.
37 LEHMANN, K. (2003): Kriterien und Umriss des christlichen Menschenbildes, 10-11. Vgl. auch FUCHS, O. (2005): Einige Richtungsanzeigen, 231.

spirituelle Gruppierung gefeit zu sein, weshalb Joachim Kügler aus exegetischer Sicht folgenden Appell an ChristInnen – und damit auch an SeelsorgerInnen – richtet: „Damit sind ChristInnen herausgefordert, sich ebenso kritisch wie fried-fertig mit den (islamischen, christlichen und anderen) Zeloten von heute ausei-nanderzusetzen, die Gott als Legitimationsquelle für ihre politischen Program-me benutzen und dabei nicht nur die Lebensrechte der anderen mit Füßen treten, sondern auch Gott blasphemisch verkleinern."[38] Als Kriterium der notwendigen Götzenkritik dient ihm Jesu *Reich Gottes Botschaft* und das darin aufscheinende Gottesverständnis. Wird Gott zur Legitimation von Monopolansprüchen, Ge-waltanwendung und zur Schaffung ungerechter Lebensverhältnisse herangezo-gen, wird die Reich Gottes Botschaft ins Gegenteil verkehrt und das angebliche Gottes-Bild enttarnt sich selbst als Götzen-Bild. Auch Rainer Bucher und Karl-Heinz Ladenhauf beziehen sich kriteriologisch auf Jesus Christus und dessen Verständnis von Gott, das sich auf Menschen eben nicht als lebensunterdrü-ckend, sondern als lebensförderlich auswirkt. Deshalb steht für sie fest: „Alle Götter, die Menschen knechten und versklaven, die sie unfrei und krank ma-chen, sind Götzen. Christliche Seelsorge nimmt den Kampf mit ihnen auf."[39] Da natürlich auch Bilder, die ChristInnen sich von Gott machen, knechten, un-frei und sogar krank machen können, ist auch dagegen der Kampf aufzunehmen. Wir wissen, dass Gottesbilder und 'Familiencredos' sich in Familien *destruktiv* auf Menschen auswirken können, weshalb Christoph Morgenthaler aus system-therapeutischer Sicht festhält: „Familienreligiosität ist nicht nur ‚eigensinnig', oft in sich brüchig und diffus. Sie ist auch ambivalent... Religiosität kann zum gesunden Funktionieren einer Familie beitragen; sie kann aber auch pathologi-sche Entgleisungen stützen, ja mit verursachen. Es ist wichtig, sie in dieser Zweischneidigkeit wahrzunehmen, sie nicht in Bausch und Bogen als schädlich oder im besten Fall als bedeutungslos abzuwerten, sie aber auch nicht zur Res-source allein zu stilisieren... Seelsorge kann zu einem Ort werden, wo ein 'Fa-miliencredo', das die Geschichte der Familienangehörigen regiert... kritisch thematisiert wird."[40] Wir wissen, dass Menschen oftmals aufgrund ihrer christli-chen Sozialisationen Schäden davon getragen haben. Schäden, weil sie sich auf eine Opferrolle oder Schuldgefühle fixiert haben; weil sie ein Leben voller Angst vor Satan, Hölle, Verdammnis geführt haben; weil sich ihre Gedanken permanent um mögliche Verfehlungen, Sünden und moralisches Versagen ge-dreht haben; weil sie sich auf rigorose Art und Weise auf eine bestimmte Art von Frömmigkeit oder Gesetzeseinhaltung verpflichtet haben; weil sie sich durch übermäßigen Gottesdienstbesuch oder grenzenloses Engagement in der Pfarrgemeinde massiv selbst unter Druck gesetzt haben; weil ihr Hass auf Nicht-Gläubige sie davon abgehalten hat, mit diesen zusammenleben zu kön-nen; weil sie ein gestörtes Verhältnis zu ihrem Körper und ihrer Sexualität ent-

38 KÜGLER, J. (2006): Das Reich Gottes auf den Dörfern, 17.
39 BUCHER, R./ K. H. LADENHAUF (2004): „Räume des Aufatmens", 165.
40 MORGENTHALER, C. (1999): Systemische Seelsorge, 94/140.

wickelt haben; weil sie ein zwanghaftes Verhalten, wie z.B. einen Beicht-
Zwang, ausgebildet haben; weil sie in krankhafte Wahnvorstellungen religiösen
Inhalts abgeglitten sind.[41] Wie aber in der Seelsorge mit genau diesen Menschen
umgehen? Wie mit Menschen umgehen, auf die sich ihr Glaube nicht lebensförderlich, sondern destruktiv ausgewirkt hat? Müssen SeelsorgerInnen alles daran
setzen, den Menschen von seinem destruktiven Gottesbild zu befreien? Wie
aber geht das? Soll es ihm argumentativ aus-geredet werden? Soll ein anderes
Gottesbild ein-geredet werden? Michael Gmelch schlägt vor, unheilvolle dunkle
'Gotteseinbildungen', die Menschen in ihrer Lebensentfaltung behindern, aufzudecken.[42] Wie genau man sich dies vorzustellen hat und wie nach der Aufdeckung weiter zu verfahren ist, erläutert Gmelch nicht. Ist eine argumentative
Aufdeckung aber tatsächlich eine Strategie, die es ermöglicht destruktive Gottesbilder loslassen zu können? Michael Klessmann jedenfalls sieht dies eher
skeptisch. Eine Fallbeschreibung, in der eine Seelsorgerin versucht, dem Gottesbild einer Frau entgegenzusteuern, indem sie ihr eigenes als Alternative an-
bietet, kommentiert Klessmann folgendermaßen: „Es wäre hier sinnvoll und
notwendig, der Frau ihr Gottesbild *nicht ausreden* zu wollen, sondern es stattdessen genau zu explorieren und *seine Funktion* im Lebens- und Glaubenszu-
sammenhang und ihrer Kultur zu *verstehen*. Welche Lebenserfahrung steht hinter solch einem Bild? Was ermöglicht es, was verhindert es? Was wird damit
bewältigt oder auch vermieden?"[43] Nicht ausreden oder einreden, sondern vor
suchen zu verstehen, warum dieses Gottesbild für den Menschen wichtig ist und
welche Folgwirkung es hätte, wenn es losgelassen würde. Letzteres muss nämlich nicht automatisch dazu führen, dass sich die Situation des Menschen verbessert! Eine Sichtweise, die auch Tilmann Moser vertritt. Aufgrund seiner psychotherapeutischen Erfahrung steht für ihn fest, dass Menschen ihr Gottesbild
nur dann los-lassen können, wenn sie nicht dazu gedrängt werden. Den einzig
gangbaren Weg sieht er darin, *Zweifel zu säen* und behutsam zu anderen Sichtweisen zu *ermutigen*: „Als Therapeut kommt es mir zunächst einmal nur zu, zuzuhören und darauf zu achten, ob es nicht verschüttete Fragmente eines anderen
Gottesbildes gibt und wie sich beide Gottesvorstellungen zueinander verhalten.
Meine Aufgabe besteht dann darin, herauszufinden, ob sich dieses positive Gottesbild gleichsam *archäologisch herauspräparieren* lässt, sodass es neben dem
strafenden Gott sein gutes Recht erhält."[44]

2.5. Dämonische Mächte und Gewalten 'ent-mächtigen'

Gehört die Befreiung von Dämonen zu einem glaubwürdigen Seelsorgeverständnis im 21. Jhdt.? Muss Seelsorge darauf abzielen, Menschen mit Hilfe

---

41 Vgl. GIESEKUS, ULRICH (2013): Christliche Glaubensgemeinschaften.
42 GMELCH, M. (1996): Du selbst bist die Botschaft, 219.
43 KLESSMANN, M. (2006): Gott hat viele Namen, 260.
44 MOSER, T. (2003): Gott als Glück – Gott als Unglück, 148.

exorzistischer Rituale dem Einfluss teuflischer Mächte und Gewalten zu entrei-ßen?[45] Für viele ChristInnen, besonders diejenigen, die sich in charismatischen, evangelikalen, neo-pfingstlerischen oder sehr traditionellen Gruppierungen, Sekten und Freikirchen bewegen, ist die Frage mit ja zu beantworten.[46] Menschen fühlen sich tatsächlich oftmals 'besessen' oder bedroht von Dämo-nen, weshalb sie den Wunsch, vom Besessenheits- oder Bedrohungsgefühl be-freit zu werden, an SeelsorgerInnen herantragen. Oder umgekehrt: Seelsorg-erInnen sind von ihrem exorzistischen Auftrag überzeugt, weshalb sie Menschen auch ungefragt ihre exorzistische Schützenhilfe aufdrängen. SeelsorgerInnen verstehen sich im charismatisch-evangelikalen Gedankengebäude oftmals dazu berufen, den *Kampf gegen das Böse* aufzunehmen, indem sie entweder einzelne Menschen im Sinne eines *exorzistischen Befreiungsdienstes* aus den Fängen des Bösen herauslösen,[47] oder ganze Regionen im Sinne einer *geistlichen Kriegs-führung* von dämonischer Verunreinigung reinigen. Thomas Kern, der Phäno-mene wie 'Fürbitte für Deutschland' oder 'Jesus-Märsche' soziologisch analy-siert hat, erläutert: „Unter geistlicher Kriegsführung verstehen die Charismati-ker den Kampf gegen dämonische Mächte, die über bestimmte Nationen, Regi-onen, Städte und Wohngebiete oder sogar einzelne Häuser, Wohnungen und Zimmer herrschen können. Diese 'Mächte' üben einen starken (negativen) Ein-fluss auf die dort lebenden Menschen aus, und viele Charismatiker glauben, dass es keine 'Erweckung' geben könne, bevor nicht die Dämonen 'besiegt' sind und ihre 'Macht' gebrochen wurde."[48] Seelsorge wird dadurch zu einem *Macht- und Kampfgeschehen*, weshalb eine kriegerische Sprach-Metaphorik vorherrscht, wie folgende Äußerung von Garry Collins drastisch veranschau-licht: Wir „betreiben Seelsorge im Kreuzfeuer eines Konfliktes zwischen zwei starken übernatürlichen Streitmächten, von denen die eine auf Gottes, die ande-re auf Satans Seite steht."[49] Das hier zur Sprache gebrachte Seelsorgeverständ-nis beruht auf einem extrem dualistisch konzipierten Welt- und Menschenbild. Genau an diesem Punkt ist auf dem Hintergrund des multidimensionalen Got-tes- und Menschenbildes, wie es in diesem Buch herausgearbeitet wurde, Wi-derspruch einzulegen! Die Überzeugung, dass Menschen von personalen Teu-feln und Dämonen bedroht, besetzt und 'besessen' werden und deshalb davon

---

45 Vgl. MÜLLER, J. (2007): Neue Faszination für Dämonen und Exorzismen.

46 Thomas Schirrmacher, ehemaliger Rektor des Martin Bucer Seminars, bekennt in der Zeitschrift ‚Evangeli-kale Missiologie', dass er in guter Absicht Menschen, die sich mit der Bitte um exorzistische Handlungen an ihn gewandt haben, letztlich irregeleitet hat, indem er ihren Erwartungen entsprochen hat. Heute stuft er die-ses Verhalten als einen Fehler ein, für den er sich entschuldigt. Vgl. SCHIRRMACHER, T. (2003): Der Christ und die Dämonischen Mächte, 122.

47 Vgl. LEMHÖFER, L. (2006): Befreiungsdienst im Kontext evangelikaler und charismatischer Frömmigkeit; HERBST, M. (2000): Charismatische Seelsorge, 16; ZIMMERLING, P. (2001): Die charismatische Bewe-gung, 279.

48 KERN, T. (1999): Geistliche Kriegsführung, 34.

49 COLLINS, G. (1995): Die biblischen Grundlagen für beratende Seelsorge, 216. Auch für Martin und Deidre Bobgan dient Seelsorge hauptsächlich der Kriegsführung gegen Satan „mitten in einer geistlichen Schlacht zwischen dem Herrn der Herrlichkeit und den Mächten der Finsternis." BOBGAN, M./ D. BOBGAN (1991): Psychotherapie oder biblische Seelsorge, 119.

befreit werden müssen, gilt es, wie Ottmar Fuchs betont, prinzipiell zu hinterfragen: „Jene dämonologische Anthropologie, in der man sich zur Zeit Jesu be-
half, um die unverständlichen Verhaltensweisen psychisch kranker Menschen
als Besessenheit von Dämonen zu erklären, muss vielmehr endgültig verab-
schiedet werden und darf auch nicht in irgendwelchen exorzistischen Praktiken
ihr anachronistisches und destruktives Unwesen treiben."[50] Obgleich sich Bibelstellen finden lassen, die die Realität dämonischer Besessenheit nahe legen, gilt
es, um der Reich-Gottes-Botschaft willen folgender Sichtweise oberste Priorität
einzuräumen: Mit dem Kommen Jesu Christi ist die Macht dämonischer Mächte
und Gewalten endgültig gebrochen, weshalb sie keine Macht (mehr) über Menschen haben. Mit Isidor Baumgartner, der alle Formen von Exorzismus als
'frommen Terror'[51] ausweist, darf daher geschlussfolgert werden: „Seelsorger
haben weder Dämonen auszutreiben, noch eine Legion unreiner Geister in
Schweineherden zu schicken."[52]
Und doch ist diese Sichtweise, so korrekt sie ist, zu kurz gegriffen, denn: SeelsorgerInnen begegnen nun einmal Menschen, die sich 'besessen' fühlen. Hegen
sie den Verdacht, dass sich hinter dieser Vorstellung ein pathologisches *Wahn-
Phänomen* verbirgt, dann gilt es, fachmännische Hilfe einzuholen, sprich den
Menschen wortwörtlich dazu zu bringen, sich psychiatrisch behandeln zu lassen. Damit ist nicht gesagt, dass SeelsorgerInnen psychotischen Menschen, die
an einem Besessenheitswahn leiden, nicht zusätzlich hilfreich zur Seite stehen
können. Den Wahn werden sie alleine jedoch höchstwahrscheinlich nicht zum
Verschwinden bringen (auch wenn sie gerade bei diesem oftmals sehr therapie-
resistenten Krankheitsbild als letzte Möglichkeit zu Rate gezogen werden). Versuchen sie exorzistische Praktiken anzuwenden, kann dies langfristig sogar dazu führen, nicht nur die psychiatrische Therapiestrategie zu unterlaufen, sondern auch dazu, die Wahn-Symptomatik selbst zu verfestigen.[53]
Was aber, wenn sie auf Menschen treffen, die sich von Dämonen und Teufel
verfolgt fühlen, ohne dabei krankhafte Symptome aufzuweisen? Und diese
Gruppe dürfte die Mehrheit darstellen! Wie damit umgehen, wenn um exorzistische Handlungen gebeten, sie sogar mehr oder minder aggressiv eingefordert
werden? Soll man sich diesem Anliegen prinzipiell verschließen und argumentativ darauf hinweisen, dass sie sich im Blick auf ihre 'Besessenheit' irren? Soll
man ihr Anliegen aus eigener Hilflosigkeit heraus ins Lächerliche ziehen? Soll
man an andere ExpertInnen weiter überweisen? Vielleicht an einen Exorzis-
musspezialisten? Aus der Perspektive des multidimensionalen Seelsorgeverständnisses wäre es geboten, den Menschen mitsamt seinem Anliegen radikal
ernst zu nehmen und nicht auszuweichen. SeelsorgerInnen können tatsächlich
zusammen mit betroffenen Menschen liturgische Formen/Gebete/Segensrituale

---

50 FUCHS, O. (1993): Im Brennpunkt: Stigma, 105.
51 Vgl. BAUMGARTNER, I. (1997): Heilende Seelsorge – ein verkehrtes Leitwort?, 242.
52 BAUMGARTNER, I. (1992): Heilende Seelsorge, 60.
53 Vgl. NIEMANN, U. (2005): Befreiung vom Bösen? Für einen zeitgemäßen Umgang mit ‚Besessenheit'.

entwickeln, die nicht der Austreibung von 'Dämonen' dienen, sondern betroffenen Menschen fühlbar machen, dass sie unter der schützenden Segensmacht
Gottes stehen, weshalb sie ,teuflische' Mächte nicht länger fürchten müssen.
Auch dann nicht, wenn diese trotz aller seelsorglichen Unterstützung bedrohlich
präsent bleiben, weil diese Erfahrung aufgrund familiärer und/oder religiöser
Sozialisation so tief sitzt, dass eine Veränderung sehr viel Zeit, Geduld und therapeutische Erfahrung abverlangt. Glaubwürdige Seelsorge trägt somit nicht
wirklich zur Ent-Mächtigung von Dämonen bei. Ein derartiger Macht-Akt kann
nur von Gott selbst vorgenommen werden. Dementsprechend hat Gott im Chris-
tusgeschehen alle dämonischen Mächte und Gewalten bereits für immer ent-
mächtigt. Ein Glaubenswissen, das SeelsorgerInnen enorm entlasten kann, denn
an ihrem Handeln ist der Ausgang eines kosmischen Entscheidungskampfes
zwischen Gut und Böse, zwischen Gott und Satan, nicht festzumachen, da er
längst entschieden ist. Der Beitrag von Seelsorge zur Ent-Mächtigung von Dämonen ist daher *nur* der, dass Menschen diese Realität als Froh-Botschaft zumindest ansatzhaft spürbar gemacht werden kann.[54]

2.6. Hoffnung und Freude verbreiten

„Wie froh macht die Frohbotschaft?"[55] Mit dieser Frage des Religionspsycholo-
gen Bernhard Grom nehmen wir Kurs auf den zentralen Inhalt christlicher Seelsorge. Eigentlich stellt Grom eine überflüssige Frage, denn natürlich macht die
Frohe Botschaft froh, sollte man annehmen. Aber macht sie ChristInnen tatsächlich so froh, dass man es ihnen auch ansieht? Sind ChristInnen, TheologInnen
und SeelsorgerInnen tatsächlich ansteckend fröhliche Menschen? Kommen sie
,locker rüber', oder wirken sie, wie der amerikanische Religionssoziologe Peter
L. Berger zu bedenken gibt, oft grimmig und alles andere als erlöst?[56] Eine Frage, die sich selbst Papst Franziskus stellt, wenn er schreibt: „Es gibt Christen,
deren Lebensart wie eine Fastenzeit ohne Ostern erscheint."[57] Wären sie aber
wirklich davon überzeugt, dass Jesus der Christus, der Erlöser ist, dann würde
sie die Frohe Botschaft wortwörtlich schon auf Erden zum Leben erwecken und
ihre gesamte Ausstrahlung verändern, weshalb Papst Franziskus gerade im
Blick auf selbst(evangelisierte) missionarische SeelsorgerInnen schlussfolgert:
„Folglich dürfte ein Verkünder des Evangeliums nicht ständig ein Gesicht wie
bei einer Beerdigung machen."[58]
Sicherlich gibt es Gründe, manchmal grimmig und unerlöst zu erscheinen. Auch
ChristInnen bleibt unter irdischen Bedingungen keine Not und kein Leid erspart. Und doch dürfen sie darauf vertrauen, ebenso wie alle Menschen, in die

---

54 Vertiefte Reflexionen zum Exorzismus finden sich im Kapitel IV.
55 GROM, B. (2002): Wie froh macht die Frohbotschaft?
56 Vgl. BERGER, P. L. (2003): Von grimmigen Theologen, 4.
57 EVANGELII GAUDIUM (2013), Nr. 18.
58 A.a.O., Nr. 10. Vgl. auch SCHALK, H. (2010): Erlöst leben; SCHICK, L. (2011): Glaubensfreude in der Pas-
    toral.

universale Heilsgeschichte Gottes eingebunden zu sein. Weil ihnen dies in ihrem Glauben bewusst ist, könn(t)en sie schon jetzt der endgültigen Erlösung äußerst entspannt entgegensehen, wie Paul Michael Zulehner, Regina Polack und Ursula Hamachers-Zuba in Rekurs auf den Jesuiten Karl Rahner unmissverständlich deutlich machen: „Ist der Rahnersche Heilsoptimismus angesichts des globalen Leides nicht gnadenlos zynisch, zumindest aber weltfremd und naiv? Darf man diese eschatologische Hoffnungsperspektive, die Rahner seinem Denken zugrunde legt, heute angesichts von Krieg, Gewalt, Armut und unzähligem Leid, noch wagen? Man darf nicht, man muss."[59] Wenn dem so ist, dann steht christliche Seelsorge vor der Aufgabe, den kategorischen Indikativ der Gnade und Erlösung in Erinnerung zu rufen und spürbar zu machen.[60] Für Ottmar Fuchs bedeutet dies, dass uns eine ganz neue Art von Missionsgeschichte auf dem Hintergrund einer Seelsorge im Horizont der Gnade bevorsteht: „Nämlich Gott ohne Wenn-Dann-Drohungen als das unendliche Geheimnis der unbedingten Liebe Gottes zu verkünden… Genau das unterscheidet uns religionskritisch von den meisten anderen Religionen und auch von einer bestimmten Christentumsvergangenheit, wo man hört: Gott liebt dich nur, wenn du glaubst."[61] Wodurch also zeichnet sich christliche Seelsorge besonders aus? Dass SeelsorgerInnen sowohl ChristInnen als auch Nicht-ChristInnen eine Ahnung von der universalen Erlösungsbedeutung Jesu Christi für ihr Leben vermitteln, weshalb sie prinzipiell Hoffnung auch angesichts aller Hoffnungslosigkeit verbreiten und das Grundvertrauen der Menschen in das Leben als solches stärken, denn: „Nach christlichem Verständnis sind Kreuz und Auferstehung etwas, das sich nicht einmal in ferner Vergangenheit ereignet hat, sondern das sich ein für allemal ereignet hat und somit stets aufs Neue ereignet, das gewissermaßen dem Leben als dessen Signatur eingezeichnet und in diesem Sinne 'allezeit' (2 Kor 4,10) ist. Dass es keine Situation im Leben eines Menschen gibt, die nicht unter der Auferstehungshoffnung steht, das ist die geistliche Botschaft, die das Amt der Seelsorge, besonders der Spitalseelsorge in Anspruch nimmt".[62]

Verbreiten SeelsorgerInnen aber tatsächlich die typisch christliche Froh-Botschaft oder manchmal doch eher eine Droh-Botschaft? Schaffen sie ein 'redemptives Milieu', in dem sich „das erlösende und befreiende, das heilende und Leben bewirkende Handeln Jesu widerspiegelt"?[63] Lassen SeelsorgerInnen bei allem gebotenen Ernst etwas spüren von der *Lebensfreude*, die Christ-Sein auszeichnet?[64] Wird Lebensfreude spürbar in der Art und Weise, wie SeelsorgerIn-

---

59 ZULEHNER, P./R. POLAK/U. HAMACHERS-ZUBA (2005): Respiritualisierung, 270.
60 Vgl. OCHS, R. (2006): Rechtfertigung, 78.
61 FUCHS, O. (2008): Sieben Thesen zur ,Missionarischen Pastoral', 13; Ders. (2010): Gott, 14. Ders. (2008): Christliche Eschatologie und Seelsorge, 127.
62 FISCHER, J. (2006): Ethische Dimensionen in der Spitalseelsorge, 223. Vgl. KÖNEMANN, J. (2005): Sinngenerierung in der Lebenspraxis, 71; FEITER, R. (2003): Da mir eng war, hast du mir's weit gemacht, 25.
63 LADENHAUF, K. H. (1990): Integrative Therapie und Seelsorge-Lernen, 181.
64 Vgl. NAUER, D. (2014): Grund zur Freude. Christliche Anthropologie und lebenspraktische Folgen.

nen predigen oder wie sie symbol- und gestenreich ihre liturgischen Feiern wirklich feiern? Papst Franziskus zumindest sieht sich dazu herausgefordert, SeelsorgerInnen daran zu erinnern, gerade auch in öffentlichen Predigten darauf zu achten, wirklich die Frohe Botschaft und nicht Themen wie Sünde und Enthaltsamkeit in den Mittelpunkt zu rücken: „Das gleiche geschieht, wenn mehr vom Gesetz als von der Gnade, mehr von der Kirche als von Jesus Christus, mehr vom Papst als vom Wort Gottes gesprochen wird."[65] Hören wir also wortwörtlich die Frohe Botschaft schon an der Art und Weise, wie SeelsorgerInnen reden? Sehen wir sie in der Art und Weise, wie sie sich (farbenfroh) kleiden, wie sie ihre Räume (menschen)freundlich einrichten und dekorieren, wie sie ausgelassen miteinander lachen und feiern und nicht nur verschämt oder ungelenk dabei stehen oder ein Fest absitzen? Folgende Formulierung Christoph Morgenthalers fokussiert uns deshalb auf den Kern christlicher Seelsorge: „Handle so, dass du der Geschichte deiner Gemeinde etwas Hoffnungsvolles hinzufügen kannst! Handle so, dass keine neuen Opfer entstehen! Handle so, dass du den anderen gerecht wirst wie dir selber!"[66] Handle also so, dass allen Menschen, denen Du begegnest, schon durch deine Anwesenheit und dein Auftreten etwas von der Frohen Hoffnungsbotschaft spürbar wird. Handle so, dass Menschen darüber staunen, wie froh, fröhlich, frei und gerechtigkeitsliebend Christ-Sein macht. Oder in den Worten Margot Käßmanns: „Ich möchte Menschen in der Seelsorge zur Seite stehen und ihnen die Frohe Botschaft des Evangeliums verkünden. Dafür ist für mich Kirche da, nicht als Moralinstitut."[67] Oder, wie Slavomir Dlugos und Sigrid Müller es auf den Punkt bringen: „In vielen Situationen des Lebens bedarf es der Erfahrung von Erlösung, die existentielle Verzweiflung überwindet und Hoffnung weckt."[68] Eine Hoffnung, die sogar ohne oberflächliche Vertröstungsmechanismen über den Tod hinausgeht.[69]

2.7.   Lebens- und Gottesgeschichte miteinander verweben

Wenn sich in der Seelsorge Menschen begegnen, prallen einzigartige Geschöpfe und Meisterwerke mit unterschiedlichsten Lebensgeschichten aufeinander. Kein Unikat gleicht dem anderen. Jede Biographie ist einzigartig und geheimnisvoll. Jeder Mensch trägt eine ungeheure Fracht an individuellen und kollektiven Erfahrungen mit sich. Erfahrungen, die ihn belasten oder auch beflügeln können. Jeder Mensch erweist sich somit als ein eigener Kosmos, den ein Seelsorger/ ei-

---

65 EVANGELII GAUDIUM (2013), Nr. 38. Papst Franziskus verweist ausdrücklich auf Bibelstellen, in denen das Motiv der Freude zentral steht. Z.B. Johannes 15,11: „Dies habe ich euch gesagt, damit meine Freude in euch ist und damit eure Freude vollkommen wird."; Philipper 4,4: Freut euch im Herrn zu jeder Zeit! Noch einmal sage ich: Freut euch!
66 MORGRENTHALER, C. (1999): Systemische Seelsorge, 142.
67 KÄßMANN, M. (2013): „Dort sind alle Tränen abgewischt", 46.
68 DLUGOS, S./ S.MÜLLER (2012): Was ist Sünde?, 38. Vgl. auch: SCHULZ, M. (2013): Die Hoffnung stirbt zuletzt;
69 Vgl. WESSEL, W. (2012): Im Tod die Vision vom Leben stärken; FUCHS, O. (2011): Hoffnung über den Tod hinaus.

ne Seelsorgerin (auf eigene Gefahr) betreten darf. Er/sie darf so nahe an einen Menschen herankommen, dass sich dieser vielleicht sogar in den Arm nehmen lässt. SeelsorgerInnen werden in fremde Lebensgeschichten involviert, weil Menschen ihnen Vergangenes, Gegenwärtiges und Zukünftiges aus ihrem Leben erzählen. Seelsorge definiert sich daher immer auch als ein Eingehen auf und Arbeiten mit der Lebensgeschichte bzw. den lebensgeschichtlichen Versatzstücken, die Menschen von sich sehen lassen wollen. Seelsorge ermutigt Menschen dazu, sich selbst ernst und wichtig zu nehmen, sich selbst zu thematisieren und in den Mittelpunkt zu stellen.[70] Und dies gerade dann, wenn Menschen aufgrund ihrer Lebensgeschichte nahezu unsichtbar geworden oder zum Verstummen gebracht worden sind. Seelsorge stachelt Menschen dazu an, von sich, d.h. von (verlorenen) Träumen und Sehnsüchten, von Verletzungen, Freuden und Hoffnungen zu reden. Themen, die Menschen bewegen, werden weder tabuisiert noch hierarchisiert, weshalb Spektakuläres und Unspektakuläres, Alltags- und Festtagsstories, Harmloses und Dramatisches, Wichtiges und Unwichtiges, Freudiges und Leidvolles nacheinander oder ineinander verwoben zur Sprache kommen dürfen. Dies gilt auch für Themen wie Abtreibung, Missbrauch, Vergewaltigung, Inzest oder Misshandlung. Themen, die gerade im kirchlichen Raum trotz ihrer Brisanz und Häufigkeit in der Regel eher ein Schattendasein führen.[71]

Welche Themen tatsächlich im Seelsorgegespräch angesprochen bzw. eingespielt werden, hängt nicht nur von der konkreten Erzählsituation (Geburtstag, Sterbebett, Gartenzaun) und davon ab, was der Erzähler je nach Lust und Laune bewusst oder unbewusst für erzählbar, mitteilungswert oder erzählnotwendig einstuft, sondern auch davon, dass ein Seelsorger/eine Seelsorgerin, d.h. keine Privatperson, sondern ein kirchlicher Professional, am Gespräch beteiligt ist, weshalb analog zum Arztbesuch Themen automatisch vor-selektiert werden. Auf den Nägeln brennende Themen können zudem maskiert sein, indem der Gesprächseinstieg über andere, zumeist unwichtigere Themen gewählt wird, wie Reinhold Gestrich beobachtet hat: „Gemeindemitglieder, die zur Seelsorge kommen, haben manchmal einen kleinen konkreten Anlass, welcher eine viel größere Bedürftigkeit, ein viel weiteres Feld 'dahinter' erst eröffnet. Selten können Menschen ihr tieferes Motiv nennen; sie verbergen es, ohne Absicht, hinter vordergründigen Aufhängern."[72]

Die Kunst der Seelsorge besteht nun aber nicht darin, hinter allen Themen, das 'Eigentliche' und 'Unbewusste' ergründen zu wollen, denn: „Keine und keiner kann in das Herz eines anderen Menschen sehen. Das bedeutet zugleich, dass

---

70 Vgl. KÖNEMANN, J. (2003): Seelsorge als Begleitung biographischer und religiöser Selbstthematisierung; KLEIN, S. (2006): Biographie, Theologie, Seelsorge, 412.

71 „Im kirchlichen Raum über Sexualität, Körpererfahrung, Sinnlichkeit oder Erotik zu sprechen, können sich die meisten Frauen kaum vorstellen. Hier haben sie von Sexualität und Lust meist im Zusammenhang mit Sünde und Schuld, mit Reinheit und Beschränkung auf Ehe gehört." RIEDEL-PFÄFFLIN, U./ J. STRECKER (1998): Flügel trotz allem, 119.

72 GESTRICH, R. (1998): Die Seelsorge und das Unbewußte, 130.

der Gesprächspartner letztlich intransparent bleibt und die Seelsorgerin sich immer nur an die Kommunikation selbst halten kann. Das Unbewusste bzw. Intransparente ist und bleibt nicht beobachtbar, auch nicht durch gezieltes Danebenverstehen. Es gibt keine direkte Einsichtnahme in das Seelenleben eines anderen Menschen."[73] Die Kunst besteht vielmehr darin, Menschen den Freiraum zu eröffnen, selbst zu bestimmen, wann sie welche Themen einspielen wollen, und entsprechend sensibel 'den Ball aufzunehmen'.

Lassen Menschen SeelsorgerInnen in wichtigen Themen ihres Lebens 'mitspielen', dann können sie Menschen dabei unterstützen, sich zu erinnern und über das eigene Leben nachzudenken. „Dabei geht es nicht um eine vollständige und 'objektive' Darstellung des Lebenslaufs, sondern um eine neue Sichtweise der eigenen Geschichte, um die Aufdeckung von Kontinuität, aber auch um das Aufdecken von Brüchen... Seelsorgliche Begleitung bedeutet also auf diesem Hintergrund, Sprachhilfe für die erzählende Rekonstruktion der Geschichte zu leisten, die Erzählfähigkeit des anderen zu unterstützen und zu fördern."[74] Seelsorge zielt deshalb weder auf eine penible Rekonstruktion misslingenden Lebens ab, noch darauf, Lebensgeschichte auszulöschen oder umprogrammieren zu wollen. Gelungenes und misslungenes Leben soll vielmehr aus verschiedenen Perspektiven betrachtet, gedeutet und so in die eigene Biographie integriert werden, dass positive Erfahrungen als Kraftquelle angezapft und negative Erfahrungen in ihren destruktiven Auswirkungen auf gegenwärtiges und zukünftiges Leben eingedämmt werden können. Indem Menschen (d.h. auch die SeelsorgerInnen selbst) über ihr Leben sprechen und Vergangenes auf immer neue Art und Weise *re-konstruieren* bzw. *de-konstruieren, konstruieren* sie sich ihre eigene *Biographie*, d.h. sie legen für sich fest, wie sie sich selbst sehen und welche Richtung sie ihrem weiteren Leben geben wollen.[75] In systemtheoretischer Terminologie umschreibt Peter Held diesen Vorgang folgendermaßen: „Als Beobachter oder Beobachterinnen unseres Lebens können wir nach systemisch-konstruktivistischer Auffassung unser Leben nicht objektiv beschreiben, sondern sind schöpferische Konstruktivisten und Konstruktivistinnen unserer subjektiv erzählten Lebensgeschichten und ihrer Deutungen."[76]

Wären aber PsychologInnen nicht die adäquateren GesprächspartnerInnen, wenn es um die (Re)Konstruktion oder Aufarbeitung von Lebensgeschichte geht? Wird hier nicht ein Übergriff auf fachfremdes Terrain vorgenommen? Ein höchst berechtigter und dennoch leicht zu entkräftender Einwand, denn das Spezifikum von Seelsorge besteht ja gerade darin, dass Lebensgeschichte *nicht*

---

73 KARLE, I. (1999): Was ist Seelsorge?, 49.
74 HENKE, T. (1994): Seelsorge und Lebenswelt, 477. Auch Uta Pohl-Patalong betont: „Dabei kann es nicht um eine vollständige und 'objektive' Darstellung der Biographie gehen, sondern um eine Reflexion und eventuell neue Sicht von Passagen der eigenen Geschichte, die Kontinuitäten ebenso wie Brüche beinhaltet." POHL-PATALONG, U. (1996): Seelsorge zwischen Individuum und Gesellschaft, 253.
75 Vgl. KARLE, I. (1995): Seelsorge als Thematisierung von Lebensgeschichte, 206.
76 HELD, P. (2003): Systemische Seelsorge als Sinnfindungsprozess, 54.

therapeutisch bearbeitet, sondern *Coram Deo gewürdigt* wird.[77] Seelsorge betrachtet den Menschen, d.h. seine kollektiv eingebettete individuelle Lebensgeschichte aus der Perspektive der Geschichte Gottes mit allen Menschen, weshalb ihr an der Verwebung von Gottes- und Lebensgeschichte gelegen ist.[78] Dies bedeutet nicht, dass in der Seelsorge explizit oder permanent von Gott gesprochen werden muss. Ein Seelsorgegespräch wird nicht erst dadurch zu einem solchen, dass SeelsorgerInnen religiöses Vokabular benutzen oder durch die Inszenierung eines 'Bruches' im Gesprächsverlauf zum 'Eigentlichen', nämlich der Rede von Gott überwechseln. Ausdrücklich von Gott gesprochen wird jedoch, wenn dies entweder vom Menschen selbst *gewünscht* ist oder *situationsangemessen* vom Seelsorger/von der Seelsorgerin zur Bereicherung und Vertiefung des Gesprächsverlaufs angeboten und vom Gegenüber gewollt und akzeptiert wird. Religiöse Themen müssen somit weder absichtlich aus dem Seelsorgegespräch herausgehalten noch unsensibel und unnachgiebig hineinmanipuliert werden. Wenn es jedoch gelingt, Lebenserfahrungen, von denen Menschen erzählen, mit Erfahrungen in Verbindung zu bringen, die bereits andere Menschen in ihrem Leben gemacht und im Rahmen ihrer Geschichte mit Gott gedeutet haben, dann besteht die Chance, dass Menschen sich der religiösen Deutung öffnen und auch darüber sprechen wollen.[79]

Seelsorge zeichnet sich somit im Unterschied zu psychologischen Verfahren dadurch aus, dass nicht nur eine, sondern mindestens drei (Lebens)Geschichten im Sinne kreativer Neu-Konstruktion auf dem Spiel stehen: 1. Die Geschichte des Gesprächspartners. 2. Die Geschichte des/der SeelsorgerIn. 3. Die Geschichte Gottes, die von der christlichen Erzählgemeinschaft z.B. in Form von Bibeltexten an uns weitergegeben worden ist: „In jedem Seelsorgegeschehen erzählt sich die Erinnerung an die Lebensgeschichte Gottes auf eine ganz eigene Weise neu. In jedem einzelnen Seelsorgegeschehen können Erinnerungen aus der Lebens- und Liebesgeschichte Gottes eine neue, vergegenwärtigende Textfassung erhalten… Und dies heißt: In jedem Seelsorgegespräch wird an der Lebens- und Liebesgeschichte Gottes weitergeschrieben.“[80] Werden die drei (Lebens)Geschichten miteinander verwoben, legen sie sich *gegenseitig* immer wieder neu aus, weshalb Albecht Grözinger schlussfolgert: „Seelsorge wäre dann als derjenige Prozess zu verstehen, in dem jeweils aufs Neue eine solche Integration der Geschichte Gottes mit den Menschen und der individuellen Le-

---

77 Vgl. ENGEMANN, W. (2009): Das Lebenswissen des Evangeliums in seinem Bezug zur Seelsorge; MORGENTHALER, C. (2009): Seelsorge, 255-267; BUKOWSKI, P. (2009): Seelsorge und die Bibel.

78 Christoph Morgenthaler plädiert dafür, Lebenswelt und Bibeltexte „miteinander zu versprechen", wobei die Bibel mit den darin enthaltenen Lebens- und Glaubenserfahrungen sowohl implizit als auch explizit zur Sprache kommen kann. Vgl. MORGENTHALER, C. (2009): Seelsorge, 257.

79 „Die Überlieferung der biblischen Geschichten in der poetischen Vermittlung derer, die sie uns zu erzählen wissen, stellt uns gewissermaßen ein reichhaltiges Repertoire fortlaufender Explikation grundlegender Lebenserfahrungen als Teil sinnhafter Lebensgeschichte bereit." DREHSEN, V. (2006): Narrare necesse est, 75. „One of the reasons why biblical stories are treasured is because their timeless ability to narrate God's presence in the midst of human events." ANDERSON, H. (2005): The Bible and pastoral care, 202.

80 DRECHSEL, W. (2002): Lebensgeschichte und Lebens-Geschichten, 365.

bensgeschichte gelingt."[81] Genau dieser Integrations- und Verwebungsprozess ist es, der das viel beschworene 'Proprium' von Seelsorge ausmacht, wie Christoph Schneider-Harpprecht auf den Punkt bringt: „Innerhalb der vielfältigen Formen von seelsorglicher Kommunikation lässt sich als Spezifikum, als das Proprium der Seelsorge ausmachen, dass Menschen mit der biblischen und kirchlichen Überlieferung in Berührung und ins Gespräch kommen, so dass sie ihren Alltag, die Probleme, Krisen und Konflikte, die sie erleben, mit den Aussagen, Geschichten, Symbolen und Metaphern der Überlieferung vernetzen können."[82] Und Stefan Gärtner präzisiert: „Es geht dabei nicht um einen therapeutischen Diskurs, sondern darum, die prophetisch-kritische Wirkung der christlichen Traditionen selbst erfahrbar werden zu lassen. Dies führt zu Veränderungen."[83]

SeelsorgerInnen ist somit nicht wenig abverlangt, denn von ihren narrativ-hermeneutischen Fähigkeiten hängt es ab, ob der Verwebungsprozess überhaupt in Gang kommt. Von ihnen hängt es ab, ob Menschen Bibeltexte, in denen die Ambivalenz und Brüchigkeit menschlicher Existenz sowie die geheimnisvolle und ambivalente Geschichte Gottes mit den Menschen aufleuchtet, so zur Verfügung gestellt werden, dass zumindest die Chance besteht, davon berührt und zum Nachdenken gebracht zu werden.[84] Ob dies geschieht, liegt letztlich aber nicht in der Verantwortung der SeelsorgerInnen, weshalb diese vor überzogenen (Selbst)Ansprüchen zu bewahren sind. Papst Franziskus ruft deshalb entlastend in Erinnerung: „Das Wort Gottes trägt in sich Anlagen, die wir nicht vorausse-hen können... Die Kirche muss diese unfassbare Freiheit des Wortes akzeptieren, das auf seine Weise wirksam ist und in sehr verschiedenen Formen, die oft unsere Prognosen übertreffen und unsere Schablonen sprengen."[85] Etwas salopper, dafür aber auch noch etwas deutlicher formuliert auch Erhard Weiher: „Fazit: Der Geist weht wo er will, und die Frage, ob jemand für christliche Angebote empfänglich ist, muss nicht unsere Sorge sein."[86]

Gott als Hypothese ins Spiel bringen,[87] bedeutet somit, die Geschichte Gottes mit den Menschen als *eine* mögliche Sichtweise von Wirklichkeit zur Verfügung zu stellen. Sich gemeinsam an diese jahrtausendealte Geschichte *erinnern*, schafft die Voraussetzung dafür, sich von ihr *anrühren* zu lassen. Geschieht letzteres, kann sich die Gottesgeschichte störend, hinterfragend und *neue Perspektiven* eröffnend auf konstruktive Art und Weise auf die eigene Selbst-Interpretation auswirken.[88] Soll sich die Vernetzung von Gottes- und Lebensge-

---

81 GRÖZINGER, A. (1986): Seelsorge als Rekonstruktion von Lebensgeschichte, 185.
82 SCHNEIDER-HARPPRECHT, C. (2002): Was ist interkulturelle Seelsorge?, 49.
83 GÄRTNER, S. (2011): Prophetie in der Seelsorge, 503.
84 Vgl. MIGGELBRINK, R. (2009): Wie von Gott sprechen?
85 EVANGELII GAUDIUM (2013), Nr. 22.
86 WEIHER, E. (2009): Spiritualität achten und Gott im Spiel halten, 232.
87 Vgl. MEYER-BLANCK, M. (1999): Entdecken statt Verkünden.
88 „Telling a biblical story or parable is one gentle way of inviting people to see another side to their story." ANDERSON, H. (2005): The Bible and Pastoral Care, 204. Isolde Karle dagegen betrachtet das Einbringen biblischer (gerade auch sperriger) Texte aus systemischer Perspektive als eine gezielte Intervention, eine pro-

schichte(n) tatsächlich als perspektivenerweiternd und deshalb heilsam für Menschen erweisen,[89] dann ist nicht nur Kreativität im Blick auf das Einspielen von Gottesgeschichte gefordert, sondern auch die Bereitschaft, *verschiedene Lesearten* sowohl der Geschichte Gottes, der Lebensgeschichte(n), als auch deren Verknüpfung miteinander zuzulassen, denn: „Pure Eindeutigkeit entspricht lediglich dem Modus der Information. Im seelsorglichen Gespräch geht es aber nicht um die Festschreibung von scheinbar objektiven Sachverhalten, sondern um das Aufspüren von oft paradoxen Facetten des Lebens, die zugelassen, erkannt und ausgehalten werden müssen. Die paradoxe Struktur von Leben und Glauben erfordert eine offene Form der Erschließung."[90]

2.8. Sünde vergeben, Schuld aufarbeiten helfen

Weil Menschen trotz ihrer Einbettung in die universale Heilsgeschichte aufgrund ihres anthropologischen Doppelstatus von gerechtfertigt und sündig unter irdischen Lebensbedingungen immer wieder dazu neigen zu sündigen, ist der konstruktive Umgang mit Sünde und Schulderfahrungen eine unverzichtbare Dimension glaubwürdiger Seelsorge. Wann aber ist dieser wirklich konstruktiv? M.E. ist dies dann der Fall, wenn wir folgende zwei Extrempositionen, die heute nebeneinander vorfindbar sind, aufbrechen und einen Mittelweg einschlagen.

Die *erste Extremposition* besteht darin, in Rekurs auf die (Erb)Sündenlehre des Augustinus Sünde zum Verständnisschlüssel menschlicher Existenz schlechthin zu machen. Seelsorge steht dann vor der Aufgabe, Sünde und Schuld – notfalls auch offensiv aggressiv – zu entdecken und mehr oder minder bloßstellend aufzudecken, denn erst dann, wenn Menschen sich ihrer Verfehlungen bewusst sind und tiefe Reue darüber empfinden, kann ihnen Vergebung und Rettung in Aussicht gestellt werden. Eine, wie im Geschichtskapitel zur Seelsorge hoffentlich deutlich geworden ist, wirklich uralte Seelsorgestrategie, die im Kontext der Reformation besonders von Martin Luther öffentlichkeitswirksam kritisiert worden ist. Dass sich die Sündenfixierung dennoch nicht nur in einigen extrem konservativ geprägten katholischen Gruppierungen, sondern auch in vielen evangelikal-(neo)pfingstlerisch geprägten protestantischen Gemeinden und Freikirchen bis heute festsetzen konnte, räumt Ursula Riedel-Pfäfflin 1998

---

duktive Störung und Intervention, die ungewohnte Sichtweisen eröffnet. In diesem Sinne hält sie auch die Rede vom ‚*Bruch*' im seelsorglichen Gespräch für gerechtfertigt. Vgl. KARLE, I. (1996): Seelsorge in der Moderne, 216-217. Auch Albrecht Grözinger plädiert für eine Rehabilitation der Rede vom ‚*Bruch*' im Seelsorgegespräch, weil durch die Konfrontation mit der Gottesgeschichte Menschen eine Differenz-Erfahrung ermöglicht wird. Weil Seelsorge einen *Eingriff* darstellt, der die vorgegebene Alltagswirklichkeit auf neue Perspektiven hin durchbricht, ist für ihn „jedes ernste seelsorgliche Gespräch ohne Schmerz nicht zu haben. Jeder Eingriff tut weh. Und zugleich ist noch das ernsteste Gespräch – dort wo es gelingt – getragen von einer Leichtigkeit, ja fast Heiterkeit des Verwandelns. Das Lächeln, das von Tränen begleitet wird, ist das menschlichste. ‚Soft' können solche Gespräche nicht sein. Doch am allerwenigsten sind sie autoritär." GRÖZINGER, A. (1994): Differenz-Erfahrung, 53. Da die Kategorie ‚Bruch' falsche Assoziationen wecken kann, wird sie im multidimensionalen Ansatz ebenso vermieden wie die Rede vom ‚Eingriff'.

89 Vgl. STREIB, H. (1996): Heilsames Erzählen, 357.
90 Vgl. GÄRTNER, H. (1993): Die Kunst der Seelsorge in der Beziehung, 56.

selbstkritisch ein: „Die Seelsorge der protestantischen Kirchen ist noch heute oft auf das Aufdecken der Sünde ausgerichtet, damit dann dem, der seine Schuld erkennt, die umso größere Gnade Gottes zugesprochen werden kann."[91] Fast schon lakonisch fragt daher Wilfried Engemann, was SeelsorgerInnen denn überhaupt noch zu tun bliebe, wenn Menschen tatsächlich ihr Gerechtfertigt-Sein entdecken würden und sich nicht mehr auf ihr Sünder-Sein fixieren ließen?[92]

Die *zweite Extremposition* besteht darin, den Sündenbegriff herunterzuspielen oder – gerade wegen der in der Seelsorgegeschichte dominanten Sünden-Fixierung und den daraus resultierenden Hypotheken – schamvoll zu vermeiden. Richard Riess bezeichnet Sünde deshalb als eines der „dirty words",[93] die im seelsorglichen Umgang mit Menschen bewusst gemieden werden. Wolfgang Drechsel attestiert eine Art Ghettoisierung des Sündenthemas, Ulrich Körtner sogar eine grundlegende Krise, in der sich die Rede von der Sünde befinde.[94] Sprechen SeelsorgerInnen tatsächlich immer weniger oder überhaupt nicht mehr von Sünde und Sündenvergebung? Manfred Lütz zumindest gibt folgende Alltagserfahrung wieder: „Beobachtet man, wo uns der Ausdruck Sünde heute noch begegnet, so ist es selbst bei uns im katholischen Rheinland – auf der katholischen wie der evangelischen Kanzel – nicht mehr üblich, ausdrücklich von 'Sünde' zu sprechen, denn 'Sünde' klingt so hart. Man kann ebenso gut sagen: 'Jemand ist ein Stück weit vom Weg abgekommen, hatte eine Mutterproblematik und brachte deswegen den Vater um, was man zuweilen auch noch verstehen könne.' Aber Sünde? Nein, das sagt man doch nicht".[95]

Wo liegt der *Mittelweg* zwischen beiden Extremen? Auch wenn viele Menschen – einschließlich mancher SeelsorgerInnen – mit dem Wort Sünde negative Assoziationen verbinden, weil ihm der Geruch repressiver christlicher Moral oder der eines anachronistischen Welt- und Menschenbildes anhängt,[96] darf es nicht unterbewertet und schon gar nicht aufgegeben werden. Ich sehe kein Ersatzwort, das die Potenz hätte, das individuelle, kollektive und auch strukturelle Verhaftetsein in destruktiven Möglichkeiten, ohne dass bereits konkrete nachweisbare (juristisch beweisbare) Schuld auf sich genommen worden ist, so auf den Punkt zu bringen, wie die Rede von der Sünde. Hans-Martin Barth hat diesen Aspekt herausgearbeitet: „Man hat die reformatorische Anthropologie oft für ihren angeblichen Pessimismus gescholten, für ihre Rede von Sünde und

---

91 RIEDEL-PFÄFFLIN, U./ J. STRECKER (1998): Flügel trotz allem, 35.
92 Vgl. ENGEMANN, W. (2006): Aneignung der Freiheit, 37.
93 Vgl. RIESS, R. (1996): Zeit der Schuldlosen?, 89. Auch Stefan Gärtner kommt zu dem Schluss, dass das Thema Sünde von pastoralen MitarbeiterInnen weitgehend gemieden wird. Vgl. GÄRTNER, S. (2004): ‚Was kann denn heut' noch Sünde sein?', 49.
94 Vgl. KÖRTNER, U. (2006): Sündenvergebung und Schuldübernahme in der Seelsorge, 260. Vgl. auch DRECHSEL, W. (2004): Sünde – anachronistisches Design weltfremden Christentums, 21.
95 LÜTZ, M. (2003): Vom Gesundheitswahn zur Lebenslust, 38.
96 Vgl. HÖHN, H.-J. (2007): ‚Was soll ich denn noch beichten?', 15.

Tod. Postmodernes Feeling wird hier lauthals einstimmen, aber dem Erleben der
Menschen nicht wirklich entsprechen können; denn nicht alles Leid und nicht
alle Schuld lässt sich verdrängen oder in plurale Harmonie auflösen... Nicht alle Menschen werden sich das Destruktive wegerklären lassen. Für sie bleibt das
Christentum... Anwalt des Ungereimten, Anwalt dafür, dass etwas – vielleicht
sehr vieles – nicht aufgeht."[97] Vieles geht im Leben nicht auf, selbst wenn keine
juristisch nachweisbare und bestrafbare Schuld aufgrund eines Gesetzes- oder
normwidrigen Verhaltens vorliegt. Sündig-Sein signalisiert, dass Menschen ihr
gottgewolltes Mensch-Sein verfehlen, indem sie entweder versuchen, sich an
die Stelle Gottes zu setzen oder ihrem Ebenbild-Status nicht gerecht werden,
indem sie etwas unterlassen, was sie (v.a. im Blick auf ihre Mitmenschen) hätten tun können. Sünde, ein religiös besetzter Terminus, der Menschen somit
nicht nur ihre individuelle und kollektive Verantwortlichkeit für die gesamte
Schöpfung ins Bewusstsein ruft, sondern auch misslingendes (Zusammen) Leben in einen größeren Zusammenhang stellt.[98] Werden Menschen schuldig, indem sie einander Böses tun oder Gutes unterlassen, kann die Deutung der
Schuld im Rahmen der Sünden-Metaphorik Menschen dabei helfen, sowohl
dem Ernst ihres Vergehens ins Auge zu sehen, als auch auf (Selbst)Vergebung
hoffen zu dürfen. Niemand kann sich aus christlicher Perspektive als frei von
Sünde betrachten, weshalb auch die Frömmsten und Mächtigsten diesbezüglich
niemandem etwas voraushaben. Niemand ist aber auch von der Vergebungsbereitschaft Gottes ausgeschlossen, weshalb auch die größten Sünder und un-
menschlichsten Verbrecher entgegen aller menschlichen Logik davon ausgehen
dürfen, dass Gott ihnen ihre Schuld vergibt.
Seelsorge muss nicht in jedem Gespräch auf das Sünden-Thema zu sprechen
kommen, um gute Seelsorge zu sein. Oftmals wird Sünde und Schuld – Gott sei
Dank – überhaupt keine Rolle spielen. Oftmals aber werden Menschen davon
berichten, dass sie sich sündig fühlen oder Schuld auf sich geladen haben. Dann
gilt es genau hinzuhören, nicht vorschnell zu bagatellisieren, zu moralisieren
oder zu richten. Es ist die Stärke von Seelsorge, Menschen sich auf ihre Art und
in ihrem Tempo *aus-sprechen* zu lassen. Taucht dabei der Verdacht auf, dass
sich in der Rede von Sünde und Schuld eine *psychische Krankheit* ausdrückt,
gilt es auch hier, dem Menschen dabei zu helfen, sich von psychologisch-
psychiatrischen ExpertInnen helfen zu lassen, wobei der Seelsorgekontakt nicht
abgebrochen werden muss. Gerade bei zwanghaften Erkrankungen oder psychosomatischen Störungen kann eine enge Kooperation mit dem/der SeelsorgerIn den Therapieerfolg erhöhen. Liegt ein psychotischer Wahn vor, dann darf
dem Menschen eine therapeutische Behandlung keinesfalls vorenthalten werden! Auch tägliches Beten, Fasten oder Beichten wird den erkrankten Menschen
nicht davon abbringen, sich sündig und schuldig zu fühlen. Mit derartigen Seel-

---

97 BARTH, H.-M. (1989): Der Protestantismus und die Pluralitätskonzeption der Postmoderne, 112-113.
98 Vgl. DEMMER, K. (2009): Die Sünde – eine Lebensverfehlung.

sorgestrategien machen sich SeelsorgerInnen letztendlich selbst schuldig, denn sie begehen einen Kategorienfehler, weil es letztlich überhaupt nicht um das Phänomen Sünde oder Schuld geht.[99]
Nicht alle *Schuldgefühle*, von denen Menschen berichten, verdanken sich somit einer realen Tat- oder Unterlassungsschuld.[100] Ist dies jedoch der Fall, dann können auch SeelsorgerInnen das vorhandene Schuldgefühl weder weg-zaubern noch aus-reden. Tiefgehende *Schuld-Bearbeitung* ist ein oftmals langwieriges Unterfangen, das psychotherapeutisch ausgebildeten FachexpertInnen überlassen werden sollte, da diese das notwendige Know-How und die unerlässlichen methodischen Fähigkeiten besitzen, um Menschen entsprechend auffangen zu können, wenn im Rahmen der Schuldbearbeitung Schwerwiegendes und Unverträgliches an die Oberfläche kommt. Was SeelsorgerInnen im Unterschied zu PsychotherapeutInnen jedoch professionell anbieten können, ist nach Gerhard Nachtwei etwas außergewöhnlich Gewaltiges:[101] Sie können Menschen im Namen Gottes macht-voll deren Schuld vergeben, d.h. sie macht-voll von ihrer Schuld befreien. *Schuldvergebung* kann der erste Schritt sein, um sich der eigenen Schuld stellen und sie verarbeiten, oder um trotz und mit einer vielleicht nicht wieder gut zu machenden Schuld ohne permanente Selbstvorwürfe überhaupt weiterleben zu können.[102] Seelsorge kann Menschen dazu ermutigen „mit sich selbst barmherzig zu sein und sich selbst zu verzeihen, dass man den eigenen Idealen nicht genügt. Dazu soll das Seelsorgegespräch beitragen und darin kann die Botschaft der Rechtfertigung für den Einzelnen konkret werden."[103]
Eine weitere Aufgabe von Seelsorge kann darin bestehen, Menschen, denen es an jeglichem Schuldgefühl mangelt, zur Einsicht in ihr fehlerhaftes Verhalten und zum Aus-Sprechen ihrer Schuld zu verhelfen. Doch auch die Arbeit an der *Schuldeinsicht*, die nach Heribert Wahl eine beträchtliche Ich-Stärke voraussetzt, kann SeelsorgerInnen schnell an die Grenzen ihrer Fachkompetenz führen und ein Hinzuziehen von PsychotherapeutInnen notwendig machen.[104]

Gerade im Umgang mit Menschen, die extrem schwere Schuld auf sich geladen haben, ist es im Rahmen einer sensiblen 'Täterpastoral' oftmals nur möglich, die Unbegreiflichkeit ihrer Schuld mit auszuhalten und auch stellvertretend an der Überzeugung festzuhalten, dass Gott sie nicht aufgibt, sondern 'begnadigt' und ihnen vergibt. „Den Tätern und Täterinnen diesbezüglich grundlos Gottes Nähe zuzusprechen, die sie nicht 'verdient' haben, auch und gerade, wenn wir sie nicht verstehen, wäre das entscheidende Motiv christlichen Umgangs mit 'bösen' Menschen... In einer solchen Begegnung kann sich bereits jene Gnade ereignen, auf deren Vollendung wir im Gericht hoffen, nämlich dass das Eis der

---

99 Vgl. WITTRAHM, A. (2006): Auch ich verurteile dich nicht, 98.
100 Vgl. SCHMID, P. F. (2006): Was wir einander schulden, 89.
101 Vgl. NACHTWEI, G. (2001): Beichte – ein not-wendiges Sakrament, 154.
102 Vgl. BLARER, S. (2003): Das Seelsorgegespräch, 251.
103 KÖRTNER, U. (2006): Sündenvergebung, und Schuldübernahme in der Seelsorge, 261.
104 Vgl. WAHL, H. (2006): Schuld und Schuldgefühle, 115.

Herzlosigkeit schmilzt, weil es Menschen gibt, die sich auf die Stufe des Sünders mit hinstellen, dort alles mit aushalten und von einem Gott sprechen, der sie beide aufhebt und auferstehen lässt."[105]

2.9. Trösten und Trostgrenzen akzeptieren

Nehmen wir ernst, dass im Alten Testament die Erfahrung niedergeschrieben ist, dass Gott nicht nur selbst Menschen trösten will (Jesaja 66,13: Wie eine Mutter ihren Sohn tröstet, so tröste ich euch), sondern auch von Menschen erwartet, dass sie einander trösten (Jesaja 40,1: Tröstet, tröstet mein Volk) und im Neuen Testament den Trauernden Tröstung verheißen wird (vgl. Matthäus 5,4), weshalb Paulus in seinen Briefen immer wieder auf die Notwendigkeit gottgewollter gegenseitiger Tröstung hinweist (2 Kor 1, 3-4: Gepriesen sei der Gott und Vater Jesu Christi, unseres Herrn, der Vater des Erbarmens und der Gott allen Trostes. Er tröstet uns in all unserer Not, damit auch wir die Kraft haben, alle zu trösten, die in Not sind, durch den Trost, mit dem auch wir von Gott getröstet werden), dann ist auch das gegenseitige Trösten eine wichtige Dimension glaubwürdiger Seelsorge. Eine Einsicht, die zu Beginn der Christentumsgeschichte durchaus präsent war, im Laufe der Zeit jedoch etwas in den Hintergrund geriet und gegenwärtig (wieder)entdeckt wird.[106] Obgleich Trösten auf den ersten Blick recht einfach erscheint und jeder sofort zu wissen glaubt, was damit gemeint ist, handelt es sich doch um eine der ambivalentesten und am schwierigsten in die Praxis umsetzbaren Dimensionen christlicher Seelsorge. Inwiefern also kann Seelsorge tröstlich sein für Menschen?

Zunächst ist schlichtweg festzustellen, dass SeelsorgerInnen Menschen in Not tröstend zur Seite stehen können, indem sie den christlichen Glauben des notleidenden Menschen ins Spiel bringen und darauf hoffen, dass er sich als trostreich für den Menschen erweist. Ob dies tatsächlich der Fall ist, hängt davon ab, ob der Mensch schon immer aus seinem Glauben Kraft schöpfen konnte, weshalb dies auch in der vorliegenden Extremsituation wahrscheinlich zu erwarten ist. Wahrscheinlich bedeutet aber nicht, dass dies so sein muss, denn selbst Menschen, die ihr Leben lang extrem gläubig und fromm waren, wobei sie ihren Glauben tatsächlich als Hilfe zum Leben erfahren haben, können diesen 'plötzlich' nicht mehr so erleben, weshalb sie in ihrer Todesstunde, bitter enttäuscht von Gott und seinem Nicht-Eingreifen, verkrampft sterben. Andere Menschen dagegen, die nie besonders gläubig oder fromm waren und ihren Glauben nie als besondere Lebenshilfe erfahren haben, erleben ihn 'plötzlich' als extrem hilfreich und sterben unverkrampft und lächelnd mit dem Satz, dass es 'Ihn'

---

105 Vgl. FUCHS, O. (2007): Das Jüngste Gericht, 119.
106 Vgl. SCHNEIDER-HARPPRECHT, C. (1989): Trost in der Seelsorge; WEYMANN, V. (1989): Trost? Orientierungsversuch zur Seelsorge; BAUMGARTNER, K. (2005): Trösten in der Kraft des Geistes; Thema-Heft ,Trost' der Zeitschrift ,Diakonia' November 2003; ROLF, S. (2003): Vom Sinn zum Trost. KRESS, C. (2001): „Hört doch meine Rede und lasst mir das eure Tröstung sein!" (Hiob 21,2). Zur Frage von Trost und Vertröstung in der Seelsorge; SCHEUCHENPFLUG, P. (Hg.) (2005): Tröstende Seelsorge.

doch gibt und nicht alles umsonst war. SeelsorgerInnen können die Glaubens-überzeugungen eines Menschen somit tatsächlich nur re-aktivieren. Wie sich diese auf das autopoietische System Mensch jedoch auswirken werden, können sie nicht lenken oder voraussehen. Haben Menschen schwere Verluste erlitten und müssen einen Trauerprozess durchlaufen, um weiterleben zu können, kann Seelsorge auch in dieser Situation tröstend und stärkend zur Seite stehen, wie Godwin Lämmermann aus pastoralpsychologischer Perspektive verdeutlicht.[107] Ohne billig zu vertrösten können SeelsorgerInnen dabei helfen, ein stabiles Selbstkonzept aufzubauen, so dass der Mensch sich an die neue Situation adaptieren kann. Eine Aufgabenstellung, die jedoch viel psychologisches Wissen einfordert, weshalb die Hinzuziehung psychotherapeutischer ExpertInnen sicherlich wünschenswert ist. Dass es für Menschen tröstend sein kann, wenn es andere Menschen gibt, die sie nicht verloren geben und notfalls auch entgegen der eigenen Hoffnungslosigkeit quasi stellvertretend weiter hoffen, ist ein bekanntes Phänomen.

Trösten geschieht jedoch nicht immer in veränderbaren Situationen, sondern sehr oft in unveränderbaren Extremsituationen. Situationen, in denen Problemlösungen nicht mehr möglich sind. Situationen, die keinen Sinn mehr machen, weshalb die *Warum-Frage* bedrohlich und letztlich unbeantwortbar im Raum steht. Billige Ver-Tröstungen und Banalisierungen (alles wird wieder gut) verbieten sich in derartigen Situationen ebenso wie Moralisieren (anderen geht's doch noch viel schlechter), Appellieren (jetzt reißen Sie sich mal zusammen) und die Aufforderung, das eigene Kreuz analog zu Jesus duldsam wie ein Lamm ohne Murren und Klagen zu tragen.[108] Tröstend kann Seelsorge in solchen Situationen gerade dadurch sein, dass Menschen zur *Klage* motiviert werden. Tröstend kann es sein, all seine Wut, Verzweiflung, Hoffnungslosigkeit, Aggressionen und Trauer aussprechen und herausschreien zu dürfen. Auch in Richtung Gott, der anscheinend tatenlos zusieht und nicht hilft. Die Klage als Protest-Schrei wird dadurch zur *Anklage Gottes*. SeelsorgerInnen fungieren als NebenklägerInnen, die sich im Ringen mit Gott auf Seite der Menschen stellen und Gott nicht vorschnell ent-schulden oder ent-schuldigen und ihn nicht aus seiner Verantwortung für die Welt entlassen. Richten Menschen ihre Klage gegen Gott, indem sie ihm z.B. biblische Klagepsalmen entgegenschleudern, dann mündet ihr Leid nicht in Sprachlosigkeit und passives Verstummen, sondern sucht sich eine Ausdrucksmöglichkeit, die Widerstandskräfte mobilisieren kann.[109]

---

107 Vgl. LÄMMERMANN, G. (1997): Vom Trösten Trauernder.
108 Vgl. VORGRIMMLER, H. (2007): Das Kreuz Jesu und die Leiderfahrungen von Menschen, 97.
109 Vgl. ENZNER-PROBST, B. (2002): Schreien lernen oder Von der heilsamen Kraft des Klagens; WAGEN-SOMMER, G. (1998): Klagepsalmen und Seelsorge. Sehr interessante inderdisziplinäre Beiträge zur Dimension der Klage finden sich in: HINTERHUBER, H. (Hg.) (2006): Der Mensch in seiner Klage.

Auch in der Seelsorge gibt es analog zur Medizin und Psychologie so etwas wie seelsorgliche Kunstfehler. Sicher nicht immer in gleicher Stringenz benennbar, aber doch existent. Einer dieser eklatanten Fehler besteht darin, Menschen in sinnlos erfahrenen Situationen Sinn suggerieren zu wollen. Ein Unterfangen, das bereits Henning Luther als vertröstende Lüge gebrandmarkt hat.[110] In Rekurs auf Henning Luthers These will deshalb auch Michael Klessmann festgehalten wissen: „Leiden muss in vielen Fällen als nur sinnlos und als ungerecht bezeichnet werden, man sollte ihm keinen Sinn unterschieben – damit trösten sich die Tröster meistens vor allem selbst."[111] Wollen SeelsorgerInnen hilfreich trösten, dann gilt es zwei immer wiederkehrende Vertröstungs-Strategien zu vermeiden, die Reinhard Feiter folgendermaßen typisiert: 1. „Ich will, dass mein oder unser (kirchliches, christliches) *Sinn*angebot dich tröstet." 2. „Ich will, dass *ich* dich tröste, durch *meine* Zuwendung, durch *mein* Verständnis, durch *mein* Engagement, durch die Zeit, die ich dir schenke."[112]

Ein weiterer Kunstfehler im Umkreis des Tröstens besteht darin, Leiden als Straf- oder Zuchtmittel Gottes interpretieren und Menschen einzureden bzw. sie in ihrer Überzeugung bestärken zu wollen, Gott selbst habe ihnen ihr Leid und ihre Krankheit auferlegt, weil er sie testen, bestrafen, zur Umkehr oder zu Sonstigem bewegen will. Derartige Interpretationsversuche weisen nicht nur menschen-, sondern auch gottesverachtende Züge auf, denn sie instrumentalisieren Gott und stürzen den Menschen noch tiefer ins Unglück.

Ohnmacht, Sinnlosigkeit, Hoffnungslosigkeit, Leere und Verzweiflung sind genauso auszuhalten wie die Erfahrung der Ferne Gottes. „Wenn aktive Möglichkeiten der Sinnfindung erschöpft sind, gilt es loszulassen und innere Sinnleere zulassen können… Es geht um ein konstruktives Aufgeben, sich die Ohnmacht eingestehen, Demut… entwickeln, unwissend wie lange der Weg ist und ob die Kräfte überhaupt ausreichen."[113] Halten SeelsorgerInnen die Ohnmacht und Trost-Losigkeit mit aus, dann kann paradoxerweise genau dies als trostreich erfahren werden, denn: „Das ist der Trost der Seelsorge: sich dem Elend vorbehaltlos, ohne Einschränkung auszusetzen… Es ist die Solidarität, die aus der Kommunikation der Trostlosen entsteht, aus der Kommunikation, d.h. der Teilung und *Mit-teilung der Trostlosigkeit.*"[114]

110 Vgl. LUTHER, H. (1998): Die Lügen der Tröster, 166.
111 KLESSMANN, M.(2006): Solidarität und Parteilichkeit, 103.
112 FEITER, R. (2006): Trösten – oder: Die Kunst, nicht trösten können zu wollen, 160.
113 HELD, P. (2003): Systemische Seelsorge als Sinnfindungsprozess, 55.
114 LUTHER, H. (1998): Die Lügen der Tröster, 174. Vgl. auch HOFER, P. (2011): Die Tröster und ihre Lügen;
    KARLE; I. (2009): Sinnlosigkeit aushalten.

3.   Pastoralpsychologisch-heilsame Dimension

3.1.   Krisen- und Konflikthilfe, (Ethische) Orientierungshilfe

Fokussieren wir auf die *Körper-* und *Psyche-Dimension* menschlicher Existenz und orientieren wir uns tatsächlich am *heilsamen Handeln Jesu Christi*, dann definiert sich Seelsorge als pastoralpsychologisch-heilsame, subjektzentrierte zwischenmenschliche Begleitung und (ethische) Beratung (hilfesuchender) Menschen.[1] Körperliche und psychische Probleme/Konflikte werden nicht ausgeblendet, sondern wahr- und ernstgenommen. Seelsorge zielt deshalb darauf ab, Menschen in außergewöhnlichen oder eher alltäglichen, in akuten oder eher chronischen Übergangs-, Unsicherheits-, Krisen-, Problem- und Katastrophensituationen auf individuellem Niveau beizustehen, sie zu beraten und ihnen zu helfen. Für die meisten Menschen wird Seelsorge, wenn überhaupt, erst in kritischen Lebensmomenten relevant, wie empirische Untersuchungen belegen: „Bei biographischen oder karrierebedingten Statusübergängen, im Zusammenhang mit Unfällen oder Katastrophenerfahrungen, bei seelischen Endpunkterfahrungen, vor großen Veränderungen usw. Wenn Grenzen spürbar werden, ist Seelsorge eine Möglichkeit zwischenmenschlicher Hilfe, deren Inanspruchnahme ernsthaft erwogen wird."[2] Weil SeelsorgerInnen ratsuchende Menschen aktiv darin unterstützen, sich ihren Problemen und Konflikten zu stellen und sie zu klären, weil sie persönliche *Weiterentwicklungs-, Wachstums-,* und *Veränderungsprozesse* anstoßen, lässt sich Seelsorge nicht als prinzipiell absichtslos, sondern durchaus als zielgerichtetes problemlösendes Handeln charakterisieren, wie Christoph Schneider-Harpprecht illustriert: „Sie (Seelsorge) arbeitet an der Veränderung von Situationen, die von Menschen als problematisch wahrgenommen werden. Sie sucht mit ihnen nach Verstehensmöglichkeiten und Verhaltensalternativen, also nach Lösungen spezifischer Lebensprobleme. Und sie begleitet die Menschen auf dem Weg ihrer Suche".[3] Paradoxer Weise gilt aber zugleich, dass Seelsorge und seelsorgliche Effizienz letztendlich nicht am Grad der erzielten Problem- und Konfliktlösung messbar ist, denn, wie Michael Klessmann hervorhebt: „Im Unterschied zu Psychotherapie und Beratung zielt Seelsorge weniger auf gezielte Problemlösung und Verhaltensänderung ab, sondern darauf, Menschen in 'Freud und Leid' zu begleiten, ihnen zuzuhören, ihnen (begrenzte) mitmenschliche Solidarität anzubieten."[4] Seelsorge bewegt sich somit in dem für sie typischen und nicht auflösbaren *Spannungsfeld* zwischen *Problemlösungsorientierung* und der *Selbst-Bescheidung*, nicht alle Probleme und Konflikte lösen zu wollen bzw. lösen zu können, sondern Menschen gerade auch darin zu unter-

---

1   Vgl. GRÄB, W. (2009): Ratsuchende als Subjekte der Seelsorge.
2   ZIEMER, J. (2005): Seelsorge als Grenzerfahrung, 36.
3   SCHNEIDER-HARPPRECHT, C. (2002): Was ist interkulturelle Seelsorge?, 59.
4   KLESSMANN, M. (2005): Seelsorge und Professionalität, 286.

stützen, mit unlösbaren Problemen (weiter)leben zu können. Hermann Steinkamp will deshalb festgehalten wissen: „Für Christen, Seelsorger(innen) ist eine
'helfende Begegnung' nicht dadurch vergeblich oder misslungen, dass sie
scheinbar keinerlei Veränderung bewirkt hat, dass keine Lösung in den Blick
gekommen ist. Wir können – wenn wir unser Bestes versucht haben – es Gott
überlassen, was aus Menschen wird, die uns nur ein einziges Mal begegnen,
flüchtig und schemenhaft."[5] Seelsorge basiert nun einmal im Unterschied zu
Psychotherapie nicht auf langfristigen Vereinbarungen und Verträgen. Begegnungen und Gespräche mit einem Menschen können sich zwar wiederholen,
weshalb längerfristige, ja sogar jahrelange *Seelsorge-Beziehungen* entstehen.
Sie können aber auch *einmalig* bleiben, wobei auch flüchtige Begegnungen als
intensiv und tiefgehend oder als oberflächlich erlebt werden können.

3.2. (Non)Verbal begegnen und begleiten

Als zwischenmenschliche „face-to-face-Kommunikation"[6] ist Seelsorge in erster Linie ein wechselseitiges Begegnungs- und Beziehungsgeschehen.[7] Nehmen
wir dies ernst, dann können wir mit Dietrich Stollberg schlussfolgern, „dass die
Beziehungsebene mindestens ebenso wichtig ist, wie die *Inhaltsebene*, ja dass
die Beziehungsebene zum hermeneutischen Schlüssel und manchmal selbst zum
Inhalt (z.B. im Sinne ihres Modellcharakters bzw. der Bearbeitung von Übertra-
gung und Gegenübertragung) wird."[8] Die Beziehung ist somit kein Mittel zum
Zweck, d.h. eine Seelsorgebeziehung ist nicht aufzunehmen, um dann zum ‚Eigentlichen' zu kommen, sondern, wie Peter F. Schmid es ausdrückt: „Die Erfahrung personaler Begegnung ist die Hilfe."[9] In der Begegnung, in der Art der
Kontaktaufnahme, der Beziehungsgestaltung, der körperlichen Berührung und
der Gesprächsführung selbst liegt also bereits ein heilsames Potential für das
Gegenüber. Entfalten kann sich dieses Potential umso besser, je bewusster sich
SeelsorgerInnen selbst dieser Tatsache sind und umso professioneller sie damit
in der konkreten Beziehung umgehen.[10] Seelsorglich tätig sein bedeutet, für einen Menschen *da zu sein* und einander *Nähe* zu schenken, denn: „Die wichtigste Medizin für den Menschen ist der Mensch – seine Nähe, seine Stimme, sein
Wort, sein Beistand, das Zeithaben und Zuhören, das Wohlwollen und das Vertrauen gegenüber dem anderen. Die verstehende einfühlsame Nähe eines Menschen, sein Zuhören, Annehmen und Raten, sein orientierendes Wort – all das
kann Wunder wirken."[11] Begleiten impliziert gezieltes Hinzu-Kommen; absicht-

5   STEINKAMP, H. (2005): Seelsorge als Anstiftung zur Selbstsorge?, 89.
6   KLESSMANN, M: (2004): Pastoralpsychologie, 407; Ders. (2009): Seelsorge als Kommunikationsprozess.
7   Vgl. REUTER, W. (2013): Vermitteln und Begegnen; ZIEMER, J. (2009): Die Beziehung zwischen Ratsu-
    chendem und Seelsorger; SPIEGEL, E. (2014): Pastoral als Beziehungshandeln; SCHIRRMACHER, F.
    (2012): Seelsorge als Beziehungsgeschehen.
8   STOLLBERG, D. (2005): Die Wut des Verstehens, 73.
9   SCHMID, P. F. (1990): Personzentrierte seelsorgliche Beratung, 78.
10 Vgl. JACOBS, C. (2002): Mit der ganzen Person, 255.
11 BAUMGARTNER, K. (1989): Gesprächs-Seelsorge, 153.

liches Sich-Zu-Wenden; unermüdliches Dabei-Bleiben; interessiertes Da-Sein; sich einlassendes Dabei-Sein; konzentriertes Mit-Gehen; standhaftes Bei-Stehen; tröstendes Mit-Aushalten; entschlossenes Mit-Durch-Stehen; engagiertes Mit-Tragen; konsequentes An-Der-Seite-Bleiben; rechtzeitiges Los-Lassen, aber Nicht-Im-Stich-Lassen.[12] Es bedeutet, ganz und gar *anwesend* zu sein, sich auf einen Menschen und dessen Bedürfnisse *einzulassen*, die Wegrichtung und das Geh-Tempo miteinander immer neu *auszuhandeln* und auch den letzten Weg in aller *Ohn-Macht* und *Treue* bis an den Punkt mitzugehen, an dem er nur noch vom anderen weiter gegangen werden kann. Begleiten erfordert *Mit-Gefühl* für den Menschen aufzubringen, ohne sich dabei in Mit-Leid oder Mit-Leiden zu verlieren. Es erfordert, ihm positive Gefühle und *Wertschätzung* entgegen zu bringen, ohne Intimgrenzen zu überschreiten, sich zu verlieben oder zu lieben, denn die Beziehungsstruktur ist nicht privater, sondern professioneller Natur.[13] Menschen begleiten kann auf verbale und nonverbale Art und Weise geschehen. Für manche Menschen sind Worte und Gespräche von entscheidender Bedeutung. Für andere Menschen dagegen körperlich dominierte Formen der Beziehungsaufnahme wie Blickkontakt, Berührung, Gesten oder auch durch konzentriertes miteinander Schweigen.

3.3. Humorvoll konfrontieren, kreativ stören, paradox intervenieren

Begleiten als Leit-Metapher von Seelsorge ist besonders in solchen Situationen plausibel, in denen wortwörtlich nichts (mehr) gemacht oder verändert werden kann. Gerade dann, wenn (psycho)therapeutischer Aktionismus nichts bewirkt oder Menschen schlichtweg am Ende sind, kann sich absichtsloses Begleiten als eine intensive Form zwischenmenschlicher Beziehung erweisen, in der die Nähe und Fürsorge Gottes durchscheinen kann. Und doch stößt die Begleitungsmetapher immer dann an ihre Grenzen, wenn Menschen mehr wollen oder mehr brauchen als tröstenden Zuspruch. Wenn Menschen z.B. durch Krankheit, Trauma oder unverarbeitetes Leid sich in einem intra-personalen Kreisverkehr festgelaufen haben, weshalb sie keine im Kreis mitlaufende Wegbegleitung benötigen, sondern konkrete Hilfestellung und Anleitung, wie sie aus dem inneren Einbahnsystem herauskommen.[14] Oder wenn Menschen konkrete Probleme haben, die sich nur dadurch lösen bzw. verarbeiten lassen, dass sie hilfreiche Impulse oder Ratschläge erhalten, weshalb Dietrich Stollberg uns ans Herz legt: „Wie schon gesagt, erscheint es unumgänglich, von der oft albern wirkenden Helferrolle zu lassen. Der ewig lächelnde, einfühlsam verstehende und mit wei-

---

12 Vgl. POCK, J. (2008): Seelsorger(innen) als Wegbegleiter.

13 Vgl. SCHMID, P. F. (2009): Es ist gut, dass es dich gibt. Wertschätzung als Lebens-Notwendigkeit.

14 Vgl. HAGENMAIER, M. (1990): Ratlosigkeit in der Seelsorge, 197. Hagenmaier wendet sich gegen eine Definition von Seelsorge als Da-Sein: „Das ‚Dasein‘ aber ist doch eine merkwürdige Art der Illusion! *Da* ist Gott, der überall sein kann, aber doch kein Seelsorger. Dieser ist allenfalls sehr begrenzt da, und dann besonders nicht, wenn er weg ist. Das aber ist der Normalfall hundertfünfundsiebzig von hundertsechsundsiebzig Wochenstunden. Sollte das ‚Dasein‘ eine Art Verschmelzungswunsch auf seelsorglicher Seite sein?"

cher Stimme 'spiegelnde' Seelsorger und die betulich-fürsorgende Seelsorgerin
entwerten und verhöhnen den ratsuchenden Menschen."[15] In ähnliche Richtung
denkt Stefan Gärtner, wenn er darauf hinweist, dass (v.a. von der Gesprächspsychotherapie Carl Rogers) beeinflusste Gesprächsmodelle, in denen Haltungen wie Echtheit, Kongruenz, Betroffenheit, Wahrhaftigkeit, Einfühlung, Wertschätzung, Transparenz und Harmonie zentrale Bedeutung beigemessen werden, Haltungen wie Kritik, Herausforderung, Widerspruch, Dissens und damit
die heilsame Kraft des Prophetischen auf der Strecke bleiben.[16]

Jürgen Ziemer ermutigt SeelsorgerInnen daher zur sensiblen persönlichen Positionierung: „Ohne den Mut zur auch einmal gewagten Intervention ist eine lebendige und solidarische Seelsorge nicht vorstellbar. Es bedarf freilich der Sensibilität und Aufmerksamkeit dafür, wann eine Grenzüberschreitung förderlich
ist und wann sie verletzt und die Beziehung desavouiert. Das seelsorglich gebo-
tene Wagnis darf nicht mit pastoraler Aufdringlichkeit verwechselt werden."[17]
Seelsorge erschöpft sich somit nicht im non-direktiven Nach-Sprechen oder
bloßen Zuhören, sondern ermutigt zur gegenseitigen Aus-Sprache, die auch
kontroverse Züge annehmen kann, denn: Seelsorge setzt keine Deckungsgleichheit von Ansichten und Standpunkten voraus! Sollen Probleme gelöst oder
Antworten auf konkrete Fragen gefunden werden, dann gilt es, Informationen
weiterzugeben und verschiedene Sichtweisen miteinander ins Gespräch zu bringen. Es gilt, *direktiv* zum Querdenken herauszufordern, mit ungewohnten Plausibilitäten und Ideen zu *konfrontieren*, phantasievoll zu *argumentieren*, spielerisch zu *hinterfragen*, gezielt zu *irritieren, humorvoll*[18] und witzig zu *provozie-
ren*, wohltuend zu *unterbrechen* und *paradox* zu *(ver)stören*, um Menschen eine
eigenständige Positionierung, eine Horizonterweiterung, einen Ideenwechsel
oder kreative Umdeutungen zu ermöglichen. Umdeutungen, die zwar zumeist
das Problem nicht wirklich lösen, aber anders 'rahmen', weshalb ihm in der eigenen Lebensgeschichte eine andere, vielleicht konstruktiver (er)lebbare Bedeutung zugewiesen werden kann.[19] Für Wilfried Engemann können Seelsorgegespräche deshalb auch als Lehr- und Lerngespräche begriffen werden. Gesprä-

---

15 STOLLBERG, D. (1998): Seelsorge im Wandel, 198.
16 GÄRTNER, S. (2011): Prophetie in der Seelsorge.
17 ZIEMER, J. (2005): Seelsorge als Grenzerfahrung, 40.
18 „Humor schafft Selbstdistanz und setzt heilsame Kräfte frei. Wer dem Teufel (Luther) oder der Angst
    (Frankl) entgegen lachen kann, hat ein gutes Stück Freiheit gewonnen." ESCHMANN, H. (1998): Dem Teu-
    fel ins Gesicht lachen, 144. Für Gisela Matthiae hält Humor die Hoffnung lebendig. Nach Hans Ulrich Geh-
    ring ist Humor eine Form alltäglicher Transzendenz, die sich in einem (er)lösenden Lachen Bahn bricht. Auch
    Peter Buckowski spricht von einem ‚befreienden Lachen', weshalb Michael Meyer-Blanck die These auf-
    stellt: „Es darf gelacht werden." MEYER-BLANCK M. (1999): Entdecken statt Verkünden, 35;
    MATTHIAE, G. (2003): Humor hält die Hoffnung lebendig; GEHRING, H. (2002): Seelsorge in der Medi-
    engesellschaft, 312; BUKOWSKI, P. (2001): Humor in der Seelsorge, 13; SCHWARZ, A. (2009): Wer lacht,
    hat mehr vom Leben; BÜHLER, P. (2012): Witz und Geist. Humor als Dimension der Spiritualität.
19 Vgl. FEREL, M. (1996): ‚Willst du gesund werden?', 368; ALBRECHT, C. (2000): Systemische Seelsorge,
    244; SCHNEIDER-HARPPRECHT, C. (2005): Interkulturelle systemische Seelsorge, 227; KLESSMANN,
    M. (2007): Seelsorge und Sprache, GRÖTZINGER, A. (2009): Sprache als Medium des seelsorglichen Ge-
    sprächs; 37; SCHLENKER, J. (2013): „Das habe ich noch nie so gesehen!" Durch Reframing Alternativen ins
    Gespräch bringen.

che, in denen allen GesprächspartnerInnen die Fähigkeit zu Veränderungen zugetraut und auch zugemutet wird. Gespräche, die dazu beitragen, dass ein jeder Mensch sich selbst verändern oder Antworten auf seine Fragen finden kann „ohne das dumpfe Gefühl zu haben, fremdes Wissen auf sein Leben anwenden zu müssen."[20] Dass Seelsorge in der Gefahr steht, durch aktive Interventionen Menschen nach eignem Belieben zu manipulieren, ist natürlich nicht völlig von der Hand zu weisen. Immer dann, wenn Menschen sich auf zwischenmenschliche Beziehungen einlassen, taucht diese Gefahr auf. Wenn es aber zutrifft, wie systemisches Wissen uns lehrt, dass Menschen autopoietische Systeme sind, weshalb Interventionen von außen oftmals nicht die erwünschten, sondern gegenteilige Effekte erzielen, dann gilt es, folgenden Appell Peter Helds aufzugreifen: „Geben sie die Idee auf, sie könnten den Verlauf des seelsorglichen Prozesses kontrollieren. Seelsorge kann immer nur Anstöße geben, die das Gegenüber in eigener Autonomie vollzieht oder zurückweist. Gewöhnen sie sich an den Gedanken der Selbst-Sorge!"[21]

3.4. (Ethisch) Beraten

Wenn Menschen um (ethische) Entscheidungen ringen, dann darf sich Seelsorge nicht davon dispensieren, beratend zur Seite zu stehen.[22] Immer häufiger werden SeelsorgerInnen 'um guten Rat' gefragt. Eine Anfrage, die daraus resultiert, dass spätmoderne Menschen zunehmend verunsichert sind. Verunsichert, weil sie sich in einer Gesellschaft mit großen Freiheitsspielräumen bewegen, weshalb sie gezwungen sind, permanent wichtige Entscheidungen für sich selbst und ihre Angehörigen treffen zu müssen, zugleich aber aufgrund des vorherrschenden Wertepluralismus oftmals auf keine handlungsleitenden normierten Entscheidungskriterien zurückgreifen können. Menschen können und müssen aus einer Vielzahl an Handlungsoptionen auswählen und schwerwiegende Entscheidungen treffen, deren Folgewirkungen sie oftmals nicht übersehen (können) oder deren Komplexität sie überfordert.[23] Für manche Menschen gilt dies bereits auf der Ebene alltäglichster Entscheidungen, für die meisten Menschen aber wird das Entscheidungs-Problem erst dann virulent, wenn es ihre Lebensführung insgesamt betrifft (Trennung? Scheidung? Sorgerecht? Ehebruch? Arbeitsplatzwechsel?...) oder durch äußere Lebensumstände plötzlich an sie herangetragen wird (Künstliche Befruchtung? Adoption? Abtreibung? Organspende? Organempfang? Pflegeheim? Entmündigung? Künstliche Lebensverlängerung? Sterbehilfe?...). Arbeiten SeelsorgerInnen in Einrichtungen des

---

20 ENGEMANN, W. (2006): Aneignung der Freiheit, 39. Christiane Burbach plädiert dafür, das Motiv des ‚weisheitlichen Disputs' für die Seelsorge neu zu entdecken. Demnach dürfen und sollen in der Seelsorge Menschen gegenseitig Rechenschaft darüber ablegen, was ihnen warum wichtig ist und ‚guten Rat' füreinander entwickeln. BURBACH, C. (2006): Weisheit und Lebenskunst, 26.
21 HELD, P. (2003): Vom systemischen Denken zur systemischen Praxis, 21.
22 Vgl. JOST, I. (2008): Beratung als Form seelsorglichen Handelns.
23 Vgl. KUNZ, R./ M. NEUGEBAUER (2006): Ethische Seelsorge und Orientierungsvielfalt, 248.

Gesundheitswesens, ist die ethische Dimension von Seelsorge von besonders
großer Bedeutung. Zusätzlich zu individuellen Anfragen werden SeelsorgerInnen durch die Institution als solche strukturell in die Pflicht genommen, indem
sie z.B. in Ethik-Kommissionen mitarbeiten oder auf verschiedenen Hierarchie-
ebenen auf ihre ethische Kompetenz angesprochen werden.[24] Wenn die ethische
Dimension sowohl im Seelsorgeverständnis als auch in der Seelsorgepraxis in
Zukunft als problemlösungsorientierte Form von Seelsorge einen breiteren
Raum einnehmen soll,[25] dann ist sicherzustellen, dass Menschen nicht unter
Druck gesetzt oder ihnen auf moralisierende, manipulative oder bevormundende
Art und Weise vorab fixierte Ethos-Pakete übergestülpt bzw. aufoktroyiert wer-
den.[26] Welchen Beitrag kann Seelsorge dann aber leisten?
Seelsorge kann Menschen dabei helfen, das moralische Dilemma überhaupt ver-
sprachlichen zu können. Was ist das Problem? Geht es um einen *Wert,* der zur
Disposition steht (gut/schlecht) oder um eine *Norm* (richtig/falsch; ge-
recht/ungerecht; geboten/verboten; Rechte/Pflichten)?[27] Welche Gefühle, Kon-
flikte und Überlegungen sind mit der zu fällenden Entscheidung verbunden?
Welche äußeren Faktoren beeinflussen die Entscheidung? Wer ist von der Entscheidung betroffen oder mit betroffen? Welche Handlungsalternativen gibt es?
Welche Lösung wäre die beste für mich, welche läge im Interesse anderer?
Wann ist die Entscheidung stimmig mit meinem sonstigen Leben? Welche inneren Blockaden und äußeren Blockierungen zögern eine Entscheidung hinaus?
War schon einmal eine ähnliche Entscheidung zu treffen und ließe sich daraus
etwas lernen? Ließe sich eine Entscheidung in diese oder jene Richtung auch
wirklich durchhalten? Wer könnte helfen, sie durchzuhalten? Was droht, wenn
ich falsch entscheide?[28] Nach grundsätzlichen Klärungen zielt Seelsorge darauf
ab, dass eine bewusste, begründete, verantwortbare, selbstständige, gewissen-
hafte und mündige Entscheidung gefällt werden kann. Eine Entscheidung, zu
der ein Mensch stehen, und die er im Rahmen seiner individuellen sowie strukturellen Möglichkeiten und Begrenzungen auch tatsächlich umsetzen, d.h. leben
kann. Christoph Schneider-Harpprecht ist daher m.E. zuzustimmen, wenn er den
Erwerb *ethisch-moralischer Kompetenz* als Zielsetzung christlicher Seelsorge

24 Ethisch relevante Entscheidungen, zu denen oftmals die Meinung von SeelsorgerInnen eingeholt werden, sind
   u.a.: Therapieabbruch? Organtransplantation? Entlassung? Rehabilitation? Operativer Eingriff? Reanimation?
   Künstliche Ernährung? Zwangsmaßnahmen? Gewaltanwendung? Sterbehilfe? Vorenthaltung von Behand-
   lungsmöglichkeiten? Ökologische Abfallentsorgung? Gerechte Vergütungen? Transparente Personaleintei-
   lung? Personelle Umstrukturierungen und Entlassungen? Extramurale Vernetzung? Abhängigkeit von Dritt-
   mitteln? Vgl. ZIMMERMANN-ACKLIN, M. (2007): Bioethik und Spitalseelsorge, 48-50.
25 Vgl. ZIEMER, J. (2000): Seelsorgelehre, 106.
26 Vgl. HERMS, E. (1991): Die ethische Struktur der Seelsorge, 61.
27 Folgende Unterscheidung gilt es bei der ethischen Dimension von Seelsorge immer zu bedenken: *Moral* umfasst *Normen* (richtig/falsch) und *Werte* (gut/schlecht). *Ethik* ist die Reflexion über Werte und Normen. Vgl.
   FISCHER, J. (2006): Ethische Dimensionen in der Spitalseelsorge, 209.
28 Vgl. SCHNEIDER-HARPPRECHT, C. (2006): Thesen zur Ethikberatung, 284-285; KÖRTNER, U. (2006):
   Ist die Moral das Ende der Seelsorge, oder ist die Seelsorge am Ende Moral?, 240-241; ROTH, M. (2003):
   Die Seelsorge als Dimension der Ethik, 323.

ausweist.[29] In der Seelsorge geht es demnach immer auch darum, Menschen zu mehr Selbstverantwortlichkeit, Mündigkeit und selbstbestimmter Lebensführung zu verhelfen. Nicht fürsorgliche Entmündigung ist angesagt, sondern aktive Unterstützung im Emanzipationsprozess hin zu eigenverantwortlichem Entscheiden und Handeln. Mündig-Sein wiederum impliziert, von der eigenen Freiheit Gebrauch machen zu können: „Freiheit heißt dabei: selbst sein können, als Subjekt nicht als Objekt leben. Freiheit heißt: eigene Schritte gehen, Leben selbstständig zu gestalten, Verantwortung zu übernehmen.“[30] Mündig, autonom, verantwortlich, frei, entscheidungs- und handlungsfähig sein, sich ein eigenes Gewissen ausbilden – alles formale Kriterien ethisch-moralischer Kompetenz. Ist damit aber wirklich alles zur ethischen Dimension von Seelsorge gesagt? Wenn dies der Fall wäre, dann könnten auch andere Berufsgruppen, wie z.B. ethisch qualifizierte PhilosophInnen, eine gerade im Gesundheitssektor zunehmend gefragte Berufsgruppe, den ethischen Anteil von Seelsorge ohne Probleme mit übernehmen. Warum SeelsorgerInnen ihre spezifische Funktion und Position am 'Ethik-Markt' zu verteidigen haben, liegt darin begründet, dass Seelsorge nicht nur auf die Ausbildung bzw. Stärkung abstrakter moralisch-ethischer Kompetenz, sondern immer auch auf die Ausbildung und Stärkung inhaltlich qualifizierter *‚sittlicher‘ Kompetenz* abzielt, denn: „Das Christliche zeigt sich nicht im Moralischen, sondern im Sittlichen.[31] Über den Aspekt des Sittlichen (auch wenn dieser Begriff recht antiquiert klingt), fließen nämlich *inhaltliche Kriterien* in den Entscheidungsprozess ein, weshalb z.B. folgende Fragen im Raum stehen: Wird durch deine Entscheidung der Wert und die Würde sowohl deiner selbst als auch deiner Mitmenschen geachtet oder angetastet? Werden durch deine Entscheidungen ungerechte Strukturen zementiert (und dadurch Reich Gottes blockiert)? Entscheidungsprozesse und Urteilsfindungen, die formal völlig korrekt ablaufen, können somit aus sittlicher Perspektive, d.h. wenn christliche Maßstäbe angelegt werden, dennoch zweifelhaft erscheinen.

Christoph Schneider-Harpprecht ist m.E. zudem Recht zu geben, dass Seelsorge jedem Menschen die Möglichkeit einräumen muss, sich von der Position des/der SeelsorgerIn – und damit von christlich eingefärbten Werten und Normen – distanzieren zu dürfen. SeelsorgerInnen stehen aufgrund ihrer Verwurzelung in der christlichen Tradition für christliche Werte. Sie behaupten diese jedoch nicht im Sinne monolithischer unwandelbarer Gültigkeit, sondern stellen sie immer wieder zur Disposition und entwickeln sie kontinuierlich weiter. Deshalb gilt: „Es geht also nicht um die Anwendung vermeintlich überzeitlicher Normen, sondern deren Gültigkeit und Lebensdienlichkeit steht in jedem ethischen Konflikt neu auf dem Spiel. Der zu bearbeitende Konflikt führt möglicherweise beim Ratsuchenden wie beim Seelsorger zu einem neuen Verständnis

29 Vgl. SCHNEIDER-HARPPRECHT, C. (2001): Ethisch-moralische Kompetenz in der Seelsorge.
30 ZIEMER, J. (2000): Seelsorgelehre, 114.
31 FISCHER, J. (2006): Ethische Dimensionen der Spitalseelsorge, 211.

dessen, was eigentlich christlich ist."[32] SeelsorgerInnen setzen zudem weder voraus noch fordern sie ein, dass alle Menschen christliche Werte und Normen teilen müssen. Und doch stellt sich die Frage, ob die folgende Behauptung Schneider-Harpprechts zur ethischen Dimension von Seelsorge tatsächlich in aller Konsequenz haltbar ist: „Was am Ende zählt, ist die eigene Entscheidung und das persönlich verantwortete Handeln."[33] Was, wenn ein Mensch fähig erscheint, autonom entscheiden und selbstbestimmt handeln zu können, sich jedoch bereits im Vorfeld abzeichnet dass sein Handeln extrem selbst- und fremddestruktive Folgen haben wird? Inwieweit kann oder soll Seelsorge dann ein Veto einlegen und sich präventiv zum Anwalt derer machen, denen Schaden droht? Nimmt Seelsorge ihren ethisch-sittlichen Auftrag wirklich ernst, dann wird sie sich zwischen viele Stühle setzen. Nicht nur, weil sie die Handlungsfähigkeit und damit auch das Selbstbewusstsein von Menschen stärkt, sondern auch, weil ihre Beratung nicht immer dazu führen wird, dass Menschen gut funktionieren und sich anpassen. Seelsorgliche Beratung kann sich daher auch gegen den allgemeinen Zeitgeist und auch gegen den in einer Institution vorherrschenden Geist wenden, wenn dadurch der Entfaltung des Geistes Gottes mehr Wirkungsraum eröffnet wird.

3.5. Fremde fremd/anders sein lassen

„Wie kann ich Menschen aus anderen Kulturen angemessen begegnen? Beim ersten Hinsehen scheint dies nicht zu den zentralen Fragen heutiger Seelsorgerinnen und Seelsorger zu gehören. Böse Zungen behaupten sogar, die Seelsorge reite, nachdem die Pastoralpsychologie in die Kritik geraten und auch die Kämpfe um die Selbsterfahrung in der Seelsorgeausbildung abgeebt seien, nun auf der Multi-Kulti-Welle. Hofft sie, nachdem das Geheimnis des Unbewussten entzaubert ist, durch die Faszination des Fremden auf einen neuen 'Kick'? Schweift sie angesichts der heimischen Krise in die Ferne und kehrt dabei insgeheim zurück zur romantisierenden Begeisterung für die schönen und geheimnisvollen Wilden? Wenn dem so wäre – sehr weit würde die Seelsorge damit nicht kommen. Der Massentourismus sorgt dafür, dass das Fremde immer mehr an Reiz verliert. Die ethnischen und religiösen Konflikte zwischen den Völkern des Balkans, in der Türkei, in Afrika oder im fernen Indonesien haben auch die Romantiker ernüchtert. Multikulturalität – das scheint eher eine Störung und Gefahr, als eine Bereicherung. Gerade an dieser Störung kommen wir jedoch nicht vorbei. Sie drängt sich auch in die Seelsorge und verlangt nach Aufmerksamkeit".[34] Nicht nur in Kliniken, Seniorenheimen, Schulen oder am Flughafen treffen SeelsorgerInnen immer häufiger auf Fremde, d.h. auf Menschen anderer

---

32 KÖRTNER, U. (2000): Seelsorge und Ethik, 101.
33 SCHNEIDER-HARPPRECHT, C. (2006): Thesen zur Ethikberatung, 286.
34 SCHNEIDER-HARPPRECHT, C. (2002): Was ist interkulturelle Seelsorge?, 38; Vgl. auch HAUSCHILDT, E. (2010): Interkulturelle Seelsorge unter Einheimischen.

kultureller, nationaler und religiöser Herkunft, sondern auch in klassischen Pfarrgemeinden/Seelsorgeräumen. Globalisierungsprozesse, kriegerische Auseinandersetzung und Armut treiben Menschen in die Fremde, machen sie zu Fremden in ihnen fremden Ländern und unter ihnen fremden Menschen. Im Umgang mit Fremden merken SeelsorgerInnen, dass sie mit ihrem Latein und ihrer deutschen Sprache schnell am Ende sind. Verständigungsversuche schlagen oftmals fehl, obgleich vielleicht ein Dolmetscher hinzugezogen ist. Vorurteile, Phantasien und Befürchtungen stehen im Raum. Mit kulturell bedingten Denkmustern, Tabus, Scham- und Peinlichkeitsgrenzen kann nicht adäquat umgegangen werden. Missverständnisse entstehen. Ernsthaftes Verstehen-Wollen mündet in ratloses Unverständnis. Gefühle der Faszination, Neugier und Anziehung schlagen um in Angst, Verunsicherung, Aggressivität und Ohnmacht. An die Stelle von Offenheit tritt Abwehr. Die Begegnung mit Fremden wird nicht länger gesucht, sondern (geschickt) gemieden. Wie aber ist diese Negativ-Dynamik zu erklären und was kann dagegen getan werden?

Die Ursache für fehlgeschlagene Kontaktaufnahmen, für misslungene Verständigungsversuche und gescheiterte Seelsorgebeziehungen ist natürlich nicht nur auf seelsorglicher Seite zu suchen, denn das Gelingen oder Scheitern von Kommunikation und Begegnung hängt von allen Beteiligten ab. Auch SeelsorgerInnen können am Scheitern ursächlich mit beteiligt sein. Oftmals deswegen, weil sie es 'zu gut meinen', indem sie sich selbst unter Druck setzen, sich in den fremden Menschen einzufühlen, ihn verstehen und ihm dadurch hilfreich nahe sein zu wollen. Eine Strategie, die vielen SeelsorgerInnen vertraut sein dürfte, da sie das *Einfühlungs-Paradigma*, das in Folge pastoralpsychologisch geprägter Seelsorgekonzeptionen als Grundhaltung seelsorglicher Professionalität gilt, bereits im Theologiestudium, spätestens aber in der (Klinischen) Seelsorgeausbildung verinnerlicht haben. Die im Kontext der Gesprächspsychotherapie von Carl Rogers entwickelte Grund-Haltung der *Empathie* verlangt SeelsorgerInnen ab, sich so in die private Wahrnehmungswelt anderer Menschen einzufühlen, dass sie sich darin zu Hause fühlen und sich feinfühlig und vorurteilsfrei darin bewegen können 'als ob' es die eigene wäre.[35] Leben Menschen im gleichen Sprach- und Kulturraum, treffen SeelsorgerInnen im Einfühlungs-Prozess auf ihnen bekannte Denk- und Handlungsstrukturen. Haben sie es aber mit kulturell Fremden zu tun, dann fällt diese Voraussetzung weg. Eine einfühlende Haltung ist daher enorm erschwert, vielleicht sogar unmöglich, denn wie Michael Klessmann 2014 konstatiert: „Vorschnelles Verstehen beraubt den anderen seiner Eigenart."[36] David Augsburger hat deshalb bereits in den 80iger Jahren dafür plädiert, an Stelle von Empathie eine Haltung der *Interpathie* zu entwickeln. Eine Haltung, die voraussetzt, dass SeelsorgerInnen in ihrer eigenen Kultur fest verwurzelt sind und von dort aus Menschen in deren kultureller Welt aufsuchen,

---

35 Vgl. ESCHMANN, H. (2002): Theologie der Seelsorge, 86.
36 Vgl. KLESSMANN, M. (2014): Im Strom der Zeit, 13.

sich deren Denk- und Sichtweisen anschließen (joining), auch wenn sie sie nicht teilen und nicht verstehen können. Von SeelsorgerInnen ist zu erwarten, dass sie sich entsprechendes Wissen über fremde Kulturen aneignen und sich interessiert und zugleich distanziert in 'Fremde' hineinversetzen und deren Sicht vorübergehend übernehmen können.[37] Eine Vorgehensweise, die jedoch ebenfalls schnell an Grenzen stößt, wie Christina Kayales deutlich macht: „Vorurteilsfreies Verstehen des Fremden lässt sich nicht erreichen, und wo es versucht wird, führt es dazu, dass sich Vorurteile unreflektiert hinter dem Rücken des Subjekts durchsetzen... Ebenso ist es eine Illusion, ein adäquates Verstehen einer fremden Kultur anzustreben. Diese Möglichkeit ist durch die Bindung des Verstehens an kulturelle Lebensformen und Traditionszusammenhänge versperrt."[38] Für Christoph Schneider-Harpprecht laufen SeelsorgerInnen mit einer interpathischen Haltung deshalb Gefahr, ihr Unverständnis nicht mehr wahrnehmen bzw. nicht mehr zugeben zu können. Weder Empathie noch Interpathie können deshalb der hermeneutische Schlüssel für eine gelingende Kommunikation unter kulturell Fremden sein, sondern nur der bewusste Verzicht auf Einfühlung und Verstehen-Wollen. Erst wenn Menschen sich wirklich fremd sein lassen, wenn sie also die Differenzen, die zwischen ihnen bestehen nicht harmonisieren oder vorschnell zu überbrücken suchen, erst dann wird es ihnen möglich, trotz aller Unterschiede eine gemeinsame Sprache zu finden und gemeinsam das Wirklichkeitsverständnis eines jeden in den Blick zu nehmen, um gemeinsam neue Sichtweisen und Interpretationen zu konstruieren.[39] Helmut Weiß definiert eine interkulturell sensible Seelsorge deshalb als den Versuch „sich als Fremde gegenseitig anzunähern."[40]

Fremdes und Fremde fremd sein lassen, über die Fremdheit staunen und über manches hinwegsehen können, was unverständlich bleibt, schafft aus der Perspektive einer 'Hermeneutik des Unverständnisses' mehr Nähe und Raum für Beziehung als der Versuch, einfühlend Fremdes verstehen und überwinden zu wollen. Verständnis und Unverständnis, Verstehen und Missverstehen, Nähe und Distanz dürfen nebeneinander bestehen und ineinander übergehen, ohne dass dies zum Beziehungsabbruch oder zu Ohnmachtsgefühlen führen muss. Fremd-sein-Lassen impliziert jedoch nicht, mit allem einverstanden zu sein und alles gutheißen zu müssen, was fremde Menschen wollen oder tun. Der Respekt vor einem fremden Menschen erfordert, als SeelsorgerIn Position zu beziehen, damit auch der andere Mensch sich positionieren kann. Je nachdem, welche

---

37 Vgl. AUGSBURGER, D. (1986): Pastoral Counseling across cultures, 29-30.
38 KAYALES, C. (1999): Interkulturelle Seelsorge und Beratung, 70/72. Eine kritische Auseinandersetzung mit dem interpathischen Ansatz findet sich auch in: LARTEY, E. (2002): Pastoral Counselling in Multi-Cultural Contexts.
39 Vgl. SCHNEIDER-HARPPRECHT, C. (2000): Empowerment, 59.
40 WEIß, H. (2000): Den Fremden bei uns begegnen, 198. Vgl. auch: Ders. (2005): Ansätze einer Hermeneutik des helfenden Gesprächs in interreligiöser Hilfe und Seelsorge, 242; BURBACH, C./ T. KINGREE (2011): Zu Gast im fremden Haus – neue Wege zur Annäherung an den Empathiebegriff; GUTMANN, H. (2010): Differenz-Sensibilität und Differenz-Blindheit; KLESSMANN, M. (2009): Seelsorge, 47.

Hintergrundgeschichte den Fremden hierher gebracht hat, wird er sich entweder (scheinbar übertrieben) selbstbewusst in seinen Sichtweisen positionieren oder seine kulturelle Identität so weit verloren haben, dass ihm eigene Sicht- und Lebensweisen (scheinbar) abhanden gekommen sind. SeelsorgerInnen sind deshalb dazu herausgefordert, Fremden dabei behilflich zu sein, sich sowohl in demokratische Spielregeln einfinden zu können, als auch sich auf die eigene kulturelle Identität zu besinnen, um daraus Kraft zu schöpfen.

3.6. Subjektwerdung und Identitätsausbildung unterstützen

Obgleich immer wieder Stimmen laut werden, die darauf hinweisen, dass Seelsorge weder darauf abzuzielen hat, Menschen bei der Ausbildung ihrer Identität hilfreich zur Seite zu stehen, noch zu deren Selbstverwirklichung beizutragen,[41] wird auf dem Hintergrund des erarbeiteten Gottes- und Menschenbildes ausdrücklich davor gewarnt, die Suche nach Identität und Selbstverwirklichung pauschal als unchristlich zu qualifizieren und ihr deshalb im Seelsorgeverständnis keine oder nur eine Randbedeutung zuzuweisen. „Individualisierung darf nicht pauschal als individualistische Selbstvergötzung des um sich kreisenden ‚Ichlings' verdammt werden; sie stellt den soziostrukturellen Rahmen dar, in dem Menschen heute ihre Biographie gestalten, ihre Identität finden und ihren Glauben wählen und entwickeln können – und müssen."[42]
Wenn Seelsorge nicht vorbei an den Lebenskontexten heutiger Menschen operieren soll, dann ist Stefan Gärtner rückhaltlos zuzustimmen, wenn er postuliert: „Seelsorge unter den Bedingungen der Postmoderne? Identitätsbegleitung!"[43] Gerade weil Menschen dazu herausgefordert und genötigt sind, ohne Unterlass an ihrer eigenen Identität zu arbeiten, und weil dabei die Gefahr von maßloser Selbstüberschätzung, Überforderung und Scheitern lauert, darf sich Seelsorge nicht davon dispensieren, Menschen genau in diesem heiklen Prozess Hilfestellungen anzubieten. Warum aber sollte gerade Seelsorge hierbei helfen können? Seelsorge ist nahezu prädestiniert, Menschen auf ihrer Suche nach einer kohä-

---

41 Für Lothar Gassmann steht fest, dass Selbstverwirklichung und christlicher Glaube diametral gegenüber stehen. Vgl. GASSMANN, L. (2000): Selbstverwirklichung. Das Zauberwort in Psychologie und Seelsorge, Ders. (1986): Heil aus sich selbst? Seelsorge zwischen Selbstverwirklichung und Christuswirklichkeit.
Für Manfred Josuttis steht im Rahmen seines energetischen Seelsorgeverständnisses fest, dass Seelsorge nicht vor der Aufgabe steht, Menschen zu mehr Identität zu verhelfen, sondern zur Konversion, d.h. zur Umkehr und zur Verortung im Kraftfeld des Heiligen Geistes: „Als Ziel der Seelsorgepraxis kommt jetzt nicht mehr Identität in Frage, sondern eine Konversion, die in allen Lebensbereichen, aber vorrangig in der religiösen Entwicklung abläuft... Wenn die Gotteskraft des Evangeliums dagegen ein Herz besetzt, dann werden alle Ideale von Autonomie zerstört." JOSUTTIS, M. (2000): Segenskräfte, 10/220.
Für Lothar Carlos Hoch ist das Selbstverwirklichungsparadigma im Blick auf all die Menschen kritisch zu hinterfragen, die arm und unterpriviligiert sind. Vgl. HOCH, L. C. (1999): Seelsorge in Lateinamerika, 225. Hochs Einwand ist sehr ernst zu nehmen! Er darf jedoch m.E. nicht dazu führen, Selbstverwirklichung und Identitätsausbildung als Zielsetzung christlicher Seelsorge diskreditieren zu wollen, sondern dazu, noch mehr Anstrengungen zu unternehmen, um Menschen aus ihrem unterpriviligierten Status zu befreien und auch ihnen Selbstverwirklichung und Identität unter den Augen Gottes in vollem Ausmaß zuzugestehen.
42 WAHL, H. (1998): Seelsorge in der Individualisierungsfalle, 270.
43 GÄRTNER, S. (2003): Seelsorge unter den Bedingungen der Postmoderne? Identitätsbegleitung!

222 Inhalte und Zielsetzungen

renten Identität angesichts multipler Möglichkeiten beizustehen. Gerade SeelsorgerInnen, die auf dem Hintergrund eines höchst komplexen trinitarischen
Gottes- und mindestens ebenso komplexen Menschenbildes tätig sind, wissen
um die Komplexität, Ambivalenz und Fragmentarität menschlicher Existenz.
Sie wissen, dass Menschen in sich verschiedene Subjekt- und Identitätsanteile
austarieren müssen und dies, analog zu Gott, auch können. Die in der modernen
Sozialpsychologie geläufigen Begriffe *Patchworkidentität, schwaches Subjekt*
und *bezogene Individuation,* die signalisieren, dass Menschen mit *Inkonsisten-
zen und Brüchen* in ihrer eigenen Identität umgehen, *Übergänge* zwischen Teilidentitäten herstellen und auch den *sozialen Kontexteinflüssen* bei der Konstruktion von Identität Rechnung tragen müssen – wobei trotz aller erreichbaren
Kohärenz der Teilidentitäten dennoch *keine krisenversicherte Identität* zu erwarten ist – spiegeln seelsorgliches Basiswissen wider.[44]

Inwiefern aber könnte Seelsorge Menschen bei der Ausbildung von Identität
und Subjektwerdung tatsächlich behilflich sein? Seelsorge kann helfen, Menschen dafür zu sensibilisieren, sich selbst weniger unter Druck zu setzten, eine
in sich geschlossene eindeutige Identität aufweisen zu müssen. Seelsorge kann
Menschen ermutigen, ihre Teil-Identitäten bewusst wahrzunehmen, zuzulassen
und Übergänge zwischen ihnen so zu gestalten, dass letztendlich kein Zerfall in
verschiedene Personen droht, sondern eine, wenn auch manchmal nur rudimen-
täre Kohärenz der eigenen Person erhalten bleibt. Indem SeelsorgerInnen deutlich machen, dass Mensch-Sein immer nur im Fragment möglich ist, weshalb
Ganzheit, absolute Identität und totale Selbstverwirklichung erst 'am Ende der
Welt' zu erwarten, unter irdischen Bedingungen jedoch als unrealistisch zu ent-
larven sind, können sie Menschen vor dem selbstauferlegten Zwang schützen,
alles daran zu setzen, sich nach allen Richtungen absichern und krisenfest in der
Welt einrichten zu wollen. Seelsorge ermutigt deshalb zu Gelassenheit und Vor-
läufigkeit, zu einem abenteuerlichen Leben in Bewegung. Zu einem Leben, in
dem Menschen lebenslang das 'kleine Kind in sich' spüren dürfen, weshalb sie
Selbst-Werdung nicht als Zementierung ihrer Person begreifen müssen, sondern
als Freisetzung der in ihnen steckenden Möglichkeiten.
SeelsorgerInnen können Menschen dabei unterstützen, individuelle Identitäts-
Krisen nicht nur als persönliches Versagen zu interpretieren, sondern sie auf der
Folie gesellschaftspolitischer Dynamiken lesen und dadurch entschärfen zu lernen. Gemäß Isolde Karle bedeutet dies, „Menschen im Umgang mit biographischen Unsicherheiten zu unterstützen und biographische Unsicherheiten als gesellschaftlich bedingt und 'normal' zu qualifizieren. Weder sind Erfahrungen
von Zerrissenheit und Unsicherheit im Namen einer einheitlichen und eindeutigen Identitätsnorm als zu überwinden zu denken, noch sind sie mit einem besonderen Pathos der erschließenden Grenzerfahrung auszustatten. Es gilt

---

44 Vgl. POHL-PATALONG, U. (1996): Seelsorge zwischen Individuum und Gesellschaft, 113.

schlicht, möglichst konstruktiv mit ihnen leben und umgehen zu lernen."[45] Identitäts-Krisen gilt es somit einerseits nicht hoch zu stilisieren zu Lebensphasen, die Menschen nötig haben oder die ihnen göttlich zugemutet werden, damit sie wachsen und wieder ein Stückchen Identität ausbilden können. Andererseits gilt es aber auch, derartige Krisen nicht möglichst schnell überwinden zu wollen. Es gilt, sie auszuhalten und genau hinzusehen, ob sich in der Krise nicht auch die Chance für einen (radikalen) Kurswechsel und damit für die eigene Subjektwerdung und Identitätsausbildung verbirgt.[46] Seelsorge stiftet Menschen dazu an, gut für sich selbst zu sorgen und ein First-Hand-Leben zu führen.[47] Als Subjekten ihres eigenen Lebens wird Menschen zugemutet, nicht nur 'man-Plausibilitäten' nachzueifern und sich von anderen Menschen als Objekte lenken zu lassen, sondern das eigene Leben selbst in die Hand zu nehmen und ein für sich selbst befriedigendes Leben in einem für die eigene Person authentischen Lebensstil zu führen. Seelsorge ermutigt dazu, hier und jetzt zu leben und das eigene Leben nicht permanent aufzuschieben oder sich mit Dingen und Aufgaben zu beschäftigen, mit denen man sich überhaupt nicht beschäftigen will. Seelsorge animiert Menschen zu einem Leben mit Eigenbeteiligung. Seelsorge zielt deshalb darauf ab, Menschen ihre Fähigkeiten und Charismen bewusst zu machen, ihre autopoietischen Systemkräfte zu stärken, ihnen Wachstum und Veränderung zuzumuten und sie an die Wichtigkeit von stabilen sozialen Beziehungen auch im Blick auf die eigene Subjektwerdung zu erinnern.

3.7. Sinnfindungsprozesse anstoßen

„Als Menschen des 21. Jahrhunderts stellt sich uns die Frage nach dem Sinn des Lebens neu und das Thema 'Sinn' hat Konjunktur. In unserer Zeit scheint Sinn besonders knapp und die Suche nach ihm zu einem besonders schwierigen Problem geworden zu sein. Denn das Individuum kann heute auf keinen vorgegebenen oder übergeordneten Sinn des Lebens mehr zurückgreifen, sondern muss ihn sich selbst erarbeiten. Es gibt keinen vorgefertigten Sinn".[48] Im Blick auf die Sinnfrage befinden wir Menschen uns somit gegenwärtig in einer eigentümlichen Zwickmühle: Auf der einen Seite haben wir aufgrund der Ermangelung eines uns verbindlich vorgegebenen Sinn-Systems die Freiheit, aus einem umfangreichen, nach Franz Gruber sogar inflationären Sinn-Sortiment, das uns Weltanschauungen, Wissenschaften, Religionen, Sekten und sonstige Bewegungen zur Verfügung stellen, auswählen zu können.[49] Zugleich aber gestaltet sich die Sinnsuche gerade aufgrund der Unübersichtlichkeit des Angebotes als schwierig. Trägt das gefundene Sinn-System im Ernstfall nicht, entsteht nicht nur das Problem der Sinn-Leere, sondern auch das Problem, diese Leere nicht

---

45 KARLE, I. (1996): Seelsorge in der Moderne, 229.
46 Vgl. POHL-PATALONG, U. (2000): Seelsorge transversal, 462.
47 Vgl. STEINKAMP, H. (2005): Seelsorge als Anstiftung zur Selbstsorge?, 13.
48 HELD, P. (2003): Systemische Seelsorge als Sinnfindungsprozess, 43.
49 Vgl. GRUBER, F. (1997): Heilwerden im Fragment, 230; BUCHER, A. (2011): Moderne Sinnsuche.

wirklich zugeben zu dürfen, weil Gefühle wie Sinnlosigkeit, Leere und Ver-
zweiflung aufgrund des allgegenwärtigen Glückspostulats der Erlebnis- und
Spaßgesellschaft ein verfehltes Leben anzeigen.
Hat Seelsorge die ultimative Antwort auf die Sinn-Frage zu bieten? Liegt hier
die Lücke, die Seelsorge zu entdecken und für sich zu nutzen hat? Heribert
Wahl gibt aus pastoralpsychologischer Sicht folgende Antwort: „Auf keinen
Fall sollten wir heute in Seelsorge, Beratung oder Supervision... fördern wollen, dass wir in das allgemeine, bisweilen öde 'Sinn'-Gerede und Sinngeschwa-
fel einstimmen und dabei dem eigenen Deutungswahn erliegen, angesichts eines
mehr oder weniger ausgeprägten 'Sinnverlusts' hätten wir diesen von allen ge-
suchten, aber ständig verfehlten 'Sinn' abgepackt in handlichen 'Sinn-Paketen'
abrufbar längst vorliegen."[50] Seelsorge steht demnach nicht vor der Aufgabe, für
alle Menschen fertige Sinn-Antworten zu liefern. Vor allem dann nicht, wenn
die Warum-Frage ungelöst im Raum steht. Menschliches Leben ist geheimnisvoll, vor-läufig und fragmentarisch. Menschen sind unausweichlich mit Lebenssituationen konfrontiert, die nur als extrem sinnlos eingestuft werden können.
Auch SeelsorgerInnen können sie nicht mit einem religiösen Sinn-Schleier
wegzaubern oder uminterpretieren, um sie erträglicher zu machen. Der christliche Glaube bietet Menschen zwar ein glaubhaftes überindividuelles Sinn-
System, nämlich die Einbindung eines jeden Menschen in die universale Heilsgeschichte Gottes mit der Welt. Ein Sinn-System, das sich sowohl im Alltag als
auch in Notsituationen als tragfähig und hilfreich erweisen kann. Zugleich aber
war ChristInnen schon immer klar, dass auch ihr Glaube sie nicht prinzipiell vor
der Erfahrung von Sinnlosigkeit und Verzweiflung bewahren kann. Angesichts
aller Sinnlosigkeit, die sich tagtäglich in der Welt abspielt, steht deshalb für
Henning Luther fest: „Glaube hat keinen Wert, der sich therapeutisch funktionalisieren ließe – auch nicht den der Sinnstiftung".[51] Seelsorge ist daher nicht
gleichzusetzen mit *Sinn-Sorge*. Und doch sorgt sie sich um den Sinn eines jeden
menschlichen Lebens, weshalb SeelsorgerInnen sich gemeinsam mit Menschen
aufmachen, den Sinn, der in jedem Leben und in jeder Lebenssituation längst
verborgen liegt, aufzudecken. Seelsorge stößt deshalb dazu an, genau hinzusehen, sich auf das Leben einzulassen und den darin verborgenen Lebenssinn immer neu und anders wahrzunehmen. Dass Menschen den Sinn ihres Lebens
durchaus erahnen können, dass er ihnen blitzartig und vorübergehend aufleuchten kann, diese Erfahrung haben Menschen ebenfalls schon immer bezeugt,
weshalb auch Manfred Lütz autobiographisch dokumentiert: „In solchen Mo-
menten kann man den Sinn des Lebens berühren. So vermag man – aus meiner
Sicht – sogar in der Erotik Gotteserfahrungen, Sinnerfahrungen zu machen."[52]
Seelsorge zielt also nicht auf *Sinngebung*, sondern auf gemeinsame *Sinnfindung*, wobei folgende These Harald Wagners zu relativieren ist: „Seelsorge

50 WAHL, H. (2003): Vier Impulse zum ‚Einfall Gottes', 216.
51 LUTHER, H. (1998): Die Lügen der Tröster, 176. Vgl. auch KARLE; I. (2009): Sinnlosigkeit aushalten.
52 LÜTZ, M. (2003): Vom Gesundheitswahn zur Lebenslust, 53.

kann *nur* als Kommunikation unter Verwendung und *Produktion* des Mediums Sinn verlaufen."[53] Seelsorge kann weder Sinn produzieren, noch erschöpft sie sich in der Sinn-Dimension. Diese ist, wie viele andere Dimensionen von Seelsorge, nur eine, wenn auch wichtige Dimension von Seelsorge. Eine Dimension, die zudem stark an die kognitiven Fähigkeiten von Menschen gebunden ist. In vielen Seelsorgesituationen sind jedoch gerade diese eingeschränkt (man denke z.B. an Demenz-Erkrankte oder komatöse Menschen), weshalb Seelsorge sich nicht eindimensional auf die Sinn-Dimension festlegen darf.[54]

3.8. Zur Ent-Schleunigung ermutigen

Wir leben in einer hoch differenzierten, durch und durch ökonomisierten, spätmodernen Gesellschaft, in der Menschen flexibel, mobil und leistungsorientiert permanent in Bewegung sein müssen, wenn sie nicht stillstehen, zurückfallen und in Folge von materieller Verarmung als Gesellschaftsverlierer aus dem Produktions- und Konsumkreislauf aussortiert werden wollen. Wer Zeit 'verschenkt' oder gar 'verschwendet', gefährdet nicht nur seine eigene Existenz, sondern auch die seiner Familie. *Chronische Zeitknappheit* kennzeichnet daher das Leben der meisten Menschen, obgleich diese im Vergleich zu früheren Generationen statistisch betrachtet weitaus mehr Frei-Zeit zur Verfügung haben. Selbst dann aber, wenn tatsächlich freie Zeit zu gestalten wäre, setzen sich immer mehr Menschen unter Druck, in dieser Zeit möglichst viel 'erleben' zu müssen, weshalb Frei-Zeit und Urlaubs-Zeit sich nicht als Ruhe-Zeit, sondern als Erlebnis-Zeit entpuppen.

In der Folge geraten immer mehr Menschen unter chronischen Stress. Im Arbeitsleben greift die Ermüdung um sich (Burn-Out-Phänomene), im Privatleben soziale Entfremdungs- und Entwurzelungsphänomene sowie der Anstieg 'Nervöser Krankheiten'. Angesichts der kläglichen menschlichen Lebensspanne sind Menschen mit einem Überangebot an Möglichkeiten der Zeitgestaltung konfrontiert. Der Wettlauf mit der Zeit beginnt bereits im Vorschulalter und wird erst in der Todesstunde endgültig verloren. Die hohen Geschwindigkeiten, mit denen Menschen durch ihr Leben laufen/rennen/fahren/fliegen bewirken aber nicht nur sinnliche Wahrnehmungseinschränkungen, sondern auch einen schleichenden Verlust von Gegenwärtigkeit, weshalb Menschen 'immer auf dem Sprung' sind und 'ab morgen alles anders wird'.[55] Da gerade Menschen in Führungspositionen an chronischem Termindruck und Zeitmangel leiden, überschwemmt eine Flut an Zeit-Management-Seminaren das Land. Seminare, in denen Menschen zumeist nicht lernen, zu ent-schleunigen, sondern noch effizientere Möglichkeiten der Selbstbeschleunigung und der Zeitkontrolle an die Hand bekommen. „Aber all dies ist schiere Illusion. Die Zeit steht für solche

---

53 WAGNER, H. (2002): Seelsorge und Sinnfindung in säkularer Umwelt, 174.
54 Vgl. ROLF, S. (2003): Vom Sinn zum Trost, 14; MERLE, K. (2013): Die Seelsorge vor der Sinnfrage.
55 Vgl. GEISSLER, K. (2007): Im Zeitalter der Beschleunigung.

Übergriffe nicht zur Verfügung… Was wir tatsächlich tun ist, dass wir uns in ihr bewegen, und dies können wir auf verschiedene Weise, schnell oder langsam, bedächtig oder vorwärtsstürmend, übereilt oder gemächlich, stolpernd oder tanzend."[56]

Wie aber hält es die Seelsorge mit dem Beschleunigungsphänomen? Passt sie sich lautlos an, oder hätte sie gerade diesbezüglich einen prophetisch-kritischen Auftrag zu erfüllen? Wenn Gerhard Nachtwei aus seiner eigenen Seelsorgepraxis berichtet und diese als eine 'gehetzte Chronos-Pastoral' qualifiziert, weil er als Seelsorger von Termin zu Termin hetzt, kaum mehr zur Ruhe kommt und Menschen sich bei ihm dafür entschuldigen, dass sie ihm seine Zeit gestohlen haben, dann kommt trotz der Tatsache, dass sich sein Zeugnis natürlich nicht verallgemeinern lässt, dennoch der Verdacht auf, dass sich auch SeelsorgerInnen dem Beschleunigungsparadigma kaum entziehen können.[57]

Genau dies aber müssten sie tun, wenn sie ihrem Auftrag gerecht werden wollen, Menschen dabei zu helfen, sich aus dem destruktiven Beschleunigungskarussell zu befreien. Glaubwürdig werden SeelsorgerInnen dies nämlich erst dann tun, wenn Menschen sehen können, wie ent-schleunigt sie selbst seelsorglich tätig sind, denn: „Seelsorge setzt eine Differenz zum ökonomischen Diktat der Atemlosigkeit."[58] Seelsorge basiert auf der Annahme, dass menschliches Leben gottgeschenktes Leben ist, weshalb Menschen nichts leisten müssen oder zu tun brauchen, um in ihrer Würde, ihrem Wert und ihrem Status des Gerechtfertigt-Seins anerkannt zu sein. Wenn dem so ist, dann hat Seelsorge dies Menschen auch dadurch spürbar zu machen, dass sie zu deren Ent-Schleunigung beiträgt. Seelsorge provoziert Menschen dazu, sich zu verlangsamen, ruhig zu werden, aufzuatmen, sich zu ent-stressen, sich Zeit zu nehmen und auch anderen Zeit zu lassen. „Seelsorge lehrt, sich schlafen legen zu können, wohl wissend, dass ich in der Zeit etwas verpassen könnte."[59] Seelsorge trägt dazu bei, dass Menschen in der Gegenwart ankommen und sich frei spielen, denn: „Unser Leben verändert sich grundlegend, sobald wir erst einmal in der Lage sind, unsere Geschwindigkeit zu verringern, den Moment auszudehnen und uns dem Leben um uns herum vollständig zu öffnen… Wenn wir in der Gegenwart sind, umringt uns die Zeit, statt an uns vorbei zu rauschen oder sich gegen uns aufzustauen. Im Jetzt sind wir in der Zeit. Abschauen kann man sich das vom Spiel der Kinder."[60] Seelsorge mutet Menschen zu, sich wie Lilien auf dem Felde fühlen zu dürfen, die um ihrer selbst willen von Gott mit aller Pracht und Schönheit ausgestattet sind (vgl. Matthäus 6,25-34). Seelsorge fordert Menschen dazu auf, ihr einziges Leben mit allem Ernst und aller Leichtigkeit intensiv zu leben und

---

56 GRONEMEYER, M. (2006): Weitergehen, nicht stehen bleiben!, 340.
57 Vgl. KLÄDEN, T. (2012): Ist Entschleunigung möglich?
58 HELLER, B./ A. HELLER (2014): Spiritualität und Spiritual Care. Vgl. auch WINDISCH, H. (2008): Nutzt die Zeit (Eph 5,16). Potentiale einer Pastoral der Langsamkeit.
59 SCHULTE, H. (2000): Leben und Erlebnis, 256. Vgl. auch BIERITZ, K. (2006): Zeitverschwendung, 346.
60 STÜTZ, O. (2006): Sich frei spielen, 383.

nicht permanent irgendetwas hinterherzujagen. Seelsorge ermutigt Menschen deshalb auch dazu, sich mit weniger als vielleicht möglich wäre zufriedenzugeben, um sich lebendig, d.h. am Leben zu fühlen und den Atem Gottes in sich zu spüren. Seelsorge lenkt den Blick darauf, inmitten der alltäglichen Hektik, Inseln der Ruhe und Passivität zu finden, sich zu entspannen und sich dem zwecklosen Müßiggang hinzugeben, ohne dabei ein schlechtes Gewissen zu haben.[61]

3.9. Körper-Sorge

Seelsorge auf der Basis theologischer Anthropologie ist immer auch Körper-Sorge.[62] Als Sorge um den Körper wendet sich Seelsorge gegen jede Form der *Herabwürdigung*, aber auch der *Vergötzung* von Körperlichkeit.

Seelsorge will dazu beitragen, dass Menschen ihren Körper in seiner *Einzigartigkeit* als ein *Geschenk* Gottes sehen lernen, weshalb sie ihn liebevoll *hegen und pflegen* und sich nicht gegen *sinnliche Freuden*, die der Körper ihnen bietet, verschließen. Seelsorge ermutigt Menschen dazu, *dankbar* zu sein. Dankbar dafür, wie ihr *Wunderwerk* Körper, den es ehrfürchtig zu *bestaunen* gilt, trotz aller Defekte und Einbußen, die im Laufe des Lebens unweigerlich zunehmen, bis zum letzten Atemzug auf geheimnisvolle Art und Weise funktioniert. Seelsorge zielt deshalb darauf ab, Menschen dabei zu unterstützen, ein positives Verhältnis zu ihrem Körper, so wie er ist, zu finden. „Darum ist einer christlich-platonischen Leibfeindlichkeit gewiss das Ende anzusagen."[63] Wenn Menschen ihren Körper oder den ihrer Mitmenschen verachten, vernachlässigen, aushungern, überfüttern, beschädigen, ausbeuten, misshandeln oder gar abtöten, dann legt Seelsorge ein unüberhörbares Veto ein!

Zugleich aber nimmt Seelsorge auch den Kampf auf gegen die Vergötzung, d.h. gegen die maßlose Überbewertung, Idealisierung, Ästhetisierung, Normierung, Instrumentalisierung und Disziplinierung des Körpers. Seelsorge sagt dem Götzenkult um den Körper, der gegenwärtig ein völlig neuartiges und gefährliches Ausmaß annimmt, den Kampf an. Eine Kampfansage, zu der Seelsorge im Kontext unserer westeuropäischen Gesellschaft herausgefordert ist, denn: „Im Gegensatz zu der plotinischen Vernachlässigung des Körpers rückt der Körper in einer historisch nie gekannten Weise in den Mittelpunkt."[64] Durch alle sozialen Schichten hindurch greift die Mentalität um sich, dass der Körper das allerwichtigste im Leben ist, ja dass Mensch-Sein und Körper-Sein dasselbe ist. Die auch aus christlicher Perspektive geforderte Hochachtung vor dem Körper schlägt um in dessen Anbetung. Eine Anbetung, die paradoxerweise trotz aller Konzentration auf den Körper wiederum als eine Spielart dualistisch gefärbter Körperfeindlichkeit identifiziert werden kann, wie Regina Ammicht-Quinn überzeu-

61 Vgl. JACOB, H. (2004): Sehnsucht nach dem Paradies. Wellness als pastorale Chance.
62 Vgl. LIEBAU, I. (2013): Körper-Seelsorge; FUCHS, O. (2010): Interreligiöse Leib- und Seelsorge.
63 GRUBER, F. (2002): Empathisches Menschsein, 387.
64 AMMICHT-QUINN, R. (2003): Jung, schön, fit – und glücklich?, 75.

gend herausgearbeitet hat: „Hinter diesem Körper-Kult verbirgt sich – gegen
den äußeren Anschein – eine Körperverachtung, die einer traditionellen antik-
christlichen Körperverachtung ähnelt. Wie einst der Körper zugunsten der Seele
abgetötet werden musste, muss heute der Körper zugunsten des neuen, gesünde-
ren, schöneren, leistungsfähigeren, 'richtigen' Körpers kasteit oder verbessert,
'up-graded' werden, um akzeptabel zu sein."[65]
Wird der Körper nicht länger als eine Schicksalsgröße betrachtet, sondern als
ein Projekt, dessen Design und Funktion in der eigenen Verantwortung liegen,
ist der Mensch gezwungen, sich selbst ästhetisch zu perfektionieren und gesund
zu halten. Wenn jung sein oder jünger wirken als man ist, schön und attraktiv
sein, schlank und wohlgeformt sein, potent und muskulös sein, leistungsfähig
und fit sein, gesund und defektfrei sein als gesellschaftlich akzeptierte Messlat-
ten für gelingendes Mensch-Sein und für die Zuweisung von sozialem Status
gelten, dann wird verständlich, weshalb folgende Entwicklungstendenzen mit
entsprechenden Auswüchsen feststellbar sind: Fitnessstudios und Wellnessein-
richtungen überschwemmen das Land und setzen sich an prominenten Orten
fest, an denen vormals kulturelle Einrichtungen wie Kirchen und Museen anzutreffen waren, wie der amerikanische Philosoph Richard Schusterman aufzeigt.[66] Menschen hungern freiwillig, manchmal bis zur Selbstauslöschung, um
dem geltenden Schlankheits- und Schönheitsideal entsprechen zu können.
Nutznießer hiervon ist die Diät-, und Schönheitsindustrie, die sich inzwischen
zu einem florierenden Wirtschaftszweig entwickelt hat. Andere Menschen dagegen achten pausenlos darauf, sich auch wirklich 'gesund' zu ernähren, wobei
Manfred Lütz aus medizinischer Perspektive kommentiert: „Diät-Bewegungen
gehen wie wellenförmige Massenbewegungen über Land und übertreffen in ihrem Ernst die Büßer- und Geißlerbewegungen des Mittelalters bei weitem... Es
gibt Menschen, die von morgens bis abends nur noch vorbeugend leben, um
dann gesund zu sterben. Doch auch wer gesund stirbt, ist definitiv tot."[67] Anti-
Aging-Produkte stehen hoch im Kurs, woraus nicht nur die Pharmaindustrie
Kapital schlägt, sondern auch die kosmetische Chirurgie, die individuelles Aus-
sehen an Standardnormierungen anzugleichen versucht. Ein Versuch, der natürlich nicht immer gelingt, weshalb Fehlschläge Menschen in tiefe Krisen stürzen.
Dass der Mensch nicht nur nachbesserungsfähig ist, sondern bereits präventiv
aufgebessert und perfektioniert werden kann, hat auch die biomedizinische Forschung längst erkannt.[68] Nicht nur Alt-Werden gilt daher zunehmend als Makel,

---

65 A.a.O., 86.
66 Vgl. SHUSTERMAN, R. (1995): Die Sorge um den Körper in der heutigen Kultur, 242.
67 LÜTZ, M. (2003): Vom Gesundheitswahn zur Lebenslust, 38/42.
68 In Amerika hat sich bereits eine ,American Academy of Anti-Aging Medicine' formiert. Im Grundsatzpapier
    findet sich folgende Passage: „The American Academy of Anti-Aging Medicine promotes the development of
    technologies, pharmaceuticals, and processes that retard, reverse, or suspend the deterioration of the human
    body resulting from the physiology of aging, and provides continuing medical education for physicians." in:
    HAKER, H. (2002): Der perfekte Körper: Utopien der Biomedizin, 122. James Watson, Entdecker der DNA
    Doppelhelix, äußerte sich in einem Interview ganz auf der Linie der Academy: "Ich bin dafür, die Evolution
    zu verbessern, wann immer das möglich ist, sofern wir damit gesündere und klügere Wesen schaffen... Ich

sondern auch Krank-Sein, denn jeder ist für sein jugendliches Erscheinungsbild und für die Aufrechterhaltung der eigenen Gesundheit selbst verantwortlich. Werden Menschen dieser Aufgabe nicht gerecht, laufen sie nicht nur Gefahr, finanziell abgestraft zu werden, sondern auch auf soziales Verständnis und Mitgefühl verzichten zu müssen. *Körper-Kult* und *Gesundheits-Kult* sind somit eng miteinander verwoben. Gesundheit gilt heutzutage nahezu allen Menschen als das höchste Gut. 'Hauptsache gesund'! Ein Anliegen, das zu Recht jedem Menschen am Herzen liegt, weshalb wohlwollende Menschen einander v.a. Gesundheit wünschen.[69] Problematisch wird dieses Anliegen jedoch dann, wenn Gesundheit zum Leitbegriff einer ganzen Epoche wird und alle Heilssehnsucht des Menschen sich auf das Gesund-Sein fixiert. Eine Fixierung, die sich nach Ulrich Körtner auch der 1946 formulierten Gesundheitsdefinition der Weltgesundheitsorganisation (WHO) verdankt, in der Gesundheit als 'ein Zustand vollständigen körperlichen, geistigen und sozialen Wohlbefindens und nicht nur das Freisein von Krankheit und Gebrechen' angesehen wird. „Die Definition der WHO bestärkt eine Anspruchshaltung, derzufolge Gesundheit in einem umfassenden Sinne nicht etwa Gnade oder Glück, sondern ein Recht ist."[70] Wenn dem Gesundheitsbegriff eine derartige Maximaldefinition zugrunde gelegt und bei Menschen das Gefühl erzeugt wird, dass sie nahezu ein Recht darauf haben, gesund zu sein, dann kann jede Einschränkung von Gesundheit, d.h. jeder Zustand psycho-physischer Erkrankung oder Behinderung nur als zu beseitigendes Unglück und Unheil gewertet werden. Jedes Unwohl-Sein steht dem Glück im Wege. Krisen, Liebeskummer, Trauer, Stress, aber auch kleinste Alltagsirritationen beinträchtigen die Gesundheit, weshalb sie pathologisiert und als behandlungsbedürftig eingestuft werden. Eine Strategie, die den englischen Soziologen Frank Furedi dazu bewogen hat, westliche Kulturen als *'therapy cultures'* auszuweisen.[71] Kennzeichnend für derartige Kulturen ist es nicht nur, dass für jede Beeinträchtigung auf einem nahezu unüberschaubaren Therapiemarkt und einer wild wuchernden Psycho-Szene Therapieangebote zur Verfügung stehen, sondern auch, dass *Gesundsein*, *Glücklichsein* und *Gelingendes Leben* unlösbar miteinander verbunden werden. In der Therapiegesellschaft jagen Menschen narzisstisch auf sich selbst fixiert ihrem eigenen Gesundsein hinterher, wobei sie folgendes Credo antreibt: „Nimm dein Leben in die Hand! Mach was aus Dir! Be your own chairman! Denke positiv! Arbeite an deiner inneren Ganzheit! Arbeite an deiner Gesundheit! Arbeite an Deinem Glück! Du hast es in der Hand. Dann kannst du das Leben auch auskosten."[72] Durch die Arbeit an der eigenen Gesundheit ver-

---

denke, dass die Welt in hundert Jahren viel glücklicher und gesünder sein wird". WATSON, in: GRUNDMANN, C. (2002): Was ist der Mensch, dass du seiner gedenkst?, 19.
69 Vgl. NEUMANN, J. (2007): Die Sehnsucht des Menschen nach Heilsein.
70 KÖRTNER, U. (2000): „Was ist der Mensch, dass Du seiner gedenkst?", 58.
71 Vgl. FUREDI, F. (2004): Therapy culture. Cultivating vulnerability in an uncertain age; REMELE, K. (2001): Tanz um das goldene Selbst? Therapiegesellschaft, Selbstverwirklichung und Gemeinwohl.
72 Vgl. DRECHSEL, W. (2006): Der lange Schatten des Mythos vom gelingenden Leben, 317.

wirklichen Menschen sich selbst und ermöglichen sich dadurch – so die Erwartung – ein glückliches und langes Leben. Was aber, wenn dies nicht gelingt? Was, wenn die Angst vor Krankheit, Behinderung und Altwerden sich ins Unermessliche steigert? Was, wenn Menschen tatsächlich krank, gebrechlich und alt werden? Ist menschliches Leben dann ent-wertet und damit un-lebenswert? Genau hier, am langen Schatten des Mythos vom gelingenden Leben – wie Wolfgang Drechsel das Problem metaphorisch umschreibt – hat die prophetische Kritik glaubwürdiger Seelsorge anzusetzen, wenn sie tatsächlich heilsame Körper-Sorge sein will.[73] Ebenso wie Wolfgang Drechsel legen daher auch Gunda Schneider-Flume und Hannelore Reiner Widerspruch ein gegen die Tyrannei des Axioms vom gelingenden Leben.[74] Widerspruch gegen die um sich greifende Machbarkeits-Euphorie und die unübersehbare Körper- und Gesundheitsvergötzung melden auf dem Hintergrund des christlichen Menschenbildes neben vielen anderen auch Regina Radlbeck-Ossmann, Karl Gabriel, Ludger Honnefelder, Heribert Wahl, Wolfgang Reuter und Isidor Baumgartner an.[75]

Christliche Seelsorge widersetzt sich also dem Zeitgeist, indem sie versucht, Menschen ihre Perfektheitsideale auszureden und Lebensräume zu schaffen, in denen eine Kultur der Unvollkommenheit und Vorläufigkeit gepflegt werden kann. Räume, in denen Menschen spüren, dass sie in ihrer Begrenztheit und Endlichkeit, trotz und wegen all ihrer Behinderungen und Krankheiten willkommen und akzeptiert sind. Räume, in denen niemand hungern, trainieren oder sich unnötigen Operationen unterziehen muss, um geachtet und gegrüßt zu werden. Räume, in denen Probleme und persönliche Krisen ent-pathologisiert und durch mitmenschliches Füreinander-Da-Sein aufgefangen werden. Seelsorge kann Menschen spüren lassen, dass sie, so wie sie sind, von Gott geliebt sind, weshalb sie sich auch selbst, so wie sie nun einmal sind, annehmen und lieben und diese 'Großzügigkeit' auch gegenüber anderen Menschen an den Tag legen dürfen: „Christliches Lebenswissen besagt, es darf uns Menschen als Fragmente geben. Es müssen nicht alle Wünsche eingelöst, alle Möglichkeiten ausgelebt, alle Anlagen entfaltet, alle Ganzheitlichkeit erreicht sein, um sich mit dem Leben versöhnen zu können. Es braucht auch keiner infantil unschuldig mit reiner Weste dazustehen, nachdem er versucht hat, sein Leben zu leben."[76]
Seelsorge kann sich für Menschen als enorm heilsam erweisen, wenn es gelingt, sie mit ihrer *Fragmentarität,* Gebrochenheit und Endlichkeit auf *konstruktive* Art und Weise auszusöhnen.[77] Hier liegt ein riesiges Aufgabenfeld für Seelsorge, denn dieser Lernprozess ist nicht nur für kranke, behinderte, suchtanfällige,

---

73 Vgl. a.a.O.
74 Vgl. SCHNEIDER-FLUME, G. (2002): Leben ist kostbar. Wider die Tyrannei des gelingenden Lebens;
75 Vgl. RADLBECK-OSSMANN, R. (2012): Die Zurückhaltung aufgeben, 94; GABRIEL, K. (2009): Gesundheit als Ersatzreligion?; HONNEFELDER, L. (2013): Hauptsache gesund! Hauptsache gesund?; WAHL, H. (1999): Seelsorge als heilendes Handeln am ganzen Menschen?, 20.
76 BAUMGARTNER, I. (2002): Auf der Suche nach einer überzeugenden Form kirchlicher Diakonie, 230.
77 Vgl. REUTER, W. (2004): Heilsame Seelsorge, 240; Ders.: (2002): Der heilsame Blick aufs Fragment, 275.

suizidale, alte und einsame Menschen wichtig, sondern für jeden Menschen, weil für jeden Menschen die Tür zu Krankheit, Behinderung, Sucht, Isolation und Selbstmord nur angelehnt ist und sich jederzeit öffnen kann.

Seelsorge zielt also darauf ab, dass Menschen mit ihrer gottgewollten menschlichen Konstitution Frieden schließen. Ein Friedensschluss, der interessanterweise bisher ungenutzte Widerstandskräfte freisetzen und sogar heilende Kräfte mobilisieren kann. Seelsorge will Menschen im Leben halten. SeelsorgerInnen tun deshalb ihr Bestes, um zu erkennen, wann sowohl (sehr) junge als auch (sehr) alte Menschen gefährdet sind, sich selbst ihres Lebens zu berauben und steuern entsprechend gegen, indem sie sich intensiv mit dem gefährdeten Menschen beschäftigen, ein soziales Hilfsnetz um ihn herum aufbauen und fachkompetente Hilfe hinzuziehen.

Und doch zielt Seelsorge auch darauf ab, es Menschen zur gegebenen Zeit zu ermöglichen, ihr Leben loszulassen. Unter den gegebenen gesellschaftlichen Lebensbedingungen kann es für Menschen eine Wohltat sein, sich in das Schicksal fügen zu dürfen, d.h. nicht bis zum bitteren Ende gegen den Tod ankämpfen und ihn mit allen Mitteln hinausschieben zu müssen. Es kann eine Wohltat für sich selbst und ihr soziales Umfeld sein, in den Sterbeprozess einwilligen und Neugier auf das entwickeln zu dürfen, 'was danach kommt'. Seelsorge lässt sich daher auch definieren als heilsame Einweisung nicht nur in die Lebenskunst (*ars vivendi*), sondern auch in die Kunst, würdevoll und gelassen zu sterben (*ars moriendi*).[78] SeelsorgerInnen animieren nämlich dazu, das eigene Leben als Geschenk zu betrachten, das allerletzte Verfügungsrecht darüber jedoch einem anderen, nämlich Gott selbst zu überlassen. Als heilsam erweist sich Seelsorge gerade deshalb, weil sie Menschen sowohl darin unterstützt, sich im irdischen Leben fest zu verwurzeln als auch zur rechten Zeit das eigene Leben und das der Angehörigen/Freunde wieder loszulassen, wenn der Sog in eine andere Welt sie entwurzelt.

3.10. Heilsam statt Heilend

Gehört es zu den Aufgaben von Seelsorge, Menschen körperlich und psychisch zu heilen? Ist Seelsorge eine (psycho)therapeutische Intervention? Wie hätte man sich dies vorzustellen? Sind SeelsorgerInnen so etwas wie Mini- oder SupertherapeutInnen? Heikle Fragen, die einer genaueren Analyse bedürfen.

Mit Blick auf das letzte Kapitel dürfte klar sein, dass Seelsorge kein Heilungsverständnis propagieren kann, das dem dort kritisierten Körper- und Gesundheitskult huldigt. Heilen kann keine Strategie sein, die *Machbarkeits-, Defektbeseitigungs- oder Normalisierungsideologien* unterstützt, denn: „Wie soll ein Krebskranker oder ein lebenslang Behinderter mit seiner Krankheit leben ler-

---

78 Vgl. RUEGGER, H. (2006): Das eigene Sterben. Auf der Suche nach einer neuen Lebenskunst; ROTH, M. (2013): Sein-Lassen als Voraussetzung gelingenden Lebens; DRECHSEL, W. (2008): Finitum capax inifiniti und die Gnade, endlich sein zu dürfen; BÖHM, T. (2007): In der Ohnmacht Gott erfahren.

nen, wenn ihm indirekt gesagt wird, Gott will nicht auch den Kranken, sondern nur den Gesunden? In einem solchen Heilungsverständnis, das nur die Beseitigung von Mängeln kennt, würde Gott nachgesagt, er könne den Menschen, so wie er ist: unvollkommen, bruchstückhaft und mit Mängeln behaftet, nicht zustimmen."[79] Ebenso deutlich dürfte aus dem letzten Kapitel geworden sein, dass Seelsorge sich nicht kritiklos dem Psychotherapie- und Esoterikmarkt anbiedern kann, indem sie auf das florierende Geschäft der *Psychopathologisierung und Therapeutisierung* menschlichen Lebens aufspringt und durch entsprechende Therapieangebote im profitablen Gewerbe mitmischt. Statements, wie die von Guido Kreppold sind m.E. deshalb eher kritisch zu beurteilen: „In der säkularisierten Gesellschaft hat kirchliche Pastoral dann eine Chance, wenn sie therapeutisch (= heilend) ist... Deshalb sollte sich das christlich-kirchliche Angebot in Hinblick auf den freien Markt der Therapien und Weltanschauungen als umfassendes, Einheit stiftendes Heilungssystem erweisen."[80]

Seelsorge ist bereits dem Wortsinn nach *keine Psycho-Therapie*, sondern Seel-Sorge, wie Sabine Bobert hervorhebt: „Das Proprium von Seelsorge liegt weder im Coaching noch im Heilen."[81] Eine Seelsorge, die jedoch aufgrund ihrer multidimensionalen Ausrichtung auch die Psyche und den Körper des Menschen mit einbezieht, weshalb ihr sehr wohl auch eine *psycho-therapeutische Dimension* inhärent ist. Nicht jedoch in dem Sinn, dass Seelsorge mit säkularer Psychotherapie identisch wäre! Seelsorge ist keine (nachgemachte oder sogar bessere) Psychotherapie oder Körpertherapie, wie auch Isolde Karle betont: „Seelsorge ist keine Therapie, sie begegnet Menschen nicht unter dem Leitgesichtspunkt von Krankheit und Gesundheit. Dafür ist in unserer Gesellschaft das Gesundheitssystem eigens ausdifferenziert. Würde ein Arzt versuchen, seine Patientin über den christlichen Glauben zu unterrichten oder sie von einer bestimmten politischen Partei zu überzeugen, empfände diese das zu Recht als Anmaßung und taktlose Grenzüberschreitung. Ebenso problematisch ist es, wenn sich die Seelsorge als Teil des Religionssystems nicht an ihrer religiösen Aufgabe orientiert, sondern sich als Therapie dem Gesundheitssystem zuordnet."[82]

---

79 BAUMGARTNER, I. (1990): Heilende Seelsorge, 121. Unter Verweis auf die immer wieder aufflackernde Euthanasiediskussion hat sich besonders Ulrich Bach gegen alle Versuche ausgesprochen, Seelsorge als heilendes Handeln auszuweisen. Mit dem Heilungsparadigma werde das menschenverachtende Gesundheits- und Leistungsideal der Gesellschaft in die Seelsorge übernommen. Für Bach hat Seelsorge deshalb hauptsächlich eine heilsame Dimension, weshalb sie Menschen Kraft zum Menschsein zu vermitteln hat. Im Umgang mit behinderten Menschen zielt Seelsorge daher nicht auf Heilung ab, sondern darauf, dass Behinderte „ihre Behinderung als eine ihnen von Gott zugemutete Lebensbedingung annehmen, um frohgemut ihr Leben zu gestalten." BACH, U. (1995): Heilende Gemeinde?, 32. Vgl. auch: KRAUSS, A. (2014): Barrierefreie Theologie. Das Werk Ulrich Bachs vorgestellt und weitergedacht.
80 KREPPOLD, G. (1994): Der ratlose Mensch und sein Gott, 49/46. Wenn im Rahmen kirchlich-klösterlicher Einrichtungen wie z.B. dem ‚*Recollectio-Haus*' (Münsterschwarzach) oder dem ‚*Christlichen Haus für Bildung und Therapie*' (Freising) ‚Heilende Seelsorge' angeboten wird, dann handelt es sich m.E. hierbei nicht um das Besetzen von Positionen am Psychomarkt, sondern um den Versuch, Menschen eine interdisziplinär vernetzte und deshalb heilsame Form von Seelsorge zu ermöglichen.
81 BOBERT, S. (2011): Seelsorge in der Postmoderne, 271.
82 KARLE, I. (1999): Seelsorge in der modernen Gesellschaft, 214.

Und doch geht eine Seelsorge, die sich in der Nachfolge Jesu Christi versteht und dessen Auftrag zu heilen ernst nimmt (vgl. Matthäus 10,8),[83] nicht einfach über die Sehnsucht heutiger Menschen hinweg, von körperlichen und/oder psychischen Krankheiten/Leiden und damit einhergehenden sozialen Stigmatisierungen und Ausgrenzungen befreit zu werden.[84] Gerade weil körperlich-psychisches Heilen im Verlauf der Christentumsgeschichte zunehmend spiritualisiert wurde, weshalb nicht mehr das körperliche und psychische Gesund- und Heilwerden, sondern das jenseitige Seelenheil wichtig war, darf die therapeutische Dimension von Seelsorge nicht bagatellisiert werden, denn damit würde ein wichtiger Aspekt des Anbrechens von Reich Gottes aufgegeben werden.[85] Glaubwürdige Seelsorge trägt deshalb auf verschiedene Arten aktiv dazu bei, Menschen von Krankheit und damit einhergehenden Schmerzen zu befreien: Indem SeelsorgerInnen kranke Menschen dabei unterstützen, ihr Recht auf medizinische Hilfe selbstbewusst wahrzunehmen und sich behandeln zu lassen; indem sie psychisch Erkrankte, die krankheitsuneinsichtig sind, zu einem Arztbesuch überreden und sie dorthin begleiten; indem sie Menschen, die chronisch psychisch erkrankt sind und zur Vermeidung von Rückfällen langfristig Medikamente einnehmen müssen, darin bekräftigen, dies auch zu tun; indem sie sich mit dem intra- und extramuralen psychosozialen Hilfs- und Auffangnetz vertraut machen und Menschen deshalb beraten können, wo Hilfe zu finden ist; indem sie z.B. Kontakt zwischen Menschen, wie Obdachlosen, die nicht krankenversichert sind, und medizinischen Hilfseinrichtungen, die in solchen Fällen helfen, herstellen; indem sie in Einrichtungen der Gesundheitsfürsorge eng mit TherapeutInnen zusammenarbeiten, deren Bemühungen um Heilung aktiv unterstützen und nicht unterlaufen; indem sie Menschen aktiv dabei unterstützen, sowohl an ihr Selbstheilungspotential als auch an die heilenden Fähigkeiten ihrer TherapeutInnen zu glauben; indem sie ChristInnen an die therapeutische Kraft ihres Glaubens erinnern; indem SeelsorgerInnen selbst durch ihre Anwesenheit, ihre Botschaft und ihr Handeln heilend auf Menschen einwirken.

Dass der (christliche) Glaube eines Menschen tatsächlich dazu beitragen kann, wieder gesund zu werden, dieses uralte Wissen ist inzwischen nicht nur vielen ChristInnen, sondern auch SeelsorgerInnen verloren gegangen, wie Isidor

---

83 Vgl. RUST, H. (2013): „Heilt Kranke!" (Mt 10,8). Zur Heilungskompetenz der Gemeinde Jesu Christi; WERNER, D. (2008): Ökumenische Perspektiven zum Heilungsauftrag von Kirche heute; ZULEHNER, P. (2008): Eine missionarische Kirche ist eine heilende Gemeinschaft; GRUNDMANN, C. (2008): Heilung – Glaube – Liturgie. Theologische Überlegungen zum Heilungsauftrag der Kirche.

84 Vgl. KARLE, I. (2009): Die Sehnsucht nach Heil und Heilung in der kirchlichen Praxis; NEUMANN, J. (2007): Die Sehnsucht des Menschen nach Heilsein. Die Aktualtät der Heilungs-Thematik zeigt sich auch an Publikationen wie: PICHLER, J. / C. HEIL (Hg.) (2007): Heilungen und Wunder; GESTRICH, C./ T. WABEL (Hg.): (2007): An Leib und Seele gesund. Dimensionen der Heilung; PROFT, I. (2010): Heilung und Heil in Begegnung.

85 „Praktische Theologie und insbesondere Pastoralpsychologie sollten sich Begriffe wie ,heilende Seelsorge' (Pastoral) beziehungsweise ,therapeutische Kraft (oder wie ich vorziehe: Dimension) des Glaubens' nicht einfach entwinden lassen, weil sie durch unsachgemäßen Gebrauch in Misskredit gebracht werden." WAHL, H. (1999): Seelsorge als heilendes Handeln am ganzen Menschen?, 245.

Baumgartner bereits schon vor längerer Zeit einräumte: „Uns Heutigen ist dieser damals selbstverständliche Zusammenhang, dass Glaube heilt, weithin abhanden gekommen. Manchmal müssen selbst die Krankenseelsorger auf diese Möglichkeit erst hingewiesen werden."[86] Obgleich selbst im 'Europäischen Standard für Krankenhausseelsorge' formal festgehalten wird, dass SeelsorgerInnen die heilende Kraft des Glaubens vergegenwärtigen, scheint diese Sichtweise sowohl im Bewusstsein der SeelsorgerInnen selbst als auch in der Erwartungshaltung von PatientInnen und Personal eine eher marginale Rolle zu spielen.[87] Könnte dies damit zusammenhängen, dass SeelsorgerInnen sich im Sinne einer klaren Arbeitsteilung (un)bewusst vor unerwünschten Grenzüberschreitungen in den therapeutischen Sektor zurückhalten? Oder hängt es vielleicht damit zusammen, dass SeelsorgerInnen die Gefahr einer zu starken Konzentration auf Heilung und Heilungswunder umgehen wollen?

Letzteres wäre ein höchst verständliches Anliegen, denn parallel zu der weit verbreiteten seelsorglichen Zurückhaltung gegenüber der therapeutischen Dimension von Seelsorge findet sich besonders in charismatisch-evangelikal geprägten Seelsorgekontexten eine regelrechte Fixierung auf die Heilungsthematik: „Das Thema 'Heilung durch die Kraft des Heiligen Geistes' ist insbesondere in den charismatischen Kirchen lebendig. Sie verdanken sich ihr weltweit großes Wachstum nicht zuletzt auch der Integration des Themas 'Heilung' in ihr religiöses Leben, vor allem in Ländern, in denen die Versorgung durch die Schulmedizin für den weitaus größten Teil der Bevölkerung nicht erschwinglich ist."[88] Auf dem Hintergrund einer präzisen Analyse charismatischer Bewegungen konnte Peter Zimmerling aufzeigen, dass die Wiederentdeckung des Heiligen Geistes auch die Wiederentdeckung des seelsorglichen *Charismas der inneren und äußeren Heilung* von Menschen mit sich brachte.[89] Weist der Mensch genug Glauben und der Seelsorger entsprechende Fähigkeiten auf, dann kann eine Innere Heilung erfolgen, d.h. der Mensch sagt sich von dämonischen Beeinflussungen los, arbeitet im Gebet sein altes Leben durch, tut Buße, kehrt um und unterstellt sich der Führung des Heiligen Geistes, wodurch sich sein innerer Personenkern umwandelt.[90] Aus Innerer Heilung aber kann durch das übernatürliche Wirken des Heiligen Geistes auch äußere Heilung, d.h. das Freisein von Krankheit, resultieren. Für Wolfram Kopfermann steht daher fest: „Heute geschehen in christlichen Gemeinschaften und Gemeinden wieder unzählige *Heilungswunder*, von spürbaren, aber medizinisch unerwarteten Beschleunigungen

---

86 BAUMGARTNER, I. (1990): Heilende Seelsorge, 118. Interessanterweise haben nicht in erster Linie praktische, sondern systematische Theologen wie Eugen Biser und Wolfgang Beinert dazu beigetragen, die therapeutische Dimension neu zu entdecken. Vgl. BEINERT, W. (1985): Heil und Heilung durch den Glauben der Kirche; BISER, E. (2003): Kann Glaube heilen?; FISCHER, R. (2006): Macht der Glaube heil? Der christliche Glaube als Heilsmacht im Anschluss an Eugen Biser und Eugen Drewermann.

87 Vgl. INAUEN, M: (2007): Standards für Krankenhausseelsorge in Europa, 122.

88 EIBACH, U. (2006): Glaube, Krankenheilung und Heil, 297.

89 Vgl. ZIMMERLING, P. (2001): Die charismatische Bewegung, 147.

90 Vgl. HERBST, M. (2000): Charismatische Seelsorge, 6.

'natürlicher' Heilungsprozesse bis zu Spontanheilungen bei Kranken im End-
stadium."[91] Menschen dürfen deshalb damit rechnen, dass sie, wenn ihr Glaube
stark genug ist, im Rahmen individueller seelsorglicher Begegnungen oder im
Rahmen von (Heilungs)Gottesdiensten und öffentlich inszenierten Massenver-
anstaltungen durch das direkte Eingreifen des Heiligen Geistes psychophysisch
geheilt werden, denn: Krankheit und Behinderungen sind Unheils-Zustände, die
in geistlicher Vollmacht zu beseitigen sind.[92] Die angedeutete Fokussierung auf
Heilungswunder bringt nun aber einige sehr fundamentale Probleme mit sich,
die die therapeutische Dimension von Seelsorge in ein schiefes Licht rücken:

> Wenn suggeriert wird, dass alle (!) Krankheiten heilbar sind, dann werden
  Heilungserwartungen geweckt, die sich unmöglich einlösen lassen.
> Wenn Krankheiten und Behinderungen als defizitäre, ja sogar gotteswidrige
  Zustände gesehen werden, weil sie nicht selten von dämonischen Mächten
  verursacht und über Generationen weitergegeben werden, dann basiert das
  Heilungstheorem auf der Vision einer ‚heilen Welt' in der kranke und behinderte Menschen gerade wegen ihrer Erkrankung letztlich keinen Platz mehr
  haben. Eine Sichtweise, die im eklatanten Gegensatz zu dem steht, wie Jesus
  mit kranken Menschen umging, wie Heribert Wahl betont: „Nichts würde den
  Heilungsgeschichten Jesu krasser widersprechen, der als Vorzeichen des na-
  hen Gottesreiches viele, aber keineswegs alle Kranken oder Behinderten heilte, aber alle in dieses kommende Reich einlud."[93]
> „Viele Charismatiker wollen nicht wahrhaben, dass psychische Heilungspro-
  zesse Zeit brauchen und auch durch ‚Innere Heilung' nicht sofort erfolgen."[94]
> Kranke geraten unter Heilungsdruck, wobei fehlgeschlagene Heilungen wie-
  derum ihnen und ihrem Unglauben angelastet werden: „Wer sie (die Heilung)
  nicht erlangt, hat nicht den rechten Glauben. Das negative Ergebnis wird dem
  Menschen aufgeladen, der eigentlich in der Krise besondere Zuwendung
  bräuchte. Heilungsversprechen dieser Art wirken kontraproduktiv. Sie sind
  nicht 'Leitung' eines Menschen, sondern Benutzung von Menschen zum Er-
  weis der Macht Gottes."[95] Eberhard Hauschildt will deshalb festgehalten wissen, dass weder krank werden noch krank bleiben als Zeichen für mangelnden Glauben an Gott interpretiert werden dürfen![96]
> Heilen wird zu einer erlernbaren Seelsorge-Methode, die den Einsatz be-
  stimmter Rituale, Sprachformen, Gesten oder Gebete (Heilungsgebete) erforderlich macht, weshalb Rolf Sons schlussfolgert: „Der Eindruck entsteht,
  dass Heilung auf diese Weise methodisiert wird und damit in die Verfü-
  gungsgewalt des Menschen gestellt wird."[97]

---

91 KOPFERMANN, W. (1998): Farbwechsel, 176.
92 Vgl. ZIMMERLING, P. (2003): Knien, stehen, tanzen, 42.
93 WAHL, H. (1999): Seelsorge als heilendes Handeln, 20-21.
94 ZIMMERLING, P. (2001): Die charismatische Bewegung, 298.
95 HAGENMAIER, M. (1990): Ratlosigkeit in der Seelsorge?, 199.
96 Vgl. HAUSCHILDT, E. (2013): Glaube – ein Heilmittel?, 119..
97 SONS, R. (1995): Seelsorge zwischen Bibel und Psychotherapie, 117.

> Geistheilungen verleihen dem Geistheiler enorme Macht, weshalb Isidor Baumgartner zu bedenken gibt: „Das behauptete Wirken des Geistes sakralisiert jedwede Äußerung und öffnet die Tore für frommen Terror."[98]

> Gott selbst wird über den Heiligen Geist instrumentalisiert und funktionalisiert zu spektakulären Heilungen von Menschen, wie Lothar Carlos Hoch aus lateinamerikanischer Perspektive hervorhebt: „Es wird nämlich versucht, manipulierend auf Gott einzuwirken."[99] Oder, wie Werner Jentsch bereits vor fast 50 Jahren kritisch kommentierte: „Die Gnade liebt die Verborgenheit und scheut die Sensation. Der Geist weht, wann und wo er will, aber er ‚macht keinen Wind'."[100] Für Michael Utsch steht daher fest: „Theologisch ist die Auffassung zurückzuweisen, dass ein gezielter ‚Heilungsgottesdienst' um sofortige und ‚übernatürliche' Genesung für alle Kranken Gottes Willen entspricht und zum Auftrag der Kirche gehört."[101]

Wenn an einer *therapeutischen* Dimension von Seelsorge im Sinn eines für den Menschen ganzheitlich erfahrbaren *heilsamen* Geschehens festgehalten werden soll, dann unter Vermeidung der soeben angedeuteten Gefahren und Schieflagen.[102] Von SeelsorgerInnen darf daher nicht erwartet werden, dass sie Krankheiten – vielleicht gerade dann, wenn niemand mehr helfen kann – mit Hilfe supranaturalistischer Heilungswunder beseitigen können. Ebenso wenig ist von ihnen zu erwarten, dass sie Jesu Heilungswunder kopieren, indem sie z.B. dämonische Kräfte in Schweine jagen oder Augen mit Speichel benetzen. SeelsorgerInnen verfügen weder über die Heilkraft des Heiligen Geist noch über ein Methodenrepertoire, das es ihnen ermöglicht, diese herbeibeten, -fasten, -tanzen, -sprechen, -singen oder -befehlen zu können. Seelsorge wirkt *heilsam*, weil SeelsorgerInnen darauf vertrauen, dass Gott auch ohne ihr Zutun längst in seiner Schöpfung präsent ist und sich seiner kranken Geschöpfe erbarmt. Sie wirkt *heilsam*, weil SeelsorgerInnen diese Glaubensüberzeugung Menschen spüren lassen können bzw. stellvertretend daran festhalten. Seelsorge stärkt also Menschen darin, darauf zu hoffen, dass Gott auch in ihre Krankheit lindernd oder gar heilend eingreift, denn Gott ist nichts unmöglich, weshalb ihm selbst Wunder zuzutrauen sind. Seelsorge weckt jedoch weder irreale Hoffnungen noch macht sie Gottes Wirken vom menschlichen (Un)Glauben abhängig.[103] Seelsorge wirkt *heilsam*, weil SeelsorgerInnen Menschen dazu ermutigen, in und trotz Krankheit und Not nicht zu verzweifeln, Momente des Glücks und der Freude, Momente von ‚Leben in Fülle' wahrnehmen und ausleben zu können.

---

98 BAUMGARTNER, I. (2000): Heilung und Befreiung, 400.
99 HOCH, L. C. (1999): Seelsorge in Lateinamerika, 224.
100 Vgl. JENTSCH, W. (1965): Das Wesen der Krankheit, 305.
101 UTSCH, M. (2009): Geistheilung, 432. Faktisch aber sieht es anders aus: „Selten zuvor hat es in Deutschland eine solch große Anzahl von speziellen pfingstlich-charismatischen Heilungsgottesdiensten wie in den letzten Jahren gegeben." (432). Vgl. auch: RUH, U. (2013): Neue Konkurrenz. Pfingstler und Charismatiker als Herausforderung für die Katholische Kirche; ZIMMERLING, P. (2009): Krankheit und Krankenheilung.
102 Vgl. KLESSMANN, M. (2007): Heilsamer Glaube?! REUTER, W. (2004): Heilsame Seelsorge.
103 Vgl. HAUSCHILDT, E. (2013): Glaube – ein Heilmittel?

4. Diakonisch-prophetische Dimension

4.1. Vernetzungshilfe, Befreiungshilfe, materielle (Über)Lebenshilfe

Fokussieren wir auf die *soziale, kontextuelle* und *geschichtliche* Dimension menschlicher Existenz und begreifen wir Gott tatsächlich als einen *Befreier-Gott*, der uns zu prophetisch-kritischem diakonischen Handeln ermutigt und befähigt, dann führt kein Weg an der Einsicht vorbei, dass eine Seelsorge, die sich ausschließlich als pastoralpsychologisch geschulte spirituell-religiöse Begleitung einzelner Menschen begreift, sowohl dem theologischen als auch dem anthropologischen Fundament von Seelsorge nicht gerecht wird. Eine Einsicht, die Kardinal Karl Lehmann bereits Anfang der 90iger Jahre in deutliche Worte gefasst hat: „Da die Seelsorge dem ganzen konkreten Menschen gilt, muss sie sich auch der leiblich, sozial, gesellschaftlich, ökonomisch und politisch bedingten Situation zuwenden."[1] Ein Plädoyer, das in der Seelsorgelehre inzwischen nicht nur auf katholischer Seite auf fruchtbaren Boden gefallen ist. So lässt sich z.B. bei Jürgen Ziemer nachlesen: „Es wird künftig mehr Aufmerksamkeit für die gesellschaftlichen, politischen und ökonomischen Kontexte notwendig sein. Nicht nur die Persönlichkeitsfaktoren, sondern auch die soziale Situation eines Menschen muss als Teil des Bedingungsgefüges begriffen werden, das individuelles Leiden und persönliche Problemlagen verursacht."[2] Christoph Schneider-Harpprecht sieht es deshalb als gerechtfertigt an, von einer kontextbezogenen Seelsorge zu sprechen, wobei seines Erachtens v.a. der kulturelle Hintergrundkontext besondere Aufmerksamkeit verlangt: „Der kulturelle Kontext ist demnach ein Faktor, der Seelsorge von Grund auf prägt und deshalb im Seelsorgeprozess elementar zu berücksichtigen ist. Kulturelle Aspekte menschlicher Beziehungen, ihre Bedeutung bei der Entstehung und Lösung individueller und sozialer Problemkonstellationen müssen wahrgenommen, thematisiert und bearbeitet werden."[3]

Seelsorge *mit* Individuen und Seelsorge *an* Strukturen gehen daher Hand in Hand, wodurch sich die Relevanz von Seelsorge in den öffentlichkeits-, gesellschafts- und kirchenpolitischen Raum hinein erstreckt. Für Michael Klessmann hat dies zur Konsequenz: „Seelsorge braucht einen grundlegend systemischen Blickwinkel: jeder Mensch ist eingebunden in die größeren sozialen Systeme der Familie, der Nachbarschaft, des Stadtteils, des jeweiligen Milieus, des beruflichen Umfelds, der Gesellschaft als ganzer und wird in seinem Lebensstil von daher entscheidend mitgeprägt… Ein systemischer Ansatz bedeutet zunächst einmal, Individuen grundsätzlich in ihrem sozialen und kulturellen Lebenszusammenhang, in ihrem System wahrzunehmen."[4]

---

1 LEHMANN, K. (1990): Seelsorge als Aufgabe der Kirche, 52.
2 ZIEMER, J. (2000): Seelsorgelehre, 106.
3 SCHNEIDER-HARPPRECHT, C. (2001): Interkulturelle Seelsorge, 246.
4 KLESSMANN, M. (2009): Seelsorge, 14; Ders. (2014): Im Strom der Zeit, 12. Vgl. auch MORGENTHA-
   LER, C. (2013): Systemische Seelsorge; MORGENTHALER, C. (2009): Systeme als Bezugsrahmen der

Weil Seelsorge sowohl die prophetisch-kritische Dimension des alttestamentlichen Gottesbildes als auch Jesu system- und gesellschaftskritische Botschaft vom Reich Gottes und die inspirierende Kraft des Heiligen Geistes, der alle Plausibilitäten, Mentalitäten und Strukturen in ihrer eschatologischen Vorläufigkeit aufdeckt, ernst nimmt, definiert sich Seelsorge auch als ein prophetisch-kritisch motivierter, optional ausgerichteter advokatorischer Dienst für alle Menschen, die sich in konkreten, oftmals materiell bedingten Not-Lagen befinden.[5] Seelsorge erschöpft sich daher nicht in Glaubens- und somato-psychischer Krisenhilfe, sondern umfasst immer auch die Dimension konkreter Befreiungs- und (Über)Lebenshilfe. Seelsorge trägt also Sorge dafür, „dass Menschen in der Freiheit der Kinder Gottes leben und überleben können",[6] wie es Franz Weber auf dem Hintergrund eigener Erfahrungen in Lateinamerika formuliert. Die Zielsetzung einer diakonisch ausgerichteten Seelsorge ist also die, aktiv dazu beizutragen, dass sich Menschen und ganze Menschengruppen aus Fesseln, die ihnen ihre Lebens-Kontexte auferlegen, befreien, um in Würde, gegenseitiger Achtung und sozialer Vernetzung als Geschöpfe Gottes solidarisch leben zu können. Seelsorge – eine Form von *Menschen-Entfesselung*, wobei SeelsorgerInnen auch selbst Hand mit anlegen, um Fesseln zu durchschneiden. Oder, wie Papst Franziskus es als Erkennungsmerkmal von Christ-Sein insgesamt formuliert: „Jeder Christ und jede Gemeinschaft ist berufen, Werkzeug Gottes für die Befreiung und Förderung der Armen zu sein, so dass sie sich vollkommen in die Gesellschaft einfügen können."[7]

4.2. Soziale Vernetzung vorantreiben

Eine Seelsorge, die erkennt, dass Menschen einander brauchen und dennoch Schwierigkeiten haben, sich sozial zu vernetzen, setzt genau an diesem Dilemma an und versucht, Menschen bei ihren Vernetzungsbemühungen aktiv zu unterstützen. Seelsorge stiftet deshalb Menschen zu einem *beziehungsintensiven Leben* an. Sie fördert *soziale Kompetenz*, d.h. die Fähigkeit zur Aufnahme, Aufrechterhaltung und würdevollen Beendigung von Beziehungen.[8] Seelsorge ermutigt Menschen dazu, intime und freundschaftliche Beziehungen nicht leichtfertig aufzugeben oder aufs Spiel zu setzen, sondern diese auch in schwierigen Phasen entgegen dem Zeittrend durchzuhalten und kreativ zu gestalten. Seelsorge will dazu beitragen, dass Menschen die unbezahlbare Erfahrung machen, nicht nur vom Schöpfer selbst, sondern auch von ihren Mit-Geschöpfen als wertvoll, einmalig, unersetzbar, gewollt, gemocht und geliebt eingestuft zu

Seelsorge; PFENNIGHAUS, D. (2011): Neue Horizonte. Beziehungen stärken durch Systemische Seelsorge; FRITZ, R. (2013): Seelsorge mit System.

5 Vgl. DILLEN, A. (2011): Empowerment, resilience and vulnerability. Prophetic Pastoral Care and Counseling; KLESSMANN, M. (2009): Seelsorge, 96; GÄRTNER, S. (2011): Prophetie in der Seelsorge.

6 WEBER, F. (1995): Not lehrt handeln, 81.

7 EVANGELII GAUDIUM (2013), Nr. 187.

8 Vgl. POHL-PATALONG, U. (2000): Seelsorge transversal, 460.

werden. Eine Erfahrung, die Menschen zu mitfühlenden menschlichen Wesen macht, die ihnen enorm viele Glücksmomente schenken und sie selbst in Situationen tiefster Not und absurdester Sinnlosigkeit dazu animieren kann, dennoch 'weiter zu machen', die Hoffnung nicht aufzugeben. Eine Erfahrung, die Menschen im Idealfall bereits innerhalb ihrer familiären Strukturen machen dürfen, die ihnen aber oftmals bereits in der Kindheit vorenthalten wird.

Bei aller gebotenen Zurückhaltung und Sensibilität mischt sich Seelsorge deshalb ein, wenn Menschen (v.a. Kinder und Frauen) massiv unter familiärer Gewalt zu leiden haben. SeelsorgerInnen gehören zu denjenigen, die nicht stillschweigend wegsehen oder übersehen. Sie brechen individuelles wie auch kollektives Schweigen auf und stellen ihre Hilfe zur Verfügung, damit erwachsene Menschen sich selbst aus destruktiven Beziehungen befreien und Minderjährige mit Hilfe von außen befreit werden können. Eine Seelsorge, die sich mit systemtherapeutischem Wissen auseinandergesetzt hat, hält daran fest, dass auch das *'System Familie'* sich weiterentwickeln kann und Ressourcen für einen liebevollen Umgang miteinander ent-deckbar sind. Systemische Seelsorge basiert auf der Überzeugung, dass Familiengeschichte weitergeschrieben, Rollenzuweisungen neu bestimmt, und Beziehungsdynamiken, die sich über Generationen festgesetzt haben, aufgeweicht werden können. Für Christoph Morgenthaler können SeelsorgerInnen Menschen vermitteln, „dass aus unmöglichen Situationen Gutes kommen kann, dass verwirkte Gerechtigkeit nicht unerlöst in einer unerlösten Fortsetzungsgeschichte durch Generationen wandern muss, sondern heilsam unterbrochen werden kann, dass den Konstruktionen des Notwendigen die Konstruktion des Möglichen entgegengehalten werden kann, und dass alle Gewalt gegen Opfer nicht nur ein Ende haben soll, sondern ein Ende haben wird."[9]

SeelsorgerInnen können helfen, dass Menschen, die miteinander leben wollen oder müssen, *beziehungsgerechter* miteinander umgehen, d.h. dass jedes Familienmitglied gesehen wird und auch zu seinem Recht kommt. Eine wichtige Aufgabenstellung, denn: „Viele Menschen sind zu SeelsorgerInnen gekommen, weil sie Opfer von Missbrauch, Unterdrückung und anderen Formen von Ungerechtigkeit waren."[10] Werden SeelsorgerInnen, die ihre Hilfe anbieten, in ein Familiensystem einbezogen, dann achten sie darauf, dass jeder im System zu seinem Recht kommt, und alle Familienmitglieder nicht nur ein Gespür füreinander entwickeln, sondern auch füreinander einstehen. Seelsorge motiviert also zu *solidarischem Miteinander* und *Füreinander* entgegen allen Ent-Solidarisierungstendenzen und Isolierungsprozessen, denen Menschen in unserer Gesellschaft ausgeliefert sind.[11]

---

9 MORGENTHALER, C. (1999): Systemische Seelsorge, 138.
10 GRAHAM, L. K. (2000): Neue Perspektiven von Theorie und Praxis der Seelsorge in Nordamerika, 37.
11 Vgl. WAHL, H. (2003): Aus Gottes Lebenskraft Menschen zum Miteinander- und Füreinander-Leben befähigen.

4.3. Gemeinde-Erfahrungen ermöglichen

Um Menschen miteinander in Kontakt zu bringen, können SeelsorgerInnen aller
Konfessionen auf ein Glaubens- und Lebensnetzwerk zurückgreifen, das sich
seit fast zweitausend Jahren als eine Sozialform von miteinander Christ-Sein
und Kirche-Sein bewährt hat: Christliche (Pfarr)Gemeinden.

Mit dem Begriff *Kirchengemeinde* assoziieren die meisten Menschen die territorial organisierte, d.h. lokal klar umgrenzte *Pfarrgemeinde/ Ortsgemeinde/ Pa-
rochie* bzw. den inzwischen großräumiger organisierten *Pfarrverband,* die *Seel-
sorgeeinheit* oder sogenannte *Seelsorgeräume.* Pfarrgemeinden, zu denen sich
Menschen bekennen und denen sie sich – zumindest solange sie dort ihren Le-
bensmittelpunkt haben – oftmals lebenslang zugehörig fühlen, weshalb Papst
Franziskus 2013 in Evangelii Gaudium schreibt: „Die Pfarrei ist keine hinfällige
Struktur, gerade weil sie eine große Formbarkeit besitzt…"[12]

Fakt jedoch ist, dass die kirchliche Sozialgestalt Pfarrgemeinde aufgrund der in
allen deutschen (Erz)Diözesen flächendeckend durchgeführten Umstrukturie-
rungsmaßnahmen[13] nicht nur für viele ChristInnen an Attraktivität verloren hat,
sondern auch theologisch höchst umstritten ist. Dementsprechend
(selbst)kritisch stellt daher Franz Weber als Pastoraltheologe und Priester folgende These auf: „Weltkirchlich gesehen ist diese Gemeindeentwicklung im
deutschsprachigen Raum ein äußerst fragwürdiger Sonder-, wahrscheinlich sogar ein pastoral folgenschwerer ,Unglücksfall'. An diesem ,deutschen Wesen',
wie es sich in der Bildung großer pastoraler Einheiten offenbart, wird die Kirche wohl nicht genesen. Als Seelsorger und Pastoraltheologe, der sich über die
Zukunft der Gemeinden ernsthafte Gedanken macht, muss man der Kirche im
deutschsprachigen Raum dringend empfehlen, sich in den zweifellos notwendigen Strukturreformen nicht nur von Religionssoziologen, von McKinsey und
Finanzexperten beraten zu lassen, sondern vielleicht doch wieder einmal einen
Blick auf die Kirche in Lateinamerika und auf die Weltkirche zu werfen."[14] Fakt
ist zudem, dass der Gemeinde-Begriff nicht ausschließlich für die Sozialgestalt
Pfarrgemeinde reserviert ist! Folgt man der Gemeinde-Definition von Ottmar
Fuchs, dann kann immer dann von Gemeinde gesprochen werden, wenn „in
ausdrücklicher Weise Gemeinschaft und Botschaft miteinander verbunden

---

12 EVANGELII GAUDIUM (2013), Nr. 28.
13 Seit dem 4. Jahrhundert sind Pfarrgemeinden, d.h. überschaubare Gemeinden vor Ort, in denen Menschen nah
   beieinander wohnen und miteinander sowohl ihren Glauben als auch ihren Alltag teilen, die dominante kirchliche Organisationsform. Aufgrund *finanzieller, struktureller und personeller Ressourcenknappheit* wurden
   und werden v.a. in Deutschland diese kleinschaligen Räume umgewandelt/zusammengelegt in größere lokale
   Seelsorgeeinheiten, in denen Seelsorgeteams arbeiten. Vertiefende Literatur: UNFRIED, A. u.a. (2012): XXL
   Pfarrei. Monster oder Werk des Heiligen Geistes?; HASLINGER, H. (2011): Zerstören oder fördern neue
   pastorale Großräume diakonisches Handeln?; BOPP, K. (2011): Pastorale Großräume – Lernräume für eine
   diakonische Pastoral; POCK, J. (2010): Pastorale Chancen und Grenzen der Pfarrzusammenlegungen;
   SELLMANN, M. (2010): Von der ,Gruppe' zum ,Netzwerk'. Große pastorale Räume als Chance für eine
   durchbrechende Vielfalt kirchlicher Sozialformen.
14 WEBER, F. (2005): Im Gegenwind und Aufwind, 444.

sind."[15] Auch territorial nicht fest umgrenzte, zeitlich befristete oder auch kontinuierlich bestehende Gemeinschaftsformen, die keine feste Mitgliedschaft voraussetzen, sondern niedrigschwellig zugänglich sind, können daher Gemeinden
sein wie z.b. eine Klostergemeinschafts-Gemeinde, Krankenhaus-Gemeinde,
Suppenküche-Gemeinde, City-Pastoral-Gemeinde, Obdachlosen-Gemeinde,
Selbsthilfegruppe-Gemeinde.[16] Daneben formieren sich gerade im evangelischen Raum immer mehr sogenannte Profilgemeinden, d.h. Gemeinden, in denen sich inhaltliche Schwerpunkte herausbilden, weshalb sie für Menschen über
alle Territorialgrenzen und personelle Zugehörigkeiten hinweg interessant und
anziehend sind.[17] Mit derartigen Gemeindeformen wird der Tatsache Rechnung
getragen, dass (gerade jüngere) Menschen immer seltener ortsgebunden leben
und zudem selbst darüber entscheiden möchten, wann, wo und an welchen
christlichen Gemeinschaftsformen sie aktiv teilhaben möchten.[18]
Wenn Seelsorge darauf abzielt, Menschen soziale Vernetzungserfahrungen im
Sinne von Gemeinde-Erfahrungen zu ermöglichen, dann ist damit nicht gemeint, dass Menschen mit allen Mitteln in die klassische Pfarrgemeinde zu integrieren und dort zu halten sind, sondern dass sie durch eine Vielzahl an attrak-
tiven Gemeinde-Formen ein Netzwerk angeboten bekommen, in das sie sich
niedrigschwellig einknüpfen können, um (vielleicht zum ersten Mal) 'christliche Luft zu schnuppern' oder als 'erfahrene ChristInnen' den für sie selbst passenden Gemeinderaum zu finden. Weil gegenwärtig noch immer die Sozialgestalt der Pfarrgemeinde dominiert, soll exemplarisch an ihr aufgezeigt werden,
worauf SeelsorgerInnen achten sollten, wenn sie Menschen zu Vernetzungserfahrungen animieren wollen. Zunächst haben sie Sorge dafür zu tragen, dass
Ortsgemeinden tatsächlich Gemeinden sind. Ihre wichtigste Aufgabe besteht
deshalb darin, darüber zu wachen, dass der Inhalts- und Gemeinschaftsaspekt
von Gemeinde unlösbar miteinander verbunden bleiben. Seelsorge ist damit
immer auch *Seelsorge an der eigenen Gemeindestruktur.* SeelsorgerInnen erfüllen eine *Wächterfunktion,* indem sie darauf achten, dass die Gemeinde als Ganze folgenden Tendenzen entgegensteuert:

- Reduzierung von (Pfarr)Gemeinde auf einen reinen *Verwaltungsraum,* in
  dem Strukturdebatten und administrative Vorgänge lebendiges Gemeinschaftsleben überlagern/verdrängen.

---

15 FUCHS, O. (2005): Einige Richtungsanzeigen für die Pastoral der Zukunft, 235.
16 Vgl. STEINKAMP, H. (2013): Sozialpastoral, 15; HETTICH, M./ F. MAIER (2003): Am Puls der Zeit, 410.
17 Vgl. POHL-PATALONG, U. (2006): Der Pfarrberuf in einer veränderten Kirche, 231.
18 Vertiefende Literatur: HASLINGER, H. (2014): „Nicht mehr unhinterfragte Sozialform"; STEINKAMP, H.
    (2013): Selbst „wenn die Betreuten sich ändern". Das Parochialprinzip als Hindernis für Gemeindeausbil-
    dung; HARTMANN, R. (2013): Was kommt nach der Pfarrgemeinde? BUCHER, R. (2013): Die Gemeinde
    nach dem Scheitern der Gemeindetheologie; SELLMANN, M. (Hg.) (2013): Gemeinde ohne Zukunft?;
    BAUER, C. (2013): Gott außerhalb der Pfarrgemeinde entdecken; REMENYI, M. (2013): Gemeinde – das
    Gesicht der Kirche vor Ort?; HASLINGER, H. (2012): Die Krise der Gemeinde; HENNECKE, C. (Hg.)
    (2013): Kirche geht... Die Dynamik lokaler Kirchenentwicklung; HENNECKE, C. (2013): Neue Gemeinde-
    formen und –ideen etablieren; HASLINGER, H. (2005): Lebensort für alle. Gemeinde neu verstehen;
    EBERTZ, M. u.a. (Hg.) (2005): Lernen, wo Menschen sind.

 Reduzierung von (Pfarr)Gemeinde auf einen *Rückzugs-, Nischen- und Ku-schelraum*, in dem sich ein ,letzter Rest' Gleichgesinnter von der (bösen) Welt abschottet und um sich selbst kreist.[19]

 Reduzierung von (Pfarr)Gemeinde auf einen *Gegenraum*, in dem sich Chris-tInnen hinter einer exklusiven Wahrheitsbastion verschanzen und aggressi-ve missionarische Überraschungsangriffe ,nach außen' starten, um diejeni-gen, die (noch) nicht dazugehören, durch Bekehrungsversuche zu retten.

 Reduzierung von (Pfarr)Gemeinde auf einen *Machtraum*, in dem Professio-nelle ihre (klerikale) Macht gegenüber 'LaientheologInnen', oder eine Gruppe von engagierten Laien ihre Macht gegenüber allen anderen Ge-meindemitgliedern ausspielen.

 Reduzierung von (Pfarr)Gemeinde auf einen *Erlebnisraum*, in dem eine Fül-le an Events offeriert wird, die mit den gesellschaftlich offerierten Erlebnis-Angeboten konkurrieren, d.h. um die Aufmerksamkeit und Gunst erlebnis-hungriger Menschen buhlen.

Seelsorge wacht jedoch nicht nur darüber, dass bestimmte Tendenzen abge-wehrt werden, sondern auch darüber, dass Gemeindemitgliedern und allen, die sich (vorübergehend) auf die Gastfreundschaft christlicher (Pfarr)Gemeinde[20] einlassen wollen, folgende Gemeinde- und Gemeinschaftserfahrungen in einer ausgewogenen Balance ermöglicht werden:

✓ Die Erfahrung von (Pfarr)Gemeinde als einer sich kontinuierlich selbstevan-gelisierenden *Glaubensgemeinschaft*:[21] Gemeinde als ein Traditions-, Erinne-rungs-, Erzähl-,[22] Interpretations-, Gebets-,[23] Spiritualitäts-, und Glaubens-raum, in dem Menschen sich gegenseitig dazu ermutigen, Gottes Spuren in der Welt zu suchen, miteinander die Nähe Gottes zu feiern, Gottesferne und Glaubenszweifel gemeinsam auszuhalten und die Hoffnung auf die eschato-logische Rettung aller Menschen aufrechtzuerhalten. Ein Raum, in dem ein kultur- und gruppenspezifisches Credo wächst, zugleich aber nicht nur Platz gelassen wird für das persönlichkeitsspezifische Credo eines jeden Men-schen, sondern auch der gegenseitige Austausch und das Miteinander-Teilen von Glauben gefördert wird. Ein Raum, in dem miteinander die Frohe Bot-schaft auf immer neue Art und Weise inkulturiert, in dem Traditionen ge-pflegt und zugleich Neues ausprobiert wird. Ein Raum, der aufgrund seiner

19 „Jedem apokalpyptischen Szenario von Kirche als ,heiligem Rest' ist nach Christus entschieden zu wider-sprechen." ZULEHNER, P./R. POLAK/U. HAMACHERS-ZUBA (2005): Respiritualisierung, 272.

20 Vgl. LAUMER, A. (2011): Gastfreundschaft – ein Grundparadigma heutiger Gemeindepastoral?

21 „Zum einen ist der Glaube, soll er lebendig bleiben, darauf angewiesen, dass er untereinander mitgeteilt und mit anderen geteilt wird." METTE, N. (2006): Vom pfarrlichen Territorialprinzip zur Option für ortsbezoge-ne Gemeinden, 15.

22 „Christentum als Gemeinschaft der in Jesus Christus Erlösten ist von Anfang an nicht primär eine Interpreta-tions- und Argumentationsgemeinschaft, sondern eine Erinnerungs- und Erzählgemeinschaft." DREHSEN, V. (2006): Narrare necesse est, 68.

23 „We learn to pray in community, and we depend upon the community to uphold us in prayer." DEUSEN-HUNSINGER, D. van (2006): Pray without Ceasing. Revitalizing Pastoral Care, 3.

evangelisierend-missionarischen Ausstrahlung anziehend wirkt auf junge und alte Menschen, die religiös-spirituell suchend unterwegs sind.

✓ Die Erfahrung von (Pfarr)Gemeinde als einer *sozialen Lebensgemeinschaft*. Gemeinde als ein Lebens-, Begegnungs-, Geselligkeits-, Feier-, Beheimatungs- und Anti-Isolationsraum. Ein Raum, in dem gesunde, kranke und behinderte Menschen allen Alters, aller sozialen Schichten und Einkommensverhältnisse sowohl Alltag als auch außergewöhnliche Festtage miteinander teilen. Ein Raum, in dem Menschen sich gegenseitig das Gefühl geben, erwünscht und wichtig zu sein. Ein Raum, in dem Menschen ihre Charismen zur Entfaltung bringen können.[24] Ein Raum, in dem Menschen ihre Beziehungsfähigkeit weiterentwickeln, indem sie lernen, sich zu streiten und zu versöhnen, andere zu überzeugen oder Kompromisse zu schließen. Ein Raum, in dem Menschen gerade dann, wenn sie auf kein soziales Netzwerk zurückgreifen können, sich zugehörig, beheimatet und vernetzt fühlen.

✓ Die Erfahrung von (Pfarr)Gemeinden als *Biotope gelebter Barmherzigkeit*, wie Papst Franziskus ausdrücklich einfordert.[25] Räume, aus denen sich ChristInnen nicht gegenseitig gnadenlos ausschließen, sondern in denen sie analog zu Jesus auch dann noch barmherzig und liebevoll miteinander umgehen, wenn vorgegebene Glaubens- und Verhaltensnormen (wie z.B. die Ablehnung von Scheidung und Wiederverheiratung) nicht eingehalten oder angeblich gottgewollte Lebensmuster wie die der Frau-Mann-Gemeinschaft aufgrund homosexueller/lesbischer Veranlagung bei bestem Willen schlichtweg nicht ohne selbstdestruktive Folgen gelebt werden können.[26]

✓ Die Erfahrung von (Pfarr)Gemeinde als *Solidaritätsgemeinschaft*. Gemeinde als ein Raum, in dem ChristInnen nicht nur diakonische Verantwortung füreinander übernehmen, indem sie achtsam miteinander umgehen und sich in Notlagen gegenseitig helfen, sondern auch ihre Verantwortung gegenüber allen Menschen christlichen und nicht-christlichen Glaubens wahrnehmen, die am gesellschaftlichen Rand leben und dringend Hilfe nötig haben.[27] Gemeinde ein Für-Sorge-, Schutz-, Asyl- und Kampfraum, in dem für die Interessen schutzloser, armer, benachteiligter, marginalisierter Menschen eingetreten wird, ohne dass diese dafür eine Gegenleistung (z.B. in Form einer Gemeinde- Mitgliedschaft) zu erbringen haben, denn, wie Papst Franziskus es formu-

---

24 „Einer der stärksten Eindrücke während meiner Mitarbeit als Pfarrer einer evangelischen Kommunität bestand darin, dass ich erlebte, wie unsichere und farblose junge Menschen ihre Begabungen entdeckten und in das gemeinsame Leben einbrachten, angeregt durch Herausforderungen der Gemeinschaft und durch Ermutigung von Seiten anderer Mitglieder… Bisweilen konnte ich nur staunen, mit welcher Geschwindigkeit sich einzelne Mitglieder der Gemeinschaft zu selbstbewussten, engagierten jungen Männern und Frauen entwickelten." ZIMMERLING, P. (2004): Die Bedeutung der Gemeinschaft für den Menschen, 231.

25 EVANGELII GAUDIUM (2013), Nr. 24.

26 Vgl. RUSTER, T./ H. RUSTER (2013):…bis dass der Tod euch scheidet? Die Unauflöslichkeit der Ehe und die wiederverheirateten Geschiedenen; GARHAMMER, E./ F. WEBER (Hg.) (2013): Scheidung – Wiederheirat – von der Kirche verstoßen? Für eine Praxis der Versöhnung.

27 Vgl. HASLINGER, H. (2013): Gemeinde rechtfertigt sich allein durch ihre diakonische Verausgabung für die Menschen.

liert: „Nur das macht es möglich, dass sich die Armen in jeder christlichen Gemeinde wie ‚zu Hause' fühlen."[28]

✓ Gemeinde, ein Raum, der sich möglichst niedrigschwellig allen Menschen öffnet.[29] Ein Raum, der von Zivilcourage und sozialpolitischem Engagement geprägt ist. Ein Raum, in dem Menschen aufatmen können, weil ihnen wortwörtlich ein Dach über dem Kopf geboten wird und ihnen selbst dann, wenn sie ihr Mensch-Sein durch schreckliche Taten verfehlt haben, die Möglichkeit eröffnet wird, diese zu bereuen und einen Neuanfang zu wagen.[30]

✓ Die Erfahrung von (Pfarr)Gemeinde als *Vernetzungsgemeinschaft*. Gemeinde als ein Raum, in dem ChristInnen sich sowohl nach innen als auch nach außen vernetzen. Nach innen, indem sie tragfähige soziale Beziehungen aufbauen und Sorge dafür tragen, dass Gruppen, Initiativen, Veranstaltungen, Projekte und Events nicht nur nebeneinander bestehen bzw. ablaufen, sondern sich im Wissen umeinander ergänzen und sich gegenseitig Ressourcen eröffnen.[31] Nach außen, indem sich die Gemeinde selbst in ein lokales und überregionales Netzwerk einknüpft, das es überhaupt erst ermöglicht eine glaubwürdige Solidargemeinschaft nach innen und außen zu werden.[32] SeelsorgerInnen wachen also darüber, dass sich ihre (Pfarr)Gemeinde (über einzelne Personen, Gruppen oder Strukturen) nicht nur vernetzt mit anderen (Pfarr)Gemeinden (verschiedener Konfessionen), sondern auch mit der (Erz)Diözese, mit dem (Erz)Bistum, mit Klostergemeinschaften und Kommunitäten, mit kirchlichen Bildungshäusern, Akademien und Schulen, mit kirchlichen Verbänden wie Caritas und Diakonie, mit den Sozialformen anderer Religionen, mit dem psychosozialen Hilfsnetz, mit (Selbsthilfe)Vereinen und (Sport)Verbänden, mit der politischen Gemeinde/Kommune/Stadt, mit politischen Parteien, Gewerkschaften, Firmen und den lokalen Medien etc.

Seelsorge will also Menschen dazu einladen, selbst (Pfarr)Gemeinde-Erfahrungen in all ihrer Komplexität zu sammeln, um selbst darüber entscheiden zu können, ob diese Form der solidarischen Vernetzung für sie stimmig ist oder nicht. Seelsorge widersetzt sich nicht prinzipiell strukturellen Transformationsprozessen in christlichen (Pfarr)Gemeinden, denn: „Die Kirche hat sich von Anfang an ständig gewandelt und wird das auch in Zukunft weiter so tun."[33] Für SeelsorgerInnen bedeutet dies, nicht in ein depressiv gefärbtes, die eigene Tätigkeit blockierendes Klagen und Lamentieren über strukturelle Veränderun-

---

28 EVANGELII GAUDIUM (2013); Nr. 199.
29 Vgl. KROCKAUER, R. / M. J. SCHUSTER (2007). Menschen auf der Schwelle. Neue Perspektiven für die alte Pfarrgemeinde; HASLINGER, H. (2005): Lebensort für alle. Gemeinde neu verstehen.
30 „Seelsorge wird bestehen können, wenn es uns mehr als bisher gelingt, kirchliche Gemeinden und Einrichtungen als soziale Netzwerke zu kreieren, in denen die Mühseligen und Beladenen aufatmen können für ihr Leben (Vgl. Mt 11,29), Beheimatung für ihre ‚unbehauste Seele' finden und ein Dach für ihren unbehausten Leib." BUCHER, R./ K.-H. LADENHAUF (2004): „Räume des Aufatmens", 170.
31 Vgl. KUHNKE, U. (2001): „Und das Netz zerriss nicht…".
32 Vgl. MÜLLER, H. (2007): Netze des Evangeliums knüpfen.
33 STOLLBERG, D. (2002): Die Zukunft der Seelsorge, 71.

gen einzustimmen, sondern konstruktiv damit umzugehen, d.h. diese auch dann, wenn sie zunächst als struktureller Rück-Schritt erscheinen, dennoch als Transformations-Chance zu begreifen, die es gemeinsam zu nutzen gilt. Ob christliche Gemeinden sich zu glaubwürdigen sozialen Netzwerken und entsprechend glaubwürdigen Erfahrungs-Räumen, die Menschen niedrigschwellig zugänglich sind, entwickeln, liegt somit auch in den Händen von SeelsorgerInnen, die diese Entwicklung stimulieren oder auch blockieren können.

4.4.   Einen optionalen Perspektiven- und Standortwechsel wagen

Seelsorge in der Nachfolge Jesu Christi lässt sich als ein *alltagsrelevantes* zupackendes Handeln umschreiben. Als *diakonischer Einsatz* für Menschen, die mit alltäglichen Problemen wie Arbeitslosigkeit, Partnerkonflikten, Trennung, Scheidung, Kindererziehung, Nachbarschaftsstreit, sozialer Isolation oder Armut zu kämpfen haben.[34] Ebenso wie Jesus gehen auch SeelsorgerInnen nicht auf Menschen zu, um sich von diesen bedienen zu lassen, sondern um ihnen zu ‚dienen', d.h. ihnen auf sehr konkrete Art und Weise in ihrer Not zu helfen (vgl. Markus 10,45; Matthäus 20,28). Ebenso wie Jesus treffen SeelsorgerInnen eine klare Option für arme, leidende, schwache und gesellschaftlich ausgegrenzte Menschen, wobei Papst Franziskus eindringlich in Erinnerung ruft: „Für die Kirche ist die Option für die Armen in erster Linie eine theologische Kategorie und erst an zweiter Stelle eine kulturelle, soziologische, politische oder philosophische Frage. Gott gewährt ihnen ‚seine Barmherzigkeit'. Die göttliche Vorliebe hat Konsequenzen im Glaubensleben aller Christen, die ja dazu berufen sind, so gesinnt zu sein, wie Jesus (vgl. Phil 2,5). Von ihr inspiriert hat die Kirche eine Option für die Armen gefällt, die zu verstehen ist als ‚besonderer Vorrang in der Weise, wie die christliche Liebe ausgeübt wird; eine solche Option wird von der ganzen Tradition der Kirche bezeugt."[35] Dass dies auch auf evangelischer Seite so gesehen wird, lässt sich bei Michael Klessmann nachlesen, der 2010 schreibt: „Seelsorge ist dazu herausgefordert, die vom Evangelium motivierte ‚Option für die Armen' ernst zu nehmen und zum Ausdruck zu bringen."[36] Ebenso wie Jesus handeln SeelsorgerInnen daher *parteiisch*, d.h. sie stellen sich erkennbar an die Seite von Armen, Leidenden und Schwachen, an die Seite all derer, deren Würde und Recht auf Leben bedroht ist. Welche Menschen und Menschengruppen aber sind dies heutzutage?
Es sind die vielen Verlierer unserer spätmodernen Gesellschaft.[37] Menschen, die im Schatten des Wohlfahrtsstaates leben, weil sie überschuldet, verarmt oder

---

34 Vgl. NAUER, D. (2013): Diakonisch handeln? Gottes Auftrag an uns Menschen!; WERBICK, J. (2010): Kirche in der Nachfolge der Diakonie Christi; POCK, J. (2013): Seelsorge als Dienst; HASLINGER, H. (2014): Diakonie – das Herzstück der Pastoral.
35 EVANGELII GAUDIUM (2013), Nr. 198.
36 KLESSMANN, M: (2009): Seelsorge, 14.
37 Vgl. EURICH, J. u.a. (Hg.) (2010): Kirchen aktiv gegen Armut und Ausgrenzung; REININGER, W./ I. REIDT (Hg.) (2013): Kirche an der Seite der Armen; WUSTMANNS, H. (2011): Topologien der Not sind Topologien der Pastoral.

arbeitslos sind und/oder aufgrund mangelnder Ausbildung nicht (mehr) darauf hoffen können, jemals einen Ausbildungsplatz oder eine Arbeitsstelle ergattern zu können. Menschen, die durch Alkohol oder Drogenabhängigkeit aus der Bahn geworfen wurden, weshalb sie nicht einmal mehr ein Zuhause haben. Menschen, die lobbylos am Rande der Gesellschaft leben, weil sie sich illegal im Land aufhalten, weil sie im Status von Asylsuchenden festhängen, weil sie sich als ehemalige Gefangene nicht mehr nahtlos in die Gesellschaft eingliedern können, oder weil sie einen gesellschaftlich nicht anerkannten Beruf wie Prostitution ausüben (müssen). Es sind Menschen, die hier als ‚AusländerInnen' leben, die sich kaum verständigen können, die unter kulturellem Identitätsverlust leiden oder in Lebensgefahr geraten, weil sie zu Opfern von Ausländerhass werden oder sich nach dem Ehrencodex ihrer Kultur schuldig gemacht haben und deshalb schutzlos der Willkür der eigenen Verwandten ausgeliefert sind. Es sind Menschen, die sich nicht (mehr) selbst helfen können oder bereits vergessen worden sind, weil sie alt, chronisch krank, behindert, dement oder komatös sind. Es sind Menschen, denen Gewalt angetan wird, weil sie (schon als Kind) sexuell missbraucht, vergewaltigt und ausgebeutet, weil sie körperlich oder psychisch misshandelt und geprügelt werden. Es sind Menschen, die sich selbst Gewalt antun, weil sie sich durch übertriebenen Arbeitseinsatz freiwillig zugrunde richten, sich zugrunde hungern oder sich in ihrer Not selbst fürchterliche Verletzungen zufügen. Es sind Menschen, die unter systembedingten Abhängigkeiten (z.B. Pflege eines Elternteils) und strukturellen Rahmenbedingungen (z.B. Arbeitsbedingungen) massiv leiden, keinen Ausweg wissen und nichts verändern können. Es sind Menschen (v.a., aber nicht nur, in Ländern der Dritten Welt), die ausgebeutet und unterdrückt werden, die land-, macht- und stimmlos sind, die aufgrund ihrer Rasse oder Hautfarbe verfolgt werden, die als Ureinwohner oder Straßenkinder wortwörtlich 'zum Abschuss' oder zur ‚Abfall-Entsorgung' freigegeben sind.[38]

Seelsorge zeichnet sich dadurch aus, dass ein *Perspektivenwechsel* erfolgt, denn: „Seelsorgerinnen und Seelsorger stellen sich auf die Seite der Schwachen und Machtlosen, der Armen, Kranken, Diskriminierten und Ausgebeuteten und sehen die Gesellschaft und ihre Geschichte (aber auch die der Kirche!) aus der Perspektive ihrer Opfer."[39] SeelsorgerInnen wagen jedoch nicht nur aus *sicherer Distanz* einen Blick ins Elend. Sie sitzen nicht in ihrem (gemütlichen) Pfarr- oder Sprechzimmer und warten bis Menschen zu ihnen kommen, um Not und Leid aus der Perspektive der Notleidenden wahrnehmen zu können. SeelsorgerInnen nehmen vielmehr selbst einen gewagten *Standortwechsel* vor, indem sie Menschen in ihr Elend hinein folgen und ihnen dort, d.h. vor Ort, helfen, wie Papst Franziskus ausdrücklich einfordert: „Zuweilen verspüren wir die Versuchung, Christen zu sein, die einen sicheren Abstand zu den Wundmalen des

---

38 Vgl. EVANGELII GAUDIUM (2013), Nr. 210.
39 HENKE, T. (1996): Wahrnehmung des Politischen, 117.

Herrn halten. Jesus aber will, dass wir mit dem menschlichen Elend in Berührung kommen, dass wir mit dem leidenden Leib der anderen in Berührung
kommen."[40] Seelsorge glaubwürdig betreiben bedeutet daher: Hinausgehen, *so-*
ziale Brennpunkte aufsuchen, sich zu den Menschen gesellen, wozu Alfred Delp
bereits vor über 60 Jahren eindringlich aufgerufen hat: „Es wird kein Mensch an
die Botschaft vom Heil und vom Heiland glauben, solange wir uns nicht blutig
geschunden haben im Dienst des physisch, psychisch, sozial, wirtschaftlich, sittlich oder sonst wie kranken Menschen... Damit meine ich das Sich-Gesellen
zum Menschen in all seinen Situationen mit der Absicht, sie ihm meistern zu
helfen... damit meine ich das Nachgehen und Nachwandern auch in die äußers-
ten Verlorenheiten und Verstiegenheiten des Menschen, um bei ihm zu sein genau und gerade dann, wenn ihn Verlorenheit und Verstiegenheit umgeben."[41]
Auf dem Hintergrund des lateinamerikanischen Kontextes umschreibt Lothar
Carlos Hoch Alfred Delps Anliegen 50 Jahre später folgendermaßen: „Eine befreiende Seelsorge verlangt, dass die Pastorin/der Pastor oder wer auch immer
sich auf die Menschen und ihren Kontext einlässt, gemeinsam mit dem Menschen nach Wegen sucht, die zu persönlichen oder strukturellen Veränderungen
führen... Wer Seelsorge betreibt, muss sich der Realität stellen; sie/er muss sich
dem Leben und dem Leiden des Volkes aussetzen. Dies ist die theologische
Herausforderung an die Seelsorgerinnen und Seelsorger."[42]
Für den deutschsprachigen Raum gibt uns Jürgen Ziemer eine deutliche Leitlinie vor: „Sie (Seelsorge) sucht Menschen an gewöhnlichen, unheiligen Orten zu
begegnen und – sich ihren Verunsicherungen, ihren Zweifeln und ihren Erschütterungen auszusetzen. Gerade darin wird sie Teilhabe (participatio) und
Mitwirkung (cooperatio) an der Missio Dei, der Sendung Gottes zur Welt... Sie
ist auf diese Weise qualifizierter Dienst der Kirche im offenen Feld einer plura-
listischen Gesellschaft."[43] Ergänzend und vertiefend lässt sich hinzufügen:
Nicht nur den psychischen Unsicherheiten, Zweifeln und Erschütterungen, sondern auch der materiellen Armut, der Not und dem Elend vieler Menschen hat
sich Seelsorge notfalls auch unter Verzicht auf ein 'weiches pfarramtliches
Fangnetz' schonungslos auszusetzen, damit die Not in ihrem ganzen Ausmaß
überhaupt begriffen und dagegen eingeschritten werden kann. Eine Sichtweise,
die bereits in die Pastoralkonstitution des Zweiten Vatikanischen Konzils Ein-
gang gefunden hat, weshalb folgende Textpassage als eine Art Leitmaxime
glaubwürdiger Seelsorge dienen kann:

,Freude und Hoffnung, Trauer und Angst der Menschen von heute, besonders
der Armen und Bedrängten aller Art, sind auch Freude und Hoffnung, Trauer
und Angst der Jünger Christi.' (Vatikanum II, Gaudium et Spes 1).

---

40 EVANGELII GAUDIUM (2013), Nr. 270.
41 DELP, A. in: FÜRST, W./ I. BAUMGARTNER (Hg.) (1990): Leben retten, 159.
42 HOCH, L. C. (1990): Seelsorge und Befreiung, 139/138.
43 ZIEMER, J. (2004): Weltlichkeit und Spiritualität. Seelsorge unter den Bedingungen der Säkularität, 22.

4.5. Solidarisch, advokatorisch und zupackend vor Ort handeln

Seelsorge ist ein zwischenmenschlich solidarisches Handeln, durch das sich SeelsorgerInnen Menschen in Not zu Nächsten machen: „Seelsorge sollte, wie christliches Handeln überhaupt, vorrangig Solidarität mit den Armen, den Ausgegrenzten und Randständigen, mit den Verlierern und Opfern gesellschaftlicher Prozesse zum Ausdruck bringen.“[44] SeelsorgerInnen stellen sich parteiisch und leidenschaftlich auf Seiten notleidender Menschen und packen vor Ort mit an, um deren Not zu lindern. Seelsorge wird dadurch zu einem sehr konkreten Hilfshandeln, das Menschen z.B. (Lebens)Mittel oder auch finanzielle Überlebensmittel zur Verfügung stellt oder sie aus schwierigen Situationen wortwörtlich herausholt.

Weil Gott in jedem menschlichen Angesicht, v.a. aber im Angesicht notleidender Menschen, aufscheinen kann, gilt es, kein einziges Geschöpf im Stich zu lassen, wie Herbert Haslinger deutlich macht: „Diakonisch handeln heißt, sich der Beanspruchung zur *Verantwortung* für den Anderen zu unterstellen, die dem Angesicht des anderen entspringt.“[45] Eine Verantwortungsübernahme, die nicht in erster Linie eine Belastung darstellt, sondern SeelsorgerInnen selbst zu Beschenkten machen kann: „Das christliche Verständnis der Einheit von Gottes- und Nächstenliebe deutet die menschlichen Plausibilitäten von helfenden und hilfsbedürftigen, armen und reichen Menschen radikal um: Im Akt der Zuwendung wird derjenige (mit 'Gottesnähe') beschenkt, der Solidarität übt.“[46] SeelsorgerInnen können und sollen sich jedoch nicht für alle Menschen und für alle menschliche Not verantwortlich fühlen. Auch sie können nur – wie der Barmherzige Samariter – *situativ* und *zeitlich begrenzt* helfen. Sie können sich jedoch analog zum Samariter ein *Hilfsnetz* schaffen, das weiterhilft, im Falle des Samariters der Wirt der Herberge, der den Notleidenden übernimmt und weiterversorgt (vgl. Lukas 10).

Solidarisieren sich SeelsorgerInnen mit einzelnen Menschen oder Menschengruppen in Not, dann hören sie zunächst genau hin, wo das Problem liegt und entwickeln zusammen mit den betroffenen Menschen Handlungsstrategien, wie es gelöst werden könnte. In erster Linie zielt Seelsorge immer darauf ab, dass Menschen sich selbst helfen können. Seelsorge versucht also das *Selbsthilfepotential* von Menschen zu aktivieren und zu verstärken. Seelsorge will erreichen, dass die in jedem Menschen mehr oder minder ausgeprägt vorhandenen Handlungs- und Widerstandsreserven freigesetzt werden, damit Menschen sich aus schwierigen Situationen selbst befreien können. Ebenso wie SozialarbeiterInnen, wollen also auch SeelsorgerInnen Menschen empowern: „*Empowerment* meint die Befähigung von Menschen gegen den Widerstand von gesellschaftli-

---

44 KLESSMANN, M. (2009): Seelsorge, 96.
45 HASLINGER, H. (1996): Diakonie zwischen Mensch, Kirche und Gesellschaft, 616. Vgl. auch LENGERKE, G. von (2007): Die Begegnung mit Christus im Armen.
46 STEINKAMP, H. (2000): Gemeinschaft und Solidarität, 491.

chen Vorurteilen und Ausschlussmechanismen neue Lebensmöglichkeiten zu entdecken, auf ihre Handlungsfähigkeit zu vertrauen."[47] Seelsorge will das Selbstbewusstsein von Menschen stärken und dazu animieren, dass notleidende Menschen sich untereinander solidarisieren, um gemeinsam etwas an ihrem Schicksal zu ändern. Seelsorge zielt darauf ab, Menschen aus ihrem kirchengemeindlichen und/oder gesellschaftlichen Randdasein zu befreien, indem sie in die Mitte geholt werden. In die Mitte holen bedeutet, unsichtbare Menschen sichtbar zu machen, stummen bzw. verstummten Menschen eine Stimme zu verleihen und deren Anliegen zum Anliegen der Gemeinde bzw. der Gesellschaft als Ganzer zu machen. Notleidende Menschen werden dazu ermutigt, zu klagen, zu protestieren, sich zur Wehr zu setzen und die Verursacher ihrer Not anzuklagen. Schaffen Menschen dies nicht, dann übernehmen SeelsorgerInnen eine Anwaltsfunktion, indem sie stellvertretend für Menschen deren Interessen vertreten, Einspruch einlegen und manchmal auch öffentlichkeitswirksam anklagen.[48] Zur Sprache gebracht wird dabei auch Unrecht, das Menschen angetan wurde, die bereits tot sind, weshalb seelsorgliche Solidarität immer auch *anamnetische Solidarität* ist, denn aus christlicher Perspektive fällt kein Mensch und kein Leid der Vergessenheit anheim.

Können Menschen nicht mehr für sich selbst und ihre Rechte eintreten, dann nimmt Seelsorge einen für-sorglichen Charakter an, auch wenn damit die Gefahr einhergeht, Menschen aus der Defizitperspektive heraus zu begegnen.[49] Fakt ist, dass Menschen in enorm defizitäre Situationen geraten können und es ihnen nicht hilft, wenn dies nicht in aller Härte wahrgenommen wird. Menschen sind in bestimmten Notsituationen extrem abhängig und hilfsbedürftig. Diese Asymmetrie gilt es auszuhalten und nicht herunterzuspielen. *Für-Sorge* kann in derartigen Situationen lebensrettend sein und ist deshalb keinesfalls anrüchig.

4.6. Strukturen analysieren, kritisieren, verändern

Menschen leben und arbeiten nicht nur in Strukturen, sondern leiden auch unter ihnen. Strukturelle Kontexte verursachen individuelles und kollektives Leid, weshalb Seelsorge immer auch als *Seelsorge an Strukturen* zu begreifen ist. In den Worten Norbert Schusters: „Der Pastoral geht es um den Menschen. Da es den Menschen allerdings nicht ohne Strukturen und Rahmenbedingungen gibt, sondern diese vielmehr wesentliche Voraussetzungen für den ‚Zustand' des Menschen sind, muss Pastoral sich mit ihnen auseinandersetzen."[50] Gerade weil Seelsorge, die sich im christlichen Gottesbild verwurzelt, einen *prophetisch-kritischen Auftrag* zu erfüllen hat, ist sie dazu herausgefordert, strukturelle Kon-

---

47 SCHNEIDER-HARPPRECHT, C. (1999): Fremdheit und Annäherung, 375.

48 Vgl. HILPERT, K. (2005): Solidarität, 159.

49 Vgl. die Auseinandersetzung Gunda Werners mit der Position Henning Luthers, der dafür plädierte, in der Seelsorge eine ‚Defizitperspektive' prinzipiell zu vermeiden. WERNER, G. (2006): Die Grenze als Ort von Seelsorge. Impulse aus der Theologie Henning Luthers.

50 SCHUSTER, N. (2006): Organisationskompetenz als vergessene Qualifikation für die Pastoralarbeit, 530.

texte, in denen auch SeelsorgerInnen selbst tätig sind (Kirche, Gemeinde, Krankenhaus, Altenheim, Schule…) besonders genau zu analysieren, zu hinterfragen und gegebenenfalls an deren Veränderung mitzuwirken.

Fokussiert auf Seelsorge, die in *Krankenhausstrukturen* stattfindet, soll diese für Seelsorge besonders wichtige Dimension zumindest in ihrer Brisanz *exemplarisch* angedeutet werden. Seelsorge im Klinikkontext definiert sich nicht nur durch den direkten Patientenkontakt, sondern auch durch einen strukturellen Arbeitsanteil, der daraus resultiert, dass SeelsorgerInnen eine Aufgabenstellung im Blick auf Angehörige, das Personal, die Hausleitung und das Haus als solches zu erfüllen haben. Will Seelsorge diesem Auftrag genügen, stehen SeelsorgerInnen vor der Aufgabe, sich intensiv mit den strukturellen Rahmenbedingungen (formelle und informelle Organisationsstrukturen, Prozessabläufe, Machtverteilung, Kooperationsformen, Handlungsabläufe, Mentalitäten, Plausibilitäten, Spielregeln, Alltagsroutinen, Konfliktfelder) ihres Tätigkeitsfeldes vertraut zu machen. Wenn SeelsorgerInnen Leid geklagt wird, dann ist genau zu *analysieren*, inwiefern dieses Leid strukturell verursacht ist, damit es nicht vorschnell dem Individuum angerechnet und dieses für seine Not selbst verantwortlich gemacht wird. SeelsorgerInnen hören deshalb genau hin, wenn PatientInnen oder Angehörige z.B. darüber klagen, dass sie sich nicht aufgeklärt und ernst genommen, sondern schlecht behandelt fühlen; dass sie unter den Lebensbedingungen im Haus leiden; dass sie das Gefühl haben, nur Objekte zu sein, an denen unterschiedlichste TherapeutInnen Hand anlegen, ohne sich wirklich abgesprochen zu haben; dass ihnen persönliche Zuwendung und Anteilnahme an ihrem Schicksal fehlt. SeelsorgerInnen überhören aber auch nicht, wenn einzelne oder alle Mitglieder des Personals darüber klagen, dass sie unter dem Betriebsklima leiden, weil sie sich permanent unter Stress gesetzt, überlastet, ungerecht behandelt, schlecht bezahlt oder sich in ihrer Tätigkeit nicht gewürdigt fühlen, weil sie permanent um ihren Arbeitsplatz Angst haben müssen, da immer nur von Einsparungen und Kürzungen die Rede ist; weil sie unter den gegebenen Arbeitsbedingungen am Sinn ihrer Tätigkeit zweifeln; weil sie permanent mit Konflikten innerhalb des eigenen Teams oder im Umgang mit PatientInnen/Angehörigen zu kämpfen haben; weil das Verhältnis der ArbeitskollegInnen untereinander nicht von Solidarität, sondern von Konkurrenzdenken und Einzelkämpfermentalität geprägt ist; weil sich keine Chance auf eine Weiterentwicklung/Beförderung abzeichnet und der Arbeitsalltag nur noch als Routine empfunden wird; weil alle Beschwerden und Veränderungsinitiativen im Sande verlaufen und resignative Stimmung vorherrscht. SeelsorgerInnen hören zudem genau hin, ob z.B. die Krankenhausleitung Änderungen in Aussicht stellt; ob die sozialpolitische Gesetzgebung deren Realisierung wahrscheinlich machen oder eher als Augenwischerei entlarvt; ob Strukturen der Solidarisierung, wie Personalversammlungen oder gewerkschaftliche Organisation gefördert oder eher blockiert werden; ob Qualitätsmanagement und Organisationshandbücher wirklich dem Haus und allen darin zugute kommen oder nur dazu dienen, formalen Struktur-Kriterien Genüge zu tun; ob die Einrichtung von Arbeitsgruppen und Kommissionen zur Lösung struktureller und ethischer Probleme tatsächlich Ergebnisse liefern oder nur formal existieren. SeelsorgerInnen sehen und hören genau hin und versuchen, sich trotz aller Komplexität und schwer durchschaubarer Interdependenzen ein Bild zu machen. In der Beurteilung struktureller Vorgegebenheiten legen sie nun aber ein sehr eigenes, nämlich ein *normativ-sittliches Beurteilungsraster* an. Für SeelsorgerInnen ist nämlich nicht in erster Linie die Effektivität und Effizienz einer Struktur maßgebend, sondern die Frage, ob mit Hilfe dieser Struktur die Würde von Menschen gewahrt bleibt; ob also durch die Struktur die Mensch-Werdung eines Mitarbeiters/ Patienten/ Angehörigen gefördert oder eher blockiert wird; ob mit Hilfe dieser Struktur das Humanisierungs-, Gerechtigkeits- und Barmherzigkeitspostulat von Reich Gottes realisiert oder eher blockiert wird; ob diese Struktur Menschen zu Tätern und Opfern macht, wodurch individuelle und kollektive Sünde produziert wird.

Bringt die Analyse das Ergebnis zutage, dass ein struktureller Zusammenhang tatsächlich Leid verursacht, dann ist dieser deutlich und laut zu *kritisieren*, damit leidenden Menschen geholfen und weiteres Leid vermieden werden kann. Weil Seelsorge eine prophetische Komponente inhärent ist, dürfen SeelsorgerInnen ungerechte, unbarmherzige, entwürdigende und Leid schaffende Strukturen nicht akzeptieren. Ihre *Anwaltfunktion* zwingt sie dazu, strukturell verursachtes Leid auf sensible Art und Weise offen zu legen.[51] Von SeelsorgerInnen darf daher nicht erwartet werden, dass sie stromlinienförmig zum reibungslosen Ablauf beitragen, indem sie das (Krankenhaus)System kritiklos stabilisieren, denn: „Ein kirchliches und speziell seelsorgliches Handeln, das eine beschwichtigende, systemstabilisierende Funktion ausübt, betreibt Verrat am Evangelium."[52] Weil SeelsorgerInnen in säkularen Einrichtungen wie Krankenhäusern sich in der optimalen Ausgangsposition der doppelt bis dreifachen organisationalen Zugehörigkeit befinden (entsendet von der Organisation Kirche/Orden und aufgrund gesetzlicher Grundlagen akzeptiert von der Organisation Krankenhaus, ohne fest in die Krankenhausstrukturen eingebunden zu sein) können und müssen sie ihre *kritische Distanz* zur Krankenhausorganisation wahren. Aus dieser Distanz heraus, wird es möglich, sich zum Sprachrohr all derjenigen zu machen, die diese Distanz nicht haben und deshalb oftmals aus Angst um ihren Arbeitsplatz verstummt sind. Als *AnwältInnen* der Verstummten und Resignierten decken SeelsorgerInnen Missstände auf, stellen Machtkonstellationen in Frage, verstören das System, vermitteln zwischen Streitparteien, wagen offene Konflikte.[53]

---

51 Im Europäischen Standard für Krankenhausseelsorge ist deshalb festgehalten, dass SeelsorgerInnen als Anwälte derer aufzutreten haben, die im Gesundheitswesen nicht gehört werden. Vgl. INAUEN, M. (2007): Standards für Krankenhausseelsorge in Europa
52 HOCH, L. (1990): Seelsorge und Befreiung, 133.
53 1972 formulierte Dietrich Stollberg noch äußerst vorsichtig folgende Frage: „Hilft Seelsorge nur aus der Krise heraus oder hat sie auch die Aufgabe, in die Krise hineinzuführen, etwa Ausbeuter radikal in Frage zu stel-

Obgleich SeelsorgerInnen nicht als schmierendes *Öl im Getriebe* eines hochkomplexen Systems wie dem des Krankenhauses funktionieren, sind sie aber
auch keine störenden *Sandkörner im Getriebe*. Würden sich SeelsorgerInnen
nur als störend und systemkritisierend begreifen, gerieten sie schnell in einen
fundamentalen Konflikt mit dem System. Kein Beruf und keine Berufung lässt
sich jedoch durchhalten, wenn nur aus der Opposition heraus agiert wird. Letzteres würde z.B. im Krankenhaus nur dazu führen, dass SeelsorgerInnen extrem
widerwillig akzeptiert oder gar bekämpft werden, weshalb sie sich an ihrem Arbeitsplatz nicht beheimaten, nicht wohl fühlen und ihre Charismen langfristig
nicht entfalten können. SeelsorgerInnen zielen daher nicht darauf ab, das System, in dem sie arbeiten zu destruieren! Sie sägen, bildlich gesprochen, nicht
den Ast ab, auf dem sie selbst sitzen. Sie erkennen jedoch morsche Zweige und
braune Blätter, die es besser zu entfernen gilt, um nicht nur den eigenen Ast,
sondern den Baum als Ganzen zum Blühen zu bringen.

SeelsorgerInnen sind deshalb eher in der Funktion von *Katalysatoren* zu begreifen: Sie setzen Veränderungsprozesse in Gang oder beschleunigen diese, indem
sie Menschen dabei aktiv unterstützen, offen oder verdeckt ablaufende Klagen
zu bündeln, sich zu wehren, zu protestieren, zu fordern, sich zu solidarisieren.[54]

Zugleich aber sind es die SeelsorgerInnen, die immer wieder daran erinnern,
dass nicht alles, worunter Menschen leiden, tatsächlich auch *verändert* werden
kann. Seelsorge hält zwar aufgrund ihrer prophetischen Dimension den Mög-
lichkeitssinn wach und erinnert daran, nicht zu schnell in die Rede vom 'Unveränderlichen' und 'Das war schon immer so' einzustimmen. Seelsorge schützt
Menschen aber auch davor, unrealistischen und selbst schädigenden Verände-
rungswünschen anheim zu fallen. Prophetische Seelsorge verfolgt damit eine
doppelte Strategie: Zum einen zielt Seelsorge darauf ab, dass Menschen verän-
derbare Strukturen abschaffen bzw. verändern, d.h. verbessern oder zumindest
in ihren destruktiven Auswirkungen abmildern. Seelsorge strebt somit nicht danach, den status quo zu zementieren, sondern danach, diesen um des Reiches
Gottes willen immer wieder aufzubrechen.[55]

Zum anderen zielt Seelsorge aber auch darauf ab, dass Menschen zwischen
Veränderbarem und (vorläufig) Unveränderbarem unterscheiden lernen, damit
sie nicht permanent gegen Windmühlen ankämpfen und sich selbst dabei beschädigen. Für Uta Pohl-Patalong steht daher fest: „Das seelsorgliche Gespräch
kann darauf hinarbeiten, subjektive und objektive Begrenzungen realistisch unterscheiden zu lernen. Während dies einerseits dem Ziel dient, mit unwandelba-

---

len, ja anzuklagen, oder Ausgebeutete auf ihren Zustand aufmerksam zu machen?" STOLLBERG, D. (1972):
Mein Auftrag – Deine Freiheit, 43. 16 Jahre später antwortet Michael Klessmann auf diese Frage, indem er
unmissverständlich deutlich macht, dass die prophetische Dimension von Seelsorge sogar einfordert, in Frage
zu stellen, anzuklagen und auf strukturelle Veränderungen zu drängen. Vgl. KLESSMANN, M. (1988): Seelsorge zwischen individuellem Trost und politischem Anspruch, 402.

54 Das Bild der katalysatorischen Funktion von Seelsorge übernehme ich von: SCHNEIDER-HARPPRECHT,
C. (2003): Seelsorge als Systemische Praxis, 438.

55 Vgl. KLESSMANN, M. (2004): Pastoralpsychologie, 412; Ders.: (2006): Solidarität und Parteilichkeit.

ren Verhältnissen leben zu lernen, kann dieser Prozess andererseits unrealistische Ohnmachtsgefühle gegenüber den ausdifferenzierten funktionalen Systemen überwinden helfen".[56] Seelsorge suggeriert Menschen also nicht die Veränderbarkeit aller Strukturen, sondern unterstützt sie darin, in (momentan) unveränderbaren Strukturen weiterleben und konstruktiv weiterarbeiten zu können, ohne dabei die Hoffnung auf strukturelle Veränderung für immer aufgeben zu müssen.

Auf dem Hintergrund dieser doppelten Zielsetzung lässt sich Seelsorge in komplexen Organisationen wie denen von Krankenhäusern m.E. nicht auf eine 'Soft-Management' Funktion festlegen, wie Alfred Jäger dies gerade für konfessionell getragene Häuser vorschlägt. Gemäß Jäger hat sich Seelsorge im Blick auf die Krankenhauskultur, den Stil, das Design und die Ethik des Hauses einzusetzen: „Insofern erfüllt Seelsorge unternehmenspolitisch eine integrale Funktion: Sie ist besonders um die Kultur des Hauses besorgt, die sie mit entsprechenden Ideen und Vorschlägen hegt und pflegt."[57] Aus dem 'Hard-Management' (Krankenhauspolitik, Zielsetzungen, Strategien, Strukturen, Führung…) habe sich Seelsorge jedoch herauszuhalten. Gerade weil Seelsorge aber um die Kultur des Hauses besorgt ist, darf sie meines Erachtens am Hard-Management nicht kritiklos vorbeisehen, denn die Verursachung von individuellem und kollektivem Leid hängt in der Regel weniger mit Design- und Stilfragen als mit knallharten inhaltlichen und strukturellen Vorgaben des Hard-Managements zusammen.

4.7. Gesellschaft mitgestalten

Weil Seelsorge immer auch Seelsorge an Strukturen ist, werden nicht nur die strukturellen Rahmenbedingungen von Kirche, Gemeinde und Institutionen wie z.B. Krankenhaus, Altenheim oder Gefängnis prophetisch-kritisch beleuchtet, sondern auch die strukturellen Rahmenbedingungen der spätmodernen Gesellschaft als Ganzer. Seelsorge darf sich weder selbst auf den privaten Raum des Innenlebens beschränken noch sich durch äußere Einflüsse darauf beschränken lassen. Gerade deswegen, weil das Individuum zentral steht, hat Seelsorge den Blick auf den gesellschaftlichen Lebenskontext zu lenken. Für Uta Pohl-Patalong steht daher fest: „Eine auf das Individuum konzentrierte Seelsorge geht an der gesellschaftlichen Wirklichkeit vorbei und hat nur die Symptome, nicht aber die Ursachen im Blick."[58] Seelsorge ist daher nicht als „Pflege des

56 POHL-PATALONG, U. (1996): Seelsorge zwischen Individuum und Gesellschaft, 270.
57 JÄGER, A. (2005): Seelsorge als Soft-Management-Konzept, 206.
58 POHL-PATALONG, U. (2000): Individuum und Gesellschaft in der Seelsorge, 124. Ebenso deutlich schreibt Michael Klessmann: „Die prophetische Tradition und ihre Aktualisierungen weiten also den seelsorglichen Blick, sensibilisieren für den Zusammenhang von sozialer Verursachung und individuellem Leiden." KLESSMANN, M. (2006): Solidarität und Parteilichkeit, 101. Und auch Jürgen Ziemer hebt hervor: „Es ist nicht nur die persönliche Situation eines Ratsuchenden, sondern auch der politische und soziale Kontext sichtbar zu machen, durch die ein individuelles Schicksal (mit)verursacht ist. Es bedeutet also der therapeuti-

bürgerlich-christlichen Privat-Ich"[59] zu begreifen, denn: „Seelsorge, die sich auf den einzelnen Ratsuchenden konzentriert und ihre Aufgabe allein in der Zuwendung zum Einzelnen sieht, kann Notlagen und Krisen ihrer Klienten nur als Scheitern oder Versagen des Einzelnen begreifen. Die Ausblendung gesellschaftlicher Zusammenhänge führt so langfristig zu einem Realitätsverlust in der Seelsorgepraxis... Eine Seelsorgepraxis, die sich in den privaten Bereich intimer Beziehungen zurückzieht bzw. zurückdrängen lässt, verschärft die gegenwärtig gängige Tendenz zur Flucht in die Überschaubarkeit der privaten Welt und verschärft dort als Dienstleistung am privaten Glück die Problematik einer konsumorientierten Haltung."[60] Individuum und Gesellschaft sind also in ihrer gegenseitigen Verschränkung wahrzunehmen.[61]

Die Gesellschaft ist jedoch nicht nur als Hintergrundkontext von Seelsorge zu begreifen, sondern als ein Aufgabenfeld, in dem sich Seelsorge zu bewähren hat. Seelsorge ist daher immer auch *Seelsorge am Ganzen*, wie Martin Kruse bereits vor Jahren zu bedenken gab: „Seelsorge geschieht nicht nur am Einzelnen, es gibt in wachsendem Maße so etwas wie eine Seelsorge am Ganzen. Die seelsorgliche Kirche will an der Wirklichkeit des Einzelnen teilnehmen, aber auch an der Wirklichkeit des Ganzen in den Problemen unserer Zeit dabeisein."[62] Seelsorge begreift sich somit auch als ein *Dienst an der Gesellschaft* als Ganzer. Um diesen Dienst leisten zu können, sind SeelsorgerInnen ebenso wie alle ChristInnen dazu herausgefordert, sich intensiv mit den aktuellen 'Zeichen der Zeit', d.h. mit soziologisch feststellbaren gesellschaftspolitischen Entwicklungstendenzen auseinanderzusetzen (Pastoralkonstitution: Gaudium et Spes, 4). Eine Auseinandersetzung, die voraussetzt, dass SeelsorgerInnen die Gesellschaft, so wie sie ist, d.h. in ihrer ausdifferenzierten, ambivalenten und pluralen Verfasstheit mitsamt allen Freiheitsspielräumen und Risiken als gegenwärtigen Lebenskontext akzeptieren[63] und sich *nicht im Gegenüber positionieren*, weshalb sie ihre Aufgabe nicht darin sehen, neue Entwicklungen prinzipiell unter Verdacht zu stellen oder als 'Verfall' zu deklarieren und nach der 'guten alten Zeit' zu rufen bzw. Bündnisse mit reaktionären gesellschaftlichen Kräften anzustreben.

Zugleich aber zeichnen sich SeelsorgerInnen nicht durch blinde Gefolgschaft des aktuellen Zeitgeistes und gesellschaftlicher Entwicklungen aus. Ihre Aufgabe besteht vielmehr darin, Chancen und Möglichkeiten, die die Gesellschaft für das Individuum bietet, zu sehen und wertzuschätzen, auf Gefahren und Nachteile jedoch prophetisch-kritisch hinzuweisen, um Menschen vor Schaden zu be-

---

      schen Versuchung zu widerstehen, ein Problem sofort zu subjektivieren." ZIEMER, J. (2000): Seelsorgelehre,
      125.
59   POENSGEN, H. (1997): Alles ist Fragment, 161.
60   HENKE, T. (1994): Seelsorge und Lebenswelt, 94.
61   Vgl. POHL-PATALONG, U. (1996): Seelsorge zwischen Individuum und Gesellschaft.
62   KRUSE, M. (1991): Der seelsorgliche Auftrag der Kirche, 114.
63   Vgl. LEHMANN, K. (2000): Die christliche Botschaft für das 21. Jahrhundert, 9.

wahren.[64] Als Leitfaden ihrer prophetischen Analyse und Kritik dient auch hier die Kernfrage, inwiefern gesellschaftliche Entwicklungen das Humanisierungs-, Gerechtigkeits- und Barmherzigkeitspostulat von Reich Gottes einlösen oder blockieren. Zu fragen ist also, inwieweit Tendenzen und Entwicklungen wie folgende dazu beitragen, die Würde und den Wert menschlichen Lebens sicherzustellen oder preiszugeben: Dass Menschen sich gegenseitig nach ihrer Leistungsfähigkeit, ihrer Arbeit, ihrem sozialen und materiellen Status beurteilen; dass Konsumdenken und die Jagd nach Events den Alltag bestimmen; dass die Erschaffung einer künstlichen Cyber-Welt vom realen Leben abhält; dass ein um sich greifender Körper- und Gesundheitskult Menschen unter Druck setzt; dass Menschen ihre hilfsbedürftigen Mitmenschen zunehmend in Heime entsorgen; dass der Glaube an Fortschritt und Technik den Blick auf Machbares und Nichtmachbares verschleiert.

SeelsorgerInnen stehen somit vor der sicher nicht immer einfachen Aufgabe, Leid verursachende Gesellschaftsmechanismen, Spielregeln, Mentalitäten, Plausibilitäten und Prioritätensetzungen nicht nur als solche überhaupt wahrzunehmen, sondern auch deren Bedeutung für das Individuum im Seelsorgegespräch herauszuhören und konstruktiv damit umzugehen.

Über das Seelsorgegespräch hinaus gilt es zudem, gesellschaftlich verursachtes Unrecht und Ungerechtigkeiten wortwörtlich zum Gespräch zu machen. Brennende gesellschaftliche Themen sind in dafür geeigneten Veranstaltungsformen ausdrücklich in die Diskussion zu bringen, damit gemeinsam darum gerungen werden kann, was zumindest im eigenen Umfeld zu tun ist, um daran etwas zu verändern, denn: „Im Anschluss an das Gleichnis vom Barmherzigen Samariter geht es nicht nur darum, Wunden zu verbinden. Es geht wesentlich auch darum, die Räuberei aufzudecken und ihr ein Ende zu bereiten."[65] Gesellschaftlichen Räubereien sagt Seelsorge den Kampf an und hofft darauf, viele MitkämpferInnen und kleine Etappensiege gewinnen zu können. Modernen *Räubereien,* die auch als individuelle und strukturelle Sünde gebrandmarkt werden können, die sporadisch oder systematisch, mehr oder minder gesellschaftlich akzeptiert (inter)national an der Tagesordnung sind: Neue Armut, Inkaufnahme von Arbeitslosigkeit, Billiglöhne, Verschärfung des Asylrechts, Soziale Stigmatisierung und Ausgrenzung ganzer Gesellschaftsgruppen, Ungleiche Bildungschancen, Demontage des sozialen Wohlfahrtsstaates, Kinderarbeit, Korruption, Folter,

---

64 Vgl. POHL-PATALONG, U. (1999): Individuum und Gesellschaft in der Seelsorge, 120. „Sie (Seelsorge) hat auch den Auftrag, den gesellschaftlichen Status quo immer wieder zu hinterfragen, die menschenverachtenden Tendenzen des technischen Fortschritts beim Namen zu nennen, sich nicht abzufinden mit der unglaublichen Nekrophilie (Erich Fromm) unserer Gesellschaft. Weil wir unsere Hoffnung auf Gott setzen, müssen wir die Brutalität der Gesellschaft nicht verschleiern und verharmlosen." KLESSMANN, M. (2006): Solidarität und Parteilichkeit, 106.

65 KARRER, L. (1995): Schubkraft für die Kirche, 124. In Rekurs auf das Gleichnis vom Barmherzigen Samariter schlussfolgert auch Isidor Baumgartner: „Es bedarf auch der kritischen, anwaltschaftlichen und präventiven Sorge um menschliche Strukturen, Verhältnisse, Mentalitäten, also der Bemühung, dass der Weg von Jerusalem nach Jericho sicherer wird und Raubüberfälle am besten gar nicht mehr stattfinden." BAUMGARTNER, I. (2002): Auf der Suche nach einer überzeugenden Form kirchlicher Diakonie, 231.

Menschenrechtsverletzungen, Diktaturen, Organisierte Kriminalität, Drogen-
handel, Zwangsprostitution, Sex-Tourismus, Kinderpornographie, Waffenhan-
del, Organhandel, Flüchtlingselend, Terrorismus, (Bürger)Kriege, Massen- und
Völkermorde, Rassismus, Apartheid, Benachteiligung von Frauen und alten
Menschen, Ideologisierung durch Propaganda, Entzug von Meinungs- und Re-
ligionsfreiheit, Missbrauch von Mensch und Tier zu Forschungsexperimenten,
(Ver)Hungern lassen von Millionen Menschen. Räubereien, die unendlich viel
Leid und Not hervorbringen, die jedoch alle beendbar wären! Seelsorge will
Menschen dazu ermutigen, mit anzupacken und etwas daran zu verändern. Seelsorge verbreitet keine Panik, erinnert Menschen aber daran, dass jeder (!) durch
äußere Umstände wie Arbeitslosigkeit, Überschuldung oder Ver-Spekulation
des eigenen Vermögens überraschend schnell gesellschaftlich 'abstürzen' und
zur riesigen Gruppe der 'Gesellschafts-VerliererInnen' zählen kann.

Seelsorge am Ganzen bedeutet somit, Menschen dazu zu animieren, sich für den
Ausbau einer demokratisch organisierten Gesellschaft einzusetzen, in der *Gerechtigkeit, Solidarität* und gegenseitige *Barmherzigkeit* den Ton angeben. Eine
Gesellschaft, in der allen Bevölkerungsgruppen volle *Teilhabe* am öffentlichen,
sozialen und politischen Leben zugestanden wird.[66] Eine Gesellschaft, in der
Menschen in *Würde* leben können[67] und sich nicht in weltweit immer brutaler
werdenden Verteilungskämpfen gegenseitig bedrohen und vernichten.[68] Folgender These Jürgen Ziemers ist deshalb rückhaltlos zuzustimmen: „Gottesdienst
und Seelsorge bleiben Stückwerk, ja werden zur Lüge, wenn das Recht zugleich
mit Füßen getreten wird und die sozialen Unterschiede immer größer werden".[69]
Vernachlässigt Seelsorge ihre gesellschaftspolitische Zielsetzung der *Befreiung
von Menschen aus Not,* die sich aus dem christlichen Gottes- und Menschenbild
zwingend ableitet, dann verrät sie nicht nur Milliarden weltweit 'geknechteter'
und 'versklavter' Menschen, sondern auch ihren prophetisch-kritischen Auftrag.

4.8. Öffentlichkeits-politisches Engagement riskieren

1988 stellte Michael Klessmann folgende Frage in den Raum: „Sind Seelsorger,
gerade weil sie aufmerksam und sensibel für Beziehungen und deren Deutungen
sind, blind, unempfindlich oder auch schlicht hilflos gegenüber (Macht) Strukturen, Institutionen, sozialen und politischen Prozessen? Oder gibt es doch einen *implizit* politischen Anspruch in jeder individuell zentrierten seelsorglichen
Arbeit, den wir nur nicht genügend erkennen?[70] Eine Frage, die sich kurze Zeit
darauf auch Klaus Winkler mit ebenso selbstkritischem Unterton stellte: „Sind
wir politisch genug? Ich fürchte, wir sind es nicht."[71] Mit seiner Befürchtung

---

66 Vgl. NOTHELLE-WILDFEUER, U. (2005): Gesellschafts-politische Diakonie der Kirche, 158.
67 Vgl. TAMEZ, E. (1999): Die Rechtfertigung durch den Glauben aus der Sicht der Ausgeschlossenen, 337.
68 Vgl. FUCHS, O. (2006): Wider das Totschweigen des politischen Kampfes, 350.
69 ZIEMER, J. (2000): Seelsorgelehre, 124. Vgl. auch METTE, N. (2005): Armut, 96-99.
70 KLESSMANN, M. (1988): Seelsorge zwischen individuellem Trost und politischem Anspruch, 394.
71 WINKLER, K. (1993): Die Seelsorgebewegung, 437.

machte Winkler ebenso wie Klessmann auf ein Manko der pastoralpsychologisch ausgerichteten Seelsorgebewegung jener Zeit aufmerksam. Ein Manko, das dazu herausforderte, sich intensiver mit der politischen Dimension von Seelsorge auseinanderzusetzen, weshalb Thomas Henke nur 3 Jahre später bereits aus voller Überzeugung formulieren konnte: „Seelsorge hat also – auch und gerade, wenn sie sich gegenüber politischen Zusammenhängen neutral verhalten will – ihre 'politische Unschuld' längst verloren. Es geht gar nicht um die Entscheidung, ob ich als Seelsorger politisch handeln will oder nicht. Es geht vielmehr darum, ob ich die politischen Implikationen meines Handelns bewusst gestalten will oder nicht – und wenn ja, in welche Richtung."[72] Dass Seelsorge sich auch bei vermeintlicher gesellschaftspolitischer Abstinenz/Neutralität faktisch dennoch politisch auswirkt, weil unpolitisches Handeln automatisch bestehende Verhältnisse stabilisiert, weshalb es besser sei, den gesellschaftspolitischen Anteil von Seelsorge bewusst in den Blick zu nehmen, dazu hat auch Uta Pohl-Patalong bereits Ende der 90iger Jahre geraten.[73] Immer lauter werden seitdem die Stimmen, die den politischen Auftrag von Seelsorge ausdrücklich im Verständnis von Seelsorge berücksichtigt wissen wollen.[74] Folgende These Jörn Halbes lässt sich daher nicht nur als eine Bestätigung der in diesem Kapitel erarbeiteten Inhalte lesen, sondern auch als eine Erklärung dafür, weshalb Seelsorge automatisch eine politische Dimension besitzt: „Kirchliche Seelsorge und Beratung in gesellschaftlichen Spannungsfeldern unterscheiden sich von entsprechendem Handeln im Eingehen auf individuelle Leidenserfahrungen, Notlagen und Krisen insofern sie – gewollt oder nicht – mit ihren Interventionen religiöse Beiträge zu politischen Streitfragen liefern. Schuldnerberatung, Arbeitslosentreffs, Gemeinwesen-arbeit, Schwangerschaftskonfliktberatung, Gefängnisseelsorge, Arbeit mit Fremden, Verfolgten, mit Initiativ- und Selbsthilfegruppen… Immer indem wir uns darin zu Wort melden, fordert 'Religion' 'Politik' heraus – und 'Politik' 'Religion'."[75]
Weil Seelsorge in der Nachfolge Jesu Christi alle Strukturen und gesellschaftspolitischen Rahmenbedingungen als vor-läufig beschaut, verbietet es sich, bestimmte Gesellschaftsformen, bestimmte politische Rahmenbedingungen oder bestimmte politische Machthaber zu vergötzen. Seelsorge ist daher nicht gleichzusetzen mit der Propagierung einer bestimmten politischen Partei oder der militanten Herbeiführung eines bestimmten politischen Systems. Seelsorge ist auch kein direktes politisches Handeln, denn Seelsorge bewahrt zu jeder politi-

72 HENKE, T. (1996): Wahrnehmung des Politischen, 110.
73 Vgl. POHL-PATALONG, U. (1999): Individuum und Gesellschaft in der Seelsorge, 124-125.
74 „Daraus erwächst ein sozialer und politischer Auftrag der Seelsorge, der ebenso bedeutsam ist, wie der psychotherapeutische und spirituelle." SCHNEIDER-HARPPRECHT, C. (2005): Die Rolle der Seelsorge angesichts der Krise der Kirchen, 32; „Grundoptionen für die gesellschaftlich-politische Diakonie der Kirche als konstitutive Dimension von Seelsorge". NOTHELLE-WILDFEUER, U. (2005): Gesellschafts-politische Diakonie der Kirche, 157. Vgl. auch: MORGENTHALER, C. (2009): Der Traum einer seelsorglichen Kirche, 300; RIEDEL-PFÄFFLIN, U. (2012): Systemische Seelsorge als Aufgabe gesellschaftspolitischer und spiritueller Kommunikation, 84.
75 HALBE, J. (2007): Was Sinn macht, 156.

schen Richtung Distanz, um den prophetisch-kritischen Blick nicht zu verlieren. Und dennoch wird Seelsorge durch ihren Einsatz für Menschen in Not politisch. So ist es bereits per se ein Politikum, wenn SeelsorgerInnen beispielsweise dazu beitragen, Menschen, die durch psychische Krankheit oder Straffälligkeit aus dem Gesellschaftssystem herausgefallen sind, zu resozialisieren, zu rehabilitieren oder zu reintegrieren. Menschen wieder system- und funktionstüchtig machen, führt zur Stabilisierung vorgegebener gesellschaftspolitischer Rahmenbedingungen. Dass aber genau diese Bedingungen vielleicht sogar ursächlich dafür verantwortlich waren, dass Menschen gescheitert sind, weshalb ihre Resozialisation oder Reintegration überhaupt erst notwendig wird, dieser Aspekt kommt dabei nicht in den Blick. Wenn SeelsorgerInnen durch ihr Handeln gesellschaftliche Defizite kompensieren, dann verschleiern sie sie und stehen in der Gefahr, sich selbst zu HandlangerInnen staatlicher und wirtschaftlicher Interessen zu machen. Eine Gefahr, die Henning Luther bewog, folgende drastische Schlussfolgerung zu ziehen: „Ziel der Seelsorge kann es daher nicht sein, Menschen in das Alltagssystem und die vorherrschenden Gesellschaftsstrukturen im Sinne rehabilitativer Maßnahmen zu reintegrieren, um ihre Funktionstüchtigkeit und Produktivität für die Gesellschaft sicherzustellen."[76] SeelsorgerInnen stehen somit immer wieder vor dem unlösbaren Dilemma, sich einerseits nicht für staatliche Zielsetzungen einspannen lassen zu wollen, andererseits aber auch Menschen, die sich in das System, so wie es ist, wieder einfügen wollen, mit allen Kräften dabei zu unterstützen.

Seelsorge, die ihre politische Dimension *explizit* wahrnimmt, motiviert Menschen dazu, sich ihrer *politischen Verantwortlichkeit* nicht zu entziehen. Entgegen allen Entsolidarisierungs- und Entpolitisierungstendenzen in der Gesellschaft erinnert sie besonders jüngere und ältere Menschen daran, ihre Interessen in den öffentlichen Diskurs einzubringen, sich eine Lobby zu suchen und auch von ihrem politischen Wahlrecht Gebrauch zu machen. (Sozial)politische Themen und 'heisse Eisen' werden von SeelsorgerInnen nicht gemieden, sondern ausdrücklich ins Gespräch gebracht Auch Konfliktfelder wie 'rechtsradikale Tendenzen in oder im Umfeld der eigenen Gemeinde' werden nicht tabuisiert. Geraten Menschen in Gefahr, weil sie z.B. in einem Ausländer- oder Asylantenheim wohnen (müssen), sind es gerade die SeelsorgerInnen aller Konfessionen, die Menschen dazu bringen, sich schützend davor zu stellen, wenn Ärger droht. Verlieren Menschen ihre Arbeit und wehren sich öffentlichkeitswirksam dagegen, dass 'ihr Werk' ins Ausland verlegt wird, dann können sie von SeelsorgerInnen Unterstützung erwarten. Sind gerade alte, arbeitslose, verarmte und ausländische Menschen nicht in der Lage, wichtige Formulare auszufüllen oder Ämtergänge zu erledigen, um sich helfen zu lassen, können sie damit rechnen, dass SeelsorgerInnen Hilfe organisieren.[77] Leben Menschen in Ländern, in de-

76 LUTHER, H. (1986): Alltagssorge und Seelsorge, 11.
77 „All diese Solidarisierungsformen sind aus der herkömmlichen pastoralen Perspektive nicht nur ungewohnt, sie sind darüber hinaus auch in verschiedener Hinsicht riskant. Weil solche pastoralen Aktivitäten so gar nicht

nen sie von ihrem Besitz oder Wohnort verjagt werden und in menschenunwür-
digen Behausungen leben müssen; in denen sie schutzlos der Willkür ihrer Ar-
beitgeber ausgeliefert sind, ausgebeutet und um ihren Lohn betrogen werden; in
denen ihnen medizinische Versorgung vorenthalten wird; in denen sie sich in
undurchsichtigen Kriegen schon als Kinder gegenseitig töten müssen oder
durch liegen gebliebene Landminen verstümmelt werden; in denen ihnen selbst
von den Kirchen nicht wirklich geholfen wird, weil diese ihre 'Option für Arme' in eine 'Koalition mit Reichen und Mächtigen' eingetauscht haben, dann
sind es SeelsorgerInnen, auf die verarmte und notleidende Menschen zählen
können, denn ihr erklärtes Ziel ist es, Menschen aus derartigen Not-Situationen
zu befreien.

Seelsorge motiviert zu Widerstand und aktiviert zu politischem Handeln. Können sich Menschen nicht mehr selbst wehren, dann treten SeelsorgerInnen *im
öffentlichen Raum lautstark* für entmachtete Menschen und deren Rechte ein.
Seelsorge definiert sich aus dieser Perspektive als ein vom christlichen Gottes-
und Menschenbild gedecktes öffentlichkeitswirksames politisches Engagement
zugunsten Benachteiligter, Lobbyloser und Ausgegrenzter: „Seelsorglich tätig
sein, impliziert daher auch, Menschen zu eigenverantwortlichem sozialen und
politischen Handeln zu motivieren bzw. stellvertretend für diese politisch aktiv
zu werden."[78] Riskieren SeelsorgerInnen öffentlichkeitspolitisches Engagement,
dann gehen sie ebenso wie Jesus ein Risiko ein. Seelsorge wird zu einem riskanten, in manchen Ländern sogar lebensgefährlichen Unternehmen. Ernten sie
in Deutschland vielleicht nur Spott, Hohn, Ausgrenzung oder verbale Ein-
schüchterung, kann ihr Engagement in anderen Ländern tödlich enden, denn,
wie Bischof Dom Helder Camara es formuliert: „Wenn du Brot freiwillig ver-
teilst, bist du ein Heiliger. Wenn du sagst, dass die Armen ein Recht auf Brot
haben, bist du gefährlich!"[79] Oder wie Franz Weber es auf den Punkt bringt:
„Wer gegen gesellschaftliche Strukturen und gegen Privilegien Stellung bezieht, 'legt sich an', quer durch die Parteien und gesellschafts- und marktbeherr-
schenden Gruppen."[80] Wegen ihres prophetisch-kritischen Einsatzes für das
Reich Gottes geraten SeelsorgerInnen zwischen die Fronten, werden Mächtigen
gefährlich, erleiden das Prophetenschicksal der Verfolgung und Ermordung.

4.9. Schöpfung bewahren

Seelsorge am Ganzen umfasst mehr als nur Gesellschaft, Wirtschaft und Politik.
Am Ganzen, d.h. tatsächlich an der *ganzen Schöpfung*, weshalb Seelsorge immer auch eine ökologische Dimension umfasst. Der *ökologische Lebenskontext*

---

in das Bild passen, das sich die Gesellschaft von der Kirche macht, und weil sie vor allem mit den Interessen
der politisch Mächtigen und Einflussreichen nicht übereinstimmen". BOPP, K. (2000): Einen neuen Himmel
oder eine neue Erde?, 21.

78   POHL-PATALONG, U. (1996): Seelsorge zwischen Individuum und Gesellschaft, 266.

79   Vgl. FUCHS, O. (2007): Das Jüngste Gericht, 140. Vgl. auch: KUGELN IN DER KIRCHENBANK (2007).

80   WEBER, F. (1995): Not lehrt handeln, 102.

gehört unlösbar zum Mensch-Sein dazu. Der Schöpfungsauftrag, als Ebenbilder Gottes Verantwortung für die Schöpfung zu übernehmen, zieht sich deshalb bis in die Seelsorge hinein. Für Bruno Kern ist der bisher eher vernachlässigten ökologischen Dimension[81] gegenwärtig *absolute Priorität* einzuräumen, denn: „Die ökologische Krise unterscheidet sich qualitativ von allen bisherigen Krisensituationen der Weltgeschichte: Zum ersten Mal in der Geschichte der Menschheit ist es wahrscheinlich geworden, dass sich die menschliche Gattung innerhalb eines recht kurzen Zeitraums von einigen Jahrzehnten selbst auslöscht. Die ökologische Krise ist zudem nicht regional beschränkt, sondern hat eine globale Dimension. Die fortschreitende Vernichtung unserer natürlichen Lebensgrundlagen wird zum Negativvorzeichen aller Politik- und Lebensbereiche, bestimmt den Spielraum der Gestaltung der Gesellschaft insgesamt, beeinträchtigt die materiellen Existenzbedingungen eines großen Teils der Menschen und wird deshalb als Hauptursache vielfältiger anderer Krisen anzusehen sein, z.B. innergesellschaftlicher und zwischenstaatlicher Gewalt."[82] Dass wir Menschen eine globale ökologische Krise heraufbeschworen haben, lässt sich kaum mehr leugnen. Leugnen lässt sich nach Bruno Kern auch nicht, dass v.a. Länder der Dritten Welt und damit Milliarden armer Menschen auf der Welt bereits die Leidtragenden des Ökologischen Desasters sind. Ungiftige Nahrung, trinkbares Wasser und atembare Luft werden aber auch in den reichen Ländern zur Mangelware werden. Naturkatastrophen, die sich dem durch Menschen induzierten Klimawandel verdanken und bereits unzählige Opfer gefordert haben, werden nicht an den Grenzen ferner Länder halt machen, sondern langfristig auch über Europa hereinbrechen.

Seelsorge kann das ökologische Problem nicht lösen! Seelsorge kann jedoch Menschen in ihre *Verantwortung für die Schöpfung* rufen. Seelsorge kann Menschen dazu aufrufen, die Mentalität des ‚nach uns die Sintflut' zu durchbrechen, *umzukehren* und alles daran zu setzen, nicht nur das eigene Überleben, sondern auch das kommender Generationen *sicherzustellen*.[83] Seelsorge zielt darauf ab, *Achtung vor der Natur* und *ökologisches Bewusstsein* zu wecken bzw. wach zu halten. Sie ermutigt Menschen dazu, die ökologischen ‚Zeichen der Zeit' ernst zu nehmen und in ihrem Lebensumfeld damit zu beginnen, der Katastrophe in kleinen Schritten entgegen zu arbeiten. Seelsorge animiert Menschen dazu, sich zusammenzuschließen, und gemeinsam für Klima-, Arten- und Tierschutz einzustehen und gemeinsam für eine umweltfreundliche Energie- und Abfallpolitik zu kämpfen.[84]

---

81 Dass trotz der behaupteten solidarischen Zeitgenossenschaft von Kirche und Seelsorge gerade die ökologische Dimension, die extrem zeitgenössisch ist, bisher eher ein Randthema war, darauf hat auch Karl Bopp immer wieder hingewiesen. Vgl. BOPP, K. (2000): Einen neuen Himmel oder eine neue Erde?, 2.
82 KERN, B. (2000): Wirtschaft und Ökologie, 363.
83 Vgl. CLINEBELL, H. (1998): ‚Ökotherapie'; VOSS, R. (2006): Zeichenhaftes Handeln – zeugnishaftes Leben – visionäre Praxis.
84 Vgl. BOPP, K. (2011): Plädoyer für eine ökologische Pastoral.

5. Multidimensionale Seelsorge

5.1. Sorge um den ganzen gottgewollten Menschen

Seelsorge, die sich im christlichen Gottes- und Menschenbild festmacht, hat immer den ganzen Menschen in seinen sozialen, geschichtlichen und kontextuellen Vernetzungen im Blick. Gerade deshalb, weil Seelsorge sich als *Sorge um das komplexe gottgewollte Seelenwesen* („Du gute Seele!") versteht, lässt sie sich nicht auf eine Teildimension des Menschen beschränken, sondern nimmt in ausgewogener Balance alle Dimensionen menschlicher Existenz in den Blick, weshalb Jürgen Ziemer postuliert: „Christliche Seelsorge als ‚Sorge um die Seele' kann deshalb umfassend als Sorge um das Menschsein des Menschen verstanden werden."[1] Auch Eva Maria Faber postuliert: „Seelsorge muss ganzheitlich sein und den Menschen in seinen verschiedenen Dimensionen im Blick haben."[2] Rainer Bucher, der im Kern das gleiche Anliegen vertritt, nämlich Seelsorge ganzheitlich zu konzipieren und zu praktizieren, stellt jedoch gerade wegen des *Ganzheitlichkeitspostulats* die These auf, dass Seelsorge nicht länger als *Sorge um die Seele* begriffen werden sollte: „Damit ist aber auch klar: Es geht in der Pastoral nicht nur um den Menschen als religiöses Wesen, sondern um ihn als einen und ganzen Menschen. Seelsorge ist damit nicht mehr nur Sorge um die Seele, sondern – als Pastoral des Volkes Gottes – *Sorge um den ganzen Menschen*."[3] Bucher ist bedingungslos zuzustimmen, wenn mit Seele der philosophisch geprägte Leib-Seele-Dualismus assoziiert wird. Anliegen dieses Buches aber ist es, sich genau von dieser Assoziation zu befreien! Im multidimensionalen Ansatz wird dafür plädiert, sich auf den biblisch-theologischen Seelenbegriff zurückzubesinnen und neu oder wieder zu entdecken, dass Seel-

1 Vgl. ZIEMER, J. (2013): Andere im Blick, 58. Dass Seel-Sorge gerade wegen des zugrunde liegenden biblischen Seelenbegriffs nicht nur eine Dimension des Menschen umfasst, sondern den ganzen Menschen, wird in diesem Buch nicht neu entdeckt, sondern ist längst schon entdeckt und propagiert, wenn auch nicht explizit ausgearbeitet worden. Vgl. SCHMID, P. F. (2003): Menschengerechte Förderung und Herausforderung, 238; WEIß, H. (2005): Grundelemente einer Interkulturellen Seelsorge, 91. Bereits 2009 postulierte Michael Klessmann: „Ein zeitgemäßer Seelsorgebegriff sollte *multidimensional* sein… Seelsorgliches Handeln ist in Theorie und Praxis *multidimensional*." KLESSMANN, M. (2009): Seelsorge, 8/115.

2 FABER, E. M. (2012): Die Grenzen in der Mitte des Lebens, 20. Vgl. auch: „Seelsorge – Sorge um das Menschsein in seiner *Ganzheit*." KNOBLOCH, S. (2000): Seelsorge, 35; „Seelsorge meint, *ganzheitliche* Sorge um den Menschen." BAUMGARTNER, I. (2004): Vom Proprium christlicher Caritas, 63; „Seelsorge ist nicht die Sorge um einen Teil des Menschen, sondern um das stimmige Ineinander der *vielfältigen Dimensionen* der Existenz". HASLINGER, H. (2004): Seelsorge; „Sie ist eine Art ohnmächtige Sorge um das Wohl des *ganzen* Menschen." MORGENTHALER, C. (2007): Sieben Gründe, warum Spitalseelsorge not-wendig ist, 92; BONK, S. (2003): Der eigentliche Weg des Menschen. Ein *ganzheitlich-realistisches* Verständnis von Seelsorge. In der Befragung von 1000 katholischen SeelsorgerInnen gaben 80% zu verstehen, dass für sie Seelsorge „Sorge um den *ganzen* Menschen" bedeutet. MEYERBERG, J./ U. MOSER (2003): Was bewegt Seelsorgerinnen und Seelsorger, 312.

3 BUCHER, R. (2004): Die pastorale Konstitution der Kirche. Was soll Kirche eigentlich?, 37. Analog zu Rainer Bucher postuliert auch Daniel J. Louw aus südafrikanischer Perspektive: „Meine These ist, dass diese beiden Fragen die Seelsorge zu einem Paradigmenwechsel zwingen, nämlich weg von der traditionellen *Sorge um die Seele* zu dem wesentlich breiter angelegten Ansatz Sorge um Glauben im Kontext von Sorge ums Leben." LOUW, D. J. (2003): Würde und Geist, 60.

sorge gerade deshalb, weil sie *Sorge um die Seele* ist, nur *ganzheitlich* gedacht und praktiziert werden kann. Das Argument, dass heutige Menschen nun einmal vom abendländisch-dualistischen Seelenbegriff geprägt sind und deshalb automatisch eindimensionale Kurzschlüsse ziehen, wenn Seelsorge als *Sorge um die Seele* definiert wird, ist natürlich ernst zu nehmen. Es lässt sich jedoch durch folgendes Argument entkräften: ChristInnen haben ein Recht darauf, ihren 'dualistisch durchseuchten' Seelenbegriff in Frage stellen und den biblisch-theologischen Begriff von Seele entdecken zu dürfen. Eine Entdeckung, die sie nicht verunsichern muss, sondern die dazu beitragen kann, sich selbst und andere als gottgewollte, ganzheitliche und deshalb höchst komplexe und ambivalente Wesen zu sehen, zu akzeptieren und genau so zu mögen. Meines Erachtens gehört es zu den Aufgaben von SeelsorgerInnen, sich zusammen mit Menschen genau auf diese Entdeckungsreise zu machen. Im multidimensionalen Seelsorgeverständnis soll Ganzheitlichkeit nicht nur postuliert werden, sondern sich bis in die Alltagspraxis hinein sehr konkret auswirken. Eine Ganzheitlichkeit, die jedoch keinem harmonisierenden Ganzheits-Pathos anhängt, sondern Mensch-Sein und Mensch-Werdung in und trotz aller Ambivalenzen, Brüche und Schattenseiten unterstützt. Wolfgang Reuters Hinweis, dass Ganzheitlichkeit nur vom Fragment her gedacht werden kann, ist daher ebenfalls sehr ernst zu nehmen. Seine Schlussfolgerung, deshalb eine „Pastoral jenseits der Ganzheitlichkeit"[4] zu entwickeln, ist meines Erachtens jedoch nicht zwingend. Wir können und müssen wegen des ganzheitlichen Seelenbegriffs an der eschatologischen Vision von Ganzheitlichkeit festhalten. Zugleich aber dürfen wir sie unter irdischen Lebensbedingungen nur als fragmentarisch realisierbare Größe denken.

5.2. Ein wenig 'Leben in Fülle' ermöglichen

Will man die sich aus dem jüdisch verwurzelten christlichen Gottes- und Menschenbild ableitenden inhaltlichen Dimensionen und Zielsetzungen von Seelsorge wiedergeben, dann kann man sie trotz ihrer gegenseitigen Verschränktheit hintereinander aufzählen. Man kann z.B. sagen, dass Seelsorge sowohl eine mystagogisch-spirituelle, als auch pastoralpsychologisch-heilsame und diakonisch-prophetische Dimension umfasst, weshalb sie auf spirituelle Atem- und Glaubenshilfe, auf somato-psychische Krisen-, Konflikt- und ethische Orientierungshilfe, auf soziale Vernetzungshilfe sowie auf materielle Befreiungs- und (Über)Lebenshilfe abzielt.[5] Man kann aber auch nach einer Formulierung su-

---

4   REUTER, W. (2004): Heilsame Seelsorge, 239.
5   Dass Seelsorge nicht eindimensional zu bestimmen ist, sondern mindestens dreidimensional, wird nicht erst in diesem Buch entdeckt. Viele Praktische TheologInnen vor mir haben bereits auf die Multidimensionalität christlicher Seelsorge hingewiesen, auch wenn sie die Dimensionen vielleicht nicht ‚Dimensionen' genannt und die Inhalte und Zielsetzungen vielleicht etwas anders akzentuiert haben. Besonders hinweisen möchte ich auf folgende Publikationen, die m.E. wegweisend sind: BAUMGARTNER, I. (1992): Heilende Seelsorge; POHL-PATALONG, U. (1996): Seelsorge zwischen Individuum und Gesellschaft; GOODLIFF, P. (1998): Care in a confused climate; ZIEMER, J. (2000): Seelsorgelehre; ANDERSON, H. (2001): Whatever happened to Seelsorge?; ESCHMANN, H. (2002): Theologie der Seelsorge; SCHNEIDER-HARPPRECHT, C.

chen, die weitaus kürzer ist und sozusagen auf einer Metaebene dennoch alle Dimensionen umfasst. Um ein multidimensionales Seelsorgeverständnis möglichst unkompliziert in Worte fassen zu können, lassen sich sicherlich viele verschiedene Varianten finden. Letztlich ist jeder/jede SeelsorgerIn dazu aufgefordert, seine/ihre eigene Variante zu entwickeln. Folgende Kurz-Variante möchte ich gern zur Disposition stellen, weil sie nach meiner Erfahrung Menschen jeglichen Alters, jeglicher Konstitution und Herkunft in verständlicher und v.a. leicht nachvollziehbarer Sprache vermittelt werden kann, auch wenn sie sich auf den ersten Blick vielleicht 'bibel-lastig', komisch oder salbungsvoll anhört: *Seelsorge will dazu beitragen, dass Menschen ein wenig 'Leben in Fülle' erfahrbar wird.* Weil Menschen schon in der Bibel 'Leben in Fülle'[6] in Aussicht gestellt wird (vgl. Johannes 10,10) wollen SeelsorgerInnen dazu beitragen, dass Menschen hier und jetzt, sowohl in Alltags-, Glücks-, und Krisenzeiten, *in und trotz* Krankheit, Behinderung, Gebrechlichkeit, Gebrochenheit, Siechtum, Todesangst, Einsamkeit, Verzweiflung, Hoffnungslosigkeit, Leid, Not, Fehlschlägen, Sackgassen, Unfreiheit und Armut 'Leben in Fülle' aufblitzt. Weil Menschen defizitäre Wesen sind und bis zu ihrem Tod bleiben, kann aber auch die Erfahrung von 'Leben in Fülle' immer nur fragmentarisch und defizitär sein. Was genau 'Leben in Fülle' für einen jeden einzelnen Menschen bedeutet oder welche Erfahrungen damit verbunden werden, hängt somit entscheidend von der *konkreten Lebenssituation und Bedürfnislage* ab. *Dementsprechend realisiert sich Leben in Fülle für jeden Menschen anders.*

Leben in Fülle wird kurz oder längerfristig fühlbar, wenn ein Mensch Gottes Spuren in seinem Leben ent-deckt und deshalb zu Tränen gerührt ist; wenn ein Mensch sich in einer schweren Notsituation wirklich begleitet und getröstet fühlt; wenn ein Mensch trotz seiner (tödlichen) Krankheit zumindest kurz aufatmen, lächeln und vielleicht sogar mit einem Lächeln auf den Lippen sterben kann; wenn ein Seelsorgegespräch dazu beiträgt, dass ein Problem gelöst oder eine wichtige Entscheidung gefällt werden kann; wenn ein Mensch durch die Hilfe des/der SeelsorgerIn endlich ein wichtiges Formular ausfüllen kann; wenn ein Mensch sich weniger isoliert fühlt, weil der/die SeelsorgerIn mal reinschaut; wenn ein Mensch Nahrungsmittel oder Geld erhält, um sich und seine Familie über Wasser zu halten. Die Erfahrung von 'Leben in Fülle' ist jedoch nicht nur

---

(2002): Was ist interkulturelle Seelsorge?; GÖTZELMANN, A. (2003): Diakonie und Seelsorge. Der Streit um die einzig wahre Dimension ist somit nicht nur geschichtlich überholt, sondern obsolet, wie auch Wilhelm Gräb und Eberhardt Hauschildt deutlich zu verstehen geben: „Der mit prinzipientheologischen Ambitionen immer wieder ausgetragene, zuletzt neu belebte Streit um die therapeutische bzw. kerygmatische Seelsorge ist im Blick auf die rechte Wahrnehmung seelsorglicher Arbeit schlicht kontraproduktiv." GRÄB, W. (1998): Die Seelsorge als Lebenshilfe, 213; „Nicht mehr dran sind innerkirchliche Grabenkämpfe zwischen Verkündigern und Therapeuten." HAUSCHILDT, E. (2000): Die 'eigenen Trümpfe' ausspielen, 181.

6   Auch Peter F. Schmid hat das biblische Motiv zur Umschreibung von Seelsorge aufgegriffen. Vgl. SCHMID, P. F. (1989): Personale Begegnung, 218; Ders. (2003): Menschengerechte Förderung und Herausforderung, 239. Judith Könemann bezeichnet den Vers Johannes 10,10 sogar als „die Kernbotschaft des christlichen Glaubens." KÖNEMANN, J. (2006): Religion als Wellness für die Seele?, 209. Vgl. auch MERKELBACH, H. (2009): Christliches Leben als Leben in Fülle.

auf Einzelpersonen beschränkt. Sie kann auch Menschengruppen und ganze Institutionen erfassen. Trägt Seelsorge z.B. dazu bei, dass Ungerechtigkeiten und Unbarmherzigkeiten, unter denen Menschen in Strukturen wie Gemeinde oder Altenheim leiden, wahrgenommen, diskutiert und vielleicht sogar beseitigt werden, dann kann sich selbst auf strukturell-institutionellem Niveau ein (flüchtiger) Moment von 'Leben in Fülle' einstellen. Ein Moment, der die Atmosphäre des Zusammenlebens und der Zusammenarbeit zumindest punktuell verändern kann. Die Kunst der Seelsorge liegt deshalb darin, herauszufinden, was für diesen Menschen, diese Menschengruppe oder diese Institution/Gemeinde genau *hier und jetzt* 'Leben in Fülle' bedeuten könnte und alles daran zu setzen, diese oftmals nur vorübergehende Erfahrung zu ermöglichen. Nicht mehr, aber auch nicht weniger kann und sollte Seelsorge leisten, wenn sie tatsächlich den ganzen Menschen im Blick hat. *Schaubild 10* soll die die inhaltliche Füllung multidimensionaler Seelsorge schlagwortartig zusammenfassen:

Multidimensionale
Schaubild 10
Doris Nauer
Seelsorge

Sich (professionell) sorgen um den **ganzen**
komplexen, ambivalenten gottgewollten Menschen

Sorge dafür tragen, dass ein wenig
Leben in Fülle
(Johannes 10,10) erfahrbar wird

Sowohl in **Alltags**-, als auch in **Glücks**- und **Krisen**zeiten.

Abhängig von der individuellen/kollektiven
Lebenssituation und **Bedürfnislage.**

In und trotz Krankheit, Behinderung, Gebrechlichkeit, Siechtum,
Todesangst, Einsamkeit, Verzweiflung, Leid, Not, Armut,
Hoffnungslosigkeit, Fragmentarität, Arbeitsüberlastung....

IV. Komplexe Alltagspraxis und Methodik

1.   Spirituell-Mystagogische Praxisschwerpunkte

SeelsorgerInnen besitzen die einzigartige Möglichkeit, mit der *Heiligen Schrift* zu arbeiten. Keine andere Berufsgruppe wird ihnen diesen Praxisschwerpunkt streitig machen! Es scheint jedoch nicht gerade selbstverständlich zu sein, dass SeelsorgerInnen diese Möglichkeit sehen und konsequent umsetzen. Die Frage danach, ob und inwiefern im Alltag mit der Bibel gearbeitet wird, erzeugt nicht gerade selten Verlegenheit oder gar Abwehrreaktionen. Obgleich Joachim Kügler aus katholischer exegetischer Perspektive darauf hinweist, dass von der Bibel im katholischen Raum auch in der Seelsorge weitaus weniger Gebrauch gemacht wird als im evangelischen Raum, konstatiert Michael Meyer-Blanck als evangelischer Praktischer Theologe auch für seine Konfession eine professionsspezifische Verunsicherung im Umgang mit der Bibel: „Die Bibel scheint im Hinblick auf das Seelsorgegespräch immer noch einen schlechten Ruf zu haben.“[1] Diese These gilt natürlich nicht flächendeckend, denn gerade für evangelikal-charismatische Kreise ist eher das Gegenteil zu konstatieren, nämlich nahezu eine Überbetonung der Bibelarbeit. Für eher pastoralpsychologisch oder diakonisch geprägte SeelsorgerInnen liegt vielleicht gerade darin die Ursache für ihre Zurückhaltung und Unsicherheit, zumal bei den meisten Menschen Bibelkenntnis nicht mehr vorausgesetzt werden kann und die Gefahr groß ist, Menschen Bibeltexte aufzudrängen oder sie im übertragenen Sinn 'mit der Bibel zu erschlagen'. Bereits in den 80er Jahren sah Franz Schmatz dieses Problem auf uns zukommen, warnte aber ohne restaurativ-fundamentalistischen Unterton davor, die Bibelarbeit aus dem seelsorglichen Praxisreservoir zu streichen, denn: „Wo immer die Bibel beiseite gelegt wird, geht die Mitte verloren. Gottes Wort ist einfach nicht ersetzbar und mögen es noch so gut und klug formulierte Worte sein... Die Heilige Schrift ist nicht nur zur Zierde und zum Aufputz, sondern zur Lebensbegleitung des Menschen geschaffen. Eine Pastoral der Begleitung hat ihre Mitte in Gott selbst und seinem Wort.“[2] Fast 25 Jahre später bekräftigt Michael Meyer-Blanck diese Sichtweise und konstatiert: „Der Pfarrer ohne Bibel ist wie der Jurist ohne das Medium des kodifizierten Rechts oder der Arzt ohne Medizin.“[3] Martin Nicol ermutigt deshalb dazu, sich nicht davor zu scheuen, die Bibel einfach zu gebrauchen.[4] Die Bibel gebrauchen, denn neben

---

1   MEYER-BLANCK, M. (2006): Die Bibel im Mittelpunkt des Seelsorgegesprächs, 175; Vgl. auch KÜGLER, J. (2004): Ferne Zeichen lesen lernen. Wie mit der Bibel umgehen?, 210.
2   SCHMATZ, F. (1983): Begleitung, 45.
3   MEYER-BLANCK, M. (2006): Die Bibel im Mittelpunkt des Seelsorgegesprächs, 176.
4   Vgl. NICOL, M. (1998): Leben deuten mit der Bibel, 17. In anderen kulturellen Kontexten wie denen Lateinamerikas bestehen weniger Berührungsängste mit der Bibel wie Lothar Carlos Hoch schreibt: „Die Theologie der Befreiung, insbesondere in der katholischen Ausprägung, hat die Bibel und ihre befreiende Dimension wiederentdeckt. Diese hört damit auf, ein Privileg in den Händen der kirchlichen Hierarchie zu sein und kehrt zurück zum einfachen Volk. Es ereignet sich ein begeistertes direktes Zusammentreffen vom Volk und bibli-

vielen dunklen Geschichten, in denen sich die Schattenseiten menschlicher Gotteserfahrungen verdichten, bietet sie auch ein schier unerschöpfliches Reservoir an Geschichten, die heutigen Menschen selbst dann, wenn sie noch nie etwas vom Christentum gehört haben, durchaus hilfreich werden können, wie Gisela Matthiae uns empfiehlt: „Die Bibel ist ein Buch voller schalkhafter Geschichten, die die Leute erstaunen und sogar verwirren. Da kommt alles durcheinander, und oft gibt's sogar etwas zum Schmunzeln. Besonders bei den Geschichten mit dem Heiligen Geist, der ruach Gottes, und bei den Jesus-Geschichten."[5]

Die zentrale Frage ist somit nicht ob, sondern wie wir biblische Geschichten Menschen zugänglich machen. Am 'wie', d.h. an der Methodenfrage hängt die Glaubwürdigkeit des Umgangs mit der Bibel.[6] Gerade in der Methodik können SeelsorgerInnen heutzutage aber auf eine Vielfalt an Möglichkeiten, die teilweise eine längere Lernphase voraussetzen, zurückgreifen. Sie können mit biblischen Motiven (Bilder, Figuren, Sprüche, Gedanken, Psalmen...) arbeiten oder ganze Textpassagen vorlesen, gemeinsam lesen, frei erzählen oder auf eine existentiellere Art und Weise in der Zweier-Begegnung, in der Gruppe, im Schulunterricht oder in liturgischen Feiern miteinander teilen (Bibel-Teilen)[7] bzw. miteinander erspielen, indem sie z.b. bibliodramatische Methoden einsetzen[8] oder gemeinsam einen 'Bibliolog'[9] angehen.

scher Geschichte. Ohne Einengung durch eine vorfabrizierte dogmatische und zu reproduzierende Interpretation, sowie ohne erdrückende exegetisch-wissenschaftliche Lehrgebäude, die von Theologen monopolisiert sind, registriert man eine faszinierende Vitalität bei der Entdeckung der Bibel in den Lebenssituationen und den sozialen Beziehungen des Volkes." HOCH, L. C. (1990): Seelsorge und Befreiung, 137. Und auch Franz Weber konstatiert: „Wer in lateinamerikanischen Gemeinden die Bibel gelesen und Gottesdienst gefeiert hat, weiß aus Erfahrung, dass dort die Armen in vielem leichter Zugang zu Sprache und Inhalt der Heiligen Schrift finden als manche verkopfte und säkularisierte Europäer." WEBER, F. (1995): Not lehrt handeln, 96.

5   MATTHIAE, G. (2001): Clownin Gott... und Clownin Mensch, 26.

6   Vgl. HECHT, A. (2007): Schrifttext und Lebenstext legen sich gegenseitig aus. Lebensbezogene Methoden der Bibelarbeit.

7   Joachim Kügler gibt folgende Anregungen: „Und wäre es nicht spannend, in den existierenden Bibelgesprächskreis der Pfarrgemeinde, der manchmal schon ein bisschen müde wirkt, die Kindergartenleiterin (oder jemanden von amnesty international oder vom örtlichen Heim für psychisch behinderte Jugendliche) einzuladen, damit sie die Bibellektüre mit eigenen beruflichen Erfahrungen kontrastiert? Und wie wäre es mit einer kleinen Reihe von Gesprächsabenden und dem Thema ‚Bibellesen mit…', zu denen jeweils interessante und interessierte Menschen der Stadt oder Region eingeladen werden, um in einem Kreis Gleichberechtigter aus ihrer Perspektive die Bibel zu betrachten bzw. ihre Praxis der biblischen Botschaft auszusetzen?" KÜGLER, J. (2004): Ferne Zeichen lesen lernen. Wie mit der Bibel umgehen?, 216.

8   Bereits vor über 30 Jahren machte Hilarion Petzold klar: „Das Nachspielen biblischer Berichte im Bibliodrama darf aber nicht mit der Aufführung biblischer Szenen, also einer Art religiösem Theater verwechselt werden, sondern ein jeder übernimmt die Rolle als Individuum und versucht, sie im Rahmen (framework) der biblischen Erzählung so zu realisieren, wie er sie erfährt und erlebt, ohne dass er durch irgendwelche Regieanweisungen in seinem Spiel eingeengt würde." PETZOLD, H. (1972): Psychodrama, 49. Vgl. auch POHL-PATALONG, U. (1996): Bibliodrama; ESCHENWECK, M. (1999): „Die Bibel ist wie ein Kräutlein". Kreative Bibelarbeit mit Erwachsenen; NAURATH, E. (2002): Auf dem Boden stehen und nach dem Himmel greifen. Bibliodrama als integrative Hermeneutik biblischer Texte; DERKSEN, N. (2003): Bibliodrama als Seelsorge; MENNEN, C. (2004): Bibliodrama – Religiöse Erfahrungen im Kontext der Lebensgeschichte. Eine qualitativ-empirische Studie; BRINK, B. (2006): „...wie Gott mitspielt" – Ein bibel-pastorales Lernmodell seelsorglichen Handelns.

9   Vgl. SCHWARZ, A. (2013): Bibliolog; POHL-PATALONG, U. (2005): Bibliolog: „Bibliolog wurde entwickelt von dem jüdischen US-Amerikaner Peter Pitzele als ein Weg, mit einer Gruppe, Gemeinde oder Klasse

Ebenso einzigartig für SeelsorgerInnen ist auch der Einsatz von *Gebeten*. Doch auch diese Praxisform scheint nicht selbstverständlich zu sein, wie Christoph Dinkel eingesteht: „Das Gebet gehört zu den besonders umstrittenen Formen religiöser Kommunikation."[10] Ellen Stubbe gibt folgende Beobachtung, die ich trotz mancher Ausnahme bestätigen kann, wieder: „Unter Seelsorgerinnen und Seelsorgern gibt es eine prinzipielle Unsicherheit über die Frage, ob sie mit Menschen in der Seelsorge beten können oder sollen. Die Seelsorgebewegung der letzten Jahrzehnte hat die Fragestellung des Gebets weitgehend ignoriert."[11] Eine Unsicherheit, die nicht nur mit der Seelsorgebewegung zusammenhängen muss, sondern auch damit zu tun haben kann, dass in evangelikal-charismatischen Kreisen Gebete – oftmals zur Befreiung aus dämonischer Umklammerung – nahezu inflationär verwendet werden. Obgleich heutige Menschen kaum mehr mit (christlichen) Gebeten vertraut sind, hält Michael Klessmann daran fest, dass Gebete selbst im seelsorglichen Kontakt mit Nicht-ChristInnen von unschätzbarem Wert sein können: „Auch der christliche Pfarrer kann mit einem Muslim beten in einer Weise, dass beide sich in der Unterschiedlichkeit ihres Glaubens respektieren."[12] Christoph Dinkel stellt daher die These auf: „Als Medium christlicher Seelsorge ist das Gebet unverzichtbar."[13] Wie bei der Bibelarbeit kommt es letztlich auch beim Gebet darauf an, ob das passende Gebet zur rechten Zeit auf die rechte Art und Weise angeboten wird. Anbieten können SeelsorgerInnen tatsächlich eine Fülle an Gebeten, Gebetsarten und Gebetsweisen: Bittgebete, Dankgebete, Lobgebete, Klagegebete, Schutzgebete. Gebete, die bereits vorformuliert sind oder sich spontan ausgedacht, die laut oder auch leise gebetet oder auch gesungen werden können. Gebete, die vorgebetet, miteinander gebetet, stellvertretend gebetet, z.B. mit Hilfe des Rosenkranzes gebetet oder auch in einem Gebetskreis gebetet werden können. Entscheidend ist, dass SeelsorgerInnen Gebete nicht mehr oder weniger verschämt einbringen, sondern äußerst selbstbewusst, wobei sie auf die Tatsache verweisen können, dass ChristInnen bereits seit 2000 Jahren in einer langen Gebetstradition stehen und fest daran glauben, dass es Sinn macht zu beten, auch wenn man sich Gottes Wohlwollen oder sonstige Zielsetzungen (wie z.B. Heilung) nicht wirklich herbei-beten kann.

Zusätzlich zu den Praxisschwerpunkten Bibelarbeit und Gebet können SeelsorgerInnen auf einen extrem professionstypischen Praxisschwerpunkt zurückgreifen: Alle Praxisformen, die sich um *Sakramente und Kasualien* drehen.[14] Ein

die Bibel zu entdecken... Faszinierend ist bei dieser Methode vor allem, wie rasch es gelingt, dass Menschen-ob kirchlich sozialisiert oder nicht- in die alten Geschichten der Bibel ‚einsteigen', sich von ihnen bewegen und berühren lassen und ihre Aktualität für ihr Leben heute ganz unmittelbar erfahren." (Klappentext).

10 DINKEL, C. (2004): Das Gebet als Medium der Seelsorge, 132.
11 STUBBE, E. (2001): Jenseits der Worte, 13.
12 KLESSMANN, M. (2006): Gott hat viele Namen, 261.
13 DINKEL, C. (2004): Das Gebet als Medium der Seelsorge, 141.
14 Auf katholischer Seite zählen hierzu: 1. Taufe; 2. Erstkommunion/Eucharistiefeier; 3. Firmung; 4. Eheschließung; 5. Krankensalbung; 6. Bußsakrament. Das Weihesakrament spielt in der seelsorglichen Alltagspraxis

riesiges Praxisfeld, das für viele SeelsorgerInnen den Schwerpunkt ihrer gesamten Tätigkeit ausmacht. Auf diesem Hintergrund kann Wilhelm Gräb aus evangelischer Sicht behaupten „Die Kasualpraxis der Kirche ist zugleich die vorzüglichste Gestalt der Praxis ihrer Seelsorge."[15] Und auch Johann Pock stellt aus katholischer Sicht fest: „Sakramente gehören zu den wesentlichen Vollzügen des christlichen Glaubens und bedürfen einer besonderen Sorge der kirchlich Verantwortlichen."[16] Pock gesteht jedoch ein, dass Sakramente „nicht mehr selbstverständlich sind, sondern erklärt, vorbereitet und mit hohem Aufwand katechetisch aufbereitet werden müssen."[17] Dementsprechend realisiert sich Seelsorge in einer nahezu unüberschaubaren Palette an Praxisformen. Von Tauf- und Ehegesprächen, Vor- und Nachbereitungsgruppen, Kommunion- und Firmstunden, Elternabenden, Beichtehören und Beichtgesprächen,[18] Krankensalbung/Krankensegnung[19] bis hin zu liturgischen Feiern aller Art (Beerdigungen, Gottesdienste, Wortgottesdienste, Anbetungen, Prozessionen, Nachtwache, ökumenische Feiern…).[20] Eine Angebotspalette, die sich nach Johann Pock möglichst niedrigschwellig, individuell ausgerichtet und vielfältig präsentieren sollte: „Es sollte daher eine größtmögliche Freiheit und auch Wahlmöglichkeit geben: sowohl für jene, die gerne eine intensivere inhaltliche Vorbereitung hätten, als auch für jene, die einfach ein schönes Fest wünschen… Der

---

nahezu keine Rolle. Im evangelischen Raum wird zwar auch von Sakramenten, häufiger aber von Kasualien (Taufe; Trauung; Konfirmation; Bestattung…) gesprochen.

15 GRÄB, W. (1998): Die Seelsorge als Lebenshilfe durch Lebensdeutung, 213.

16 POCK, J. (2004): Biographisch erfahrbares Heil. Wie Wege zu den Sakramenten eröffnen?, 235.

17 A.a.O., 220.

18 Im Blick auf die Beichtpraxis gibt Ulrich Körtner zu bedenken: „Die Praxis der Einzelbeichte ist in der evangelischen Kirche, und zwar sowohl im Luthertum als auch im Reformiertentum, weitgehend abhanden gekommen. Versuche, sie wiederzubeleben, sind im Wesentlichen gescheitert." KÖRTNER, U. (2006): Sündenvergebung, 260. Selbst im Blick auf den katholischen Raum resümiert Johann Pock: „Die Beichte als persönliches Bekenntnis vor einem Priester wird zwar an einzelnen Orten (Wallfahrtsorte, Klöster) noch häufig praktiziert, kommt aber im normalen Gemeindeleben immer weniger vor." POCK, J. (2004): Biographisch erfahrbares Heil. Wie Wege zu den Sakramenten eröffnen?, 224. Vgl. DAHLGRÜN, C. (2009): Die Beichte als christliche Kultur der Auseinandersetzung mit sich selbst coram Deo; ZIMMERLING, P. (2009): Mittel der Seelenhygiene. Warum die Beichte im Protestantismus wieder einen höheren Stellenwert bekommen sollte; DESELARES, P. (2009): verpasste Chance? Von der mühseligen Arbeit an einer differenzierten Erneuerung der Beichte; MÜLLER, W. (2009): Die Beichte als Chance für die Befreiung von Schuld; SCHLEMMER, K. (2011): „und führe uns nicht in Versuchung". Unkonventionelle Gedanken zum Sakrament der Versöhnung.

19 Vgl. WINDISCH, H. (2010): Die Krankensalbung – das vergessene Sakrament; KRAUS, B. (2010): Krankensalbung im Heimalltag.

20 Während in der Theologie nicht selten über den ästhetischen Gehalt eines Gottesdienstes besonders von Priestern heiß diskutiert wird, erlaubt sich ein Diplomtheologe und Arzt folgende Sichtweise: „Es geht bei einem christlichen Gottesdienst nicht um ein ästhetisches Erleben, um ein spirituelles Gefühl; es geht überhaupt nicht um Erlebnisse, Liturgie ist kein Gesamtkunstwerk. Zu fragen ist vielmehr: Werden wir durch unsere Gottesdienste aufmerksamer füreinander, werden wir einander zu Brüdern und Schwestern, werden wir fähiger, einander zu lieben? Der christliche Gottesdienst könnte das Sakrament der communio sein, d.h. reales und wirkmächtiges Zeichen eines erneuerten Bundes zwischen Gott dem ‚Vater' und den Menschen untereinander, der Nucleus einer Menschheit als Menschheitsfamilie. Da sitzt der Unternehmer neben dem Obdachlosen, der Chef neben der Putzfrau, der Mörder neben dem Verbrechensopfer, die Prostituierte neben dem Mönch, der Arzt neben dem Patienten. Ausnahmslos alle sind eingeladen zu kommen – und alle, die kommen, sind bei einem einfachen Mahl vereint in geschwisterlicher Liebe. Oder doch zumindest ihrer Sehnsucht danach." HOPPE, C. (2013): Gott und Gehirn, 166-167.

Handlungsspielraum im konkreten pastoralen Alltag wird sich zwischen den Polen ‚was ist leistbar' und ‚was ist theologisch vertretbar' abspielen."[21] In diesen Arbeitssektor fällt auch das zeitaufwendige Erarbeiten von *Predigten*. Ein Arbeitsaufwand, der oftmals weder wahrgenommen noch honoriert wird, der aber erforderlich ist, wenn SeelsorgerInnen nicht an den Bibeltexten und/oder den Menschen vorbei predigen wollen.

Typisch seelsorgliche Praxisschwerpunke im mystagogisch-spirituellen Bereich sind zudem das Arbeiten mit *Ritualen, Gesten und Symbolen*: „Wer im Fundus der christlichen Überlieferung stöbert, entdeckt dort Riten und große Erzählprospekte, Liturgien und Agenden, Melodien allemal."[22] Praxisformen, die von manchen SeelsorgerInnen (fast im Übermaß) gepflegt, von anderen dagegen nahezu ignoriert werden. Letzteres kommentiert Leo Karrer folgendermaßen: „Was ginge der Kirche nicht alles verloren, wenn sie den Reichtum ihrer Zeremonien, Segnungen und Sakramente, mit all den liturgischen Riten aufs Spiel setzte! Man muss sich mal überlegen, welch rein kulturelles Kunststück eine 'gute Messe' beinhaltet: Singen, Sprechen, Musik, Gesten, Schreiten/Gehen, Atmosphäre, aber auch Raum, Gegenstände, Bilder, Prozessionen, Glocken."[23] Aurelia Spendel fordert deshalb: „Diese Handlungspotentiale müssen, wo sie verschüttet oder vergessen worden sind, wieder entdeckt und erweitert werden: alte und neu zu entwerfende Rituale, Segnungsgesten, Deutungen der Schrift, spirituelle Ausdrucksformen, kulturelle Konnotationen."[24] Spendels Anliegen wurde bereits aufgegriffen, wie sich z.B. an der Wiederentdeckung von Segnungsgesten im Rahmen individueller Seelsorgebegegnungen oder auch kollektiver Segnungsfeiern ablesen lässt.[25] Dass natürlich auch Riten und Symbole ambivalente Gefühle auslösen können, weshalb sie äußerst sensibel einzusetzen sind, ruft uns Gina Schibler in Erinnerung, wenn sie schreibt: „Insgesamt drängt sich ein zurückhaltender Umgang mit traditionellen Symbolen gerade dann auf, wenn das Leben einer Klientin auf starke Weise von kirchlichen Klischees oder religiösen Symbolen, die zu eindimensionalen Zeichen erstarrt sind, geprägt war."[26] Dementsprechend sensibel gilt es auch mit Symbolen wie dem Kreuz umzugehen. Nicht für jeden Menschen/Christen stellt das Kreuz ein Symbol für

---

21 POCK, J. (2004): Biographisch erfahrbares Heil. Wie Wege zu den Sakramenten eröffnen?, 230. Vgl. auch KERSTIENS, F. (2005): Die Sakramente.
22 SOOSTEN, J. (1995): Lebe wild und gefährlich!, 19. Im Blick auf die evangelische Kirche räumt Michael Klessmann ein: „Der Zusammenhang, das hilfreiche Ineinander von Ritual und Seelsorge ist den Protestanten immer noch relativ unvertraut." KLESSMANN, M. (2005): Kirchliche Seelsorge, 240.
23 KARRER, L. (2005): Welch kostbarer Schatz: Sakramente, 308.
24 SPENDEL, A. (2005): Jenseits von Eden – oder mitten drin?, 334. Vgl. auch: REUTER, W. (2013): „Wie Rituale abgehen"; RIEDEL-PFÄFFLIN, U. (2010): Gestalteter Kairos.
25 Vgl. PRÜLLER-JAGENTEUFEL, V. (2002): Keine Banalitäten. Segen als anspruchsvoller Zuspruch; NAUMANN, B./ W. RATZMANN (2002): Segen zwischen Abschluss und Neubeginn. Sozialwissenschaftliche und biblische Entdeckungen an einem alten Ritual; JEGGLE-MERZ, B. (2002): Segnungsfeiern; LUTZ, B. (2004): Segensfeier und Sakrament; MEYER-BLANCK, M. (2003): Der Segen und das Schnabeltier; WAGNER-RAU, U. (2000): Segensraum. Kasualpraxis in der modernen Gesellschaft, 156-173.
26 SCHIBLER, G. (1999): Kreativ-emanzipierende Seelsorge, 292.

die Heils- und Hoffnungsbotschaft des Christentums dar. Manche Menschen assoziieren damit auch Unterdrückung, wenn sie im Rahmen ihrer christlichen Sozialisation (z.B. in einem konfessionellen Heim) negative Erfahrungen mit Kirche und SeelsorgerInnen gemacht haben.[27] Bei aller gebotenen Sensibilität kann der Einsatz von Symbolen wie z.B. dem Kreuz, einer Marienfigur oder Heiligenabbildungen, das Benetzen mit Weihwasser, das Verbreiten des Geruchs von Weihrauch, das Anzünden einer Kerze, das Fühlenlassen eines Steines oder einer Feder, das Überreichen einer Kirchenzeitung oder eines Büchleins, das gemeinsame Singen z.B. altbekannter Kirchenlieder oder das gemeinsame Lauschen auf Meditationsmusik oder einen Choral, das Aufsetzen einer Clownsnase, die Konfrontation mit einem Gedicht oder einem Bild, die Überreichung eines Rosenkranzes, der vielleicht früher eine wichtige Rolle im Leben gespielt hat, inzwischen aber vergessen wurde, für Menschen hilfreich sein. SeelsorgerInnen ist meines Erachtens daher zu raten, sich eine Art 'Spiri-Koffer', analog zum ärztlichen Notfallkoffer zuzulegen, in dem nicht nur eine Bibel, ein Gesangs-, und Gebetbuch Platz haben, sondern auch all die genannten Dinge, insofern sie hineinpassen.

Alltagspraktisch gehen SeelsorgerInnen somit immer einen Spagat ein: Auf der einen Seite haben sie Menschen etwas anzubieten, weshalb sie nicht mit vollkommen leeren Händen kommen, sondern nach Wunsch und Bedürfnis etwas aus ihrem Koffer ‚zaubern' können. Zugleich aber pflegen sie doch die *'Praxis der leeren Hände'*, die sie von anderen professionellen Berufsgruppen unterscheidet und ihnen nicht selten den Ruf einbringt, nicht wirklich etwas zu tun oder zu bewirken. Eine Praxis, die Andreas Heller im Blick auf Klinikseelsorge folgendermaßen umschreibt: „Die Ohnmacht der Seelsorge besteht darin, mit leeren Händen und nur mit sich selbst zu kommen. Diese Offenheit unterscheidet die Seelsorge von allen anderen Berufen. Die Schwester hat die Pillen, das Essen, das Thermometer und manches mehr, der Arzt hat seinen Schreibblock, das Untersuchungsinstrumentarium, die Handschuhe… Alle haben alle Hände voll zu tun. Die SeelsorgerInnen kommen mit ihrer Offenheit, ihrem Vertrauen, ihrer Unsicherheit und Angst, ihren leeren Händen, ihrer Hoffnung auf Gott… Häufig gelingt es nicht, die 'Praxis der leeren Hände' zu üben. Kirchenzeitungen, Bücher, Heiligenbilder, Gottesdienstankündigungen, sakrale Gefäße füllen die Hände. Dann hat auch der/die SeelsorgerIn alle Hände voll zu tun."[28] Seelsorgliche Alltagspraxis definiert sich oftmals als ein *stillschweigendes Anwesend sein* und nichts tun außer da zu sein, miteinander zu schweigen und Schweigen auszuhalten, wobei Jürgen Ziemer betont: „Das Schweigen auszuhalten kann sehr schwer werden, aber es kann auch entlastend sein zu wissen: Es muss nicht alles gesagt und schon gar nicht alles erklärt werden. Es kann uns in der Stille etwas zuwachsen, das mehr ist, als wir herzustellen vermögen, und

27 Vgl. WITTRAHM, A. (2007): Das Kreuz zwischen Heil und Unheil, 108.
28 HELLER, A. (1989): Ganzheitliche Lebenspflege, 131/458.

was vordergründig Hilfe verheisst... Erfahrene Seelsorgerinnen und Seelsorger wissen, dass es viel menschliches Erleben gibt, das die Grenze des Sagbaren überschreitet und einem die Sprache verschlägt."[29] Wortlose Sitzwachen, Krankenbesuche und Totenwachen sind daher ebenso wichtig wie wortreiche, bisweilen geschwätzige Haus- und Krankenbesuche. Eine wichtige Form mystagogisch-spiritueller Alltagspraxis besteht deshalb darin, Menschen *Räume des Schweigens* zu eröffnen. Räume der Meditation und Besinnung, des Verweilens und Ausruhens. Seelsorge realisiert sich daher auch in der Organisation von Einkehr- und Wüstentagen, Exerzitien, Meditationsveranstaltungen, aber auch Wallfahrten, Pilgerfahrten und Bittfahrten, auf denen Menschen sowohl ihrem Inneren nachspüren als auch gemeinsam mit anderen spirituelle Erfahrungen machen können.

Eine Praxisform, die uns neben vielen anderen auch von Manfred Hauke besonders empfohlen wird, gilt es abschließend noch etwas näher zu beleuchten: Die spezifisch religiöse Praxis des *Exorzismus*, die Hauke keinesfalls als 'Sperrmüll der Kirchengeschichte' betrachtet, sondern revitalisiert sehen will, denn „die Christenheit wird bis zum Jüngsten Gericht gegen die Nachstellungen des Teufels zu kämpfen haben."[30] Schätzt Gustav Mayer dann aber die Lage richtig ein, wenn er aus psychotherapeutisch-psychiatrischer Perspektive Anfang der 90iger Jahre räsoniert: „Der Exorzismus gehört ja heutzutage zu den Methoden, die man auch in kirchlichen Kreisen zu Recht als obsolet betrachtet"?[31] Fakt ist, dass gerade in den letzten 30 Jahren der Glaube an Besessenheit und dementsprechend der Glaube an die Notwendigkeit exorzistischer Praktiken in allen christlichen Konfessionen nicht ab-, sondern weltweit zugenommen hat.[32] Ein Phänomen, das sich nach Alfred Singer hauptsächlich dem kontinuierlichen Wachstum charismatischer, evangelikaler, neo-pfingstlerischer Bewegungen, Sekten und Freikirchen besonders in Ländern wie Lateinamerika, Nordamerika und Afrika verdankt.[33] Da diese Gruppierungen auch aufgrund ihres exorzistischen Engagements eine große Anziehungskraft auf Menschen ausüben, geraten die Amtskirchen zunehmend unter 'exorzistischen Zugzwang': „In Lateinamerika und Afrika scheint die Kirche oft gar nicht anders zu können, als sich auch exorzistischer Rituale zu bedienen, wenn sie sich gegenüber den zahlreichen pfingstlerisch-charismatischen Freikirchen und Sekten behaupten will. Dort sind beschwörende Gebete, autoritär-suggestive Therapiemethoden und/oder liturgische und an Magie grenzende Riten fester Bestandteil bei der Heilung und der psychosozialen Integration von Menschen, die sich für 'besessen' halten."[34]

---

29 ZIEMER, J. (2005): Seelsorge als Grenzerfahrung, 44.
30 HAUKE, M. (2006): Theologische Klärungen zum ‚Großen Exorzismus', 217.
31 MAYER, G. (1990): Seelische Krankheit, 468.
32 Vgl. MÜLLER, J. (2007): Neue Faszination für Dämonen und Exorzismus.
33 Vgl. SINGER, A. (2006): Teufel, Dämonen, Besessenheit; CARRANZA, B. (2002): Die Feuer der Pfingstbewegung im heutigen Brasilien; HARNISCHFEGER, J. (2002): Die Rückkehr der Dämonen im afrikanischen Christentum; ANDERSON, A. (2006): Exorcism and conversion to African Pentacolism.
34 SINGER, A. (2006): Teufel, Dämonen, Besessenheit, 260.

Wieso aber weisen inzwischen selbst europäische Länder wie Italien eine „ausufernde Besessenheits- und Exorzismusszene"[35] auf? Alfred Singer untermauert seine Einschätzung mit Verweis darauf, dass nicht nur charismatisch- evangelikale Gruppierungen in Europa an Terrain gewinnen, sondern dass auch innerhalb der katholischen Amtskirche dem Exorzismus zunehmend Beachtung geschenkt wird, wie bereits am drastischen Anstieg bischöflich bestellter Diözesanexorzisten (in Italien um die Jahrtausendwende eine Verzehnfachung auf über 300; in Frankreich auf über 100) ablesbar ist. So berichtet Gabriele Amorth, Chefexorzist der Diözese Rom und Gründer der ‚Internationalen Gesellschaft für Exorzismus', der von Papst Benedikt XVI für seinen exorzistischen Einsatz besonders ermutigt und ausgezeichnet wurde, in einem Interview mit der Zeitschrift ‚Spiegel' voller Stolz: „Ich bin der einzige Exorzist, der sieben Tage die Woche arbeitet, von morgens bis nachmittags, einschließlich Heiligabend und Ostern. Ich habe in 21 Jahren über 70.000 Exorzismen durchgeführt. Als ich noch jünger war, schaffte ich im Schnitt 15, 16 Austreibungen am Tag. Sehen sie meinen Terminkalender? In den nächsten zwei Monaten ist schon alles voll."[36] In Deutschland jedoch stellt sich die Lage auf katholischer Seite etwas anders dar. Aufgrund eines extremen Exorzismus-Verfahrens mit tödlichem Ausgang,[37] das in den 70iger Jahren große Medienaufmerksamkeit auf sich zog und eine theologische Grundsatzdiskussion auslöste, entwickelte die Deutsche Bischofskonferenz – gestützt durch die Ergebnisse einer interdisziplinären Expertenkommission – eine sehr sensible und zurückhaltende Haltung gegenüber exorzistischen Praktiken in der Seelsorge.[38] Die Vorschläge der deutschen Bischofskonferenz fielen in Rom jedoch nicht auf fruchtbaren Boden. Dort arbeitete bereits eine Kommission an der Aktualisierung des Exorzismusrituals (Rituale Romanum) von 1614 (!), das bis 1999 (!) Gültigkeit besaß, weshalb sich alle Exorzismen innerhalb der katholischen Kirche weltweit an dem darin vorgeschriebenen Ritus auszurichten hatten. Obgleich sich die überarbeitete Version von 1999 weitgehend mit der alten deckt,[39] wird sie von vielen exorzistisch

---

35 A.a.O., 261.
36 AMORTH, in: SMOLTCZYK, A. (2008): Auf Teufel komm raus, 64. Vgl. auch: AMORTH, G. (2002): Exorzisten und Psychiater; Ders. (2009): Neue Berichte eines Exorzisten; (2013): Memoiren eines Exorzisten.
37 Nachdem auf Bitte der Eltern, auf Basis eines von einem Jesuiten erstellten exorzistischen Fachgutachtens, unter Zustimmung des Ortsbischofs und unter der Mitwirkung zweier Priester innerhalb von nur 2 Jahren *67-mal (!)* der *große Exorzismus* in der rituellen Fassung aus dem Jahr 1614 an der 23-jährigen Studentin Anneliese Michel, die unter einer zwar diagnostizierten, jedoch nicht effizient behandelten Psychose mit epileptischen Anfällen litt, vollzogen worden war, verstarb diese 1976 in einem malträtierten Körperzustand mit einem Gewicht von nur noch 31 Kilogramm. Beide Eltern und die beteiligten Priester wurden wegen unterlassener Hilfeleistung verurteilt, waren und blieben jedoch uneinsichtig.
38 Die interdisziplinäre Expertenkommission wollte festgehalten wissen, dass es keine Kriterien für ‚Besessenheit' gibt. Die Kommission schlug vor, exorzistische Rituale durch eine *‚Liturgie zur Befreiung vom Bösen'* zu ersetzen und entsprechende seelsorgliche Leitlinien zu erarbeiten. Die Vorschläge wurden in Rom nicht aufgegriffen. Vgl. SINGER, A. (2006): Teufe, Dämonen, Besessenheit, 257-259.
39 Vgl. PROBST, M. (1999): Der Große Exorzismus; PROBST, M./ K. RICHTER: (2002): Exorzismus oder Liturgie zur Befreiung vom Bösen. NIEMANN, U./ M. WAGNER (2005) (Hg.): Exorzismus oder Therapie? Ansätze zur Befreiung vom Bösen.

tätigen SeelsorgerInnen und exorzistischen Vereinigungen als Verrat am alten Ritus abgelehnt.[40] Als Kompromiss wurde deshalb die Regelung getroffen, dass in Ausnahmefällen auch weiterhin auf Basis des Rituals von 1614 exorziert werden darf. Auch in Deutschland engagieren sich evangelische und katholische SeelsorgerInnen somit noch immer bzw. wieder im evangelischen ‚Befreiungsdienst‘ bzw. im katholischen ‚Exorzismus‘. Trotz jahrzehntelanger Zurückhaltung, die sich v.a. dem damaligen Vorsitzenden der Deutschen Bischofskonferenz, Kardinal Karl Lehmann, verdankte, sind inzwischen auch im katholischen Raum wieder Tür und Tor für exorzistische Praktiken geöffnet, denn nach dem Ausscheiden von Kardinal Lehmann vom Vorsitz haben sich die deutschen Bischöfe dazu entschlossen, dem Anliegen von Papst Benedikt XVI zu entsprechen, nicht nur das neue Rituale von 1999 in die deutsche Sprache übersetzen zu lassen, sondern auch in den (Erz)Diözesen ausgewählte Priester als sogenannte Exorzismusbeauftragte zu ernennen, die mit Zustimmung ihres (Erz)Bischofs exorzieren dürfen. Eine Strategie, die im Jahr 2014 von Papst Franziskus anbefohlen und (ebenso wie der Exorzismus-Studiengang in Rom) aktiv gefördert wird![41]

Dass amtlich bestellte tatsächlich angefragt werden, ist darin begründet, dass es (immer mehr) Menschen gibt, die sich besessen fühlen und diesbezüglich bei SeelsorgerInnen Hilfe suchen bzw. exorzistische Praktiken einfordern. SeelsorgerInnen sind deshalb dazu herausgefordert, sich der schwierigen Aufgabe zu stellen, zeitgemäße, gewaltfreie, gottes- und menschenfreundliche Praxisformen zu entwickeln, die dazu beitragen, dass Menschen, die massiv leiden, sich von ‘bösen Mächten und Gewalten’ befreit fühlen können. Die Praxisform ‘Exorzismus’ stellt jedoch ein äußerst zweischneidiges Schwert dar, das, weil es noch immer benutzt wird, SeelsorgerInnen massiv in Verruf bringen und falsche Assoziationen und Erwartungen wecken kann. Theologisch ist zudem zu fragen:

---

40 Vgl. SINGER, A. (2006): Teufel, Dämonen, Besessenheit, 260. Organisieren können sich exorzistisch tätige SeelsorgerInnen in der 1990 gegründeten ‚Internationalen Exorzistenvereinigung‘ und der 1995 gegründeten ‚Internationalen Vereinigung für den Befreiungsdienst‘, denn beide international vernetzte Vereinigungen, die regionale und weltweite Konferenzen abhalten, besitzen auch sektionale Standbeine in Deutschland. Mitglieder dieser Vereinigungen sind nicht nur SeelsorgerInnen, sondern auch PsychotherapeutInnen, PsychiaterInnen und ÄrztInnen.
2005 empfing Papst Benedikt XVI. auf einer Generalaudienz Mitglieder der einflussreichen italienischen Exorzistenvereinigung und ermutigte sie, ihren Dienst weiterhin unter der wachsamen Aufmerksamkeit ihrer Bischöfe auszuüben. Nach Singer lag die Bedeutung dieses Treffens v.a. darin, dem ‚exorzistischen Wildwuchs‘ entgegenzusteuern, der weltweit um sich greift. Dies könnte auch der Grund dafür sein, dass seit dem Wintersemester 2005/2006 an der Päpstlichen Hochschule (Athenaeum Pontificium Regina Apostolorum) der ‚Legionäre Christi‘ bereits mehrmals ein mehrwöchiger Kurs zum Thema ‚Exorzismus und Befreiungsgebet‘ angeboten wurde. Kurse, an denen bereits hunderte Priester und Laien aus zahlreichen Ländern teilnahmen, um sich über Besessenheit aufklären zu lassen und das Exorzismusritual von 1999 einzuüben. Als Dozenten fungieren Theologen der Hochschule, aber auch Bischöfe, die auf exorzistische Erfahrungen zurückgreifen können, sowie Mediziner und Psychiater aus der Exorzistenvereinigung. An abschließenden Sitzungen nehmen auch ‚Berufsexorzisten‘ wie Gabriele Amorth teil, der das Exorzismusritual von 1999 als Verrat an der ersten Version von 1614 ablehnt. Vgl. SINGER, A. (2006): Teufel, Dämonen, Besessenheit, 260-262; SCALA, M. (2012): Der Exorzismus in der Katholischen Kirche.
41 Vgl. BREMER, J. (2014): Exorzismus ist wieder in Mode.

„Ist es zu verantworten, dass der Glaube an den Teufel durch eine kirchliche Sozialisation bestärkt wird und hilft, persönliche pathogene Konflikte zu verschieben statt bewußt zu machen und zu klären?... Warum reicht denn das Sakrament der Krankensalbung nicht aus, in dem sich doch die Solidarität der Kirche mit einem leidenden Menschen in ihrer Fürbitte um dessen Stärkung und Heilung ausdrückt?... Insbesondere das Beibehalten der imperativen Form *(„Ich beschwöre dich, Satan... Weiche Satan")* unterstützt in Gläubigen ein dualistisches Weltbild. Dieses lehrt das Dasein eines bösen Prinzips, das mit Gott gleichursprünglich oder zumindest gleichermaßen koexistent sei."[42]

Die letztlich theologisch entscheidende Frage aber stellt trotz, ja vielleicht gerade wegen der saloppen Formulierung Marcus Wegner: „Der Exorzismus schreibt in der Sprache der Krankheit die Krankheit selber fest und stabilisiert sie. Die wirklichen Abgründe der menschlichen Psyche werden dabei vollkommen dem Bösen zugeschrieben... Die sich besessen wähnenden Menschen brauchen Zuwendung und Begleitung, welche ihnen das magische und machterfüllte Ritual des Exorzismus zumeist verweigert. Wenn die Exorzisten in allem nur den Teufel sehen, hören sie nicht mehr die Sprache der Hilflosigkeit und das unausgesprochene Verlangen nach Geborgenheit und Liebe... Gibt es im Umgang mit hilfsbedürftigen Menschen Entwürdigenderes, als diesen zu suggerieren, sie gehören nicht mehr sich selbst und seien ganz in den Händen des Satans, des Gegenspielers Gottes?... *Offensichtlich hat Jesus den Teufel doch nicht so siegreich überwunden, wenn ihm böse Geister, Teufel und Dämonen bis in alle Ewigkeit auf der Nase herumtanzen dürfen?"*[43]

2. Pastoralpsychologisch-heilsame Praxisschwerpunkte

Ein zentraler Praxisschwerpunkt seelsorglicher Tätigkeit in nahezu allen Arbeitsfeldern ist das *Gespräch*. Einmalige oder sich wiederholende, kurze oder lange Gespräche, die entweder spontan zustande kommen (nach dem Gottesdienst, im Rahmen einer Feier oder eines Hausbesuchs, auf der gemeinsamen Fahrt, am Gartenzaun, nach der Sitzung, im Stationszimmer...) oder geplant und vorab abgesprochen sind. Gespräche, die von SeelsorgerInnen ausgehen oder an sie herangetragen werden. Einzelgespräche (Zufallsgespräche, Alltagsgespräche, Krisengespräche, Trauergespräche, Beratungsgespräche, Glaubensgespräche, Beichtgespräche, Verhandlungsgespräche, Streitgespräche...), Familiengespräche (Hausbesuchsgespräche, Beratungsgespräche, Krisengespräche, Ehevorbereitungsgespräche, Beerdigungsgespräche...), Gespräche in Gruppenkonstellationen (Sitzungsgespräche, Gruppenarbeitsgespräche, Veranstaltungsgespräche, Teamgespräche, Unterrichtsgespräche...). Erst als sich die Seelsorgebewegung in den 70iger Jahren auch in Deutschland etablierte, wurde die

---

42 RUFF, W./ B von STEIN (2010): Exorzismus – Befreiung vom Bösen?, 180/187/177.
43 WEGNER, M. (2009): Exorzismus heute, 304. Verfechter des Exorzismus beziehen sich auf Bibelstellen, in denen tatsächlich von Teufel und Dämonen die Rede ist! Details hierzu im Kapitel ‚Menschenbild'.

zentrale Bedeutung des Gesprächs und der kontrollierten Gesprächsführung für die Seelsorge wirklich erkannt und in entsprechende Ausbildungskonzepte umgesetzt. In jener Aufbruchsperiode wurde seelsorgliches Handeln nahezu gleichgesetzt mit seelsorglicher Gesprächsführung, wie folgende programmatische Äußerung Dietrich Rösslers belegt: „Die Seelsorge unserer Tage ist ‚beratende Seelsorge'. Sie gründet sich auf eine Pastoralpsychologie, auf die klinisch-pastorale Ausbildung und auf die Psychoanalyse. Sie soll methodisch streng und exakt erfasstes Gespräch sein mit ebenso exakt definierten Grenzen und Zielen."[44] Inzwischen ist diesbezüglich eine gewisse Ernüchterung eingetreten, denn längst ist erkannt, dass nicht alle Seelsorgegespräche exakt vor- und nachbereitet werden können oder gar müssen, wie Jürgen Ziemer eingesteht: „Es gehört zur Realität praktisch-theologischer Arbeit, nicht dauernd so zu tun, als würden in der pfarramtlichen Praxis am laufenden Band therapeutische Seelsorgegespräche und theologisch tiefgehende Glaubensdispute geführt. Hier ist Ehrlichkeit vonnöten."[45] Eberhard Hauschildt, der sich intensiv mit dem alltäglichen Seelsorgealltag auseinandergesetzt hat, legt daher folgende, weitaus realistischere Einschätzung vor: „Die gewöhnlichen, die alltäglichen Gespräche sind viel unspektakulärer. Sie sind viel kürzer: 'zwischen Tür und Angel', 'wo ich sie gerade sehe'. Sie sind viel unbestimmter: 'über Gott und die Welt', 'auf einen Schwatz'. Sie sind viel ungeschützter: an der Bushaltestelle, im Supermarkt, über den Gartenzaun. Ihr Zustandekommen ist viel zufälliger: nach der Sitzung, bei der Bahnfahrt. Diese Gespräche stehen im Zusammenhang des Alltags der Seelsorge."[46] Tiefgehende, methodisch reflektierte Glaubens- oder ethische Beratungsgespräche und weniger tiefgehende Alltagsgespräche dürfen jedoch nicht gegeneinander ausgespielt werden. Beide Formen gehören zum Seelsorgealltag und haben ihren Wert in sich, weshalb auch oberflächlich erscheinender Small-Talk keine Vor- Form von Seelsorge darstellt.

SeelsorgerInnen reden zwar viel, aber nicht nur! SeelsorgerInnen arbeiten mit *vollem Körpereinsatz*, weshalb sie Menschen auch berühren, umarmen oder ihnen die Hand halten, wenn Menschen diese Form der Zuwendung nötig haben und ihre Zustimmung signalisieren. SeelsorgerInnen setzten jedoch nicht nur ihren Körper ein, sondern arbeiten auch mit den Körpern der Menschen, weshalb sie auch körperpsychotherapeutische Elemente und Handlungen wie Atem- und Entspannungsübungen sowie Meditationstechniken in ihre Arbeit integrieren.[47] Der pastoralpsychologische Zugang zum Menschen hat zudem den Weg dafür bereitet, dass Seelsorge auch *spielerische, kreative oder künstlerische Praxisformen* aufweist. Praxisformen, in denen zusammen gestaltet, gemalt oder ge-

44 RÖSSLER, D. (1973): Rekonstruktion des Menschen, 391.
45 ZIEMER, J. (1998): Rezension zu Eberhard Hauschildt: Alltagsseelsorge, 426.
46 HAUSCHILDT, E. (1999): Alltagsseelsorge, 8.
47 Vgl. COENEN-MARX, C. (2005): Seelsorge und Leibarbeit; LIEBAU, I. (2003): Körperpsychotherapeutische Elemente als Ausdrucksformen ganzheitlicher Seelsorge; STRECKER, J. (1999): Körperorientierte und kreative Methoden in der Seelsorge.

töpfert wird; in denen musiziert, oder gesungen wird; in denen Theater gespielt, sich pantomimisch bewegt oder miteinander getanzt wird; in denen vorgelesen oder einfach nur miteinander gespielt wird. Praxisformen, die weniger an kognitive Fähigkeiten anschließen als vielmehr an die Kreativität, Phantasie und Spontanität von Menschen, wie Gina Schibler in Rückgriff auf Methoden der intermediären Kunsttherapie deutlich macht.[48] Für den verstärkten Einsatz kreativer Methoden plädiert auch Stefan Fritsch, der aus eigener Erfahrung betont: „Mit Hilfe kreativer Methoden lassen sich Verletzungen in der Biographie orten, Spannungen erhellen und Blockaden überwinden."[49]

Da die Pastoralpsychologie SeelsorgerInnen gelehrt hat, sich selbst ernst und wichtig zu nehmen, fallen in diese Rubrik auch Praxisformen, die sich der notwendigen *Selbst-Sorge von SeelsorgerInnen* verdanken. Praxisformen, die in die seelsorgliche Arbeitszeit fallen, sich aber primär auf die Person SeelsorgerIn selbst richten wie z.B.: Teilnahme an Exerzitien, Meditationsveranstaltungen, Wüstentagen oder sonstigen spirituellen Angeboten, um spirituell auftanken zu können; kurze Aus-Zeiten, in denen z.B. in der Kapelle oder auf der Wiese verschnauft oder auch für sich selbst in der Bibel gelesen werden kann; Inanspruchnahme von Supervisionsangeboten und fachlicher Begleitung, um eine konstruktiv-kritische Außenperspektive auf die eigene Tätigkeit zu haben; regelmäßige Treffen mit den eigenen KollegInnen, nicht um zu organisieren und zu planen, sondern um sich über das jeweilige Seelsorgeverständnis und anvisierte Praxisschwerpunkte auszutauschen; Lesen theologischer Fachliteratur und Teilnahme an Fort- und Weiterbildungen, um sich selbst fachlich auf dem Laufenden zu halten.

3.   Diakonisch-prophetische Praxisschwerpunkte

Hierzu zählen zunächst all die *konkreten Hilfshandlungen*, die SeelsorgerInnen entweder völlig unspektakulär, sozusagen im Stillen und Leisen, oder auch spektakulär, d.h. sichtbar und öffentlichkeitswirksam vollziehen. *Unspektakuläre Hilfshandlungen,* wie z.B. stark bewegungseingeschränkten Menschen beim Telefonieren, Kämmen oder Ausfüllen eines Formulars helfen; isolierte (alte) Menschen besuchen oder einen regelmäßigen Besuchsdienst organisieren, mit ihnen spazieren gehen, weil sie sonst nicht mehr vor die Tür kommen oder ihnen einen neuen Rollstuhl besorgen, weil kein anderer hilft; mit der Schulleitung reden, um einem Schüler doch noch eine Chance zu geben; mit Arbeitgebern reden, um zu verhindern, dass ein Jugendlicher seinen Arbeitsplatz verliert; einen Menschen zum Arbeitsamt begleiten, weil er den Gang alleine einfach nicht schafft. *Spektakuläre Hilfshandlungen,* wie z.B. Beratungsstellen

48 Vgl. SCHIBLER, G. (1999): Kreativ-emanzipierende Seelsorge, 66. Vgl. auch HEYMEL, M. (2007): Kann Musik heilen? PETZOLD, H. (2005): Unterwegs zu einem ‚erweiterten Seelsorgekonzept' für eine ‚transversale Moderne', 215.
49 FRITSCH, S. (2002): Mit Phantasie durch die Krise. Kreative Methoden in der Seelsorge, 296.

(z.B. Schuldnerberatung, Ausländerberatung, Schwangerschaftskonfliktberatung) in Gemeinderäumen errichten;[50] Essensküchen organisieren; Kirchenräume zur Nahrungsmittelverteilung öffnen;[51] Übernachtungsmöglichkeiten für Obdachlose schaffen.

Womit sind SeelsorgerInnen sonst noch beschäftigt? Sie sorgen zumeist zusammen mit KollegInnen und ehrenamtlichen MitarbeiterInnen dafür, dass einzelne Menschen, Menschengruppen und Institutionen sich miteinander *vernetzen.* Sie veranlassen oder kümmern sich selbst um den Aufbau und die Pflege *gruppenspezifischer* Ministranten-, Jugend-, Frauen- oder Männergruppen; Kinder-, Familien-, Nachbarschafts-, Senioren-, AusländerInnen- und Arbeitslosentreffs; Kinder-, Jugend- oder Familienfreizeiten; Jugend-Diskos oder Tanzabende für Ältere und organisieren Telefonketten, Kaffeekränzchen oder spezielle Veranstaltungen für Senioren. Gleichzeitig engagieren sie sich aber auch für *gruppenübergreifende Vernetzungen*, damit Jung und Alt, Männer und Frauen, Gesunde und Kranke beieinander bleiben. Zur Alltagspraxis gehört deshalb auch die Organisation und Durchführung von gemeinsamen (Pfarr)Festen, Feiern, Fastenveranstaltungen und Pfarrausflügen, sowie die Planung und Durchführung gemeinsamer Projekte wie z.B. der Einrichtung einer Theater-, Musik- oder Sportgruppe, die gemeinsame Sanierung von Kirchengebäuden oder Errichtung z.B. eines Spielplatzes. Die *institutionell-strukturelle Vernetzungsarbeit* realisiert sich dagegen in Praxisformen, die sowohl auf regionaler als auch auf überregionaler Ebene angesiedelt sind. SeelsorgerInnen vernetzen ihr seelsorgliches Arbeitsfeld (Pfarrgemeinde oder Kategorialgemeinde) mit anderen seelsorglichen und pastoralen Arbeitsfeldern, indem sie einen arbeitsintensiven Kontakt pflegen entweder zu den sich z.B. im Einzugsbereich eines Altenheimes befindlichen Pfarrgemeinden oder umgekehrt den sich im Einzugsbereich einer Pfarrgemeinde befindlichen Kategorialgemeinden, eventuell auch Profil- und City-Gemeinden, sowie Klostergemeinschaften. SeelsorgerInnen vernetzen zudem ihr Arbeitsfeld mit den psychosozialen Einrichtungen der Region, einschließlich der Einrichtungen von Caritas und Diakonie sowie der (Selbst)Hilfe- und (Angehörigen)Verbände, so dass die eigene Gemeinde in ein komplexes Netzwerk gegenseitiger Überweisung und Unterstützung eingebunden ist.[52] Für den Arbeitsalltag heisst dies, hingehen, Gespräche füh-

---

50 Dass diese Alltagspraxis durchaus noch ausbaufähig ist, signalisiert Jürgen Ziemer, wenn er schreibt: „Es wäre sinnvoll, im Rahmen offener sozialer Dienste, aber vielleicht auch innerhalb der Gemeinden Beratungs- und Begegnungsangebote für ausländische Mitbürgerinnen und Mitbürger einzurichten und aufzubauen." ZIEMER, J. (2000): Seelsorgelehre, 66.

51 Vgl. die evangelische Initiative ,*Leib und Seele'* in Berlin, in der SeelsorgerInnen regelmäßig ihre Kirchenräume dafür öffnen, dass bedüftige RentnerInnen und Hartz IV-EmpfängerInnen sich mit Lebensmitteln, die zuvor von ehrenamtlichen MitarbeiterInnen als Spenden in der gesamten Stadt eingesammelt worden sind, eindecken können.

52 Dementsprechend schlussfolgert Michael Klessmann: „Seelsorge in der Gemeinde oder im Krankenhaus sollte sich als Bestandteil eines umfassenden psychosozialen Hilfe-Netzwerkes begreifen und entsprechend Zusammenarbeit mit Angeboten der ambulanten und stationären Psychotherapie und Beratung suchen." KLESSMANN, M. (2005): Seelsorge und Professionalität, 289.

ren, sich gegenseitig zu Veranstaltungen einladen und einander Plattformen der Begegnung und gegenseitigen Information erschließen. SeelsorgerInnen vernetzen ihre Gemeinden schließlich auch strukturell in die überregionale und *weltweite Kirchenstruktur*, weshalb sie alltagspraktisch auch damit beschäftigt sein können, an Besprechungen und Konferenzen auf der Ebene von Diözese bzw. Bistum tätig zu sein bzw. überregionale KirchenvertreterInnen wie Dekane oder Bischöfe in ihre Gemeinde zu Diskussionsabenden und Veranstaltungen einzuladen, oder auch Delegationen zu organisieren, die mit oder ohne sie an kirchlichen Großveranstaltungen wie Weltjugendtagen, Frauenweltgebetstagen, Katholikentagen, Evangelischen oder Ökumenischen Kirchentagen teilnehmen. Letzteres lenkt den Blick zu einer weiteren Vernetzungstätigkeit, die ebenfalls viel Arbeitszeit in Anspruch nimmt: Alle Tätigkeiten, die zur *interkonfessionellen und interreligiösen Vernetzung* beitragen, wie z.B. die Vorbereitung und Durchführung gemeinsamer Veranstaltungen oder liturgischer Feiern, oder das simple Anwesendsein, Mitfeiern und Repräsentieren der eigenen Konfession z.B. bei offiziellen Anlässen im Dorf, in der Stadt oder in der Region. Seelsorglich tätig sein bedeutet somit immer auch, Repräsentationspflichten wahrzunehmen, da SeelsorgerInnen öffentliche Figuren sind.

Der letzte Aspekt leitet über zu einem weiteren Praxisschwerpunkt, der sich als sehr konkretes *öffentlichkeitspolitisches, gesellschafts- und sozialpolitisches Engagement* umschreiben lässt.[53] Praxisformen, die SeelsorgerInnen über die Grenzen ihrer Gemeinden hinaus im gesellschaftlichen und öffentlichen Raum prophetisch-kritisch tätig sein lassen. *Öffentlichkeitsarbeit* leisten SeelsorgerInnen nicht nur dadurch, dass sie z.B. an ihrem kategorialen Einsatzort an 'Tagen der Offenen Tür' aktiv teilnehmen, hausinterne Zeitschriften oder Informationsblätter herstellen, sondern auch dadurch, dass sie selbst als öffentliche Personen in der Gesellschaft präsent sind, indem sie z.B. Zeitungsartikel schreiben, sich auf eigenen Seiten im Internet, im Radio oder im Lokalfernsehen zu Wort melden oder einen Informationsstand in der Fußgängerzone betreiben. An derartigen Aktionen ist ablesbar, dass zur Seelsorge *aktives gesellschafts- und sozialpolitisches Engagement* unabdingbar dazugehört. SeelsorgerInnen stellen sich schützend vor gesellschaftlich benachteiligte Menschen, indem sie z.B. Mahnwachen vor Asylantenheimen organisieren; indem sie Geld – auch in Form von Sponsoring - sammeln, um z.B. verarmte Familien und deren Kinder vor dem sozialen Absturz zu bewahren; indem sie Protest- und Schweigemärsche organisieren, wenn einer Gesellschaftsgruppe Unrecht angetan wird; indem sie sich z.B. bei Gewerkschaftsveranstaltungen als RednerInnen anbieten, um sich mit

---

53 Aus interkultureller Perspektive gibt Helmut Weiss zu verstehen, dass die politische Intervention als seelsorgliche Tätigkeit in unseren Breiten im Unterschied zu anderen Ländern noch lange keine Selbstverständlichkeit darstellt: „Unsere Freunde aus den südlichen Ländern weisen uns immer wieder darauf hin, dass in vielen Ländern Seelsorge gleichzeitig Hilfe in materieller Not ist und neben der Entdeckung der eigenen Ressourcen politische Aktion erfordert". WEIß, H. (2005): Grundelemente einer Interkulturellen Seelsorge, 92.

Menschen zu solidarisieren, deren Arbeitsplatz bedroht ist; indem sie an friedlichen Gegenveranstaltungen zu Aufmärschen rechtsradikaler oder sonstiger demokratiefeindlicher Gruppierungen teilnehmen oder diese selbst organisieren, wenn sich kein anderer Protest formiert; indem sie sich als ExpertInnen in sozialpolitischen Gremien, Kommissionen und Ausschüssen zur Verfügung stellen, um zugunsten benachteiligter Menschen Einfluss auf politische Entscheidungen nehmen zu können.[54]

Öffentliches gesellschaftspolitisches Engagement setzt jedoch internes *kirchenpolitisches Engagement* voraus, wenn es tatsächlich glaubwürdig sein soll. Rufen SeelsorgerInnen laut nach der Einhaltung von Menschenrechten, der Wahrung der Menschenwürde und der Aufrechterhaltung demokratischer Spielregeln, haben sie dies auch nach innen zu rufen, weshalb zu ihrer Arbeit unabdingbar dazugehört, sich gemeinsam mit ihren KollegInnen kirchenpolitisch zu organisieren und entsprechend zu engagieren, indem sie sich z.B. in Berufsverbänden zusammenschließen und von ihrem Einfluss auf kirchleninterne Entscheidungsprozesse aktiv Gebrauch machen; indem sie z.B. die Zeit dafür aufbringen, an pastoralen Konzeptpapieren selbst mitzuwirken; indem sie Erfahrungen von der Basis ‚nach oben' gefragt und ungefragt rückmelden; indem sie auch für ihren eigenen Berufsstand und dessen finanzielle und rechtliche Absicherung kämpfen, damit SeelsorgerInnen nicht in der permanenter Unsicherheit und Angst vor der eigenen Arbeitslosigkeit tätig sein müssen. Kirchenpolitisches Engagement stellt jedoch unter SeelsorgerInnen (noch immer) keine Selbstverständlichkeit dar, weshalb Hermann Steinkamp fragt: „Wie nutzen Seelsorger(innen) ihr Wissen (um Einzelschicksale, Marginalisierung bestimmter Gruppen) und ihre theologische Kompetenz, um (z.B. über Berufsverbände) politisch Einfluss auf Entscheidungen der Kirchenleitungen (Geld, Personaleinsatz) zu nehmen?"[55]

Noch weniger ausgeprägt als das gesellschaftspolitische Engagement stellt sich gegenwärtig das *ökologische Engagement* von SeelsorgerInnen dar, das sich aber ebenso aus dem multidimensionalen Seelsorgeverständnis ableitet. Seelsorglich tätig sein heißt somit auch, konkret mit den Gruppierungen in der Gesellschaft zusammenzuarbeiten, die sich dem Umwelt-, dem Arten- und dem Klimaschutz verschrieben haben.[56] Zur Seelsorgepraxis gehört daher auch, der-

---

54 Norbert Mette und Gregory Baum lassen sehen, dass, wenn es SeelsorgerInnen gelänge, nur einige Menschen in ihrem Umfeld dazu zu ermutigen, sich ebenfalls gesellschaftspolitisch zu engagieren, eine Art Schneeballsystem in Gang käme, das automatisch zu politischen Aktionen in kleinem und großem Umfang führen würde: „Wenn es in jeder Pfarrei zehn Männer und Frauen gäbe, die sich ernsthaft mit den sozialen Fragen der Gegenwart befassen und dazu die kirchlichen Stellungnahmen zu ihrer Orientierungshilfe nehmen, dann hätte man in einer großen Stadt sofort hundert, fast tausend KatholikInnen, die für die Frage der Gerechtigkeit aufgeschlossen sind und sich zu *gemeinsamen Aktionen vor Ort* zusammenschließen können. Diözesanweit und landesweit würde sich diese Zahl vervielfachen. Es käme eine Bewegung in Gange." METTE, N./ G. BAUM (2004): Spuren von Gnade in einer gnadenlosen Welt, 39.
55 STEINKAMP, H. (1995): Die „Seele" – Illusion der Theologen, 92.
56 Vgl. BOPP, K. (2000): Einen neuen Himmel oder eine neue Erde?, 10.

artige Bewegungen aktiv, d.h. auch finanziell zu unterstützen, ihnen in der Gemeinde eine Plattform einzuräumen und an deren Projekten mitzuarbeiten. Ökologisches Engagement kann sich aber auch darin zeigen, dass SeelsorgerInnen Menschen dazu ermutigen, wieder mehr Naturkontakt zu suchen, indem sie z.b. Wanderungen, Ausflüge in die Natur, Zeltlager oder sonstige Veranstaltungen organisieren, die Menschen wieder auf Tuchfühlung bringen mit ihren natürlichen Wurzeln. SeelsorgerInnen haben die Möglichkeit, mit Menschen zusammen ökologisches Bewusstsein einzuüben, indem z.b. gemeinsam darauf geachtet wird, bei Festen und Veranstaltungen möglichst wenig Abfall zu produzieren oder Wert darauf gelegt wird, dass bei Neubauten oder Renovierungen ökologisches Know-How berücksichtigt wird und regelmäßig ökologische Aufklärungsveranstaltungen stattfinden.

Letzteres leitet über zu einem weiteren Praxisschwerpunkt: Zur Seelsorge gehört immer auch *konkrete Bildungsarbeit*. SeelsorgerInnen halten selbst Vorträge oder kümmern sich um fähige ReferentInnen. Sie legen Kontakte zu Erwachsenenbildungseinrichtungen, zu theologischen Akademien und auch theologischen Universitäten, kirchlichen Hochschulen oder Fachhochschulen, wo sie als ExpertInnen aus der Praxis ihr Wissen in Form von Gastbeiträgen in Vorlesungen oder Seminaren zur Verfügung stellen. Nicht selten kommen SeelsorgerInnen auch im Schulunterricht oder in Kindergärten zum Einsatz, wo sie konkret an der religiös-christlichen Sozialisation von Menschen mitarbeiten können. In Einrichtungen wie Krankenhäusern oder Altenheimen werden SeelsorgerInnen zudem in der Fort- und Weiterbildung des Personals eingesetzt, weshalb ihr Seelsorgealltag auch Unterrichtsstunden umfassen kann.

Ein letzter Tätigkeitsbereich im Praxisschwerpunkt diakonisch-prophetischer Alltagspraxis leitet sich aus der Tatsache ab, dass viele SeelsorgerInnen in der Kategorialseelsorge, d.h. in hochkomplexen Organisationen und säkularen Strukturen tätig sind, weshalb spezielle *strukturell bedingte Praxisformen* hinzukommen. Praxisformen, die sich von Haus zu Haus gravierend unterscheiden können. Da SeelsorgerInnen zumeist nicht in die *formalen Organisationsstrukturen* z.B. eines Altenheims, eines Gefängnisses oder einer Klinik eingebunden sind, ist ihre Alltagspraxis weniger von derartigen Strukturen (z.B. feste Teilnahme an Sitzungen, Besprechungen, Übergaben, Personalversammlungen, Fachveranstaltungen) und damit einhergehenden Begrenzungen bestimmt. Alternativ sind sie zumeist gezwungen, über *informelle Organisationsstrukturen* an Informationen zu gelangen, Konflikten und Problemen auf die Spur zu kommen oder Einfluss ausüben zu können. SeelsorgerInnen sind daher oft damit beschäftigt, mit Mitgliedern des Personals *Kaffee/Tee zu trinken* und zu reden, sowie an Basaren, Feiern, Ausflügen, Ausstellungseröffnungen, Sportaktivitäten und sonstigen 'unproduktiven' informellen Aktivitäten teilzunehmen. Aktivitäten, die den Eindruck erwecken können, dass SeelsorgerInnen ihre Arbeit anscheinend völlig frei einteilen können und immer Zeit haben. Ein Eindruck, der nicht selten Neidgefühle oder Aggressionen bei anderen Berufsgrup-

pen hervorrufen kann, da informelle seelsorgliche Aktivitäten, die für SeelsorgerInnen von elementarer Bedeutung sind, in hocheffizienten und zertifizierten
Organisationen unnütz und sinnlos erscheinen. Weist die Organisation SeelsorgerInnen dagegen einen Platz in den formalen Organisationsstrukturen zu, dann
können auf sie Aufgaben zukommen wie z.B. Teilnahme an interdisziplinären
Sitzungen; Mitarbeit in (Ethik)Kommissionen; Mitarbeit in der Vorbereitung
von Fachsymposien und Tagungen; regelmäßige Gespräche mit der Hausleitung; aktive Mitarbeit in der Aus-, Fort- und Weiterbildung des Personals; Werbung, Begleitung und Schulung ehrenamtlicher MitarbeiterInnen; Beteiligung
am Qualitätsmanagement; Mitarbeit in der Leitbilderstellung des Hauses,
extramurale Vernetzungsaufgaben.

4. Organisatorisch-administrative Hintergrundpraxis

Auch SeelsorgerInnen kommen ohne Praxisformen 'hinter den Kulissen' nicht
aus. Tätigkeiten, die nicht im eigentlichen Sinne als Seelsorge zu bezeichnen
sind, die jedoch enorm viel Arbeitszeit beanspruchen, obgleich sie 'von außen'
zumeist nicht einmal wahrgenommen werden. Einige dieser Tätigkeiten möchte
ich ausdrücklich benennen, um SeelsorgerInnen dazu zu animieren, nachzufor-
schen, wie viel Zeit in ihrer Tätigkeit auf diesen Arbeitsanteil fällt und ob sich
manche Tätigkeiten vielleicht anders organisieren oder delegieren ließen, um
mehr Zeit für die drei Praxisschwerpunkte zu finden, die ein multidimensionales
Seelsorgeverständnis einfordert. SeelsorgerInnen sind ausgesprochen viel mit
organisieren, *verwalten*, *dokumentieren* und *besprechen* beschäftigt. Zumeist
ist ihnen ein Büro oder ein Pfarrhaus zugeteilt, um das sie sich ebenso wie um
die Kapelle oder das Kirchengebäude kümmern müssen. Kümmern, d.h. Büro-
material beschaffen; Voraussetzungen zum Kaffeekochen und geselligen Zu-
sammensitzen schaffen; Organisten, Chor oder Musiker für (liturgische) Veranstaltungen organisieren; sich um Blumenschmuck, Kerzen oder sonstige Deko-
rationen kümmern; Festvorbereitungen treffen; Räume für Veranstaltungen um-
räumen. Briefe, Telefonate, Mails und ‚Papierkram' müssen abgearbeitet werden. Urlaubs-, Einsatz- und Bereitschaftspläne sind in oftmals mühseligen Aus-
handlungsprozessen abzusprechen. Die Finanzplanung muss lückenlos nachvollziehbar dokumentiert sein. Qualitätsmanagementformulare müssen ausge-
füllt werden. SeelsorgepraktikantInnen und eventuell vorhandene SekretärInnen
sind sinnvoll zu beschäftigen. Die eigene Arbeit ist für sich selbst, für KollegInnen oder für Vorgesetzte zu dokumentieren. Fahrten bzw. Fußwege zwischen den Einsatzorten sind möglichst effizient zu erledigen und Fahrgeldabre-
chungen rechtzeitig zu erstellen. ReferentInnen oder sonstige Gäste sind einzuladen und müssen versorgt werden. Veranstaltungen sind vorzubereiten, Einla-
dungen oder Flyer sind zu drucken und zu verteilen. Material für Gruppenver-
anstaltungen ist ebenso zu besorgen wie Proviant für Freizeiten oder Ausflüge.
An Tagungen, Versammlungen, Sitzungen, intra-konfessionellen, inter-

konfessionellen und inter-disziplinären Teambesprechungen gilt es nicht nur teilzunehmen, sondern diese auch vor- und z.b. in Form von Protokollierung nachzubereiten. Im Bereitschaftsdienst gilt es tatsächlich bereit zu stehen, auch wenn nichts passiert oder getan werden muss. Manche Tätigkeiten resultieren auch daraus, dass im eigenen Team Konflikte oder auch gegenseitige Sprachlosigkeit beizulegen sind; dass Absprachen nicht eingehalten werden; dass der oder die Verantwortliche für die Teamleitung seine/ihre Verantwortung nicht wahrnimmt bzw. z.b. aufgrund von Alkoholproblemen nicht wahrnehmen kann, wodurch manche Tätigkeiten unkoodiniert ablaufen, doppelt oder überhaupt nicht verrichtet werden.

5.   Zusammenfassender Überblick

In diesem Kapitel sollte deutlich werden, dass jede der drei Dimensionen/ Bausteine multidimensionaler Seelsorge *(1. Mystagogisch-spirituell; 2. Pastoralpsychologisch-heilsam; 3. Diakonisch-prophetisch)* eigene Praxisschwerpunkte auf der Basis unterschiedlicher Methodik mit sich bringt. Alltagspraktisch sind diese zwar ineinander verflochten, der Übersichtlichkeit halber wurden sie jedoch auseinanderdividiert. Ziel hierbei war es, die *atemberaubende Komplexität* seelsorglicher Alltagspraxis zu veranschaulichen.

Da nicht auf ein spezifisches Arbeitsfeld fokussiert wurde, tauchen Praxisschwerpunkte auf, die vielleicht nicht für jeden/jede SeelsorgerIn relevant sind. Die Darstellung will jedoch dazu animieren, zu überprüfen, ob tatsächlich alle Möglichkeiten bereits ausgeschöpft sind, die das eigene Arbeitsfeld zulässt. Dieses Kapitel soll keine Praxisanleitung im Sinne einer Gebrauchsanweisung sein. Einzelne Praxisformen wurden daher nicht bis ins Detail beschrieben. Wenn eine Problematisierung bestimmter Praxisformen erforderlich ist, wurde der notwendige Raum hierfür zugestanden.

Schaubild 11 auf der folgenden Seite dokumentiert ohne Anspruch auf Vollständigkeit die extrem komplexe Praxisvielfalt zeitgemäßer Seelsorge. In der Kategorialseelsorge kommen noch einige spezifische Praxisformen hinzu, die aus dem spezifischen Arbeitsfeld, den jeweils dort vorfindbaren formellen und informellen strukturellen Rahmenbedingungen und organisationalen Erwartungen an Seelsorge resultieren.

Seelsorgliche Alltagspraxis

Spirituell-Mystagogische Schwerpunkte	Pastoralpsychologisch-Heilsame Schwerpunkte	Diakonisch-Prophetische Schwerpunkte
Bibelarbeit **Gebete/Fürbitten** **Glaubenskreise** **Glaubensvorträge** **Liturgische Feiern** *Gottesdienste *Wortgottesdienste *Andachten *Anbetungen *Nachtwachen *Jahreskreisfeiern *Aussegnungsfeiern *Beerdigungen... **Sakramente/Kasualien** *Taufe *Erstkommunion *Konfirmation *Firmung *Trauung *Beichte *Krankensalbung *Beerdigung... **Segnungen** **Kontemplative Tätigkeiten** *Exerzitien *Wüstentage *Meditation... **Wallfahrten** **Pilgerfahrten...** **Symbolisch-Rituelle Praxis** *Kreuz/Marienfigur *Heiligenbildchen *Rosenkranz *(Oster)Kerzen *Weihwasser/Weihrauch *Weihnachtsbaum/Osterschmuck *Liturgische Farben...	**Zufallsbegegnungen** **Abgesprochene Begegnung** **(Haus/Kranken)Besuche** **Gruppenstunden** **Einzelgespräche** *Zufallsgespräch *Alltaggespräch *Besuchsgespräch *Gratulationsgespräch *Krisengespräch *Beratungsgespräch *Glaubensgespräch *Trauergespräch... **Familiengespräche** **Gruppengespräche** **Sitzungsgespräche...** **(Mit)Schweigen** **Da-Sein/Dabei-Bleiben** **Körperzentrierte Arbeit** *Sensibler Körperkontakt *Atemübungen *Entspannungsübungen... **Kreativ-Sportliche Arbeit** *Miteinander Malen/Zeichnen *Theater Spielen/Pantomime *Clowneske Tätigkeiten *Singen/Musizieren *Chorarbeit/Kirchenkonzerte *Karten/Spiele spielen *Sportliches Mitmachen *Miteinander Wandern... **Selbst-Sorge-Praxis** *Supervision/Coaching *Seelsorgliche Begleitung *Teilnahme an Fortbildungen *Weiterbildung/Zusatzausbildung *Lesen von Fachliteratur *Austausch mit KollegInnen *Seelsorgekonzepterstellung *Bibellektüre *Rückzug in Kapelle *Exerzitien *Ruhepausen/Aus-Zeiten... Schaubild 11 Doris Nauer	**Konkretes Hilfshandeln** *Zu- und Anpacken *Beratungseinrichtungen *Essenstafel/Suppenküche *Obdachlosenunterkunft *Kleiderkammer/Besuchsdienst *Spendenaktion... **Gemeindebildungsarbeit** **Interne Vernetzungsarbeit** *(Mit)Feiern/Feste *Ausflüge/Zeltlager *Gruppenintegrationsarbeit (Jugendliche, Ministranten, Senioren, Alleinerziehende, Behinderte....) *Anti-Isolationsaktionen *Solidaritätsaktionen *Ehrenamtlichen-Begleitung... **Externe Vernetzungsarbeit** *Kommunale Gemeinde/Stadt *Selbsthilfevereine *Ehrenamtlichen-Organisationen *Caritas/Diakonie *Ökumenisch/Interreligiös *Repräsentationsarbeit **Kirchenpolitische Arbeit** *Vernetzung mit Kirchenleitung/Diözese/Bistum *Berufsverband/Priesterrat... *Mitarbeit an Konzeptpapieren **Bildungsarbeit** *Vorträge/Kurse/Schulunterricht *Mitarbeit in der Aus- und Weiterbildung an Akademien, Volkshochschulen, Universität... **Öffentlichkeitsarbeit** *Gemeindeblatt/Schaukasten *Zeitung/Radio/Fernsehen/Internet *Stand Tag der offenen Tür... **Sozialpolitisches Engagement** *Gremienarbeit/Projektarbeit *Lobbyarbeit *Parteipolitisches Engagement... **Ökologisches Engagement** *Kooperation mit Bewegungen/ Initiativen/Projekten *Eigene ‚Natur-Aktionen'... **Informelle Strukturarbeit** *Kaffee/Tee/Wein trinken mit...

Tätigkeiten 'hinter der Kulisse'
Fahr-, Büro-, Finanz-, Verwaltungs-, Personal-, Leitungs-, Team-, Sitzungs-, Organisationstätigkeiten...

V. Komplexes Kompetenz- und Rollenprofil

1. Kompetenz- und Rollenprofil

Wenn das multidimensionale Seelsorgeverständnis die soeben erläuterte Komplexität an Praxisformen mit sich bringt, dann lässt sich auch das seelsorgliche Rollen- und Kompetenzprofil nicht weniger komplex bestimmen. Überlegt man, welche Fähigkeiten SeelsorgerInnen nötig haben, um den diversen Praxisschwerpunkten gerecht werden zu können, ergibt sich automatisch ein komplexes Profil. Im Folgenden werden die notwendigen Kompetenzen und Rollenanteile nacheinander beleuchtet, obgleich sie natürlich ineinander verwoben sind. Der Frage, die sich LeserInnen im Verlaufe dieses Kapitels sicher stellen werden, ob SeelsorgerInnen sich alle aufgelisteten Fähigkeiten tatsächlich aneignen 'müssen', um 'gute' SeelsorgerInnen zu sein, oder ob hier ein völlig idealisiertes und unrealistisches Bild gezeichnet wird, das letztlich nur dazu führen kann, SeelsorgerInnen radikal zu überfordern und ihnen den Spaß an ihrem Beruf zu nehmen, dieser Frage werde ich mich im nächsten und letzten Kapitel stellen.

2. Fokussiert auf die spirituell-mystagogische Alltagspraxis

2.1. Theologische Fachkompetenz

Professionelle SeelsorgerInnen sind von ihrer Ausbildung her *TheologInnen*. *Akademische FachexpertInnen*, die sich sozusagen in einem Drei-Stufenplan fachspezifisches intellektuelles Wissen und methodische Fähigkeiten aneignen: 1. Erfolgreicher Abschluss eines jahrelangen Theologiestudiums an einer Fachhochschule, kirchlichen Hochschule oder Universität. Ein Studium, in dem Studierende mit dem Wissensreservoir der katholischen/evangelischen Glaubens- und Kirchentradition auf konstruktiv-kritische Art und Weise vertraut gemacht werden, so dass sie sich kenntnisreich darin bewegen können. Eine Ausbildungsphase, in der sie nicht nur mit den komplexen Inhalten der diversen theologischen Fachdisziplinen konfrontiert werden, sondern auch lernen, diese miteinander zu verknüpfen, um fächerübergreifend Kriterien z.B. für die christliche Sicht des Menschen entwickeln zu können. Daneben sind sie in der Studienzeit dazu herausgefordert, persönliche Glaubensüberzeugungen und Glaubensüberzeugungen der Tradition in ein für sie selbst stimmiges Verhältnis zu bringen. 2. Im Rahmen der jahrelangen Berufseinführung, die zumeist mit einer Prüfung abgeschlossen wird, werden TheologInnen an den Seelsorgeberuf herangeführt. Das erworbene theologische Fachwissen wird nun auf den spezifisch seelsorglichen Aufgabenbereich zugespitzt, wobei auf das Erlernen methodischer Fähigkeiten, wie z.B. das Gestalten liturgischer Feiern, besonderer Wert gelegt wird. 3. Analog zu anderen BerufsvertreterInnen wie z.B. ÄrztInnen stehen auch SeelsorgerInnen vor der Aufgabe, sich lebenslang weiterzubilden und an ihrer Fachkompetenz zu arbeiten. Dementsprechend besuchen sie auch nach Abschluss des Studiums und der Berufseinführungsphase regelmäßig fachliche Fort- und Weiterbildungen. Nicht wenige unterziehen sich zudem zeitaufwendigen und oftmals teueren Zusatzausbildungen im Bereich Psychotherapie/ Supervision, Geistliche Begleitung oder auch Organisation/ Management/ Beratung. Von SeelsorgerInnen darf also theologische Fachkompetenz erwartet werden, wie Dietrich Stollberg bereits vor 30 Jahren deutlich zu verstehen gab: „Mit ein bisschen ungeschultem 'Charisma' ist da nichts getan".[1] Theologisch kompetent sein impliziert, intellektuell Rechenschaft ablegen zu können über den christlichen Glauben. Es bedeutet, über viel Wissen zu verfügen und sich auch über Positionen auseinandersetzten zu können, die man persönlich nicht teilt. Theologische Kompetenz impliziert nicht, auf alle Fragen eine Antwort parat zu haben. Von SeelsorgerInnen kann jedoch verlangt werden, dass sie mit religiösen Fragen und Überzeugungen argumentativ so umgehen können, dass niemand verletzt und Gespräche/Diskussionen nicht abgewürgt werden. Weil SeelsorgerInnen FachexpertInnen sind, darf vorausgesetzt werden, dass sie ihr *theologisches Vokabular* beherrschen, dass sie also kreativ mit dem theologischen Begriffs- und Sprachsystem umgehen können, weshalb sie auch komplexe Inhalte (wie z.B. die Glaubensüberzeugung vom trinitarischen Gott) in einfachen und verständlichen Worten Menschen erfahrungsnah erläutern können. Eine Fähigkeit, die nach Michael Klessmann nicht früh genug geschult werden kann: „Die Fähigkeit zur Elementarisierung (die nicht mit Trivialisierung zu verwechseln ist!) theologischer Gehalte und zur Anschlussfähigkeit an säkulare Lebensvorstellungen muss bereits im Studium eingeübt werden."[2] SeelsorgerInnen sind theologische FachexpertInnen *einer*, nämlich der *christlichen Religion* in ihrer jeweiligen *konfessionellen Ausprägung*. Theologisch kompetent sein bedeutet daher, sowohl mit den Licht- als auch mit den Schattenseiten der eigenen Kirchen-Tradition vertraut zu sein und damit umgehen zu können. Gerade weil SeelsorgerInnen berufsbedingt *Kirchen-LiebhaberInnen* sind, ist ihnen zuzutrauen, begangene und sich wiederholende Fehler und Schwächen ihrer Kirche sich selbst und anderen gegenüber eingestehen zu können.

Da SeelsorgerInnen *keine ReligionswissenschaftlerInnen* sind, müssen sie nicht die Fähigkeit besitzen, sich in allen christlichen Konfessionen, Religionen und Weltanschauungen auszukennen und auf entsprechende Fragen umgehend Rede und Antwort stehen zu können. Angesichts der Tatsache jedoch, dass immer mehr Menschen, für die SeelsorgerInnen da sind, oder mit denen sie zusammenarbeiten, einer anderen oder überhaupt keiner religiösen Überzeugung anhängen, ist zu überlegen, wo und wie SeelsorgerInnen sich *religionswissenschaftliches Basis-Wissen* aneignen können. Meines Erachtens könnte dies bereits auf der ersten Stufe, d.h. im Theologiestudium, geschehen. SeelsorgerInnen werden

1 STOLLBERG, D. (1978): Wahrnehmen und Annehmen, 72-73.
2 KLESSMANN, M. (2005): Kirchliche Seelsorge – seelsorgliche Kirche, 243.

sich mit entsprechendem Wissen zwar nicht besser in die Situation Anders- oder Nicht-Gläubiger einfühlen können. Wissen über deren Religion und Weltanschauung kann jedoch Missverständnisse und Vorurteile reduzieren helfen und vor sinnlosen oder gar falschen Aktionen bewahren.[3]

2.2. Seelsorgekonzept-Kompetenz

Eine spezielle und extrem wichtige Form theologischer Kompetenz, die zwar nicht alle TheologInnen, dafür aber all diejenigen, die in seelsorglichen Arbeitsfeldern tätig sein wollen benötigen, ist die Fähigkeit, sich ein eigenes Seelsorgekonzept zu erarbeiten und die eigene Alltagpraxis daraufhin überprüfen zu können.[4] Eine Fähigkeit, die bereits im Theologiestudium eingeübt werden muss, die sich aber erst im alltäglichen Praxiskontakt voll ausbilden kann.

Was aber verbirgt sich hinter dem abstakten Begriff 'Seelsorgekonzept'? Ein Seelsorgekonzept ist keine *Stellen- oder Arbeitsplatzbeschreibung* von SeelsorgerInnen. Letztere wird vom kirchlichen Auftraggeber manchmal in Zusammenarbeit mit SeelsorgerInnen oder den Einrichtungen selbst im Blick auf einen spezifischen Arbeitsbereich wie z.b. Gemeinden, Kliniken oder Gefängnisse als kontextspezifische, überindividuelle Leitlinie konzipiert. Die Überprüfung, ob sich SeelsorgerInnen an der Leitlinie ausrichten, fällt in den Aufgabenbereich der AuftraggeberInnen, die die Überprüfung aus diversen Gründen mehr oder weniger intensiv wahrnehmen. Ein Seelsorgekonzept darf zudem nicht gleichgesetzt werden mit einem *visionären Pastoralkonzept*. Letzteres wird auf Bistumsebene im Sinne einer strukturell-inhaltlichen Gesamtplanung aller pastoralen Tätigkeiten, worunter auch Seelsorge fällt, für einen bestimmten Zeitraum erstellt. Inwieweit SeelsorgerInnen oder deren Arbeitsgemeinschaften/ Berufsverbände aktiv in die Pastoralplanung einbezogen werden und inwieweit ihre alltägliche Arbeit auf die Umsetzung des Plans von kirchlicher Seite her hinterfragt wird, unterscheidet sich von Bistum zu Bistum. Wenn nun aber ein Seelsorgekonzept weder eine Arbeitsplatzbeschreibung noch ein Pastoralkonzept ist, was ist es dann?

Ein Seelsorgekonzept ist die *Theorie*, also die *inhaltliche Vision*, die die seelsorgliche Praxis, d.h. das alltägliche Handeln, leitet. Ein Seelsorgekonzept ist somit das *Verständnis von Seelsorge*, das jeder/jede Seelsorger/Seelsorgerin seiner/ihrer Arbeit zugrunde legt. Wird das Tätigkeitsfeld gewechselt, nehmen SeelsorgerInnen ihr persönliches Seelsorgeverständnis schlichtweg mit, wobei neue Herausforderungen zumeist Modifikationen im eigenen Konzept erforderlich machen. Seelsorgekonzepte sind somit keine starren Vorgaben, sondern un-

---

3 Vgl. HÖBSCH, W. (2010): Fortbildung zu interreligiöser Kompetenz.
4 Auf die Notwendigkeit dieser Kompetenz hat auf katholischer Seite besonders Georg Köhl, auf evangelischer Michael Klessmann hingewiesen. Vgl. NOBER, S./ S. STUTZ, G. KÖHL (2007): Was trägt ein Kurs zum Thema ,Seelsorgeverständnis' zur Handlungsfähigkeit in der pastoralen Praxis bei?; KLESSMANN, M: (2004): Seelsorgeausbildung/Seelsorgefortbildung, 1124.

terliegen einer lebenslangen *dynamischen Weiterentwicklung*. Da Seelsorge-
konzepte gegenwärtig weder 'von oben' verordnet noch 'von oben' auf ihre
Einhaltung hin kontrolliert werden, hat jeder/jede Seelsorger/Seelsorgerin die
Freiheit, sich ein eigenes Verständnis von Seelsorge zu erarbeiten, wie Willi
Hübinger als katholischer Seelsorgeamtsleiter ausdrücklich betont: „Die Kirchenleitung schafft den organisatorischen Rahmen und die Strukturen, innerhalb derer die SeelsorgerInnen und Seelsorger vor Ort ihre Ziele, Inhalte und
Konzepte klären."[5] Bei der geforderten Klärung müssen SeelsorgerInnen jedoch
nicht bei Null anfangen. Sie können auf eine Vielzahl von Konzeptvarianten zurückgreifen, die von Praktischen TheologInnen zumeist in Zusammenarbeit mit
SeelsorgerInnen entwickelt worden sind. Konzepte, mit denen sie im Idealfall
bereits während ihres Studiums, in der Ausbildungsphase oder in entsprechenden Fort- und Weiterbildungen vertraut gemacht worden sind.[6] Sie können ein
bestehendes Konzept, das sich bereits für viele SeelsorgerInnen über Jahre oder
Jahrzehnte bewährt hat, als für sie und ihr Arbeitsfeld passend entdecken und
übernehmen oder auch aus verschiedenen Konzepten Theorieelemente miteinander kombinieren oder sich auf kreative Art und Weise ein völlig eigenes
Konzept entwickeln, denn: Das eine und einzig wahre Seelsorgeverständnis, das
ohne großes Nachdenken übernommen werden kann, existiert längst nicht
mehr! Die Wahl-Freiheit, die frühere Generationen nicht hatten, bedeutet nun
aber auch, dass SeelsorgerInnen tatsächlich eine bewusste Entscheidung zu treffen haben. Da sie kein fertiges Konzept vorgesetzt bekommen, kommen sie
nicht darum herum, sich der Erarbeitung eines eigenen Konzeptes zu stellen.[7]
Demnach gilt es folgendes für sich selbst zu klären:

1. Auf welchem Gottes- und Menschenbild basiert mein Seelsorgeverständnis?
2. Wie definiere ich Seelsorge und welche Zielsetzung(en) verbinde ich damit?
3. Welches Rollen- und Kompetenzprofil brauche ich, um mein Seelsorgeverständnis in Handeln umsetzen zu können? Im Blick auf welche Fähigkeiten
   könnte ich noch nachbessern, sprich mich fort- und weiterbilden?
4. Welche Leitlinien gibt mein Seelsorgeverständnis für meinen Adressatenkreis
   vor? Für wen also bin ich genau da, und mit wem zusammen kann ich meine
   Ziele am effizientesten erreichen?

---

5 HÜBINGER, W. (2003): Seelsorgekonzepte aus der Sicht eines Seelsorgeamtsleiters, 54.
6 Innerhalb der Praktischen Theologie existiert die Subdisziplin *Poimenik (Seelsorgelehre)*, die im katholischen
   Raum weit weniger ausgeprägt ist als im evangelischen. Gegenwärtig können SeelsorgerInnen aus einer Vielzahl von Seelsorgekonzept-Varianten frei auswählen. Vgl. NAUER, D. (2001): Seelsorgekonzepte im Widerstreit. Ein Kompendium.
7 Willi Hübinger gab im Blick auf eine Tagung zum Thema ‚Seelsorgekonzepte' folgende Einschätzung wider:
   „Wenn ich allerdings gebeten worden wäre, einige Seelsorgerinnen und Seelsorger zu benennen, die im Vor-
   hinein zu ihrem Seelsorgekonzept hätten befragt werden können, wäre ich in die größte Verlegenheit gekommen. Die Anzahl derer, von denen ich weiß, dass sie sich in konzeptioneller Kompetenz mit ihrem beruflichen
   Handeln auseinandersetzen, ist denkbar gering… Übrigens- für den Fall, dass es nicht klar geworden sein
   sollte: Ich bin dafür, dass jede Seelsorgerin und jeder Seelsorger ein Konzept hat für das, was er und sie Tag
   für Tag tut. Davon träume ich gelegentlich." HÜBINGER, W. (2003): Seelsorgekonzepte aus der Sicht eines
   Seelsorgeamtsleiters, 50/55.

5. Welche Praxisschwerpunkte leiten sich aus meinem Seelsorgeverständnis ab, und welches methodische Handwerkszeug scheint mir dafür geeignet?
6. Inwiefern verändert mein Handeln mein Gottes- und Menschenbild, und wie wirkt sich dies auf mein Seelsorgeverständnis aus? Die letzte Frage offenbart, dass Seelsorgekonzepte sich permanent in Veränderung befinden.

Schaubild 12 zeigt den Aufbau eines Seelsorgekonzeptes und dessen Dynamik:

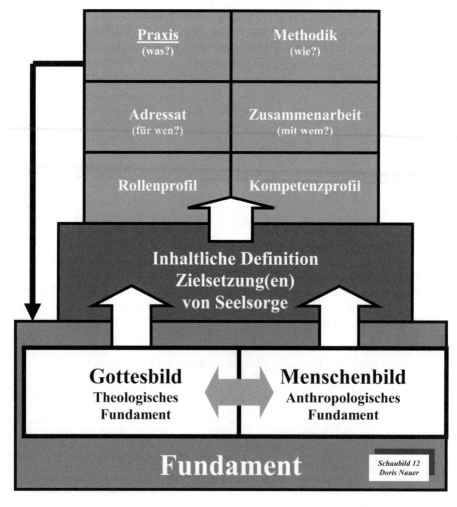

Seelsorgekonzept

Praxis (was?)	**Methodik** (wie?)
Adressat (für wen?)	**Zusammenarbeit** (mit wem?)
Rollenprofil	**Kompetenzprofil**

Inhaltliche Definition Zielsetzung(en) von Seelsorge

Gottesbild Theologisches Fundament	**Menschenbild** Anthropologisches Fundament

Fundament

Schaubild 12
Doris Nauer

Die Arbeit am eigenen Seelsorgekonzept mag anfangs *zeitaufwendig* erscheinen. Langfristig jedoch wird sie sich mit Sicherheit als *Arbeitserleichterung* erweisen, denn nur ein konzeptgeleitetes Handeln macht Seelsorge zu einem *professionellen*, d.h. für sich selbst und andere transparenten, *glaubwürdigen* Handeln. Wieso und für wen aber ist ein Seelsorgekonzept so wichtig?

In erster Linie brauchen SeelsorgerInnen ein Seelsorgekonzept *für sich selbst*. Konzeptgeleitetes Handeln ist die wichtigste Anti-Burnout-Strategie, auf die SeelsorgerInnen zurückgreifen können. Erst wenn sie sich immer wieder auf ihr eigenes Verständnis von Seelsorge überprüfen und ihr Handeln daran orientieren, werden sie sich selbst aus der Falle befreien können, rein zufällig, ausgerichtet an alltagspragmatischen Notwendigkeiten oder an externen Erwartungen zu handeln. Konzeptgeleitete Alltagspraxis ist der Schlüssel dafür, aus dem Teufelskreis des 'nie genug' auszubrechen, weil Schwerpunkte gesetzt und Abgrenzungen vorgenommen werden können. Ein Seelsorgekonzept raubt daher nicht die eigene Spontanität oder Kreativität, macht das eigene Handeln jedoch im Blick auf die eigene Person stimmiger und nachvollziehbarer.

Alle **Menschen**, denen sich SeelsorgerInnen anbieten, haben ein Recht darauf, zu erfahren, wofür sie stehen, was genau sie anzubieten haben und wo ihre Grenzen liegen. Arbeiten SeelsorgerInnen konzeptgeleitet, fällt es ihnen in der Regel leichter, ihr Angebot in einfachen Worten verständlich zu machen.

Sind SeelsorgerInnen in säkularen Organisationen tätig, verleiht ihnen ihr Konzept zudem ein klares Kompetenz- und Rollenprofil. Eine Klarheit, die dazu beiträgt, sich in den komplexen **Strukturen** besser profilieren, positionieren, integrieren, beheimaten und sich zugleich kritisch davon distanzieren zu können.

Auch im Blick auf den *kirchlichen Auftragskontext* ist konzeptgeleitetes Arbeiten enorm hilfreich. Nicht nur deshalb, weil es dazu herausfordert, die eigene Tätigkeit immer wieder auf die spezifisch christliche Dimension hin zu überprüfen und zu vertiefen, sondern auch, weil ein Konzept dazu motiviert, sich in der eigenen Kirchentradition zu beheimaten und gerade deshalb den selbstkritischen Blick auf den kirchlichen Wurzelgrund nicht zu verlieren. Handeln auf der Basis eines durchdachten Konzeptes erleichtert zudem den Austausch mit Vorgesetzten und AuftraggeberInnen.

SeelsorgerInnen brauchen schließlich ein Seelsorgekonzept, weil es ihnen Auskunft darüber gibt, welches Bild von Kirche sie durch ihre Seelsorge in die **Gesellschaft** hinein vermitteln wollen. Ob christliche Kirchen heutzutage überhaupt noch glaubwürdig sind, hängt entscheidend davon ab, wie glaubwürdig SeelsorgerInnen 'rüber kommen'. Diese Sichtweise soll SeelsorgerInnen nicht unter Druck setzen, sondern ihnen deutlich machen, wie bedeutsam und unentbehrlich ihre Tätigkeit ist, weshalb das, was sie wollen und tun, alles andere als vollkommen beliebig ist.

2.3. Spirituelle Kompetenz

Theologisch kompetent zu sein bedeutet noch lange nicht, spirituell kompetent zu sein! Spirituelle Kompetenz hat in erster Linie mit der eigenen Person zu tun. Es ist die Fähigkeit, sich selbst als beseeltes Wesen, d.h. als ein durch Gott ins Leben gerufenes und von ihm berufenes lebendiges Geschöpf zu erfahren. Seel-sorgerInnen zeichnen sich gerade dadurch aus, dass sie trotz aller Glaubens-zweifel und Unsicherheiten aus ihrem persönlichen Glauben an den christlichen Gott heraus handeln, wie es Stefanie Klein auf den Punkt bringt: „Seelsorgerin-nen sind in christlichen Überzeugungen und Werten verwurzelt, die ihr Leben tragen und die ihnen Kraft für ihre Arbeit geben."[8] Spirituell kompetent sein be-deutet daher, selbst Anschluss gefunden zu haben an eigene *spirituelle Kraft-brunnen* und die geheimnisvolle Anwesenheit Gottes trotz aller Ferne als tra-genden Grund aller Wirklichkeit zu erfahren. Spirituell kompetent sein impli-ziert, sich in die universale *Heilsgeschichte* Gottes verstrickt zu fühlen und auf die machtvolle *Präsenz des Heiligen Geistes* im Alltagsleben zu vertrauen.[9] Aus diesem Vertrauen heraus wird es SeelsorgerInnen möglich, engagiert und zu-gleich gelassen professionell tätig zu sein, effizient zu handeln und dennoch das eigene Handeln nicht allein an Effizienzkriterien festzumachen.[10] Gerade weil SeelsorgerInnen spirituell verwurzelt sind, wird es ihnen möglich, eine Balance zu finden zwischen *Aktion und Kontemplation*. Eine Balance, die verhindert, sich in blinden Aktionismus zu verlieren oder in einen tatenlosen Rückzug aus-zuweichen.

Spirituelle Kompetenz fällt nicht vom Himmel. Auch SeelsorgerInnen stehen vor der Aufgabe, ihre spirituellen Traumflügel nicht verkümmern zu lassen, sondern sie lebenslang zu hegen und zu pflegen. Eine Notwendigkeit, die nach Holger Schlageter unumgänglich ist, wenn sich Spiritualität tatsächlich als trag-fähig erweisen soll.[11] Für Debora Deusen-Hunsinger erfordert die Pflege v.a ein aktives Gebetsleben, Bibellektüre sowie regelmäßigen medidativen Rückzug.[12] SeelsorgerInnen sind nun aber weder intelligenter noch frömmer oder spirituel-ler als andere Menschen. Was sie auszeichnet, ist ihre unablässige Suche nach

---

8 KLEIN, S. (2006): Biographie, Theologie, Seelsorge, 412. Vgl. auch NOUWEN, H. (1991): Schöpferische Seelsorge, 20f. BUNDSCHUH-SCHRAMM, C. (2014): Pastorale Spiritualität; Dies. (2008): Immer wieder zur Quelle. Zur Spiritualität der Professionellen.

9 Michael Klessmann betont: „Das Bemühen um personale und fachliche Kompetenz und das Vertrauen auf den Heiligen Geist schließen sich nicht aus, sondern fordern einander." KLESSMANN, M. (2002): Quali-tätsmerkmale in der Seelsorge, 154.

10 „Wer mit Gottes unablässigem Wirken rechnet, läuft nicht krampfhaft seinem seelsorglichen Erfolg hinter-her." RAHNER, in: ZULEHNER, P. (2002). Im Gespräch mit Karl Rahner, 164.

11 Vgl. SCHLAGETER, H. (2004): Verlorene Spiritualität?, 147; CHRISTLICHE SPIRITUALITÄT LEHREN, LERNEN UND LEBEN (2006), 193-204.

12 "When we cease to pray, we lose our living connection to God." Vgl. DEUSEN-HUNSINGER, D. van (2006): Pray without Ceasing, 116. Michael Meyer-Blanck stellt sogar die These auf: "Eine gebildete Bi-belfrömmigkeit umschreibt das spezifische Profil des pastoralen Berufs." MEYER-BLANCK, M. (2006): Die Bibel im Mittelpunkt des Seelsorgegesprächs, 182.

Gott sowie ihre *Leidenschaft* für ihn und ihren seelsorglichen Auftrag, weshalb Christoph Jacobs konstatiert: „Die Sache Gottes und die Menschen von heute verdienen SeelsorgerInnen mit Leidenschaft, mit Faszination für die Heilsgeschichte Gottes mit seinem Volk".[13] Betreiben SeelsorgerInnen ihren Beruf ohne *gläubige Inspiration*, werden Menschen ihnen das ansehen und nicht nachsehen, denn es macht sie zutiefst unglaubwürdig. Joachim Wanke zieht daher folgende, m.E. unumgängliche Schlussfolgerung: „Insofern ist der Seelsorgeberuf tatsächlich ohne lebendigen Glauben nicht ausübbar. Seelsorge ist mehr als erlernbare Technik."[14]

2.4. Mystagogische Kompetenz

Im Unterschied zur spirituellen Kompetenz lenkt die mystagogische Kompetenz den Blick weg von dem/der SeelsorgerIn hin zum Gegenüber. SeelsorgerInnen benötigen nicht nur die Fähigkeit, aus ihrer Gottesbeziehung zu leben, sondern auch die Fähigkeit, sich für andere Menschen als *MystagogInnen* zu erweisen. Eine Kern-Kompetenz, die ebenfalls nicht einfach vorhanden ist, sondern Einübung erfordert und sich erst im Laufe des Berufslebens voll ausbilden wird, vorausgesetzt SeelsorgerInnen verfügen über eine *spirituelle Basis-Kompetenz*. Mystagogisch kompetent sein bedeutet, mit dem Charisma begnadet zu sein, Menschen für Gott begeistern und sie spirituell inspirieren zu können. Für Paul Michael Zulehner sind SeelsorgerInnen deshalb in erster Linie *Gottesfrauen und Gottesmänner*, die Gott nicht in das Leben von Menschen hineintragen, sondern sich mit ihnen auf den Weg machen, Gott in ihrem Leben zu entdecken.[15] Stefan Knobloch schlussfolgert daher: „Zweckrational orientierte Experten und Expertinnen für die Sache der Kirche braucht es keine. Aber es braucht Mystagogen und Mystagoginnen des eigenen Lebens, die in diesem Sinn als 'Erfahrene', also als Experten und Expertinnen, auch andere in das Geheimnis einführen können, das das Leben vor Gott immer schon ist."[16] SeelsorgerInnen werden daher weniger in der Rolle von KirchenexpertInnen als vielmehr in der von spirituellen *ExpeditionsleiterInnen, EntdeckerInnen* oder *SpurensucherInnen* gesehen. Rolf Zerfass umschreibt sie als *SeelenführerInnen*, wobei der Begriff 'Führung' jedoch nicht missverstanden werden darf: „Ein Seelenführer gleicht nicht einem Mannschaftsführer oder Industriekapitän, der die Ziele vorgibt, sondern einem Urwaldführer, der eine Expedition begleitet, die selbst ihren Weg festlegt, aber seine Geländekenntnisse in Anspruch nimmt.

---

13 JACOBS, C. (2005): Mit Leidenschaft, 273. Vgl. LEHMANN, K. (2000): Die christliche Botschaft für das 21. Jahrhundert, 11.

14 WANKE, J. (2000): Seelsorge zwischen ‚Beruf' und ‚Berufung', 241. Auch Christoph Jacobs betont: „Wer ohne persönliches christliches Profil in der Pastoral tätig ist, wird als Seelsorger für Menschen von heute mehr als uninteressant." JACOBS, C. (2005): Mit Leidenschaft, 272.

15 Vgl. ZULEHNER, P. (2003): Megatrend Religion, 93; ZULEHNER, P. (2002). Im Gespräch mit Karl Rahner, 14.

16 KNOBLOCH, S. (1991): Seelsorge als Mystagogie, 275.

Er gleicht einem Fahrlehrer, der aufmerksam und risikobewusst mitfährt, aber dem Fahrschüler das Steuer überlässt, damit er selber zu fahren lernt."[17] Als MystagogInnen sind SeelsorgerInnen in der Lage, spirituell-religiöse Bedürfnisse und Sehnsüchte bei anderen Menschen wahrzunehmen und diese dazu zu ermutigen, derartige Gefühle zuzulassen, auszudrücken und auch auszuleben. Dabei können sie genau unterscheiden, zwischen eigenem Glauben und dem Glauben anderer Menschen, weshalb trotz aller Unterschiede dennoch eine gemeinsame Expedition möglich wird. Auf diesem Hintergrund wird verständlich, weshalb Reinhold Gestrich behaupten kann: „Wir sind alle Schafe und Schäfer zugleich, und es ist ein Hirte über uns Hütern und Herden, das ist Christus."[18] Die *Hirtenmetapher* scheint deshalb weniger geeignet zu sein, den mystagogischen Rollenanteil von SeelsorgerInnen wirklich erfassen zu können, auch wenn sie sich in unser kollektives Gedächtnis tief eingeprägt hat.[19]

Als MystagogInnen besitzen SeelsorgerInnen die Fähigkeit, die Spannung zwischen Gottesnähe und Gottesferne nicht herunterzuspielen, sondern zusammen mit Menschen auszuhalten. Steckt die Expedition fest oder haben sich (alle) Mitglieder verlaufen, dann sind es gerade die SeelsorgerInnen, die trotz ihrer eigenen Schwächen und Begrenztheiten die Hoffnung auf einen Ausweg nicht aufgeben, notfalls auch stellvertretend für alle Beteiligten aufrechterhalten.

2.5. Hermeneutische (Bibel)Kompetenz

Selbst wenn SeelsorgerInnen theologisch hochkompetent sind, muss dies nicht automatisch dazu führen, dass sie auch in der Lage sind, ihr erworbenes Fachwissen über die christliche Tradition Menschen zugänglich und erfahrbar machen zu können. SeelsorgerInnen können brilliante TheologInnen sein, die z.B. in der Lage sind, nicht nur die Bibel fast auswendig zu zitieren, sondern auch alles über die methodische Vielfalt moderner Bibelarbeit wissen. Im direkten seelsorglichen Kontakt jedoch scheitern sie, weil sie ihr Wissen, das sie redegewandt wiedergeben können, nicht umsetzen bzw. anwenden können. Hermeneutische Kompetenz ist daher gefragt. Eine Fähigkeit, die vom ersten Tag des Theologiestudiums an eingeübt werden kann, jedoch oftmals weder dort noch in der Ausbildungsphase eingeübt wird. Michael Meyer-Blanck gibt deshalb im Blick auf die unentbehrliche hermeneutische Bibelkompetenz zu bedenken: „Die Professionalität erfordert neben einer erlernten zugewandten Grundhaltung auch eine sorgsam erarbeitete Bibelkunde... Auch in der Ausbildung müsste ein solcher differenzierter Umgang mit der Bibel genauso eingeübt werden, wie das

17 ZERFASS, R. (1988): Seelsorge/Seelenführung, 1119.
18 GESTRICH, R. (1990): Hirten füreinander sein, 11.
19 Hermann Steinkamp kritisiert die Hirtenmetapher in Rekurs auf Michel Foucault: Das Problem besteht darin, „dass der Hirt weiß, was den Schafen, besser: jedem von ihnen zu seinem ‚Heil' dient... er ‚weiß' es als Hirte aufgrund seiner göttlichen Beauftragung gleichsam a-priori!" STEINKAMP, H. (1999): Die sanfte Macht des Hirten, 67. Vgl. auch STENGER, H. (2002): Im Zeichen des Hirten und des Lammes.

Aufnehmen von Gefühlen des Gegenübers."[20] Zu lernen ist also die Kunst, 'Damals' und 'Heute' spielerisch, kreativ und phantasievoll miteinander ins Gespräch und einen *gegenseitigen Auslegungsprozess* in Gang zu bringen. Menschliche und göttliche Geschichte(n) sind personen-, sprach- und situationsgerecht so aufeinander zu beziehen und ineinander zu verweben, dass Erfahrungen längst verstorbener Menschen für heutige Menschen und deren Freud und Leid bedeutsam werden können.[21] Um dies zu erreichen gilt es, als SeelsorgerIn die *Kunst des Perspektivenwechsels* einzuüben: „Wir müssen permanent versuchen, Sinn und Bedeutung des Evangeliums auch aus der Perspektive der anderen zu entdecken. Es genügt nicht, die alten Formeln des Glaubens nur zu wiederholen, selbst wenn sie für uns tatsächlich etwas bedeuten... Ohne diese Fähigkeit zum Perspektivenwechsel ist in Zukunft auch heute schon keine Pastoral mehr möglich."[22] Hermeneutisch kompetent sein, bedeutet somit auch, folgende Einsicht akzeptieren zu können: „Das Ideal eines eindeutigen und objektiven Textsinns ist damit aufgegeben. Wir sind mit einer Pluralität möglicher Bedeutungen konfrontiert, in denen verschiedene Individuen den Text als eine Lebensmöglichkeit innerhalb ihrer Biographie, ihres sozialen und kulturellen Kontextes rekonstruieren."[23] Für den Umgang mit Bibeltexten lässt sich daher in den Worten Gina Schiblers festhalten: „Bibeltexte werden damit nicht als normative Kraft missbraucht, sondern als Angebot zur Auseinandersetzung, zum Gespräch und zur kritischen Anfrage verstanden. Man traut ihnen eine eigene Wahrheit zu und schlägt dazu der Klientin vor, sich auf einen Dialog einzulassen. Wie in jedem echten Dialog ist es nicht notwendig, dass sich die beiden Dialogpartner einig werden. Unterschiedliche Positionen können beibehalten werden, ohne dass damit der Dialog gescheitert ist."[24]
Hermeneutisch kompetent sein bedeutet, Texte, Überlieferungen, Rituale, Dogmen etc. nicht nur dem *säkularen Sprachspiels* zugänglich zu machen, sondern sie auch auf immer neue Art und Weise zu *inkulturieren*, d.h. sie im Blick auf heutige Herausforderungen hör- und verstehbar zu machen. Sind SeelsorgerInnen hierzu in der Lage, wird die Scheu vor religiösen Sprach- und Handlungsformen abnehmen. Eine Scheu, die nach Wolfgang Drechsel weit verbreitet ist und in dem Satz kulminiert. „Ich will ja niemandem was aufdrängen."[25]

2.6. Rituell-Liturgische Kompetenz

Seelsorge lebt vom Umgang mit Ritualen, Symbolen, Gesten und liturgischen Feiern. Ein Umgang, der von SeelsorgerInnen ein großes Spektrum an Fähigkei-

20 MEYER-BLANK, M. (1999): Entdecken statt Verkünden, 34.
21 Vgl. ANDERSON, H. (2005): The Bible and pastoral care, 205.
22 BUCHER, R. (2004): Die pastorale Konstitution der Kirche, 40.
23 SCHNEIDER-HARPPRECHT, C. (2001): Interkulturelle Seelsorge, 140.
24 SCHIBLER, G. (1999): Kreativ-emanzipierende Seelsorge, 340.
25 DRECHSEL, W. (2004): Zwischen Zuspruch, Anspruch und Einspruch, 5.

ten, die bereits in der Ausbildungsphase systematisch erlernbar sein sollten, voraussetzt. Um liturgisch mit Menschen feiern und glaubhaft mit christlichen
Symbolen in Ritualen umgehen zu können, brauchen SeelsorgerInnen die Fähigkeit, wort-, gesangs-, symbol- und gestenreich unterschiedlichste Formen liturgischer Feiern in aller Öffentlichkeit inszenieren zu können. SeelsorgerInnen
sind daher immer auch *LiturgInnen*, *ZelebrantInnen*, *ZeremonienmeisterInnen*,
ZeugInnen, *TraditionshüterInnen* und *Symbolfiguren* für die transzendente Dimension menschlichen Lebens. Sie verwickeln Menschen in *'Heilige Spiele'*
bzw. eröffnen nicht alltägliche meditative Spiel- und Zwischenräume, in denen
diese mit dem Geheimnis ihres Lebens und der christlichen Tradition, die dieses
Geheimnis seit zweitausend Jahren hütet und immer neu aktualisiert, in Berührung kommen können. SeelsorgerInnen benötigen hierfür die Fähigkeit, ihr
Seelsorgeangebot sowohl am menschlichen *Lebensrhythmus* als auch am zeitlichen *Jahresrhythmus* auszurichten, d.h. bewusst Höhepunkte, Unterbrechungen
und Übergänge zu setzen und mit entsprechender Symbolik auch liturgisch zu
feiern. Von SeelsorgerInnen darf erwartet werden, dass sie derartige Feiern
nicht dazu benutzen, um sich dahinter zu verstecken, sich selbst darzustellen,
massendemagogische Ziele zu verfolgen oder Mitfeiernde auf eine bloße Statis-
tenrolle zu reduzieren. Liturgisch kompetent werden SeelsorgerInnen dann sein,
wenn es ihnen gelingt, dass Menschen sich innerlich berührt fühlen und Spaß an
der gemeinsamen Feier haben, denn, so fragt Gisela Matthiae, was können wir
uns mehr wünschen, „als dass Glauben, Predigen, Beten und Singen Spaß machen?"[26] Liturgisch kompetent sein impliziert, den ganzen Menschen mit all
seinen Sinnen anzusprechen, ihn in ein Wechselspiel von aktiven Handlungen
und passivem Geschehenlassen so einzubinden, dass die heilsame Nähe Gottes
und die versprochene Fülle menschlichen Lebens erahnbar werden.[27]
Dabei gilt es, sich folgender Pole bewusst zu sein und sie in Balance halten zu
können: 1. *Gottesnähe und Gottesferne*. Auch der intensivste liturgische Einsatz
kann daher die Erfahrung von Gottesnähe nicht garantieren oder herbei manipulieren; 2. *Individuum und Kollektiv*. Obgleich auch in der liturgischen Feier jeder einzelne Mensch wichtig ist, handelt es sich doch um ein kollektives Ereignis, weshalb nicht nur die Anwesenden, sondern auch Nicht-Anwesende, d.h.
alle sonstigen, ja sogar bereits verstorbene ChristInnen in das Feiergeschehen
einzubeziehen sind. Liturgisch kompetent sein impliziert daher, einen Beitrag
dazu leisten zu können, dass ChristInnen sich als eine weltweit vernetzte Glaubensgemeinschaft begreifen, die sich durch ihre vielen rituellen Vollzüge über
alle Gemeinde- und Landesgrenzen hinweg an ihre gemeinsame Tradition als
Kraft- und Widerstandsquelle erinnert. 3. *Bewahren und Erneuern*. Rituelle
Kompetenz impliziert einerseits, professionell und routiniert mit dem reichen
Schatz traditioneller Rituale und Symbole umgehen, d.h. sie als wieder erkenn-

---

26 MATTHIAE, G. (2000): Wie ,anders' ist der Pfarrer?, 206.
27 Vgl. WUSTMANS, H. (2004): Lebens-Mittel. Wie Liturgie feiern?

bar, würdevoll und feierlich reproduzieren zu können. Zugleich darf die Routine jedoch nicht zu formalisierten, automatisierten leblosen Abläufen oder klischeehaften Vollzügen erstarren. SeelsorgerInnen brauchen daher den Mut und die Fähigkeit, sowohl Bewährtes zu bewahren als auch Neues zu wagen. Routine und Spontanität, Festhalten an Formen/Abläufen und Eingehen auf individuelle Wünsche (z.b. in einer Beerdigungsfeier), Bleibendes und Sich Wandelndes schließen sich daher nicht gegenseitig aus, sondern bedingen einander.[28]

3. Fokussiert auf die pastoralpsychologisch-heilsame Alltagspraxis

3.1. Pastoral-psychologische Grundkompetenz

Seelsorge kann für alle am Seelsorgeprozess beteiligten Personen extrem negative Folgewirkungen mit sich bringen. SeelsorgerInnen können nicht nur ihrem Gegenüber durch unprofessionelles und unsensibles Verhalten (zusätzlichen) Schaden zufügen, sondern auch sich selbst. Professionelle Kontaktaufnahme mit einem anderen Menschen impliziert, mehr oder minder willkommen ein fremdes Universum zu betreten. Ohne (pastoral)psychologisches Grundlagenwissen erhöht sich die Gefahr, entweder den Weg ins fremde Terrain überhaupt nicht zu finden oder sich darin zu verirren. SeelsorgerInnen brauchen daher elementares Wissen sowohl über *inter-personelle* als auch *intra-psychische Dynamiken*, die auf bewusster und unbewusster Ebene eine Seelsorgebeziehung überhaupt erst ermöglichen oder auch blockieren. Bereits seit Jahrzehnten wird daher immer wieder auf die Notwendigkeit hingewiesen, sich als SeelsorgerIn pastoralpsychologische Kompetenzen anzueignen.[29] Dass sowohl Theologiestudierende als auch SeelsorgerInnen dazu gezwungen sind, sich zumeist selbst darum zu kümmern, wo sie sich derartige Kompetenzen erwerben können, beruht auf dem skandalösen Zustand, dass noch immer nicht alle Universitäten/Hochschulen praxisbezogene pastoralpsychologische Ausbildungsmodule

---

28 Vgl. THIERFELDER, C. (2001): Gott im Werden; 248.
29 Bereits in den fünfziger Jahren schrieb z.B. Walter Uhsadel: „Es ist unvorstellbar, wie ein Seelsorger zur rechten Ausübung seines Amtes ohne ein Mindestmaß psychologischer Kenntnisse und psychotherapeutischer Erfahrungen imstande sein sollte… Zunächst sei betont, dass man nicht fordern darf, dass jeder Seelsorger ein ausgebildeter Psychotherapeut sei. Aber jeder Seelsorger sollte so viel über die psychologischen Grundlagen und die praktischen Erfahrungen der Psychotherapie wissen, dass er den Menschen gerecht zu werden vermag." UHSADEL, W. (1952): Der Mensch und die Mächte des Unbewussten, 39. In den 60iger Jahren findet sich eine ähnliche Position bei Hans-Joachim Thilo: „Das Wissen um elementare Vorgänge in der Psychoanalyse ist dem Seelsorger erforderlich, ohne dass er doch so etwas wie ein Psychotherapeut im Kleinformat zu sein hätte." THILO, H.-J. (1969): Beratung in der Seelsorge, 39. Zum Jahrtausendwechsel betont auch Jürgen Ziemer. „Jeder und jede in der Seelsorge Tätige (Mitarbeiter) partizipiert am psychologischen Wissen, und es ist für die Ausübung des pastoralen Berufs höchst notwendig, über ausreichende psychologische Kenntnisse und Fähigkeiten zu verfügen." ZIEMER, J. (2000): Seelsorgelehre, 136. Und auch für Peter F. Schmid steht fest: „Es bedarf für professionelle seelsorgliche Tätigkeit psychologischen Grundwissens und psychologischer Grundkompetenz, ohne dass es nötig ist, alle Seelsorger zu Psychologen oder Therapeuten auszubilden." SCHMID, P. F. (2003): Menschengerechte Förderung und Herausforderung, 237.

als verpflichtend in ihre Ausbildungen integriert haben, weshalb Johannes Panhofer räsoniert: „Pastoralpsychologie bekommt daher während des Studiums eher den Status eines persönlichen Hobbys, das sich jemand zusätzlich zum eigentlichen Studium leistet."[30] In manchen Regionen haben SeelsorgerInnen das Glück, während ihrer Berufseinführung mit pastoralpsychologischem Grundlagenwissen vertraut gemacht zu werden, oder als bereits berufserfahrene SeelsorgerInnen von ihren Kirchen für entsprechende Fort- und Weiterbildungskurse (v.a. im Rahmen der Klinischen Seelsorgeausbildung), deren Finanzierung übernommen wird, freigestellt zu werden. Ist dies nicht der Fall, setzen dennoch viele SeelsorgerInnen ihr privates Geld und ihre Freizeit dafür ein, oftmals aufwendige psychotherapeutische Zusatzausbildungen zu absolvieren. SeelsorgerInnen sollten dabei darauf achten, sich vorab genau zu informieren, ob die angebotene Therapierichtung sowohl zu ihrer Person, zu ihrem Seelsorgeverständnis als auch zu ihrem Arbeitsfeld passt, ob sie ohne massive Selbstüberforderung erlernbar ist und ob sie tatsächlich das eigene Wissen bzw. die eigene seelsorgliche Methodik entscheidend erweitert.[31] Wenn SeelsorgerInnen über kein abgeschlossenes Psychologie- oder Medizinstudium verfügen, dann gilt es zudem zu beachten, dass der Erwerb (psycho)therapeutischer Zusatzqualifikationen SeelsorgerInnen aufgrund des in Deutschland geltenden Psychotherapeutengesetztes nicht das Recht verleiht, sich als professionelle PsychologInnen oder PsychotherapeutInnen zu bezeichnen oder ihr 'Behandlungsangebot' finanziell über Krankenkassen abzurechnen.

Auch pastoralpsychologisch qualifizierte SeelsorgerInnen sind und bleiben also SeelsorgerInnen. Ihre zusätzlich erworbene inhaltliche und methodische Kompetenz darf sie nicht dazu verleiten, sich als *MinitherapeutInnen* oder gar als *SupertherapeutInnen* (miss)zuverstehen. Für Sabine Bobert steht daher fest: „Ein Seelsorger, der kaum mehr als Psychologen anzubieten vermag, ist in der Postmoderne wenig gefragt."[32] Wer erwartet, durch aufwendige, vielleicht sogar diverse (psycho)therapeutische Zusatzqualifikationen ein eventuell bestehendes Manko im seelsorglichen Selbstverständnis wettmachen zu können, wird mit hoher Wahrscheinlichkeit enttäuscht werden, denn das eigene Seelsorgeprofil sollte vorab klar konturiert sein, um für sich selbst deutlich zu haben, warum gerade diese und keine andere Zusatzausbildung unverzichtbar ist.

---

30 PANHOFER, J. (2003): Gott im Menschen begegnen, 273.
31 Ein besonders umfangreiches Fort- und Weiterbildungsprogramm bietet die *Deutsche Gesellschaft für Pastoralpsychologie* (DGfP) an, die sich in 5 Sektionen untergliedert: 1. Tiefenpsychologie; 2. Personzentrierte Psychotherapie und Seelsorge; Klinische Seelsorgeausbildung (KSA); 4. Gestaltseelsorge und Psychodrama in der Pastoralarbeit. 5. Organisation-System. Besonders nachgefragt ist die KSA-Zusatzausbildung, da diese stark auf die Person des/der SeelsorgerIn als wichtigstes Werkzeug der Seelsorge fokussiert und deshalb besonders mit Elementen der Selbsterfahrung arbeitet. „In der DGfP sind die Standards der verschiedenen Seelsorgeausbildungen an den Standards der Therapieausbildungen orientiert und dann theologisch differenziert." BURBACH, C. (2006): Weisheit und Lebenskunst, 24. Vgl. KLESSMANN, M. (2012): Von der Bewegung zum Verein.
32 BOBERT, S. (2011): Seelsorge in der Postmoderne, 261.

Wenn nicht das eigene Seelsorgeverständnis/Seelsorgekonzept eine Zusatzausbildung nahezu einfordert, sondern vielleicht der Umstand, aufgrund eigener Konzeptlosigkeit mit der Alltagspraxis unzufrieden zu sein, oder der Umstand, bei KollegInnen miterlebt zu haben, wie diese im Kontext einer Zusatzausbildung aufgeblüht sind, dann ist die Gefahr groß, einen anderen Effekt als geplant zu erzielen. Einen Effekt, den auch Peter F. Schmid beobachtet hat: „Und nicht wenige, die aufbrachen, um eine Zusatzausbildung zu beginnen, kehrten nicht mehr zum Ausgangspunkt zurück. Was von vielen als Mittel zum Zweck aufgesucht wurde, verselbstständigte sich".[33] Aufgrund dieser Gefahr, aber auch aufgrund der Tatsache, dass sich innerhalb des seelsorglichen Berufsstandes durch den enormen psychotherapeutischen Professionalisierungsschub der letzten Jahrzehnte eine Art Zweiklassensystem (zusatzqualifiziert – nicht zusatzqualifiziert) mit entsprechendem Standesdenken etabliert hat, wurden Stimmen lauter, die sich dagegen wehren, erst zusatzqualifizierte SeelsorgerInnen als 'geeignete' SeelsorgerInnen anerkennen zu wollen.[34] Meines Erachtens liegt die Wahrheit in der Mitte. SeelsorgerInnen brauchen pastoralpsychologisches Know-How. Die Frage jedoch ist, ob dies nicht viel selbstverständlicher, einfacher und auch finanziell erschwinglicher erwerbbar wäre. Hier scheint mir v.a. die Praktische Theologie herausgefordert zu sein, Alternativen auf Universitätsniveau zu entwickeln. Würden alle SeelsorgerInnen automatisch eine pastoralpsychologische Basis-Ausbildung durchlaufen, würde das Exklusivitäts- und Zweiklassenargument deutlich an Gewicht verlieren.

3.2. Beziehungs-Kompetenz

„Wer in der Seelsorge arbeitet, bekommt es mit Menschen zu tun."[35] Wer professionell mit Menschen zu tun hat, braucht die Fähigkeit, sich auf unterschiedlichste Menschen *einzulassen,* d.h. gezielt Beziehungen aufzunehmen, auf (diffuse) Beziehungswünsche einzugehen, Beziehungen konstruktiv zu gestalten, sie in schwierigen Phasen notfalls einseitig treu aufrechtzuerhalten, sie letztendlich aber auch wieder zu beenden, wenn es an der Zeit ist, Menschen wieder *loszulassen.*[36] Wenn SeelsorgerInnen imstande sind, unvermeidbare, weil unbewusst ablaufende Phänomene wie Übertragungen, Gegenübertragungen, Projek-

---

33 SCHMID, P. F. (1994): Begegnung ist Verkündigung, 19.

34 Mit beißendem Unterton gab Martin Hagenmaier bereits 1990 zu bedenken: „Wer sich solcher (psychotherapeutischer Haltung und Methodik bedienen wollte, musste selbstverständlich eine Ausbildung haben, die er bei anderen, die zu Beginn dieser Phase auf den Zug gesprungen waren, absolvieren konnte. Seelsorger/in wurde niemand mehr automatisch mit den pastoralen oder anderen kirchlichen Weihen. Nur lange berufsbegleitende Mühen konnten den Einstieg in die Kaste der Seelsorger/innen sichern." HAGENMAIER, M. (1990): Ratlosigkeit in der Seelsorge?, 193. Und selbst Jürgen Ziemer gestand ein: „Kritisch sehe ich das Abdriften in Standesdenken und die Tendenz zur Exklusivität durch immer höhere Ausbildungsanforderungen." ZIEMER, J. (1993): Pastoralpsychologisch orientierte Seelsorge, 152.

35 SANDER, H.-J. (2006): Pastorale Berufe, 450.

36 Vgl. LADENHAUF, K. H./ L. NAUSNER (2003): ‚Und es gibt nichts wahrhaft Menschliches, das nicht in ihren Herzen seinen Widerhall fände' (GS 1).

tion, Introjektion, Sublimierung, Verdrängung, Rationalisierung, Widerstand, Abwehr und Inszenierungen bei sich selbst und anderen zumindest ansatzhaft wahrzunehmen, laufen sie weniger Gefahr, entweder an der Beziehungsaufnahme und Beziehungsgestaltung zu scheitern oder auch selbst als eine Schachfigur in einem Beziehungsspiel benutzt zu werden, dessen Spielregeln sie nicht durchschauen.[37] Als besonders hilfreich wird sich für SeelsorgerInnen auch erweisen, wenn sie in der Lage sind, sich folgende Fragen zu stellen: Bringe ich gegenüber der anderen Person als einzigartiges Geschöpf positive Wertschätzung, Wohlwollen, unbedingten Respekt und bedingungslose *Akzeptanz* auf? *Toleriere* ich das Anderssein des Anderen und kann ich damit umgehen? Ist es mir möglich, meinem Gegenüber trotz seines Anders- und Fremd-Seins möglichst vorurteilsfrei zu begegnen, so dass ich tatsächlich mit und nicht zum Menschen rede, auch Gefühle thematisieren und angemessen reagieren kann? Bleibe ich dabei ehrlich, echt, authentisch und *kongruent* mit mir selbst? Verfolge ich vielleicht verdeckte Interessen? Mache ich dem anderen oder mir etwas vor? Verberge ich mich hinter professionellen Fassaden? Decken sich meine Worte und Taten? Kann ich meine eigenen Gefühle zulassen, ohne den anderen damit zu belasten? Fragen, die nach Carl Rogers Auskunft geben über die Qualität einer Beziehung und helfen, sie konstruktiv zu gestalten.[38]

Von SeelsorgerInnen darf erwartet werden, dass sie das asymmetrische Machtgefälle, das jeder Seelsorgebeziehung aufgrund des professionellen und kirchenamtlichen Status des/der SeelsorgerIn automatisch inhärent ist, nicht leugnen oder herunterspielen, sondern verantwortungsbewusst damit umgehen. Trotz aller Ungleichgewichtigkeit, die bereits daher rührt, dass Menschen nicht selten in Not sind und Hilfe suchen, gilt es, eine wechselseitige Beziehung 'auf gleicher Augenhöhe' anzustreben, ohne dabei das eigene Bedürfnis nach Anerkennung, Freundschaft oder gar Geliebtwerden befriedigen zu wollen, wie Marie-Theres Beeler auf dem Hintergrund eigener Praxiserfahrungen betont: „Beziehungsarbeit in der Seelsorge ist nicht dafür da, dass ich mich als Seelsorgerin eingebettet und anerkannt fühle. Meiner Beobachtung nach ist dies die verbreitetste Form des Machtmissbrauchs in der Seelsorge und erfolgt in der Regel ohne böse Absicht."[39] Ohne böse Absicht erfolgt zumeist auch folgende, letztlich destruktive Beziehungsgestaltung, die im Extremfall sogar zu sexuellem Missbrauch führen kann: „Im Seelsorgegespräch entsteht eine so vertraute Nähe, dass die Grenzen mit besonderer Wachsamkeit beachtet werden müssen. In der Haltung gegenseitiger Achtung, im Aussprechen von Wertschätzung, im Teilen von tiefen seelischen Erfahrungen und im echten Verstanden- und Angenommen-Fühlen können starke Liebesgefühle entstehen… Man verliert sich im ei-

---

37 Eine lehrreiche Vertiefung bieten u.a.: MÜLLER-ROSENAU, F./ K. KIESSLING (2003): Verwundeter Heiler oder zerstörter Raum. Erkundungen zur Gegenübertragung in Psychoanalyse und Seelsorge.
38 Vgl. KLESSMANN, M. (2002): Qualitätsmerkmale in der Seelsorge, 149.
39 BEELER, M.-T. (2002): Freundschaft in der Seelsorge, 405.

genen Gefühlstaumel. Subjektiv werden anfänglich solche Liebeserfahrungen und der Zärtlichkeitsaustausch wie größere Gottesnähe empfunden, während in Wirklichkeit im eigenen Gefühlsstrudel gebadet wird und Gefühlsdefizite überdeckt werden."[40] Beziehungskompetenz zeigt sich deshalb gerade darin, *Nähe und Distanz* sensibel austarieren zu können und sowohl die Intimsphäre der eigenen Person, als auch die des Gegenübers zu schützen.

3.3. Kommunikative Kompetenz

Seelsorge ist ein zutiefst kommunikatives Geschehen, weshalb kommunikative Fähigkeiten unerlässlich sind.[41] Wer prinzipiell Schwierigkeiten damit hat, mit anderen Menschen Gespräche zu führen, ist in der Seelsorge falsch am Platz. Gesprächsführungskompetenz ist jedoch ebenso erlernbar, wie die Fähigkeit zur Beziehungsgestaltung. Hilfestellung finden SeelsorgerInnen in den unterschiedlichen psychotherapeutischen Schulen, in denen diverse Gesprächstechniken entwickelt wurden, die bereits mit der Hilfe von PastoralpsychologInnen auf den spezifisch pastoralen Arbeitskontext zugespitzt worden sind. Auf besonderes Interesse trafen die Methoden der gesprächspsychotherapeutisch fundierten *non-direktiven Gesprächsführung*, die seit den 60iger Jahren ihren Siegeszug antraten und auch gegenwärtig noch immer unter SeelsorgerInnen großen Anklang finden, zumal viele Fort- und Weiterbildungsangebote sich dieser bewährten und relativ leicht erlernbaren Methodik bedienen.[42] In evangelikal-charismatischen Kreisen dagegen wird seit Jahren verstärkt auf *direktive Gesprächsführungsmethoden* zurückgegriffen, die den verschiedenen Schulen der (kognitiven) Verhaltenstherapie entlehnt sind. Als besonders zukunftsweisend präsentieren sich gegenwärtig systemtherapeutisch fundierte *strategische Gesprächsführungsmethoden*, die der Tatsache Rechnung tragen, dass Seelsorgekontakte oft einmalig und kurz sind.[43] Kommunikativ kompetent sein impliziert in allen Varianten, ein Gespräch wirklich führen und nicht nur laufen zu lassen, zum rechten Zeitpunkt zu reden, nachzufragen, zu debattieren, ohne dabei in

---

40 BLARER, S. (2003): Das Seelsorgegespräch, 251.

41 Vgl. MÜLLER, P. (2012): Dialogfähigkeit als Schlüsselqualifikation aller pastoralen Berufe.

42 Bereits in der Anfangsphase kommentierte Manfred Josuttis diese Affinität äußerst kritisch: „Dass gerade die Theologen sich zu einer solchen Gesprächsmethodik hingezogen fühlen, könnte damit zusammenhängen, dass bei vielen von ihnen die Tendenz zur Selbsthingabe und Selbstaufgabe besonders stark ausgeprägt ist... Die schnelle und breite Rezeption des CPT könnte auch damit zusammenhängen, dass diese Gesprächsmethodik der in der Kirche verbreiteten Konfliktscheu methodischen Ausdruck zu verleihen scheint." JOSUTTIS, M. (1974): Auf der Flucht vor Konflikten?, 600.

43 Auf eine Variante möchte ich besonders hinweisen: „Pastor Timm Lohse hat in seinem Buch ‚Das Kurzgespräch in Seelsorge und Beratung' die von ihm in langen Jahren der Praxis als Ehe- und Familienberater und in der Cityseelsorge entwickelte strategische Gesprächsführung knapp und stringent dargestellt. Die Grundelemente sind: Kontaktaufnahme, die Orientierung an Zielen, die ressourcenorientierte Vorgehensweise, die Arbeit an Lösungen und die narrative Vorgehensweise." SCHNEIDER-HARPPRECHT, C. (2005): Interkulturelle systemische Seelsorge, 227. Vgl. LOHSE, T. (2006): Das Kurzgespräch in Seelsorge und Beratung; Ders. (2006): Das Trainingsbuch zum Kurzzeitgespräch; Ders. (2009): Das zielorientierte Kurzzeitgespräch in der Seelsorge.

Geschwätzigkeit abzugleiten, sowie (zu)zuhören und schweigen zu können.[44] Kommunikative Kompetenz lässt sich jedoch nicht nur auf *sprachliche Fertigkeiten* reduzieren, denn sie umfasst auch *non-verbale Kompetenzen* wie z.b. die, Atmosphärisches im unausgesprochenen Zwischen-Raum wahrnehmen, die Körper- und Gestensprache von Menschen lesen zu können, keine Angst vor körperlicher Berührung und Körperarbeit zu haben, und sich auf kreative Arbeitsweisen einlassen zu können. Gerade körper- und kreativitätstherapeutische Kompetenzen erfordern jedoch eine intensive Lern- und Übungsphase, damit nicht mit Halbwissen, das sich vielleicht in einem Wochenend-Workshop angeeignet wurde, Schaden angerichtet wird.

SeelsorgerInnen treten also immer auch in der Rolle von *Gesprächs- und KommunikationsexpertInnen* auf. Als ImpulsgeberInnen, Störenfriede, MitspielerInnen, Hebammen oder KatalysatorInnen von Entwicklungsprozessen, weshalb Christiane Burbach sie auch als kompetente *(Sparrings-)PartnerInnen* bezeichent, die mit Menschen um gelingendes Leben ringen und dazu beitragen, dass diese ihre Sichtweisen und Argumentationen schärfen.[45]

3.4. (Ethische) Beratungskompetenz

Weil Menschen von SeelsorgerInnen auch konkret beraten werden wollen, brauchen letztere nicht nur eine Gesprächs-, sondern v.a. auch eine (ethische) Beratungskompetenz, die bisher in der Ausbildung viel zu wenig berücksichtigt worden ist, weshalb Ulrich Körtner einen diesbezüglichen Professionalisierungsschub erwartet.[46] Beraten können setzt den Erwerb folgender Fähigkeiten voraus:

1. Eigene ethische Entscheidungsfähigkeit, d.h. die Fähigkeit selbst Entscheidungen treffen und diese auch praktisch umsetzen zu können. Dies bedeutet nicht, dass SeelsorgerInnen immer vorbildhaft handeln müssen, und Menschen ihre eigenen Entscheidungen am Reden und Handeln der SeelsorgerInnen lediglich abzulesen hätten. Es bedeutet aber, dass SeelsorgerInnen nicht nur distanziert über ethische Problematiken disputieren, sondern eigene Maßstäbe für ihr Leben entwickeln und dementsprechend handeln, so dass sie auf dem Hintergrund eigener Erfahrungen glaub-würdig beraten können.

2. Die Fähigkeit, sich ein eigenes christliches Ethos zu erarbeiten, das inhaltliche sittliche Maßstäbe als Beurteilungskriterien an die Hand gibt. Dies bedeutet nicht, dass SeelsorgerInnen Menschen ihre christlichen Werte aufdrängen und

---

44 Willi Lambert plädiert für die Aneignung eines ‚kleines Einmaleins des Kommunizierens', das elementare Fähigkeit wie z.B. die, situationsgerecht bedanken, um etwas bitten, sich entschuldigen und ‚Ich-Botschaften auszusenden zu können umfasst, weshalb er schlussfolgert. „Man braucht nicht zu fürchten, die entsprechende Qualifikation für die sogenannte ‚Kommunikative Kompetenz' sei nur über ein wissenschaftliches Aufbaustudium und vielfache ‚Trainingslager' zu erwerben." LAMBERT, W. (2003): Beziehungskultur von Seelsorgern, 384.

45 Vgl. BURBACH, C. (2006): Weisheit und Lebenskunst, 26.

46 Vgl. KÖRTNER, U. (2006): Ist die Moral das Ende der Seelsorge, oder ist Seelsorge am Ende Moral?, 227.

ihnen fertige Ethik-Pakete überstülpen sollen, denn: „Der Seelsorger kann nicht auftreten als Verteidiger überkommener Werte oder als Wächter über eine Moral, die längst vergangen ist."[47] Es bedeutet aber, dass SeelsorgerInnen ihre Entscheidungskriterien offen legen und diskutierbar machen.

3. Die Fähigkeit, ethische Argumentationsmethoden hantieren zu können. SeelsorgerInnen gehen mit offenen Augen durch die Welt und informieren sich kontinuierlich über aktuelle ethische Konfliktfelder, in die Menschen/Institutionen hineingeraten.[48] Werden sie um Hilfe bei wichtigen Entscheidungen gebeten, können sie auf ein Repertoire an formalen Instrumentarien zurückgreifen, die Menschen dabei helfen können, eine für sie stimmige Entscheidung zu treffen.

4. Die Fähigkeit, so beraten zu können, dass Menschen sich nicht manipuliert oder beeinflusst, sondern animiert fühlen, tatsächlich selbst zu entscheiden und die Verantwortung hierfür zu übernehmen.

5. Die Fähigkeit, zusammen mit anderen z.B. in Ethik-Kommissionen einen Disput über wichtige ethische Entscheidungen anzugehen ohne dabei exklusive Wahrheitsansprüche aufzustellen, weshalb Jürgen Ziemer festgehalten wissen will: „Wenn es um die Wahrheit geht, werden Kompetenzunterschiede... hinfällig. Es gibt keine spezielle, schon gar nicht eine berufsbezogene Kompetenz zur Wahrheit."[49] Im Blick auf ihren ethischen Beratungsauftrag treten SeelsorgerInnen gegenüber einzelnen Menschen, Menschengruppen und Institutionen somit auch in der Rolle von sensiblen *BeraterInnen* und unaufdringlichen *RatgeberInnen* auf.

3.5. Psychopathologische Kompetenz

Wer in der Seelsorge arbeiten will, braucht Basis-Kenntnisse über die *Symptomatik psychischer Erkrankungen*.[50] SeelsorgerInnen müssen nicht die Menschen ihrer Umgebung auf psychiatrische Krankheitsbilder scannen, um bisher unerkannte Krankheiten diagnostizieren zu können, denn sie besitzen weder psychiatrisches noch psychologisches Fachwissen, das derartige Diagnosen zuließe. Wozu aber brauchen sie dann psychopathologisches Wissen?

Sie brauchen es, weil sie in ihrem Seelsorgealltag in jedem Tätigkeitsfeld – in psychiatrischen Einrichtungen sogar ausschließlich – mit psychisch erkrankten Menschen allen Alters, aller Schichten, aller Schweregrade sowohl im akuten als auch im chronischen Stadium zu tun bekommen. Menschen, die extrem unterschiedliche Symptomkonstellationen aufweisen und extrem unterschiedlich auf seelsorgliche Hilfestellungen reagieren. SeelsorgerInnen sollten zumindest

---

47 MÜLLER, H. M. (1991): Das Ethos im seelsorglichen Handeln, 8.
48 Vgl. SCHNEIDER-HARPPRECHT, C. (2006): Thesen zur Ethikberatung im Alltag der Seelsorge, 282.
49 ZIEMER, J. (1992): Annäherungen an die Wahrheit im seelsorglichen Gespräch, 125.
50 Meines Erachtens genügen Basis-Kenntnisse, die bereits im Theologiestudium und intensiviert in der seelsorglichen Ausbildungsphase anzureichen wären. Die Sichtweise Wolfram Kurzs, dass SeelsorgerInnen über ein möglichst detailliertes klinisch-psychologisches *Detailwissen* verfügen sollten, teile ich daher nicht. Vgl. KURZ, W. (1995): Das Verhältnis von Psychotherapie und Seelsorge, 403.

grob erkennen können, welches ungewohnte, auffällige oder merkwürdige Verhalten der individuellen Persönlichkeit, einer psychischen Erkrankung oder pharmakologischen Nebenwirkungen zu verdanken ist. Kennen sie den Unterschied nicht, werden sie kaum begreifen können, warum Menschen sich so verhalten, und dementsprechend auch in der Seelsorgebeziehung nicht sensibel und konstruktiv damit umgehen können. SeelsorgerInnen brauchen also psychopathologisches Grundlagenwissen, um eigene Fehler vermeiden zu können. Werden z.b. Anzeichen von Suizidgefährdung, Drogen-, Medikamenten und Alkoholabhängigkeit, oder Anzeichen sexuellen Missbrauchs einfach übersehen, dann kann dies folgenschwere Konsequenzen haben, zu deren Verhinderung sie hätten beitragen können. Werden z.b. psychotische Krankheitssymptome nicht erkannt, können SeelsorgerInnen den psychotischen Schub noch dadurch verstärken, dass sie immer wieder Gespräche führen und wiederholt Beichtrituale anbieten, wodurch sie nicht nur den Versündigungs- und Schuldwahn zusätzlich nähren, sondern auch therapeutische Hilfestellungen unterlaufen. Werden z.b. religiös besetzte psychotische Symptomatiken nicht erkannt, unterliegen Seelsorgerinnen besonders häufig dem Irrtum, mit besonders frommen und engagierten, wenn auch etwas eigenartigen Gläubigen konfrontiert zu sein. In der Folge werden sie enorm viel Zeit und Energie in Form von Gesprächen und Disputen auf diese Menschen verwenden, ohne lange Zeit zu merken, dass sich alle Gespräche im Kreis drehen. Werden z.b. Anzeichen einer schweren depressiven Episode nicht wahrgenommen, laufen SeelsorgerInnen Gefahr, am Menschen 'vorbeizureden'. Kennen sie dagegen das Krankheitsbild, dann wissen sie nicht nur, wann sie den Menschen am besten besuchen sollten, sondern auch welche Gesprächsstrategien wortwörtlich ins Leere laufen.

Gerade im Umgang mit psychisch Erkrankten sollten SeelsorgerInnen die Größe und Fähigkeit besitzen, einzusehen, wann es angebracht ist, mehr auf die Hilfe anderer professioneller Berufsgruppen zu vertrauen und diese, falls sie noch nicht hinzugezogen sind, aktiv einzubeziehen bzw. sich selbst gegebenenfalls auch zurückzuziehen.[51] Da 'Nahelegen' zumeist nicht ausreicht, gilt es, Menschen sehr konkret dabei zu unterstützen, sich Hilfe zu suchen, weshalb es von großem Nutzen ist, über das psychosoziale Versorgungsnetz vor Ort umfassend informiert zu sein.

3.6. Selbstsorge-Kompetenz

Seelsorger/Seelsorgerin zu sein ist kein leichter Beruf. Fremde Menschen lassen SeelsorgerInnen teilnehmen an ihrem Leben, erzählen von ihren freudigen und leidvollen Lebensereignissen. Erzählungen, die SeelsorgerInnen nicht unberührt lassen, wie Jürgen Ziemer zu verstehen gibt: „Es gibt Menschen, die lassen mich teilhaben an ihrer Lebensgeschichte, an ihren Erfahrungen, ihrem Leiden,

---

51 Vgl. BLARER, S. (2003): Das Seelsorgegespräch, 251.

ihren Ängsten, ihren Hoffnungen. Das erweitert meine eigenen Erfahrungen, das gewährt mir Einblick in das Leben und Einsicht in seine Tiefe und Abgründigkeit, die ich ohne diese Menschen nicht hätte."[52] Jede Lichtseite hat aber auch eine Schattenseite, die in diesem Fall darin besteht, dass SeelsorgerInnen mit extrem viel, oftmals unvorstellbarem Leid konfrontiert werden. Erfahrungen, die nicht nur persönlich bereichern, sondern auch belasten und verarbeitet werden müssen, wenn der Spaß am Beruf nicht verloren gehen soll. Nicht selten geraten SeelsorgerInnen zudem in äußerst belastende Situationen, weil sie z.b. nur noch mit Jammern und Klagen konfrontiert sind; weil sie oftmals nicht helfen können und von Ohnmachtsgefühlen überschwemmt werden; weil Menschen fordernde und destruktive Vereinnahmungstendenzen ihnen gegenüber an den Tag legen; weil Freundschafts- oder Liebeserwartungen an sie herangetragen werden, die sie nicht erfüllen können; weil sie keine Rückmeldungen über ihre Arbeit erhalten; weil Menschen, KollegInnen oder Vorgesetzte sie auf bestimmte Praxisformen festlegen wollen; weil die Teamarbeit nur noch Konflikte beschert; weil permanent von Stellenstreichungen die Rede ist; weil der Druck von allen Seiten zu groß wird; weil ohne Unterlass in selbstausbeuterischer Manier gearbeitet wird und sich doch kein Befriedigungs-, sondern lediglich ein resignatives Ermüdungsgefühl mit entsprechender Selbstbetäubung einstellt, weshalb Willi Lambert kommentiert: „Es dürfte wohl gelten: Wenn jemand, der in der Seelsorge seinen Dienst tut, nicht mehr selber zum Atmen der Seele kommt, zur Stille, sich keine Auszeit mehr nehmen, nicht mehr zwischendurch immer wieder stille halten kann, und sich auch noch in der freien Zeit vor allem mit Fernsehen, apostolischer Überanstrengung, Alkohol zuschütten muss – dann kann dies langsam an die Wurzeln gehen."[53] Nicht wenige SeelsorgerInnen fallen daher dem Killer-Virus 'Burnout' anheim, weshalb sie entweder ihre Stelle oder auch den Beruf als solchen wechseln müssen, um wortwörtlich weiterleben zu können. SeelsorgerInnen brauchen deshalb die Fähigkeit, sehr gut für sich selbst sorgen zu können. Ohne eine ausgeprägte Selbst-Sorge Kompetenz werden sie in ihrem Beruf langfristig nicht aufblühen, sondern psycho-physische und/oder soziale Folgeschädigungen davontragen.

Selbst-Sorge ist daher kein Verrat am seelsorglichen Engagement, sondern dessen Voraussetzung! Für sich selbst sorgen lässt sich somit als eine gottgewollte Form der Eigenliebe begreifen. Wie sollte auch jemand, der mit sich selbst schlecht umgeht oder sich selbst nicht mag, mit seinen Mitmenschen gut umgehen und diese ebenso mögen wie Gott? Im Folgenden sollen einige Umgangsstrategien mit sich selbst angedeutet werden, die dazu beitragen können, die *Kunst der Selbstsorge* zu pflegen:

♦ Eine Balance finden zwischen verfügbar und unverfügbar sein, zwischen Ja-Sagen und Nein-Sagen, zwischen Nähe und Distanz, denn: „Absolute Sorge

---

52 ZIEMER, J. (2000): Seelsorgelehre, 180.
53 LAMBERT, W. (2003): Beziehungskultur von Seelsorgern, 387.

für den anderen ist nur Gott möglich. SeelsorgerInnen stehen vor der Aufgabe, die Hingabekomponente und die Abgrenzungskomponente in ein flexibles Gleichgewicht zu bringen: gemeint sind Hingabe ohne Preisgabe und Abgrenzung ohne Selbstsucht."[54]

♦ Den Wert und die Würde der eigenen Person schützen, indem man sich allen Versuchen widersetzt, sich selbst zu 'verheizen' (Workoholismus-Falle) oder sich durch andere 'verheizen' zu lassen, denn: „Je mehr sich die Seelsorger/innen ‚verheizen' lassen, desto mehr reproduzieren sie das in der Gesellschaft herrschende Leistungsprinzip im pastoralen Handeln selbst... Wer sein Gottesvertrauen in die Menschen investiert, entlastet sich von dem Dauerdruck, immer nur selbst sich verausgaben und hergeben zu müssen. Letzteres ist nicht die Höchstform, sondern ein destruktives Klischee pastoralen Handelns."[55] Dem Sich-Verheizenlassen ist auch deswegen entgegenzusteuern, weil reibungsloses Funktionieren letztlich nur dazu führt, den Seelsorgebetrieb unhinterfragt aufrechtzuerhalten, wie Dieter Funke schonungslos zu verstehen gibt: „Wer selbst-los geworden ist, der ist kalkulierbar, gut einplanbar in Seelsorgestrategien."[56] Deshalb gilt es, sich gezielt selbst zu entschleunigen, zu ent-stressen und ohne schlechtes Gewissen deutlich zu vermitteln, dass man nicht überall zur gleichen Zeit sein kann.

♦ Die eigenen Möglichkeitsspielräume so effizient als möglich ausschöpfen und zugleich sowohl individuell als auch strukturell bedingte, (vorläufig) unveränderbare Grenzen akzeptieren, um nicht immer wieder sinnlos gegen Unveränderbares anzukämpfen und dabei unnötig Energie zu verschwenden.

♦ Arbeitszeit und Freizeit für sich und für andere klar voneinander scheiden, um in den Arbeitsphasen konzentriert und effizient tätig zu sein, in der Freizeit jedoch radikal abzuschalten, zu entspannen und dem Müßiggang zu frönen. Jeder Mensch muss seine eigenen Strategien zur Entspannung und zum sich Wohl-Fühlen finden. Finden lässt sich jedoch nur etwas, was auch gesucht wird bzw. dem man Aufmerksamkeit schenkt.

♦ Sorgsam mit privaten Sehnsüchten und Wünschen umgehen, sie nicht verdrängen, sondern bewusst in der Freizeit ausleben. Die eigene Sinnlichkeit und Erotik ebenso wach halten, wie das kleine Kind in sich, um das Spielerische, das Humorvolle, das Staunen-Können, das Sich Freuen-Können und die Fähigkeit des Sich-Anrühren-Lassens nicht zu verlieren.

♦ Die Arbeit nicht derart übermächtig werden lassen, dass das eigene soziale Netzwerk leidet oder gar zerreißt. Seelsorge ist ein Beruf, der Menschen trotz aller Menschennähe letztlich isolieren und einsam machen kann. Ein Beruf,

54 JACOBS, C. (2002): Mit der ganzen Person, 249. Marie-Theres Beeler brandmarkt das Postulat der Verfügbarkeit als destruktiven Mythos bzw. Ideologie, die SeelsorgerInnen letztlich beziehungsunfähig macht und „in menschliche Katastrophen führt." BEELER, M. (2002): Freundschaft in der Seelsorge, 406.
55 FUCHS, O. (1988): Umkehr zu einer mystagogischen und diakonischen Pastoral, 13/17.
56 FUNKE, D. (1993): Der halbierte Gott, 139.

der dazu verführt, Belastungen bei den Menschen, die einem am nächsten stehen, abzuladen, d.h. sie als 'Mülleimer' zur Stress-Entsorgung zu missbrauchen, indem sie regelmäßig mit Fallberichten und Arbeitsproblemen zugeschüttet werden und selbst auf privaten Festen und Feiern davon nicht verschont bleiben.

♦ Sich immer wieder daran erinnern, dass Seelsorge nicht nur ein Beruf, sondern auch eine Berufung ist und die eigene Berufsmotivation nicht aus dem Auge verlieren. Eine Balance zwischen Aktion und Kontemplation finden, d.h. sich immer wieder Ruhe-Pausen gönnen und sich bewusst zurückziehen, um sich der Pflege der eigenen Spiritualität zu widmen, damit diese als Kraftquelle für das eigene Leben und die berufliche Tätigkeit erhalten bleibt.

♦ Hilfestellungen in Anspruch nehmen, d.h. sich supervisieren oder beraten lassen, sich mit den KollegInnen oder Vorgesetzten austauschen, die Möglichkeiten nutzen, die der eigene Berufsverband, die eigene Arbeitsgemeinschaft bieten.

♦ Sich ein Seelsorgekonzept erarbeiten, das die Freude am eigenen Beruf fördert und kontinuierliche Selbst-Sorge einfordert.

4.   Fokussiert auf die diakonisch-prophetische Alltagspraxis

4.1.   Handlungs-Kompetenz

SeelsorgerInnen brauchen die Fähigkeit zuzupacken und auch persönlich Hand anlegen zu können, wenn es darum geht, Menschen sehr konkret aus einer Notsituation zu helfen. Wer sich 'die Finger nicht schmutzig machen will', ist fehl am Platz in der Seelsorge. Natürlich haben SeelsorgerInnen darauf zu achten, sich gerade in sozialen Einrichtungen nicht permanent (z.B. in einem Seniorenheim, in dem chronischer Personalmangel herrscht) von anderen Berufsgruppen (z.B. von überlasteten PflegerInnen) einspannen zu lassen (z.B. um mit anzupacken, um eine gestürzte alte Dame zurück ins Bett zu bringen; oder um mitzuhelfen, einem älteren Herrn, der sich zum wiederholten Mal mit Kot beschmiert hat, wieder zu einem würdevollen sauberen Zustand zu verhelfen). In Einzelfällen, in denen Menschen dringend auf Hilfe angewiesen sind, ist jedoch wortwörtlich mit anzupacken und konkret zu helfen. Gleiches gilt für den Gemeindekontext, denn auch dort können SeelsorgerInnen nicht erwarten, dass sie z.B. bei Hausbesuchen nur freundlich umsorgt und bedient werden, sondern dass sie dazu herausgefordert sind, z.B. Essen zu besorgen, zu lüften, aufzuräumen oder aus sonstigen Not-Situationen heraus zu helfen. Seelsorge umfasst daher einen *sozialarbeiterischen Rollenanteil,* den auch Christoph Schneider-Harpprecht hervorhebt: „Damit werden die Grenzen zwischen Seelsorge und sozial-diakonischem Engagement bewusst durchdringlich gemacht. Die materielle und soziale Situation des Einzelnen ist oft Teil seiner Problematik, aber auch eine Ressource für Veränderungen. Um sie zu entdecken und zu aktivie-

ren, müssen SeelsorgerInnen teilweise selbst sozialarbeiterische Funktion über-
nehmen oder mit Sozialarbeitern zusammenarbeiten."[57] Ein Rollenanteil, der
SeelsorgerInnen aufgrund fehlender Ausbildung nicht zu KonkurrentInnen von
SozialarbeiterInnen, sondern zu deren Verbündeten macht.

4.2. System-Kompetenz

Wollen SeelsorgerInnen in komplexen Systemen/Organisationen wie z.B. Gefängnissen arbeiten, dann benötigen sie die Fähigkeit, sich kenntnisreich in
ihnen bewegen zu können. Eine Fähigkeit, die Norbert Schuster als Organisationskompetenz umschreibt und als die Schlüsselqualifikation pastoraler Arbeit
überhaupt ausweist.[58] Weil das Wort 'Organisationskompetenz' auch als Befähigung zu (selbst)organisiertem Handeln verstanden werden kann, favorisiere
ich zur Umschreibung dieser elementaren seelsorglichen Kompetenz das Wort
'System-Kompetenz'. Inhaltlich stimme ich jedoch mit Schusters Analyse über-
ein: „Organisationskompetent sein zu wollen setzt also voraus, die Organisati-
on(en), in denen man arbeitet, zu verstehen, ihre Teillogiken identifizieren und
begreifen zu können und sich innerhalb dieser dann adäquat zu bewegen und zu
verhalten. Organisationskompetent ist, wer die Fragen beantworten kann: Was
geht wo und was geht wo nicht? Was passt wann und was passt wann nicht?"[59]
Meines Erachtens lassen sich Schusters Fragen in folgende Richtung erweitern
und präzisieren: Welche formellen und informellen Strukturen, welche Spielregeln und Routinen bestimmen den Organisationsalltag? Welche Steuerungsme-
chanismen, Machtstrukturen und Hierarchien kennzeichnen das System? Wer
besitzt die Entscheidungshoheit und welche 'kurzen Wege' sind begehbar?
Welche Berufs- und Menschengruppen sind im System präsent, mit welchen ist
eine mehr oder weniger intensive Kontaktpflege möglich? Mit welchen Gruppierungen sind Arbeitsbündnisse und wechselnde Koalitionen denkbar, um strategische Ziele zu erreichen? Inwieweit lässt das System Einflussnahmen zu?
Welche Instrumentarien stellt die Organisation zur Verfügung bzw. lässt sie zu,
damit das Personal sich solidarisieren und für seine Rechte einstehen kann? Inwieweit ist die Organisation strukturell mit anderen vernetzt und inwiefern lassen sich daraus auch Ressourcen für die Seelsorgearbeit erschließen? Welche
Rollenerwartungen werden von der Organisationsleitung, den verschiedenen
Berufsgruppen, der Öffentlichkeit, Angehörigen und den Menschen, um die es
geht, an SeelsorgerInnen herangetragen? Was genau ist der rechtliche Status
von Seelsorge und mit welcher Haltung (Akzeptanz, Ablehnung, Toleranz...)
steht die Hausleitung dem Seelsorgedienst gegenüber? Wo liegen systemisch
verursachte Spielräume für das eigene Handeln und wo (vorläufig) unüber-
schreitbare Begrenzungen? Strukturell kompetent sind SeelsorgerInnen dann,

57 SCHNEIDER-HARPPRECHT, C. (2005): Interkulturelle systemische Seelsorge, 228.
58 SCHUSTER, N. (2006): Organisationskompetenz als vergessene Qualifikation für die Pastoralarbeit, 528.
59 A.a.O., 533. Vgl. auch KÄPPELI, S. (2007): Im Trüben fischen?, 65.

wenn sie die angedeuteten Fragen beantworten können und es ihnen gelingt, die Balance zwischen Integration und Distanz, zwischen Loyalität und Kritik aufrecht zu erhalten. Strukturelle Kompetenz, die SeelsorgerInnen zwar bereits in Vorbereitung auf ein bestimmtes Praxisfeld durch intensives Sich-Informieren vorantreiben können, die sich aber in vollem Ausmaß erst vor Ort und im Laufe längerer Berufserfahrung herausbilden wird, trägt entscheidend dazu bei, dass SeelsorgerInnen sich erhobenen Hauptes – d.h. selbstbewusst und bescheiden zugleich – in komplexen Systemen als *unentbehrliche ExpertInnen* präsentieren und profilieren können. Als FachexpertInnen, die anderen Berufsgruppen in nichts nachstehen und deshalb den gleichen Respekt verdienen. ExpertInnen, die auf transparente und verständliche Art und Weise etwas zu bieten und anzubieten haben, weshalb sie sich nicht in die Defensive drängen lassen bzw. ihre Anwesenheit permanent rechtfertigen müssen. Rainer Bucher und Karl-Heinz Ladenhauf schlussfolgern deshalb: „Seelsorge wird bestehen, wenn Seelsorgerinnen und Seelsorger auf dem Markt der helfenden Berufe weder überheblich und abwartend noch kleinlaut und resigniert auftreten, wenn sie… in kritischer Solidarität mit allen 'MenschenarbeiterInnen' und in Anerkennung der eigenen Grenzen bzw. der in der Geschichte aufgeladenen Schuld, ihr Engagement für die Menschen und das menschliche Zusammenleben einbringen."[60] Seelsorgerinnen treten also nicht in der Rolle von besserwissenden KonkurrentInnen auf, die allen anderen Berufsgruppen ins Handwerk pfuschen, sondern als streitbare *KoalitionsparterInnen*, die sich geschickt und effizient in komplexen Systemen bewegen können. Dies gilt natürlich auch für den Gemeindekontext, denn auch dort müssen SeelsorgerInnen sich die Fähigkeit aneignen, sich in sehr komplexen Strukturen bewegen und immer neue Koalitionen schließen zu können.

4.3. Vernetzungs-Kompetenz

SeelsorgerInnen benötigen die Fähigkeit zum Netzwerken. Netzwerken impliziert zum einen, auf bereits bestehende Netze zurückgreifen und diese nutzen zu können, zum anderen aber auch neue Netze errichten bzw. andere Menschen zu deren Errichtung und Pflege animieren zu können. Überall, wo SeelsorgerInnen arbeiten, sind sie mindestens auf drei Ebenen mit Netzwerken, das unterschiedliche Fähigkeiten voraussetzt, beschäftigt:

1. SeelsorgerInnen vernetzten Menschen miteinander, indem sie z.B. darauf drängen, dass isolierte alte Menschen nicht länger alleine auf sich gestellt bleiben, sondern wieder in die Gemeinde zurückgeholt werden; indem sie junge Menschen durch verschiedenartige Angebote zusammenbringen und die soziale Kohäsion untereinander fördern; indem sie Arbeitslose von der Strasse bzw. aus der Kneipe wegholen und über die Bildung von Gruppen und Treffs deren Selbstbewusstsein und Solidaritätspotential wecken; indem

---

60 BUCHER, R./ K.-H. LADENHAUF (2004): „Räume des Aufatmens", 170.

sie Angehörige des Personals, die über das Gleiche klagen, miteinander vernetzen, so dass diese sich ermutigt fühlen, gemeinsam Widerstand anzumelden; indem sie Hilfsorganisationen organisieren, durch die in- und ausländische Menschen so ins Gespräch kommen, dass daraus feste Begegnungsgruppen entstehen; indem sie Feste organisieren, auf denen sich Menschen kennenlernen und Freundschaften schließen. Obgleich es zum Rollenprofil gehört, sich für das Einknüpfen von Menschen in soziale Netzwerke einzusetzen, weshalb SeelsorgerInnen sich als *soziale NetzwerkerInnen* und *BeziehungsstifterInnen* begreifen können, dürfen sie sich diesbezüglich jedoch nicht selbst überfordern, weshalb Hermann Steinkamp mahnt: „Gute Seelsorger werden vor allem nicht der Größenphantasie erliegen, immer und überall 'Beziehung stiften' zu wollen."[61]

2. SeelsorgerInnen vernetzen Organisationen und Einrichtungen miteinander. Arbeiten sie in Pfarrgemeinden, knüpfen sie diese auf (über)regionalem Niveau in ein komplexes Netz von kirchlichen, interkonfessionellen und säkularen Institutionen und Einrichtungen ein, damit Menschen nicht nur ein größerer Horizont eröffnet wird, sondern auch konkrete Hilfsressourcen erschlossen werden. Arbeiten sie z.B. in Kliniken, dann treiben SeelsorgerInnen die Vernetzung der Klinik nicht nur mit den umliegenden (Pfarr)Gemeinden voran, sondern auch mit dem extramuralen psychosozialen Hilfssystem. Auch diesbezüglich dürfen sich SeelsorgerInnen jedoch nicht überfordern, denn derartige Vernetzungsaktionen sind nur punktuell zu leisten und erfordern die Aktivierung der eigenen KollegInnen sowie ehrenamtlicher MitarbeiterInnen, um den enormen Arbeitsaufwand auf mehrere Schultern zu verteilen. Als *strukturelle NetzwerkerInnen* brauchen SeelsorgerInnen strukturelle Kompetenz, wenn ihr Vernetzungs-Engagement nicht ins Leere laufen soll.

3. SeelsorgerInnen vernetzen sich selbst in ihr (inter)konfessionelles Team-Netz, in das Auffang-Netz ihrer kirchlichen Auftraggeber, in das Kollegen-Netz und in ihr privates soziales Netz. Indem sie sich auch selbst in derartige Unterstützungs-Netzwerke einknüpfen, vermindern sie das Risiko, an ihrem Beruf zu scheitern.

4.4. Team- und Leitungskompetenz

Mangelnde Team- und/oder Leitungskompetenz führt nicht selten zu schweren Konflikten, chronischen Problemen und Unzufriedenheiten.

Obgleich SeelsorgerInnen nicht ohne die Fähigkeit zur Zusammenarbeit und zur Leitung von Sitzungen, Gremien, Gruppen, Kommissionen oder dem eigenen Seelsorgeteam auskommen, ist gerade diese derart wichtige Kompetenz bisher eher ein Stiefkind innerhalb der Seelsorgeausbildung. Uta Wagner plädiert deshalb ausdrücklich dafür, die Teamfähigkeit als Basisqualifikation seelsorglichen

---

61 STEINKAMP, H. (2003): ‚Leiten heißt Beziehung stiften'. Ja – aber…, 345.

Handelns ernst zu nehmen und entsprechende Ausbildungsmodule zu schaffen.[62] Hinter dieser Kompetenz verbirgt sich ein Bündel an Fähigkeiten, die ich hier nur andeuten kann: Die Fähigkeit, sich in ein bereits bestehendes Team integrieren oder ein solches aufbauen zu können. Die Fähigkeit, nicht nur formal miteinander planen, sondern sich auch inhaltlich austauschen zu können. Die Fähigkeit, Konflikte austragen und beilegen sowie miteinander ausgelassen feiern und lachen zu können. Die Fähigkeit, einander den Rücken stärken und sich gegenseitig in den jeweiligen Stärken und Charismen wahrnehmen und auch gelten lassen zu können. Die Fähigkeit, anderen den gleichen Frei-Raum zuzugestehen, den man auch gerne selbst zugestanden bekommen würde. Die Fähigkeit, sich an gemeinsame Absprachen und Termine zu halten. Die Fähigkeit, Veranstaltungen und Projekte gemeinsam mit anderen durchführen zu können. Mindestens ebenso wichtig wie die Teamkompetenz ist die Leitungskompetenz, die ebenfalls ein Potpourri an Fähigkeiten abverlangt, die hier nur angedeutet werden können:[63] Die Fähigkeit, Sitzungen wirklich zu leiten, d.h. sie zu strukturieren, zu moderieren, den Zeitrahmen einzuhalten und einen demokratischen Umgangsstil zu pflegen, so dass alle zu Wort kommen und sich frei äußern können. Die Fähigkeit, auch kontroverse Standpunkte zuzulassen und (Kompromiss)Lösungen zu finden, mit denen alle Teammitglieder leben können. Die Fähigkeit, MitarbeiterInnen zu loben, zu motivieren, sie zu begeistern ‚und das Beste aus ihnen herauszuholen'. Die Fähigkeit, Arbeit gerecht nach Charismen zu verteilen sowie ein sensibles Qualitätsmanagement zu handhaben. Die Fähigkeit, zu delegieren und alle an wichtigen Entscheidungen teilhaben zu lassen. Ein Rollenanteil von SeelsorgerInnen besteht somit auch darin, immer dann, wenn sie nicht als EinzelkämpferInnen tätig sind, sich als *Teammitglieder* und *Leitungspersonen* zu profilieren.

4.5. Interkulturelle Kompetenz

SeelsorgerInnen treffen immer häufiger auf Menschen aus fremden Kulturkreisen. Ohne interkulturelle Kompetenz erhöht sich die Gefahr, diesen Menschen nicht gerecht werden zu können. Obgleich Multikulturalität inzwischen zu den Kernmerkmalen spätmoderner Gesellschaften wie der Deutschlands zählt, hat sich die Notwendigkeit des Erwerbs interkultureller Kompetenz bisher kaum in den diversen Ausbildungsphasen von SeelsorgerInnen niedergeschlagen.[64] Interkulturell kompetent sind SeelsorgerInnen dann, wenn sie sich im Wissen um die Relativität der eigenen Kultur auf fremde Kulturen und Wertvorstellungen einlassen können, ohne sich von eigenen Vorurteilen überschwemmen zu

---

62 Vgl. WAGNER, U. (2006): Teamfähigkeit als Basisqualifikation seelsorglichen Handelns. Auch Matthais Ball weist Teamfähigkeit als eine Schlüsselqualifikation von Seelsorge aus. Vgl. BALL, M. (2003): Ich kann etwas – und die anderen auch. Teamfähigkeit als Schlüsselqualifikation.
63 Vgl. NAGEL, R. (2013): Seelsorgerinnen als Führungskräfte in der Kirche?
64 Vgl. SCHNEIDER-HARPPRECHT, C. (2002): Was ist interkulturelle Seelsorge?, 40.

lassen, wie Elisabeth Rohr aufzeigt: „Interkulturelle Kompetenz bedeutet... mit eigenen wie fremden individuellen wie kulturellen Schwächen, mit regressiven wie aggressiven Impulsen umgehen zu können."[65] Interkulturelle Kompetenz erfordert also nicht, sich über alle Kulturen schlau zu machen und über ein unerschöpfliches Reservoir an Wissen zu verfügen. Christoph Schneider-Harpprecht betont deshalb ausdrücklich, dass SeelsorgerInnen *keine KulturanthropologInnen* mit Expertenwissen sein müssen.[66] Basiskenntnisse über Kulturen, denen wir in Deutschland am häufigsten begegnen, sind sicherlich enorm hilfreich, um grobe Fehler zu vermeiden. Entscheidend aber ist die Fähigkeit, das Anderssein der Anderen akzeptieren, sie in ihrem Fremd-Sein belassen zu können und sich dennoch mit ihnen zusammen auf den Weg zu machen, um herauszufinden, was jetzt hilfreich wäre.[67] Hierzu brauchen SeelsorgerInnen auch die Fähigkeit, sich geduldig, oftmals mit Hilfe eines/einer DolmetscherIn ‚mit Händen und Füßen' zu verständigen, um an Informationen zu gelangen. Christoph Schneider-Harpprecht umschreibt diese Fähigkeit folgendermaßen: „Da Seelsorger keine Spezialisten für viele verschiedene Kulturen sein können, sind sie meist darauf angewiesen, den kulturellen Aspekt der Wirklichkeitskonstruktion im Gespräch selbst zu entdecken. Methodisch müssen sie eine zusätzliche Feedbackschleife in den Prozess des Verstehens einführen oder einfacher gesagt: sich erkundigen nach dem kulturellen Hintergrund von etwas, das der andere gesagt hat. Es geht also darum, von den Gesprächspartnern in der Seelsorge gezielt Informationen zu bekommen, wenn eine Aussage oder Verhaltensweise unverständlich ist, Irritationen hervorruft oder fragwürdig erscheint."[68] Als *interkulturell sensible GesprächspartnerInnen* besitzen SeelsorgerInnen somit die Fähigkeit, für alle Menschen da zu sein und ihnen im Rahmen ihrer jeweiligen kulturellen Herkunft und religiösen Überzeugung hilfreich zur Seite zu stehen.

4.6. Öffentlichkeits- und gesellschaftspolitische Kompetenz

SeelsorgerInnen scheuen prinzipiell weder das Tages- noch das Schweinwerferlicht. Seelsorgerinnen sind analog zu Jesus *öffentliche und öffentlichkeitswirksame Personen*, die auch in der Rolle von *RepräsentantInnen* ihrer Kirchen auftreten.
Obgleich SeelsorgerInnen bereits dadurch, dass sie mit vielen Menschen arbeiten und liturgische Feiern inmitten säkularer Lebens- und Arbeitskontexte anbieten, öffentlichkeitswirksam präsent sind, nützen sie zusätzlich moderne Medien, um noch mehr bzw. andere Menschengruppen zu erreichen. SeelsorgerInnen sind daher in der Lage, zusätzlich zu mündlich vorgetragenen Predigten

---

65 ROHR, E. (2003): Interkulturelle Kompetenz, 517.
66 SCHNEIDER-HARPPRECHT, C. (1999): Fremdheit und Annäherung, 397.
67 Vgl. KLESSMANN, M. (2014): Im Strom der Zeit, 12: „Fähigkeit zum angemessenen Umgang mit dem und den Fremden wird damit zu einer zentralen Querschnittskompetenz für die Seelsorge."
68 Vgl. SCHNEIDER-HARPPRECHT, C. (2005): Interkulturelle systemische Seelsorge, 225.

auch schriftliche Texte zu verfassen, die nicht nur in Form von Kirchenblättern
oder hausinternen Informationsblättern, sondern auch in öffentlichen Zeitungen
oder Zeitschriften publiziert werden können. SeelsorgerInnen haben zudem keine Angst davor, sich in öffentlichen Medien wie Radio oder Fernsehen zu Wort
zu melden. Auch scheuen sie nicht davor zurück, die Möglichkeiten des Inter-
nets aktiv zu nutzen, um die eigene Arbeit, laufende Projekte oder sonstige Informationen gezielt zu verbreiten. Hans-Ulrich Gehring plädiert deshalb dafür,
dass SeelsorgerInnen die Möglichkeit erhalten, sich eine fundamentale '*Mediale
Kompetenz*' anzueignen. Eine Kompetenz, die ebenso wie andere Kompetenzen
nicht einfach vorhanden ist, sondern Schulung verlangt.[69]
Als öffentliche Personen sind SeelsorgerInnen dazu herausgefordert, auf der
Höhe der Zeit zu sein und zu bleiben. Der Erwerb '*Gesellschaftsanalytischer
Kompetenz* '[70] ist deshalb für sie unentbehrlich, um die Balance zwischen Verortung inmitten der Gesellschaft und prophetisch-kritischer Distanz aufrechterhalten zu können, wie auch Heribert Gärtner im Kontext seiner Definition von
Seelsorge als künstlerischem Geschehen postuliert: „Der Seelsorger als Mensch
der Avantgarde, als Mensch der Vorhut Gottes ist verankert und partizipiert an
dem Lebensgefühl seiner Zeit und lebt gleichzeitig in christlich-kritischer Distanz dazu."[71] SeelsorgerInnen halten sich also über aktuelle gesellschafts- und
sozialpolitische Entwicklungen auf dem Laufenden, um die 'Zeichen der Zeit'
nicht zu verpassen oder falsch zu interpretieren. An der Auseinandersetzung mit
diesen Zeichen führt kein Weg vorbei, wenn sie ihrem Rollenanteil von solidarischen *AnwältInnen, FürsprecherInnen, InteressenvertreterInnen, RebellInnen,
KritikerInnen* und *KämpferInnen* gerecht werden wollen. Wenn SeelsorgerInnen wirklich aufgrund ihres Berufs Menschen sind „die sich nicht damit abfinden können, dass die Welt so ist, wie sie ist"[72], dann benötigen sie eine Ahnung
davon, wo die Probleme der Welt und damit auch der Menschen vor Ort liegen
und welche Lösungsmöglichkeiten es gibt, die es gemeinsam voranzutreiben
gilt. Bereits im Theologiestudium sollten SeelsorgerInnen die Chance erhalten,
sich fundiertes pastoralsoziologisches Wissen aneignen zu können, so dass sie
dieses später lediglich zu aktualisieren haben. Dass dies noch lange nicht an allen Hochschulen/Universitäten der Fall ist und auch in der zweiten und dritten
Ausbildungsphase eher ein Randdasein führt, ist meines Erachtens ein mindestens ebenso großes Skandalon wie das noch immer bestehende Manko ungenü-
gender pastoralpsychologischer Schulung. Nur wenn SeelsorgerInnen wissen,
warum und wo genau die sozialen Brennpunkte liegen, können sie gezielt hinausgehen und sich zu notleidenden Menschen gesellen. Nur wenn sie wissen,
wieso Menschen heutzutage 'unter die Räuber fallen', können sie einen Auf-

69 GEHRING, H. U. (2002): Seelsorge in der Mediengesellschaft, 152.
70 Eine Kompetenz, die v.a. Norbert Schuster ausdrücklich im Blick auf SeelsorgerInnen einfordert. SCHUS-
    TER, N. (2006): Organisationskompetenz als vergessene Qualifikation für die Pastoralarbeit, 531.
71 GÄRTNER, H. (1993): Die Kunst der Seelsorge, 41.
72 FECHTNER, K. (1999): Sich nicht beruhigen lassen. Seelsorge nach Henning Luther, 94.

stand gegen die Räuberei anzetteln. Tun sie letzteres, kann ihr Beruf für die eigene Person riskant werden. SeelsorgerIn sein impliziert daher immer auch, *Bereitschaft zum Risiko* aufzubringen und *Konflikten nicht aus dem Weg zu gehen*. Immer nur nett sein, salbungsvoll mit leisem Tonfall reden, keinesfalls anecken und von allen gemocht zu werden, entspricht nicht dem Rollenprofil moderner SeelsorgerInnen, die sich am Rollenprofil Jesu Christi orientieren.

5. Fokussiert auf die Hintergrundpraxis

5.1. Organisatorische Kompetenz

Im Blick auf alle bisher erläuterten Kompetenzen braucht es die Fähigkeit, den eigenen Arbeitsalltag effizient organisieren zu können. Organisieren, d.h. planen, sich trotz aller spontanen 'Zwischeneinlagen' doch an die eigene Planung halten und letztendlich sich selbst daraufhin überprüfen, ob das Geplante tatsächlich realisiert worden ist. Organisationskompetenz ist immer auch Zeit-Management-Kompetenz. Nicht in dem Sinn, dass jede Minute möglichst effektiv 'auszuquetschen' wäre, sondern in dem Sinn, dass für jede Woche oder auch jeden Tag ein grober Zeitplan zu erstellen ist. Ein Plan, der festlegt, wann z.B. auch unliebsame Tätigkeiten abgearbeitet und nicht permanent hinausgeschoben werden; welche Ersatzhandlungen besser zu unterlassen sind, um sich nicht selbst abzulenken; wann Pausen gesetzt und auch eingehalten werden; wann Selbst-Belohnungen zu verteilen sind, um sich bei Laune zu halten. Es ist ein Irrtum zu glauben, dass Rund-Um-die-Uhr arbeiten automatisch effizientes Arbeiten bedeutet. Sich ein Zeitraster mit klaren Fristen setzen, kann enorm dazu beitragen, mehr abzuarbeiten und zugleich mehr Raum für Freizeit zu schaffen. Dass gerade der Umgang mit Arbeits-, Frei-, und Urlaubszeit in der Berufsgruppe der SeelsorgerInnen ein besonders drängendes Problem darstellt, ist längst erkannt, aber noch lange nicht bewältigt, weshalb Christoph Morgenthaler schreibt: „Der Umgang mit begrenzter Zeit ist eine besondere Kunst, die wir auch in der Seelsorge erst noch lernen müssen."[73]

Seelsorge umfasst somit immer auch einen Rollenanteil, der SeelsorgerInnen als effiziente *OrganisatorInnen* ausweist. Zu organisieren ist jedoch nicht nur die eigene Arbeitsweise, sondern auch die Vorbereitung, Durchführung und Nachbereitung von Sitzungen/ Treffen/Kommissionen sowie eine unendliche Fülle an Aktivitäten, Projekten, Veranstaltungen und Festen, weshalb sich SeelsorgerInnen oftmals in der Rolle von *LogistikerInnen*, die unterschiedlichste Gruppierungen, Interessen und Aktivitäten aufeinander abzustimmen, auszubalancieren und zu koordinieren haben, wiederfinden.

---

73 MORGENTHALER, C. (2002): Begrenzte Zeit – erfüllte Zeit, 169. Vgl. auch STÜTZ, O. (2006): Sich frei spielen. Zeit-Management in der Seelsorge, 378-379.

5.2. Administrative Kompetenz

Wer als SeelsorgerIn arbeiten will, braucht nicht nur organisatorische, sondern auch administrative Fähigkeiten. Fakt ist, dass der Anteil administrativer Tätigkeiten von Einsatzort zu Einsatzort stark variiert. Während die einen SeelsorgerInnen enorm viel Zeit und Energie auf Verwaltungstätigkeiten wie z.b. das Dokumentieren der eigenen Arbeit, auf das Ausfüllen von Qualitätsmanagementformularen und sonstigen 'Papierkram' verwenden müssen, umfasst dieser Arbeitsanteil bei anderen lediglich das Ausfüllen von Urlaubsplänen oder das Einreichen von Fahrtabrechnungen. Während die einen in Gremien sitzen, die sich ausdrücklich mit Verwaltungsinhalten beschäftigen (z.B. im Blick auf finanzielle Mittel oder Gebäude), haben andere damit überhaupt nichts zu tun. Während die einen viel Wissen brauchen, um z.b. die personelle und finanzielle Verantwortung für eine Pfarrei oder die Leitung eines Klinikseelsorgeteams wahrnehmen zu können, müssen andere keine derartigen Verantwortungen tragen. Die Gefahr, dass SeelsorgerInnen von Verwaltungsaufgaben aufgefressen werden bzw. zu MangerInnen mutieren ist groß, wie Gerhard Nachtweih auch im Blick auf seine eigene Person einräumt: „Denn ich beobachte als Pfarrer – sozusagen im Selbstversuch – wie schwer es fällt, sich der Gefahr zu erwehren, vom Seelsorger immer mehr zum Manager zu werden."[74] Eine Gefahr, der es sich jedoch zu erwehren gilt, denn SeelsorgerInnen sind gerade *keine ManagerInnen*. Obgleich sie spätestens in der praktischen Ausbildungsphase mit basalen Kenntnissen und Fähigkeiten aus der Management-Theorie vertraut gemacht werden sollten, damit sie ihren administrativ-organisatorischen Arbeitsanteil bewältigen können, gilt es die Managerrolle von sich zu weisen. Mit ihr hält ein (neoliberales) ökonomisches Denkraster Einzug in die Seelsorge, das pastorales Handeln bereits seit geraumer Zeit beeinflusst bzw. unterwandert. Ein Signal, das in diese Richtung weist, ist die Tatsache, dass sowohl in der katholischen als auch in der evangelischen Kirche immer häufiger Firmen der Unternehmungsberatung angeheuert werden, um auf der Grundlage von deren Expertise fundamentale pastorale Entscheidungen zu treffen.

Aus diesem Grund plädiere ich an dieser Stelle ausdrücklich nicht für den Erwerb einer Management-Kompetenz, sondern lediglich für die Aneignung einer basalen Administrativen Kompetenz. Meines Erachtens wäre es gegenwärtig ein falsches Signal für die Glaubwürdigkeit von Seelsorge, SeelsorgerInnen analog zu WirtschaftsexpertInnen als ManagerInnen auszuweisen.[75]

6. Personale Basis-Kompetenz

Alle bisher aufgeführten Kompetenzen bleiben wurzellos, wenn sie keinen Wurzelgrund in einer sehr fundamentalen Kompetenz finden, die ich als 'Perso-

---

74 NACHTWEI, G. (2001): Beichte – ein not-wendiges Sakrament, 157.
75 Vgl. EVERTZ, W. (2003): Pfarrer: Manager und Seelsorger.

nale Kompetenz' umschreiben möchte. Eine Kompetenz, die SeelsorgerInnen von Hause aus mitbringen oder auch nicht mitbringen. Eine Kompetenz, an der sie zwar lebenslang arbeiten können, die aber doch stark mit der eigenen *Persönlichkeitsstruktur* verwoben ist, weshalb sie zumindest *ohne therapeutische Hilfestellung* nicht beliebig antrainierbar ist. Hinter der Umschreibung Personale Kompetenz verbergen sich verschiedene Fähigkeiten, die sozusagen vorausgesetzt sind, um sich die erläuterten Kompetenzen überhaupt aneignen zu können. Fähigkeiten wie z.B.:

o *Keine Angst vor Menschen* haben; nicht kontaktscheu sein; Menschen in die Augen sehen, ihnen mit kräftigem Handdruck die Hand schütteln können; sowohl in der Umgebung von Männern/Jungen als auch in der von Frauen/Mädchen nicht unsicher oder aggressiv werden, sondern sich darin wohl fühlen können.

o Ein Gespür für Menschen haben, d.h. auf die eigene *Menschenkenntnis* zurückgreifen können, um auch schwierige und aggressive Situationen und Begegnungen meistern zu können, aber auch um Menschen nicht vorschnell zu klassifizieren und abzulehnen.

o *Belastbar sein*, denn Seelsorge führt an die Grenzen der eigenen Belastbarkeit. Dies bedeutet nicht, dass nur psycho-physisch gesunde Menschen SeelsorgerInnen sein können. Auch SeelsorgerInnen dürfen defizitär sein und krank werden, was früher oder später, mehr oder weniger ausgeprägt jedem/jeder SeelsorgerIn ungewollt widerfahren wird. Gerade dann, wenn SeelsorgerInnen chronisch krank oder behindert sind, brauchen sie die Fähigkeit, besonders sorgsam darauf zu achten, ihre Selbst-Sorge nicht zu vernachlässigen. Noch deutlicher als für alle anderen gilt es, Grenzen zu ziehen und sich selbst zu beschützen.

o *Geduldig* sein und ausreichende *Frustrationstoleranz* aufbringen, denn SeelsorgerInnen können oftmals nichts erreichen und nicht helfen. Ohnmachtsgefühle müssen ausgehalten werden. Größenphantasien sind in der Seelsorge ebenso fehl am Platz wie das Bestreben, alle Menschen von ihren Problemen, Krankheiten und 'Besessenheiten' befreien zu wollen.

o Eine *eigene Meinung* haben und diese auch *selbstbewusst* und *bescheiden* zugleich vertreten können. Fehlt das Selbstbewusstsein, passen sich SeelsorgerInnen lediglich an die Meinung anderer an, reden nach dem Mund, haben kein eigenes Profil, an dem sich andere abarbeiten können. Fehlt dagegen die Bescheidenheit, werden sie nicht in der Lage sein, andere Meinungen gelten zu lassen, weshalb sie autoritär und gnadenlos vorgehen.

o Humorvoll sein und *lachen können*. Wer nur bitterernst, mit Leidensmine, gekleidet in Trauerfarben, sein Äußeres missachtend und mit extremem Mundgeruch Menschen gegenübertritt, wird es extrem schwer haben, ernst genommen zu werden, denn: „Nicht nur jedes Wort des Pfarrers, auch seine Gesten, seine Kleidung, seine ungeputzten Schuhe, sein Auftreten, sein Körpergeruch – all dies hat oft entscheidenden Informationswert und wirkt sich er- oder entmutigend für den Fortgang des Gesprächs aus.“[76]

o Selbstdistanziert und *selbstkritisch* sein. SeelsorgerInnen brauchen die Fähigkeit, eigene Fehler, die aufgrund der Komplexität des Seelsorgeberufs kaum zu vermeiden sind, sich selbst und anderen gegenüber einzugestehen. Ohne die Bereitschaft, nicht zu stagnieren, sondern sich lebenslang weiterzuentwickeln, ist Seelsorge langfristig nicht durchzuhalten.

o *Taktvoll* und *diskret* sein. Seelsorge erfordert Verschwiegenheit und die Fähigkeit, sich an die eigene Schweigepflicht zu halten, denn anders als in anderen Berufen, dürfen Menschen gegenüber SeelsorgerInnen erwarten, dass alles, was sie ihnen anvertrauen, nicht weitererzählt oder z.b. zur Erheiterung einer Partyrunde verwendet wird.

Wer also den Seelsorgeberuf anvisiert, um seine eigenen (psychischen) Probleme zu lösen, indem er/sie sich in die *Helferrolle* flüchtet, wird langfristig weder sich selbst, noch anderen helfen können.

Wer den Seelsorgeberuf anvisiert, weil er/sie glaubt, durch die Seelsorgerolle automatisch gesellschaftliche Reputation zu erhalten und/oder eine unhinterfragbare *Autoritäts- und Machtposition* einnehmen zu können, die der eigenen Person ansonsten versagt ist, wird sich selbst damit ebenfalls keinen Gefallen tun, denn auch SeelsorgerInnen/PfarrerInnen durchleiden gegenwärtig aufgrund des gesellschaftlichen Autoritäts- und Reputationsverlustes ihrer Profession zunehmend Kränkungen und Verunsicherungen.

7.   Zusammenfassender Überblick

Die erstaunliche Komplexität des seelsorglichen Kompetenz- und Rollenprofils wird auf den folgenden beiden Seiten in *Schaubild 13* und *Schaubild 14* ohne Anspruch auf Vollständigkeit graphisch zusammengefasst.

---

76 KARLE, I. (1999): Was ist Seelsorge?, 48.

Personale Basis Kompetenz

- Theologische Fachkompetenz → Professionalität
- Seelsorgekonzept Kompetenz → Professionalität
- Spirituelle Kompetenz → Professionalität
- Mystagogische Kompetenz → Professionalität
- Hermeneutische Kompetenz → Professionalität
- Rituell-liturgische Kompetenz → Professionalität

- Pastoralpsychologische Kompetenz → Professionalität
- Beziehungs-Kompetenz → Professionalität
- Kommunikative Kompetenz → Professionalität
- (Ethische) Beratungskompetenz → Professionalität
- Psychopathologische Kompetenz → Professionalität
- Selbstsorge Kompetenz → Professionalität

- Handlungs-Kompetenz → Professionalität
- System-Kompetenz → Professionalität
- Netzwerk-Kompetenz → Professionalität
- Team- und Leitungskompetenz → Professionalität
- Interkulturelle Kompetenz → Professionalität
- Öffentlichkeits-Politische Kompetenz → Professionalität

Organisatorisch – Administrative Kompetenzen

Komplexes Kompetenzprofil

Schaubild 13
Doris Nauer

Seelsorgliches Rollenprofil

Spirituell-Mystagogisch	Pastoralpsychologisch-Heilsam	Diakonisch-Prophetisch
Berufener Gläubiger Be-Geisterter/Inspirierter Charismatiker/Geistlicher Spirituelles Vorbild	Gesprächspartner Diskussionspartner Zuhörer Klagemauer/Müllcontainer	Zupackender Helfer Ermöglicher/Katalysator Geldeintreiber
Theologe	Lebensexperte Krisenexperte Beziehungsexperte	(Über)Lebenshelfer Problemlöser
Amtsträger Kichenrepräsentant Kirchenliebhaber Kirchenkritiker	Mit-Mensch Besucher Begleiter Da-Seiender	Kritiker/Hinterfrager/Störer Ankläger/Fürsprecher Sprachrohr/Lobbyist Interessenvertreter
Mystagoge Gottessucher Spurensucher Sämann Hebamme Entdecker	Verstärker Impulsgeber (Ver)Störer Unruhestifter Anstifter	Prophet Befreier Solidarisierungsexperte Vernetzungsexperte Beziehungsstifter Brückenbauer
Spiritualitätsexperte Glaubensexperte Sinnexperte	Gestikulierender Singender/Musizierender Tanzender/Spielender Kreativitätsförderer	(Mit)Feiernder Animateur
Hirte Tröster	Mit-Spieler Sportlich Mitmachender	Randfigur Vogelfreier Grenzgänger Koalitionspartner Informell Tätiger
Bibelkenner Bibelübersetzer Beter Liturge/Zelebrant Ritenmeister Symbolexperte Sakramentenspender Beichtvater Segnender	Ratgeber (Ethischer) Berater Heiler Heilsam Tätiger	(Einzel)Kämpfer (Mit)Streiter Teammitglied Teamleiter Verantwortungsträger Öffentliche Figur Repräsentationsfigur Mediale Figur
Meditationsexperte Exerzitienmeister	Selbst-Sorgender Aus-Ruhender Lernender	
Wallfahrer/Pilger	Sich-Weiterentwickelnder Seelsorgekonzept-Ersteller	Ökologisches Vorbild Ökologischer Initiator
Traditionsbewahrer Erneuerer		Schaubild 14: Doris Nauer

Wartender, Fahrender....
Organisator, Logistiker, Vorbereiter, Aufräumer, Verwalter, Büroarbeiter, Dokumentierer.....

Glaubwürdige Seelsorge

Leicht wird übersehen, welche Freude und welche Bereicherung in der Berufung zum Seelsorger und zur Seelsorgerin liegen und auch als solche dankbar erfahren werden!
Leo Karrer (2005): Seelsorger und Seelsorgerinnen im Schmelztiegel vieler Herausforderungen, 245.

1. Multidimensionalität

Wenn wir christliche Seelsorge im multidimensionalen christlichen *Gottes- und Menschenbild* verwurzeln wollen, dann leitet sich daraus ein ebenso multidimensional konturiertes *Theorie- und Praxisdesign* ab. Dies hat zur Konsequenz, dass Seelsorge weder auf der Ebene der Theoriebildung (Definition und Zielsetzung) noch auf der Ebene der praktischen Umsetzung (Alltagspraxis, Rollen- und Kompetenzprofil) eindimensional verkürzt werden darf. Soll Seelsorge *traditionsorientiert* und gerade deshalb *zeitgemäß* sein, dann führt m.E. kein Weg daran vorbei, Seelsorge als ein höchst *komplexes* multidimensionales Geschehen auszuweisen. *Schaubild 15* dient dazu, meine These visuell zu unterbauen und dadurch nachvollziehbar zu machen:

Multidimensionales Kompetenz- und Rollenprofil

Seelsorge **mit** Menschen	Seelsorge **für** Menschen	Seelsorge **an** Strukturen

Multidimensionale seelsorgliche Alltagspraxis

Spirituelle (Auf)Atemhilfe Glaubenshilfe	Krisenhilfe Konflikthilfe (Ethische) Beratungshilfe	Soziale und strukturelle Vernetzungshilfe Befreiungshilfe Materielle (Über)Lebenshilfe
Spirituell Mystagogische Seelsorgedimension	**Pastoralpsychologisch Heilsame** Seelsorgedimension	**Diakonisch Prophetische** Seelsorgedimension

Schaubild 15: Doris Nauer

Multidimensionales Seelsorgeverständnis
Sich professionell sorgen um den ganzen gottgewollten Menschen.
Sorge dafür tragen, dass ein wenig 'Leben in Fülle' (Johannes 10,10) erfahrbar wird.
Sowohl in Alltags-, als auch in Glücks- und Krisenzeiten.
Abhängig von der individuellen oder kollektiven Lebenssituation und Bedürfnislage.
In und trotz Überlastung, Krankheit, Gebrochenheit, Not, Einsamkeit, Armut, Sterblichkeit.

Multidimensionales Christliches Gottesbild 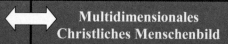 **Multidimensionales Christliches Menschenbild**

2. Individuelle Überforderung?
Ermutigung zur Prioritätensetzung und Teamarbeit

Werden SeelsorgerInnen durch das multidimensionale Seelsorgeverständnis nicht restlos überfordert? Setzt es nicht viel zu viele und viel zu unterschiedliche Fähigkeiten voraus? Ist es nicht total unrealistisch, zu erwarten, dass SeelsorgerInnen all das tun, was im Praxisteil herausgearbeitet worden ist? Treibt ein derart komplexes Verständnis von Seelsorge nicht automatisch selbst die engagiertesten SeelsorgerInnen in ein Burn-Out-Syndrom? Macht es Seelsorge nicht zu einem der unattraktivsten Berufe der Welt, den niemand mehr wählt, weil niemand so dumm ist, einer Tätigkeit nachzugehen, die nur Stress und Frust verursacht?

Ich bin der festen Überzeugung, dass das Gegenteil der Fall ist! Das multidimensionale Seelsorgeverständnis macht Seelsorge zu einem der *interessantesten*, aber auch *anspruchsvollsten* Berufe, die es gibt. Zu einem Beruf, der *viel zumutet*, aber auch *sehr viel zurückgibt* und sicherlich *niemals langweilig* wird. Der multidimensionale Ansatz eröffnet SeelsorgerInnen *außergewöhnlich große Frei-, Spiel- und Handlungsräume*, die es kreativ und innovativ auszufüllen gilt. Er gestattet ihnen, den eigenen *Charismen* auf die Spur zu kommen und sowohl inhaltliche als auch praktische Schwerpunkte zu setzen.

Das multidimensionale Theoriekonzept beruht auf dem Axiom, dass christliche Seelsorge aufgrund ihrer theologischen Verankerung eine spirituell- mystagogische, pastoralpsychologisch-heilsame und diakonisch-prophetische Dimension umfasst. Seelsorglich tätig sein bedeutet daher, *im Wissen um* die Notwendigkeit und Zusammengehörigkeit der drei Dimensionen zu handeln, weshalb keine von ihnen *prinzipiell* ausgeblendet werden darf. Es bedeutet jedoch nicht, dass jeder Seelsorger und jede Seelsorgerin darauf aus sein muss, immer alle drei Dimensionen zugleich zu verfolgen und praktisch umzusetzen. Wenn SeelsorgerInnen jedoch *ausschließlich* eindimensional handeln, indem sie z.B. nur noch liturgische Feiern anbieten, oder nur noch therapeutisch gestützte Einzelgespräche führen, oder nur noch politischen Aktivismus an den Tag legen, dann legt das multidimensionale Seelsorgeverständnis den Verdacht nahe, dass es sich hier um eine defizitäre Form christlicher Seelsorge handelt. Der multidimensionale Ansatz will also sicherstellen, dass die aus theologischen Gründen geforderte Komplexität von Seelsorge zumindest im Bewusstsein der SeelsorgerInnen gewahrt bleibt, auch wenn sie nicht immer in vollem Umfang in den Praxisalltag hinein umsetzbar ist. Keine Seelsorgerin/kein Seelsorger/kein Seelsorgeteam können ohne Prioritätensetzung tätig sein. Entscheidend dabei ist, dass diese *absichtlich* vorgenommen wird, und dass die Dimensionen/ Praxisformen, die aufgrund der aktuellen Entscheidung keine Berücksichtigung finden, nicht prinzipiell vergessen oder gestrichen werden. Dass im seelsorglichen Arbeitsalltag immer wieder *Schwerpunkte* zu setzen und *Kompromisse* auszuhandeln sind, verdankt sich dem Zusammenspiel folgender Faktoren:

■ Jeder Seelsorger/jede Seelsorgerin besitzt persönlichkeitsspezifische *Fähigkeiten, Charismen und Vorlieben*. Manche können zudem auf spezielle *Zusatzqualifikationen* zurückgreifen, weshalb sie sich für die Umsetzung bestimmter Dimensionen von Seelsorge als besonders kompetent erweisen, für andere dagegen als weniger kompetent. *Kein Seelsorger/keine Seelsorgerin muss alles können und sich alle Kompetenzen aneignen, die für die Umsetzung eines multidimensionalen Seelsorgeverständnisses in all seiner Komplexität erforderlich sind.* Jeder/jede kann aber irgendetwas besonders gut. Prioritätensetzungen basieren somit immer auch auf individuellen Vorlieben, denn niemand kann auf Dauer gegen sich selbst arbeiten, indem er/sie z.b. öffentlichkeitspolitisch tätig ist, obgleich er/sie öffentliche Auftritte verabscheut, oder indem er/sie z.b. nur mit Beerdigungen und liturgischen Feiern beschäftigt ist, obgleich er/sie eine fundierte familientherapeutische Schulung durchlaufen hat und nichts lieber täte, als mit Familien und Gruppen zu arbeiten.

■ Prioritätensetzungen hängen entscheidend davon ab, ob ein (inter) konfessionelles *Seelsorgeteam* vorhanden ist. Obgleich derartige Teams nicht selten als Quelle von Problemen und Konflikten erfahren werden, bieten sie dennoch SeelsorgerInnen die einmalige Chance, voneinander profitieren und sich die alltägliche Arbeit wirklich teilen zu können. Wenn es gelingt, dass SeelsorgerInnen zueinander Vertrauen fassen, weshalb sie offen und wohlwollend über ihre Stärken und Schwächen, über ihre Charismen und Vorlieben reden können, dann steigt die Chance, dass sie einander zugestehen, ihre jeweiligen Fähigkeiten einbringen zu dürfen, und dass sie sich gegenseitig dazu ermutigen, auch 'Ausflüge' in solche Praxisformen zu wagen, die vielleicht vorher undenkbar für die eigene Person waren. Aufgabe des Teams wäre es dann, gemeinsam darüber zu wachen, dass die Komplexität von Seelsorge theoretisch und praktisch nicht aus den Augen verloren wird, und dass immer wieder neu ausgehandelt wird, welche Prioritäten gegenwärtig den Vorrang haben, wer welche Kompetenzen wo am sinnvollsten einbringen kann und wem vielleicht gerade der Rücken frei zu halten ist, um sich noch eine andere für die gemeinsame Schwerpunktsetzung notwendige Fähigkeit aneignen zu können. Diese Form von Teamarbeit setzt voraus, dass SeelsorgerInnen sich auch intensiv über ihr persönliches Seelsorgeverständnis austauschen. Es setzt nicht voraus, dass alle das gleiche Verständnis haben müssen. Sehr wohl aber, dass Vor- und Nachteile der verschiedenen Sichtweisen diskutiert und akzeptiert werden. Bei dieser Vorgehensweise wird sich automatisch ein multidimensionales gemeinsames Rahmen- oder Dachkonzept herausbilden, unter dem alle persönlichen Sichtweisen ihre Berechtigung behalten.

■ Prioritätensetzungen hängen aber auch von *strukturellen Rahmenbedingungen* des Einsatzortes ab. Arbeiten SeelsorgerInnen alleine oder im Team, z.B. in einem Altenheim, wird es dort strukturelle Vorgaben geben, die manches ermöglichen, manches aber auch blockieren. Seelsorge geschieht somit immer im Balanceakt zwischen der Akzeptanz und Unterlaufung organisationaler Vorgaben, um den nötigen Spielraum für multidimensionales Handeln schaffen zu können. Keinesfalls wird sich Seelsorge ausschließlich an den Wünschen z.b. einer Hausleitung orientieren und sich ihren Handlungsspielraum von außen vorgeben lassen. Aus diesem Grund ist an der doppelten organisationalen Zugehörigkeit (Altenheim und Kirche), die natürlich auch Probleme verursacht, unbedingt festzuhalten, denn sie schafft den Freiraum dafür, in der notwendigen Distanz auch solche Prioritäten setzten zu können, die vielleicht nicht von der Organisation erwartet werden (z.b. strukturelle Missstände prophetisch-kritisch aufdecken).

■ Welche Prioritäten tatsächlich von SeelsorgerInnen oder Seelsorgeteams gesetzt werden können, hängt natürlich auch von *kirchlichen Rahmenbedingungen* ab. Nicht alles, was SeelsorgerInnen (gemeinsam) für wichtig erachten, lässt sich auch tatsächlich umsetzen, weil der kirchliche Auftraggeber über die Personalplanung und Vorgaben wie Arbeitsplatzumschreibungen, Pastoralpläne oder sonstige Rahmenpapiere Einfluss nimmt auf das seelsorgliche Handeln. Dies kann durchaus zu Kollisionen führen, die auszufechten sind. Oftmals lassen sich auch diejenigen, die in der pastoralen Planung zuständig sind, von neuen Ideen und Schwerpunkten begeistern, vorausgesetzt diese werden 'nach oben' kommuniziert, begründet und stringent verteidigt.

■ SeelsorgerInnen sind jedoch nicht gezwungen, immer alles direkt mit ihren kirchlichen Vorgesetzten auszuhandeln. Je nach Arbeitskontext verfügen sie über *Arbeitsgemeinschaften und/oder Berufsverbände*, in denen Konzeptpapiere und inhaltliche Visionen entwickelt werden, die ebenfalls Einfluss haben auf die Prioritätensetzung vor Ort.

■ Welche Prioritäten am Ende gesetzt werden, verdankt sich natürlich den *Bedürfnissen und Erwartungen der Menschen,* mit denen Seelsorge alltäglich geschieht. SeelsorgerInnen erfüllen jedoch nicht nur Erwartungen, sondern durchkreuzen diese auch, wenn dies aus inhaltlichen Gründen erforderlich ist.

Schaubild 16 fasst die 6 zentralen Einflussfaktoren zusammen:

Auch wenn seelsorgliches Handeln somit nicht vollkommen frei zur Disposition steht, besitzen SeelsorgerInnen dennoch im Vergleich zu anderen Berufen eine sehr große Handlungsfreiheit. Glaubwürdige Seelsorge zeichnet sich gerade *nicht* dadurch aus, dass SeelsorgerInnen *immer mehr Tätigkeiten* aufgeladen und *immer mehr Kompetenzen* abverlangt werden. Im Gegenteil! Es ermutigt zu einer *reflektierten (!) Prioritätensetzung* und lädt SeelsorgerInnen dazu ein, ihre *Charismen zu entfalten* und sich auch *neue Fähigkeiten* anzueignen, so dass sie das, was sie schon immer getan haben, mit noch mehr Freude und Elan tun, und es vielleicht auch wagen, andere Praxisformen *für sich selbst zu entdecken.*

Wer auf der Basis eines multidimensionalen Seelsorgeverständnisses arbeitet, weiß genau, warum er/sie etwas tut oder auch nicht tut. Er/sie wird z.B. nicht in einer Kommission mitarbeiten, weil er/sie so nett gefragt worden ist und sich geschmeichelt fühlt, mitmachen zu dürfen, sondern weil der diakonisch-prophetische Anteil seines/ihres Seelsorgeverständnisses genau dieses Handeln einfordert. Ein Seelsorger/eine Seelsorgerin wird auch nicht nur deswegen nachts die Kirche für eine meditative Gruppenveranstaltung öffnen, weil dies gerade 'en vogue' ist, sondern weil der mystagogisch-spirituelle Anteil seines/ihres Seelsorgeverständnisses genau dies einfordert. Er/sie wird schließlich nicht nur deshalb ethisch beraten, weil Menschen dafür so dankbar sind und man das Beratungsfeld besser nicht anderen Professionen überlässt, sondern weil die pastoralpsychologisch-heilsame Dimension des eigenen Seelsorgever-ständnisses genau dieses Handeln einfordert. Glaubwürdige Seelsorge *fordert* also bestimmte Handlungen ein. Zugleich aber werden SeelsorgerInnen *nicht unter Druck gesetzt*, diese permanent leisten zu müssen. Im Gegenteil! Der mul-tidimensionale Ansatz *widersetzt sich dem Diktat des 'Müssens'*, das in kirchli-chen, aber auch in praktisch-theologischen Kreisen leider sehr verbreitet ist, wie auch Ottmar Fuchs einräumt: „Man braucht nur einen ersten Blick in die Pasto-ralpläne der Diözesen zu werfen, um zu erkennen, wie darin die Sprachform des Müssens und Sollens vorherrscht."[1]

Multidimensionale Seelsorge versteht sich selbst als eine *umfassende Sorge um die Seele Mensch*, die jedoch gerade deshalb, weil Mensch-Sein immer nur im Fragment möglich ist, immer nur *fragmentarischen Charakter* haben kann. Wer auf der Basis eines multidimensionalen Ansatzes arbeitet, weiß, dass er/sie sehr viel (Verschiedenes) tun kann, um Reich Gottes voranzutreiben. Zugleich aber weiß er/sie auch, dass dies nur in *kleinen Schritten* und mit *viel Gottvertrauen* angegangen werden kann, weshalb *Gelassenheit* gefragt ist. Eine Gelassenheit, die auch verhindern kann, dass SeelsorgerInnen sich gegenseitig mit übertriebe-nen Ansprüchen und Anforderungen ersticken. Glaubwürdige Seelsorge zielt darauf ab, dass SeelsorgerInnen *selbstbewusst und stolz* denken bzw. sagen können: „Es ist etwas Kostbares, für die Seelsorge berufen zu sein."[2]

---

1   FUCHS, O. (2005): Einige Richtungsanzeigen für die Pastoral der Zukunft, Fußnote 3.
2   JACOBS, C. (2005): Mit Leidenschaft für Gott und sein Volk, 266.

3. SeelsorgerInnen als flexible KünstlerInnen

Im multidimensionalen Seelsorgeverständnis wird SeelsorgerInnen die Rolle von *lebensfrohen* und zugleich sehr *ernsten* KünstlerInnen zugestanden. *Spielerisch* bewegen sie sich zwischen den verschiedenen inhaltlichen Dimensionen von Seelsorge und den damit einhergehenden Praxisformen hin und her.[3] Zwischen aktiven und eher passiven, zwischen öffentlichen und mehr privaten, zwischen lauten und eher leisen Tätigkeiten, zwischen Menschen, Gruppen, Strukturen und Organisationen, zwischen Tradition und Gegenwart, zwischen gestern und heute, zwischen Immanenz und Transzendenz. Ihre künstlerische Fähigkeit besteht darin, für sich selbst oder zusammen mit ihren TeamkollegInnen die drei Dimensionen von Seelsorge nahezu *jonglierend* wie drei Bälle im *Gleichgewicht* halten zu können, ohne einen oder gar zwei davon zu verlieren. Als KünstlerInnen brauchen sie zwar viele Fähigkeiten, aber auch viel *Kreativität, Flexibilität und Spontanität*, ohne die selbst das umfangreichste Kompetenzprofil leblos wird und erstarrt. Obgleich SeelsorgerInnen Bewährtes bewahren, probieren sie dennoch immer wieder Neues aus. Gerade weil sie *experimentell* arbeiten, darf dabei auch so manches schief gehen.[4]
Die künstlerische Kompetenz, *Übergänge* zwischen den inhaltlichen Dimensionen von Seelsorge und den verschiedenen seelsorglichen Handlungen herstellen zu können, ist letztendlich die für Seelsorge wichtigste Kompetenz, die sich wie ein lockeres Samtband um alle anderen Kompetenzen legt und diese beieinander hält.

Weil SeelsorgerInnen aufgrund ihrer künstlerischen Fähigkeiten die drei Dimensionen von Seelsorge theoretisch und praktisch zusammenhalten können, wird Seelsorge zu einem glaubwürdigen Unternehmen. Diese These wird im folgenden und letzten Gliederungspunkt, der alle bisherigen Überlegungen abschließt, argumentativ unterbaut.

Schaubild 17 auf der folgenden Seite visualisiert das Spielerische und Ernste der künstlerischen Kompetenz professioneller christlicher SeelsorgerInnen.

---

3 Auch Uta Pohl-Patalong betont: „Gerade die Fähigkeit zu gelungenen *Übergängen* zwischen unterschiedlichen Dimensionen der Seelsorge – z.B: der innerpsychischen, sozialen, gesellschaftlichen und religiösen Dimension – gehört zu den zentralen Kompetenzen von Seelsorgern und SeelsorgerInnen." POHL-PATALONG, U. (2001): Vom „Rübermachen nach Amerika", 15.

4 Gisela Matthiae wählt zur Umschreibung der Seelsorgerolle das Clownsbild. Als *Clowns* beherrschen SeelsorgerInnen nicht nur das Stolpern, sondern werden auch zu Identifikationsfiguren für das Anders-Sein-Dürfen, denn Clowns dekonstruieren herrschende Regelsysteme und halten die Neugier auf das Leben wach. Als *‚Narren in Christo'* (1 Korinther 4,10) sind sie Grenzwesen, die nicht nur zwischen verschiedenen seelsorglichen Tätigkeiten, sondern zwischen Welten, nämlich der irdischen und der transzendenten Welt hin-und herpendeln. Vgl. MATTHIAE, G. (2001): Clownin Gott... und Clownin Mensch, 28-32.

SeelsorgerInnen

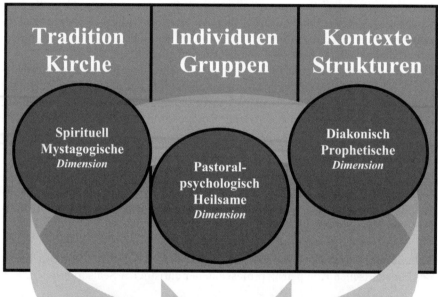

Tradition Kirche	Individuen Gruppen	Kontexte Strukturen
Spirituell Mystagogische *Dimension*	Pastoral-psychologisch Heilsame *Dimension*	Diakonisch Prophetische *Dimension*

reflektiert   *spontan*

Glaubwürdigkeit

Schaubild 17
Doris Nauer

Multidimensionale Seelsorge

4.   Ein glaubwürdiges Theorie- und Praxisdesign

In Form von zwei Thesen, die das Kernanliegen dieses Buches widerspiegeln, werden die bisherigen Überlegungen gebündelt:

> **1. These**
>
> **Multidimensionale Seelsorge ist ein theoretisches Konzept von Seelsorge, das aufgrund seiner <u>theologischen</u> Fundierung sowohl SeelsorgerInnen als auch Seelsorgeteams eine <u>glaub-würdige</u> Seelsorgepraxis ermöglicht.**

> **2. These**
>
> **Die postulierte Glaubwürdigkeit von Seelsorge beruht im Kern darauf, dass SeelsorgerInnen sich im Sinne des <u>biblischen Seelenverständnisses</u> um den <u>ganzen</u> Menschen in all seinen Ambivalenzen sorgen.**

Welche Argumente stützen das Glaubwürdigkeitspostulat? Warum und für wen also könnte sich das in diesem Buch erarbeitete Seelsorgeverständnis als glaubwürdig erweisen? Zur Beantwortung dieser Frage werden einige Assoziationen, die jede Leserin/jeder Leser selbst weiterspinnen kann, versammelt:

<u>Wissenschaftstheorie</u>
Multidimensionale Seelsorge ist ein Konzept-Entwurf, der sich aus praktisch-theologischer Perspektive als glaubwürdig erweisen kann.

- Glaubwürdig, weil Rechenschaft über den zugrunde liegenden *Seelenbegriff* abgelegt wird. In expliziter Rückbesinnung auf den ganzheitlichen biblischen Seelenbegriff, wird ein ebenso ganzheitlich konzipiertes Seel-Sorge-Verständnis aufgebaut, das sich aus dualistischen Engführungen befreit.
- Glaubwürdig, weil ein *in sich stimmiges Konzept* Kontur erhält, dem ein tragfähiges theologisches Fundament zugrunde liegt. Die drei inhaltlichen Bausteine von Seelsorge, die sich aus den Eckpfeilern des christlichen Gottes- und Menschenbildes ableiten, eröffnen eine komplexe seelsorgliche Alltagspraxis, die ein ebenso komplexes seelsorgliches Rollen- und Kompetenzprofil voraussetzt.
- Glaubwürdig, weil zur theoretischen Begründung *Traditionsverwurzelung* und Ernstnahme der aktuellen *'Zeichen der Zeit'* nicht gegeneinander ausgespielt werden. Gerade weil sich Seelsorge auf die christliche und kirchliche Glaubenstradition beruft, gerade weil sie sich im jüdisch verwurzelten christlichen Gottes- und Menschenverständnis festmacht, wird Seelsorge nicht im passiven oder aggressiven Gegenüber zur Welt positioniert, sondern mitten in ihr. Inhalte und Ziele von Seelsorge werden daher unter elementarer Berück-

sichtigung aktueller sozialer, kultureller, ökologischer und gesellschaftspolitischer Probleme und Krisen konzipiert, wobei Erkenntnisse nicht-
theologischer Wissenschaften konstruktiv-kritisch aufgenommen werden,
ohne dass Seelsorge an den jeweiligen Zeit-Geist ausgeliefert wird.

- Glaubwürdig, weil das Konzept trotz der zugrunde liegenden konzeptionellen
Offenheit für die *Pluralität* von Erkenntnissen und Methoden moderner Wissenschaften sich dennoch mit einem klaren *theologischen Profil* präsentiert.
Meines Erachtens braucht Seelsorge, will sie am 'religiös-esoterischen
Markt' bestehen, ein deutliches und unterscheidbares Profil. Ein Profil, das
sich aus der eigenen Tradition speist, diese jedoch nicht idealisiert und tabuisiert, weshalb auch im Blick auf die eigenen Wurzeln Fehler, Versäumnisse
und belastende *Hypotheken* einzugestehen sind. Multidimensionale Seelsorge
arbeitet sich an den eigenen geschichtlichen Hypotheken ab. Im Wissen darum, dass Vergangenes nicht wieder gut zu machen ist, Fehler aber eingestanden werden können und daraus gelernt werden kann, präsentiert sich das
multidimensionale Seelsorgeverständnis als ein lernfähiges Konzept, das
nicht dazu tendiert, begangene Fehler einfach fortzusetzen.

- Glaubwürdig, weil es nicht auf ein seelsorgliches Arbeitsfeld, (z.B. den Klinikkontext) zugeschnitten ist, sondern auf *alle Arbeitsfelder* anwendbar ist,
wobei in jedem Feld natürlich andere Prioritätensetzungen abverlangt sein
werden. Das Konzept ist gerade auch für den Arbeitskontext Pfarrgemeinde,
der in der poimenischen Theoriebildung oftmals vernachlässigt wird, sehr geeignet, da dort zumeist in Teams gearbeitet wird und all die Praxisformen, für
die der multidimensionale Ansatz plädiert, längst – wenn auch nicht immer
konzeptionell reflektiert – stattfinden.

Menschen/Gesellschaft
**Multidimensionale Seelsorge kann sich für heutige Menschen und damit
für die Gesellschaft als Ganze als glaubwürdig erweisen.**

- Glaubwürdig, weil Seelsorge so konzipiert ist, dass sie *allen (!) Menschen*
niedrigschwellig zugänglich ist. Die Erfahrung, dass SeelsorgerInnen ihr Angebot nicht an Bedingungen knüpfen, dass sie *keine Vor- und Gegenleistungen* abverlangen, dass sie *keine 'Wenn-Dann-Kausalitäten'* einbauen, dass sie
Menschen nicht unter (religiösen) Leistungsdruck setzen und sich jeglicher
Form von psycho-physischer Gewalt und Manipulation enthalten, ja dass sie
nicht einmal voraussetzen, dass Menschen ihr Gottes- und Menschenbild teilen, macht Seelsorge für ChristInnen und Nicht-ChristInnen glaubwürdig.

- Glaubwürdig, weil Seelsorge die komplexe Lebenswirklichkeit heutiger
Menschen mit all ihren Ambivalenzen, Brüchen und Schattenseiten in den
Blick nimmt und nicht vorschnell harmonisiert und weginterpretiert. Men-
schen werden in ihren *ambivalenten Erfahrungen* radikal ernst genommen.
Dementsprechend wird weder die Erfahrung der Ferne und des Zornes Gottes
im Gottesbild ausgeblendet, noch die Erfahrung von Endlichkeit, Brüchigkeit

und Fragmentarität im Menschenbild. Dass Seelsorge nicht auf einem idealisierten, sondern auf einem höchst *realistischen* Gottes- und Menschenbild basiert, macht Seelsorge für Menschen interessant und glaubwürdig.

• Glaubwürdig, weil Seelsorge sich nicht selbst eindimensional verkürzt, sondern Menschen in allen Lebenslagen, in *Freud und Leid* zur Seite steht. Dass SeelsorgerInnen sich nicht nur für das jenseitige Seelen-Heil zuständig zeigen, sondern für das *konkrete irdische Heil*, weshalb sie sich auf Seite all derer schlagen, denen Heilserfahrungen vorenthalten sind oder aktiv vorenthalten werden, macht Seelsorge für Menschen glaubwürdig.

SeelsorgerInnen
Multidimensionale Seelsorge kann sich für die Person Seelsorger/ Seelsorgerin als glaubwürdig erweisen.

• Glaubwürdig, weil es SeelsorgerInnen ein Instrumentarium an die Hand gibt, mit dessen Hilfe, sie ihr *Wollen und Tun* aufeinander abstimmen können. Ein Instrumentarium, dass, wenn sie es nutzen, ihnen inhaltliche und praktische *Spielräume* eröffnet, wodurch sich ihr Beruf (noch) abwechslungsreicher und spannender gestaltet. Ein Instrumentarium, das ihnen zwar *reflektiertes* Handeln und deutliche *Prioritätensetzungen* abverlangt, ihnen dadurch aber auch ermöglicht, sich abzugrenzen und überzeugend 'Nein' zu sagen. Ein Instrumentarium, das trotz aller Stringenz dennoch Raum für spielerische *Spontanität und Kreativität* zulässt.

• Glaubwürdig, weil es eine Form von *Teamarbeit* ermöglicht, die SeelsorgerInnen nicht zusätzlich belastet, sondern ihnen den Rücken frei hält. Weil sie erleben, das KollegInnen nicht nur miteinander planen und organisieren, sondern sich wirklich inhaltlich austauschen, gemeinsam Arbeitsschwerpunkte aushandeln und sich gegenseitig in der Entfaltung individueller Charismen unterstützen. Weil sie spüren, dass das Arbeitsklima sich dadurch verändert, denn trotz aller auch weiterhin bestehender Probleme und Rückschläge schweißt das multidimensionale Seelsorgeverständnis SeelsorgerInnen als TeampartnerInnen, die einander brauchen, um glaubhafte Seelsorge in aller Komplexität anbieten zu können, eng zusammen.

• Glaubwürdig, weil es SeelsorgerInnen dazu verhilft, sich sowohl im Pfarrgemeindekontext als auch in kategorialen Arbeitskontexten durch ein klar umschriebenes Kompetenz- und Rollenprofil als professionelle ExpertInnen zu *profilieren* und selbstbewusst im System zu *positionieren,* wodurch die Zusammenarbeit mit FachexpertInnen aus anderen Berufsfeldern leichter von der Hand geht.

Einrichtungen/Organisationen/Andere Professionen
Multidimensionale Seelsorge kann sich für Einrichtungen/Organisationen, in denen SeelsorgerInnen tätig sind, als glaubwürdig erweisen.

- Glaubwürdig, weil SeelsorgerInnen aufgrund ihres konzeptionell geforderten spezifischen *Kompetenz- und Rollenprofils* nicht als aufdringliche oder lächerliche *Konkurrenz*, sondern als unentbehrliche Unterstützung und *Bereicherung* erlebt werden, auch und gerade deswegen, weil SeelsorgerInnen dem System als solchem nicht kritiklos gegenüberstehen.
- Glaubwürdig, weil SeelsorgerInnen den multidimensionalen Ansatz unter Verzicht auf eine unverständliche Expertensprache anderen BerufsvertreterInnen in einfachen Worten so *erläutern* können, dass diese die Bereicherung für die eigene Einrichtung erahnen können.
- Glaubwürdig, weil weder die Hausleitung noch die MitarbeiterInnen befürchten müssen, dass SeelsorgerInnen ihre Einrichtung als *kirchlichen Außenposten* betrachten, den sie dazu nutzen, Menschen mit allen Mitteln zum christlichen Glauben zu bekehren.

Kirchliche AuftraggeberInnen/Christliche Ordensgemeinschaften
Multidimensionale Seelsorge kann sich für kirchliche AuftraggeberInnen und damit für die christlichen Kirchen insgesamt als glaubwürdig und wichtig erweisen.

- Glaubwürdig, weil SeelsorgerInnen, die auf der Basis des multidimensionalen Ansatzes arbeiten, nicht als 'devote AuftragserfüllerInnen', sondern als *'geistinspirierte MitarbeiterInnen'* auftreten, die dazu beitragen, dass Menschen christliche Kirchen und deren Einrichtungen auch heute noch als 'spirituelle Orte' erleben. SeelsorgerInnen, die selbstbestimmt und kreativ arbeiten, fungieren nicht nur als Bindeglied zwischen Kirche und Gesellschaft, sondern speisen immer auch *Impulse* in das Kirchensystem ein, weshalb sie aktiv dazu beitragen, dass christliche Kirchen sich kontinuierlich inkulturieren und selbst evangelisieren. SeelsorgerInnen, die sich als 'Augen und Hände' ihrer Kirchen verstehen, weshalb sie diesen dazu verhelfen, sich immer neu an der Reich-Botschaft Jesu Christi auszurichten, sind für ihre Kirchen schlichtweg unentbehrlich. Leisten SeelsorgerInnen ihren selbstkritischen Auftrag 'nach innen', erweisen sie sich für ihre AuftraggeberInnen als glaubwürdig, auch wenn ihre Rückmeldungen nicht immer gefallen.
- Glaubwürdig, weil SeelsorgerInnen, die auf der Basis des multidimensionalen Ansatzes arbeiten, *ein Bild von christlichen Kirchen* in die Gesellschaft hinein vermittelt, das diese als menschennah, traditionsorientiert und dennoch auf der Höhe der Zeit präsentiert. Ein Bild, das spätmoderne Menschen, die aus einer nahezu unüberschaubaren religiösen Angebotspalette auswählen können, durchaus zu schätzen wissen, weshalb eine glaubwürdige multidimensionale Seelsorgepraxis meines Erachtens auch die *Glaubwürdigkeit christlicher Kirchen* unter spätmodernen Gesellschaftsbedingungen entscheidend vorantreibt.

Spiritual Care

> *Seelsorger sind Seelsorger –*
> *und sollten es bleiben.*
>
> Isolde Karle (2010): Perspektiven der
> Krankenhausseelsorge, S. 555.

1. Spiritual Care – Wovon ist die Rede?

2013 stellt Eberhard Hauschildt lapidar fest: „Ein neuer Begriff ist da. Der Begriff 'Spiritual Care' hat *Karriere* gemacht."[1] In der 1. Auflage dieses Buches
(Anfang 2007) war der Begriff noch still und leise im Kommen und ich plädierte damals unter Verweis auf Entwicklungstendenzen in Nordamerika, Kanada
und den Niederlanden dafür, die Begriffsausbreitung sowohl aus inhaltlichen
als auch aus strategischen Gründen eher mit Sorge als mit Euphorie zu verfolgen. Weil die Entwicklung inzwischen äußerst rasant vorangeschritten ist und
die mittlerweile unübersehbare Existenz von Spiritual Care nicht nur Auswirkungen auf das Theorie- und Praxisdesign christlicher Seelsorge mit sich bringt,
sondern auch deren Berechtigung und Zukunftsfähigkeit hinterfragt, ist der
Thematik in der 3. Auflage ein eigenes Kapitel, in dem alle bisherigen Überlegungen zusammenlaufen, gewidmet.
Die Wortkombination 'Spiritual Care' entstammt dem *angloamerikanischen
Sprachraum*. In Deutschland wird sie nicht nur deshalb benutzt, weil zu Beginn
des 21. Jhdts. Anglizismen als besonders modern und fortschrittsweisend gelten, weshalb englische Wörter in nahezu allen Arbeits- und Lebensbereichen
zunehmend deutsche Wörter verdrängen, sondern auch deshalb, weil, wie Eckhard Frick als einer der Protagonisten von Spiritual Care im deutschsprachigen
Raum konstatiert, bisher noch keine wirklich adäquate Übersetzung existiert.[2]
Für Traugott Roser, einem weiteren Verfechter von Spiritual Care, stehen die
zwei Wörter für Innovation, d.h. für etwas *ganz Neues und Zukunftsweisendes*,
das starke Auswirkungen auf die Seelsorge hat.[3] Für Frick kommt Spiritual Care
sogar die theologische Qualität eines *Zeichens der Zeit*[4] zu, weshalb KritikerInnen von Spiritual Care Gefahr laufen, (vor)schnell als un-zeitgemäß, fortschrittsresistent und rückwärtsgewandt eingestuft zu werden.
Interessanter Weise reden nicht alle automatisch über das Gleiche, wenn Spiritual Care zum Thema wird. Es kann vorkommen, dass Spiritual Care mit dem
ähnlich klingenden Begriff 'Palliative Care' verwechselt wird. Den meisten ist

---

1 HAUSCHILDT, E. (2013): ‚Spiritual Care' – eine Herausforderung für die Seelsorge?, 83. Im Jahr 2014 urteilt auch Franz Matthwig: „Sorgenvoll – Zur Karriere eines Begriffs" MATTHWIG, F. (2014): Worum sorgt
   sich Spiritual Care?, 23.
2 Vgl. FRICK, E. (2009): Spiritual Care in der Psychosomatischen Anthropologien, 106.
3 Vgl. ROSER, TRAUGOTT (2009): Innovation Spiritual Care, 1; Ders. (2007): Spiritual Care. Ethische, organisationale und spirituelle Aspekte der Krankenhausseelsorge.
4 Vgl. FRICK, E. (2014): Spiritual Care – ein Zeichen der Zeit?

jedoch inzwischen klar, dass es sich bei Spiritual Care um einen Fachterminus handelt, der bisher v.a. im Kontext *Gesundheitswesen*, genauer in ambulanten und stationären palliativen Einrichtungen/Diensten, Krankenhäusern und Altenheimen angesiedelt ist, weshalb gerade die Kategoriale Seelsorge – und hier besonders die Krankenhaus-, Hospiz und Altenheimseelsorge – herausgefordert ist, Stellung zu beziehen. Worum aber geht es eigentlich bei Spiritual Care? Die Frage ist nicht leicht beantwortbar, weil tatsächlich Unterschiedliches, Widersprüchliches, aber auch einander Ergänzendes damit assoziiert werden kann. Folgende Zusammenstellung soll dies verdeutlichen:

- Ist Spiritual Care 'ein Teil', genauer ein 'notwendiger Bestandteil', ja sogar ein *„ein wesentliches Merkmal von Palliative Care"*?[5] Ist Spiritual Care also eine, wie Eckhard Frick hervorhebt, ausdrücklich in Analogie zum Begriff Palliative Care ins Leben gerufene Wortkombination, die signalisieren soll, dass es sich um ein *theoretisches Konzept* im Sinne eines essentiellen Bestandteiles des Gesamtkonzeptes Palliative Care handelt?[6] Spricht Michael Utsch daher zu Recht von einem 'Konzept Spiritual Care'?[7]

- Bezeichnet der Begriff Spiritual Care vielleicht weniger ein ausgefeiltes paradigmatisches Hintergrundkonzept, als vielmehr eine *alltagspraktische „multiprofessionell vereinbarte Behandlungsstrategie"*[8], fokussiert auf die spirituelle Dimension menschlicher Existenz? Ist Spiritual Care also eine Art 'Signalwort', das alle im Palliativkontext Engagierte dafür sensibilisieren soll, spirituelle Bedürfnisse wahrzunehmen und darauf einzugehen, weshalb Eckhard Frick folgende Definition vorschlägt: „Spiritual Care ist die *gemeinsame Verantwortung der Gesundheitsberufe* (Medizin, Pflege, Psychotherapie, Seelsorge usw.) für die spirituelle Dimension der Gesundheit."[9]

- Ist Spiritual Care die *konkrete Tätigkeit* der *'Spirituellen Begleitung'* von PatientInnen und deren Angehörigen, die im Palliativkontext gesetzlich geregelt vorgeschrieben ist und sowohl von Hauptamtlichen aller Professionen als auch von Ehrenamtlichen längst geleistet wird? Setzten Simon Peng-Keller Monika Renz und Lisa Palm daher zu Recht Spirituelle Begleitung und Spiritual Care in eins?[10] Handelt es sich bei Spiritual Care demnach um eine religions- und konfessionsungebundene Form *'Weltlicher Seelsorge'* bzw. *'Ärzt-*

5 Vgl. ROSER, T./ M. GRATZ (2011): Spiritualität in der Sterbebegleitung, 57; SCHOCKENHOFF, E. (2007): Geleitwort, 11; RUSSMANN, H. (2013): Spiritual Care, 12; PUCHALSKI, C. (2009): Improving the quality of Spiritual Care as a dimension of Palliative Care.
6 Vgl. FRICK, E. (2014): Spiritual Care, 284.
7 UTSCH, M. (2012): Wer sorgt für die Seele eines kranken Menschen? Das Konzept ‚Spiritual Care' als Herausforderung für die Seelsorge. Vgl. auch JUNG-BORRUTTA, C./ T. SITTE (2013): Spiritual Care, 214.
8 ROSER, T. (2009): Spiritual Care, 84.
9 FRICK, E. (2012): Wie arbeitet Spiritual Care?, 68.
10 Vgl. PENG-KELLER, S. (2012): Spiritualität im Kontext moderner Medizin, 76; RENZ, M. (2014): Hoffnung und Gnade, 165; PALM, L. (2012): Religiös-Spirituelle Begleitung, 75.

licher Seelsorge', wie Eckhard Frick andeutet?[11] Ist Spiritual Care vielleicht sogar eine Art *Berufsbezeichnung* für all diejenigen, die von Einrichtungen des Gesundheitswesens dazu beauftragt sind, spirituell zu begleiten?

- Ist Spiritual Care ein neuartiges *Ausbildungskonzept*, das darauf abzielt, nicht nur professionelle SeelsorgerInnen, sondern auch Ehrenamtliche und MitarbeiterInnen des Gesundheitswesens spirituell-seelsorglich zusätzlich zu qualifizieren? Wird dies dazu führen, dass (teure) professionelle SeelsorgerInnen sowohl seitens christlicher Kirchen, die mit finanzieller und personeller Ressourcenknappheit zu kämpfen haben, als auch seitens des Gesundheitswesens, das unter enormen Sparzwang steht, (langfristig) eingespart werden? Werden Diözesen/Landeskirchen – angeregt durch Spiritual Care – kostengünstige Ausbildungskonzepte für Spirituelle BegleiterInnen entwickeln und diese entsprechend (kostengünstig) einsetzen?

- Ist Spiritual Care ein *neues Wort für Seelsorge?*[12] Können/sollten beide Begriffe synonym verwendet werden?[13] Sind SeelsorgerInnen jetzt *Spiritual Care Givers*? Eckhard Frick, der sich zwar von einer Ineinssetzung abgrenzt, weist dennoch auf folgendes Faktum hin: „Im deutschen Sprachraum wird Spiritual Care vielfach noch als Übersetzung von kirchlicher Seelsorge verstanden".[14] Entspricht die Beobachtung Eberhard Hauschildts der Realität, dass Spiritual Care und Seelsorge vor Ort „als nahezu austauschbare Begriffe verwendet werden"?[15]

- Ist Spiritual Care nicht nur ein auf den ersten Blick moderner klingendes Wort für Seelsorge, sondern ein völlig *neuer Ansatz seelsorglichen Handelns*? Ist Spiritual Care also eine Art modernes *Seelsorgekonzept,* das sich nach Traugott Roser im Unterschied zu bisherigen Konzepten von Seelsorge v.a. durch seine *Pluralismusfähigkeit* ausweist?[16]

- Oder ist Spiritual Care als ein primär „*systemischer Begriff* zu verstehen, mit dessen Hilfe die *Seelsorge der verschiedenen Religionsgemeinschaften* organisational in das System Krankenhaus integriert werden soll"[17], wie Ulrich Körtner zu verstehen gibt?

11 Vgl. FRICK, E. (2014): Spiritual Care, 284.
12 Vgl. FRICK, E. (2009): Spiritual Care – nur ein neues Wort?
13 Obgleich Traugott Roser nicht explizit dafür plädiert, Seelsorge und Spiritual Care synonym zu verwenden, suggeriert er doch eine Ineinssetzung, wenn er z.B. sein Hauptwerk folgendermaßen überschreibt: ROSER, T. (2007): *Spiritual Care.* Ethische, organisationale und spirituelle Aspekte der *Krankenhausseelsorge.*
14 FRICK, E. (2014): Spiritual Care, 284; Ders. (2012): Wie arbeitet Spiritual Care?, 68; Ders. (2011): Spiritual Care 411.
15 HAUSCHILDT, E. (2013): ‚Spiritual Care' – eine Herausforderung für die Seelsorge?, 84.
16 Vgl. ROSER, T. (2009): Spiritual Care – neuere Ansätze seelsorglichen Handelns, 88.
17 KÖRTNER, U. (2009): Spiritualität, Religion und Kultur, 4.

- Ist Spiritual Care eine neue ärztliche Disziplin, ein vollkommen neuartiges *Fachgebiet innerhalb der Humanmedizin*, für das Eckhardt Frick als Mediziner plädiert?[18] Eine medizinische Fachrichtung, weshalb primär MedizinerInnen die inhaltlichen Richtlinien festlegen, Ausbildungskonzepte entwickeln und dementsprechend das Sagen haben (sollten)?

- Oder ist Spiritual Care ein *gesundheitswissenschaftliches Modell*[19] bzw. ein *gesundheitspolitischer Oberbegriff*[20] für alle Berufsgruppen der psychosozialen Begleitung im Gesundheitswesen, worauf Birgit und Andreas Heller hinweisen? Dient der Terminus also zur Bezeichnung einer neu zu errichtenden *Vierten Säule*[21] im Gesundheitssystem, die gemäß Ulrich Körtner und Traugott Roser gemeinsam mit dem Sozialen Dienst die bisherigen drei Säulen Medizin, Pflege und Verwaltung ergänzen soll?

2. Entstehungs- und Expansionsgeschichte von Spiritual Care

2.1. Wurzelgrund Hospizbewegung

„Das aktuelle Konzept von Spiritual Care ist weder in den Theologien noch in der Religionswissenschaft entstanden, sondern in den Gesundheitswissenschaften, v.a. in der Palliativmedizin... und Psychoonkologie.“[22] Eine These Eckhard Fricks, der zwar prinzipiell zuzustimmen, die aber dennoch entscheidend zu modifizieren ist. Obgleich das theologie-verdächtige Wort ‚Spiritual' als Leitbegriff fungiert, entstammt Spiritual Care tatsächlich keinem theologischen oder religions-wissenschaftlichen Kontext. Dass Spiritual Care jedoch als ein Produkt moderner Medizin zu begreifen ist, wie Frick suggeriert, indem er auf die medizinischen Fachdisziplinen Palliativmedizin und Psychoonkologie verweist, entspricht nur insofern der Realität, als eine der wichtigsten PionierInnen von Spiritual Care nicht nur Krankenschwester und Sozialarbeiterin, sondern auch Ärztin war. Die Rede ist von *Cicely Saunders* (1918-2005), die 1967 als überzeugte Christin (devout evangelical Christian) nicht nur aus medizinkritischem Impetus das weltweit *erste Hospiz* (St. Christopher's Hospice/London) mit angegliedertem *ambulanten Hospizdienst* gründete, sondern eine inzwischen ebenso weltweit agierende *Hospizbewegung* im Sinne einer sozial engagierten Bewegung von ExpertInnen und Laien initiierte, die das bis dahin in der Gesellschaft verdrängte Thema Sterben/Sterbebegleitung auf die öffentliche Tagungsordnung setzte.[23] Bevor Palliativmedizin und Psychoonkologie als medizinische

18 Vgl. FRICK, E. (2009): Spiritual Care – ein neues Fachgebiet der Medizin.
19 Vgl. FRICK, E. (2011): Spiritual Care in der Humanmedizin, 412.
20 HELLER, B./ A. HELLER (2014): Spiritualität und Spiritual Care, 27.
21 Vgl. ROSER, T. (2009): Vierte Säule im Gesundheitswesen?; KÖRTNER, U. (2009): Spiritualität, 4.
22 FRICK, E. (2011): Spiritual Care in der Humanmedizin, 407. Drei Jahre früher schrieb Frick, dass Spiritual Care im „medizinisch-therapeutischen Raum" entstanden sei. Das Hospiz ist jedoch nicht primär als ‚therapeutischer Raum' anzusehen. Vgl. FRICK, E. (2009): Spiritual Care. Ein neues Fachgebiet der Medizin, 153.
23 Vgl. HOLDER-FRANZ, M. (2014): Cicley Saunders und die Bedeutung von Spiritualität für die moderne Hospizbewegung.

Disziplinen überhaupt existierten,[24] wurde somit im Kontext der Hospizbewegung bereits die Notwendigkeit erkannt, schwer kranken und sterbenden Menschen nicht nur Schmerzen zu ersparen und sie menschenwürdig zu pflegen, sondern sie und ihre Angehörigen auch spirituell in ihrer letzten Lebensphase begleiten zu wollen. Mit ihrem ganzheitlichen Begleitungskonzept (total pain), war Saunders ihrer Zeit, – d.h. sowohl den medizinischen als auch den theologisch-seelsorglichen Standards – weit voraus. Ihr Votum für Spiritual Care als integralem Bestandteil einer christlich inspirierten Sterbebegleitung (rounded care) war zugleich ein Votum für eine Art der spirituellen Begleitung, die trotz, vielleicht sogar gerade wegen ihres relativ undogmatisch anglikanisch-christlichen Hintergrundes, weder missionarische Zielsetzungen verfolgte, noch die Zugehörigkeit Sterbender zu einer bestimmten Religion, Konfession oder Weltanschauung voraussetzte.[25] Der Spiritual-Care-Ansatz von Saunders[26] wurde zu einem der zentralen Eckpfeiler der Hospizbewegung. Zu Beginn waren es daher hauptsächlich Pflegekräfte und ehrenamtlich Engagierte, die die von Cicley Saunders eingeforderte Achtsamkeit für die spirituelle Dimension menschlicher Existenz entwickelten und für einen ganzheitlichen Umgang mit Sterbenden plädierten. Der Ursprung von Spiritual Care geht alltagspraktisch auf die mit dem Namen 'Cicley Saunders' unlösbar verbundene und seit nahezu 50 Jahren etablierte Hospizbewegung als Wurzelgrund zurück.

2.2. Beheimatung im Kontext von Palliative Care und Palliativmedizin

Wie aber war es möglich, dass sich Spiritual Care im modernen Medizinkontext beheimaten konnte? Eine Beheimatung, die auf den ersten Blick zumindest Erstaunen oder gar Verwunderung hervorruft, da die Thematik Spiritualität ja nicht gerade zu den Kernthemen einer naturwissenschaftlich-säkular geprägten Humanmedizin zählt. Dass dies möglich wurde, verdankt sich hauptsächlich zwei ineinander verwobenen Entwicklungssträngen:

➢ Angestoßen durch die Hospizbewegung wurde seit den 70iger Jahren weltweit die Erarbeitung eines neuartigen *Palliative-Care-Ansatzes*[27] im Sinne eines ganzheitlichen interdisziplinären Versorgungskonzeptes für Sterbende und trauernde Angehörige vorangetrieben. Das dem Ansatz zugrundeliegende Ganzheitlichkeitspostulat impliziert, dass auch individuelle spirituelle Bedürfnisse nicht

---

24 Erst 1994 wurde die *Deutsche Gesellschaft für Palliativmedizin e.V. (DGP)* gegründet. Erst 1997 erschienen das erste deutsche *Lehrbuch* und ein erstes *Curriculum* für Palliativmedizin. Obgleich 1999 der erste *Stiftungslehrstuhl* für Palliativmedizin eingerichtet worden ist, war es erst ab 2004 möglich sich in der neuen medizinischen Disziplin Palliativmedizin als *Facharzt* zu qualifizieren. Vgl. MÜLLER-BUSCH, H. C. (2014): Kurze Geschichte der Palliativmedizin.

25 Vgl. SAUNDERS, C. (2009): Sterben und Leben – Spiritualität in der Palliative Care.

26 Martina Holder-Franz schreibt, dass sich Cicley Saunders „von Anfang an für den Terminus Spiritual Care entschied". HOLDER-FRANZ, M. (2012): „...dass du bis zuletzt leben kannst", 87.

27 KRÄNZLE, S. (2011): Geschichte und Wesen von Palliative Care; SIEGMANN-WÜRT, L. (2011): Ethik in der Palliative Care.

nur konzeptionell, sondern auch alltagspraktisch von allen Berufsgruppen in die Versorgung sterbender Menschen einzubeziehen ist.

➢ Obgleich dem Behandlungs- und Betreuungskonzept Palliative Care vom Ursprung her eine gesellschaftskritische Haltung gegenüber pharmakologischen und medizintechnischen (Eigen)Interessen inhärent ist,[28] war es genau dieses Konzept, das dem Vordringen der Humanmedizin in ein von ihr bis dahin vernachlässigtes Tätigkeitsfeld den Weg bereitete. Erst der Palliative-Care-Ansatz ermöglichte ein dringend notwendiges ärztliches Umdenken. Todkranke und sterbende Menschen, die zuvor als 'austherapierte Fälle' galten und deshalb aus dem medizinischen Blickfeld gerieten, konnten jetzt als medizinisches Aufgabenfeld (wieder)entdeckt werden. Erst im Kontext von Palliative Care wurde es ÄrztInnen möglich, auf die Einrichtung einer neuartigen medizinischen Disziplin innerhalb des medizinischen Fächerkanons unter der Bezeichnung *Palliativmedizin* zu drängen. Da jedoch stationäre Hospize, die als Keimzellen moderner palliativer Versorgung gelten, in Deutschland (auch aufgrund der Intervention der beiden großen christlichen Kirchen) im internationalen Vergleich mit erheblicher zeitlicher Verzögerung eingerichtet wurden, konnte die *Facharztausbildung Palliativmedizin* in Deutschland ebenfalls erst später als in anderen Ländern Einzug halten. Bis heute nimmt die inzwischen etablierte Disziplin eine Art Sonderstellung innerhalb der Medizin ein, denn das in der Medizin dominante *Cure-Prinzip* (Diagnostizieren-Therapieren-Heilen) weicht ausnahmsweise dem palliativen *Care-Prinzip* (Sorgen-Begleiten-Lindern). Dies impliziert, dass für den ärztlichen Blick nicht einzelne Körperfunktionen, sondern der todkranke Mensch in seiner gesamten Komplexität in den Mittelpunkt rückt. Weil gerade im Kontext von Sterben, Tod und Trauer die spirituelle Dimension menschlicher Existenz aufleuchtet, können/sollen sich demnach auch ÄrztInnen dieser Dimension nicht prinzipiell verschließen. Dass diese sich sogar aktiv dafür öffneten und als einflussreiche Berufsgruppe zuließen, dass eine Beheimatung von Spiritual Care im palliativmedizinischen Kontext erfolgen konnte, verdankt sich letztlich inter(nationalen) *gesundheitspolitischen Weichenstellungen*, von denen an dieser Stelle zumindest die zentralsten angedeutet werden sollen:

1. Die erste Weiche wurde bereits Jahrzehnte vor der Existenz von Palliative Care und Palliativmedizin gestellt, indem 'Gesundheit' 1948 von der Weltgesundheitsorganisation (WHO) als ein 'Zustand völligen körperlichen, seelischen und sozialen *Wohlbefindens* und nicht nur als das Freisein von Krankheit und Gebrechen' definiert worden ist. Weil auch in der Palliativmedizin darauf abgezielt wird, todkranken Menschen im letzten Lebensstadium Wohlbefinden zu ermöglichen, gilt es, alle, d.h. auch spirituelle Faktoren zu nutzen, die genau dazu beitragen können. Da seit den 80iger Jahren nicht nur

---

28 Vgl. SCHULTE, V./ C. STEINEBACH (2014): Gesellschaftliche Bedeutung von Palliative Care, 17.

im US-amerikanischen,[29] sondern auch im deutschsprachigen Raum[30] unzählige empirische Belege dafür geliefert worden sind, dass Spiritualität/ Glaube/Religiosität nicht nur krankheitsverursachend wirken kann, sondern auch positiv zur Bewältigung von Krankheit und Tod beiträgt, wurde Spiritualität zunehmend ein positiver Effekt als *Faith-Factor* sowohl im Sinne einer heilenden Wirkung bei körperlichen und psychischen Erkrankungen, als auch einer heilsamen Wirkung in unheilbaren Krankheitszuständen zuerkannt.[31]

2. Die zweite gewichtige Weichenstellung erfolgte Anfang 2000, als die Weltgesundheitsorganisation (WHO) Spiritualität auf dem Hintergrund des empirischen Forschungs-Booms ausdrücklich in die Definition von Palliative Care aufnahm. Für den Palliativmediziner Gian Domenico Borasio ein medizingeschichtliches Novum, weil erstmals Probleme *körperlicher*, *psycho-sozialer* und *spirtueller* Natur nicht nur gleichstufig benannt, sondern auch deren Berücksichtigung im Behandlungsplan (durch entsprechendes Fachpersonal) ausdrücklich eingefordert wird. Spiritual Care wird zwar nicht ausdrücklich erwähnt, ist aber im Blick, wenn von der Behandlung spiritueller Probleme die Rede ist: *„Palliative care is an approach that improves the quality of life of patients and their families facing the problem associated with life-threatening illness through the prevention and relief of suffering by means of early identification and impeccable assessment and treatment of pain and other problems, physical, psychosocial and spiritual."*[32]

3. Die dritte Weichenstellung erfolgte in der 'Bangkok Charter for Health Promotion in a Globalized World', in der 2005 programmatisch festgehalten wurde: *„Health promotion offers a positive and inclusive concept of **health** as a determinant of the **quality of life** and encompassing mental and **spiritual well-being**".*[33]

---

29 Im ‚Handbook of Religion and Health' wurden bereits Anfang 2000 über 1000 empirische Studien aufgeführt, die Glauben als positiven Faith-Factor ausweisen. Vgl. KOENIG, H./ D. KING/ V. CARSON (2001): Handbook of Religion and Health. RUFFING, J. (2012): Die akademische Spiritualitätsforschung in den USA.

30 BÜSSING, A. (2011): Spiritualität/Religiosität als Ressource im Umgang mit chronischer Krankheit; BAUMANN, K. (2009): Religiöser Glaube, persönliche Spiritualität und Gesundheit; ESCHMANN, H. (2013): Spiritualität und Gesundheit; PENG-KELLER, S. (2012): Spiritualität im Kontext moderner Medizin; ZWINGMANN, C./ C. KLEIN (2013): Sind religiöse Menschen gesünder, wenn ja, warum?

31 Vgl. SCHAUPP, W. (2014): „Wiederkehr des Religiösen". Eckhard Frick spricht von einem gesellschaftlich wahrnehmbaren ‚Spiritual Turn', der auch das Gesundheitssystem erfasst hat. FRICK, E. (2014): Wohin dreht der ‚Spiritual Turn'?

32 Vgl. BORASIO, G. D. (2014):Spiritual Care, 118. Vgl. auch Daniel Sulmasys (Internist, Ethiker, Franziskaner) programmatische Formulierung, die im palliativmedizinischen Kontext häufig auftaucht und zusätzlich zum Ansatz von Cicley Saunders wahrscheinlich Pate für die WHO-Definition gestanden hat: SULMASY, D. P. (2002): A biopsychosozial-spiritual model for the care of patients at the end of life. Details finden sich in: EGGER, J. (2013): Zur spirituellen Dimension des biopsychosozialen Modells; GLAWISCHNIG-GOSCHNIK, M. (2014): Brauchen wir ein bio-psychosozio-spirituelles Modell? Vgl. http://www.who.int/cancer/palliative/definition/en/

33 http://www.who.int/healthpromotion/conferences/6gchp/bangkok_charter/en/

4. Nur einige Jahre später konnte als vierte Weichenstellung auf nationaler Ebene in der 'Charta zur Betreuung schwerstkranker und sterbender Menschen in
Deutschland' bereits verbindlich festgeschrieben werden: *„Jeder schwerst-
kranke und sterbende Mensch hat ein **Recht** auf eine umfassende medizinische, pflegerische, psychosoziale und **spirituelle Betreuung und Begleitung**,
die seiner individuellen Lebenssituation und seinem hospizlich-palliativen
Versorgungsbedarf Rechnung trägt.* "[34]

2.3. Expansion in die Gesamtmedizin

Nachdem sich die Dimension Spiritualität und damit Spiritual Care in Folge der
WHO-Definition(en) mehr oder minder unangefochten sowohl im Palliativsek-
tor als auch in einigen Feldern der Onkologie etablieren konnte, verfolgt v.a.
der Mediziner und Jesuit Eckhart Frick folgende Doppelstrategie:

1. Einforderung der Bedeutsamkeit von Spiritualität und Spiritual Care nicht
nur für den Palliativbereich, sondern für alle Sektoren der Humanmedizin,
denn: „Spiritual Care sollte nicht auf die Rahmenbedingung von Sterben und
Tod... eingeengt werden."[35] Dies impliziert, dass sich ÄrztInnen aller Fachrich-
tungen trotz aller gebotenen ärztlichen Neutralität[36] für die spirituellen Bedürfnisse ihrer PatientInnen, mit denen sie alltagspraktisch immer wieder in Berührung kommen, diagnostisch und therapeutisch zu öffnen haben.[37] Demzufolge
dürfe das ‚Immateriell-Spirituelle' nicht länger an spezifische Berufsgruppen
entweder nach außen oder nach innen delegiert werden. Nach außen v.a. nicht
an SeelsorgerInnen, wie Frick in drastischen Bilden verstehen gibt: „Wissenschaftliche Skepsis kennzeichnet auch den Umgang der Medizin mit dem Spirituellen. Von alters her begegnet der Arzt im Kontext von Sterben und Tod dem
Priester und dem Bestatter als Schattenfiguren, von denen er sich durch Delegation abgrenzt. Wenn der Arzt ‚nichts mehr tun kann', überlässt er den menschlichen Leib – der gerade noch sein Patient war – diesen dunklen Gestalten."[38]
Aber auch nach innen nicht im Blick auf eine innermedizinische Nischenbil-
dung, weshalb Frick ebenso deutlich postuliert: „In säkularisierter Form und im
Sinne einer inner-medizinischen Delegation ‚überweist' der Arzt hingegen das
im Seziersaal nicht dingfest zu machende Immateriell-Spirituelle an Psychiatrie,
Psychosomatik oder – neuerdings – an Palliativmedizin und Psychoonkologie,

34 CHARTA ZUR BETREUUNG SCHWERSTKRANKER UND STERBENDER MENSCHEN IN DEUTSCHLAND. Hg.
    v. Deutsche Gesellschaft für Palliativmedizin e.V./ Deutscher Hospiz- und PalliativVerband e.V./ Bundesärztekammer.
    September 2010, 6.
35 FRICK, E. (2011): Spiritual Care in der Humanmedizin, 407. Vgl. auch: SCHAUPP, W. (2014): Vorwort, 7.
36 In den USA meldeten sich in den letzten 20 Jahren immer wieder Ärzte aus nicht palliativen Kontexten zu
    Wort, die dafür votieren ‚Spiritual Care' als ärztliche Aufgabe zu begreifen. Vgl. z.B. SLOAN, R. u.a.
    (2000): Should physicians prescribe religious activities?; LARIMORE, W. (2001): Providing basical spiritual
    care. Should it be the exclusive domain of pastoral professionals? Eine Sichtweise, die auch in den USA nicht
    unwidersprochen blieb. Vgl. z.B. LAWRENCE, R. (2003): The witches' brew of spirituality and medicine.
37 Vgl. FRICK, E. (2009): Spiritual Care – nur ein neues Wort?, 234 f.
38 FRICK, E. (2009): Spiritual Care. Ein neues Fachgebiet der Medizin, 147.

die sich stellvertretend für die naturwissenschaftlich ausgerichtete High-Tech-Medizin der Spiritualität zuwenden."[39]
2. Einrichtung eines neuen medizinischen Fachgebiets bzw. einer neuen medizinischen Subdisziplin unter der Bezeichnung Spiritual Care.[40] Damit geht Frick weit über das hinaus, was im Palliativkontext im Blick auf Spiritual Care konzeptionell entwickelt und von VertreterInnen unterschiedlichster Berufsgruppen alltagspraktisch bereits umgesetzt worden ist. Spiritual Care – in Fricks Vision – ein eigenständischer medizinischer Fachbereich, in dem nicht nur die internationale (empirische) Spiritualitätsforschung anzusiedeln wäre, sondern auch die Entwicklung entsprechender Palliativ- und Spiritualitäts-Curricula, die sowohl innerhalb der ärztlichen Ausbildung, als auch in der Fort- und Weiterbildung von medizinischen, pflegerischen und psychosozialen Berufsgruppen anzusiedeln wäre. Dass seine Vision keine unerreichbare Utopie darstellt, zeigt sich bereits daran, dass es tatsächlich gelungen ist, nicht an einer Theologischen oder Religionswissenschaftlichen Fakultät, sondern am 'Interdisziplinärem Zentrum für Palliativmedizin' des Universitätsklinikums München-Großhadern im Juni 2010 den in Deutschland ersten und bisher einzigen *Lehrstuhl für Spiritual Care* einzurichten. Ein ursprünglich ökumenisch besetzter Lehrstuhl, da sich ein katholischer Ordensmann (Frick) und ein evangelischer Pfarrer (Roser) den Lehrstuhl teilten. Im März 2013 übernahm der Skandinavier Prof. Niels Christian Hvidt, ausgewiesen im Bereich Empirischer Spiritualitätsforschung, den Stellenanteil von Prof. Roser, der auf einen praktisch-theologischen Lehrstuhl an die Universität Münster überwechselte. Vom Münchner Lehrstuhl Spiritual Care aus wurde die Gründung einer *Internationalen Gesellschaft für Gesundheit und Spiritualität* (IGGS) initiiert, die unter der Leitung von Prof. Frick die Gründung einer wissenschaftlichen *Fachzeitschrift*, die ebenfalls unter dem Namen *Spiritual Care* bekannt wurde, vorantrieb.[41] Am Münchner Lehrstuhl wurde dem Ziel der spirituellen Sensibilisierung unterschiedlichster Berufsgruppen des Gesundheitswesens bereits dadurch Rechnung getragen, dass diverse Fort- und Weiterbildungsangebote sowohl für MedizinerInnen, als auch für Pflegende, SozialarbeiterInnen sowie für SeelsorgerInnen – bisher fokussiert auf den Bereich ambulante und stationäre Palliativversorgung – erfolgreich auf den Weg gebracht worden sind.[42] Sollte sich die deutsche Situation analog zu der in den Vereinigten Staaten entwickeln, dann ist bereits jetzt abzusehen, dass sowohl in der Pflegeausbildung, als auch in der Ausbildung von Medizinstudie-

39 A.a.O., 148. Vgl. auch: GRATZ, M./ T. ROSER (2014): Spiritualität in der Medizin — ein Widerspruch?; MAIO, G. (2014): Auf der Suche nach Ganzheit. Spirituelle Begleitung in der Medizin zwischen Mode und Notwendigkeit; CARRETT, T./ R. MOSER (2013): Spiritualität in der hochspezialisierten Medizin. Luxus oder Notwendigkeit?; FRICK, E./ BAUSEWEIN, C. (2014): Sterbende begleiten. Spirituelle Perspektiven und ärztliches Handeln.
40 Vgl. den programmatischen Titel: FRICK, E. (2009): Spiritual Care. Ein neues Fachgebiet der Medizin.
41 Die Autorin dieses Buches ist Mitglied des Wissenschaftlichen Beirats der Zeitschrift Spiritual Care.
42 Details zum Ausbildungsprogramm vgl. HAGEN, T. u.a. (2011): Qualifizierungskurs Palliative Care für Seelsorgende. Curriculum und Einführung.

renden nicht nur Palliativmedizin, sondern auch Spiritualität zu einem festen Bestandteil der Ausbildungscurricula wird, wodurch das Projekt Spiritual Care als medizinische Disziplin an Prestige und Realisierungschance gewinnt.

2.4. Expansion in die christliche Seelsorge

Während Spiritual Care von Humanmedizinern erst vor kurzem als zusätzliches ‚Aufgaben- und Expansionsfeld' entdeckt worden ist, machten professionelle christliche SeelsorgerInnen in den USA, Kanada, Australien, England und den Niederlanden schon vor über 20 Jahren eine mindestens ebenso weitreichende Entdeckung. Sie nahmen wahr, dass die modern klingende Wortkombination Spiritual Care besonders in multikulturellen Arbeitsfeldern wie Krankenhaus, Psychiatrie, Hospiz, Altenheim, Gefängnis und Militär sowohl bei hilfesuchenden Menschen und deren Angehörigen, als auch bei MitarbeiterInnen eine weitaus höhere Akzeptanz findet als das antiquierte und geschichtlich belastete Wort Seelsorge (*Soul Care*) oder die Berufsbezeichnung *Pastoral Care* bzw. *Pastoral Counseling*, die oftmals mit unglaubwürdiger Amtskirche, klerikalen Pfarrern oder übergriffiger Pastoralmacht assoziiert werden.[43] Für Herbert Anderson, Kenner der Szene, haben mehrere, sich gegenseitig verstärkende Ursachen dazu geführt, dass bereits zu Beginn der Jahrtausendwende im 'Mission Statement of the Association for Clinical Pastoral Education' (ACPE), einem ökumenischen Basisdokument nordamerikanischer Krankenhausseelsorge, die Berufsbezeichnung Pastoral Care/Pastoral Counseling durch *Spiritual Care/Spiritual Counseling* ersetzt worden ist.[44] Davon unbeeindruckt zeigten sich lediglich die als extrem konservativ einzustufende ‚American Association of Christian Counselors' sowie christliche Gruppierungen, die sich ausschließlich ‚Biblical Counseling' auf die Fahne geschrieben haben.[45] Für Anderson ist absehbar, dass die Umbenennung in *Spiritual Care*, die sich im Sektor Klinikseelsorge in Nordamerika und Kanada relativ zügig durchgesetzt hat, lang-

---

43 Bei Monika Renz findet sich daher folgende Textpassage: „Der Begriff (spiritual care) stammt aus dem englischen Sprachraum, wo er zunehmend die Worte Pastoral Care im Sinne einer überkonfessionellen Seelsorge ersetzt." RENZ, M. (2014): Hoffnung und Gnade, 14.
44 Anderson erkennt 4 Hauptgründe: 1. Systemintegration: Da Krankenhäuser in den USA immer öfter die Finanzierung professioneller Seelsorge selbst übernehmen, wodurch SeelsorgerInnen zur hausinternen Angebotspalette zählen, muss sich Seelsorge deutlicher profilieren. Weil Spiritualität im Gesundheitssystem zunehmend als heilsamer Faktor erkannt wird, bietet es sich an, SeelsorgerInnen als spirituelle ExpertInnen auszuweisen, die einen unverzichtbaren Leistungsbeitrag im ganzheitlichen Versorgungspaket des Hauses abdecken. 2. Multikulturalität/Multireligiosität: Da sich die postmoderne multikulturelle Gesellschaftsformation auch in der Zusammensetzung sowohl der Patientenschaft als auch des Krankenhauspersonals widerspiegelt, hat sich Seelsorge weniger an einer spezifischen Religionsform auszurichten, als an den pluralen spirituellen Bedürfnissen der Menschen. 3. Supervision: In der Supervisionsarbeit mit SeelsorgerInnen hat sich herauskristallisiert, dass das Thema 'Spiritualität' sowohl im Blick auf den/die Person des/der SeelsorgerIn als auch im Blick auf das Gegenüber vernachlässigt worden ist. 4. Laisierung: Klinikseelsorge wird zunehmend von ehrenamtlichen SeelsorgerInnen geleistet. Mit dem Begriff ‚pastoral' können sich diese immer weniger identifizieren, weil dieser zu stark klerikal geprägt ist und zu eng mit Gemeindearbeit assoziiert wird Vgl. ANDERSON, H. (2001): Spiritual Care: The power of an adjective, 233-235.
45 Vgl. MARSHALL, J. (2012): A Perspective on Pastoral Theology, Pastoral Care and Counseling in the United States.

fristig auch Auswirkungen auf das Feld von Seelsorge insgesamt haben wird: „Although the change to spiritual care has happened in a very short time, it is apparently widespread throughout the practice of chaplaincy in health care settings. New books are emerging which use spiritual care where pastoral care might previously been the prescriptive metaphor. Although Protestant and Roman Catholic schools of ministry may still use the pastoral care in the title of the introductory course, it seems inevitable that spiritual care will emerge as *the* metaphor even for ministries of care in a parochial context."[46]

Räumlich näher als die USA sind für uns jedoch hochaktuelle Entwicklungen in den Niederlanden, die sich in der Vergangenheit schon öfter als Vorläufer für weitreichende Veränderungen in der deutschen Seelsorgelandschaft erwiesen haben. Weitaus konsequenter und einheitlicher als in Nordamerika gelang es in den Niederlanden, die Bezeichnung Seelsorge (*Zielzorg*) durch Spiritual Care (*Geestelijke Verzorging*) für den gesamten Bereich Kategorialseelsorge verbindlich zu machen.[47] In den Titeln wichtiger Veröffentlichungen z.B. zur Krankenhausseelsorge schlägt sich dies bereits unübersehbar nieder.[48] Die Beweggründe hierfür unterscheiden sich jedoch von den US-amerikanischen. Im Nachhinein zeigt sich, dass das Zusammenspiel folgender Faktoren ausschlaggebend dafür war, dass sich christliche SeelsorgerInnen nicht mehr als SeelsorgerInnen, sondern als *Geestelijke Verzorgers* (*Spiritual Care Givers*) verstehen:[49]

• Angesichts zunehmender gesellschaftlicher Säkularisierungstendenzen (nicht einmal mehr 25% der Bevölkerung bezeichnen sich als christlich) und damit einhergehenden drastisch gesunkenen Finanzeinnahmen haben sich die großen christlichen Kirchen unter der Leitlinie 'Zurück zum Kerngeschäft' seit Jahrzehnten kontinuierlich aus der Finanzierung kategorialer Seelsorgestellen zurückgezogen und dadurch (unwiederbringlich!) das Feld Gesundheitswesen anderen ambitionierten Anbietern (v.a. humanistischen und islamitischen Gemeinschaften) überlassen.

• Da in den Niederlanden seit 1996 gesetzlich festgeschrieben ist, dass jeder Bürger, der sich in Einrichtungen des Gesundheitswesens aufhält, Anspruch auch auf spirituelle Begleitung hat, sind die Einrichtungen dazu verpflichtet, *Geestelijke Verzorgers* (entsprechend der religiös-spirituellen Ausrichtung ihrer Klientel) einzustellen und auch zu bezahlen.

46 ANDERSON, H. (2001): Spiritual Care: The power of an adjective, 235. Folgende prominente Publikation zur Klinikseelsorge scheint Andersons Analyse zu bestätigen. Vgl. BUECKERT, L./ D. SCHIPANI (Hg.) (2006): Spiritual care giving in the hospital; SCHIPANI, D./ L. BUECKERT (Hg.) (2009): Interfaith Spiritual Care; NOLAN, S. (2010): Spiritual Care at the end of life. The chaplains as a 'hopeful presence'; CARR, J. (2012): Pastoral Spiritual Care, Counseling & Advocacy with and for Less Able.

47 Gerard Groeners These, dass in den Niederlanden das Wort *Zielzorg* fast völlig verschwunden ist, kann ich aus meiner jahrelangen Lehrtätigkeit in Tilburg nur bestätigen. Vgl. GROENER, G. (2004): Ingewijd en toegewijd, 327.

48 Vgl. z.B. SMEETS, W. (2006): Spiritual Care in a hospital setting; Ders. (2012): Identity and spiritual care; Ders. (2013): Ministry and spiritual care.

49 Vgl. ZOCK, H. (2008): The split professional identity of the chaplain as a spiritual care giver in contemporary Dutch health care.

- Da in den Niederlanden alle großen Religionen/Weltanschauungen *Geestelijk Verzorgers* (in unterschiedlicher Intensität) ausbilden, können die Einrichtungen ein jeweils einrichtungsspezifisches Profil für Ihre *Geestelijke Verzorging* (Spiritual Care) erstellen und sich die passenden *Geestelijke Verzorgers* am Markt auswählen. *Christelijke Geestelijke Verzorgers* sollten zwar die formale Beauftragung ihrer Kirche mitbringen, werden aber oftmals auch dann eingestellt, wenn sie diese nicht vorweisen können oder auch wollen, wodurch die Bindung zur Amtskirche immer häufiger verloren geht.
- Während für *Christelijke Geestelijke Verzorgers* ursprünglich ein volles Theologiestudium vorausgesetzt war, genügt inzwischen ein (zumeist zweijähriger) Masterstudiengang. Da der Theologie-Bachelor keine unabdingbare Voraussetzung zur Zulassung ist, strömen inzwischen immer mehr Quereinsteiger aus anderen Berufsfeldern (v.a. aus der Pflege) mit unterschiedlicher Nähe zum Christentum in die Ausbildung zum *Christelijk Geestelijk Verzorger*.
- Die Mehrzahl der *Geestelijke Verzorgers* (ca. 850 von insgesamt 1100) haben sich in den Niederlanden zum Dachverband *Vereniging van Geestelijke Verzorgers* (VGVZ) zusammengeschlossen, in dem sie sich in Form von 5 religiös-weltanschaulich gebundenen Sektoren (christlich, jüdisch, hinduistisch, islamisch, humanistisch) berufspolitisch organisieren und gemeinsame Richtlinien für *Geestelijke Verzorging* festlegen.
- Trotz vieler Gegenstimmen wurde 2013 in der VGVZ die wegweisende Entscheidung getroffen, dass neben bzw. zusätzlich zu den religiös-weltanschaulich gebundenen Sektoren künftig auch die Möglichkeit besteht, dass Geestelijke Verzorgers sich in einem religiös-weltanschaulich ungebundenen Sektor zusammenschließen können.[50] Nachdem ein extra dafür eingesetztes religiös-weltanschaulich unabhängiges Überprüfungsgremium (*Raad voor Onafhankelijke Spiritualiteit*) festgestellt hat, ob ein *Geestelijk Verzorger* über eine zwar neutrale, aber dennoch vorhandene persönliche spirituelle Weltsicht (*Visie op het Bestaan*) verfügt, kann er sich als professioneller *Ongebonden Geestelijke Verzorger* registrieren und von einer Einrichtung einstellen lassen. Für viele eine attraktive Option, da Einrichtungen immer häufiger dazu neigen, spirituell möglichst neutrale *Geestelijke Verzorgers* auszuwählen, da diese angeblich viel breiter aufgestellt sind als religiös-weltanschaulich gebundene *Geestelijke Verzorgers*. Ob diese langfristig Kosten einsparen wird, ist gegenwärtig noch nicht absehbar.
- Obgleich 2014 *Christelijke Geestelijke Verzorgers* noch immer die größte Fraktion aller *Geestelijke Verzorgers* stellen, müssen sie nicht nur in der für alle geltenden Berufsbezeichnung (*Geestelijke Verzorgers*), sondern auch in

50 Zwei bisher unabhängig voneinander existierende Verbände spirituell neutraler Geestelijke Verzorgers haben sich dafür zusammengeschlossen und dadurch ihre Bedeutung gestärkt: *Vereniging van Geestelijk Verzorgers Albert Camus + Werkverband van Vrijgevestigde Geestelijke Verzorgers*. Vgl. NAUER, D. (2013): (Katholieke) Geestelijke Verzorging.

der inhaltlichen Zielausrichtung (*Zingeving*/Sinngebung) einen Konsens auf Basis des kleinsten gemeinsamen Nenners eingehen. Dass dadurch die Gefahr entsteht, dass das Christliche in der *Christelijke Geestelijke Verzorging* immer mehr an Profil verliert, scheint nahezu unvermeidbar zu sein. Die in den USA und den Niederlanden feststellbare Tendenz, (Kategoriale) Seelsorge als Spiritual Care zu etikettieren, findet weltweit immer mehr Nachahmung. Auf dem im Jahre 2002 in Finnland stattgefundenen 7. Ökumenischen Kongress des Europäischen Netzwerkes für Seelsorge im Gesundheitswesen (*European Network of Health Care Chaplaincy in Europe*) wurde bereits im *Europäischen Standard für Krankenhausseelsorge* festgehalten, dass sich die Klinikseelsorge international als *Spiritual and Religious Care* begreift und sich auch dementsprechend bezeichnet.[51]

3. Theorie und Praxis von Spiritual Care im Palliativkontext

3.1. Spiritual Care/Spirituelle Begleitung

Im Folgenden wird der Versuch unternommen, das gegenwärtige Theorie- und Praxisdesign von Spiritual Care möglichst komprimiert zusammenzufassen. Weil das theoretische Konzept Spiritual Care alltagspraktisch bisher hauptsächlich im Kontext von Palliative Care konkret umgesetzt wird, wird auf Spiritual Care im Palliativkontext fokussiert. Da im deutschsprachigen Raum Spiritual Care oftmals mit der Wortkombination *Spirituelle Begleitung* wiedergegeben wird, werden beide Termini synonym verwendet, wobei von folgendem Axiom ausgegangen wird: „In der Theorie und Praxis der Palliativversorgung herrscht Einigkeit darüber, dass die spirituelle Begleitung und damit auch die Seelsorge konstitutioneller Part der Hospizarbeit und Palliativmedizin ist."[52] Zusammenfassend lässt sich Spiritual Care beschreiben als ein theoretisches Konzept *individuumszentrierter* spiritueller Begleitung, dem ein *ganzheitliches Menschenbild* mit ausdrücklicher Fokussierung auf die *spirituelle Dimension* menschlicher Existenz zugrunde liegt.

3.2. Spiritualitätsverständnis

Was aber wird unter Spiritualität verstanden? Bei der Beantwortung tritt eine der großen Stärken von Spiritual Care, die paradoxer Weise zugleich einen der umstrittenen Schwachpunkte des Konzepts markiert, ans Tageslicht. Die Stärke besteht eindeutig darin, dass aktuelle gesellschaftliche Veränderungsprozesse konzeptionell radikal ernstgenommen werden, wie Eckhard Frick auf den Punkt bringt: „Spiritual Care ist eine ‚postsäkulare'... Erscheinung".[53] Weil westlich

51 Vgl. INAUEN, M. (2007): Standards für die Krankenhausseelsorge in Europa, 121.
52 CHARBONNIER, R. (2010): Seelsorge in der Palliativversorgung, 183.
53 FRICK, E. (2009): Spiritual Care – nur ein neues Wort?, 233. Dementsprechend fragt sich Michael Utsch, ob Spiritual Care als notwendige Folge des unaufhaltsamen Säkularisierungstrends in westlichen Gesellschaften zu verstehen ist. Vgl. UTSCH, M. (2012): Wer sorgt für die Seele, 344.

geprägte Gesellschaften nicht nur multikulturell, sondern zunehmend auch multireligiös geprägt sind, pluralisiert und individualisiert sich auch das persönliche Verständnis von Religiosität/Spiritualität, weshalb spätmoderne Menschen zunehmend ent-traditionalisierten, d.h. institutionell ent-kirchlichten und inhaltlich zumeist synkretistisch aus Elementen christlicher Tradition, Buddhismus, Esoterik und New Age zusammengesetzten Glaubensvorstellungen anhängen.[54] Dementsprechend müsse auch das dem Spiritual Care zugrunde liegende Spiritualitätsverständnis religionsübergreifend so offen sein, dass „Menschen sowohl im Rahmen etablierter religiöser Traditionen als auch im Horizont individualisierter Spiritualität und Sinnsuche"[55] spirituell begleitet werden können. Analog zu einem relativ unspezifischen, dafür aber flächendeckend wirksamen Breitbandantibiotikum wird daher auch Spiritualität ausdrücklich als ein *religiös neutraler*, d.h. sich von religiös-konfessionellen Großinstitutionen abkoppelnder ‚Breitbandbegriff‘ verstanden.[56] Als Hintergrundfolie eines undogmatisch-aufgeklärten *post-säkularen Spiritualitätsverständnisses* kann daher für Eckhard Frick und Traugott Roser keine eng gefasste theologische, sondern nur eine weit gefasste *philosophische Anthropologie* (bevorzugt aus der zweiten Hälfte des 20. Jhdts.) dienen, denn: „Neben der Theologie hat die Philosophie die größte Nähe zur Spiritualität als Grunddimension des Menschseins."[57] Die daraus resultierende gewollte inhaltliche Unschärfe des Spiritualitätsbegriffs, die von KritikerInnen immer wieder als Schwachpunkt von Spiritual Care moniert wird, wird dagegen von Protagonisten des Spiritual Care als Stärke beurteilt. Ein Verzicht auf spirituelle Definitions- und Normierungsversuche komme nämlich dem Bedürfnis postsäkularer Menschen entgegen und ermögliche in der spirituellen Begleitung nicht nur einen respektvollen Umgang mit Menschen jeglicher Religions- und Weltanschauungszugehörigkeit, sondern schütze diese auch vor (spirituellen) Übergriffen seitens Religionsgemeinschaften und Einrichtungen des Gesundheitswesens.[58] Für Traugott Roser steht deshalb fest, dass Spiritualität rein individualistisch in folgendem Sinn zu verstehen ist *„Spiritualität ist das, was der Patient dafür hält."*[59]

---

54 Vgl. ZULEHNER, P. (2011): Verbuntung; KNOBLAUCH, H. (2012): Der Topos der Spiritualität;

55 HELLER, B./ A. Heller (2014): Spiritualität und Spiritual Care, 26. "Ob modern oder postmodern, Spiritualität im Umgang mit Krankheit und Tod erscheint als ein Weg der Selbstbehauptung. Spiritualität ist daher auch das Zauberwort einer Gegenbewegung zu Desubjektivierung und Entpersonalisierung." A.a.O., 24.

56 Vgl. ROSER, T. (2013): Seelsorge und Spiritual Care, 71; Ders. (2012): Spiritualität und Gesundheit. Überlegungen zur Bedeutung eines unbestimmbaren Begriffs im interdisziplinären Diskurs; ROSER, T. /M. GRATZ (2011): Spiritualität in der Sterbebegleitung; FRICK, E. (2013): Zwischen einem engen und weiten Spiritualitätsbegriff; KOHLI-REICHENBACH, C. (2014): Spiritualität im Care-Bereich, 21; NASSEHI, A. (2009): Spiritualität, 40f.

57 FRICK, E./ T. ROSER (2012): „Spiritual Care", 535. Vgl. BAIER, K. (2012): Philosophische Anthropologie der Spiritualität; FEINENDGEN, N./ A. SCHAEFFER (2014): Spiritualität – Grundzüge eines anthropologischen Verständnisses; DIRNBERGER, R. (2012): Aufgeklärte Spiritualität.

58 Vgl. ROSER, T. (2013): Seelsorge und Spiritual Care, 72.

59 ROSER, T. (2009): Spiritual Care, 89. Roser paraphrasiert hier die im Palliativkontext gängige inhaltliche Füllung von ‚Lebensqualität‘: „Lebensqualität ist, was der Betroffene damit meint".Vgl. auch EYCHMÜLLER, S. (2014): Lebensqualität in der letzten Lebensphase, 71.

Trotz der anvisierten Offenheit braucht es im palliativen Arbeitsfeld eine Art Konsens-Definition von Spiritualität, auf deren Basis die diversen Berufsgruppen länderübergreifend zusammenarbeiten und forschen können. In der 2009 in den USA stattgefundenen nationalen *Conference on Spiritual Care in Palliative Care*, gelang es daher 40 führenden VertreterInnen der im Palliativbereich tätigen Gesundheitsberufe tatsächlich, sich auf folgende Definition zu einigen:[60]

> Spirituality is the aspect of humanity that refers to the way indivduals seek and express meaning and purpose and the way they experience their connectedness to the moment, to self, to others, to nature and to the significant or **sacred**.

Ein Definitionsversuch, der 2010 von der sogenannten *Taskforce on Spiritual Care in Palliative Care* der *European Association for Palliative Care* in modifizierter Form übernommen worden ist:[61]

> Spirituality is the dynamic dimension of human life that relates to the way persons (individual and community) experience, express and/or seek meaning, purpose and **transcendence**, and the way they connect to the moment, to self, to others, to nature, to the significant and/or **the sacred**."

Noch expliziter als in der amerikanischen Vorlage ist in diesem Dokument der Transzendenzbezug in die Definition von Spiritualität aufgenommen worden. Umso erstaunlicher ist es, dass die Definition der *Deutschen Gesellschaft für Palliativmedizin* davon deutlich abweicht! Ausgerechnet unter der Federführung der *Sektion Seelsorge*, die innerhalb der Gesellschaft für das Konzept Spiritual Care/Spirituelle Begleitung zuständig ist, wird eine extrem weite Definition vorgelegt, in der weder das Heilige noch ein Transzendenzbezug Platz finden, dafür aber eine starke Fokussierung auf Sinngebung ins Auge springt:[62]

> „Unter Spiritualität kann die innere Einstellung, der innere Geist wie auch das persönliche Suchen nach Sinngebung eines Menschen verstanden werden, mit dem er versucht, Erfahrungen des Lebens und insbesondere auch existentiellen Bedrohungen zu begegnen."

Ähnlich formuliert auch Erhard Weiher, auf den sich viele AutorInnen, die sich mit dem Thema Spiritual Care auseinandersetzen, berufen:[63]

> „Spiritualität wird hier verstanden als der innere Geist, aus dem heraus ein Mensch sein Leben empfindet, er sich inspiriert fühlt, er sein Leben – nicht unbedingt bewusst – gestaltet und mit dem er auch in Krisen, Krankheit und Sterben hineingeht."

Vgl. PUCHALSKI, C. u.a. (Hg.) (2009): Improving the quality of Spiritual Care as a dimension of Palliative Care, 887.
Vgl. http://www.eapcnet.eu/Themes/Clinicalcare/Spiritualcareinpalliativecare.aspx.
Vgl. dgpalliativmedizin.de
Vgl. WEIHER, E. (2014): Spiritualität und Würdeempfinden, 413.

3.3. Inhaltliche Zielsetzung

Worauf zielt Spiritual Care ab? Im Rahmen des Gesamtkonzeptes Palliative Care[64] gilt es, einen jeden leidenden/sterbenden/trauernden Menschen auf der Basis behutsamer Achtsamkeit, Respekt, Mitgefühl/Empathie und Offenheit darin zu unterstützen, angesichts seines unaufhaltsam verrinnenden Lebens bzw. unwiderbringlicher Verlusterfahrungen dennoch subjektiv erfahrbare *Lebensqualität* zu entdecken.[65] In den Schweizer ‚Nationalen Leitlinien Palliative Care' aus dem Jahr 2010 findet sich folgende Explikation: „Die Spirituelle Begleitung leistet einen Beitrag zur Förderung der subjektiven Lebensqualität und zur Wahrung der Personenwürde angesichts von Krankheit, Leiden und Tod. Dazu begleitet sie die Menschen in ihren existentiellen, spirituellen und religiösen Bedürfnissen auf der Suche nach *Lebenssinn, Lebensdeutung* und *Lebensvergewisserung* sowie bei der *Krisenbewältigung.* Sie tut dies in einer Art, die auf die Biographie und auf das persönliche Werte- und Glaubenssystem Bezug nimmt."[66] Fragen wie die nach dem ‚Warum-Ich?' oder ‚Woher komme ich und wohin gehe ich?' sollen nicht verdrängt, sondern aussprechbar werden; Ohnmachts- und Sinnlosigkeitserfahrungen sollen nicht heruntergespielt, sondern unter (Re)Aktivierung spirituell-religiöser Kraftquellen bearbeitet werden, so dass trotz und in aller Not und Todesangst Lebensvergewisserung, innere Kohärenz und subjektiv wahrnehmbarer Lebenssinn aufleuchten können.[67] Spirituelle BegleiterInnen haben daher v.a. aufmerksam zuzuhören und entschlossen mitzugehen, wie Christina Puchalski 2014 hervorhebt.[68]

Für Eckhard Frick zeichnet sich Spiritual Care gerade dadurch aus, dass dem betroffenen Menschen die ausschließliche Definitionsmacht darüber zurückgegeben wird, was er/sie unter Spiritualität versteht, und ob bzw. wie der Spirituelle Begleiter dabei unterstützen kann, daraus im Sinne eines positiven ‚Faith Factors' für seine jetzige Situation Nutzen zu ziehen.[69] Dass Sinngebung (analog zum niederländischen Verständnis) eine sehr zentrale Rolle im Spiritual-Care-Konzept spielt, findet sich auch bei Traugott Roser, der Spiritual Care als „Sorge um die individuelle Teilnahme und Teilhabe an einem als *sinnvoll erfahrenen Leben im umfassenden Verständnis*"[70] beschreibt und dadurch eine extrem hohe Latte legt, was Menschen am Ende ihres Lebens mit Hilfe Spiritueller BegleiterInnen erreichen können/sollten. Ähnlich anspruchsvoll kommen-

---

64 Vgl. KNIPPING, C. (2012): Menschenwürdig leben und sterben – bis zuletzt.
65 Vgl. HELLER, B./ A. HELLER (2014): Spiritualität und Spiritual Care, 24. Hellers weisen auf folgende Verschiebung innerhalb des Palliativkontextes hin: „An die Stelle der religiös geprägten Sprache von der Liebe Gottes und der Heiligkeit des Lebens treten Begriffe wie Würde und Lebensqualität." A.a.O., 23.
66 NATIONALE LEITLINIEN PALLIATIVE CARE (2010), Leitlinie 3.
67 Gerade im Blick auf die starke Betonung von Lebensqualität und Kohärenzgefühl scheinen Theorieelemente der Salutogenese-Forschung (Aaron Antonovsky) eingeflossen zu sein. Vgl. WYDLER, H. u.a. (Hg.) (2010): Salutogenese und Kohärenzgefühl.
68 Vgl. PUCHALSKI, C. (2014): Spiritual Care, 235.
69 Vgl. FRICK, E. (2009): Spiritual Care – Ein neues Fachgebiet der Medizin, 150.
70 Vgl. ROSER, T. (2009): Spiritual Care, 88; Ders. (2007): Spiritual Care, 9.

tiert auch Martina Kern: „Lebensqualität bedeutet für mich, dass sich das Leben abschließend ordnet und dass der/die PatientIn seine/ihre letzte Lebensphase innerhalb eines *Sinnzusammenhanges* sieht."[71]

3.4. Miteinander statt Neben- oder Gegeneinander

Spiritual Care basiert auf drei Axiomen:

1. Weil alle Menschen spirituell veranlagt sind, ist Spiritual Care ein voraussetzungsloses Angebot für alle Menschen (Todkranke, Sterbende, Angehörige, Mitarbeitende) „überall dort, wo kranke Menschen durch Palliativ- und Hospizarbeit begleitet werden, zu Hause, auf der Palliativstation und auf anderen Stationen des Krankenhauses, im Alten- und Pflegeheim und im Hospiz."[72]
2. Weil alle Menschen spirituell veranlagt sind, ist prinzipiell „jeder Mensch fähig, einen anderen spirituell zu begleiten".[73] Spiritual Care kann daher nicht an eine spezifische Berufsgruppe delegiert werden, sondern fällt in den Aufgabenbereich aller Profis und Ehrenamtlichen, die sich im Palliative Care Team engagieren. Für Traugott Roser bringt dies v.a. Konsequenzen für das spirituell-religiöse ‚Claim-Recht' von SeelsorgerInnen mit sich: „Tatsächlich weist der Begriff Spiritual Care darauf hin, dass Spiritualität und Religiosität nicht exklusiv in den Zuständigkeitsbereich der – im deutschen Sprachraum noch immer kirchlichen – Seelsorge zugewiesen werden, sondern auch Aufnahme finden in der Wahrnehmungs- und Handlungskompetenz anderer Professionen."[74] Nicht nur Pflegende, sondern z.B. auch PsychologInnen, SozialarbeiterInnen, PhysiotherapeutInnen, SeelsorgerInnen und ÄrztInnen sind in Spiritual Care involviert, denn, wie Eckhard Frick unter Verweis auf empirische Forschungsergebnisse mit Blick auf seine medizinischen KollegInnen behauptet: „Die Mehrzahl palliativmedizinischer Patienten wünscht, dass sich der behandelnde Arzt für ihre spirituellen Bedürfnisse und Probleme interessiert."[75] Auf der Basis einer empirischen Befragung von über 230 Stationsleitungen in Schweizer Kliniken kam Urs Winter-Pfändler auch im Blick auf Pflegende zum Ergebnis, dass diese längst Spiritual Care betreiben.[76] Für

71 KERN, M. (2002): Multiprofessionalität und Behandlungsteam, 52.
72 SPIRITUELLE BEGLEITUNG IN DER PALLIATIVVERSORGUNG (2007). Vgl. auch WINTER-PFÄNDLER, U. (2011): Gesellschaftliche Veränderungen und Palliative Care, 77.
73 Vgl. HAGEN, T. u.a. (2011): Qualifizierungskurs Palliative Care für Seelsorgende, 19.
74 ROSER, T. (2013): Seelsorge und Spiritual Care, 62.
75 FRICK, E. (2009). Spiritual Care. Ein neues Fachgebiet der Medizin, 150. In der Spiritual Care Literatur wird immer wieder auf eine von Hanson u.a. in den USA durchgeführte Studie hingewiesen, in der Krebspatienten darüber befragt wurden, durch wen sie sich spirituell begleitet fühlen. Weil empirisch ermittelt werden konnte, dass 40% Freunde und Familie, 29% Angehörige der Gesundheitsberufe und nur 17% Seelsorgende als ihre spirituellen Begleiter bezeichneten, wird argumentiert, dass schwer erkrankte Menschen in der Regel Seelsorgende nicht als BegleiterInnen bevorzugen. Vgl. HANSON, L. C. u.a. (2008): Providers and types of spiritual care in serious illness. Für Margit Gatz und Traugott Roser leitet sich daraus ab, dass schwerkranke Menschen ihren Ärzten einen klaren Auftrag zur spirituellen Begleitung erteilen. Vgl. GRATZ, M./ T. ROSER (2014): Spiritualität in der Medizin, 236.
76 Vgl. WINTER-PFÄNDLER, U. (2011): Vernetzung als Schlüssel für eine gute Zusammenarbeit.

Traugott Roser und Margit Gratz steht daher fest: „Spirituelle Begleitung ist
sowohl eine ärztliche Aufgabe als auch eine pflegerische Realität."[77]

3. Spiritual Care geschieht daher stets multiperspektivisch auf der Basis interdisziplinärer Zusammenarbeit in multiprofessionell zusammengesetzten Pal-
liativteams, die idealerweise 10-14 Personen umfassen und nicht nur transparente, d.h. dokumentierte Kommunikationswege, sondern auch supervidierte
und evaluierte Zusammenarbeit voraussetzen[78]

3.5. Spirituelle Kompetenz und Spirituelle Anamnese

Spirituellen BegleiterInnen ist gemäß Traugott Roser nicht nur eine *allgemeine
Wahrnehmungskompetenz* im Sinne prinzipieller Offenheit für spirituelle Anliegen, sondern auch eine *spezifische Handlungskompetenz* für eine auf das Individuum abgestimmte spirituelle Begleitung abverlangt.[79] Diese Sichtweise
trifft sich mit der von Thomas Hagen und Josef Raischl, die zwischen einer allgemeinen Basis-Kompetenz für Spiritual Care, die alle Teammitglieder zumeist
bereits aufgrund ihres Berufs mitbringen, und speziellen Kompetenzen für Spiritual Care, die in entsprechenden Fort- und Weiterbildungskursen erworben
werden können/müssen, unterscheiden.[80] In allen Berufsgruppen des Gesundheitswesens wird daher bereits darüber nachgedacht, welche Möglichkeiten und
Grenzen spiritueller Begleitung angesichts bereits bestehender Arbeitsüberlastung überhaupt realistisch sind.[81] Im Blick auf Pflege will Stefan Stiegler festgehalten wissen: „Das größte Missverständnis in Sachen Spiritual Care ist die
Vermutung oder Unterstellung, es handle sich dabei um etwas Zusätzliches zum
normalen Pflegealltag in einer Klinik oder Altenhilfeeinrichtung, das nur mit
viel Mühe und extra Aufwand umgesetzt werden müsse, neben all dem, was die
Arbeitsabläufe sowieso schon sehr dicht machen."[82] Deckt sich diese, dem Arbeitsalltag entstammende Sichtweise aber mit dem Theoriedesign von Spiritual
Care? Unzweifelhaft setzt Spiritual Care eine *Innere Haltung* prinzipieller Offenheit für Spiritualität voraus. Darüber hinaus ist konzeptionell aber auch vorgesehen, dass Spirituelle BegleiterInnen in der Lage sind, nicht nur wahrzunehmen, sondern auch folgendes zu leisten: „Für Spiritual Care gilt der gleiche
Dreischritt, den die WHO-Definition für Palliative Care für alle Formen der Begleitung vorsieht: Anamnese – Indikation – Intervention."[83] Eine Sichtweise, die
bereits 2009 auf der in den USA stattgefundenen internationalen ‚Consensus

77 ROSER, T./ M. GRATZ (2011): Spiritualität in der Sterbebegleitung, 59.
78 Vgl. HIRSCHMÜLLER, S./ M. SCHRÖER (2014): Interprofessionelle Teamarbeit, 12/18.
79 Vgl. ROSER, T. (2013): Seelsorge und Spiritual Care, 62.
80 Vgl. HAGEN, T./ J. RAISCHL (2009): Allgemeine und spezielle Kompetenzen in Spiritual Care.
81 Z.B. GIEBEL, A. (2014): DiakonieCare – Geistesgegenwärtig pflegen; DACH, C./ J. OSTERBRINK (2013):
    Spiritualität in der Pflege; KRUG, H. (2009): Spirituelle Dimensionen ärztlichen Handelns; KOENIG, H.
    (2012): Spiritualität in den Gesundheitsberufen. Ein praxisorientierter Leitfaden; BARTHELWORTH, C./ C.
    ZWINGMANN (2013): Spiritualität in der Sozialen Arbeit.
82 STIEGLER, S. (2012): Spiritual Care – eine Haltungsfrage, 249.
83 GRATZ, M./ T. ROSER (2014): Spiritualität in der Medizin, 236.

Conference on Spiritual Care in Palliative Care' vertreten wurde, wo ausdrücklich für ein *spiritual screening* und *spiritual treatment* plädiert wurde.[84] Analog
zur medizinischen Anamnese gilt es, spirituelle Bedürfnisse, Ressourcen, Nöte
und Defizite durch Erhebung einer *spirituellen Anamnese*[85] strukturiert zu erfassen (assessment), sie schriftlich zu dokumentieren sowie im Team zu evaluieren, um auf dieser Basis einen individuell zugeschnittenen spirituellen Behandlungsplan aufstellen zu können: „Das orientierende Gespräch mit dem Patienten
über seine spirituelle Geschichte sollte Teil des routinemäßigen Behandlungsdi-
alogs sein, also z.B. der Untersuchung zu Beginn der stationären Aufnahme...
Es ist von großer Bedeutung, das Interview mit einer möglichst offenen Frage
zu beginnen etwa nach dem Gläubigsein im weitesten Sinne."[86] Im Unterschied
zur deutschen Situation ist die Thematik Spiritualität in angloamerikanisch geprägten Ländern bereits in medizinische Ausbildungscurricula integriert, wie
Heike Schneidereit-Mauth erläutert: „In den USA lernen Medizinstudenten daher neben der Kranken- auch die Glaubensgeschichte eines Patienten aufzunehmen. Die Spirituelle Anamnese als Standard, um den Glauben des Kranken
zu erfassen und sinnvoll in die Behandlung zu integrieren."[87] Assessment-
Modelle zur Erfassung von *Spiritual Pain* im Sinne eines *Spirituellen Scree-
nings* sind inzwischen auch in Deutschland entwickelt worden und werden alltagspraktisch bereits eingesetzt. Weil das von Eckhard Frick entwickelte Asses-
smentinstrument SPIR von vielen AutorInnen empfohlen wird, soll es an dieser
Stelle exemplarisch vorgestellt werden.[88] Bei SPIR handelt es sich um eine
standardisierte diagnostische Methodik zur Erhebung spiritueller Bedürfnisse.
Folgende vier Fragestellungen (halbstrukturiertes Interview) sollen mit relativ
wenig Zeitaufwand eine spirituelle Anamnese z.B. im Rahmen der ärztlichen
Anamnese ermöglichen:[89]

S	Spirituelle und Glaubensüberzeugungen	Würden Sie sich im weitesten Sinne als gläubigen (religiösen/spirituellen) Menschen betrachten?
P	Platz und Einfluss dieser Überzeugungen im Leben des Patienten	Sind die Überzeugungen, von denen Sie gesprochen haben, wichtig für Ihr Leben und ihre gegenwärtige Situation?
I	Integration in spirituelle, religiöse, kirchliche Gemeinschaft/Gruppe	Gehören Sie zu einer spirituellen/religiösen Gemeinschaft (Gemeinde, Kirche, spirituelle Gruppe)?
R	Rolle des Arztes	Wie soll ich als Arzt/Seelsorger/Krankenschwester usw. mit diesen Fragen umgehen?

84 PUCHALSKI, C. u.a. (2009): Improving the quality of Spiritual Care, 891/893.
85 Vgl. RIEDNER, C./ T. HAGEN (2009): Spirituelle Anamnese.
86 RIEDNER, C./ T. HAGEN (2009): Spirituelle Anamnese , 235.
87 SCHNEIDEREIT-MAUTH, H. (2013): Spiritualität als heilsame Kraft, 415.
88 Inzwischen gibt es bereits Evalutionen für Fortbildungen ‚Spirituelle Anamnese'. Vgl. ELHARDT, E. (2013):
    Evaluation einer Fortbildung zur Spirituellen Anamnese SPIR in Klinik und Praxis.
89 Vgl. GRATZ, M./ T. ROSER (2014): Spiritualität in der Medizin, 239.

Was PatientInnen von der SPIR-Befragung halten, ist bereits exemplarisch am Universitätsklinikum München evaluiert worden, wobei Gian Domenico Borasio als bekannter Palliativmediziner v.a. auf folgendes Evaluationsergebnis hinweist: „Sehr interessant ist, dass die meisten Patienten das SPIR-Interview als sehr hilfreich bezeichneten, unabhängig davon, ob sie vom Seelsorger oder vom Arzt befragt wurden."[90]

Aufmerksam gemacht werden soll an dieser Stelle zudem auf ein spirituelles Assessment-Instrument zur Erfassung von Spiritual Pain, das von Spitalseelsorgenden des Kantons Zürich in der Schweiz für kurzzeitig im Akutspital hospitalisierte PatientInnen entwickelt worden ist. Obgleich konzeptionell betont wird, dass spirituelle Ressourcen ent-deckt werden sollen, springt bereits durch die dominante Verwendung des Wortes *Verlust* in den Überschriften von drei Frage-Clustern eine ausgeprägte Defizitorientierung ins Auge:[91]

1	Verlust des Lebens
2	Verlust von Verwurzelung und Identität
3	Verlust der Gottesbeziehung und des Transzendenzbezugs

3.6. Zur Rolle der Seelsorgenden

Professionelle, von christlichen Kirchen beauftragte *SeelsorgerInnen* werden im Kontext von Spiritual Care zumeist *Seelsorgende* genannt. Um sie von *Spirituellen BegleiterInnen,* sprich Teammitgliedern aus allen Professionen, die sich in Spiritual Care engagieren, zu unterscheiden, werden sie auch als *Professionelle Spirituelle BegleiterInnen*[92] bezeichnet.

Ebenso wie alle anderen Teammitglieder werden auch Seelsorgende als *mitverantwortlich* für Spiritual Care betrachtet, d.h. ihre Aufgabe besteht in der direkten spirituellen Begleitung von PatientInnen und deren Angehörigen. Ist bereits von Pflegenden oder ÄrztInnen eine spirituelle Anamnese erhoben worden, dann sollte (auf der Basis eines spirituellen Behandlungsplans) durch Seelsorgende eine Vertiefung, sprich ein intensives Eingehen auf die geäußerten Bedürfnisse/Fragen gewährleistet werden.[93]

Darüber hinaus besteht ihre Funktion hauptsächlich in katalysatorischer Hintergrundarbeit: „Die Konsequenz für Krankenhausseelsorge ist deshalb gerade nicht ein konkurrierendes Buhlen um verbesserte Raten oder höhere Anteile am Patientenkontakt, sondern vielmehr kritisch-solidarische Hintergrundarbeit als Unterstützung der Spiritual-Care-Kompetenz der anderen Berufsgruppen und

---

90 BORASIO, G. D. (2014): Spiritual Care, 124.
91 PENG-KELLER, S. (2012): Spiritualität im Kontext moderner Medizin, 80. Vgl. auch PALM, L. (2012): Religiös-spirituelle Begleitung (Spiritual Care) und die Erfassung von Spiritual Pain bei schwerkranken Menschen.
92 Vgl. SPIRITUELLE BEGLEITUNG IN DER PALLIATIVVERSORGUNG. Konzeptpapier (2007).
93 Vgl. ROSER, T. (2013): Seelsorge und Spiritual Care, 68.

insbesondere die Unterstützung der Angehörigen, die in den seltensten Fällen bewusst Seelsorge treiben, sondern ‚einfach nur da sein' wollen. Im Sinne eines empowerment helfen Krankenhausseelsorger Angehörigen oder Gesundheitspersonal, sich den tiefgehenden spirituellen Fragen und Bedürfnissen eines Patienten zu stellen, sich darauf einzulassen und – im Zusammenhang mit ihrer eigenen Spiritualität – damit auseinanderzusetzen."[94] Oder in den Worten Michael Klessmanns: „Seelsorge könnte die Hintergrundorganisation übernehmen und sicherstellen, dass kranke Menschen die Art spiritueller Begleitung erhalten, die sie wünschen."[95] In jedem Betreuungsteam braucht es daher gerade im Palliativkontext mindestens einen speziell für dieses Arbeitsfeld ausdrücklich geschulten Seelsorgenden, weshalb am bisher einzigen Lehrstuhl für ‚Spiritual Care' in München, bereits ein spezifischer Qualifizierungskurs für Seelsorgende entwickelt worden ist.[96]

Im Kontext von Palliative Care sind Seelsorgende nicht nur (unerlässlicher) Bestandteil von Spiritual Care, sondern auch strukturell integrierte Mitglieder des Palliative Care Teams, in dem sie mit allen Teammitgliedern eng zusammenarbeiten. Konzeptionell angedacht sind dabei zwei Szenarien:

✓ Seelsorgende werden weiterhin von ihren Kirchen entsandt und bezahlt.[97] Trotz systemischer Nicht-Integration arbeiten sie voll- oder teilzeitangestellt (sporadisch) in Palliative Care Teams mit, was sich aber als konfliktreich z.B. im Blick auf ‚Beichtgeheimnis' und Dokumentationspflicht erweisen kann.

✓ Seelsorgende bilden künftig gemeinsam mit anderen psycho-sozialen Diensten eine sogenannte ‚Vierte Säule' im Gesundheitssystem und werden zu kontinuierlich präsenten[98] Dienstleistern der Einrichtung, in der sie tätig sind. Dies impliziert, dass sie von der Einrichtung finanziert werden, ihre strukturell marginale Rolle verlieren und mit allen Vor- und Nachteilen in das Behandlungskonzept integriert sind.[99] Eine Position, die v.a. Traugott Roser in Übereinstimmung mit Christoph Schneider-Harppprecht und Sabine Allwinn vertritt, weshalb er von ‚Dienstleistungen der Seelsorge im Kontext des Ster-

94 A.a.O., 74. An anderer Stelle beschreibt Roser Seelsorgende als Katalysatoren, die Spiritualität anfragbar, besprechbar, argumentierbar machen. A.a.O., 73.

95 KLESSMANN, M. (2014): Im Strom der Zeit, 15.

96 Vgl. HAGEN, T. u.a. (2011). Qualifizierungskurs Palliative Care für Seelsorgende. Curriculum und Einführung. Das Curriculum umfasst ein breites Themenspektrum, das in 120 Stunden behandelt wird.

97 Urs Länzlinger berichtet über ein Pilotprojekt im Kanton Zürich: „Derzeit sind 37 – meist teilangestellte - katholische Spitalseelsorgende im Kanton Zürich tätig. Sie sind als Seelsorgerin, als Seelsorger jeweils in interdisziplinär besetzten Care Team integriert… Die Bedeutung, die die Katholische Kirche im Kanton Zürich der Spital- und Klinikseelsorge beimisst, zeigt sich unter anderem auch darin, dass die Synode… aus Kirchensteuermitteln insgesamt 22 Planstellen für die katholische Spital- und Klinikseelsorge finanziert." LÄNZLINGER, U. (2012): Ein bewährtes Modell, 176.

98 „Optimal ist, wenn der (amtliche) Seelsorger, selbstverständlich Mitglied im therapeutischen Team, tagtäglich anwesend ist und an den Teambesprechungen teilnimmt." ROLLER, S. / M. MÜLLER (2013): Die Sorge um die Seele, 547.

99 In diesem Modell „akzeptieren Krankenhäuser und öffentliche Institutionen keine Beauftragung durch Kirchen und Religionsgemeinschaften mehr. Vielmehr wählen sie selber geeignete Bewerber aus, die aus dem Krankenhaus- oder Forschungsetat bezahlt werden. Dieses Modell existiert bereits im kanadischen Quebec und in den Niederlanden." FRICK, E. (2012): Wie arbeitet Spiritual Care, 71.

bens' spricht.[100] Volle Integration in die institutionelle Infrastruktur verlangt jedoch von Seelsorgenden – wie von allen anderen Berufsgruppen – nicht nur Teamintegration und Einfügung in betriebswirtschaftliche Logiken ab, sondern auch Dokumentation in den Krankenakten, Evaluation in Form von Qualitätsmanagement und aktive Beteiligung an Lehre, Forschung und Öffentlichkeitsarbeit.[101]

4. Kritische Anfragen an das Konzept Spiritual Care

4.1. Spiritualität ohne Transzendenz?

Eine der Hauptangriffsflächen bietet der absichtlich vage gehaltene Spiritualitätsbegriff. Birgit und Andreas Heller haben folgende Befürchtung: „Spiritualität hat Konjunktur. Der Begriff droht zu einer leeren Hülse zu verkommen oder wird als eine Art Stopfgans benutzt."[102]. Der inzwischen inflationär gebrauchte Terminus Spiritualität könne im Sinne eines Containerbegriffs alles oder nichts bedeuten und dünne sich immer mehr zu einer bloßen Weltanschauung aus. Ruft man sich die weiter oben dargestellten aktuellen Entwicklungen in den Niederlanden rund um ‚Geestelijke Verzorging' und das dort immer lauter vorgetragene Plädoyer für ein möglichst neutrales Spiritualitätsverständnis von Spiritual Care in Erinnerung, dann lässt sich die Befürchtung Hellers nicht einfach von der Hand weisen! Gleiches gilt für folgende Befürchtung Isolde Karles: „Den größten Verlust, der mit einem vagen und unbestimmten Religions- oder Spiritualitätsbegriff einhergeht, sehe ich darin, dass er zu einer Entkonkretisierung und inhaltlichen Entleerung religiöser Sprache beiträgt."[103] Wenn sich, wie weiter oben dargelegt, selbst in einer Definition von Spiritualität, die die ‚Sektion Seelsorge' der ‚Deutschen Gesellschaft für Palliativmedizin' 2007 vorgelegt hat, kein direkter Bezug zu Transzendenz/Gott mehr findet, dann wird mit der heilsamen Ressource ‚Glaube an Gott/das Göttliche' anscheinend nicht mehr wirklich gerechnet. Oder vorsichtiger formuliert: Wenn Spiritualität nur noch mit Hilfe psychologischen Vokabulars fokussiert auf Selbst- und Sinnfindung (herab)definiert[104] wird, dann macht eine explizit religiöse Begleitung in Rückgriff auf eine explizit religiöse Sprache, Traditionen und Symbolik letztlich keinen Sinn und folgende Behauptung Eberhardt Hauschildts liefe wortwörtlich ins Leere: „Dabei haben Menschen ein Grundrecht auf freie Religionsausübung, und dazu gehört auch das Recht, Zugang zu religiösen Personen und Traditionskontexten zu haben, auch wenn sie in einer Institution des Gesundheitssystems versorgt werden. Und das schließt ein, dass Menschen die

100 Vgl. ROSER, T. (2009): Vierte Säule im Gesundheitswesen?, 580; SCHNEIDER-HARPPRECHT, C./ S. ALLWINN (2005): Psychosoziale Dienste und Seelsorge im Krankenhaus.
101 Vgl. ROSER, T. (2011): Spiritual Care. Herausforderungen im Gesundheitssystem für (kirchliche) Seelsorge.
102 HELLER, B./A. HELLER (2011): Spiritualität und Spiritual Care, 16.
103 KARLE, I. (2010): Perspektiven der Krankenhausseelsorge, 552.
104 Vgl. KELLEHEAR, A. (2013): Geleitwort, 13.

Möglichkeit haben müssen, beim Gegenüber auch auf aktive religiöse Deutungs- und Handlungsangebote begründet hoffen zu können."[105] Hauschildt plädiert deshalb vehement dafür, den Spiritualitätsbegriff (wieder) mit dem der Transzendenz zu verknüpfen: „Spiritualität wäre dann erst da gegeben, wo Transzendenz erfahren und als Kraft eigener Art gedeutet wird, die eine besondere Ressource darstellt."[106]

4.2. Funktionalisierung von Spiritualität als Behandlungsstrategie?

„Obwohl man von präzisen Erklärungen und Theorien weit entfernt ist, legt der gegenwärtige Stand der Forschung nahe, dass sich der Glaube nicht funktionalisieren lässt."[107] Bereits 2011 warnte daher Eckhard Frick (selbstkritisch) vor utilitaristisch-materialistischen Instrumentalisierungsversuchen von Glaube/ Religion: „Es ist deshalb nicht möglich, Glauben als ‚therapeutische Intervention' einzusetzen, wie ein Medikament, eine Strahlenbehandlung oder eine chirurgische Operation."[108] Ein Jahr später gibt Frick eindeutig zu verstehen: „Spiritual Care will jedoch nicht die Spiritualität instrumentalisieren, um bestimmte gesundheitsbezogene Ziele zu erreichen, so erstrebenswert diese auch sind."[109] Und auch Traugott Roser gesteht – empirisch verifiziert – ein: „Der Zusammenhang von Gesundheit und Spiritualität entzieht sich jedoch auch nach Erkenntnis nordamerikanischer Untersuchungen funktionaler kausaler Zuschreibungen…"[110] Eine (Re)Aktivierung persönlicher Spiritualität durch Spiritual Care darf Menschen deshalb nicht suggerieren, dass eine Art ‚Wunderdroge' oder ‚Sinn-Konserve' zum Einsatz kommt.[111] Frick will festgehalten wissen, dass Spiritualität/Glaube nicht als eine menschliche Leistung begriffen werden kann, die für irgendetwas (wie z.B. Heilung) verrechnet oder z.B. von Gott angerechnet werden könnte. Derartige Versuche würden dazu führen, durch die Hintertür eine neue Art der Werk-Gerechtigkeit salonfähig zu machen, „die an die Stelle bedingungslosen Glaubens spirituelle Leistungen setzt. Ähnlich wie diätisch durch Gewichtsreduktion, Sport und Schlafhygiene oder therapeutisch durch Medikamente, Physio- und Psychotherapie oder Chirurgie soll Gesundheit ‚bewirkt' werden."[112] An anderer Stelle bezeichnet Frick jedoch Menschen, die sich für Spiritual Care engagieren als *‚spirituelle Leistungserbringer'*, wodurch er

105 HAUSCHILDT, E. (2013): ‚Spiritual Care' – eine Herausforderung für die Seelsorge?, 86.
106 A.a.O., 83. In der Literatur wird inzwischen danach gefahndet, was genau die Spezifika eines typisch (mehrdimensionalen) christlichen Verständnisses von Spiritualität sein könnten. Vgl. UTSCH, M. (2012): Zum Profil christlicher Spiritualität; DAHLGRÜN, C. (2012): Die Gabe, die Geister zu unterscheiden. Von den Kriterien christlicher Spiritualität; KÖRTNER, U. (2009): Für einen mehrdimensionalen Spiritualitätsbegriff; ZIMMERLING, P. (2012): Das evangelische Profil christlicher Spiritualität.
107 UTSCH, M./ S. KERSEBAUM (2011): Hilfe von oben, 47.
108 FRICK, E. (2011): Spiritual Care in der Humanmedizin, 415. Vgl. auch Ders. (2009): Spiritual Care. Ein neues Fachgebiet der Medizin, 146; Ders. (2011): ‚Keine Transfusion aus der Sinn-Konserve'.
109 FRICK, E. (2012): Wie arbeitet Spiritual Care?, 70.
110 ROSER, T. (2007): Spiritual Care, 245.
111 Vgl. FRICK, E. (2002): Glauben ist keine Wunderdroge. Vgl. auch Körtner, U. (2009): Spiritualität, 14.
112 FRICK, E. (2009): Spiritual Care. Ein neues Fachgebiet der Medizin, 146.

entgegen seiner eigenen Logik Spiritualität und Leistung (wenn auch diesmal auf Seiten der Spirituellen BegleiterInnen) durchaus miteinander verknüpft.[113] Für Heike Schneidereit-Mauth, die sich jeglicher Leistungs-Metaphorik in Verbindung mit Spiritualität enthält, steht daher fest: „Der Glaube ist nicht die bessere Medizin. Spiritualität kann nicht auf Rezept verordnet werden oder gar infundiert werden. Religion und Spiritualität lassen sich therapeutisch nicht instrumentalisieren."[114] Isolde Karle kommt in ihrer Analyse zwar zu dem positiven Urteil, dass im hoch technisierten Medizinsystem des 21. Jhdts. die heilsame Dimension von Spiritualität/Glaube im Kontext eines holistischen Palliative Care Ansatzes wiederentdeckt worden ist. Zugleich aber warnt sie energisch davor, heilsame Wirkungen, die sozusagen als ‚Nebenwirkungen mitlaufen' zu offensiv herbeiführen und am Ende auch noch dokumentieren und evaluieren zu wollen. Gerade weil sich individuelle Spiritualität nicht behandlungsstrategisch verwenden/ nutzen/ instrumentalisieren/ funktionalisieren lässt, widersetzt sich Spiritual Care nämlich der machbarkeitsideologischen Vorstellung, es handle sich um eine effiziente Behandlungsstrategie im Kontext eines diagnostisch abgesicherten ganzheitlichen Behandlungs- und Betreuungsplans.[115]

4.3. Spirituelles Assessment?

Unter Verweis auf den Spiritualitätsforscher Arndt Büssing, der Menschen, die sich selbst weder als religiös noch als spirituell verstehen, als ‚religiös defizitär' bezeichnet, geben Birgit und Andreas Heller zu bedenken, dass das Konzept und die Alltagspraxis von Spiritual Care die Tendenz aufweist, statt bei vorhandenen spirituellen Ressourcen, die es vorsichtig aufzudecken gilt, bei der Erfragung spiritueller Defizite (fehlendes Kohärenzgefühl, fehlender Sinn, fehlender Gottesbezug, fehlendes....) anzusetzen.[116] Obgleich es prinzipiell durchaus erstrebenswert ist, gerade im Palliativkontext spirituelle Ressourcen und Bedürfnisse zu erfragen, da diese immer auch mit körperlichen, psychischen und sozialen Ressourcen und Bedürfnissen zusammenhängen, weshalb sie sich immer auch auf „Wünsche und Entscheidungen im Blick auf medizinische Maßnahmen und deren Unterlassung"[117] auswirken, sind dennoch folgende kritische Fragestellungen nicht einfach von der Hand zu weisen: „Kann ein Anamnesegespräch tatsächlich der Ort spiritueller Selbstmitteilung sein? Lassen sich spirituelle Einstellungen abfragen wie Diätbesonderheiten? Wie kann das, was Menschen als Grundlage ihrer Existenz erfahren, statistisch erfasst, zahlenmäßig operationalisiert und gemessen werden?"[118] Isabelle Noth zumindest hegt diesbezüglich

---

113 Vgl. FRICK, E. (2011): Spiritual Care in der Humanmedizin, 411. Vgl. a.a.O., 412. Unkommentiert übernimmt Frick im gleichen Beitrag auch eine Graphik von Hanson u.a., die ohne Skrupel Personal, Angehörige und SeelsorgerInnen als ‚Spirituelle Leistungserbringer bei schwerer Krankheit' klassifizieren.
114 SCHNEIDEREIT-MAUTH, H. (2013): Spiritualität als heilsame Kraft, 415.
115 Vgl. KARLE, I. (2010): Perspektiven der Krankenhausseelsorge, 544-545.
116 Vgl. HELLER, B./ A. HELLER (2014): Spiritual Care, 28.
117 HELLER, B./ A. HELLER (2014): Spiritual Care, 40.
118 A.a.O., 37. Vgl. auch UTSCH, M. /S. KERSEBAUM (2011): Hilfe von oben, 47.

große Zweifel und ermutigt dazu, eine Art ‚spirituelle Verweigerungshaltung' einzunehmen: „Wenn ich Messinstrumente wie SPIR anschaue... so ist meine spontane Reaktion als Seelsorgerin: Hoffentlich getraut sich die Person angesichts der Asymmetrie von Arzt und PatientIn, die Auskunft auch zu verweigern. Gerne möchte ich von Seiten der Seelsorge sagen: Das sind Dinge, die man nicht abfragt, sondern erfährt, und zwar, wenn man das Vertrauen einer Person gewonnen hat."[119] Eine Sichtweise, die bereits Cicley Saunders als Pionierin der Hospizbewegung, teilte, weshalb sie festgehalten wissen wollte: „Time at the end of life is often a matter of depth rather than of length and some experiences are impossible to evaluate or quantify."[120] Ist es also wirklich sinnvoll, dass ein fremder Mensch in vielleicht einmaligen Begegnungssituationen (z.B. Aufnahmegespräch) den Versuch unternimmt, den individuellen ‚spirituellen Status' und eventuell vorhandene ‚spirituelle Leiden' in einem formalisierten Verfahren wahrzunehmen und (statistisch) dokumentieren zu wollen? Besteht nicht sogar die Wahrscheinlichkeit, dass ein derartiger Versuch Verwirrung, ja vielleicht sogar inneren oder äußeren Widerstand erzeugt? Und falls es gelingt, sollen die erfassten Spiritualitäts-Daten dann für die weitere medizinische und pflegerische Planung Relevanz haben, so dass sie bei der Übergabe weiteren (fremden) Menschen gegenüber thematisiert werden?

4.4. Spirituelle Kompetenz?

Ein gravierender Einwand gegen Spiritual Care besteht darin, dass nicht eindeutig geklärt ist, *wer* sich *welche* spirituellen Kompetenzen *wie* aneignen soll, um wirklich kompetent als Spiritueller BegleiterIn tätig werden zu können.
Wenn tatsächlich alle Teammitglieder spirituell sensibilisiert sein sollen, viele/ die meisten eine derartige Sensibilisierung aber aufgrund der gesellschaftlichen Rahmenbedingungen nicht per se mitbringen, müssen dann nicht nahezu alle mit entsprechendem Zeit- und Finanzaufwand spirituell zusatzqualifiziert werden? Nach welchen Kriterien ist dann aber zu entscheiden, wer lediglich Basiskompetenzen und wer Spezialkompetenzen erwerben sollte? Sollte die Entscheidung ausschließlich bei den betroffenen Personen oder der Leitung liegen? Lässt sich spirituelle Kompetenz überhaupt lehren und lernen? Und wenn ja, gilt das dann sowohl für die geforderte basale spirituelle Wahrnehmungs- und Haltungskompetenz, als auch für die unabdingbare Spirituelle Anamnese- und spirituelle Interventionskompetenz? Braucht es für ein spirituelles Lernen letztlich nicht so etwas wie spirituelle Lehrer/Meister, die man selbst suchen/aufsuchen muss, weil sie mehrheitlich nicht im Gesundheitswesen oder in theologischen Zusatzqualifikationskursen anzutreffen sind, wie Birgit und Andreas Heller mit leicht ironischem Unterton konstatieren: „Die Zahl der wirklich

119 NOTH, I. (2014): Seelsorge und Spiritual Care, 113. „Trotzdem gibt es berechtigte Zweifel, ob Assessmentinstrumente in der Spiritual Care angemessen und sinnvoll sind." RENZ, M. (2014): Hoffnung, 165.
120 SAUNDERS, in: HOLDER-FRANZ, M. (2012):): „...dass Du bis zuletzt leben kannst", Fußnote 17.

spirituellen Meister und Meisterinnen scheint doch sehr begrenzt zu sein."[121] „Die spirituellen Bedürfnisse von Patienten und Patientinnen sind oft sehr komplex und verlangen ebenso wie andere medizinische Spezialgebiete eine fundierte Ausbildung. Eine professionelle theologische und seelsorgliche Qualifikation garantiert zwar kein positives religiöses Coping, erhöht aber die Wahrscheinlichkeit, dass Spiritualität als gesundheitsfördernde Ressource entdeckt und erlebt wird."[122] Wenn Heike Schneidereit-Mauths Beobachtung der Realität entspricht, genügen dann aber Zusatzqualifikationskurse, um Spirituelle BegleiterInnen davor zu bewahren, sich und anderen Menschen Schaden zuzufügen?

4.5. Fokussierung auf Sinngebung?

Ein psychologisch verengtes Spiritualitätsverständnis ebnet den Weg, Spiritual Care nicht nur als eine unaufdringliche Art und Weise zwischenmenschlicher Begleitung auf dem Weg persönlicher Sinnfindung, sondern als gezielte ‚professionelle Sinnvermittlung‘[123] zu begreifen. Eine Tendenz, die sich in den Niederlanden bereits konzeptionell niedergeschlagen hat, da Spiritual Care/ Geestelijke Verzorging dort ausdrücklich nicht mit Sinnfindung/Zinvinding, sondern mit Sinngebung/Zingeving konnotiert ist. Für Birgit und Andreas Heller lauert hier eine Gefahr, die sie in der Extremvariante als ‚Sinnfindungsterrorismus‘ etikettieren.[124] Dass Menschen am Ende ihres Lebens ihrem Leben Sinn zu verleihen hätten, um ‚gelungen‘ sterben zu können, scheint beiden mehr als fraglich: „Auch wenn die Todesnähe häufiger Sinnfragen produziert und das Sterben zu einem Prozess der Selbst- und Sinnsuche werden kann, ist es fragwürdig, wenn das Sterben zur letzten Lebenskarriere stilisiert wird... Da ist die Rede vom menschlichen und geistlichen Wachstum, Hoffnung, Versöhnung, Bewahrung der Würde, Integration, Ganzheit und Friede. Man wird geradezu geblendet und eingeschüchtert von diesem Blitzlicht religiös-spiritueller Vollkommenheitsrhetorik. Dieses Idealbild des spirituell vollendeten Menschen als Leitbild von Spiritual Care auszugeben, ist eine maßlose Überforderung."[125] Und zwar nicht nur für die Sterbenden, sondern auch für deren Angehörige und die Spirituellen BegleiterInnen selbst.

4.6. Beitrag zum optimalen Sterben?

Trägt Spiritual Care gesellschaftlichen Bedürfnissen Rechnung, die eigentlich zu kritisieren wären? Soll, wie Ralph Charbonnier kritisch anfragt, mit Hilfe von Spiritual Care besonders im Kontext von Palliative Care das Sterben im Sinne eines ‚gelingenden‘ Sterbens durch eine befriedende Harmonisierung und

121 HELLER, B./ A. HELLER (2011): Spiritualität und Spiritual Care, 17.
122 SCHNEIDEREIT-MAUTH, H. (2013): Spiritualität als heilsame Kraft, 418.
123 Vgl. HELLER, B./ A. HELLER (2011): Spiritualität und Spiritual Care, 18.
124 Vgl. HELLER, B./A. HELLER (2014): Spiritualität und Spiritual Care, 39.
125 A.a.O., 38.

Ästhetisierung, die den ‚Stachel des Todes' überspielt, unter Kontrolle gebracht werden?[126] Wenn es zutrifft, dass wir gegenwärtig auch in Deutschland unter gesellschaftlichen Bedingungen leben, die immer komplexer und undurchschaubarer werden, weshalb wir nahezu reflexhaft in allen Arbeits- und Lebensbereichen immer mehr Normierungs- und Kontrollmechanismen einbauen, um der Komplexität Herr zu werden, dann ist diese kritische Anfrage nicht vollkommen unberechtigt, denn: „In einer Gesellschaft und erst recht in Krankenversorgungssystemen, die danach trachten, alles unter Kontrolle zu haben, ist es üblich, Sterben und Trauern zu domestizieren, in Phasen einzuteilen oder durch Qualitätskontrollen einzuhegen. Es erleichtert den Umgang mit dem Unkontrollierbaren, wenn Ordnungsschablonen zur Verfügung stehen."[127] Wäre es möglich, dass sich Spiritual Care dem gesellschaftlich erwünschten Ordnungs- und Kontrollzwang verweigert? Wäre es denkbar, dass Spirituelle BegleiterInnen sowohl ambulant als auch stationär Sterbende dazu ermutigen, den eigenen Tod auf ganz eigene, nicht-normierte und nicht-optimale Weise zu erleben? Wäre es möglich, Angehörige dabei zu unterstützen, ihre Trauer auf ganz eigene, nicht-normierte und nicht-optimale Weise auszuleben? Könnte Spiritual Care entgegen aller Normierungstendenz im Gesundheitssystem Raum schaffen „für abgrundtiefe Verzweiflung, für die Widersprüche des Lebens, die nicht lösbar sind, für die laute Klage und die Trostlosigkeit der Tränen und all das, was unvollendet bleibt, das sich nicht sedieren lassen sollte, ohne dass Menschlichkeit verloren geht? Wie viel in unserem Leben bleibt angesichts des Todes unvollendet, ungelebt, offen und sehnsuchtsvoll leer und lässt sich im Sterben nicht mehr entwickeln. Aber: Wer wird schließlich bestreiten, dass nicht auch in den Fragmenten eines scheinbar gebrochenen Lebens der Glanz einer spirituellen Dimension aufleuchten kann?"[128] Der Anspruch auf optimales, harmonisches, friedliches, versöhntes und sinnerfülltes Sterben könnte sich daher als eine gesellschaftlich forcierte Zwangsvorstellung erweisen, der sich Spiritual Care unkritisch ausliefert. Und dies, obgleich nicht einmal empirisch belegt ist, dass Gläubige/Spirituelle tatsächlich ‚leichter' sterben.[129] Wenn in einem Kurz-Lehrbuch Palliative Care unter dem Stichwort ‚Spirituelle Kompetenz' die Fähigkeit aufgezählt wird, „einen ruhigen, friedvollen Gemütszustand herbeiführen zu können"[130], weil dann optimal, d.h. nicht systemstörend gestorben wird, ist aus christlicher Sicht ein klares Veto einzulegen. Dementsprechend deutlich formuliert bereits Eckard Frick 2012: „Spiritual Care darf sich nicht... durch mehr oder minder unbewusste gesellschaftliche Normierung des Sterbens instrumentalisieren lassen."[131]

---

126 Vgl. CHARBONNIER, R. (2010): Seelsorge in der Palliativversorgung, 180.
127 HELLER, B./A. HELLER (2014): Spiritualität und Spiritual Care, 36.
128 HELLER, B./A. HELLER (2011): Spiritualität und Spiritual Care, 19.
129 Vgl. HELLER, B./A. HELLER (2014): Spiritualität und Spiritual Care, 29.
130 Vgl. HAMETNER, I. (2011): 100 Fragen, 77.
131 FRICK, E./ T. ROSER (2012): „Spiritual Care", 538.

4.7. ExpertInnen für Mit-Menschlichkeit?

Wenn sich die individualisierte spätmoderne Spiritualität tatsächlich gerade dadurch auszeichnet, dass Menschen sich zunehmend unabhängiger von Expertenwissen und damit auch von religiösen/spirituellen ExpertInnen fühlen, dann stimmt folgende Kritik von Birgit und Andreas Heller aus dem Jahr 2014 äußerst nachdenklich: „Gerade diese Menschen, die den Kontakt mit traditionellen religiösen ExpertInnen und damit auch den klassischen Formen der Krankenhausseelsorge nicht suchen, brauchen auch keine Spiritual-Care-ExpertInnen. Sie werden sich standardisierten Assessment-Verfahren verweigern und lassen sich von institutionellen spiritual care givers weder leiten noch belehren."[132] Einige Jahre zuvor kritisierten sie noch provokativer: „Die vorherrschende Tendenz, alle Kranken und Sterbenden mit einem neuen Angebot, eben mit Spiritual Care zu beglücken, stellt eine unzulässige, ja respektlose Vereinnahmung dar. Es ist eine Variante der Missionierung am Krankenbett."[133] Ein Vorwurf, den sie drei Jahre später nicht wiederholten. Folgende Frage, die sie erneut stellten, ist dagegen sehr ernst zu nehmen:

„Braucht das Gesundheitssystem tatsächlich einen eigenen Versorgungsauftrag für Menschlichkeit, der an die Implementierung von Spiritual Care geknüpft ist?"[134] Hellers fragen sich, ob es wirklich notwendig ist, das Ethos mitmenschlicher Zuwendung und achtsamer Offenheit mit dem Etikett ‚Spiritual Care' zu versehen und daraus einen eigenständigen institutionalisierten Versorgungsauftrag mit Spirituellen ExpertInnen zu machen. Sie argumentieren, dass gerade in der Sterbebegleitung nicht ausgemacht sei, wer wem zum Spiritual Caregiver wird: „Wie in jeder Phase des Lebens können Menschen auch am Ende einander den Rücken stärken, achtsam und mitleidenschaftlich füreinander da sein. Spirituelle Angebote von Professionellen müssen nicht bedeutsam werden…Wann immer Menschen spirituell füreinander sorgen wollen, tun sie dies in redlicher Weise auf Augenhöhe, vereint in dem menschlichen Wissen, dass wir diesen letzten Tanz mit dem Tod alle tanzen müssen, jede/r auf ihre/seine Weise… Alle teilen das ausrinnende gemeinsame Leben miteinander in dem Bewusstsein, Gäste des Lebens zu sein. Im Miteinander-Sprechen, im gehaltenen Schweigen, kann eine Ahnung einer anderen Dimension des Lebens entstehen."[135] Frank Mathwig plädiert deshalb dafür, sterbenden Menschen keine Vielzahl an Sterbebegleitungs-Profis (inklusive derer, die sich speziell für die spirituelle Dimension zuständig fühlen) an die Seite zu stellen, sondern Sterben inmitten der eigenen Lebenswelt, inmitten sozialer Mit-Menschlichkeit zu ermöglichen, denn: „Unter dem Strich verstärken solche Bemühungen nur die verbreitete Haltung, Sterben sei mehr oder minder ein körperlicher Defekt oder ein medizini-

---

132 HELLER, B./ A. HELLER (2014): Spiritualität und Spiritual Care, 35.
133 HELLER, B./ A. HELLER (2011): Spiritualität und Spiritual Care, 16.
134 HELLER, B./ A. HELLER (2014): Spiritualität und Spiritual Care, 28.
135 A.a.O., 36/36/38.

sches Problem, dem mit der Ausbildung entsprechender Fachkompetenzen zu Leibe gerückt werden kann... Wir werden der Alltäglichkeit des Sterbens nicht gerecht, solange wir Sterben als einen Betriebsunfall des Lebens betrachten. Solange Sterben nicht zum Alltag gehört, bleibt es immer ein tendenziell einsames Sterben... Gewisse Güter lassen sich deshalb nicht auf dem Markt handeln: Empathie, Begegnung, Freundschaft oder Liebe sind tauschresistent, nicht handelbar und unbezahlbar. Es gibt sie weder auf Rezept noch als Versicherungsleistung."[136] Und auch Claudia Bandixen gibt kritisch zu bedenken: „Der Tod wird zunehmend institutionalisiert, medikalisiert und ökonomisiert... Um einen professionell betreuten Sterbenden kümmern sich direkt oder indirekt rund fünfzig Personen. Die Folge davon ist, dass die Familie immer mehr in den Hintergrund tritt. Sterben wird zum Geschehen, dass der Einzelne mit den Spezialisten bewältigen muss."[137]

4.8. Systemstabilisierende institutionelle Eigeninteressen?

„Die funktionale Abdeckung von Religion durch allgemeines Spiritual Care entspricht also den vorrangigen Interessen des Gesundheitssystems, aber damit noch nicht unbedingt denen des Individuums."[138] Eberhard Hauschildts These unterstreicht, was auch Birgit und Andreas Heller kritisch in die Waagschale werfen: „Bemühungen um Spiritual Care müssen sich daher kritisch befragen lassen, ob sie nicht zum Instrument werden, Menschen in eine letzte Anpassungs- und Unterwerfungsbereitschaft an Therapie und Organisation zu bringen."[139] Dies zeige sich auch daran, dass zunehmend nicht nur Einrichtungen des Gesundheitswesens, sondern auch Krankenkassen ihre Vorliebe für Spiritual Care entdecken. Dahinter steht die (kostenersparende) Annahme, dass (spirituell sinnerfüllte und befriedete Menschen) therapeutisch belastbarer, anpassungsfähiger, konsensbereiter, pflegeleichter und weniger kostenintensiv seien. Ein individualistisch zugeschnittenes Spiritual Care kann für hochkomplexe Einrichtungen wie Hospize/Krankenhäuser/ Altenheime nahezu kompensatorische Funktionen übernehmen. Solange persönliche Probleme/Konflikte zugunsten der Aufrechterhaltung des Systems mit Spiritual Care ausschließlich individuumszentriert angegangen werden, geraten systemisch bedingte Probleme/Konflikte automatisch aus dem Blick. Spiritual Care und Spirituelle BegleiterInnen sind daher trotz aller lobenswerten Absichten besonders anfällig dafür, sich für systemstabilisierende Interessen instrumentalisieren zu lassen. Zugespitzt könnte man formulieren: Obgleich Spirituelle BegleiterInnen alltäglich mit strukturell bedingten Problematiken konfrontiert werden, können sie aufgrund ihres Spiritualitätsverständnisses, das systemische Aspekte nahezu aus-

---

136 MATHWIG, F. (2014): Will you still need me, will you still feed me?, 92/91/97.
137 BANDIXEN, C. (2012): Sterben ist ein Prozess, 9.
138 HAUSCHLIDT, E. (2013): „Spiritual Care" – Eine Herausforderung für die Seelsorge, 86.
139 HELLER, B./ A. HELLER (2011): Spiritualität und Spiritual Care, 18.

blendet, letztlich nicht zu deren Lösung beitragen.[140] Und dies, obwohl system-
bedingt gerade systemisch verursachte Probleme nicht vor ihnen Halt machen
werden, wie Birgit und Andreas Heller prognostizieren: „Die Themen, für die
Spiritual Care steht, werden weiter, offener, unspezifischer. Eine Rolle, die
praktisch staubsaugerähnlich alles ansaugt, was in der ‚Gesundheitsfabrik
Krankenhaus' nicht bearbeitet wird..."[141] Giovanni Maio stellt deshalb die These
auf, dass die Hinwendung der (Palliativ)Medizin zu Spiritualität und Spiritual
Care sich nur dann humanisierend auf das bestehende hochtechnisierte Medizinsystem auswirken wird, wenn deren Fixierung auf marktwirtschaftlich-
zweckrationales Effizienzdenken überwunden wird. Dementsprechend stellt er
folgende zugespitzte Behauptung auf: „Die moderne Medizin ist in der Krise...
In dieser Krise mag die Beachtung spiritueller Bedürfnisse der Patienten ein
wichtiges Korrektiv sein. Aber die Spiritualität kann nur dann eine Krisenbewältigung sein, wenn sie sich nicht innerhalb eines arbeitsteiligen und ökonomisch vorgegebenen Prozesses in einem Dienstleistungsunternehmen einreiht,
sondern wenn sie die Denkmuster sprengt und anstatt ein kleines zusätzliches
Glied zu sein, den Mut und die Kraft erhält, die gesamten Strukturen zu durchziehen. Genauso wenig wie die moderne Medizin besser wird, wenn neben 1000
High-Tech-Betten mancherorts noch acht High-Touch-Betten auf neuen Pallia-
tivstationen dazugestellt werden, genauso wenig wird die Medizin humaner,
wenn man im Aufnahmebogen noch eine Frage zur Spiritualität beantworten
kann."[142]

4.9. Ärztliche Monopolisierungstendenz?

In der Literatur wird zwar immer wieder lobend hervorgehoben, dass die Existenz von Spiritual Care aufgrund der Berücksichtigung der spirituellen Dimension sowohl in der anthropologisch-paradigmatischen Grundlegung als auch in
der Alltagspraxis dazu geführt hat, einen als notwendig eingestuften Humanisie-
rungsprozess innerhalb der (Palliativ)Medizin angestoßen zu haben.[143] Zugleich
ist aber zur Kenntnis zu nehmen, dass es der Medizin inzwischen gelungen ist,
nicht nur ihr spezifisches Sprachspiel (Assessment spiritueller Bedürfnisse, Spiritual Pain, Spirituelles Leiden, Spirituelle Schmerzen, Spirituelle Symptomkon-
trolle, Spirituelle Diagnostik, Spirituelles Screening, Spirituelle Intervention,
Spiritual Skills etc.), sondern auch medizinische Rationalitäten und Effizienzkriterien („...indem z.B. gesundheitsbezogene Outcomes und Kosten im Verhältnis zu guter/schlechter Spiritual Care evaluiert werden"[144]) in Spiritual Care

---

140 Vgl. MATHWIG, F. (2014): Worum sorgt sich Spiritual Care?, 27-28.
141 HELLER, B./ A. HELLER (2014): Spiritualität und Spiritual Care, 92.
142 MAIO, G. (2013): Ökonomisierte Spiritualität, 34.
143 Vgl. KLESSMANN, M. (2014): ‚Im Strom der Zeit', 15. Für Birgit und Andreas Heller entfachte die Exis-
    tenz von Spiritual Care sogar „Kritik am biomedizinischen Maschinenmodell des Menschen und ein neues
    Nachdenken über die Zusammenhänge von Körper, Seele, Geist/Bewusstsein". HELLER, B./ A. HELLER
    (2014): Spiritualität und Spiritual Care, 24.
144 FRICK, E. (2012): Wie arbeitet Spiritual Care?, 72.

einzuschleusen, wie Eckhard Frick unumwunden zugibt: „Glauben, Religion und Spiritualität werden nunmehr unter dem Blickwinkel der evidenzbasierten Medizin mit ihren ökonomisierenden und technisch-rationalen Tendenzen gesehen."[145] Könnte es sogar sein, wie Frank Mathwig vermutet, dass durch die additive Einbeziehung von ‚Subdisziplinen' wie Spiritual Care, die zuvor als medizinisch irrelevant substrahiert worden waren, unter dem Deckmantel eines ganzheitlichen Ansatzes letztlich doch wieder der bis heute in der Humanmedizin dominante neuzeitliche Körper-Seele-Dualismus rehabilitiert wird, den zu überwinden sich Palliative Care ursprünglich auf die Fahne geschrieben hatte? „Bleibt die etablierte Aufgabenteilung nicht bestehen, mit dem kleinen Zugeständnis, dass eine ‚Spiritualität light'… zukünftig eventuell auch über die Krankenversicherung abgerechnet werden kann?"[146] Der ursprünglich medizinkritische Impetus der Hospizbewegung jedenfalls scheint gegenwärtig im Kontext der Palliativmedizin kaum mehr ins Gewicht zu fallen.

Ob es tatsächlich zutrifft, dass PatientInnen ihre spirituellen Belange am liebsten in die Hände des behandelnden Arztes legen wollen, wie Gian Domenico Borasio als Palliativmediziner zu verstehen gibt,[147] ist nicht unbestritten, wobei folgende Argumentation Isolde Karles m.E. besonders ins Gewicht fällt, weshalb sie trotz der Länge widergegeben wird: „Es ist die Frage, ob ein holistisches Behandlungskonzept prinzipiell erstrebenswert ist. Das hieße ja, dass eine Patientin dem Arzt außer ihren körperlichen Beschwerden auch noch ihre psychischen Belastungen und religiösen Einstellungen bei der Anamnese zu kommunizieren hätte. Gerade in einer Situation existentieller Abhängigkeit kann es sehr befreiend sein, dass der Arzt sich ‚nur' um meinen Körper kümmert und diesen auch nur technisch und nicht etwa ganzheitlich betrachtet und ich darüber hinaus nicht auch noch über meine religiösen und sonstigen Werthaltungen bei der Anamnese Rechenschaft ablegen muss. Ganzheitlichkeit kann beklemmende und totalitäre Züge annehmen, die die individuelle Selbstbestimmung empfindlich reduzieren… Ich muss kein religiöses Bekenntnis ablegen und zum Glück auch meine sexuellen Vorlieben nicht kommunizieren."[148]

Wird den Ärzten auch noch die Spirituelle Anamnese zugestanden, dann besteht die Gefahr, dass der bereits dominantesten Berufsgruppe im Gesundheitswesen noch mehr Dominanz eingeräumt wird, wie selbst Eckhard Frick als Mediziner selbstkritisch eingesteht, indem er fragt: „Verwandeln sich auch die Ärzte in neue ‚Hirten' im Sinne von Foucaults Pastoralmacht, wenn sie das Spirituelle messen, instrumentalisieren, verschreiben und kontrollieren? Bemächtigen sie sich eines Privatbereichs ihrer Patienten, der sie weder ‚etwas angeht' noch in ihre professionelle Kompetenz fällt?"[149] Allan Kellehear fragt daher unverhoh-

145 FRICK, E. (2011): Spiritual Care in der Humanmedizin, 412.
146 MATHWIG, F. (2014): Worum sorgt sich Spiritual Care?, 31.
147 Vgl. BORASIO, G. D. (2009): Spiritualität in Palliativmedizin, 13 ff.
148 KARLE, I. (2010): Perspektiven der Krankenhausseelsorge, 551.
149 FRICK, E. (2009): Spiritual Care. Ein neues Fachgebiet der Medizin, 153.

len: „Bedeutet die zeitgenössische Betonung der medizinischen Sprache und psychologischen Zugänge zu Spiritual Care, dass Spiritualität zu einer weiteren klinischen Größe in Palliative Care geworden ist?"[150] Bedeutet dies, so könnte man präzisierend nachfragen, dass die Medizin entgegen der Ursprungsidee von Cicley Saunders und entgegen dem multiprofessionellen Theoriedesign von Spiritual Care dabei ist, sich aus berufspolitischen Interessen ein ärztliches Monopol im Sektor Spiritual Care zu sichern? Könnte Frank Mathwig recht haben, wenn er mit ironischem Unterton kommentiert: „Strukturell und politisch geht es hier im Grunde um das bekannte Spiel: Egal wie schnell der sorgende Hase auch rennt, der medizinische Igel ist immer schon vor ihm da."[151]

4.10. Begriffliche Eindeutigkeit?

Ist der Kern von *Spiritual Care* mit der Übersetzung *Spirituelle Begleitung* tatsächlich erfasst? Ist das Wort Begleitung geeignet, nicht nur die aktive spirituelle Interaktion, sondern auch die geforderte spirituelle Grundhaltung und die Erhebung einer spirituellen Anamnese widerzuspiegeln? Führt die Rollenbezeichnung S*piritual Care Givers* nicht auf eine falsche Fährte, weil suggeriert wird, dass in einem asymmetrischen Verhältnis etwas aktiv gegeben und passiv empfangen wird? Kann alltagspraktisch tatsächlich zwischen *Spirituellen BegleiterInnen* (alle Teammitglieder), *Professionelle Spirituelle BegleiterInnen* (zusatzqualifizierte Teammitglieder), *Seelsorgende* (bisher SeelsorgerInnen) unterschieden werden? Wird der Begriff Seelsorgende nicht inflationär auf alle Beteiligten (bis hin zu Angehörigen) angewendet, obgleich sie diesen Anspruch für sich gar nicht erheben bzw. gar nicht so gesehen werden wollen?

5.   Herausforderungen für Seelsorge, Kirche und Caritas

„Spiritual Care bedeutet für alle beteiligten Berufsgruppen eine neue und in ihrer Tragweite noch nicht abzuschätzende Herausforderung", denn „Spiritual Care verändert kirchliche Seelsorge"[152]. Ausgehend von diesen beiden Prämissen Eckhard Fricks und Traugott Rosers soll im Folgenden nicht nur den Herausforderungen, Chancen und Risiken für professionelle und ehrenamtliche christliche SeelsorgerInnen, sondern auch für die großen christlichen Kirchen und für die Einrichtungen des Gesundheitswesens (v.a. in kirchlicher Trägerschaft) systematisch nachgegangen werden.[153]

---

150 Vgl. KELLEHEAR, A. (2013): Geleitwort.
151 MATHWIG; F. (2014): Worum sorgt sich Spiritual Care?, 30-31.
152 FRICK, E. (2009): Spiritual Care. Ein neues Fachgebiet der Medizin, 153; ROSER, T. (2013): Seelsorge und Spiritual Care.
153 Folgende aktuelle Beiträge stehen dezidiert unter der Leitperspektive ‚Herausforderung': BELOK, M. (2014): *Herausforderung* Seelsorge; MORGENTHALER, C. (2012): Palliative Care – Chancen und *Herausforderungen* für die Seelsorge; WINTER-PFÄNDLER, U. (2011): Gesellschaftliche Veränderungen und Palliative Care. *Herausforderungen* für die Kirche und die Seelsorge; UTSCH, M. (2012): Wer sorgt für die Seele eines kranken Menschen? Das Konzept ‚Spiritual Care' als *Herausforderung* für die christliche Seelsorge;

5.1. Klärung der Verhältnisbestimmung Seelsorge – Spiritual Care!

Christliche SeelsorgerInnen vor Ort und kirchliche Verantwortungsträger für Seelsorge/Pastoral sind dazu herausgefordert, die Verhältnisbestimmung zwischen Pastoral Care und Seelsorge eindeutig zu klären. Wenn in Veröffentlichungen der VerfechterInnen von Spiritual Care mehr oder minder deutlich suggeriert wird, dass Spiritual Care nicht nur als ein innovativer Ansatz für Seelsorge zu begreifen ist, sondern Seelsorge als Spiritual Care verstanden wird, dann gilt es, eine Klärung der Verhältnisbestimmung anzustreben, wobei v.a. folgende Modelle denkbar sind oder bereits praktiziert werden:[154]

◇ Seelsorge *und* Spiritual Care, d.h. beide Bereiche sind klar unterschieden und alltagspraktisch voneinander getrennt. In der Einrichtung existieren *Spirituelle BegleiterInnen* und *SeelsorgerInnen*, die sich gegebenenfalls austauschen, prinzipiell aber unabhängig voneinander tätig sind.

◇ Seelsorge *und* Spiritual Care, d.h. Seelsorge versteht sich aufgrund des eigenen Seelsorgeverständnisses als ebenfalls beauftragt zu Spiritual Care, weshalb SeelsorgerInnen zusätzlich zu ihren seelsorglichen Aufgaben wie alle anderen Teammitglieder und ehrenamtlich Tätige spirituelle Begleitungsaufgaben im Rahmen von Spiritual Care übernehmen. SeelsorgerInnen behalten dann trotz Beteiligung an der Spirituellen Begleitung ihre Berufsbezeichnung ‚SeelsorgerInnen' bei oder nennen sich ‚Seelsorgende'.

◇ Seelsorge *als* Spiritual Care, d.h. Seelsorge etikettiert sich um zu Spiritual Care, trägt diese Bezeichnung oder die Bezeichnung ‚Professionelle Spirituelle Begleitung' oder ‚Spiritual Care Giver' im Namensschild und integriert sich voll und ganz als Dienstleistung der Einrichtung in die Einrichtungsstrukturen.

◇ Spiritual Care *statt* Seelsorge, d.h. Spiritual Care stellt eine weltanschaulich neutrale Spirituelle Begleitung als von der Einrichtung bezahlte Dienstleistung der Einrichtung sicher, die eine von den christlichen Kirchen finanzierte weltanschaulich gebundene christliche Seelsorge (langfristig) überflüssig macht.

Birgit und Andreas Heller als Kenner des Feldes beobachten gegenwärtig folgende Tendenz in der Kategorialseelsorge: „Christliche Krankenhausseelsorge betrachtet die derzeitig boomenden Spiritual-Care-Ansätze entweder als Konkurrenz oder versucht, sich selbst unter dem neuen Etikett zu präsentieren".[155] Wenn Seelsorge nicht euphorisch mit Spiritual Care gleichgesetzt wird, dann sollte man sich jedoch m.E. davor hüten, nahezu reflexhaft konservativ-

---

HAUSCHILDT, E. (2013): „Spiritual Care" - eine *Herausforderung* für die Seelsorge?; RUSSMANN, H. (2013): Spiritual Care als *Herausforderung* für das pastorale Handeln der Kirche.

154 So verfasst z.B. Traugott Roser ein Buch zur Krankenhausseelsorge unter dem Obertitel Spiritual Care: RO-SER, T. (2007): Spiritual Care. Ethische, organisationale und spirituelle Aspekte der Krankenhausseelsorge. Für einen Aufsatztitel wählt er zudem eine Überschrift, die suggerieren könnte, Spiritual Care sei die neue Form von Seelsorge: ROSER, T. (2009): Spiritual Care – neuere Ansätze seelsorglichen Handelns.

155 HELLER, B./ A. HELLER (2014): Spiritualität und Spiritual Care, 25.

restaurative Gründe im Sinne einer fortschrittsresistenten Verteidigung des Produktes Seelsorge und seines Marktanteils zu vermuten,[156] denn: Es gibt ‚gute theologische Gründe', sich nicht mit Haut und Haar Konzepten und Begrifflichkeiten auszuliefern, die auf den ersten Blick zwar moderner anmuten, aber durchaus hinterfragbar sind, wie im letzten Kapitel deutlich werden sollte.

5.2. Klärung des inhaltlichen Profils von Seelsorge!

Spiritual Care fordert dazu heraus, nicht nur das Proprium, sprich das inhaltliche Design moderner christlicher Seelsorge deutlicher als bisher zu profilieren, sondern dieses sowohl in säkulare Einrichtungen wie Altenheime/ Krankenhäuser/Hospize als auch in die kirchliche und gesellschaftliche Öffentlichkeit hinein in einfachen Worten transparent zu machen.[157]

Michael Klessmann, der sicherlich nicht unter dem Verdacht prinzipieller Fortschrittsresistenz steht, begreift Spiritual Care daher als eine echte Chance für ein zeitgemäßes Update von Seelsorge: „Es scheint mir wieder neu wichtig und reizvoll, die alte Propriumsfrage aufzugreifen".[158] Gleiches gilt für Erhard Weiher, der sich eine Profilschärfung von Seelsorge wünscht, die sich zunehmend in einem multikulturellen, multireligiösen, multispirituellen und multiprofessionellen Tätigkeitsfeld bewegt.[159] Schaut man genau hin, dann ist die geforderte Profilschärfung vor Ort an vielen Stellen bereits voll im Gang und auch die theologische Wissenschaft liefert ihren Beitrag (weshalb z.B. auch dieses Buch in 3. Auflage erscheint). Vielleicht gilt es künftig aber, das SeelsorgerInnen, pastoral Verantwortliche und TheologInnen enger (ökumenisch) kooperieren, um lauter als bisher ihre Stimme zu erheben.

Veraltete Vorstellungen und Vorurteile, die SeelsorgerInnen gegenüber neutral eingestellten spirituellen BegleiterInnen anscheinend als antiquiert und ungeeignet erscheinen lassen, gilt es konzeptionell und alltagspraktisch endgültig zu überwinden, wie an Hand einiger ausgewählter Beispiele deutlich werden soll:

↻ Das sich hartnäckig haltende Vorurteil, dass christliche Seelsorgerinnen nur für die Mitglieder ihrer Kirchen zuständig seien, woraus geschlossen wird, dass Spiritual Care breiter aufgestellt ist und deshalb den Bedürfnissen heutiger Menschen besser entgegenkommt: „Seelsorge ist eine Grundfunktion von Kirche und gilt den Mitgliedern der eigenen Religionsgemeinschaft."[160] Für Simon Peng-Keller steht vielmehr fest: „Spirituell erfahrene und gut ausgebildete Seelsorgerinnen und Seelsorger können Menschen bei solchen Aufgaben, vor die sie durch die Konfrontation mit Krankheit und Tod gestellt

---

156 So unterstellt z.B. Eckhard Frick ‚den Evangelikalen', jegliche ‚Spiritualitäts-Euphorie' zu vermeiden, um ihr ‚Produkt Seelsorge' zu schützen. Vgl. FRICK, E. (2011): Spiritual Care in der Humanmedizin, 412. Er bezieht sich auf folgenden, zugegebenermaßen provokativ formulierten Beitrag: ENGELHARDT, H., C. DELKESKAMP-HAYES (2009): Der Geist der Wahrheit und die ‚Legion' der Spiritualitäten.
157 Vgl. STAMPLER, T. (2011): Provokation Spiritual Care?, 92.
158 KLESSMANN, M: (2014): Im Strom der Zeit, 15.
159 Vgl. WEIHER, E. (2009): Seelsorge und Spiritualität.
160 ROSER, T. (2009): Spiritual Care – neuere Ansätze seelsorglichen Handelns, 83.

werden, auch dann kompetent begleiten, wenn sie nicht zu ihrer religiösen Gemeinschaft gehören oder sich nicht als religiös oder spirituell bezeichnen."[161] Moderne SeelsorgerInnen würden daher niemals, wie Margit Gratz und Traugott Roser suggerieren, einem nichtreligiösen Menschen leichtfertig unterstellen „er brauche keine seelsorgliche Begleitung."[162]

↳ Wenn Birgit und Andreas Heller behaupten, dass traditionelle Formen christlicher Seelsorge den multikulturellen und multireligiösen Herausforderungen der Gegenwart nicht gerecht werden können,[163] dann ist ihrer These m.E. nur insofern zuzustimmen, dass gegenwärtig noch immer viele SeelsorgerInnen nicht multikulturell und multireligiös geschult sind, weshalb ihr Engagement alltagspraktisch an Grenzen stößt, die konzeptionell längst überwunden sind.

↳ Die noch immer kursierende Vorstellung, Seelsorge sei primär für das ewige Seelenheil ihrer (kranken und sterbenden) Mitmenschen zuständig, weshalb SeelsorgerInnen besonders dann hinzuzuziehen sind, wenn „ärztlicherseits nichts mehr zu tun ist, wenn nur noch Beten hilft."[164] Moderne Seelsorge, wie sie in diesem Buch und z.B. von den evangelischen Kollegen Michael Klessmann und Jürgen Ziemer konzipiert wird, ist jedoch als ein multidimensionales Geschehen zu begreifen, das nicht primär dem jenseitigen Seelenheil, sondern dem Heil des ganzen Menschen in Gesundheit und Krankheit hier und jetzt auf Erden gilt.

↳ Das durch Erfahrungsberichte von Menschen zunächst bestätigte (Vor)Urteil, dass SeelsorgerInnen im Gegensatz zu spirituellen BegleiterInnen dazu neigen, moralisierend zu belehren, weil sie sich mehr für die dogmatischen und normativen Vorgaben ihrer Religionsgemeinschaften interessieren, als für die spirituellen Bedürfnissen ihres Gegenüber.[165] Je mehr Menschen jedoch modernen SeelsorgerInnen vor Ort begegnen, die auf der Basis eines glaubwürdigen Seelsorgeverständnisses mystagogisch-spirituell geschult sind, desto seltener werden Alltagserfahrungen diese Erfahrung bestätigen.

↳ Die Vorstellung, christliche SeelsorgerInnen seien hauptsächlich bis ausschließlich mit Gottesdienstfeiern, Sakramentenspendung, Beerdigungen, Segnungen, Bibelarbeit, Beten und Glaubensgesprächen beschäftigt, kann auf realen Erfahrungen basieren, erweist sich aber im Blick auf die Mehrheit professionell ausgebildeter SeelsorgerInnen als ein Vorurteil, weil sowohl die konzeptionellen als auch die alltagspraktischen Entwicklungen in der Seelsorge sowohl in der Katholischen als auch in der Evangelischen Kirche seit den 60iger Jahren, die ausführlich in diesem Buch erläutert worden sind, nicht zur Kenntnis genommen worden sind.[166]

161 PENG-KELLER, S. (2012): Spiritualität im Kontext moderner Medizin, 92.
162 GRATZ, M./ T. ROSER (2014): Spiritualität in der Medizin, 236.
163 Vgl. HELLER, B./ A. HELLER (2014): Spiritualität und Spiritual Care, 23.
164 FRICK, E. (2009): Spiritual Care. Ein neues Fachgebiet der Medizin, 149.
165 Vgl. SCHAUPP, W. (2010): Medizin, Spiritualität und Menschenbild, 249.
166 Vgl. HIRSMÜLLER, S./ M. SCHROER (2014): Interprofessionelle Teamarbeit, 16.

Das christliche Profil von Seelsorge umfasst gemäß moderner Seelsorgekonzeptionen im Blick auf Inhalt und Alltagspraxis mehrere unterscheidbare, zugleich aber unlösbar ineinander verschränkte Dimensionen (spirituell-mystagogische, pastoralpsychologisch-heilsame, diakonisch-prophetische Dimension). Weil sich Seelsorge *niemals eindimensional* ausschließlich auf die Dimension spiritueller Begleitung reduzieren lässt, verhält sie sich inhaltlich *äußerst widerborstig gegenüber Spiritual Care*, weshalb folgender These Isabelle Noths m.E. vorbehaltlos zuzustimmen ist: „Wenn Gian Domenico Borasio schreibt: „Spiritual Care ist weit mehr als konfessionell geprägte (christliche) Seelsorge, so möchte ich bei aller Sympathie und Unterstützung darauf hinweisen, dass Seelsorge noch bedeutend Anderes ist als medizinisch geprägte (westlich-säkulare) Spiritual Care."[167]

Selbst dann aber, wenn empirisch nachgewiesen wäre, dass heutige Menschen eine Seelsorge wünschen, die sich auf eine rein individuumszentrierte spirituelle Begleitung beschränkt, kann sich christliche Seelsorge nicht allein an ‚Kundenwünschen‘ ausrichten und sich eindimensional bescheiden, denn: Seelsorge, wenn sie christlich sein will, hat sich am Auftrag Jesu Christi auszurichten und sich dementsprechend als ein komplexes multidimensionales Geschehen, das den gesamten Menschen in den Blick nimmt, zu begreifen!

Deshalb erweist sich Seelsorge auch widerspenstig gegenüber Versuchen (sei es in den Niederlanden in Form von ‚Geestelijke Verzorging‘, sei es in den USA, Deutschland und vielen anderen Ländern in Form von ‚Spiritual Care‘), Seelsorge auf die heilsame Dimension salutogenetischer *Sinnfindung* reduzieren zu wollen. Isolde Karle urteilt daher m.E. vollkommen zu Recht: „Die vertraglichen Verhältnisse liegen deshalb anders als in der therapeutischen oder in sonstiger sozialer Arbeit. In der Seelsorge muss nichts erreicht werden, es muss nichts verändert werden, man muss nicht an Problemen arbeiten… Seelsorge ist insofern nicht primär als Veränderungsarbeit, auch nicht im Dienst der Gesundheit zu verstehen. Die Grundlage von Seelsorge ist eine andere."[168] Nicht Sinngebung, Lebensgewissheit und Leidensdeutung stehen bei Seelsorge im Vordergrund, sondern das Mit-Aushalten erfahrener Sinnlosigkeit, Trostlosigkeit und Ohnmacht.[169] Frank Mathwig plädiert deshalb dafür, ‚Mut zur Sinnlosigkeitstoleranz‘ aufzubringen, d.h. Sinnloses nicht zu harmonisieren, sondern als Sinnloses zu akzeptieren.[170]

SeelsorgerInnen können zudem nicht auf der Basis eines *neutralen Spiritualitätsverständnisses* tätig werden! Wenn Eckhard Frick (als Jesuit) hervorhebt, dass es ein positiv zu bewertendes Qualitätsmerkmal von Spiritual Care ist, der Definitionsmacht der Religionen (und Kirchen) entzogen zu sein,[171] dann mag

167 NOTH, I. (2014): Seelsorge und Spiritual Care, 115.
168 KARLE, I. (2010): Perspektiven der Krankenhausseelsorge, 547.
169 Vgl. MÖSLI, P./ S. EYCHMÜLLER (2014): Chancen der interdisziplinären Zusammenarbeit, 129.
170 Vgl. MATTHWIG, F. (2014): Worum sorgt sich Spiritual Care?, 37.
171 Vgl. FRICK, E. (2009): Spiritual Care. Ein neues Fachgebiet der Medizin.

das für die Ohren vieler PatientInnen, Angehöriger und MitarbeiterInnen im Gesundheitswesen verlockend klingen. Christliche SeelsorgerInnen jedoch können diese Sichtweise weder im Blick auf professionelle noch auf ehrenamtliche seelsorgliche Tätigkeit teilen. Sie verstehen sich per definitionem der Christlichen Religion zugehörig und wollen trotz aller konstruktiven Kritik an der Glaubens- und Sozialform Kirche ausdrücklich in der Traditionslinie derjenigen stehen, die sich seit über 2000 Jahren auf Jesus Christus berufen. Deshalb ist folgendes, etwas salopp formuliertes, aber sicherlich die klinische Alltagsrealität wiederspiegelndes Beispiel, das der Palliativmediziner Gian Domenico Borasio 2014 wiedergibt, um die angebliche religiöse Neutralität als Qualitätsmerkmal von Spiritual Care hervorzuheben, ein Anlass für christliche SeelsorgerInnen, ein entschiedenes Veto einzulegen: „Wenn wir einen Patienten fragen, ob er mit dem Seelsorger sprechen möchte, dann ist häufig die sofortige Reaktion: ‚Ach wissen Sie, ich bin nicht sehr religiös.‘ Unsere Standardantwort lautet: ‚Unsere Seelsorger auch nicht.‘"[172] In Übereinstimmung mit Eberhard Hauschildt soll deshalb an dieser Stelle entgegen allen Ent-Wurzelungstendenzen ausdrücklich festgehalten werden: „Diejenigen, die als Krankenhausseelsorger bzw. -seelsorgerinnen bezeichnet werden, stehen in Verbindung zu einer Kirche und ihrer konfessionellen Theologie.“[173]

Wenn sich christliche SeelsorgerInnen (wie in den Niederlanden) inhaltlich immer neutraler aufstellen, um im Kontext von Spiritual Care (mehr) gesellschaftliche und institutionelle Anerkennung zu erringen, dann verliert Seelsorge ihre in der Gesellschaft durchaus noch geschätzte Erkennbarkeit und Unterscheidbarkeit z.B. gegenüber Islamischer Seelsorge, die sich auf der Grundlage eines *klaren Profils* gegenwärtig im Gesundheitswesen auch in Deutschland immer selbstbewusster in Position bringt.[174] Gerade weil Menschen heutzutage religiös-christliche Sprache, Symbole, Riten und (biblische) Texte oftmals nicht mehr kennen, dürfen SeelsorgerInnen auf diese nicht verzichten, denn: „Religiöse Kommunikation erschließt das Gewohnte neu. Sie kann dies aber nur tun, wenn sie sich auf bewährte Traditionen, Symbole, Sprachformen, Riten, Gesten und Praktiken beziehen kann, auch auf die Gefahr hin, darin gelegentlich missverstanden zu werden. Die religiös-biblische Sprache hat gerade in ihrer Fremdheit eigene Artikulationskraft.“[175]

5.3. Klärung des institutionellen Status von (Krankenhaus)Seelsorge!

Spiritual Care fordert SeelsorgerInnen und ihre Kirchen dazu heraus, eine systemische Positionsklärung vorzunehmen, sprich die Verhältnisbestimmung von

---

172 BORASIO, G. D. (2014): Spiritual Care, 124.
173 HAUSCHILDT, E. (2013): „Spiritual Care“, 84.
174 Vgl. UCAR, B./ M. BLASBERG-KUHNKE (Hg.) (2013): Islamische Seelsorge.
175 KARLE, I. (2010): Perspektiven der Krankenhausseelsorge, 552.

Seelsorge und Institution/Einrichtung/Dienst zu überdenken und gegebenenfalls in ökumenischer Zusammenarbeit Veränderungen anzustreben. Obgleich es faktisch auch im 21. Jhdt. noch möglich ist, vor Ort auf katholische und evangelische SeelsorgerInnen zu treffen, die sich ausschließlich der Organisation Kirche/Orden zugehörig fühlen und sich deshalb wie ein *Fremdkörper,* der oftmals systemisch als Störfaktor wahrgenommen wird, unbeheimatet und relativ unwillkommen in säkular geprägten Einrichtungen mehr oder minder auffällig bewegen, stehen die meisten SeelsorgerInnen für eine kirchlich favorisierte Verhältnisbestimmung, die sich folgendermaßen charakterisieren lässt: SeelsorgerInnen bewegen sich auf der Basis ihres organisationalen Doppel- bzw. Dreifachstatus (Kirche/Orden/Einrichtung) als institutionelle *Grenzgänge- rInnen* selbstbewusst und wahrnehmbar relativ eigenständig im spannungsvollen institutionellen ‚Zwischenraum' und fungieren als eine Art unabhängiges ‚Kontaktfenster zur Außenwelt'[176] Obgleich SeelsorgerInnen aufgrund ihrer systemischen Nicht-Integration dazu gezwungen sind, sich institutionelle Akzeptanz immer wieder neu zu erarbeiten, kann es ihnen v.a. unter Zuhilfenahme informeller Strukturen als Einzelpersonen und Seelsorgeteam sehr wohl gelingen, sich in der ‚fremden' Institution gerade wegen ihrer systemischen Distanz als geschätzte und gefragte KooperationspartnerInnen zu beheimaten, weshalb Isolde Karle zu folgendem Urteil gelangt: „Die besondere Stärke der Seelsorge im Krankenhaus ist insofern wesentlich mit der Eigenständigkeit und Unabhängigkeit ihres Auftrags verknüpft."[177]

Im Rahmen von Spiritual Care dagegen wären SeelsorgerInnen gemäß den konzeptionellen Vorgaben der meisten Spiritual Care TheoretikerInnen voll und ganz (z.B. über die 4. Säule) mit allen Rechten und Pflichten in die Einrichtung eingebunden. Dadurch würden SeelsorgerInnen zwar der bisher oftmals als persönlich belastend oder kränkend empfundenen institutionellen Marginalisierung entgehen, verlören aber auch ihre bisher relativ große institutionelle Unabhängigkeit: „Die Freiheit, die aus der Finanzierung durch die Landeskirche bzw. die Diözese erwächst, erlaubt Unabhängigkeit und Offenheit, Kritik und Differenz, die sich verändern, wenn die Geldgeberin die Klinik ist, wenn sich Krankenhausseelsorge unter den Rechenstab des Geschäftsführers begibt und im standardisierten Controlling rechenschaftspflichtig ist."[178] Als systemimmanente Leistung des Gesundheitswesens hätten sich SeelsorgerInnen im Falle der Integration nicht nur der Leitcodierung ‚gesund-krank', die außerhalb palliativer Einrichtungen das gesamte Gesundheitssystem dominiert, zu unterwerfen, sondern auch der klinischen und ökonomischen Systemlogik. Als feste Mitglieder multiprofessioneller Spiritual Care Teams würden sie zudem den allen Mitgliedern abverlangten Dokumentations- und Evaluationspflichten (Beichtgeheim-

---

176 Vgl. KARLE, I. (2010): Perspektiven der Krankenhausseelsorge, 550.
177 KARLE, I. (2010): Perspektiven der Krankenhausseelsorge, 550.
178 HELLER, B./ A. HELLER (2014): Spiritualität und Spiritual Care, 87.

nis?) unterliegen. Ob die Zusammenarbeit mit anderen Professionen eher multiprofessionell im Sinne eines bloßen Nebeneinander der Professionen, interpro-
fessionell im Sinne eines gegenseitigen professionellen Austausches (typisch
für arztzentrierte Versorgungsmodelle wie die ‚Spezialisierte ambulante Palliativversorgung SAPV) oder transprofessionell im Sinne eines eng vernetzten
gleichstufigen Mit-Einander aller Professionen in Spiritual Care Teams abläuft,
ist für SeelsorgerInnen m.E. nicht die entscheidende Frage.[179] Die wirklich entscheidende Frage im Blick auf Spiritual Care lautet vielmehr: „Sind es *ehemalige KrankenhausseelsorgerInnen*, die einen neuen Spiritual-Care-Hut aufsetzen,
oder dieselben Personen, die am Vormittag für ihre Landeskirchen als KrankenhausseelsorgerInnen und am Nachmittag als Spiritual Care ExpertInnen im Auftrag der Klinik arbeiten, wie in einigen Kantonen der Schweiz?"[180]

5.4. Wahrung des prophetisch-kritischen Auftrags von Seelsorge!

Wenn sich SeelsorgerInnen auf Spiritual Care und systemische Integration einlassen, werden sie dann nicht automatisch zu ‚Erfüllungsgehilfen des Gesundheitssystems', wie bereits Eckhard Frick selbstkritisch als Frage in den Raum
stellte?[181] Würden z.B. KrankenhausseelsorgerInnen im Rahmen von Spiritual
Care nicht ungewollt dazu beitragen, im techniklastigen Krankenhaus die ‚Be-
handlungsmaschinerie' mit Schmieröl zu versorgen?[182] Gute Absichten und die
Gefahr, als SeelsorgerIn im Kontext von Spiritual Care institutionell instrumen-
talisiert zu werden - beides scheint im Kontext von Spiritual Care relativ eng
beieinanderzuliegen. Wenn z.B. Urs Länzlinger stolz darauf hinweist, dass es
KrankenhausseelsorgerInnen im Rahmen von Spiritual Care als ‚Integrierte Spitalseelsorge' nachweislich gelungen ist, zu einer Verbesserung der medizinischen Versorgung im Gesundheitswesen des Kantons Zürich beizutragen, dann
ist dies seelsorglich gewollt und kommt sicherlich kranken Menschen zugute.[183]
Für das Spital bedeutet dies in erster Linie, dass Seelsorge sich durch die positiven Rückmeldungen als ein lohnendes und deshalb zu finanzierendes Angebot
erwiesen hat. Das Spital hat somit ein hohes Interesse daran, dass Spiritual
Care/Seelsorge Markt-Bedürfnisse zugunsten der finanziellen Sicherstellung
des Spitals befriedigt. Für Dorothee Haart, erfahrene Krankenhausseelsorgerin,
stehen wir daher nicht nur in den USA vor folgender Situation: „Krankenhausseelsorge wandelt sich in den USA zunehmend von einer ‚pastoral care' zu einer ‚spiritual care', dient also in erster Linie der Befriedung spiritueller Bedürfnisse... Seelsorge kann hier neben dem Heilungs- und Gesundheitsmarkt auch

---

179 Vgl. CHARBONNIER, R. (2010): Seelsorge in der Palliativversorgung, 184.
180 Vgl. HELLER, B./ A. HELLER (2014): Spiritualität und Spiritual Care, 91.
181 Vgl. FRICK, E. (2009): Spiritual Care. Ein neues Fachgebiet der Medizin, 146. Auch Traugott Roser fragt
selbstkritisch nach der nicht vollkommen von der Hand zu weisenden Möglichkeit der Instrumentalisierung
von Seelsorge durch das System Krankenhaus. Vgl. ROSER, T. (2013): Seelsorge und Spiritual Care, 69.
182 Vgl. HELLER, B./ A. HELLER (2014): Spiritualität und Spiritual Care, 87.
183 Vgl. LÄNZLINGER, U. (2012): Ein bewährtes Modell, 176.

die wachsende Nachfrage eines spirituellen Wellness-Marktes bedienen und wird aus Unternehmerperspektive zum lohnenden Serviceangebot des Krankenhauses an seine KundInnen."[184]

SeelsorgerInnen haben sicherlich ein Interesse daran, den Ast (z.B. Krankenhaus), auf dem sie sitzen, nicht zu beschädigen, sondern zu stärken, weshalb sie ein für ihre Institution Krankenhaus lohnendes Serviceangebot sein wollen. Zugleich aber zeichnet sich gerade christliche Seelsorge durch ihren prophetisch-kritischen Auftrag aus, der sie von allen anderen Formen von Seelsorge unterscheidet. Ein auf Jesus Christus selbst zurückgehender Kernauftrag, der es SeelsorgerInnen weder erlaubt, sich ausschließlich an Marktbedürfnissen zu orientieren, noch systemunkritisch zu agieren, weshalb selbst Traugott Roser in drastischen Worten zu bedenken gibt: „Die Integration von Seelsorge in das Gesundheitswesen gerät dann schnell in den Verdacht, um der Akzeptanz im System willen das Anders-Sein, Anders-Denken und insbesondere ihr Prophetisches Wächteramt aufzugeben und sich zu prostituieren."[185] Obgleich sich Seelsorge im Krankenhaus seit den 60iger Jahren ausdrücklich von einer rein individuumszentrierten *Krankenseelsorge* zu einer systemsensiblen *Krankenhausseelsorge* gewandelt hat, gilt auch heute noch, dass SeelsorgerInnen primär nicht dem System (Krankenhaus, Altenheim, Hospiz, Gesundheitssystem etc.), sondern den Kranken, ihren Angehörigen und allen im System Notleidenden verpflichtet ist.[186] Zugleich aber gilt, dass SeelsorgerInnen um der Menschen willen eine systemdistanzierte prophetisch-kritische Position einzunehmen haben.[187] Aus Solidarität mit den Notleidenden liegt der besondere Beitrag der Seelsorge gerade darin, Not verursachende Strukturen beim Namen zu nennen, systeminterne Logiken zu hinterfragen und Menschen darin zu unterstützen, entweder (gemeinsam) dagegen aufzubegehren, oder in und trotz ungerechter und unmenschlicher Bedingungen weiterleben und weiterarbeiten zu können: „Krankenhausseelsorge kann und muss Themen (Verobjektivierender Umgang mit Menschen; Befund/Befinden; ungerechte Arbeitssituation etc.) prophetisch freisetzen und formulieren, ohne sie selbst in die Hand zu nehmen und zu glauben, sie in den Griff zu bekommen."[188]

Liegt es aber überhaupt im Interesse einer Einrichtung (Krankenhaus, Hospiz, Altenheim etc.), das Serviceangebot Spiritual Care zu finanzieren, wenn christliche SeelsorgerInnen involviert sind, die, weil sie sich explizit in der Nachfolge Jesu Christi begreifen, Strategien wie folgende verfolgen: „Unter den Schwachen im System sind auch MitarbeiterInnen auszumachen. Gemeint sind hier von Arbeitslosigkeit bedrohte, oder von Outsourcing und Lohndumping betroffene MitarbeiterInnen... Wenn Seelsorge etwa die Fairness von Arbeitsver-

184 HAART, D. (2007): Seelsorge im Wirtschaftsunternehmen Krankenhaus, 253.
185 ROSER, T. (2013): Seelsorge und Spiritual Care, 61.
186 Vgl. KLESSMANN, M. (2013): Von der Krankenseelsorge zur Krankenhausseelsorge.
187 Vgl. KLESSMANN, M. (2013): Die prophetische Dimension der Seelsorge im Krankenhaus.
188 HELLER, B./ A. HELLER (2014): Spiritualität und Spiritual Care, 87.

hältnissen im Krankenhaus in den Blick nimmt, heißt das nicht, dass sie sich in Rettungsphantasien ergeht oder einen Kampf gegen Windmühlen wagt. Stattdessen versucht sie, gegen eine häufige z.t. beschämte Sprachlosigkeit bei den Betroffenen anzugehen, indem sie dazu ermutigt, eigene Unrechtserfahrungen im Krankenhaus kommunizierbar zu machen... Sie nimmt dafür in Kauf, bisweilen die betrieblichen Abläufe zu stören oder behindern zu müssen."[189] Kann Seelsorge dies aber tatsächlich noch leisten, wenn sie sich teilweise oder ganz in das hausinterne Spiritual Care Angebot integriert? Eberhardt Schockenhoff und Eberhard Hauschildt zumindest bejahen diese Frage und sehen darin sogar einen spezifischen Beitrag, den die professionelle christliche Seelsorge zum hausinternen Spiritual Care Angebot beisteuern kann bzw. sollte: „Zwischen notwendiger Distanz und verlässlicher Zuwendung mag eine kompetente Krankenhausseelsorge gemäß dem Programm des spiritual care im Krankenhausalltag eine mitunter unbequeme Mahnerin sein..."[190] Ein wünschenswerter, m.E. aber relativ utopischer Anspruch, denn durch die Voll- oder Teilintegration in das Spiritual Care Konzept ist auch Seelsorge automatisch dazu gezwungen, eindimensional individuelle spirituelle Bedürfnisse und Defizite in den Blick zu nehmen, weshalb sie ihrem prophetisch-kritischem Auftrag, der ihr kirchliches Profil mit ausmacht, kaum mehr nachkommen kann. Wenn es doch möglich wäre, wie hätte man sich das dann konkret vorzustellen? Sollten professionelle SeelsorgerInnen in zwei unterschiedlichen Rollen mit unterschiedlichen Namensschildern auftreten? Am Vormittag als hausinterne, möglichst neutral aufgestellte, hausintern bezahlte ,Spirituelle BegleiterInnen‘, die individuumszentriert auf religiös-spirituelle Bedürfnisse eingehen? Am Nachmittag als ausdrücklich kirchlich entsandte und von dort bezahlte ,KrankenhausseelsorgerInnen‘, die sich als Christinnen zu erkennen geben und sich deshalb dem diakonischen Auftrag Jesu Christi verpflichtet fühlen, weshalb sie ebenso wie er vor 2000 Jahren auch heute noch unbequeme Seelsorge am System betreiben?

5.5.   Wider eine drohende Ent-Professionalisierung von Seelsorge!

Die Existenz von Spiritual Care fordert christliche Kirchen dazu heraus, den in den letzten Jahrzehnten erreichten hohen professionellen Standard in der (Kategorial)Seelsorge auch in Zukunft sicherzustellen. Angesichts der Tatsache, dass die Seelsorge im Kontext von Spiritual Care zwar eine systemische Aufwertung (Integration in das Betreuungs-/ Behandlungskonzept; Integration in das Betreuungs/ Behandlungsteam, neue Aufgaben in Forschung, Lehre, Öffentlichkeitsarbeit etc.), zugleich aber auch eine nicht zu unterschätzende inhaltliche Abwertung erfährt (bietet weniger als Spiritual Care, weil keine allumfassende/ neutrale, sondern angeblich *nur* eine religiös-christliche Spiritualität zugrunde

189 HAART, D. (2007): Seelsorge im Wirtschaftsunternehmen Krankenhaus, 276/263.
190 SCHOCKENHOFF; E. (2007): Geleitwort, 12. Vgl. auch HAUSCHILDT, E. (2013): „Spiritual Care", 89.

liegt)[191], stellt sich die Frage, ob professionellen christlichen SeelsorgerInnen langfristig die Rolle der wichtigsten, weil am fundiertesten ausgebildeten ExpertInnen im Feld Spiritual Care zugestanden wird. Eine äußerst berechtigte Fragestellung angesichts folgender Beobachtung, die Birgit und Andreas Heller im Jahr 2014 machen: „Derzeit scheint ein interprofessioneller Wettbewerb, ein regelrechter Kampf zwischen den Konfessionen und Religionsgruppen, den Haupt- und Ehrenamtlichen ausgebrochen zu sein: Wer hat den besten Zugang zu den PatientInnen? Wer ist zuständig für Spiritual Care?"[192] Wenn tatsächlich SeelsorgerInnen zuständig sein sollen, die als KoordinatorInnen/ KatalysatorInnen die Hauptverantwortung zu übernehmen haben, wie und durch wen soll dann sichergestellt werden, dass es sich um wirklich *theologisch* fundiert ausgebildete Personen handelt? Ist nicht bereits der Weg für niederländische Verhältnisse geebnet, wenn z.b. im Qualifizierungskurs ‚Palliative Care für Seelsorgende' in den Zulassungsvoraussetzungen nicht mehr ausschließlich ein Theologiestudium, sondern unter der Voraussetzung ‚Hermeneutische Kompetenz' auch ein Studium der Philosophie, Religionspädagogik, Diakoniewissenschaft oder Caritaswissenschaft angeführt wird?[193] Werden künftig nicht auch Theologische Fakultäten, die um ihr Überleben kämpfen, analog zu den Niederlanden sowohl Seelsorge-Masterstudiengänge (mit weiten Zulassungsvoraussetzungen) für alle Bereiche Kategorialer Seelsorge als auch eine Fülle an Zusatzqualifikationskursen ins Leben rufen, wodurch völlig unterschiedlich qualifizierte Seelsorgende und Seelsorgliche BegleiterInnen in Konkurrenz zu professionellen, von den Kirchen finanzierten und beauftragten SeelsorgerInnen treten?

5.6.   Wider eine (Selbst)Abschaffung von Seelsorge!

„Sowohl die Kirchen als auch Krankenhäuser betrachten die Krankenhausseelsorge zunehmend unter Kriterien der Kosten-Nutzen-Kalkulation und fragen sich, ob sie sich die teuren ExpertInnen (noch) leisten wollen."[194] Bietet Spiritual Care den Ausweg? Nimmt man alltagspraktisch ernst, was konzeptionell behauptet wird, dann müsste in jedem Palliative Care Team Platz für einen professionellen Seelsorger sein, der die Hintergrundarbeit für alle Spirituellen BegleiterInnen leistet. Ob Einrichtungen sowohl in säkularer als auch in christlicher Trägerschaft willig und fähig sind, dafür die notwendigen finanziellen Mittel bereitzustellen, ist allerdings mehr als fraglich. Folgendes Szenario, das Herbert Anderson ansatzweise schon vor Jahren anhand der Entwicklungen in den USA und Kanada entwarf, erscheint mir weitaus realistischer zu sein: Da im Gesundheitswesen finanzielle Sparrunden künftig nicht ausbleiben werden, könnten ge-

191 Vgl. HAUSCHILDT, E. (2013): „Spiritual Care", 85.
192 HELLER, B./ A. HELLER (2014): Spiritualität und Spiritual Care, 31.
193 Vgl. HAGEN, T. u.a. (2010): Qualifizierungskurs, 28.
194 HAART, D. (2007): Seelsorge im Wirtschaftsunternehmen Krankenhaus, 218.

rade diejenigen, deren Aufgaben notfalls von anderen Berufsgruppen mit übernommen werden können, als erste dem Rotstift anheimfallen, denn: „Anyone
can engage in spiritual care."[195] Als Palliative Care Expertin deutet Ingrid
Hametner bereits 2011 an, dass Profi-SeelsorgerInnen künftig nicht mehr unbedingt gebraucht werden, da sowohl „Seelsorger oder andere Experten" [196] spirituelle Bedürfnisse auffangen können. Ob folgende These Lisa Palms künftige
Entwicklungen widerspiegelt oder bereits als ein Zeichen dafür zu lesen ist,
dass die angedeutete Selbstverständlichkeit bereits in Frage steht, muss jeder
Leser/jede Leserin für sich selbst entscheiden: „Sorgfältig ausgewählte und
fundiert aus- wie weitergebildete Theologinnen und Theologen werden auch in
Zukunft die wichtigsten Experten in der religiös-spirituellen Begleitung von Patientinnen und Patienten und deren Angehörigen sein."[197] Der erhoffte Effekt,
sich mit Hilfe von Spiritual Care zukunftsfähig aufzustellen, könnte sich auch
als Boomerang erweisen und dazu führen, dass sich die Berufsgruppe der SeelsorgerInnen durch ihren durchaus nachvollziehbaren Ruf nach systemischer Integration langfristig selbst überflüssig macht. M.E. weist Isabelle Noth zu Recht
auf die Gefahr hin, „dass Seelsorger zu so etwas wie Spiritualitätsbeauftragte
degradiert werden und sich damit letztlich selber den Boden entziehen und den
Vertrauensvorschuss (in der Bevölkerung) verlieren."[198]

5.7. Für ein klares Bekenntnis christlicher Kirchen zur Seelsorge!

Spiritual Care ist insofern ein ‚Glücksfall'[199] für die christlichen Kirchen, weil
sie durch deren Existenz dazu herausgefordert sind, öffentlich zu bekennen,
welchen Stellenwert sie der professionellen Seelsorge (Kategorialseelsorge) in
Feldern wie Krankenhaus, Altenheim, Hospiz, Gefängnis und Militär künftig
einräumen wollen. Ein dringend notwendiges Bekenntnis, denn, wie bereits öffentlich behauptet wird: „Die Zukunft der hauptamtlichen Krankenhausseelsorge ist ungewiss"[200] Christliche Kirchen haben jetzt die Chance, den in immer
mehr katholischen (Erz)Bistümern und evangelischen Landeskirchen lauter
werdenden Ruf ‚Zurück zum Kerngeschäft'[201] nicht im Sinne eines statusabsi-
chernden ‚Zurück zur hermetisch abgeschlossenen Pfarrgemeinde' zu interpretieren - was folgerichtig eine an vielen Orten bereits beobachtbare Rückrufakti-
on des qualifizierten Seelsorgepersonals aus Einrichtungen des Gesundheitswesens in Pfarrgemeinden/ Seelsorgeräume zur Folge hat - sondern im Sinne eines

---

195 ANDERSON, H. (2001): Whatever happened to Seelsorge?, 37.
196 Vgl. HAMETNER, I. (2011): 100 Fragen zu Palliative Care, 78.
197 PALM, L. (2012): Religiös-Spirituelle Begleitung, 85.
198 NOTH, I. (2014): Seelsorge und Spiritual Care, 114.
199 Vgl. RUSSMANN, H. (2013): Spiritual Care, 14.
200 KRÜGER, T. (2014): Nicht nur in guten Zeiten. Titelunterschrift.
201 Eine Tendenz, die sowohl auf katholischer als auch auf evangelischer Seite in deutschsprachigen Ländern beobachtbar ist, in den einzelnen Landeskirchen und (Erz)Diözesen jedoch äußerst unterschiedlich gehandhabt
wird. Vgl. KLESSMANN, M. (2014): Im Strom der Zeit, 18; HELLER, A. (2010): Kultur der Krankenhausseelsorge, 311.

jesuanischen ‚Zurück in die Lebens- und Arbeitskontexte aller, bevorzugt aber aller Not leidenden, kranken, alten und sterbenden Menschen'. Herausgefordert durch Spiritual Care stehen alle Verantwortungs- und Entscheidungsträger christlicher Kirchen vor der sicher nicht einfachen Aufgabe, ihre Glaubwürdigkeit nach innen und außen zu bewahren bzw. wiederherzustellen, indem sie Sorge dafür tragen, dass:

- eine amtskirchliche Wertschätzung für die Kategorialseelsorge kirchenintern und öffentlich vernehmbar ist und ausreichende finanzielle Mittel bereitgestellt werden, um die Präsenz professioneller kirchlicher SeelsorgerInnen in säkularen Einrichtungen wie denen des Gesundheitssystems sicherzustellen.
- ehrenamtlich Engagierte nicht für hauptamtliche Aufgaben ge- bzw. benutzt und dabei überfordert werden.
- zukünftige professionelle SeelsorgerInnen eine fundierte theologische Ausbildung erhalten, die sie für ihre multikulturell, multireligiös und multispirituell geprägten Einsatzorte nicht nur anschlussfähig, sondern auf der Basis eines erkennbaren christlichen Profils auch pluralitätsfähig macht.
- Seelsorgeteams im Gesundheitswesen nicht als ‚Park- und Abstellplätze' für ‚Problemfälle' betrachtet werden, sondern persönlich stabile, qualifizierte SeelsorgerInnen auf Basis einander ergänzender Kompetenzen (in ökumenisch oder interreligiös besetzten Teams) zum Einsatz kommen.

5.8. Seelsorge als Qualitätsmerkmal von Caritas/Diakonie!

Alle Einrichtungen des Gesundheitswesen in kirchlicher Trägerschaft (Caritas/ Diakonie, Verbände, Stiftungen, Orden, Kirchengemeinden etc.) sind durch das Aufkommen von Spiritual Care dazu herausgefordert, Farbe zu bekennen, wie viel ihnen christliche Seelsorge wortwörtlich noch ‚wert' ist.

Dass christliche Häuser/Dienste sich für Spiritual Care öffnen, ist ebenso begrüßenswert wie die Offenheit für Modellprojekte, wie z.B. das Kursmodell ‚Begleiter in der Seelsorge', in dem sich die Erzdiözese Köln gemeinsam mit dem Diözesancaritasverband Köln dafür verantwortlich zeichnet, CaritasmitarbeiterInnen in ihrem ‚Laienapostolat' radikal ernst zu nehmen und deshalb für seelsorgliche Aufgaben zu schulen.[202] Geschieht dies im weitesten Sinne im Verständnisrahmen von Spiritual Care, dann darf dies jedoch nicht dazu führen, dass professionelle SeelsorgerInnen dadurch als überflüssig und einsparbar betrachtet werden, weshalb finanzielle und personelle Ressourcenknappheit nicht der Beweggrund derartiger Initiativen sein darf.

Leisten sich kirchlich getragene Einrichtungen sowohl *professionelle christliche SeelsorgerInnen* als auch ‚*Spirituelle BegleiterInnen*' im Sinne von Spiritual Care und/oder '*Begleiter in der Seelsorge*' im Sinne des Kölner Modells,

---

[202] Vgl. SCHRAGE, B. (2011): Ein möglicher Aufbruch; BROMKAMP, P. (2011): Begleiter in der Seelsorge – ein neues Wort in der Pastoral der Einrichtungen oder ‚Zurück in die Zukunft?'.

dann ließe sich folgende vorsichtig formulierte Frage Eberhard Hauschildts eindeutig mit ja beantworten: „Könnten christliche Krankenhäuser, Einrichtungen der Diakonie und Caritas, hier ein besonderes Profil im Gesundheitswesen herausbilden?"[203] Ein öffentlich kommuniziertes Bekenntnis christlicher Einrichtungen zur professionellen Krankenhausseelsorge und zu Spiritual Care (das sich z.B. auch in Form innovativer Finanzierungsmodelle für beide Varianten niederschlägt) wird das christliche Profil der Einrichtung stärken. Die engagierte Anwesenheit von SeelsorgerInnen und Spirituellen BegleiterInnen wird sich, wenn diese klar unterscheidbar bleiben, alltagspraktisch aber Hand in Hand arbeiten, nicht nur hausintern positiv auf die gesamte christliche Unternehmenskultur auswirken, sondern auch von denen wertgeschätzt werden, die sich bewusst als PatientInnen/BewohnerInnen für eine Einrichtung in kirchlicher Trägerschaft entscheiden bzw. diese dort besuchen.

6. Persönliche Schlussthesen

Spiritual Care fordert nicht nur haupt- und ehrenamtlich engagierte SeelsorgerInnen, sondern auch die in den Bistümern/Landeskirchen Verantwortlichen für Seelsorge/Pastoral, Entscheidungsträger für Einrichtungen in kirchlicher Trägerschaft sowie die wissenschaftliche Theologie dazu heraus, Position zu beziehen.

Meine eigene Sichtweise will ich abschließend in kontrovers diskutierbaren Thesen schlagwortartig zusammenfassen:

✓ Spiritual Care verstehe ich als Bezeichnung eines im Kontext von Palliative Care entwickelten theoretischen *Konzeptes*, das bisher v.a. in stationären und ambulanten *palliativen Einrichtungen/Diensten* alltagspraktisch in multiprofessioneller Teamarbeit mit und ohne Beteiligung professioneller SeelsorgerInnen umgesetzt wird, wobei jedoch relativierend hinzuzufügen ist: „Was eine solche Spiritual Care alles umfassen soll und wer für sie im Einzelnen zuständig ist, ist gegenwärtig noch ungeklärt."[204]

✓ Wenn Spiritual Care dazu beiträgt, dass im Palliativkontext das *gesamte Team* für die spirituelle Dimension menschlicher Existenz *sensibilisiert* wird, dann kommt dies sowohl den sterbenden Menschen (die unter den Rahmenbedingungen hochtechnisierter Medizin *spirituell sensibilisiert* 'ganzheitlicher' auf ihrer letzten Wegstrecke begleitet werden), deren Angehörigen (die *spirituell sensibilisiert* 'ganzheitlicher' in ihrer Trauer aufgefangen werden), als auch den MitarbeiterInnen/Führungskräften (die *spirituell sensibilisiert* einander 'ganzheitlicher' sehen und verstehen lernen) zugute.

203 Vgl. HAUSCHILDT, E. (2013): Glaube – ein Heilmittel?, 122.
204 PENG-KELLER, S. (2012): Spiritualität, 90. Und auch folgender Einschätzung Gian Domenico Borasios, die sicherlich nicht nur auf Ärzte zutrifft, ist m.E. zuzustimmen, wenn er schreibt: „Die Ärzte sind noch auf der Suche nach ihrer Rolle in der Spiritual Care." BORASIO, G. D. (2014): Spiritual Care, 118.

✓ Wenn Spiritual Care eine spirituelle Sensibilisierung aller Teammitglieder bewirkt, dann profitieren davon auch die *professionellen SeelsorgerInnen*. Dies wird sich v.a. darin niederschlagen, dass allen Beteiligten die Bedeutsamkeit, Notwendigkeit und Unentbehrlichkeit professioneller christlicher Seelsorge transparenter wird, wodurch sich die *Zusammenarbeit* von SeelsorgerInnen mit anderen Berufsgruppen (mit oder ohne Teamintegration) verbessern wird.

✓ Weiterbildungsmaßnahmen und *Zusatzqualifikationskurse*, die alle beteiligten Berufsgruppen für die Dimension Spiritualität sensibilisieren, sind daher ebenso zu begrüßen wie Initiativen, die darauf drängen, dass das Thema Spiritualität bereits in den *Ausbildungscurricula* fest verankert wird. M.E. wäre es jedoch zielführender, nicht für jede Berufsgruppe eigene Angebote/Kurse zu kreieren, sondern gerade deshalb, weil diese alltagspraktisch zusammenarbeiten, berufsübergreifende Spiritual-Care-Kurse anzubieten.

✓ Wenn Spiritual Care mehr oder minder bewusst dem *medizinischen Paradigma* unterworfen wird, was daran ersichtlich wird, dass medizinische Vorgehensweisen basierend auf Diagnostik und Therapie übernommen werden, weshalb zunehmend auf ein medizinisch dominiertes Sprachspiel zurückgegriffen wird, dann geht der dem Konzept vom Wurzelgrund her inhärente medizin- und institutionskritische Impetus, der aus meiner Sicht das Innovative und den Charme von Spiritual Care ausmacht, verloren. Aus diesem Grund (und nicht nur deshalb, weil sich Seelsorge prinzipiell gegenüber spiritueller Diagnostik/Therapie sperrig verhält oder spirituelle BegleiterInnen damit überfordert sein könnten) stehe ich Strategien wie 'Spirituelles Screening', 'Spirituelle Anamneseerhebung' oder 'Aufstellung eines spirituellen Behandlungsplans' äußerst skeptisch gegenüber.

✓ Dass Spiritual Care über den Palliativkontext hinaus in die *Medizin insgesamt* expandieren soll, halte ich gegenwärtig nicht nur für unrealistisch, sondern auch für nicht erstrebenswert. Solange sich die Medizin nicht auf ihre Wurzeln rückbesinnt und sich radikal ver-menschlicht, wird Spiritual Care lediglich dazu beitragen, das nicht nur von PatientInnen oftmals als unmenschlich erfahrene Medizinsystem spirituell abgefedert aufrechtzuerhalten.

✓ Die Etablierung von Spiritual Care als *medizinische Fachdisziplin* betrachte ich als Medizinerin und Theologin eher mit Skepsis und Sorge. MedizinerInnen neigen dazu, hochengagiert nicht nur fachinterne, sondern auch randständige Lehr- und Forschungsfelder zu besetzen, was nahezu automatisch dazu führt, dass trotz postulierter Interdisziplinarität letztlich medizinisches Denken den paradigmatischen Rahmen absteckt.

✓ Ich plädiere dafür, die Begriffe 'Seelsorge' und 'Spiritual Care' keinesfalls synonym zu verwenden. Ich bin fest davon überzeugt, dass Seelsorge sowohl aus theologischen als auch aus berufsstrategischen Gründen nicht mit Spiritual Care gleichgesetzt werden darf. *Seelsorge ist viel mehr als Spiritual Care!* Spiritual Care ist nicht Seelsorge! Aufgrund ihrer Traditionsverwurzelung (Ausrichtung an der Botschaft und am Handeln Jesu Christi) verhält sich christliche Seelsorge nicht nur widerborstig gegenüber angeblichen Neutralitätsplädoyers (neutrale Spiritualität), sondern auch gegenüber eindimensionalen inhaltlichen Reduzierungen (spiritual).

✓ Ich plädiere dafür, die Herausforderung Spiritual Care als eine *Chance* zu begreifen, in verstärkter *ökumenischer Zusammenarbeit* zweierlei voranzubringen: 1. Klärung zentraler anthropologischer Begrifflichkeiten wie *Seele, Psyche, Spiritus/Geist,* die zur Selbstprädikation diverser Berufsgruppen gerade im Gesundheitswesen Verwendung finden (SeelsorgerInnen, Seelsorgende, PsychologInnen, PsychotherapeutInnen, PsychiaterInnen, Spirituelle BegleiterInnen...). 2. Rückbesinnung auf das biblisch-urchristliche Seelenverständnis, um darauf aufbauend ein traditionsverwurzeltes und gerade deshalb höchst zeitgemäßes *ganzheitliches Seelsorgeverständnis* zu entwickeln, das Seelsorge für alle Beteiligten *glaub-würdig* und *unentbehrlich* macht.

✓ Es ist äußerst verständlich, dass viele professionelle SeelsorgerInnen das Aufkommen von Spiritual Care nahezu enthusiastisch begrüßen. Viele sehen darin eine Chance, sich glaubwürdiger in säkular geprägten Einrichtungen beheimaten und die inzwischen erfolgte hohe Professionalisierung der (Kategorial)Seelsorge sicherstellen zu können. Ein Anliegen, das ich durchaus teile. Zugleich aber möchte ich auf dem Hintergrund meiner Erfahrung in den Niederlanden davor warnen, das berechtigte Professionalisierungs- und Integrationsanliegen nicht dahingehend zu interpretieren, sich aus der *kirchlichen Beheimatung* und der *Einbettung in den größeren Seelsorgeraum* zu lösen. Der erhoffte Freiraum könnte sich als eine Art Boomerang erweisen, der nicht nur die Traditions-Verbindungslinie zum Kernanliegen Jesu (ausgesandt zum Mitbauen am Reich Gottes mitten in der Welt) kappt, sondern durch die Selbst-Auslieferung an das Medizinsystem neue Abhängigkeiten schafft, deren Folgewirkungen gegenwärtig noch gar nicht absehbar sind.

✓ *SeelsorgerInnen sind SeelsorgerInnen* und keine Spiritual Care Givers oder Spirituelle BegleiterInnen oder Seelsorgende. Die Bezeichnung 'Seelsorge' verfügt trotz aller historischen Hypotheken noch immer über einen großen Vertrauensvorschuss bei vielen heutigen Menschen, weshalb er nicht vorschnell abgeschafft werden sollte.

✓ Ich rufe die Leitungsgremien beider **Kirchen** dazu auf, sich auf ihr Kerngeschäft zu besinnen, d.h. sich diakonisch für Menschen in Not voraussetzungslos mitten in der säkularen Gesellschaft zu verausgaben und deshalb trotz aller Finanz- und Personalknappheit Sorge für die *Einstellung und Bezahlung* professioneller SeelsorgerInnen im Gesundheitswesen zu tragen. Diese sollten sowohl von ihren kirchlichen Auftraggebern als auch von den Einrichtungen, in denen sie tätig sind, die Freiheit zugestanden bekommen, sich als SeelsorgerInnen aktiv in Spiritual Care Teams zu engagieren, ohne sich deshalb (z.B. über eine Vierte Säule) voll und ganz *institutionell integrieren* zu müssen.

✓ Ich ermutige Einrichtungen (v.a. Krankenhäuser, Hospize, Psychiatrien, Alten- und Pflegeheime, Sozialstationen) in *christlicher Trägerschaft* dazu, finanzielle *Mittel für professionelle Seelsorge* und für *Spiritual Care* bereitzustellen. Eine lohnende Investition, wenn sich z.B. Einrichtungen der Caritas, der Diakonie oder Ordensstiftungen wirklich als glaubwürdige christliche Einrichtungen am Markt zukunftsfähig aufstellen wollen.

✓ Wenn das (m.E. positiv zu würdigende) Konzept Spiritual Care von kirchlichen und/oder sozialkaritativen Entscheidungsträgern entgegen der Ursprungsidee dazu *genutzt/missbraucht* wird, über eine Zusatzqualifikation von MitarbeiterInnen oder Ehrenamtlichen professionelle SeelsorgerInnen einzusparen, ist aus theologischer Sicht ein Veto einzulegen!

Wegende

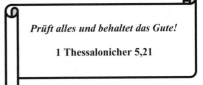

Prüft alles und behaltet das Gute!

1 Thessalonicher 5,21

1. Verzeichnis der Schaubilder

2. Literatur

ABBOTT, ALISON (2014): Die Vermessung des Geistes, in: *Gehirn & Geist* (2014) 1-2, 44-49.
ACH, JOHANN (2009): Neuro-Enhancement, in: Bohlken, Heike, Christian Thies (Hg.): Handbuch Anthropologie. Der Mensch zwischen Natur, Kultur und Technik. Stuttgart, Metzler, 107-114.
AIGNER, MARIA ELISABETH (Hg.) (2010): Räume des Aufatmens. Pastoralpsychologie im Risiko der Anerkennung. Festschrift zu Ehren von Karl Heinz Ladenhauf. Wien, LIT.
ALBRECHT, CHRISTIAN (2000): Systemische Seelsorge, in: *International Journal of Practical Theology* 4 (2000) 212-252.
ALPER, MATTHEW (2008): The 'God' Part of the Brain. A scientific Interpretation of Human Spirituality and God. 2. Aufl. Naperville, Source Books.
ALTMEYER, MARTIN (Hg.) (2006): Die vernetzte Seele. Die intersubjektive Wende in der Psychoanalyse. Stuttgart, Klett-Cotta.
AMMICHT-QUINN, REGINA
(1999) Körper – Religion – Sexualität. Theologische Reflexionen zur Ethik der Geschlechter. Mainz, Grünewald.
(2003): Jung, schön, fit – und glücklich?, in: Lederhilger, Severin J. (Hg.): Gott, Glück, Gesundheit. Erwartungen an ein gelungenes Leben. Frankfurt am Main, Lang, 72-88.
(2005): Das Innere des Körpers - das Andere des Körpers. Körper-Denken, Körper-Praxis und die Suche nach Heil, in: *Wort und Antwort* 46 (2005) 64-69.
AMORTH, GABRIELE
(2002): Exorzisten und Psychiater. Stein am Rhein, Christiana Verlag.
(2008): Dämonische Mächte unserer Zeit. Stein am Rhein, Christiana Verlag.
(2009): Neue Berichte eines Exorzisten. Stein am Rhein, Christiana Verlag.
(2013): Memoiren eines Exorzisten. Stein am Rhein, Christiana Verlag.
ANDERSON, HERBERT
(1994): Recovery of Soul, in: Brian H. Childs, David W. Wanders (Ed.): The Treasure of Earthen Vessels. Explorations in Theological Anthropology. Westminster, John Knox press, 208-223.
(2001): Whatever happened to Seelsorge?, in: *Word and World* 21 (2001) 1, 32-41.
(2001): Spiritual Care: The power of an adjective, in: *The Journal of Pastoral Care* 55 (2001) 3, 233-237.
(2005): The Bible and pastoral care, in: Ballard, Paul, Stephen R. Holmes (Ed.): The Bible in Pastoral Practice. Grand Rapids/Cambridge, Erdmans, 195-211.
ANGEL, HANS FERDINAND
(2006): Gott im Gehirn? Religiosität als neurowissenschaftlicher Forschungsgegenstand, in: *Herder-Korrespondenz* 60 (2006) 10, 513-518.
(2013): Glauben ist ein Problem. Von der Komplexität mentaler Glaubensprozesse, in: *Herder-Korrespondenz* 67(2013) 5, 260-265.
ANGEL, HANS-FERDINAND, ANDREAS KRAUSS (2011): Neurotheologie. Gottessuche im Gehirn. Der interdisziplinäre Gott, in: *Gehirn & Geist* (2011) 2, 56-61.
ANNEN, FRANZ (2012): Jesus heilte nicht Krankheiten, sondern kranke Menschen. Kranksein und Heilwerden im Neuen Testament, in: Belok, Manfred u.a. (Hg.): Seelsorge in Palliative Care. Zürich, Züricher Verlag, 129-14.
APPEL, KURT u.a. (Hg.) (2008): Naturalisierung des Geistes? Beiträge zur gegenwärtigen Debatte um den Geist. Würzburg, Königshausen & Neumann.
ARNOLD, TINA, Walter Hilbrands, Heiko Wenzel (Hg.) (2013): Herr, was ist der Mensch, dass du dich seiner annimmst? Beiträge zum biblischen Menschenbild. Wuppertal, Brockhaus.
ASHBROOK, JAMES P.
(1984): Neurotheology. The working brain and the Work of Theology, in: *Zygon* (1984) 19, 331-350.
(1991): Soul. Its meaning and its making, in: *Journal of Pastoral Care* 45 (1991) 2, 159-168.
ASHBY, HOMER (1996): Reclaiming the soul of the cure of souls. Chicago, Mc Cormick Theological Seminary.
ASLAN, REZA (2013): Zelot. Jesus von Nazareth und seine Zeit. 2. Aufl. Hamburg, Rowohlt.
AUF DEM HÖVEL, JÖRG (2008): Pillen für den besseren Menschen. Wie Psychopharmaka, Drogen und Biotechnologie den Menschen der Zukunft formen. Hannover, Heise.
AUGENBLICK UND EWIGKEIT. KÖRPER, SEELE, GESICHT (2004). Ausstellung 14.-31. Juli 2004 in Basel in Zusammenarbeit mit Jean-David Cahn. Hg. v. Konrad Bernheimer. Basel.
AUGSBURGER, DAVID W. (1986): Pastoral counseling across cultures. Philadelphia, Westminster Press.
AUS DER AU, CHRISTINA (2011): Im Horizont der Anrede. Das theologische Menschenbild und seine Herausforderung durch die Neurowissenschaften. Göttingen, Vandenhoek & Ruprecht.
AUS DER AU, CHRISTINA (Hg.) (2008): Körper – Leib – Seele – Geist. Zürich, Theologischer Verlag.
AZARI, NINA u.a. (2005): Religious Experience and Emotion. Evidence for distinctive neural patterns, in: *International Journal for the Psychology of Religion* 15 (2005) 263-281.
BACH, ULRICH
(1993): 'Wie lange noch wollen wir fliehen?', in: *Diakonie* (1993) 390-397.
(1995): Heilende Gemeinde?, in: *Wege zum Menschen* 47 (1995) 349-362.
BAIER, KARL (2012): Philosophische Anthropologie der Spiritualität, in: *Spiritual Care* 1 (2012) 1, 24-31.
BALL, MATTHIAS (2003): Ich kann etwas – und die anderen auch. Teamfähigkeit als Schlüsselqualifikation, in: *Lebendige Seelsorge* (2003) 184-186.
BANDIXEN, CLAUDIA (2012): Sterben ist ein Prozess, in: Holder-Franz, Martina: „...dass Du bis zuletzt leben kannst". Spiritualität und Spiritual Care bei Cicely Saunders. Zürich, Theologischer Verlag, 9-11.

BARTH, HANS-MARTIN (1989): Der Protestantismus und die Pluralitätskonzeption der Postmoderne, in: *MD Bensheim* 40 (1989), 108-113.

BARTH, ULRICH (2004): Selbstbewusstsein und Seele, in: *Zeitschrift für Theologie und Kirche* 101 (2004) 2, 198-217.

BARTHELWORTH, CHRISTIANE, CHRISTIAN ZWINGMANN (2013): Spiritualität in der Sozialen *Arbeit, in: Spiritual Care* 2 (2013) 1, 52-54.

BAUER, CHRISTIAN (2013): Gott außerhalb der Pfarrgemeinde entdecken, in: Sellmann, Matthias (Hg.): Gemeinde ohne Zukunft? Freiburg im Br., Herder, 349-371.

BAUKS, MICHAELA u.a. (Hg.) (2008): Was ist der Mensch, dass Du seiner gedenkst? (Psalm 8,5). Aspekte einer theologischen Anthropologie. Festschrift für Bernd Janowski. Neukirchen-Vluyn, Neukirchener Verlag.

BAUMANN, GERLINDE (2006): Der gnädige Gott ist zornig, in: Prekäre Zeitgenossenschaft. Mit dem Alten Testament in Konflikten der Zeit. Internationales Bibel-Symposion Graz 2004. Münster, LIT, 39-49.

BAUMANN, KLAUS
(2009): Religiöser Glaube, persönliche Spiritualität und Gesundheit, in: *Zeitschrift für Medizinische Ethik* 55 (2009) 131-144.
(2011): „Vermessung des Glaubens" und Geheimnis des Menschseins, in: Büssing, Arndt, Niko Kohls (Hg.): Spiritualität transdisziplinär. Berlin/Heidelberg, Springer, 67-74.

BAUMGARTNER, ISIDOR
(1990): Heilende Seelsorge, in: Baumgartner, Isidor, Walter Fürst (Hg.): Leben retten. München, Kösel, 89-124.
(1992): Heilende Seelsorge in Lebenskrisen. Düsseldorf, Patmos.
(1997): Heilende Seelsorge - ein verkehrtes Leitwort?, in: *Theologisch-Praktische Quartalschrift* 145 (1997) 238-244.
(2000): Heilung und Befreiung, in: Handbuch Praktische Theologie. Band 2. Hg. v. Herbert Haslinger. Mainz, Grünewald, 396-409.
(2002): Auf der Suche nach einer überzeugenden Form kirchlicher Diakonie, in: Fürst, Walter (Hg.): Pastoralästhetik. Freiburg, Herder, 221-234.
(2004): Vom Proprium christlicher Caritas, in: *Theologie und Glaube* 94 (2004) 187-198.
(2009) Lebendige Seelsorge heute – Was verstehe ich darunter?, in: *Lebendige Seelsorge* (2009) 5, 325-327.
(2011): Die heilend-befreiende Praxis Jesu in caritastheologischer Perspektive am Beispiel der Heilung eines Mannes am Sabbat (Lk 6,6-11), in: Busse, Ulrich u.a. (Hg.): Erinnerung an Jesus. Göttingen, Vandenhoek & Ruprecht, 527-543.

BAUMGARTNER, ISIDOR u.a. (2009): Ambulante Palliativversorgung und Seelsorge. Forschungsbericht zu einer empirischen Befragung Juni 2009 im Auftrag der Deutschen Bischofskonferenz. www.phil.uni-passau.de/fileadmin/group_upload/.../palliative_care.pdf (eingesehen August 2014).

BAUMGARTNER, KONRAD
(1989): Gesprächs-Seelsorge im Dienst der Versöhnung, in: Beinert, Wolfgang: Kirche zwischen Konflikt und Konsens. Regensburg, Pustet, 152-157.
(1999): Gottes Sorge um den Menschen. Zur Spiritualität der Seelsorge in unserer Zeit, in: *Theologisch-praktische Quartalschrift* 147 (1999) 4, 371-380.
(2005): Trösten in der Kraft des Geistes, in: Seelsorge in der Kraft des Heiligen Geistes. Hg. v. Phillip Müller, Hubert Windisch. Freiburg, Herder, 15-27.

BEAUREGARD, MARIO, DENYSE O'LEARY (2008): The Spiritual Brain. A Neuroscientist's Case for the Existence of Soul. New York, Harper, 2008.

BECHMANN, ULRIKE (2009): Der Lebenshauch Gottes, in: *Bibel und Liturgie* 64 (2009) 2, 87-92.

BECK, BIRGIT (2013): Ein neues Menschenbild? Der Anspruch der Neurowissenschaften auf Revision unseres Menschenbildes. Münster, mentis Verlag.

BECK, JAMES R. (2003): Self and soul. Exploring the boundary between psychotherapy and spiritual formation, in: *Journal of psychology and theology* 31 (2003) 1, 24-36.

BECK, MATTHIAS
(2000): Seele und Krankheit. Psychosomatische Medizin und theologische Anthropologie. Freiburg, Schöningh.
(2002): Der Leib als Ausdruck der Seele, in: *Lebendige Seelsorge* 33 (2002) 255-260.

BECK, ULRICH (1986): Risikogesellschaft. Auf dem Weg in eine andere Moderne. Frankfurt am Main, Suhrkamp.

BECK, ULRICH, ELISABETH BECK-GERNSHEIM (Hg.) (1994): Riskante Freiheiten. Individualisierung in modernen Gesellschaften. Frankfurt am Main, Suhrkamp.

BECKER, PATRICK
(2009): Kein Platz für Gott? Theologie im Zeitalter der Naturwissenschaften. Regensburg, Pustet.
(2009): In der Bewusstseinsfalle? Geist und Gehirn in der Diskussion von Theologie, Philosophie und Naturwissenschaften. Göttingen, Vandenhoek & Ruprecht.

BECKERMANN, ANSGAR
(2008): Das Leib-Seele-Problem. Eine Einführung in die Philosophie des Geistes. Stuttgart, UTB.
(2008): Gehirn, Ich, Freiheit. Neurowissenschaften und Menschenbild. Münster, mentis.

BEELER, MARIE-THERES (2002): Freundschaft in der Seelsorge, in: *Diakonia* 33 (2002) 404-408.

BEINERT, WOLFGANG
(1985): Heil und Heilung durch den Glauben der Kirche, in: Beinert, Wolfgang. (Hg.): Hilft Glaube heilen? Düsseldorf Patmos, 64-86.
(2000): Die Leib-Seele-Problematik in der Theologie, in: *Stimmen der Zeit* 218 (2000) 673-687.
(2002): Die Leib-Seele-Problematik in der Theologie. Köln, Karl-Rahner-Akademie.
(2007): Tod und Jenseits des Todes. Regensburg, Pustet.
(2014): Was Christen glauben. Regensburg, Pustet.

BELOK, MANFRED (2014): Herausforderung Seelsorge, in: Noth, Isabelle, Claudia Kohli Reichenbach (Hg.): Palliative und Spiritual Care. Zürich, Theologischer Verlag, 61-84.

BEN-CHORIN, SCHALOM (1986): Was ist der Mensch. Anthropologie des Judentums. Tübingen, Mohr.
BERGES, ULRICH (2012): Prophetischer Protest im Namen der rettenden Gerechtigkeit, in: *Theologisch-praktische Quartalschrift* 160 (2012) 159-166.
BERGER, PETER L.
(2003): Von grimmigen Theologen, in: *Junge Kirche* 64 (2003) 6, 4-7.
(2006): Erlösender Glaube? Fragen an das Christentum. Berlin/New York, de Gruyter.
BERNARD, ANDREAS (2012): Die Hirnforschung ist die Königin aller Wissenschaften, in: *SZ Magazin* 35 (2012) 10-13.
BERNER, KNUT (2005): Der neue Mensch. Rechtfertigungslehre und personale Identität, in: *Evangelische Theologie* 65 (2005) 3, 179-195.
BERTRAM, PETER, SIEGFRIED KNEISSL, THOMAS HAGEN (2009): Krankenhausseelsorge – Qualität im Konzept von Spiritual Care, in: Frick, Eckhard, Traugott Roser (Hg.):Spiritualität und Medizin. Stuttgart, Kohlhammer, 80-93.
BETZ, OTTO (2003): Der Leib und seine Sprache. Die Symbolik der menschlichen Gestalt. Regensburg, Pustet.
BEUTTLER, ULRICH (2008): Leib und Seele, Gehirn und Geist. Geschichte und Systematik möglicher Verhältnisbestimmungen, in: *Glaube und Denken* 21 (2008) 9-32.
BIEBERSTEIN, SABINE (2013): Die Jüngerinnen des Nazareners, in: Grossbongardt, Anette, Dietmar Pieper (Hg.): Jesus von Nazareth und die Anfänge des Christentums. München, Goldmann, 214-223.
BIENERT, WOLFGANG (1994): Basilius von Cäsarea, in: Möller, Christian (Hg.): Geschichte der Seelsorge in Einzelporträts, Band I. Göttingen, Vandenhoeck & Ruprecht, 113-131.
BIERITZ, KARL-HEINZ (2006): Zeitverschwendung. Von heiligen und anderen Zeiten, in: *Theologisch-praktische Quartalschrift* 154 (2006) 346-355.
BISER, EUGEN:
(2003): Kann Glaube heilen? Zur Frage nach Sinn und Wesen einer Therapeutischen Theologie, in: Fuchs, Brigitte u.a. (Hg.): Hilft der Glaube? Heilung auf dem Schnittpunkt zwischen Theologie und Medizin. Münster, LIT, 35-56.
(2005): Theologische Anthropologie, in: Neues Handbuch Theologischer Grundbegriffe. Band 1. Hg. v. Peter Eicher. München, Kösel, 25-33.
BLARER, STEFAN (2003): Das Seelsorgegespräch. Ein heil(ig)endes Gespräch, in: *Diakonia* 34 (2003) 247-253.
BLEIBTREU-EHRENBERG, GISELA (2005): Der Leib als Widersacher der Seele. Ursprünge dualistischer Seinskonzepte im Abendland, in: JÜTTEMANN, GERD u.a. (Hg.) (2005): Die Seele. Göttingen, Vandenhoek & Ruprecht, 75-96.
BLUME, MICHAEL
(2009): Neurotheologie. Hirnforscher erkunden den Glauben. Marburg, Tectum.
(2012): Glaube und Gehirn, in: *Gehirn & Geist* (2012) 9, 42-46.
BOBERT, SABINE (2011): Seelsorge in der Postmoderne, *Wege zum Menschen* 63 (2011) 3, 258-272.
BOBGAN, MARTIN, DEIDRE BOBGAN (1991): Psychotherapie oder Biblische Seelsorge. Bielefeld, CLV.
BÖHM, THOMAS (2007): In der Ohnmacht Gott erfahren. Plädoyer für eine Pastoral, die auch das eigene Versagen zulässt, in: Bucher, Rainer, Rainer Krockauer (Hg.): Gott. Eine pastoraltheologische Annäherung. Berlin, LIT, 103-112.
BOEHME, KATJA (Hg.) (2013): Wer ist der Mensch? Berlin, Frank und Timme.
BOEHME, KATJA (2013): „Wer ist der Mensch"? Zur Anthropologie aus katholischer Perspektive, in: Dies. (Hg.) (2013): Wer ist der Mensch? Berlin, Frank und Timme, 59-74.
BOFF, LEONARDO (1987): Der dreieinige Gott. Düsseldorf, Patmos.
BOLZ, NORBERT (Hg.) (2003): Was ist der Mensch? München, Fink.
BONHOEFFER, THOMAS
(1985): Ursprung und Wesen der christlichen Seelsorge. München, Kaiser.
(1989): ‚Seelsorge' in Platos Apologie, in: *Pastoraltheologie* 78 (1989), 285.
(1990): Zur Entstehung des Begriffs Seelsorge, in: *Archiv für Begriffsgeschichte* 33 (1990) 7-21.
BONHOEFFER, TOBIAS, PETER GRUSS (Hg.) (2011): Zukunft Gehirn. Neue Erkenntnisse, neue Herausforderungen. Ein Report der Max-Planck-Gesellschaft. München, Beck.
BONK, SIGMUND (2003): Der eigentliche Weg des Menschen. Ein ganzheitlich-realistisches Verständnis von Seelsorge, in: *Geist und Leben* 76 (2003) 1, 12-23.
BOPP, KARL
(2000): Einen neuen Himmel oder eine neue Erde? Zur Zukunftsverantwortung der Kirche am Beginn des 21. Jahrhunderts, in: *International Journal of Practical Theology* 4 (2000) 1-21.
(2011): Plädoyer für eine Ökologische Pastoral, in: *Theologie im Fernkurs. Katholische Akademie Domschule Würzburg. Mitteilungen* 40 (2011) Januar, 1–3.
(2011): Pastorale Großräume - Lernräume für eine diakonische Pastoral, in: *Lebendige Seelsorge* 62 (2011) 6, 400-405.
BORASIO, GIAN DOMENICO
(2009): Spiritualität in Palliativmedizin/Palliative Care, in: Frick, Eckhard, Traugott Roser , (Hg.): Spiritualität und Medizin. Stuttgart, Kohlhammer, 109-123.
(2011): Über das Sterben. Was wir wissen. Was wir tun können. Wie wir uns darauf einstellen. München, Beck.
(2014): Spiritual Care: Eine Aufgabe für den Arzt?, in: Noth, Isabelle, Claudia Kohli Reichenbach (Hg.): Palliative und Spiritual Care. Zürich, Theologischer Verlag, 117-128.
(2014): Geleitwort, in: Schulte, Volker, Christoph Steinebach (Hg.) (2014): Innovative Palliative Care. Bern, Huber, 11-13.
BORASIO, GIAN DOMENICO, TRAUGOTT ROSER (2008): Der Tod als Rahmenbedingung. Spiritual Care in der Palliativmedizin, in: *Praktische Theologie* 43 (2008) 1, 43-51.
BORDT, MICHAEL (2006): Metaphysischer und anthropologischer Dualismus in Platons Phaidon, in: Niederbacher, Bruno, Edmund Runggaldier (Hg.): Die menschliche Seele. Brauchen wir den Dualismus? Ontos Verlag, 99-115.
BORGMAN, ERIK (2003): Die der Selbstentäußerung verdankte Nähe des befreienden Gottes. Konturen einer christlichen Theologie anderer Glaubensweisen, in: *Concilium* 39 (2003) 507-519.
BOSCHKI, REINHOLD (2005): Von welchem Subjekt reden wir eigentlich?, in: Nauer, Doris, Rainer Bucher, Franz Weber, (Hg.): Praktische Theologie. Stuttgart, Kohlhammer, 58-64.

BOSSE-HUBER, PETRA (2005): Seelsorge – die ‚Muttersprache' der Kirche, in: Seelsorgliche Kirche im 21. Jahrhundert. Modelle – Konzepte – Perspektiven. Hg. v. Kramer, Anja, Freimut Schirrmacher. Neukirchen-Vluyn, Neukirchener Verlagshaus,11-17.

BOVON, FRANCOIS (2010): The soul's comeback. Immortality and resurrection in early Christianity, in: *Harvard theological review* 103 (2010) 4, 387-406.

BOYD, JEFFREY H. (1998): A history of the concept of the soul during the 20th century, in: *Journal of psychology and theology* 26 (1998) 1, 66-82.

BOYER, PASCAL (2011): Und Mensch schuf Gott. Klett Cotta.

BRANKAER, JOHANNA (2010): Die Gnosis. Marixverlag, Wiesbaden.

BREDOW, UDO, ANNEMARIE MAYER (2001): Die Autoren der Genesis gegen den Rest der Welt: Schöpfung auf Altorientalisch und im Alten Testament, in: Udo Bredow, Annemarie Mayer: Der Mensch – das Maß aller Dinge? 14 Antworten großer Denker. Darmstadt, Wissenschaftliche Buchgesellschaft, 77-92.

BREMER, JÖRG (2014): Exorzismus ist wieder in Mode: www.faz.net/aktuell/gesellschaft/geistliche-als-teufelsaustreiber-exorzismus.

BREMMER, JAN N. (2002): The soul in early and classical Greece, in: Figl, Johann, Hans-Dieter Klein (Hg.): Der Begriff der Seele in der Religionswissenschaft. Würzburg, Verlag Königshausen & Neumann, 159-170.

BRINK, BRIGITTE (2006): „...wie Gott mitspielt" – Ein bibel-pastorales Lernmodell für seelsorgliches Handeln, in: Köhl, Georg (Hg.): Seelsorge lernen in Studium und Beruf. Trier, Paulinus, 325-335.

BRODMERKEL, ANKE
(2013): Den Kopf kartieren, in: *Berliner Zeitung* Nr. 92 (2013) 20/21 April, 6-7.
(2013): Das Denken simulieren, in: *Berliner Zeitung* Nr. 92 (2013) 20/21 April, 7.

BRÖKER, WERNER (1999): Was ist der Mensch? Theologische Anthropologie aus dem Dialog zwischen Dogmatik und Naturwissenschaft. Osnabrück, Rasch.

BROMKAMP, PETER (2011): Begleiter in der Seelsorge – ein neuer Weg in der Pastoral der Einrichtungen oder ‚Zurück in die Zukunft?", in: *Behinderung & Pastoral* (2011) Juli, 21- 23.

BRÜNDL, JÜRGEN (2005): Gegenwart des Geistes? Zu dem Grundproblem der Pneumatologie, in: *Lebendige Seelsorge* 56 (2005) 70-75.

BRÜNTRUP, GODEHARD (2012): Das Leib-Seele-Problem. Eine Einführung. 4. Aufl. Stuttgart, Kohlhammer.

BRÜNTRUP, GODEHARD (Hg.) (2010): Auferstehung des Leibes – Unsterblichkeit der Seele. Stuttgart, Kohlhammer.

BUCHER, ANTON A. (2011): Moderne Sinnsuche, in: *Gehirn und Geist* (2011) 3, 15-19.

BUCHER, RAINER
(2002): Kosmos – Kirche – Körper, in: *Concilium* 38 (2002) 186-196.
(2004): Die pastorale Konstitution der Kirche. Was soll Kirche eigentlich?, in: Bucher, Rainer (Hg.): Die Provokation der Krise. Zwölf Fragen und Antworten zur Lage der Kirche. Würzburg, Echter, 30-44.
(2010): Priester des Volkes Gottes. Würzburg, Echter.
(2013): Die Gemeinde nach dem Scheitern der Gemeindetheologie. Perspektiven einer zentralen Sozialform der Kirche, in: Sellmann, Matthias (Hg.): Gemeinde ohne Zukunft? Freiburg im Br., Herder, 19-54.
(2014): Gott und Pastoral. Ihr Verhältnis in nach-kirchlichen Zeiten, in: *Anzeiger für die Seelsorge* (2014) 3, 5-8.

BUCHER, RAINER/ KARL-HEINZ LADENHAUF (2004): „Räume des Aufatmens". Welche Seelsorge brauchen Menschen heute ?, in: Bucher, Rainer (Hg.): Die Provokation der Krise. Würzburg, Echter, 154-176.

BUCHER, RAINER, JOHANN POCK (2004): Entdeckungen wagen. Wie heute von Gott reden?, in: Bucher, Rainer (Hg.): Die Provokation der Krise. Würzburg, Echter, 177-202.

BUCHER, RAINER, RAINER KROCKAUER (Hg.) (2007): Gott. Eine pastorale Annäherung. Münster. LIT.

BUCHHOLZ, RENÉ (2005): Körper/Leib. Bibeltheologisch-systematisch, in: Neues Handbuch Theologischer Grundbegriffe. Band 2. Hg. v. Peter Eicher. München, Kösel, 390-392.

BÜHLER, PIERRE
(1999): In Gottes Angesicht: der Mensch in der jüdisch-christlichen Tradition, in: Reichardt, Anna Katharina, Eric Kubli (Hg.): Menschenbilder. Bern/Berlin, Lang, 55-79.
(2012): Witz und Geist. Humor als Dimension der Spiritualität, in: Kunz, Ralph, Claudia Kohli Reichenbach, (Hg.): Spiritualität im Diskurs. Zürich, Theologischer Verlag, 99-111.

BUECKERT, LEAH DAWN, DANIEL S. SCHIPANI (Hg.) (2006): Spiritual caregiving in the hospital. Windows to chaplaincy ministry. Kitchener, Onario, Pandora Press.

BÜSSING, ARNDT
(2011): Spiritualität/Religiosität als Ressource im Umgang mit chronischer Krankheit, in: Ders., Niko Kohls (Hg.): Spiritualität transdisziplinär. Berlin/Heidelberg, Springer, 107-124.
(2012): Messverfahren für spirituelle Bedürfnisse chronisch Kranker, in: *Spiritual Care* 1 (2012) 3, 36-50.

BÜSSING, ARNDT u.a. (2012): Zusammenhänge zwischen psychosozialen und spirituellen Bedürfnissen und Bewertung von Krankheit bei Patienten mit chronischen Erkrankungen, in: *Spiritual Care* (2012) 1, 57-73.

BUKOWSKI, PETER
(2001): Humor in der Seelsorge. Eine Animation. Neukirchen-Vluyn, Neukirchener Verlag.
(2009): Die christliche Tradition im Blickpunkt der Seelsorge, in: Engemann, Wilfried (Hg.): Handbuch der Seelsorge. 2. Auflage. Leipzig, Verlagsanstalt, 187-201.
(2009): Seelsorge und die Bibel, in: Fermor, Gotthard, Desmond Bell (Hg.): Seelsorge heute. Neukirchen-Vluyn, Neukirchener Verlag, 49–61.

BUNDSCHUH-SCHRAMM, CHRISTIANE:
(2008): Immer wieder zur Quelle. Zur Spiritualität der Professionellen, in: *Anzeiger für die Seelsorge* (2008) 11, 33-37.
(2014): Pastorale Spiritualität, in: *Anzeiger für die Seelsorge* (2014) 2, 18-21.

BURBACH, CHRISTIANE (2006): Weisheit und Lebenskunst. Horizonte zur Konzeptualisierung von Seelsorge, in: *Wege zum Menschen* 58 (2006) 13-27.

BURBACH, CHRISTIANE, TILMAN KINGREE (2011): Zu Gast im fremden Haus - neue Wege zur Annäherung an den Empathiebegriff. Bericht über die Sektionstagung der PPS 2011, in: *Wege zum Menschen* 63(2011), 6, 596-602.

BURRI, WALTER (2007): Seelsorge im Spital, in: Albisser, Rudolf, Adrian Loretan (Hg.): Spitalseelsorge im Wandel. Münster, LIT, 57-60.

BUSCHE, HUBERTUS (2012): Die Seele als System. Aristoteles' Wissenschaft von der Psyche. Hamburg, Meiner.

CAMPENHAUSEN, HANS von (1963): Kirchliches Amt und geistliche Vollmacht in den ersten drei Jahrhunderten. 2. Aufl. Tübingen; Mohr.

CARR, JOHN C. (2012): Pastoral Spiritual Care, Counseling & Advocacy with and for Less Able, in: Louw. Daniel u.a. (Hg.): Encounter in Pastoral Care and Spiritual Healing. Wien/Berlin, LIT, 210-221.

CARRANZA, BRENDA (2002): Die Feuer der Pfingstbewegung im heutigen Brasilien, in: *Concilium* 38 (2002) 3, 326-336.

CARRETT, THIERRY, ROLAND MOSER (2013): Spiritualität in der hochspezialisierten Medizin. Luxus oder Notwendigkeit?, in: *Spiritual Care* 2 (2013) 2, 44-54.

CASPARY, RALF (2010): Alles Neuro? Was die Hirnforschung verspricht und nicht halten kann. Freiburg im Br., Herder.

CHANGEUX, JEAN PIERRE (1984): Der neuronale Mensch. Wie die Seele funktioniert – die Entdeckung der neuen Gehirnforschung. Reinbek, Rowohlt.

CHARBONNIER, RALPH (2010): Seelsorge in der Palliativversorgung, in: Burbach, Christiane (Hg.): …bis an die Grenze. Hospizarbeit und Pallaitive Care. Göttingen, Vandenhoek & Ruprecht, 165-189.

CHARTA ZUR BETREUUNG SCHWERSTKRANKER UND STERBENDER MENSCHEN IN DEUTSCHLAND. Hg. v. Deutsche Gesellschaft für Palliativmedizin e.V./ Deutscher Hospiz- und PalliativVerband e.V./ Bundesärztekammer. September 2010.

CHRISTLICHE SPIRITUALITÄT LEHREN, LERNEN UND LEBEN (2006). Hg. v. Reinhold Boschki u.a. Bonn, University Press.

CHRISTOPH, MONIKA (2005): Pneuma und das neue Sein der Glaubenden. Frankfurt am Main, Lang.

CHURCHLAND, PAUL M. (1995): The engine of reason, the seat of the soul. A philosophical journey into the brain. 2. Aufl. Cambridge, MIT Press.

CLAUSEN, JENS u.a. (Hg.) (2008): Die ,Natur des Menschen' in Neurowissenschaft und Neuroethik. Würzburg, Königshausen & Neumann.

CLINEBELL, HOWARD (1998): 'Ökotherapie' - ein Paradigma für eine ökologisch-soziale Identität, in: *Wege zum Menschen* 50 (1998) 160-174.

COENEN-MARX, CORNELIA (2005): Seelsorge und Leibarbeit, in: Seelsorgliche Kirche im 21. Jahrhundert. Modelle - Konzepte – Perspektiven. Hg. v. Anja Kramer, Freimut Schirrmacher. Neukirchen-Vluyn, Neukirchener Verlag, 18-26.

COLLINS, GARY R.(1995): Die biblischen Grundlagen für beratende Seelsorge. Marburg, Francke.

CONVER, LEIGH E. (1997): Care of the soul, in: *Review and expositor* 94 (1997) 1, 107-130.

CORNELIUS-BUNDSCHUH, JOCHEN (2003): Heil und Heilung. Überlegungen zum heilsamen kirchlichen Handeln in Seelsorge und Liturgik, in: *Pastoraltheologische Informationen* 23 (2003) 1, 174-189.

CRICK, FRANCIS (1994): Was die Seele wirklich ist. Die naturwissenschaftliche Erforschung des Bewusstseins. München, Artemis und Winkler.

CRONE, KATJA, ROBERT SCHNEPF, JÜRGEN STOLZENBERG (Hg.) (2010): Über die Seele. Berlin, Suhrkamp.

CRÜSEMANN, FRANK (2006): Die Außenwelt der Innenwelt. Seele und Leib in alttestamentlich-biblischer Sicht, in: *Zeitzeichen* 7 (2006) 12, 30-32.

CULLMANN, OSCAR (2010): Unsterblichkeit der Seele oder Auferstehung der Toten? Die Antwort des Neuen Testaments, in: Brüntrup, Godehard (Hg.): Auferstehung des Leibes – Unsterblichkeit der Seele. Stuttgart, Kohlhammer, 13-24.

DACH, CHRISTOPH, JÜRGEN OSTERBRINK (2013): Spiritualität in der Pflege, in: *Spiritual Care* 2 (2013) 3, 21-30.

DAHLGRÜN, CORINNA
(2009): Die Beichte als christliche Kultur der Auseinandersetzung mit sich selbst coram Deo, in: Engemann, Wilfried (Hg.): Handbuch der Seelsorge. 2. Auflage. Leipzig, Verlagsanstalt, 493-507.
(2012): Die Gabe, die Geister zu unterscheiden. Von den Kriterien christlicher Spiritualität, in: Kunz, Ralph, Claudia Kohli Reichenbach (Hg.): Spiritualität im Diskurs. Zürich, Theologischer Verlag, 2012, 81-98.

DALFERTH, INGOLF (2004): Gott für uns. Die Bedeutung des christologischen Dogmas für die christliche Theologie, in: Denkwürdiges Geheimnis. Hg. v. Ingolf U. Dalferth u.a. Tübingen, Mohr-Siebeck, 51-75.

DAMASIO, ANTONIO
(2002): Ich fühle, also bin ich. München, List.
(2004): Decartes' Irrtum. Fühlen, Denken und das menschliche Gehirn. München, List.
(2011): Selbst ist der Mensch. Körper, Geist und die Entstehung des menschlichen Bewusstseins. München, Siedler.

DAS MANIFEST (2004): Elf führende Neurowissenschaftler über Gegenwart und Zukunft der Hirnforschung, in: *Gehirn & Geist* (2004) 6, 30-37.

DAS MANIFEST DER NEUROWISSENSCHAFTLER, in: www.gehirn-und-geist.de/manifest, 2004.

DAS OPTIMIERTE GEHIRN (2009). Ein Memorandum sieben führender Experten, in: *Gehirn & Geist* (2009) 11, 40-47.

DAUTZENBERG, GERHARD (1999): Seele. Neues Testament, in: Theologische Realenzyklopädie. Hg. v. Müller, Gerhard, Gerhard Krause. Bd. 30. Berlin, de Gruyter, 744-748.

DAVIDSON, RICHARD, SHARON BEGLEY (2012): Warum wir fühlen, wie wir fühlen. Wie die Gehirnstruktur unsere Emotionen bestimmt und wie wir darauf Einfluss nehmen können. Arkana Verlag.

DAWKINS, RICHARD (2008): Der Gotteswahn. Berlin, Ullstein.

DEISSEROTH, KARL (2013): Lichtschalter im Gehirn, in: *Spektrum Spezial* (2013) 1, 14-21.

DELGADO, MARIANO (2012): Mystagogische Seelsorge aus dem Geist der Mystik und Weitergabe des Glaubens, in: Felder, Michael, Jörg Schwaratzki (Hg.): Glaubwürdigkeit der Kirche – Würde der Glaubenden. Freiburg, Herder, 184-198.

DELIANO, MATTHIAS (2010): Prothesen für das Gehirn: Blinde sehen, Lahme gehen, Taube hören?, in: Böhlmann, Peter (Hg.): Der machbare Mensch? Berlin, LIT, 67-74.

DEMMER, KLAUS (2009): Die Sünde – eine Lebensverfehlung, in: *Trierer Theologische Zeitschrift* 118 (2009), 201-211.

DENNETT, DANIEL
(2007): Süße Träume. Die Erforschung des Bewusstseins und der Schlaf der Philosophie. Frankfurt am Main, Suhrkamp.
(2008): Den Bann brechen. Religion als natürliches Phänomen. Frankfurt am Main.

DERKSEN, NICOLAS (2003): Bibliodrama als Seelsorge: Praxis und Konzepte, in: *Pastoraltheologische Informationen* 23 (2003) 1, 15-19.

DESELAERS, PAUL (2009): Verpasste Chance? Von der mühseligen Arbeit an einer differenzierten Erneuerung der Beichte, in: *Anzeiger für die Seelsorge* (2009) 3, 13-17.

DEUS CARITAS EST (2005). Enzyklika von Papst Benedikt XVI. An die Bischöfe, an die Priester und Diakone, an die gottgeweihten Personen und an alle Christgläubigen über die christliche Liebe.

DEUSEN-HUNSINGER, DEBORA van (2006): Pray without Ceasing. Revitalizing Pastoral Care. Cambridge/Grand Rapids, Eerdmans.

DICKEL, SASCHA (2010): Entgrenzung der Machbarkeit? Biopolitische Utopien des Enhancements, in: Böhlmann, Peter (Hg.): Der machbare Mensch? Berlin, LIT, 75-84.

DIETRICH, WALTER, CHRISTIAN LINK
(1995): Die dunklen Seiten Gottes. Band 1: Willkür und Gewalt. Neukirchen-Vluyn, Neukirchener Verlag.
(2000): Die dunklen Seiten. Gottes Band 2: Allmacht und Ohnmacht. Neukirchen-Vluyn, Neukirchener Verlag.

DILLEN, ANNEMIE (2011): Empowerment, resilience and vulnerabiliy. Prophetic Pastoral Care and Counseling in Light of the Kindom of God, in: Dillen, Annemie, Anne Vandenhoek (Hg.): Prophetic Witness in World Christianities. Rethinking Pastoral Care and Counseling. Berlin/Wien, LIT, 235-242.

DINGES, STEFAN
(2009): Von der Herausforderung, Spiritualität im Krankenhaus zu erorten, in: Körtner, Ulrich u.a. (Hg.): Spiritualität, Religion und Kultur am Krankenbett. Wien, 153-164.
(2014): Dem Lebensatem Raum schaffen. Strukturelle und organisationale Verankerung von unterstützender Spiritualität am Lebensende, in: Feinendegen, Norbert u.a. (Hg.): Menschliche Würde und Spiritualität in der Begleitung am Lebensende. Würzburg, Königshausen & Neumann, 471-506.

DINKEL, CHRISTOPH (2004):·Das Gebet als Medium der Seelsorge, in: *Praktische Theologie* 39 (2004) 2, 129-141.

DIRNBERGER, RAINER (2012): Aufgeklärte Spiritualität. Spiritualität ohne Gott. Nordersedt, Books on Demand.

DIRSCHERL, ERWIN
(2004): Das Verhältnis von Leib und Seele und das Phänomen der Unmittelbarkeit, in: Wasmuth, Werner (Hg.): Wo aber bleibt die Seele? Interdisziplinäre Annäherungen. Münster, LIT, 47-56.
(2006): Grundriss Theologischer Anthropologie. Regensburg, Pustet.

DLUGOS, SLAVOMIR, SIGRID MÜLLER (2012): Was ist Sünde?, in: *Theologisch-praktische Quartalschrift* 60 (2012) 31-39.

DÖRNER, DIETRICH
(2001): Bauplan für eine Seele. Reinbek, Rowohlt.
(2004): Man muss wissen, wonach man sucht. Wird uns die Neurowissenschaft den freien Willen austreiben? Von wegen!, in: *Gehirn & Geist* (2004) 7, 36-38.

LeDOUX, JOSEPH E. (Hg.) (2003): The self. From soul to brain. New York, New York Academy of Sciences.

DRECHSEL, WOLFGANG
(2002): Lebensgeschichte und Lebens-Geschichten. Gütersloh, Kaiser.
(2004): Zwischen Zuspruch, Anspruch und Einspruch. Zur Frage nach einer Seelsorge von übermorgen, in: *Transformationen* 4 (2004) 3-24.
(2004): Sünde – anachronistisches Design weltfremden Christentums in der Moderne oder gegenwartsbezogene Lebensdeutung?, in: *Pastoraltheologie* 93 (2004) 1, 17-32.
(2006): Der lange Schatten des Mythos vom gelingenden Leben. Theologische Anmerkungen zur eigenen Endlichkeit und zur Frage der Seelsorge, in: *Pastoraltheologie* 95 (2006) 7, 314-328.
(2008): Finitum capax infiniti und die Gnade, endlich sein zu dürfen. Anmerkungen zur Seelsorgetheorie und Seelsorgepraxis, in: *Wege zum Menschen* 60 (2008), 423-440.

DREHSEN, VOLKER (2006): Narrare necesse est. Eine essayistische Skizze zum Sinn des Erzählens in praktisch-theologischer Sicht, in: *Pastoraltheologische Informationen* 26 (2006) 2, 64-78.

DÜNZL, FRANZ (2006): Kleine Geschichte des trinitarischen Dogmas in der Alten Kirche. Freiburg, Herder.

DZIEWAS, RALF (2010): Von der "Sünde der Welt" zur "Sündhaftigkeit sozialer Systeme", in: Leonhardt, Rochus (Hg.). Die Aktualität der Sünde. Frankfurt am Main, Lembeck, 95-119.

EBELING, GERHARD (1994): Luthers Gebrauch der Wortfamilie Seelsorge, in: *Lutherisches Jahrbuch* 61 (1994) 7-44.

EBERTZ, MICHAEL (2013): Kirche in der multiplen Gesellschaft, in: *Münchener theologische Zeitschrift* 64 (2013) 4, 373-384.

EBERTZ, MICHAEL N. (Hg.) (2005): Lernen, wo Menschen sind. Mainz, Grünewald.

EBERT, THEODOR (2004): Platon, Phaidon. Übersetzung und Kommentar. Göttingen, Vandenhoek & Ruprecht, 2004.

EBNER, MARTIN (2007): Jesus von Nazareth. Was wir von ihm wissen können. Stuttgart, Katholisches Bibelwerk, 2007.

ECKOLT, MARGIT (2005): Die faszinierende Neuheit des Heiligen Geistes, in: *Diakonia* 36 (2005), 92-98.

ECKOLDT, MATTHIAS (2013): Gespräche über Hirnforschung und die Grenzen unserer Erkenntnis. Heidelberg, Auer.

EGGENSBERGER, THOMAS (2004): Schöpfung und Abbild, in: *Wort und Antwort* 45 (2004) 40-41.

EGGER, JOSEF W. (2013): Zur spirituellen Dimension des biopsychosozialen Modells, in: *Psychologische Medizin* (2013) 2, 39-46.

EHLERT, FLORIAN (2013): Ethik und Realität. Pastoralpsychologische Aspekte zur Ethikberatung, in: *Wege zum Menschen* 65 (2013) 5, 433-446.

EHRENBERG, ALAIN (2004): Das erschöpfte Selbst. Frankfurt am Main, Campus.

EIBACH, ULRICH
(2004): Streit um Menschenwürde und Gottesebenbildlichkeit, in: *Theologische Beiträge* 35 (2004) 245-261.
(2006): Glaube, Krankenheilung und Heil, in: *Evangelische Theologie* 66 (2006) 297-316.
(2009): Neurowissenschaften, religiöses Erleben und Religionskritik, in: *Evangelische Theologie* 69 (2009) 1, 5-20.
(2010): Gott im Gehirn? Ich – eine Illusion? Neurobiologie, religiöses Erleben und Menschenbild aus christlicher Sicht. Witten, Brockhaus.
(2012): Der Mensch - mehr als ein Produkt seines Gehirns? Zur Bedeutung neurobiologischer Hypothesen und Erkenntnisse für Seelsorge und Beratung, in: *Pastoraltheologie* 101 (2012) 6, 231-246.

ELHARDT, EVA u.a.: Evaluation einer Fortbildung zur Spirituellen Anamnese SPIR in Klinik und Praxis, in: *Spiritual Care* (2013) 2, 27-34.

ELSNER, NORBERT, HANS-LUDWIG SCHREIBER (Hg.) (2002): Was ist der Mensch? Göttingen, Wallstein.

ENGELHARDT, H.T.J., C. DELKESKAMP-HAYES (2009): Der Geist der Wahrheit und die „Legion" der Spiritualitäten, in: Frick, Eckhard, Traugott Roser (Hg.): Spiritualität und Medizin. Stuttgart, Kohlhammer, 72-79.

ENGELHARDT, MARC (Hg.) (2005): Konsum. Globalisierung. Umwelt. Hamburg, VSA-Verlag.

ENGELHARDT, PAULUS (2000): Seele. Philosophisch-anthropologisch, in: Lexikon für Theologie und Kirche. Band 9. 3. Aufl. Hg. v. Walter Kasper. Freiburg, Herder, 370-372.

ENGELS, EVE-MARIE (Hg.) (2005): Neurowissenschaften und Menschenbild. Paderborn, Mentis.

ENGELS, EVE-MARIE, ELISABETH HILDT (Hg.) (2005): Neurowissenschaften und Menschenbild. Münster, mentis.

ENGEMANN, WILFRIED
(2006): Aneignung der Freiheit, in: *Wege zum Menschen* 58 (2006), 28-48.
(2009): Das Lebenswissen des Evangeliums in seinem Bezug zur Seelsorge, in: Engemann, Wilfried (Hg.): Handbuch der Seelsorge. 2. Auflage. Leipzig, Verlagsanstalt, 467-473.

ENGEMANN, WILFRIED (Hg.) (2009): Handbuch der Seelsorge. 2. Auflage. Leipzig, Verlagsanstalt.

ENZNER-PROBST, BRIGITTE (2002): Schreien lernen oder Von der heilsamen Kraft des Klagens. Klageliturgien als Raum seelsorglicher Begleitung, in: *Praktische Theologie* 37 (2002) 3, 188-195.

ERLER, MICHAEL (2006): Platon. München, Beck.

ESCHENWECK, MARTINA (1999): „Die Bibel ist wie ein Kräutlein..." Kreative Bibelarbeit mit Erwachsenen, in: Luksch, Thomas, Hermann Würdinger (Hg.): Zuerst der Mensch. München, Don Bosco, 36-46.

ESCHMANN, HOLGER
(1998): Dem Teufel ins Gesicht lachen. Methoden logotherapeutischer Krisenintervention und Ratschläge Martin Luthers gegen die Anfechtung im Vergleich, in: *Pastoraltheologie* 87 (1998) 1, 35-45.
(2002): Theologie der Seelsorge. Grundlagen – Konkretionen – Perspektiven. Neukirchen, Neukirchener Verlag.
(2009): Wie hältst du's mit der Psychotherapie? Zur Verhältnisbestimmung von Seelsorge und Psychotherapie?, in: *Wege zum Menschen* 61 (2009) 4, 367-377.
(2013): Spiritualität und Gesundheit. Überlegungen aus theologischer und humanwissenschaftlicher Sicht , in: *Theologisches Gespräch* 37 (2013) 3, 107-120.

EURICH, JOHANNES u.a. (Hg.) (2010): Kirchen aktiv gegen Armut und Ausgrenzung. Theologische Grundlagen und praktische Ansätze für Diakonie und Gemeinde. Stuttgart, Kohlhammer.

EVANGELII GAUDIUM. Apostolisches Schreiben des Heiligen Vaters Papst Franziskus an die Bischöfe, Priester und Diakone, an die Personen geweihten Lebens und an die christgläubigen Laien über die Verkündigung. 24. November 2013.

EVERS, DIRK
(2003): Der menschliche Mensch. Hirnforschung und christliches Menschenbild, in: Schmidt, Jan C., Lars Schuster (Hg.): Der entthronte Mensch? Paderborn, mentis, 327-347.
(2006): Hirnforschung und Theologie, in: *Theologische Literaturzeitung* 131 (2006) 11, 1107-1122.

EVERTZ, WILFRIED (2003): Pfarrer: Manager und Seelsorger, in: *Lebendige Seelsorge* (2003) 182- 184.

EWALD, GÜNTER (2011): Unsterbliche Seele und christlicher Auferstehungsglaube, in: Ders.: Auf den Spuren der Nahtoderfahrungen. Kevelaer, Butzon & Bercker, 156-162.

EYCHMÜLLER, STEFFEN (2014): Lebensqualität in der letzten Lebensphase, in: Schulte, Volker, Christoph Steinebach (Hg.) (2014): Innovative Palliative Care. Bern, Huber, 71-79.

FABER, EVA-MARIA (2012): Die Grenzen in der Mitte des Lebens, in: Belok, Manfred u.a. (Hg.): Seelsorge in Palliative Care. Zürich, Züricher Verlag, 15-28.

FAHRENBERG, JOCHEN (2004): Annahmen über den Menschen. Menschenbilder aus psychologischer, biologischer, religiöser und interkultureller Sicht. Heidelberg, Asanger.

FALKENBURG, BRIGITTE (2012): Mythos Determinismus. Wieviel erklärt uns die Hirnforschung? Springer.

FASSLER, MANFRED (2003): Vernetzungen oder Beziehungen. Der Mensch und seine sozialen Strukturen, in: Bolz, Norbert (Hg.): Was ist der Mensch? München, Fink, 89-118.

FECHTNER, KRISTIAN (1999): Sich nicht beruhigen lassen. Seelsorge nach Henning Luther, in: Seelsorge im Plural Hg. v. Uta Pohl-Patalong, Frank Muchinsky. Hamburg, EB Verlag, 89-101.

FEDERSCHMIDT, KARL u.a. (Hg.) (2002): Handbuch Interkulturelle Seelsorge. Neukirchen, Neukirchen-Vluyn.

FEHLING, RUTH (2010): „Jesus ist für unsere Sünden gestorben". Eine praktisch-theologische Hermeneutik. Stuttgart, Kohlhammer.

FEINENDEGEN, NORBERT, ANDREA SCHAEFFER (2014): Spiritualität – Grundzüge eines anthropologischen Verständnisses, in: Feinendegen, Norbert u.a. (Hg.): Menschliche Würde und Spiritualität in der Begleitung am Lebensende. Würzburg, Königshausen & Neumann, 163-190.

FEITER, REINHARD
(2003): Da mir eng war, hast du mir's weit gemacht, in: *Pastoraltheologische Informationen* 23 (2003) 1, 24-25.
(2006): Trösten – oder: Die Kunst, nicht trösten können zu wollen, in: *Pastoraltheologische Informationen* 26 (2006) 2, 149-160.

FELDER, MICHAEL, JÖRG SCHWARATZKI (Hg.) (2012): Glaubwürdigkeit der Kirche – Würde der Glaubenden. Für Leo Karrer. Freiburg, Herder.

FEREL, MARTIN (1996): 'Willst du gesund werden?' Das systemische Verständnis von Krankheit und Heilung als Orientierung für die Seelsorge, in: *Wege zum Menschen* 48 (1996) 359-374.

FIGL, JOHANN (2002): Bilder für die Seele. Eine religionswissenschaftlich-vergleichende Perspektive, in: Figl, Johan, Hans-Dieter Klein (Hg.): Der Begriff der Seele in der Religionswissenschaft. Würzburg, Königshausen & Neumann, 9-26.

FIGL, JOHAN, HANS-DIETER KLEIN (Hg.) (2002): Der Begriff der Seele in der Religionswissenschaft. Würzburg, Verlag Königshausen & Neumann.

FINCK, FLORIAN (2007): Platons Begründung der Seele im absoluten Denken. Berlin, de Gruyter, 2007.

FINK, HELMUT, RAINER ROSENZWEIG (Hg.):
(2010): Künstliche Sinne, gedoptes Gehirn. Neurotechnik und Neuroethik. Münster, mentis.
(2012): Verantwortung als Illusion? Moral, Schuld, Strafe und das Menschenbild der Hirnforschung. Münster, mentis.

FIRTH, CHRIS (2014): Wie unser Gehirn die Welt erschafft. Springer, Spektrum.

FISCHER, HELMUT (2008): Haben Christen drei Götter? Entstehung und Verständnis der Lehre von der Trinität. Zürich, Theologischer Verlag.

FISCHER, JOHANNES (2006): Ethische Dimensionen in der Spitalseelsorge, in: *Wege zum Menschen* 58 (2006) 207-224.

FISCHER, RALPH (2006): Macht der Glaube heil? Der christliche Glaube als Heilsmacht im Anschluss an Eugen Biser und Eugen Drewermann. Frankfurt am Main, Lang.

FISCHBECK, HANS-JÜRGEN (2003): Wer und was ist der Mensch? Zu den Antworten von Religion und Naturwissenschaft, in: Schmidt, Jan C., Lars Schuster (Hg.): Der entthronte Mensch? Paderborn, mentis, 310-327.

FOCUS-UMFRAGE: Und was glauben Sie?, in. *Focus* (2011) 51, 26-31.

FRANKEMÖLLER, HUBERT (2002): Jesus Christus/Christologie. Bibeltheologisch, in: Neues Handbuch Theologischer Grundbegriffe. Band 2. Hg. v. Peter Eicher. München, Kösel, 254-271.

FRANZMANN, MANUEL (Hg.) (2006): Religiosität in der säkularisierten Welt. Theoretische und empirische Beiträge zur Säkularisierungsdebatte in der Religionssoziologie. Wiesbaden, Verlag für Sozialwissenschaften.

FREVEL, CHRISTIAN (Hg.) (2010): Biblische Anthropologie. Einsichten aus dem Alten Testament. Freiburg, Herder

FREYNE, SEAN (2001): Das frühchristliche Gottesverständnis, in: *Concilium* 37 (2001) 62-73.

FRICK, ECKHARD
(2002): Glauben ist keine Wunderdroge, in: *Herderkorrespondenz* 56 (2002), 41-46.
(2007): Sich heilen lassen. Eine spirituelle und psychoanalytische Reflexion. Würzburg, Echter.
(2009): Spiritual Care - nur ein neues Wort?, in: *Lebendige Seelsorge* (2009) 4, 233-236.
(2009): Spiritual Care in der Psychosomatischen Anthropologie, in: Frick, Eckhard, Traugott Roser (Hg.): Spiritualität und Medizin. Stuttgart, Kohlhammer, 102-108.
(2009): Spiritual care. Ein neues Fachgebiet der Medizin, in: *Zeitschrift für medizinische Ethik* 55 (2009) 2, 145-155.
(2010): Neuro-Enhancement, in: *Stimmen der Zeit* 228 (2010) 9, 577-578.
(2011): Spiritual Care – eine gemeinsame Aufgabe in Krankenpflege, Medizin und Seelsorge, in: *zur debatte* 1 (2011) 38-40.
(2011): Spiritual Care in der Humanmedizin: Profilierung und Vernetzung, in: Klein, Konstantin u.a. (Hg.): Gesundheit - Religion - Spiritualität. Weinheim/München, Juventa, 407–420.
(2011): "Keine Transfusion aus der Sinn-Konserve". Ein Gespräch über "Spiritual Care" mit dem Mediziner Eckhard Frick SJ, in: *Herder-Korrespondenz* 65 (2011) 3, 125-129.
(2012): Wie arbeitet Spiritual Care? Zwölf Thesen für den aktuellen interdisziplinären Diskurs, in: *Spiritual Care* (2012) 1, 68-73.
(2013): Zwischen engem und weitem Spiritualitätsbegriff, in: Möde, Erwin (Hg.): Christliche Spiritualität und Psychotherapie. Regensburg, Pustet, 2013.
(2013): Evidenced-based Spiritual Care. Gibt es das?, in: Borasio, Gian Domenico u.a. (Hg.): Evidenz und Versorgung in der Palliativmedizin. Köln, Deutscher Ärzte Verlag, 169-174.
(2013): Spiritual Care, in: *Funktionelle Entspannung* 40 (2013) September, 97-103.
(2013): Geleitwort, in: Giebel, Astrid u.a. (Hg.): DiakonieCare. Neukirchen, Neukirchener Verlag, 2013, 10.
(2014): Spiritual Care. Eine neue Querschnittsaufgabe entsteht, in: Schaupp, Walter u.a. (Hg.): Gesundheitssorge und Spiritualität im Krankenhaus. Innsbruck/Wien, Tyrolia, 55-68.
(2014): Wohin dreht der ,Spiritual Turn'?, in: Frick, Eckhard, Andreas Hamburger (Hg.): Freuds Religionskritik und der ,Spiritual Turn'. Stuttgart, Kohlhammer, 19-33.
(2014): Spiritual Care – ein Zeichen der Zeit?, in: *Geist und Leben* 3 (2014) 275-288.
(2014): Pausen und Noten. Spiritual Care kann bei Pflegern und Ärztinnen für Entlastung sorgen, in: *Zeitzeichen* 15 (2014) 5, 16-18.

FRICK, ECKHARD, CLAUDIA BAUSEWEIN (2014):Sterbende begleiten. Spirituelle Perspektiven und ärztliches Handeln, in: Feinendegen, Norbert u.a. (Hg.): Menschliche Würde und Spiritualität in der Begleitung am Lebensende. Würzburg, Königshausen & Neumann, 425-436.

FRICK, ECKHARD, TRAUGOTT ROSER (Hg.) (2009): Spiritualität und Medizin. Gemeinsame Sorge für den kranken Menschen. Stuttgart, Kohlhammer, 2009.

FRICK, ECKHARD, TRAUGOTT ROSER (2012): „Spiritual Care". Zur spirituellen Dimension des Sterbens und der Sterbebegleitung, in: Bormann, Franz Josef, Gian Domenico Borasio (Hg.): Sterben. Berlin/Bosten, de Gruyter, 529-538.

FRITZ, REGINA (2013): Seelsorge mit System. Zum Stand systemischer Seelsorgelehre, in: *Wege zum Menschen* 65 (2013) 1, 77-84.

FRITSCH, STEFAN (2002): Mit Phantasie durch die Krise. Kreative Methoden in der Seelsorge, in: Entwickeltes Leben. Neue Herausforderungen für die Seelsorge. Hg. v. Michael Böhme. Leipzig, Evangelische Verlagsanstalt, 283-298.

FUCHS, OTTMAR
(1988): Umkehr zu einer mystagogischen und diakonischen Pastoral, in: *Bibel und Liturgie* 61 (1988) 12-21.

(1990): Zwischen Wahrhaftigkeit und Macht. Pluralismus in der Kirche? Frankfurt am Main, Knecht.
(1990): Heilen und Befreien. Der Dienst am Nächsten. Düsseldorf, Patmos.
(1991): Einübung der Freiheit, in: Schibilsky, Michael (Hg.): Kursbuch Diakonie. Neukirchen-Vluyn, Neukirchener Verlag, 245-252.
(1993): Im Brennpunkt: Stigma. Gezeichnete brauchen Beistand. Frankfurt am Main, Knecht.
(1995): 'Sein-Lassen' und 'Nicht-im-Stich-Lassen'! Zur Pluralitätsprovokation der 'Postmoderne', in: Hilpert, Konrad, Jürgen Werbik (Hg.): Mit den anderen Leben. Düsseldorf, Patmos, 132-160.
(2005): Einige Richtungsanzeigen für die Pastoral der Zukunft, in: Theologisch-praktische Quartalschrift 153 (2005) 227-239.
(2006): Wider das Totschweigen des politischen Kampfes, in: Bucher, Rainer, Rainer Krockauer (Hg.): Pastoral und Politik. Erkundungen eines unausweichlichen Auftrags. Münster, LIT, 335-353.
(2007): Das Jüngste Gericht. Hoffnung auf Gerechtigkeit. Regensburg, Pustet.
(2008): Sieben Thesen zur ‚Missionarischen Pastoral', in: Anzeiger für die Seelsorge (2008) 10, 11-14.
(2008): Christliche Eschatologie und Seelsorge, in: Weiß, Helmut, Klaus Temme (Hg.): Schatz in irdenen Gefäßen. Interkulturelle Perspektiven von Seelsorge angesichts von Zerbrechlichkeit und Zerstörung. Wien, LIT117-138.
(2008): Hoffnung über den Tod hinaus, in: Bibel und Kirche (2008) 4, 200-203.
(2010): Gott: Unendliches Geheimnis als unerschöpfliche Liebe, in: Anzeiger für die Seelsorge 1 (2010) 11-15.
(2010): Ohne Wandel keine inhaltliche Kontinuität. Weder in der Pastoral noch in der Pastoraltheologie, in: Theologie und Glaube 100 (2010) 3, 288-306.
(2010): Interreligiöse Leib- und Seelsorge. Eine christlich-theologische Begründung am Beispiel der Diakonie, in: Weiß, Helmut u.a. (Hg.): Handbuch Interreligiöse Seelsorge. Neukirchen-Vluyn, Neukirchener Verlag, 319-342.
(2011): Hoffnung über den Tod hinaus?, in: Katechetische Blätter 136 (2011) 2, 96-103.
(2012): „Wer's glaubt wird selig, wer's nicht glaubt, kommt auch in den Himmel. Würzburg, Echter.
(2013): Überströmende Liebe schenkt unerschöpfliches Leben. Glauben über den Tod hinaus, in: Anzeiger für die Seelsorge (2013) 11, 20-23.
(2013): Ein ‚lieber' Gott - Verweichlichung oder Verschärfung des Gerichts?, in: Theologie der Gegenwart 56. (2013) 2, 119-132.
(2013): Hoffnung über den Tod hinaus als Lebens- und Sterbehilfe, in: Jungbauer, Johannes, Rainer Krockauer, (Hg.): Wegbegleitung. Trost und Hoffnung. Opladen, Budrich, 102-124.
(2014): Der zerrissene Gott. Das trinitarische Gottesbild in den Brüchen der Welt. Ostfildern, Grünewald.
(2014): Religiös motivierte Lebenshilfe in interreligiösen und interkulturellen Kontexten, in: Wege zum Menschen 66 (2014) 2, 202-217.
FUNKE, DIETER (1993): Der halbierte Gott. München, Kösel.
FÜRST, WALTER, ISIDOR BAUMGARTNER, (Hg.) (1990): Leben retten. München, Kösel.
FUREDI, FRANK (2004): Therapy culture. Cultivating vulnerability in an uncertain age. London.
FURGER, ANDREAS
(1997): Das Bild der Seele. Im Spiegel der Jahrtausende. Ausstellungsprojekt. Zürich, Verlag Neue Züricher Zeitung.
(2004): Seelenbilder im Verlaufe der Jahrtausende, in: Wasmuth, Werner (Hg.): Wo aber bleibt die Seele? Interdisziplinäre Annäherungen. Münster, LIT, 21-30.
GABRIEL, KARL
(2009): Gesundheit als Ersatzreligion, in: Hoff, Gregor Maria u.a. (Hg.): Zwischen Ersatzreligion und neuen Heilserwartungen. Umdeutungen von Gesundheit und Krankheit. Freiburg im Br., Alber, 25-43.
(2011): Der lange Abschied von der Säkularisierungsthese – und was kommt danach?, in: Bitter, Gottfried, Martina Blasberg-Kuhnke (Hg.): Religion und Bildung in Kirche und Gesellschaft. Würzburg, Echter, 18-27.
(2013): Säkularisierung und Wiederkehr der Religionen unter den Bedingungen der Globalisierung, in: Kreutzer, Ansgar, Franz Gruber (Hg.): Im Dialog. Systematische Theologie und Religionssoziologie. Freiburg, Herder, 267-277.
GÄRTNER, HERIBERT
(1982): Individualseelsorge in der Alten Kirche, in: Wege zum Menschen 34 (1982) 95-101.
(1993): Die Kunst der Seelsorge, in: Müller, J. (Hg.): Pastoraltheologie. Graz, Styria, 34-58.
GÄBEL, CARSTEN (2013): Der Zorn Gottes in der Bibel. Norderstedt, Gruin.
GÄRTNER, STEFAN
(2003): Seelsorge unter den Bedingungen der Postmoderne? Identitätsbegleitung!, in: Pastoraltheologische Informationen 23 (2003) 1, 35-38.
(2004): ‚Was kann denn heut noch Sünde sein?', in: Theologie und Glaube 94 (2004) 1, 45-58.
(2005): Seelsorger(in) sein im 21. Jahrhundert, in: Pastoraltheologische Informationen 25 (2005) 1, 177-186.
(2011): Prophetie in der Seelsorge. Unmöglich oder unvermeidlich?, in: Wege zum Menschen 63 (2011) 498-505.
(2014): Seelsorge in multikultureller Gesellschaft, in: Lebendige Seelsorge (2014) 2, 138-151.
GANOZCY, ALEXANDER (2005): Schöpfung. Theologisch, in: Neues Handbuch Theologischer Grundbegriffe. Band 4. Hg. v. Peter Eicher. München, Kösel, 103-110.
GANTEN, DETLEV u.a. (Hg.) (2008): Was ist der Mensch? Berlin, de Gruyter.
GARHAMMER, ERICH, FRANZ WEBER (2013): Scheidung – Wiederheirat – von der Kirche verstoßen? Für eine Praxis der Versöhnung. Würzburg, Echter.
GASSER, GEORG (2010): Einleitung: Die Aktualität des Seelenbegriffs, in: Ders., Josef Quitterer (Hg.): Die Aktualität des Seelenbegriffs. Paderborn, Schöningh, 9-28.
GASSER, GEORG, JOSEF QUITTERER (Hg.) (2010): Die Aktualität des Seelenbegriffs. Paderborn, Schöningh.
GASSMANN, LOTHAR
(1986): Heil aus sich selbst? Seelsorge zwischen Selbstverwirklichung und Christuswirklichkeit, in: Gefahr für die Seele. Hg. v. Lothar Gassmann. Neuhausen/Stuttgart, Hänssler, 33-96.
(2000): Selbstverwirklichung. Das Zauberwort in Psychologie und Seelsorge. Logos.

GAZZANGIA, MICHAEL (2005): Keine Angst vor IQ-Doping, in: *Gehirn & Geist* (2005) 12, 40-45.

GEBHARDT, ULRIKE (2014): Die Hirnoffensive, in: *Gehirn & Geist* (2014) 1-2, 36-43.

GEHRING, HANS-ULRICH (2002): Seelsorge in der Mediengesellschaft. Neukirchen-Vluyn, Neukirchener Verlag.

GEISSLER, KARLHEINZ (2007): Im Zeitalter der Beschleunigung, in: *Stimmen der Zeit* 225 (2007) 3, 202-204.

GERBURG, TREUSCH-DIETER (2005): Metamorphose und Struktur. Die Seele bei Platon und Aristoteles, in: Jüttemann, Gerd, u.a. (Hg.): Die Seele. Ihre Geschichte im Abendland. Göttingen, Vandenhoek & Ruprecht, 15-42.

GESTRICH, CHRISTOF

    (2002): Sie könnte zerstört werden. Über die Qualität der menschlichen Seele wird nicht in der Biochemie entschieden, in: *Zeitzeichen* (2002) 11, 30-32.

    (2006): Was hülfe es dem Menschen. Zur Wiederherstellung der theologischen Rede von der Seele, in: *Zeitzeichen* 7 (2006) 12, 26-29.

    (2009): Die Seele des Menschen und die Hoffnung der Christen. Evangelische Eschatologie vor der Erneuerung. Frankfurt am Main, Hanseatisches Druck- und Verlagshaus.

    (2010): Unsterblichkeit der Seele?, in: *Deutsches Pfarrerblatt* 110 (2010) 11, 582-586

    (2014): ‚Seele' – ein Begriff, der wieder gedacht werden kann, in: *Wege zum Menschen* 66 (2015) 2, 155-168.

GESTRICH, CHRISTOF, THOMAS WABEL (Hg.) (2007): An Leib und Seele gesund. Berlin, Wichern.

GESTRICH, REINHOLD

    (1990): Hirten füreinander sein. Seelsorge in der Gemeinde. Stuttgart, Quell.

    (1998): Die Seelsorge und das Unbewußte. Stuttgart Kohlhammer.

GEYER, CHRISTIAN (Hg.) (2004): Hirnforschung und Willensfreiheit. Frankfurt am Main, Suhrkamp.

GIDDENS, ANTHONY (1995): Konsequenzen der Moderne. Frankfurt am Main, Suhrkamp.

GIEBEL, ASTRID (2014): DiakonieCare – Geistesgegenwärtig pflegen, in: *Wege zum Menschen* 66 (2015) 2, 194-201.

GIERER, ALFRED

    (2005): Biologie, Menschenbild und die knappe Ressource Gemeinsinn. Würzburg, Königshausen & Neumann.

    (2008): Was ist der Mensch?, in: Ganten, Detlef: Was ist der Mensch? Berlin, de Gruyter, 103-106.

GIESEKUS, ULRICH (2013): Christliche Glaubensgemeinschaften. Heilsames Miteinander oder Risikofaktor?, in: Armbruster, Jürgen u.a. (Hg.): Spiritualität und seelische Gesundheit. Köln, Psychiatrieverlag, 249-263.

GLAWISCHNIG-GOSCHNIK, MONIKA (2014): Brauchen wir ein bio-psycho-sozio-spirituelles Modell?, in: Schaupp, Walter u.a. (Hg.): Gesundheitssorge und Spiritualität im Krankenhaus. Innsbruck/Wien, Tyrolia, 29-54.

GOEBEL, BERND (2009): Die Wiederkehr des Dualismus in der Philosophie des Geistes. Aristoteles und Thomas als Alternative, in: *Philosophisches Jahrbuch* 116 (2009) 2, 401-421.

GOEBEL, RAINER (2012): „Wir wollen die nächste Phase der Hirnforschung einläuten", in: *Gehirn & Geist* (2012) 4, 67-68.

GÖDDE, SUSANNE (2004): Seele. Griechisch-römische Antike, in: Religion in Geschichte und Gegenwart (RGG). 4. Aufl. Hg. v. Hans-Dieter Betz u.a. Tübingen, Mohr-Siebeck, Band 7 R-S,1092-1093.

GÖRG, MANFRED (1995): Der un-heile Gott. Die Bibel im Bann der Gewalt. Düsseldorf, Patmos.

GOETZ, STEWART, CHARLES TALIAFERRO (2011): A brief history of the soul. Malden, Wiley-Blackwell.

GÖTZELMANN, ARND (2003): Diakonie und Seelsorge, in: Diakonische Aussichten. Hg. v. Volker Hermann. Heidelberg, Diakoniewissenschaftliches Institut, 265-297.

GOLLER, HANS (2009): Erschuf Gott das Gehirn oder das Gehirn Gott?, in: *Zeitschrift für katholische Theologie* 131 (2009) 3, 241-255.

GOLLER, HANS, NORBERT BRIESKORN (2011): Das Rätsel von Körper und Geist. Eine philosophische Deutung. Darmstadt, Wissenschaftliche Buchgesellschaft.

GOODLIFF, PAUL (1998): Care in a confused climate. Pastoral Care and postmodern culture. London, Darton.

GRÄB, WILHELM

    (1998): Die Seelsorge als Lebenshilfe durch Lebensdeutung, in: Ders.: Lebensgeschichten, Lebensentwürfe, Sinndeutungen. München, Kaiser, 213-230.

    (2008): Der menschliche Makel. Von der sprachlosen Wiederkehr der Sünde, in: *Pastoraltheologie* 97 (2008) 238-253.

    (2009): Ratsuchende als Subjekte der Seelsorge, in: Engemann, Wilfried (Hg.): Handbuch der Seelsorge. 2. Auflage. Leipzig, Verlagsanstalt, 128-142.

GRAF, FRIEDICH WILHELM (2004): Die Wiederkehr der Götter. München, Beck.

GRAF, MICHAEL, FRANK MATHWIG, MATTHIAS ZEINDLER (Hg.) (2004): Was ist der Mensch? Theologische Anthropologie im interdisziplinären Kontext. Wolfgang Lienemann zum 60. Geburtstag. Stuttgart, Kohlhammer.

GRAHAM, LARRY KENT (2000): Neue Perspektiven von Theorie und Praxis der Seelsorge in Nordamerika, in: Zukunftsperspektiven für Seelsorge und Beratung. Hg. v. Christoph Schneider-Harpprecht. Neukirchen-Vluyn, Neukirchener Verlag, 35- 52.

GRANQVIST, P. u.a. (2005): Sensed presence and mystical experiences are predicted by suggestibility, not by the application of transcranial weak complex magnetic fields, in: *Neuroscience Letters* 379 (2005) 1-6.

GRATZ, MARGIT, TRAUGOTT ROSER (2014): Spiritualität in der Medizin – ein Widerspruch?, in: Schnell, Martin W., Christian Schulz (Hg.): Basiswissen Palliativmedizin. Springer, Heidelberg, 208-214.

GREEN, JOEL B.

    (2004): What about the soul? Neuroscience and Christian anthropology. Nashville, Abingdon Press.

    (2005): Body and soul. Mind and brain, in: Green, Joel, Stuart L. Palmer (Hg.): In search of the soul. Four views of the mind-body problem. Illinois, Inter Varsity Press, 7-32.

GREIDER, KATHLEEN (2012): Offenheit und Religionsvielfalt. Grundlagen für die Pastoraltheologie und für ‚spiritual care', in: Noth, Isabell u.a. (Hg.): Nachdenkliche Seelsorge - seelsorgliches Nachdenken. Göttingen, Vandenhoeck & Ruprecht, 106-122.

GRESHAKE, GISBERT
(2000): Seele. Theologie- und dogmengeschichtlich, in: Lexikon für Theologie und Kirche. Band 9. 3. Aufl. Hg. v. Kasper, Walter. Freiburg, Herder, 375-379.
(2002): Streit um die Trinität, in: *Herder Korrespondenz* 56 (2002) 10, 534-537.
(2008): Auferstehung des Leibes und/oder Unsterblichkeit der Seele?, in: Ders.: Leben – stärker als der Tod. Von der christlichen Hoffnung. Freiburg im Br., Herder, 111-127.
GROENER, GERARD (2004): Ingewijd en toegewijd. Zoetermer, Meinema.
GRÖZINGER, ALBRECHT
(1986): Seelsorge als Rekonstruktion von Lebensgeschichte, in: *Wege zum Menschen* 38 (1986) 178-188.
(1994): Differenz-Erfahrung. Seelsorge in der multikulturellen Gesellschaft. Ein Essay. Waltrop, Spenner.
(2009): Sprache als Medium des seelsorglichen Gesprächs, in: Engemann, Wilfried (Hg.): Handbuch der Seelsorge. 2. Auflage. Leipzig, Verlagsanstalt, 158-174.
GROM, BERNHARD
(2002): Wie froh macht die Frohbotschaft? Religiosität, subjektives Wohlbefinden und psychische Gesundheit, in: *Wege zum Menschen* 54 (2002) 4, 196-204.
(2007): Gottesvorstellungen – God concepts. Spiegelbilder der Vielfalt religiösen Denkens und Erlebens, in: Grom, Bernhard: Religionspsychologie. München, Kösel, 2007, 162-172.
(2009): Spiritualität – die Karriere eines Begriffs. Eine religionspsychologische Perspektive, in: Frick, Eckhard, Traugott Roser (Hg.): Spiritualität und Medizin. Stuttgart, Kohlhammer, 12-17.
(2011): Wie gesund macht der Glaube?, in: *Stimmen der Zeit* 229 (2011) 2, 101-112.
GRONEMEYER, MARIANNE (2006): Weitergehen, nicht stehen bleiben!, in: *Theologisch-praktische Quartalschrift* 154 (2006) 339-345.
GROSS, PETER (1994): Die Multioptionsgesellschaft. Frankfurt am Main, Suhrkamp.
GROSSBONGARDT, ANETTE, DIETMAR PIEPER (Hg.) (2013): Jesus von Nazareth und die Anfänge des Christentums. München, Goldmann.
GRUBER, FRANZ
(1997): Heilwerden im Fragment. Anmerkungen zur Heilenden Seelsorge aus systemischer Perspektive, in: *Theologisch-praktische Quartalschrift* 145 (1997) 227-237.
(2001): Im Haus des Lebens. Eine Theologie der Schöpfung. Regensburg, Pustet.
(2002): Empathisches Menschsein. Eine Skizze zur theologischen Anthropologie, in: *Theologisch-praktische Quartalschrift* 150 (2002) 4. 381-392.
(2002): „Was ist der Mensch" (Psalm 8,5/I. Kant). Theologische Anthropologie im biotechnischen Zeitalter, in: Aufmerksame Solidarität. Festschrift für Bischof Maximilian Aichern. Hg. v. Peter Hofer. Regensburg, Pustet, 55-73.
(2003): Das entzauberte Geschöpf. Konturen des christlichen Menschenbildes. Regensburg, Pustet, Topos 486.
GRÜN, ANSELM, WUNIBALD MÜLLER: (2008): Was ist die Seele? Mein Geheimnis – meine Stärke. 3. Aufl. München, Kösel.
GRUNDMANN, CHRISTOFFER
(2002): „Was ist der Mensch, dass Du seiner gedenkst?, in: Kandler, Karl-Hermann u.a. (Hg.): „Was ist der Mensch, dass Du seiner gedenkst?". Neuendetelsau, Freimund, 13-40.
(2008): Heilung – Glaube – Liturgie. Theologische Überlegungen zum Heilungsauftrag der Kirche, in: *Deutsches Pfarrerblatt* 108 (2008) 11, 577-581.
GUBLER, MARIE-LOUISE (2007): Das Kreuz – Ärgernis und Heilszeichen im Neuen Testament, in: *Diakonia* 38 (2007) 98-103.
GUTMANN, HANS-MARTIN (2010): Differenz-Sensibilität und Differenz-Blindheit, in: Weiß, Helmut (Hg.): Handbuch Interreligiöse Seelsorge. Neukirchen-Vluyn, Neukirchener Verlag, 114-128.
HAAG, ERNST
(1986): Seele und Unsterblichkeit in biblischer Sicht, in: Breuning, Wilhelm (Hg.): Seele. Problembegriff christlicher Eschatologie. Freiburg, Herder, 31-92.
(2000): Seele. Biblisch-theologisch, in: Lexikon für Theologie und Kirche. Band 9. 3. Aufl. Hg. v. Walter Kasper. Freiburg, Herder, 374-375.
HAART, DOROTHEE (2007): Seelsorge im Wirtschaftsunternehmen Krankenhaus. Würzburg, Echter.
HÄDE, TOBIAS (2011): Neurotheologie. Einzelne Untersuchungen, Experiment und Deutungen religiöser Erlebnisse aus christlicher Perspektive betrachtet. Books on Demand.
HÄNLE, JOACHIM (1997): Heilende Verkündigung. Ostfildern, Schwabenverlag.
HÄRING, HERMANN (2012): Es geht ums Ganze. Zur Revision des Opfermodells im Diskurs von Gnade und Sünde, in: *Theologisch-praktische Quartalschrift* 160 (2012) 21-30.
HÄRLE, WILFRIED
(2005): Menschsein in Beziehungen. Studien zur Rechtfertigungslehre und Anthropologie. Tübingen, Mohr Siebeck.
(2007): Warum ausgerechnet drei? Grundsätzliche Überlegungen zur Trinitätslehre, in: Gegenwart des lebendigen Christus. Hg. v. Günter Thomas. Leipzig, Evangelische Verlagsanstalt, 245-259.
HAGEN, THOMAS: (2009): Spiritualität und Seelsorge im Krankenhaus, in: *Lebendige Seelsorge* 60 (2009) 4, 277-281.
HAGEN, THOMAS, JOSEF RAISCHL (2009): Allgemeine und spezielle Kompetenzen in Spiritual Care, in: Frick, Eckhard, Traugott Roser (Hg.): Spiritualität und Medizin. Stuttgart, Kohlhammer, 280-287.
HAGEN, THOMAS u.a. (2011): Qualifizierungskurs Palliative Care für Seelsorgende. Curriculum und Einführung. Stuttgart, Kohlhammer.
HAGENMAIER, MARTIN (1990): Ratlosigkeit in der Seelsorge? in: *Pastoraltheologie* 79 (1990) 193-207.
HAILER, MARTIN
(2013): Über die Seele, in: *Theologische Zeitschrift* 69 (2013)1-2, 101-117.

(2013): „Was ist der Mensch, dass du seiner gedenkst?" Ein Bericht über Anthropologie in evangelischer Wahrnehmung, in: Boehme, Katja (Hg.): Wer ist der Mensch? Berlin, Frank und Timme, 75-100.

HAKER, HILLE (2002): Der perfekte Körper. Utopien der Biomedizin, in: *Concilium* 38 (2002) 115-123.

HALBE, JÖRN (2007): Was Sinn macht. Kompetenz kirchlicher Seelsorge und Beratung in gesellschaftlichen Spannungs-feldern, in: *Wege zum Menschen* 59 (2007) 1, 152- 163.

HALFWASSEN, JENS
(2004): Plotin und der Neuplatonismus. München, Beck.
(2010): Die Seele und ihr Verhältnis zum Geist bei Plotin, in: Crone, Katja u.a. (Hg.): Über die Seele. Berlin, Suhrkamp, 56-76.
(2013): Was leistet der Seelenbegriff in der klassischen griechischen Metaphysik?, in: Janowski, Bernd, Christoph Schwöbl (Hg.): Gott – Seele – Welt. Neukirchen-Vluyn, Neukirchener Verlag, 44-55.

HALL, STEPHEN (2009): Pfiffiger per Pille – ein Wunschtraum?, in: Schöne-Seifert, Bettina u.a. (Hg.): Neuro-Enhancement. Ethik vor neuen Herausforderungen. Münster, mentis, 169-182.

HALLERMANN, HERIBERT (2004): Seelsorger(in) – ein geschützter Begriff? Kirchenrechtliche Klärungen, in: *Lebendi-ge Seelsorge* 55 (2004) 3, 210-214.

HAMER, DEAN (2006): Das Gottes-Gen. Warum uns der Glaube im Blut liegt. München, Kösel.

HAMETNER, INGRID: 100 Fragen zu Palliative Care. Hannover, Schlütersche Verlagsgesellschaft.

HAMMERS, ALWIN (2006): Selbst- und Rollenkonzept der Seelsorgerin bzw. des Seelsorgers als zentrales Thema der Pastoralpsychologie, in: Köhl, Georg (Hg.): Seelsorge lernen in Studium und Beruf. Trier, Paulinus, 400-406.

HANNOVER, INGOLF (1998): Traktat über die Seele. Eine philosophische Abhandlung. Herdecke, Scheffler.

HANSON, L.C. u.a. (2008): Providers and types of spiritual care during serious illness, in: *Journal of Palliative Medicine* (2008) 11, 907-914.

HARDER, GÜNTHER (1971): Seele, in: Theologisches Begriffslexikon zum Neuen Testament Hg. v. Lothar Coenen. Band II/2. Wuppertal, Brockhaus, 1112-1119.

HARNISCHFEGER, JOHANNES (2002): Die Rückkehr der Dämonen im afrikanischen Christentum, in: *Materialien-dienst der EZW* 69 (2002) 2, 43-53.

HARTMANN, RICHARD (2013): Was kommt nach der Pfarrgemeinde? Chancen und Perspektiven. Würzburg, Echter.

HASLER, FELIX (2014): Neuromythologie. Eine Streitschrift gegen die Deutungsmacht der Hirnforschung. 4. Aufl. Transcript.

HASLINGER, HERBERT
(1991): Was ist Mystagogie?, in: Knobloch, Stefan, Herbert Haslinger (Hg.): Mystagogische Seelsorge. Mainz, Grünewald, 15-76.
(1996): Diakonie zwischen Mensch, Kirche und Gesellschaft. Würzburg, Echter.
(2004): Seelsorge. Zur Identität pastoraler Berufe, in: *Lebendige Seelsorge* 55 (2004) 3, 158-163.
(2005): Ein wahres Wort ist ein helfendes Wort'. Relevanz als Wahrheitskriterium der Praktischen Theologie, in: Nauer, Doris, Rainer Bucher, Franz Weber (Hg.): Praktische Theologie. Stuttgart, Kohlhammer, 106-113.
(2005): Lebensort für alle. Gemeinde neu verstehen. Düsseldorf, Patmos.
(2008): Handelt der Samariter solidarisch? Zum (gar nicht so klaren) Zusammenhang von Diakonie und Solidarität, in: Christentum und Solidarität. Hg. v. Hermann-Josef Große Kracht, Christian Spieß. Paderborn/München, Schö-ningh, 129-150.
(2011): Mystagogie. Relecture eines sakramentenpastoralen Leitbegriffs, in: *Theologie und Glaube* 101. (2011) 1, 92-122.
(2011): Zerstören oder fördern neue pastorale Großräume diakonisches Handeln?, in: *Lebendige Seelsorge* 62 (2011) 6, 394-399
(2012): Die Krise der Gemeinde, in: Först, Johannes, Heinz-Günther Schöttler (Hg): Einführung in die Theologie der Pasto-ral. Berlin, LIT, 2012, 129-163.
(2013): Gemeinde rechtfertigt sich allein durch ihre diakonische Verausgabung für die Menschen, in: Sellmann, Matthias (Hg.): Gemeinde ohne Zukunft? Freiburg im Br., Herder, 2013, 65-90.
(2014): "Nicht mehr unhinterfragte Sozialform" Ein Gespräch mit dem Paderborner Pastoraltheologen Herbert Haslinger, in: *Herder-Korrespondenz* 68 (2014) 2, 70-74.
(2014): Diakonie – das Herzstück der Pastoral, in: *Anzeiger für die Seelsorge* (2014) 5, 34-37.

HASENFRATZ, HANS-PETER (1999): Seele. Religionsgeschichtlich, in: Theologische Realenzyklopädie. Hg. v. Gerhard Müller u. Gerhard Krause. Band 30. Berlin, de Gruyter, 733-737.

HAUKE, MANFRED (2006): Theologische Klärungen zum ‚Großen Exorzismus', in: *Forum Katholische Theologie* 22 (2006) 3, 17-218.

HAUSCHILDT, EBERHARD
(2000): Seelsorge. Praktisch-theologisch, in: Theologische Realenzyklopädie. Hg. v. Gerhard Müller u. Gerhard Krause. Band 30. Berlin, de Gruyter, 31-54.
(2000): Die ‚eigenen Trümpfe' ausspielen. Christliche Seelsorge auf dem Psychomarkt, in: Auf dem Weg zu einer seelsorglichen Kirche. Hg. v. Manfred Josuttis, u.a. Göttingen, Vandenhoeck & Ruprecht, 179-188.
(2000): Seelsorgelehre, in: Theologische Realenzyklopädie. Hg. v. Gerhard Müller u. Gerhard Krause. Band 30. Berlin, de Gruyter, 54-74.
(2002): Interkulturelle Seelsorge als Musterfall für eine Theorie radikal integrativer Seelsorge, in: Handbuch Interkulturelle Seelsorge. Hg. v. Karl Federschmidt, u.a. Neukirchen-Vluyn, Neukirchener Verlag, 241-261.
(2010): Interkulturelle Seelsorge unter Einheimischen. Vom blinden Flecken der Seelsorgetheorie, in: Schulz, Claudia, Eberhard Hauschildt, Eike Köhler: Milieus praktisch. Göttingen, Vandenhoek & Ruprecht, 263-282.
(2013): "Spiritual Care" - eine Herausforderung für die Seelsorge?, in: *Materialdienst der EZW* 76 (2013) 3, 83-90.
(2013): Glaube – ein Heilmittel?, in: Bieneck, Andreas (Hg.): An den Grenzen des Lebens. Neukirchen-Vluyn, Neukirche-ner Verlagsgesellschaft, 113-122.

HECHT, ANNELIESE (2007): Schrifttext und Lebenstext legen sich gegenseitig aus. Lebensbezogene Methoden der Bibelarbeit, in: *Anzeiger für die Seelsorge* (2007) 5, 16-19.

HECKEL, THEO (2010): Die Seele im hellenistischen Judentum und frühem Christentum, in: Gasser, Georg, Josef Quitterer (Hg.): Die Aktualität des Seelenbegriffs. Paderborn, Schöningh, 327-342.

HEINZ, ANDREAS (2008): Der Mensch ist Mitmensch, in: Ganten, Detlef: Was ist der Mensch? Berlin, de Gruyter, 113-114.

HEITMEYER, WILHEM (Hg.) (1997): Was treibt die Gesellschaft auseinander? Bundesrepublik Deutschland: Auf dem Weg von der Konsens- zur Konfliktgesellschaft. Band 1, Frankfurt am Main, Suhrkamp.

HELD, PETER
(2003): Vom systemischen Denken zur systemischen Praxis, in: Held, Peter, Uwe Gerber (Hg.): Systemische Praxis in der Kirche. Mainz, Grünewald, 18-22.
(2003): Systemische Seelsorge als Sinnfindungsprozess, in: Held, Peter, Uwe Gerber (Hg.): Systemische Praxis in der Kirche. Mainz, Grünewald, 42-57.

HELL, DANIEL
(2002): Die Sprache der Seele verstehen. Die Wüstenväter als Therapeuten. Freiburg, Herder.
(2003): Seelenhunger. Der fühlende Mensch und die Wissenschaft vom Leben. 2. Aufl. Bern, Huber.
(2005): Aufschwung für die Seele – Wege innerer Befreiung. Freiburg, Herder.
(2007): Die Identität der Seelsorgenden aus der Sicht des Psychiaters, in: Albisser, Rudolf, Adrian Loretan (Hg.): Spitalseelsorge im Wandel. Münster, LIT, 71-76.
(2009): Die Wiederkehr der Seele. Wir sind mehr als Gehirn und Geist. 2. Aufl. Freiburg im Breisgau, Herder.
(2013): Die Sprache der Seele verstehen, in: Armbruster, Jürgen u.a. (Hg.): Spiritualität und seelische Gesundheit. Köln, Psychiatrieverlag, 16-26.
(2013): Krankheit als seelische Herausforderung. Basel, Schwabe.

HELLER, ANDREAS
(1989): Ganzheitliche Lebenspflege. Düsseldorf, Patmos.
(2010): Kultur der Krankenhausseelsorge und die Transformationsprozesse von Kirche, in: Aigner, Maria u.a. (Hg.): Räume des Aufatmens. Pastoralpsychologie im Risiko der Anerkennung. Wien/Münster, LIT Verlag, 310-318.
(2011): Sexualisierte Gewalt in der Kirche. Organisationsethische Perspektiven, in: Krobath, Thomas, Andreas Heller (Hg.): Ethik organisieren. Freiburg, Lambertus, 983-995.
(2012): Hospizarbeit und Palliative Care, in: Wegleitner, Klaus, Katharina Heimerl, Andreas Heller (Hg.): Zu Hause sterben – der Tod hält sich nicht an Dienstpläne. Ludwigsburg, hospizverlag, 2012, 22-24.
(2014): Die Spiritualität der Hospizbewegung, in: Feinendegen, Norbert u.a. (Hg.): Menschliche Würde und Spiritualität in der Begleitung am Lebensende. Würzburg, Königshausen & Neumann, 191-212.

HELLER, BIRGIT
(2012): Wie Religionen mit dem Tod umgehen. Freiburg im Br., Herder.
(2013): Spiritualität und Heilung im Zeitalter der (Post)Moderne, in: *Spiritual Care* 2 (2013) 3, 31-42.
(2014): Menschenwürde und Spiritualität in interreligiöser Perspektive, in: Feinendegen, Norbert u.a. (Hg.): Menschliche Würde und Spiritualität in der Begleitung am Lebensende. Würzburg, Königshausen & Neumann, 123-144.

HELLER, BIRGIT, ANDREAS HELLER
(2011): Spiritualität und Spiritual Care, in: *Junge Kirche* 72 (2011) 4, 16-19.
(2014): Spiritualität und Spiritual Care. München, Huber.

HEMMINGER, HANSJÖRG (2006): Weltanschauliche Trends 2006. Gründe für den Auszug aus den Volkskirchen, in: *Theologische Beiträge* 37 (2006), 181-186.

HEMPELMANN, HEINZPETER (2006): ‚Wirklich auferstanden!' Zur Relevanz der historischen Rückfrage für das christliche Osterzeugnis, in: *Theologische Beiträge* 37 (2006) 62-79.

HENNECKE, CHRISTIAN (2013): Neue Gemeindeformen und –ideen etablieren, in: Sellmann, Matthias (Hg.): Gemeinde ohne Zukunft? Freiburg im Br., Herder, 269-287.

HENNECKE, CHRISTIAN (Hg.) (2013): Kirche geht… Die Dynamik lokaler Kirchenentwicklung. Würzburg, Echter.

HENNIG, GERHARD
(2001): Wie redet die Bibel von der Seelsorge?, in: *Theologische Beiträge* 32 (2001) 4, 181-198.
(2001): Wo kommt die Seele in der Seelsorge vor?, in: *Zeitwende* 72 (2001) 1, 24-36.

HENKE, THOMAS
(1994): Seelsorge und Lebenswelt. Auf dem Weg zu einer Seelsorgetheorie in Auseinandersetzung mit soziologischen und sozialphilosophischen Lebenswelt-Konzeptionen. Würzburg, Echter.
(1996): Wahrnehmung des Politischen. Zu einer wenig beachteten Dimension der Seelsorge, in: Schuster, Norbert, Ulrich Moser (Hg.): Kirche als Beruf. Mainz, Grünewald, 102-122.

HENTSCHEL, GEORG (2006): Leben als Geschenk. Zum Verständnis der alttestamentlichen Schöpfungsaussagen, in: Christi Spuren im Umbruch der Zeiten. Leipzig, Benno, 111-122.

HERBST, MICHAEL
(2000): Charismatische Seelsorge, in: *Seelsorge* 3 (2000) 1, 5-9.
(2011): Für den Menschen als Seele sorgen, in: *Theologische Beiträge* 42 (2011) 5, 297-318.
(2012): beziehungsweise. Grundlagen und Praxisfelder evangelischer Seelsorge. Neukirchen-Vluyn, Neukirchener Verlag.

HERRMANN, CHRISTOPH (2009): Determiniert – und trotzdem frei!, in: *Gehirn & Geist* (2009) 11, 52-56.

HERMANNI, FRIEDRICH (2013): Über das Verhältnis von Leib und Seele. Eine anthropologische Konstellation, in: Janowski, Bernd, Christoph Schwöbl (Hg.): Gott – Seele – Welt. Neukirchen-Vluyn, Neukirchener Verlag, 56-70.

HERMISSON, HANS-JÜRGEN (2004): Vom Zorn und Leiden Gottes, in: Denkwürdiges Geheimnis. Festschrift für Eberhard Jüngel zum 70. Geburtstag Hg. v. Ingolf Dahlferth u.a. Tübingen, Mohr-Siebeck, 185-208.

HERMS, EILERT (1991): Die ethische Struktur der Seelsorge, in: *Pastoraltheologie* 80 (1991) 40-64.

HETTICH, MICHAEL, FRIEDERIKE MAIER (2003): Am Puls der Zeit. Neue Herausforderungen der Seelsorge durch City-Pastoral, in: *Theologisch-praktische Quartalschrift* 151 (2003) 400-410.

HEYMEL, MICHAEL (2007): Kann Musik heilen?, in: *Bibel und Liturgie* 80 (2007) 1, 24-33.

HEYWARD, CARTER (2006): Jesus neu entwerfen. Die Macht der Liebe und Gerechtigkeit. Luzern, Exodus.

HIEKE, THOMAS (1998): Staub vom Ackerboden oder wenig geringer als Gott? Menschenbilder des Alten Testaments in spannungsvoller Beziehung, in: *Lebendiges Zeugnis* 53 (1998) 4, 245-261.

HILBERATH, BERND JOCHEN
(1990): Der dreieine Gott und die Gemeinschaft der Menschen. Mainz, Grünewald.
(2004): Sender - Empfänger – Botschaft. Der Heilige Geist als Kommunikator zwischen Gott und Welt, in: Denkwürdiges Geheimnis. Hg. v. Ingolf Dahlferth u.a. Tübingen, Mohr-Siebeck, 209-224.
(2010): Gottgeheimnis Mensch. Gottes- und Menschenbild in der Theologie Karl Rahners, in: *Rahner Lecture* (2010) 9-22.

HILBERATH, BERND J., BERNHARD NITSCHE (2005): Trinität. Dogmatisch, in: Neues Handbuch Theologischer Grundbegriffe. Band 4. Hg. v. Peter Eicher. München, Kösel, 360-375.

HILBRANDS, WALTER (2004): Die hohe Anthropologie von Psalm 8, in: Hille, Rolf, Herbert Klement (Hg.): Der Mensch – Was ist das? Zur theologischen Anthropologie. Wuppertal, Brockhaus, 89-105.

HILDT, ELISABETH, EVE-MARIE ENGELS (Hg.) (2009): Der implantierte Mensch. Therapie und Enhancement im Gehirn. Freiburg, Karl Alber Verlag.

HILLE, ROLF, HERBERT H. KLEMENT (Hg.) (2004): Der Mensch – Was ist das? Zur theologischen Anthropologie. Helmut Burkhardt zum 65. Geburtstag. Wuppertal, Brockhaus.

HILPERT, KONRAD (2005): Solidarität, in: Handbuch Theologischer Grundbegriffe. Band 4. Hg. v. Peter Eicher. München, Kösel, 152-160.

HINTERHUBER, HARTMANN (2001): Die Seele. Natur- und Kulturgeschichte von Psyche, Geist und Bewusstsein. Wien, Springer.

HINTERHUBER, HARTMANN (Hg.) (2006): Der Mensch in seiner Klage. Anmerkungen aus Theologie und Psychiatrie. Innsbruck, Tyrolia.

HIRSCHMÜLLER, SUSANNE, MARGIT SCHRÖER: Interprofessionelle Teamarbeit als Ausgangspunkt für Palliativmedizin, in: Schnell, Martin, Christian Schulz (Hg.): Basiswissen PallaitivmedizinWiesbaden, Springer, 2014, 12-22.

HOCH, LOTHAR CARLOS
(1990): Seelsorge und Befreiung, in: *Wege zum Menschen* 42 (1990) 132-144.
(1999): Seelsorge in Lateinamerika, in: Seelsorge im Plural. Hg. v. Uta Pohl-Patalong, Frank Muchinsky. Hamburg, EB Verlag, 222-232.

HÖHN, HANS-JOACHIM
(2007): Postsäkular. Gesellschaft im Umbruch – Religion im Wandel. Paderborn, Schöningh.
(2007): ‚Was soll ich denn noch beichten?', in: *Lebendige Seelsorge* 1 (2007) 15-17.
(2008): Der fremde Gott. Glaube in postsäkularer Kultur. Würzburg, Echter.

HÖBSCH, WERNER (2010): Fortbildung zu interreligiöser Kompetenz in Bildung, Seelsorge und sozialer Arbeit, in: Weiß, Helmut u.a. (Hg.): Handbuch interreligiöse Seelsorge. Neukirchen-Vluyn, Neukirchener Verlag, 2010, 358–365.

HOERES, WALTER
(2006): Ein Abschied auf Raten? Zur Seelenfeindschaft heutiger Theologie, in: *Theologisches* 36 (2006) 5/6, 181-186.
(2008): Seelenfeindschaft, in: *Theologisches* 38 (2008) 5/6, 157-162.

HOFER, HERMANN (2002): Mensch sein, mit Leib und Seele, in: *Diakonia* 33 (2002) 242-246.

HOFER, PETER (2011): Die Tröster und ihre Lügen, in: *Theologisch-praktische Quartalschrift* 159 (2011) 162-167.

HOFF, GREGOR MARIA (2005): Seele/Selbstwerdung, in: Neues Handbuch Theologischer Grundbegriffe. Band 4. Hg. v. Peter Eicher. München, Kösel, 130-138.

HOFF, PAUL (2006): Leib & Seele – Gehirn & Geist – Gesundheit und Krankheit, in: Hermanni Friedrich (Hg.): Das Leib-Seele-Problem. München, Fink, 39-70.

HOHEISEL, KARL (2004): Seele. Religionswissenschaftlich, religionsgeschichtlich, in: Religion in Geschichte und Gegenwart (RGG). 4. Aufl. Hg. v. Hans-Dieter Betz u.a. Tübingen, Mohr-Siebeck, Band 7 R-S, 1090-1091.

HOLDER-FRANZ, MARTINA
(2012): „…dass Du bis zuletzt leben kannst". Spiritualität und Spiritual Care bei Cicely Saunders. Zürich, Theologischer Verlag.
(2014): Cicley Saunders und die Bedeutung von Spiritualität für die moderne Hospizbewegung, in: Feinendegen, Norbert u.a. (Hg.): Menschliche Würde und Spiritualität in der Begleitung am Lebensende. Würzburg, Königshausen & Neumann, 213-234.

HOLSBOER, FLORIAN (2009): Biologie für die Seele. München, Beck.

HONECKER, MARTIN (2006): Menschenwürde in Medizin und Pflege, in: *Pastoraltheologische Informationen* 26 (2006) 2, 298-306.

HONNEFELDER, LUDGER (2013): Hauptsache gesund! Hauptsache gesund?, in: Bieneck, Andreas (Hg.): An den Grenzen des Lebens. Neukirchen-Vluyn, Neukirchener Verlagsgesellschaft, 11-22.

HONTSCHIK, BERND (2006): Körper, Seele, Mensch. Frankfurt am Main, Suhrkamp.

HOPFFGARTEN, ANNA von (2012): Zoom in der Denkzentrale, in: *Gehirn & Geist* (2012) 4, 62-65.

HOPPE, CHRISTIAN (2013): Gott und Gehirn – wie entsteht Glaube? (Wie) verträgt sich der christliche Glaube mit den Erkenntnissen der modernen Hirnforschung?, in: Bieneck, Andreas (Hg.): An den Grenzen des Lebens. Neukirchen-Vluyn, Neukirchener Verlag, 125-133.

HORN, CHRISTOPH (2010): Seele, Geist und Bewusstsein bei Augustinus, in: Crone, Katja u.a. (Hg.): Über die Seele. Berlin, Suhrkamp, 77-96.

HUBER, WOLFGANG, ROBERT SPAEMANN (2007): „Es sind die Gläubigen, die die Vernunft verteidigen", in: *Der Tagesspiegel* Sonntag 8. Juli 2007, 8.

HÜBNER, JOHANNES (2007): Seele, Körper und Substanztheorie beim frühen Aristoteles, in: *Philosophisches Jahrbuch* 114 (2007) 2, 279-300.

HÜBINGER, WILLI (2003): Seelsorgekonzepte aus der Sicht eines Seelsorgeamtsleiters, in: *Pastoraltheologische Informationen* 23 (2003) 1, 49-55.

HUBER, MARTIN (2006): Ist der Mensch noch frei? Wie die Hirnforschung unser Menschenbild verändert. Patmos.

HUXEL, KIRSTEN (2006): Unsterblichkeit der Seele versus Ganztodthese? Ein Grundproblem christlicher Eschatologie in ökumenischer Perspektive, in: *Neue Zeitschrift für Systemtische Theologie und Religionsphilosophie* 48 (2006) 3, 341-366.

INAUEN, MARLENE (2007): Standards für Krankenhausseelsorge in Europa, in: Albisser, Rudolf, Adrian Loretan (Hg.): Spitalseelsorge im Wandel. Münster, LIT, 121-124.

INWAGEN, PETER van (2010): Dualismus und Materialismus: Athen und Jerusalem?, in: Brüntrup Godehard (Hg.): Auferstehung des Leibes – Unsterblichkeit der Seele. Stuttgart, Kohlhammer, 101-116.

IRLENBORN, BERND (2009): Gott im Gehirn? Anfragen zum Konzept der Neurotheologie, in: *Theologie der Gegenwart* 52 (2009) 4, 279-283.

IRSIGLER, HUBERT (2010): Zur Interdependenz von Gottes- und Menschenbildern im Kontext alttestamentlicher Anthropologien, in: Frevel, Christian (Hg.): Biblische Anthropologie. Freiburg im Br./Basel/Wien, Herder, 2010, 350-389.

JACOB, HEINRICH (2004): Sehnsucht nach dem Paradies, in: *Diakonia* 35 (2004)247- 253.

JACOBS, CHRISTOPH
(2002): Mit der ganzen Person. Das Leid der anderen als Herausforderung an SeelsorgerInnen, in: *Theologisch-praktische Quartalschrift* 150 (2002) 3, 239-251.

(2005): Mit Leidenschaft für Gott und sein Volk. Berufen zur Seelsorge in Zeiten pastoralern Wandels, in: *Theologisch-praktische Quartalschrift* 153 (2005) 3, 264-268.

(2010): Warum sie "anders" werden. Vorboten einer neuen Generation von Seelsorgern, in: *Diakonia* 41 (2010) 5, 313-322.

(2013): Wie es Seelsorgern wirklich geht. Zum Zusammenhang von Persönlichkeit, Tätigkeit, Spiritualität und Gesundheit, in: *Herder-Korrespondenz* 67 (2013) 10, 506-511.

JÄGER, ALFRED (2005): Seelsorge als Soft-Management-Konzept, in: Seelsorgliche Kirche im 21. Jahrhundert. Hg. v. Anja Kramer, Freimut Schirrmacher. Neukirchen-Vluyn, Neukirchener Verlagshaus, 202-215.

JANICH, PETER (2009): Kein neues Menschenbild. Zur Sprache der Hirnforschung. Frankfurt am Main, Suhrkamp.

JANOWSKI, BERND
(2003): Konfliktgespräche mit Gott. Eine Anthropologie der Psalmen. Neukirchen-Vluyn, Neukirchener Verlag.

(2005): Der Mensch im alten Israel. Grundfragen alttestamentlicher Anthropologie, in: *Zeitschrift für Theologie und Kirche* 102 (2005) 143-175.

(2010): Die rettende Gerechtigkeit, in: "Gerechtigkeit und Recht zu üben" (Gen 18,19). Festschrift für Eckart Otto zum 65. Geburtstag. Hg. .v. Reinhard Achenbach. Wiesbaden, Harrassowitz, 362-376.

(2012): Was ist der Mensch? Grundzüge einer biblischen Sicht des Menschen, in: *Bibel und Kirche* 67 (2012) 1, 4-9.

(2013): Ein Gott, der straft und tötet? Neukirchen-Vluyn, Neukirchener Verlag.

(2013): Die lebendige Naephäsch. Das Alte Testament und die Frage nach der 'Seele', in: Janowski, Bernd, Christoph Schwöbl (Hg.): Gott – Seele – Welt. Neukirchen-Vluyn, Neukirchener Verlag, 12-23.

JANOWSKI, BERND, CHRISTOPPH SCHWÖBL (Hg.) (2013): Gott – Seele – Welt. Neukirchen-Vluyn, Neukirchener Verlag.

JANSSEN, CLAUDIA (2009): Mit welchem Körper werden wir auferstehen?, in: *Bibel und Kirche* (2009) 2, 93-99.

JEGGLE-MERZ, BIRGIT (2002): Segnungsfeiern, in: *Diakonia* 33 (2002) 18- 24.

JENTSCH, WERNER
(1965): Das Wesen der Krankheit in theologischer Sicht, in: *Wege zum Menschen* 17 (1965) 289-306.

(1982): Der Seelsorger. Beraten-Bezeugen-Befreien. Grundzüge biblischer Seelsorge. Moers, Brendow.

JESUS VON NAZARETH. Annäherungen im 21. Jahrhundert. Freiburg im Br., Herder, 2007.

JOAS, HANS (2012): Glaube als Option. Zukunftsmöglichkeiten des Christseins. Freiburg im Breisgau, Herder, 2012.

JOHN, OTTMAR (2003): Warum missionarische Kirche sein?, in: Sellmann, Matthias (Hg.): Deutschland – Missionsland. Zur Überwindung eines pastoralen Tabus. Freiburg, Herder, 42-68.

JOHNSON, ERIC L. (2004): Reformational Counseling, in: *Reformation & Revival Journal* 13 (2004) 2, 11-39.

JOST, INGRID (2008): Beratung als Form seelsorglichen Handelns, in: *Transformationen 9* (2008) 1, 4-37.

JOSUTTIS, MANFRED
(1974): Auf der Flucht vor Konflikten?, in: *Evangelische Kommentare* 7 (1974) 599-601.

(2000): Segenskräfte. Potentiale einer energetischen Seelsorge. München, Kaiser.

(2009): Kraft durch Glauben - Grundlinien einer energetischen Seelsorge, in: Fermor, Gotthard, Desmond Bell (Hg.): Seelsorge heute. Neukirchen-Vluyn, Neukirchener Verlag, 34–48.

JÜNGEL, EBERHARD
(2002): Was ist der Mensch?, in: Nagel, E. (Hg.): Was ist der Mensch noch? Hannover, Luth. Verlagshaus, 63-90.

(2008): Einige Bemerkungen zum Menschsein des Menschen aus theologischer Perspektive, in: Ganten, Detlef u.a. (Hg.): Was ist der Mensch? Berlin, de Gruyter, 137-139.

JUNG-BORUTTA, CHRISTINE, THOMAS SITTE (2013): Spiritual Care, in: Thöns, Matthias, Thomas Sitte (Hg.): Repetitorium Palliativmedizin. Berlin, Springer, 2013, 207-221.

KÄPPELI, SILVIA (2007): Im Trüben fischen?, in: Albisser, Rudolf, Adrian Loretan (Hg.): Spitalseelsorge im Wandel. Münster, LIT, 61-66.

KÄßMANN, MARGOT (2013): „Dort sind alle Tränen abgewischt", in: *Der Spiegel* (2013) 30, 44-46.

KAISER, NICOLE (2013): Zorn und Strafe Gottes im Alten und Neuen Testament. Norderstedt, Grin.

KANDEL, ERIC
(2008): Psychiatrie, Psychoanalyse und die neue Biologie des Geistes. Frankfurt am Main, Suhrkamp.

(2009): Auf der Suche nach dem Gedächtnis. Die Entstehung einer neuen Wissenschaft des Geistes. München, Pantheon.

KANDEL, ERIC u.a. (Hg.) (2012): Neurowissenschaften. Eine Einführung. Berlin/Heidelberg, Spektrum.

KANDLER, KARL-HERMANN (Hg.) (2002): "Was ist der Mensch, dass Du seiner gedenkst?" Das christliche Menschenbild angesichts moderner Genforschung. Neuendettelsau, Freimund.

KARLE, ISOLDE
(1995): Seelsorge als Thematisierung von Lebensgeschichte, in: Wohlrab-Sahr, Monika (Hg.): Biographie und Religion. Frankfurt am Main/New York Campus, 198-220.
(1996): Seelsorge in der Moderne. Eine Kritik der psychoanalytisch orientierten Seelsorgelehre. Neukirchen-Vluyn, Neukirchener Verlag.
(1999): Was ist Seelsorge? Eine professionstheoretische Betrachtung, in: Seelsorge im Plural. Hg. v. Uta Pohl-Patalong, Frank Muchinsky. Hamburg EB Verlag, 36-50.
(1999): Seelsorge in der modernen Gesellschaft, in: Evangelische Theologie 59 (1999) 203-219.
(2001): Der Pfarrberuf als Profession. Gütersloh, Kaiser.
(2009): Sinnlosigkeit aushalten. Ein Plädoyer gegen die Spiritualisierung von Krankheit, in: Wege zum Menschen 61 (2009) 19-34.
(2009): Die Sehnsucht nach Heil und Heilung in der kirchlichen Praxis. Probleme und Perspektiven, in: Thomas, Günter, Isolde Karle (Hg.): Krankheitsdeutung in der postsäkularen Gesellschaft. Stuttgart, Kohlhammer 543-556.
(2010): Perspektiven der Krankenhausseelsorge. Eine Auseinandersetzung mit dem Konzept des Spiritual Care, in: Wege zum Menschen 62 (2010) , 537-555.

KARLE, ISOLDE, THOMAS GÜNTER (2009): Krankheitsdeutung in der postsäkularen Gesellschaft. Eine Einführung in das Problemfeld, in: Dies. (Hg.): Krankheitsdeutung in der postsäkularen Gesellschaft. Stuttgart, Kohlhammer 9-22.

KARRER, LEO
(1995): Schubkraft für die Kirche. Der Langstreckenlauf der Laien, in: Fuchs, Ottmar u.a. (Hg.): Das Neue wächst. München, Kösel, 115-163.
(1999): Jesus: Vision und Praxis christlichen Lebens, in: Handbuch Praktische Theologie. Band 1: Grundlegungen. Hg. v. Herbert Haslinger u.a. Mainz, Grünewald, 144-156.
(2005): Welch kostbarer Schatz: Sakramente, in: Diakonia 36 (2005) 305-309.
(2005): Seelsorger und Seelsorgerinnen im Schmelztiegel vieler Herausforderungen, in: Theologisch-praktische Quartalschrift 153 (2005) 3, 240-248.
(2006): Vom Kreuz zum Gekreuzigten, in: Diakonia 38 (2007) 2, 84-90.
(2012): Langer Atem. In Spannung zwischen Wirklichkeit und Vision, in: Felder, Michael, Jörg Schwaratzki (Hg.): Glaubwürdigkeit der Kirche – Würde der Glaubenden. Freiburg, Herder, 15-26.

KASPER, WALTER
(1974): Jesus der Christus. Mainz, Grünewald.
(1997): Die Kirche angesichts der Herausforderung der Postmoderne, in: Stimmen der Zeit 215 (1997) 10, 651-664.

KATECHISMUS DER KATHOLISCHEN KIRCHE (1993). Oldenbourg, Wissenschaftsverlag.

KAYALES, CHRISTINA (1999): Interkulturelle Seelsorge und Beratung. Brücken zwischen Menschen aus fremden Kulturen, in: Seelsorge im Plural. Hg. v. Uta Pohl-Patalong, Uta, Frank Muchinsky Hamburg, EB Verlag, 63-73.

KEHL, MEDARD (2012): Glaube und Vernunft, in: Koenen, Karl Ludwig, Josef Schuster (Hg.): Seele oder Hirn? Vom Leben und Überleben der Personen nach dem Tod. Aschendorf, 17-28.

KEIL, GEERT (2012): Willensfreiheit. De Gruyter.

KELLEHEAR, ALLAN (2013): Geleitwort: Spiritual Care in Palliative Care: Wessen Job ist das?, in: Heller, Birgit, Andreas Heller: Spiritualität und Spiritual Care. Bern, Huber, 11-14.

KERN, BRUNO (2000): Wirtschaft und Ökologie, in: Handbuch Praktische Theologie. Band 2. Hg. v. Herbert Haslinger u.a.. Mainz, Grünewald, 363-373.

KERN, MARTINA: Multiprofessionalität im Behandlungsteam, in: Metz, Christian u.a. (Hg.): Balsam für Leib und Seele. Freiburg, Lambertus, 2002, 49-58.

KERN, THOMAS (1999): Geistliche Kriegsführung. Fundamentalistische Gesellschafts- und Glaubensvorstellungen, in: Berliner Dialog 5 (1999) 3 / 4, 34-38.

KERSTIENS, FERDINAND (2005): Die Sakramente – Zeichen für den Schalom Gottes unter den Menschen, in: Diakonia 36 (2005) 322-328.

KERSTING; WOLFGANG (2005): „Noli foras ire, In te ipsum redi". Augustinus über die Seele, in: Jüttemann, Gerd u.a. (Hg.): Die Seele. Ihre Geschichte im Abendland. Göttingen, Vandenhoek & Ruprecht, 59-74.

KEUL, HILDEGARD (2008): Gottesferne ganz nah, in: Lebendige Seelsorge 59 (2008) 174-179.

KIESSLING, KLAUS (2014): „Wie...? Seele...? Hamwa lange nich jehabt!" Prozessbeobachtungen zum 41. Jahreskongress der Deutschen Gesellschaft für Pastoralpsychologie, in: Wege zum Menschen 66 (2014) 2, 128-127.

KIESSLING, KLAUS (Hg.) (2012): In der Schwebe des Lebendigen. Zum theologischen Ort der Pastoralpsychologie. Ostfildern, Grünewald.

KIPKE, ROLAND (2011): Besser werden. Eine ethische Untersuchung zu Selbstformung und Neuro-Enhancement. Münster, mentis.

KLÄDEN, TOBIAS
(2004): Mit Leib und Seele... Die mind-brain-Debatte in der Philosophie des Geistes und die anima-forma-corporis-Lehre des Thomas von Aquin. Regensburg, Pustet.
(2006): Thomas von Aquin und die mind-brain Debatte, in: Hübner, Dietmar (Hg.): Dimensionen der Person: Genom und Gehirn. Paderborn, mentis, 199-222.
(2006): Die aktuelle Debatte um das Leib-Seele-Problem, in: Theologische Revue 102 (2006) 3, 183-202.
(2006): Seele - ein praktisch unverzichtbarer Begriff der Theologie?, in: Dem Glauben Gestalt geben. Festschrift für Walter Fürst. Hg. v. Ulrich Feeser-Lichterfeld. Berlin/Münster, LIT, 217-225.
(2010): Anima forma corporis. Zur Aktualität der nichtdualistischen Sicht des Menschen bei Thomas von Aquin, in: Gasser, Georg, Josef Quitterer (Hg.): Die Aktualität des Seelenbegriffs. Paderborn, Schöningh, 253-270.

(2011): Neurowissenschaftliche Herausforderungen an die praktische Theologie – nur ein Hirngespinst?, in: Bitter, Gottfried, Martina Blasberg-Kuhnke (Hg.): Religion und Bildung in Kirche und Gesellschaft. Würzburg, Echter, 39-47.

(2012): Ist Entschleunigung möglich? Be- und Entschleunigung in soziologischer Perspektive, in: *Anzeiger für die See*lsorge (2012) 7/8, 14-19.

KLAIBER, WALTER (2003): Der gerechtfertigte Mensch, in: Mittmann-Richter, Ulrike u.a. (Hg.): Der Mensch vor Gott. Neukirchen-Vluyn, Neukirchener Verlag, 133-146.

KLEIN, HANS-DIETER (Hg.) (2005): Der Begriff der Seele in der Philosophiegeschichte. Würzburg Königshausen & Neumann.

KLEIN, ANDREAS (2012): Ich bin so frei! Willensfreiheit in der philosophischen, neurobiologischen und theologischen Diskussion. Neukirchen, Neukirchener Verlag.

KLEIN, STEPHANIE

(2002): Das männliche Gottesbild und die Religiosität von Frauen und Männern, in: Klinger, Elmar, Stephanie Böhm. Thomas Franz (Hg.): Die zwei Geschlechter und der eine Gott. Würzburg, Echter, 9-27.

(2003): Alltagsseelsorge, in: *Pastoraltheologische Informationen* 23 (2003) 1, 62-65.

(2006): Biographie, Theologie, Seelsorge. Selbstwahrnehmung und Selbstreflexion. Eine Basisqualifikation für die Seelsorge, in: Köhl, Georg (Hg.): Seelsorge lernen in Studium und Beruf. Elztal-Dallau, Paulinus, 412-425.

(2013): Die Entwicklung der Seelsorge in der Geschichte des Christentums, in: Ucar, Bülent, Martina Blasberg-Kuhnke (Hg.): Islamische Seelsorge zwischen Herkunft und Zukunft. Frankfurt am Main, Lang, 71-84.

KLEINERT, NINA (2009): Die Menschenbilder der Weltreligionen. Tectum, 2009.

KLESSMANN, MICHAEL

(1988): Seelsorge zwischen individuellem Trost und politischem Anspruch, in: *Wege zum Menschen* 40 (1988) 394-404.

(1989): Wie geht es in der Seelsorge weiter?, in: Ferel, Martin (Hg.): Berührung. Frankfurt am Main, 112-119.

(2002): Qualitätsmerkmale in der Seelsorge, oder: was wirkt in der Seelsorge?, in: *Wege zum Menschen* 54 (2002) 3, 144-154.

(2003): Seelsorge im Zwischenraum/Möglichkeitsraum, in: *Wege zum Menschen* 55 (2003) 411-426.

(2004): Pastoralpsychologie. Neukirchen-Vluyn, Neukirchener Verlag.

(2004): Seelsorge, in: Pastoralpsychologie. Hg. v. Ders. Neukirchen-Vluyn, Neukirchener Verlag, 407-481.

(2004): Seelsorgeausbildung/Seelsorgefortbildung, in: Religion in Geschichte und Gegenwart (RGG). 4. Aufl. Hg. v. Hans Dieter Betz u.a. Tübingen, Mohr-Siebeck, Band 7 R-S, 1123.

(2005): Seelsorge und Professionalität. Eine Problemanzeige, in: *Praktische Theologie* 40 (2005) 4, 283-290.

(2005): Kirchliche Seelsorge – seelsorgliche Kirche. Pastoralpsychologisch inspirierte Rückblicke und Ausblicke, in: Seelsorgliche Kirche im 21. Jahrhundert. Modelle - Konzepte – Perspektiven. Hg. v. Kramer, Anja, Freimut Schirrmacher. Neukirchen-Vluyn, Neukirchener Verlagshaus, 235-253.

(2006): Gott hat viele Namen. Seelsorge als Differenzwahrnehmung im interreligiösen Kontext, in: „Wir haben doch alle denselben Gott." Hg. v. Sören Asmus, Manfred Schulze. Neukirchen-Vluyn, Neukirchener Verlag, 245-262.

(2006): Solidarität und Parteilichkeit, in: *Wege zum Menschen* 58 (2006) 94-107.

(2007): Heilsamer Glaube?!, in: Gestrich Christof, Thomas Wabel (Hg.): An Leib und Seele gesund. Beiheft 2007 zur Berliner Theologischen Zeitschrift (BThZ). Wichern, 2007, 130-148.

(2007): Seelsorge und Sprache, in: *Praktische Theologie* 42 (2007) 1, 32-39.

(2009): Qualität in Seelsorge und Beratung, in: *Wege zum Menschen* 61 (2009) 2, 119-132.

(2009): Seelsorge als Kommunikationsprozess - Pastoralpsychologische Perspektiven, in: Fermor, Gotthard; Desmond Bell (Hg.): Seelsorge heute. Neukirchen-Vluyn, Neukirchener, 11–33.

(2009): Seelsorge. 2. Aufl. Neukirchen-Vluyn, Neukirchener Verlagsgesellschaft.

(2012): Von der Bewegung zum Verein. Zur Geschichte der Entstehung und Gründung der Deutschen Gesellschaft für Pastoralpsychologie im Jahr 1972, in: *Wege zum Menschen* 64 (2012) 2, 208-221.

(2013): Die Prophetische Dimension der Seelsorge im Krankenhaus, in: Ders. (Hg.): Handbuch der Krankenhausseelsorge, 4. Aufl. Göttingen, Vandenhoeck & Ruprecht, 283-295.

(2013): Ausblick: Krankenhausseelsorge als Dienst der Kirche in der pluralen Gesellschaft, in: Ders. (Hg.): Handbuch der Krankenhausseelsorge, 4. Aufl. Göttingen, Vandenhoeck & Ruprecht, 341-350.

(2013): Von der Krankenseelsorge zur Krankenhausseelsorge – historische Streiflichter, in: Ders.. (Hg.): Handbuch der Krankenhausseelsorge, 4. Aufl. Göttingen, Vandenhoeck & Ruprecht, 77-88.

(2014): Im Strom der Zeit… Von der evangelischen über die ökumenische zur interkulturellen Seelsorge und spiritual care, in: *Wege zum Menschen* 66 (2014) 1, 5-18.

KLESSMANN, MICHAEL (Hg.) (2013): Handbuch der Krankenhausseelsorge. 4. Aufl. Göttingen, Vandenhoeck & Ruprecht.

KLESSMANN, MICHAEL, UTA POHL-PATALONG (2005): Wahrnehmungen und Klärungen – zur Situation der Seelsorge, in: *Praktische Theologie* 40 (2005) 243-245.

KLINGL, CHRISTINE, ECKHARD FRICK (2009): Chancen für Spiritual Care in einer materialistischen Medizin und Pflege, in: Frick, Eckhard, Traugott Roser (Hg.): Spiritualität und Medizin. Stuttgart, Kohlhammer, 154-158.

KLINNERT, LARS (2007): Die Evolution des gottebenbildlichen Menschen, in: Klinnert, Lars (Hg.): Zufall Mensch? Darmstadt, Wiss. Buchgesellschaft, 2007, 11-24.

KNAUP, MARCUS (2013): Leib und Seele oder mind and brain? Zu einem Paradigmenwechsel im Menschenbild der Moderne. Freiburg, Alber.

KNEBEL, SVEN (2005): Scientia de anima. Die Seele in der Scholastik, in: Jüttemann, Gerd u.a. (Hg.) Die Seele. Ihre Geschichte im Abendland. Göttingen, Vandenhoek & Ruprecht, 123-144.

KNIPPENBERG, TJEU van (2005): Existentiele zielzorg. Tussen naam en identiteit. Zoetermeer, Meinema.

KNIPPING, CORNELIA (2012): Menschenwürdig leben und sterben – bis zuletzt. Ein Plädoyer für eine menschenfreundliche Palliative Care, in: Belok, Manfred u.a. (Hg.): Seelsorge in Palliative Care. Zürich, Theologischer Verlag, 47-60.

KNOBLAUCH, HUBERT
(2009): Populäre Religion. Auf dem Weg in eine spirituelle Gesellschaft. Frankfurt am Main, Campus.
(2012): Der Topos der Spiritualität, in: Kelle, Reiner u.a. (Hg.): Diskurs – Macht – Subjekt. Wiesbaden, Verlag für Sozialwissenschaften, 2012, 247-264.
(2013): Religion, Spiritualität und die Popularität, in: Berger, Peter A. u.a. (Hg.): Religionshybride. Religion in posttraditionalen Kontexten. Wiesbaden, Springer, 2013, 121-131.

KNOBLOCH, STEFAN
(1991): Seelsorge als Mystagogie, in: *Trierer Theologische Zeitschrift* 100 (1991) 260-275.
(1999): Mensch, in: Handbuch Praktische Theologie. Band 1: Grundlegungen. Hg. v. Herbert Haslinger u.a. Mainz, Grünewald, 343-351.
(2000): Seelsorge – Sorge um das Menschsein in seiner Ganzheit, in: Handbuch Praktische Theologie. Band 2: Durchführungen. Hg. v. Herbert Haslinger u.a. Mainz, Grünewald, 35-46.
(2006): Seelsorge im Widerstreit. Wo liegt die Lösung? Pluralitätstoleranz als Schlüsselqualifikation der Seelsorge, in: Köhl, Georg (Hg.): Seelsorge lernen in Studium und Beruf. Elztal-Dallau, Paulinus, 418-425.
(2009): Seelsorge: Mehr als Strukturreformen, in: *Anzeiger für die Seelsorge* (2009)1, 5-7.

KNOEPFFLER, NIKOLAUS, JULIAN SAVULESCU (Hg.) (2009): Der neue Mensch? Enhancement und Genetik. Freiburg/München, Alber.

KOCH, CHRISTOF
(2004): Die Zukunft der Hirnforschung. Das Bewusstsein steht kurz vor seiner Enthüllung, in: Geyer, Christian (Hg.): Hirnforschung und Willensfreiheit. Frankfurt am Main, Suhrkamp, 229-234.
(2005): Bewusstsein. Ein neurobiologisches Rätsel. München, Spektrum.
(2013): Bewusstsein. Bekenntnisse eines Hirnforschers. Berlin, Springer.

KOCHANEK, HERMANN (1998): Spurwechsel. Die Erlebnisgesellschaft als Herausforderung für Christentum und Kirche. Frankfurt am Main, Knecht.

KÖBLE, ROSWITHA (2013): Menschenbilder in der Sozialen Arbeit. Norderstedt, Grin.

KÖHL, GEORG (2003): Lern-Ort Praxis. Ein didaktisches Modell, wie Seelsorge gelernt werden kann. Münster, LIT.

KÖHL, GEORG (Hg.) (2006): Seelsorge lernen in Studium und Beruf. Trier, Paulinus.

KÖHL, GEORG, PETER MOOSMANN (2006): Das eigene Seelsorgeverständnis reflektieren lernen, in: Köhl, Georg (Hg.): Seelsorge lernen in Studium und Beruf. Trier, Paulinus, 292-298.

KÖHL, GEORG, GUNDO LAMES (Hg.) (2012): Abenteuer Hoffnung. Berlin, EB Verlag.

KÖNEMANN, JUDITH
(2003): Seelsorge als Begleitung biographischer und religiöser Selbstthematisierung, in: *Pastoraltheologische Informationen* 23 (2003) 1, 71-76.
(2005): Sinngenerierung in der Lebenspraxis unter den Bedingungen der späten Moderne, in: *Diakonia* 36 (2005) 64-71.
(2006): Religion als Wellness für die Seele? Pastoralsoziologische Beobachtungen zu einem religiösen Trend, in: *Diakonia* 37 (2006) 209-215.

KOENEN, KARL-LUDWIG, JOSEF SCHUSTER (Hg.) (2012): Seele oder Hirn? Vom Leben und Überleben der Personen nach dem Tod. Aschendorf, 1-16.

KOENIG, HAROLD (2012): Spiritualität in den Gesundheitsberufen. Stuttgart, Kohlhammer, 2012.

KOENIG, HAROLD, DANA KING, VERENA CARSON (2012): Handbook of Religion and Health. 2. Aufl., Oxford, Oxford University Press (2001[1]).

KÖNNEKER, CARSTEN (Hg.) (2006): Wer erklärt den Menschen? Hirnforscher, Psychologen und Philosophen im Gespräch. Frankfurt am Main, Fischer.

KÖRTNER, ULRICH
(2000): Seelsorge und Ethik, in: Zukunftsperspektiven für Seelsorge und Beratung. Hg. von Christoph Schneider-Harpprecht. Neukirchen-Vluyn, Neukirchener Verlag, 87-104
(2000): „Was ist der Mensch, dass Du seiner gedenkst?" Fragen und Antworten theologischer Anthropologie im Gespräch mit der Medizin, in: Vögele, Wolfgang (Hg.): Menschenbild in Medizin und Theologie. Fachsymposion zum interdisziplinären Dialog. Rehburg-Loccum, Evangelische Akademie, 47-74.
(2006): Sündenvergebung und Schuldübernahme in der Seelsorge, in: *Wege zum Menschen* 58 (2006) 3, 259-269.
(2006): Ist die Moral das Ende der Seelsorge, oder ist die Seelsorge am Ende Moral?, in: *Wege zum Menschen* 58 (2006) 225-245.
(2006): Für uns gestorben? Die Heilsbedeutung des Todes Jesu als religiöse Provokation, in: *Amt und Gemeinde* 57 (2006) 9/10, 189-200.
(2009): Für einen mehrdimensionalen Spiritualitätsbegriff. Eine interdisziplinäre Perspektive, in: Frick, Eckhard, Traugott Roser (Hg.): Spiritualität und Medizin. Stuttgart, Kohlhammer, 26-34.
(2009): Spiritualität, Religion und Kultur – eine begriffliche Annäherung, in: Ders. U.a. (Hg.): Spiritualität und Kultur am Krankenbett. Wien/New York, Springer, 2009, 1-17.
(2010): Der machbare Mensch? Ethische Bewertungen und implizite Menschenbilder, in: Böhlmann, Peter (Hg.): Der machbare Mensch? Berlin, LIT, 115-134.

KOHLER-SPIEGEL, HELGA (2006): Im Leib (zu Hause) sein, in: Riedel-Spannenberger, Ilona, Erich Zenger (Hg.): „Gott bin ich, kein Mann". Paderborn/München/Wien/Zürich, Schöningh, 394-403.

KOHLI-REICHENBACH, CLAUDIA (2014): Spiritualität im Care-Bereich. Begriffsklärungen zu Palliative Care, Spiritual Care und Spiritualität, in: Noth, Isabelle, Claudia Kohli Reichenbach (Hg.): Palliative und Spiritual Care. Zürich, Theologischer Verlag, 11-22.

KOLLER, PETER (Hg.) (2006): Die globale Frage. Empirische Befunde und ethische Herausforderungen. Wien, Passagen.

KONCSIK, IMRE (2010): Der Wert des Menschen ist unantastbar. Besonderheiten des Dienstleistungsunternehmens Kirche, in: *Anzeiger für die Seelsorge. Zeitschrift für Pastoral und Gemeindepraxis* (2010) 4, 32–35.

KOPFERMANN, WOLFRAM (1998): Farbwechsel. Ein Grundkurs des Glaubens. 4. Aufl. Emmelsbüll, C&P.

KRÄNZLE, SUSANNE (2011): Geschichte und Wesen von Palliative Care, in: Dies. u.a. (Hg.): Palliative Care. 4. Aufl. Heidelberg/Berlin, Springer, 3-8.

KRAMER, ANJA, GÜNTER RUDDAT, FREIMUT SCHIRRMACHER (Hg.) (2009): Ambivalenzen der Seelsorge. Michael Klessmann zum 65. Geburtstag. Neukirchen, Neukichener Verlag.

KRASBERG, ULRIKE (Hg.) (2009): ...und was ist mit der Seele? Seelenvorstellungen im Kulturvergleich. Frankfurt am Main, Lembeck.

KRÄTZL, HELMUT (2010): „...und suchen dein Angesicht". Gottesbilder und Kirchenbilder. Wien, Wiener Domverlag,

KRAUS, BERNHARD (2010): Krankensalbung im Heimalltag. Vorschläge zur Neuentdeckung eines fast vergessenen Sakramentes, in: *Anzeiger für die Seelsorge* (2010) 11, 15–18.

KRAUSS, ANNE (2014): Barrierefreie Theologie. Stuttgart, Kohlhammer, 2014.

KREIML, JOSEF (2006): Das trinitarische Bekenntnis als Grundstruktur des neutestamentlichen Zeugnisses. Die trinitätstheologische Konzeption Walter Kardinal Kaspers, in: *Forum Katholische Theologie* 22 (2006) 2, 135-142.

KREPPOLD, GUIDO (1994): Der ratlose Mensch und sein Gott. Programm für neue Seelsorge. Freiburg, Herder.

KRESS, CHRISTINE (2001): „Hört doch meine Rede und lasst mir das eure Tröstung sein!" (Hiob 21,2). Zur Frage von Trost und Vertröstung in der Seelsorge, in: Hiller, Doris, Gunda Schneider-Flume (Hg.): „Dass Gott große Barmherzigkeit habe". Evangelische Verlagsanstalt, 196-210.

KROCHMALNIK, DANIEL (2013): „Adam, wo bist du?" Hermeneutik der biblischen und jüdischen Anthropologie, in: Boehme, Katja (Hg.) Wer ist der Mensch? Berlin, Frank und Timme, 17-58.

KROCKAUER, RAINER, MAX-JOSEF SCHUSTER (2007): Menschen auf der Schwelle. Neue Perspektiven für die alte Pfarrgemeinde. Ostfildern, Schwabenverlag, 2007.

KRON, THOMAS (Hg.) (2000): Individualisierung und soziologische Theorie. Opladen, Leske & Budrich.

KRÜGER, THOMAS (2014): Nicht nur in guten Zeiten. Die Zukunft hauptamtlicher Krankenhausseelsorge ist ungewiss, in: *zeitzeichen* (2014) 5, 12-14.

KRUG, HENRIETTE (2009): Spirituelle Dimensionen ärztlichen Handelns, in: Körtner, Ulrich u.a. (Hg.): Spiritualität, Religion und Kultur am Krankenbett. Wien, Springer, 61-70.

KRUSE, MARTIN (1991): Der seelsorgliche Auftrag der Kirche, in: *Pastoraltheologie* 80 (1991) 3, 106-115.

KUBSCH, RON (Hg.) (2003): Die Wiederentdeckung des Glaubens in der Seelsorge. Von der Weisheit der Väter lernen. Jahrbuch des Martin Bucer Seminars 3. Bonn, Verlag für Kultur und Wissenschaft

KÜENZLEN, GOTTFRIED (2003): Die Wiederkehr der Religion. München, Olzog.

KÜGLER, JOACHIM

(2003): „Für wen haltet ihr mich?" Neutestamentliche Christologien und ihre Relevanz für heutiges Christsein, in: *Religionsunterricht an Höheren Schulen* 46 (2003) 311-318.

(2004): Ferne Zeichen lesen lernen. Wie mit der Bibel umgehen?, in: Bucher, Rainer (Hg.): Die Provokation der Krise. Zwölf Fragen und Antworten zur Lage der Kirche. Würzburg, Echter, 203-219.

(2006): Das Reich Gottes auf den Dörfern. Ein bibeltheologischer Essay über die Politik der Pastoral Jesu, in: Bucher, Rainer, Rainer Krockauer (Hg.): Pastoral und Politik. Münster, LIT, 5-21.

(2006): Seele, in: Berlejung, Angelika (Hg.): Handbuch theologischer Grundbegriffe zum Alten und Neuen Testament,. Darmstadt, Wissenschaftliche Buchgesellschaft, 364.

(2008): Hände weg!? Warum man die Bibel nicht lesen sollte... und warum doch. Würzburg, Echter.

KÜNG, HANS (2012): Jesus. München/Zürich, Piper.

KÜNG, KLAUS (2004): Seele wo bist du? Eine Anfrage an die Seelsorge aus katholischer Sicht, in: Lederhilger, Severin. (Hg.): Seele wo bist Du? Hirnforschung und Menschenbild. Frankfurt am Main, Lang, 165-171.

KUGELN IN DER KIRCHENBANK (2007). Ein österreichischer Bischof betreut die größte und gefährlichste Diözese Südamerikas: Er verteidigt die Habenichtse und Tagelöhner im Amazonasgebiet, in: *Der Spiegel* 19 (2007) 116-118.

KUHLMANN, HELGA (2006): Menschenwürde. Theologisch gedeutet vor dem Horizont pluraler Interpretation, in: *Evangelische Theologie* 66 (2006) 455-469.

KUHN, WILFRIED (2012): Out-of-body. Anmerkungen eines Mediziners zur Relevanz der Nahtoderfahrungen für die Klärung des Leib-Seele-Verhältnisses, in: Koenen, Karl-Ludwig, Josef Schuster (Hg.): Seele oder Hirn? Aschendorf, 49-76.

KUHNKE, ULRICH (2001): „Und das Netz zerriss nicht...". Identität und Netzwerkbildung in der Gemeinde, in: *Diakonia* 32 (2001) 333-338.

KUNZ, RALPH (2012): Wie kommt Gott ins System? Die systemische Seelsorge und die gesellige Gottheit, in: Noth, Isabelle (Hg.): Nachdenkliche Seelsorge - seelsorgliches Nachdenken. Göttingen, Vandenhoeck & Ruprecht, 44-61.

KUNZ, MATTHIAS NEUGEBAUER (2006): Ethische Seelsorge und Orientierungsvielfalt, in: *Wege zum Menschen* 58 (2006) 3, 246-258.

KUNZ, ROLAND (2014): interdisziplinäre Betreuung und Integrierte Versorgung, in: Schulte, Volker, Christoph Steinebach (Hg.) (2014): Innovative Palliative Care. Bern, Huber, 109-119.

KURZ, WOLFRAM (1995): Das Verhältnis von Psychotherapie und Seelsorge, in: Kurz, Wolfram, Franz Sedlak: Kompendium der Logotherapie und Existenzanalyse. Tübingen, Verlag Lebenskunst, 399-415.

KUSCHEL, KARL-JOSEF (1985): Weil wir uns auf dieser Erde nicht ganz zu Hause fühlen. 2. Aufl. München, Piper.

KUTSCHERA, FRANZ von (2003): Platon: Der Vorrang des Geistigen, in: Meixner, Uwe, Albert Newen (Hg.): Seele, Denken, Bewusstsein. Zur Geschichte der Philosophie des Geistes. Berlin/New York, de Gruyter, 1-19.

LaCUGNA, CATHERINE M. (1993): God for us. The Trinity and Christian Life. New York/San Francisco, Harper.

LADENHAUF, KARL HEINZ

(1990): Integrative Therapie und Seelsorgelernen, in: Baumgartner, Isidor (Hg.): Handbuch der Pastoralpsychologie. Regensburg, Pustet, 181-195.

(2003):Identität stiften, in: *Pastoraltheologische Informationen* 23 (2003) 1, 84-87.

LADENHAUF, KARL-HEINZ, LISELOTTE NAUSNER (2003): ‚Und es gibt nichts wahrhaft Menschliches, das nicht in ihrem Herzen seinen Widerhall fände' (GS 1), in: *Theologisch-praktische Quartalschrift* 151 (2003) 348-359.

LAMBERT, WILLI (2003): Beziehungskultur von Seelsorgern, in: *Theologisch-praktische Quartalschrift* 151 (2003) 379-388.

LAMES, GUNDO (Hg.) (2010): Psychologisch, pastoral, diakonisch. Herbert Wahl zum 65. Geb. Trier, Paulinus.

LÄMMERMANN, GODWIN
(1992): Wider die gesellschaftliche Verdrängung von Schwäche. Zu H. Luthers Verständnis von Seelsorge und Diakonie, in: *Theologia Practica* 27 (1992) 218-231.
(1997): Vom Trösten Trauernder, in: *Pastoraltheologie* 86 (1997) 3, 103-124.

LÄNZLINGER, URS (2012): Ein bewährtes Modell für Seelsorge in Palliative Care, in: Belok, Manfred u.a. (Hg.): Seelsorge in Palliative Care. Zürich, Züricher Verlag,175-188.

LANGTHALER, RUDOLF (Hg.) (2004): Was ist der Mensch? Frankfurt am Main, Lang.

LARIMORE, WALTER (2001): Providing basic spiritual care for patients: Should it be the exclusive domain of pastoral professionals?, in: *American Family Physician* 63 (2001) 36-41.

LARMER, ROBERT A. (2000): Christian anthropology. Saving the soul?, in: *Philosophia Christi* 2 (2000) 2, 211-226.

LARTEY, EMMANUEL Y (2002): Pastoral Counselling in multi-cultural contexts , in: *American journal of pastoral counseling* 5 (2002) 3/4, 317-329.

LASSEK, REINHARD (2007): Graue Zellen, funkelnder Geist, in: *Zeitzeichen* 8 (2007) 6, 36-38.

LAUMER, AUGUST (2011): Gastfreundschaft – ein Grundparadigma heutiger Gemeindepastoral?, in: *Geist und Leben* 84 (2011) 2, 186-200.

LAUSEN, JENS, OLIVER MÜLLER, SEBASTIAN SCHWENZFEUER (2008): Neuroethik. Aktuelle Fragen im Spannungsfeld zwischen Neurowissenschaften und Ethik, in: *Zeitschrift für evangelische Ethik* 52 (2008) 4, 286-297.

LAWRENCE, RAYMOND (2003): The witches' brew of spiritualoity and medicine, in. *Annals of behavioral Medicine* 24 (2003): 74-76.

LEHMANN, KARL
(1990): Seelsorge als Aufgabe der Kirche, in: *Lebendige Seelsorge* 41 (1990) 48-53.
(2000): Die christliche Botschaft für das 21. Jahrhundert. Was ist heute lebendige Seelsorge?, in: *Lebendige Seelsorge* 51 (2000) 1, 5-12.
(2002): „Aus Gottes Hand in Gottes Hand". Kreatürlichkeit als Grundpfeiler des christlichen Menschenbildes, in: Elsner, Norbert, Hans-Ludwig Schreiber (Hg.): Was ist der Mensch? Göttingen, Wallstein, 249-270.
(2003): Kriterien und Umriss des christlichen Menschenbildes, in: Pufendorf, Ludwig (Hg.): Die Welt als ganze denken. Festschrift für Hermann Josef Schuster. Berlin, Dreieck Verlag, 3-21.
(2008): Gott - das bleibende Geheimnis, in: Gott denken und bezeugen. Festschrift für Kardinal Walter Kasper zum 75. Geburtstag. Hg. v. George Augustin. Freiburg im Br./Basel/Wien, Herder, 129-146.

LEIMGRUBER, UTE (2004): Kein Abschied vom Teufel. Eine Untersuchung zur gegenwärtigen Rede vom Teufel im Volk Gottes. Münster, LIT.

LEMHÖFER, LUTZ: Befreiungsdienst im Kontext evangelikaler und charismatischer Frömmigkeit, in: *Materialiendienst der EZW* 69 (2006) 7, 267-269.

LENGERKE, GEORG von (2007): Die Begegnung mit Christus im Armen. Würzburg, Echter.

LENZEN, VERENA (2005): Gottesverständnis. Perspektiven Feministischer Theologie, in: Neues Handbuch Theologischer Grundbegriffe. Band 2. Hg. v. Peter Eicher. München, Kösel, 71-74.

LIEB, KLAUS (2009): Hirndoping. Warum wir nicht alles schlucken sollten. Mannheim, Artemis & Winkler.

LIEBAU, IRMHILD
(2003): Körperpsychotherapeutische Elemente als Ausdrucksformen ganzheitlicher Seelsorge, in: *Wege zum Menschen* 55 (2003) 444-462.
(2013): Körper-Seelsorge, in: *Transformationen* 19 (2013), 63-136.

LINDEN WALFRIED, ALFRED FLEISSNER (Hg.) (2004): Geist, Seele, Gehirn. Entwurf eines gemeinsamen Menschenbildes von Neurobiologen und Geisteswissenschaftlern. Münster, LIT.

LINK, CHRISTIAN (1999): Menschenbild – Theologische Grundlegungen aus evangelischer Sicht, in: Kraus, Wolfgang (Hg.): Bioethik und Menschenbild bei Juden und Christen. Neuenkirchen-Vluyn, Neukirchener Verlag, 57-71.

LOHFINK, NORBERT (1989): Unsere neuen Fragen und das Alte Testament. Freiburg, Herder.

LOHSE, TIMM H.
(2006): Das Kurzgespräch in Seelsorge und Beratung. 2. Aufl. Göttingen, Vandenhoeck & Ruprecht.
(2006): Das Trainingsbuch zum Kurzzeitgespräch. Göttingen, Vandenhoeck & Ruprecht.
(2009): Das zielorientierte Kurzzeitgespräch in der Seelsorge, in: *Deutsches Pfarrerblatt* 109 (2009) 1, 35-37.

LOICK, ANTONIA (2006): Seele, wo bist du? Die Hirnforschung und das Ende der dualistischen Auffassung von der Seele, in: *Zeitzeichen* 7 (2006) 12, 36-38.

LOUW, DANIEL J.
(2003): Würde und Geist. Anregungen zu sozio-kultureller Analyse in Seelsorge und Beratung, in: Federschmidt, Karl (Hg.): Seelsorge im Spannungsfeld von globaler Wirtschaft und Alltagsleben. Düsseldorf, 59-70.
(2010):"Habitus" in soul care. Towards "spiritual fortigenetics" (parrhesia) in a pastoral anthropology, in: *Acta theologica* 30 (2010) 2, 67-88.

LOUW, DANIEL. u.a. (Hg.) (2012): Encounter in Pastoral Care and Spiritual Healing. Towards an integrative and intercultural approach. Wien/Berlin, LIT.

LÜDEMANN, GERD (2013): Der echte Jesus. Seine historischen Taten und Worte. Zu Klampen.

LÜKE, ULRICH
(2003): Mehr Gehirn als Geist? Grenzen der materialistischen Interpretation, in: Neuner, Peter (Hg.): Naturalisierung des Geistes – Sprachlosigkeit der Theologie? Freiburg, Herder, 57-77.
(2005): Neuro-Theologie, in: *Theologie und Glaube* 95 (2005) 4, 423-438.
(2010): Seele – was ist das? Ein interdisziplinärer Verständigungsversuch zwischen Biologie und Theologie, in: Gasser, Georg, Josef Quitterer (Hg.): Die Aktualität des Seelenbegriffs. Paderborn, Schöningh, 2010, 285-308.

LÜTZ, MANFRED
(2003): Vom Gesundheitswahn zur Lebenslust, in: Lederhilger, Severin. (Hg.): Gott, Glück, Gesundheit. Erwartungen an ein gelungenes Leben. Frankfurt am Main, Lang, 32-54.
(2007): Begegnung mit sich und mit Gott. Psychotherapie und Seelsorge, in: *Lebendige Seelsorge* 58 (2007) 1, 43-47.
(2008): Erhebet die Herzen, beuget die Knie. Gesundheit als Religion, in: *Die Zeit* 17 (2008) 17. April, 17.
(2013): Lebenslust. Wider die Diät-Sadisten, den Gesundheitswahn und den Fittnesskult. München, Knaur.
LUIK, ARNO, RABSCH, THOMAS (2007): "Wir gehen in die Tiefe des Gehirns. Wir gehen richtig rein". Eine Eingriffe ins Gehirn - sind sie Eingriffe in die Seele?, in: *Stern* (2007) 48, 196–203.
LUTZ, BERND (2004): Segensfeier und Sakrament, in: *Katechetische Blätter* 129 (2004) 2, 110-113.
LUHMANN, NIKLAS:(1999): Soziale Systeme. 7. Auflage. Frankfurt am Main, Suhrkamp.
LUTHER, HENNING
(1986): Alltagssorge und Seelsorge. Zur Kritik am Defizitmodell des Helfens, in: *Wege zum Menschen* 38 (1986) 2-17.
(1988): Diakonische Seelsorge, in: *Wege zum Menschen* 40 (1988) 475-484.
(1992): Religion und Alltag. Bausteine zu einer Praktischen Theologie des Subjekts. Stuttgart, Radius.
(1998): Die Lügen der Tröster, in: *Praktische Theologie* 33 (1998) 3, 163-176.
MADEJA, MICHAEL (2006): Neuromodestia, in: *Gehirn & Geist* (2006) 7-8, 50.
MAIO, GIOVANNI
(2013): Ökonomisierte Spiritualität. Über das Ersticken der Sinnfrage in der modernen Medizin, in: Möde, Erwin (Hg.): Christliche Spiritualität und Psychotherapie. Regensburg, Pustet, 28-35.
(2014): Auf der Suche nach Ganzheit. Spirituelle Begleitung in der Medizin zwischen Mode und Notwendigkeit, in: Möde, Erwin (Hg.) Europa braucht Spiritualität. Freiburg, Herder, 150-163.
MAHENDRARAJA, THSINTA (2013): Menschenbilder im interkulturellen Vergleich. Norderstedt, Grin.
MARKL, HUBERT (2004): Das Menschenbild als Palimpsest, in: *Gehirn & Geist* (2004) 7, 40-41.
MARKOWITSCH, H.
(2004): Warum wir keinen freien Willen haben, in: *Psychologische Rundschau* 55 (2004), 163-168.
(2010): Das menschliche Bewusstsein aus neurowissenschaftlicher Sicht, in: Böhlmann, Peter (Hg.): Der machbare Mensch? Berlin, LIT, 15-32.
MARKRAM, HENRY (2013): Auf dem Weg zum künstlichen Gehirn, in: *Spektrum Spezial* (2013) 1, 82-89.
MARSHALL, JORETTA (2012): A Perspective on Pastoral Theology, Pastoral Care, and Counseling in the United States, in: Noth, Isabelle, Ralph Kunz (Hg.): Nachdenkliche Seelsorge – Seelsorgliches Nachdenken. Göttingen, Vandenhoek & Ruprecht, 326-341.
MATHWIG, FRANK:
(2014): Worum sorgt sich Spiritual Care? Bemerkungen und Anfragen aus theologisch-ethischer Sicht, in: Noth, Isabelle, Claudia Kohli Reichenbach (Hg.): Palliative und Spiritual Care. Zürich, Theologischer Verlag, 23-42.
(2014): „Will you still need me, will you still feed me…?" Bedeutung haben – auch in Krankheit und Sterben, in: Noth, Isabelle, Claudia Kohli Reichenbach (Hg.): Palliative und Spiritual Care. Zürich, Theologischer Verlag, 85-102.
MATTHIAE, GISELA
(2000): Wie ‚anders' ist der Pfarrer?, in: Green, Friedemann (Hg.): Um der Hoffnung Willen. Praktische Theologie mit Leidenschaft. Hamburg, EB-Verlag, 197-206.
(2001): Clownin Gott... und Clownin Mensch, in: *Junge Kirche* 62 (2001) 4, 26-33.
(2003): Humor hält die Hoffnung lebendig, in: *Junge Kirche* 64 (2003) 6, 12-20.
(2005): Spiritualität. Theologisch, in: Handbuch Theologischer Grundbegriffe.. Band 4. Hg. v. Peter Eicher. München, Kösel, 181-193.
(2013): Gott - wie komisch, in: *Junge Kirche* 74 (2013) 2, 6-7.
MAYER, GUSTAV (1990): Seelische Krankheit und die Möglichkeiten pastoralen Begleitens, in: Baumgartner, Isidor (Hg.): Handbuch der Pastoralpsychologie. Regenburg, Pustet, 463-481.
MEIXNER, UWE (2012): Leib-Seele-Dualismus und Auferstehungshoffnung, in: Koenen Karl-Ludwig (Hg.): Seele oder Hirn? Münster, Aschendorff, 77-94.
MEIXNER, UWE, ALBERT NEWEN (Hg.) (2003): Seele, Denken, Bewusstsein. Zur Geschichte der Philosophie des Geistes. Berlin/New York, de Gruyter.
MEIXNER, UWE (Hg.) (2007): Philosophy of mind. Paderborn, mentis.
MEMORANDUM „REFLEXIVE NEUROWISSENSCHAFT" (2014). in: http://www.psychologie-heute.de/home/lesenswert/memorandum-reflexive-neurowissenschaft, 2014, 1-9.
MENNEN, CLAUDIA (2004): Bibliodrama – Religiöse Erfahrungen im Kontext der Lebensgeschichte. Eine qualitativ-empirische Studie. Fribourg, Academic Press.
MERKELBACH, HEIKO (2009): Christliches Leben als Leben in Fülle, in: Augustin, George u.a. (Hg.): Christliches Ethos und Lebenskultur. Paderborn, Bonifatius, 97-112.
MERLE, KRISTIN (2013): Die Seelsorge vor der Sinnfrage, in: *Praktische Theologie* 48 (2013) 2, 102-109.
METTE, NORBERT
(2005): Armut, in: Handbuch Theologischer Grundbegriffe. Band 1. Hg. v. Peter Eicher. München, Kösel, 91-99.
(2005): Sakramente – Instrumente der Unterdrückung und Symbole der Befreiung, in: *Diakonia* 36 (2005) 316-321.
(2005): Einführung in die katholische Praktische Theologie. Darmstadt, Wissenschaftliche Buchgesellschaft.
(2006): Vom pfarrlichen Territorialprinzip zur Option für ortsbezogene Gemeinden, in: *Pastoraltheologische Informationen* 26 (2006) 1, 8-21.
(2012): Den Menschen nahe, in: Felder, Michael, Jörg Schwaratzki (Hg.): Glaubwürdigkeit der Kirche – Würde der Glaubenden. Freiburg, Herder, 27-34.
(2013): Seelsorge im christlichen Verständnis, in: Ucar, Bülent, Martina Blasberg-Kuhnke (Hg.): Islamische Seelsorge zwischen Herkunft und Zukunft. Frankfurt am Main, Lang, 61-70.

(2013): Christliche Gemeinde im Horizont des Reiches Gottes, in: Sellmann, Matthias (Hg.): Gemeinde ohne Zukunft? Freiburg im Br., Herder, 226-246.

(2013): Gemeinde – eine Wiederentdeckung des Zweiten Vatikanischen Konzils, in: Sellmann, Matthias (Hg.): Gemeinde ohne Zukunft? Freiburg im Br., Herder, 91-102.

METTE, NORBERT, GREGORY BAUM (2004): Spuren von Gnade in einer gnadenlosen Welt, in: *Diakonia* 35 (2004) 1, 31-39.

METZINGER, THOMAS
(1996): Wenn die Seele verloren geht. Der Fortschritt in den Neurowissenschaften erfordert eine neue Bewußtseinskultur, in: *Die Zeit* 45, 1996, 46

(2000): Auf der Suche nach einem neuen Bild vom Menschen, in: *Spiegel der Forschung* (2000) 1, 58-67.

(2003): Being No One. Cambridge, MIT Press.

(2005): Unterwegs zu einem neuen Menschenbild, in: *Gehirn und Geist* (2005) 11, 50-54.

(2006): Der Preis der Selbsterkenntnis. Beschert uns die Hirnforschung mit einem neuen naturalistischen Menschenbild auch das Ende der Religion?, in: *Gehirn & Geist* (2006) 7-8, 42-49.

(2008): Auf der Suche nach einem neuen Bild des Menschen, in: Spät, Patrick (Hg.): Zur Zukunft der Philosophie des Geistes. Paderborn, mentis, 2008, 225-236.

(2009): „Schönheitschirurgie für die Seele", in: *Geist & Gehirn* (2009) 11, 50-51.

(2014): Der Ego-Tunnel. Eine neue Philosophie des Selbst. Von der Hirnforschung zur Bewusstseinsethik. München, Piper.

METZINGER, THOMAS (Hg.) (2007): Das Leib-Seele-Problem. Grundkurs Philosophie des Geistes, Band 2. Paderborn. Mentis.

MEY, JÖRG (2009): Neurowissenschaftliche Untersuchungen religiöser Erfahrungen, in: Souvignier, Georg, Ulrich Lüke u.a. (Hg.): Gottesbilder an der Grenze zwischen Naturwissenschaft und Theologie. Darmstadt, Wissenschaftliche Buchgesellschaft, 161-179.

MEYER, MARTIN (2003): Krieg der Werte. Wir leben, um zu überleben. München/Wien, Nage & Kimche.

MEYER-BLANCK, MICHAEL
(1999): Entdecken statt Verkünden. Neue Chancen für die Bibel im Seelsorgegespräch, in: Seelsorge im Plural. Hg. v. Uta Pohl-Patalong, Frank Muchinsky. Hamburg, EB Verlag, 27-35.

(2003): Der Segen und das Schnabeltier. Theologie, Zeichenhaftigkeit und Verstehen christlicher Segenshandlungen, in: *Wege zum Menschen* 55 (2003) 321-332.

(2006): Die Bibel im Mittelpunkt des Seelsorgegesprächs, in: *Pastoraltheologische Informationen* 26 (2006) 2, 175- 185.

(2009): Theologische Implikationen der Seelsorge, in: Engemann, Wilfried (Hg.): Handbuch der Seelsorge. 2. Auflage. Leipzig, Verlagsanstalt, 19-33.

MEYERBER, JAN (2002): Seelsorge als Prozess. Eine empirische Studie zum Kompetenzprofil von Seelsorgerinnen und Seelsorger. Würzburg, Echter.

MIGGELBRINK, RALF
(2002): Der zornige Gott. Darmstadt, Wissenschaftliche Buchgesellschaft.

(2002): Die Welt in die Krise treiben. Das biblische Zeugnis vom Gotteszorn darf nicht verschwiegen werden, in: *Zeitzeichen* (2002) 49-51.

(2006): Der Zorn des Lammes. Was ist das für ein Gott, auf den Christen hoffen?, in: *Diözese* 58 (2006) 11, 323-328.

(2006): Inkarnation. Systematisch-theologische Übersetzung eines kardinalen Reflexionsbegriffs des Glaubens, in: *Lebendige Seelsorge* 57 (2006) 6, 422-426.

(2009): Wie von Gott sprechen?, in: Miggelbrink, Ralf u.a. (Hg.): Gotteswege. Paderborn, Schöningh, 11-128.

(2010): Einsichten in die Sündenwirklichkeit aus katholischer Perspektive, in: Leonhardt, Rochus (Hg.): Die Aktualität der Sünde. Frankfurt am Main, Lembeck, 41-57.

MOEBIUS, STEPHAN (Hg.) (2006): Kultur – Theorien der Gegenwart. Wiesbaden, Verlag für Sozialwissenschaften.

MÖBUß, SUSANNE: Plotin. Wiesbaden, Panorama.

MÖDE, ERWIN (2014): Spiritualität, ein „weites Land". Einleitende Hinführung zum Begriff ‚Spiritualität‘, in: Ders. (Hg): Europa braucht Spiritualität. Freiburg, Herder, 9-26.

MÖLLER, CHRISTIAN
(1994): Entstehung und Prägung des Begriffs Seelsorge, in: Möller, Christian (Hg.): Geschichte der Seelsorge in Einzelporträts, Band I. Göttingen, Vandenhoeck & Ruprecht, 9-19.

(1995): Einführende Bemerkungen zur Seelsorge im 16., 17. und 18. Jahrhundert, in: Möller, Christian (Hg.): Geschichte der Seelsorge in Einzelporträts, Band II. Göttingen, Vandenhoeck & Ruprecht, 1995, 9-21.

(1995): Martin Luther, in: Möller Christian (Hg.): Geschichte der Seelsorge in Einzelporträts, Band II. Göttingen, Vandenhoeck & Ruprecht, 1995, 25-44.

(1996): Einführende Bemerkungen zur Seelsorge im 19. und 20. Jahrhundert, in: Möller, Christian (Hg.): Geschichte der Seelsorge in Einzelporträts, Band III. Göttingen, Vandenhoeck & Ruprecht, 1996, 9-17.

(2001): Seelsorge im Alltag, in: *Pastoraltheologie* 90 (2001) 409-419.

(2004): Einführung in die praktische Theologie. Tübingen, Franke.

(2009): „Und für meine Seele sorgen". Seelsorge in Kongruenz, in: *Theologische Beiträge* 40 (2009) 1, 41-50.

MÖSLI, PASCAL, STEFFEN EYCHMÜLLER (2014): Chancen der interdisziplinären Zusammenarbeit aus medizinischer und seelsorglicher Sicht, in: Noth, Isabelle, Claudia Kohli Reichenbach (Hg.): Palliative und Spiritual Care. Zürich, Theologischer Verlag, 129-154.

MOLTMANN, JÜRGEN
(1999): Die Fülle der Geistesgaben und ihre christliche Identität, in: *Concilium* 35 (1999) 33-37.

(2001): Jesus Christus – Gottes Gerechtigkeit in der Welt der Opfer und Täter, in: *Stimmen der Zeit* 219 (2001) 507-519.

MOORE, THOMAS (1992): Care of the soul. New York, Harper Collins.

MORGENTHALER, CHRISTOPH
(1999): Systemische Seelsorge. Stuttgart, Kohlhammer.

(2002): Begrenzte Zeit – erfüllte Zeit. (Kurz)Zeitperspektiven in der systemischen Seelsorge, in: *Wege zum Menschen* 54 (2002) 3, 161-176

(2005): Der Blick des Anderen. Die Ethik des Helfens im Christentum, in: Weiß, Helmut u.a. (Hg.): Ethik und Praxis des Helfens in verschiedenen Religionen. Neukirchen-Vluyn, Neukirchener Verlag, 35-51.

(2007): Sieben Gründe, warum Spitalseelsorge not-wendig ist, in: Albisser, Rudolph, Adrian Loretan (Hg.): Spitalseelsorge im Wandel. Münster, LIT, 89-94.

(2009): Seelsorge. Gütersloh, Gütersloher Verlagshaus.

(2009): Systeme als Bezugspunkte der Seelsorge, in: Engelmann, Wilfried (Hg.): Handbuch der Seelsorge. 2. Auflage. Leipzig, Verlagsanstalt, 292-307.

(2009): Der Traum einer seelsorglichen Kirche. Zehn Thesen, in: *Lebendige Seelsorge* 60 (2009) 5, 298-301.

(2009): Systeme als Bezugsrahmen der Seelsorge, in: Engemann, Wilfried (Hg.): Handbuch der Seelsorge. 2. Auflage. Leipzig, Verlagsanstalt, 292-307.

(2012): Palliative Care – Chancen und Herausforderungen für die Seelsorge, in: Holder-Franz, Martina: „...dass Du bis zuletzt leben kannst". Spiritualität und Spiritual Care bei Cicely Saunders. Zürich, Theologischer Verlag, Vorwort.

(2013): Systemische Seelsorge. 5. Vollständig überarbeitete Auflage. Stuttgart, Kohlhammer.

MORGENTHALER, CHRISTOPH, ISABELLE NOTH (Hg.) (2007): Seelsorge und Psychoanalyse. Stuttgart, Kohlhammer.

MOSER, TILMANN (2003): Gott als Glück – Gott als Unglück. Erfahrungsberichte aus der therapeutischen Praxis, in: Lederhilger, Severin J. (Hg.): Gott, Glück, Gesundheit. Frankfurt am Main, Lang, 129-153.

MÜLLER, HADWIG (2007): Netze des Evangeliums knüpfen. Berufung ‚örtlicher Gemeinden', in: *Lebendige Seelsorge* 58 (2007) 3, 162-167.

MÜLLER, HANS-PETER (2003): Was der Akzeptanz einer biblischen Anthropologie entgegensteht und wie wir mit der Herausforderung umgehen, in: Mittmann-Richter, Ulrike u.a. (Hg.): Der Mensch vor Gott. Neukirchen, Neukirchener Verlag, 3-14.

MÜLLER, HANS MARTIN (1991): Das Ethos im seelsorglichen Handeln, in: *Pastoraltheologie* 80 (1991) 3-16.

MÜLLER, JOACHIM (2007): Neue Faszination für Dämonen und Exorzismen, in: Baer, Harald (Hg.): Katholizismus in moderner Kultur. Festschrift für Hans Gasper zum 65. Geburtstag. Freiburg, Herder, 2007, 68-82.

MÜLLER, OLIVER (2008): Mensch und Gehirn. Eine Reflexion über die Interdependenz von Anthropologie und Neurowissenschaften, in: *Zeitschrift für medizinische Ethik* 54 (2008) 3, 285-292.

MÜLLER, OLIVER, JENS CLAUSEN, GIOVANNI MAIO (Hg.) (2009): Das technisierte Gehirn. Neurotechnologien als Herausforderung für Ethik und Anthropologie. Münster, mentis.

MÜLLER, PHILIP

(2000): Seelsorge, in: Lexikon für Theologie und Kirche. Band 9. 3. Aufl. Hg. v. Walter Kasper. Freiburg, Herder, 386-387.

(2012): Dialogfähigkeit als Schlüsselqualifikation aller pastoralen Berufe, in: *Trierer theologische Zeitschrift* 121 (2012) 4, 303-321.

MÜLLER, SABINE, WALTER HENRIK (2010): Religiöse Gehirne. Neurotheologie und die neurowissenschaftliche Erforschung religiöser Erfahrungen, in: *Nervenheilkunde* (2010) 10, 684-689.

MÜLLER, TOBIAS (2011): Ist das Bewusstsein nichts als das Feuer von Neuronen?, in: Müller, Tobias (Hg.): Ich denke, also bin ich? Göttingen, Vandenhoek & Ruprecht, 69-92.

MÜLLER, TOBIAS (Hg.) (2011): Ich denke, also bin ich? Das Selbst zwischen Neurobiologie, Philosophie und Religion. Göttingen, Vandenhoek & Ruprecht.

MÜLLER, WUNNIBALD

(1999): Auf der Suche nach der verlorenen Seele. Mainz, Grünewald.

(2001): Die cura animarum als gemeinsame Aufgabe von Seelsorge und Psychotherapie, in: *Lebendige Seelsorge* 52 (2001) 151-155.

(2003): Menschsein heißt In-Beziehung-Sein, in: *Theologisch-praktische Quartalschrift* 151 (2003) 4, 359-367.

(2005): Wenn der Geist die Seele berührt, in: *Lebendige Seelsorge* 56 (2005) 2, 120-123.

(2005): Spiritualität und Psychotherapie, in: *Deutsches Pfarrerblatt* 105 (2005) 2, 64-69.

(2007): Wenn der Geist die Seele berührt. Für eine dynamische Spiritualität. Ostfildern, Grünewald.

(2009): Die Beichte als Chance für die Befreiung von Schuld, in: *Anzeiger für die Seelsorge* (2009) 3, 5-8.

(2014): Gönne dich dir selbst. Von der Kunst, sich gut zu sein. 5. Aufl. Münsterschwarzach, Vier Türme Verlag.

MÜLLER-BUSCH, CHRISTOF (2014): Kurze Geschichte der Palliativmedizin, in: Schnell, Martin, Christian Schulz (hg.): Basiswissen Pallaitivmedizin. 2. Aufl. Wiesbaden, Springer4-9.

MÜLLER-ROSENAU, FRANZISKA, KLAUS KIESSLING (2003): Verwundeter Heiler oder zerstörter Raum. München, Deutsche Gesellschaft für Pastoralpsychologie.

MUSCHIOL, GISELA (2001): „Den Weinberg der Seele bebauen." Seelsorge vom Mittelalter bis zur Gegenwart, in: Pemsel-Maier, Sabine (Hg.): Zwischen Alltag und Ausnahme: Seelsorgerinnen. Ostfildern, Schwabenverlag, 58-80.

NACHTWEI, GERHARD

(1999): Plädoyer für den 'schwachen' Seelsorger. Ein post-moderner Zwischenruf, in: Um der Menschen willen. Evangelisierung – eine Herausforderung der säkularen Welt. Hg. v. H. Keul, W. Kraning. Leipzig, Benno, 325-340.

(2001): Beichte – ein not-wendiges Sakrament. Ein-Leitung aus der Sicht eines praktischen Seelsorgers, in: *Diakonia* 32 (2001) 153-157.

(2003): Das doppelte Lottchen. Geht es um die Psyche und/oder um die Seele?, in: *Diakonia* 34 (2003) 229-233.

NADEAU, JEAN-GUY (2002): Einheit oder Dichotomie von Leib und Seele? Die Ursachen der ambivalenten Haltung des Christentums gegenüber der Leiblichkeit, in: *Concilium* 38 (2002) 2, 160-168.

NAGEL, ECKHARDT (Hg.) (2002): Was ist der Mensch – noch? Hannover, Lutherisches Verlagshaus.

NAGEL, REGINA (2013): Seelsorgerinnen als Führungskräfte in der Kirche? Studie gibt Hinweise zu Kompetenzen und Interessen von Gemeinde- und Pastoralreferentinnen, in: *Lebendige Seelsorge* 64 (2013) 5, 345-350.

NANNINI, SANDRO (2006): Seele, Geist und Körper. Frankfurt am Main, Lang.

NASSEHI, ARMIN (2009): Spiritualität. Ein soziologischer Versuch, in: Frick, Eckhard, Traugott Roser (Hg.): Spiritualität und Medizin. Stuttgart, Kohlhammer, 35-44.

NATIONALE LEITLINIEN PALLIATIVE CARE. Hg. v. Bundesamt für Gesundheit (BAG) und Schweizerische Konferenz der der kantonalen Gesundheitsdirektorinnen und –direktoren (GDK). Bern, 2010.

NAUER, DORIS
(2001): Seelsorgekonzepte im Widerstreit. Ein Kompendium. Stuttgart, Kohlhammer.
(2006): Heilende Seelsorge? Zum Stellenwert körperlich-seelischer Gesundheit in der heutigen Seelsorge, in: Harm Gories (Hg.): Bodyliness and Human Dignity. Münster, LIT, 61-88.
(2006): Politisch-Befreiende Seelsorge. Zur gesellschaftspolitischen Dimension christlicher Seelsorge, in: Bucher, Rainer, Rainer Krockauer (Hg.): Praktische Theologie und Politik. Münster, LIT, 165-181.
(2007): Seelsorge in der Caritas. Spirituelle Enklave oder Qualitätsplus? Freiburg, Lambertus.
(2007): Trinitarisch erfahrbarer Gott. Theologisches Fundament pastoralen Handelns, in: Bucher, Rainer, Rainer Krockauer (Hg.): Gott in der Pastoral. Münster, LIT, 85-102.
(2009): Brauchen Frauen eine eigene/andere Art von Seelsorge? Feministische Seelsorge als Antwortversuch, in: Aigner, Maria, Johann Pock (Hg.): Geschlecht quer gedacht. Münster, LIT, 149-164.
(2010): Glaubwürdige Seelsorge im Team. Neben-Einander, Gegen-Einander, Für-Einander, Mit-Einander von Klerikern, Ordensleuten, 'LaientheologInnen' und ehrenamtlich Engagierten, in: Bucher, Rainer, Johann Pock (Hg.): Klerus und Pastoral. Berlin/Wien, LIT, 233-259.
(2011): Seelsorge ohne Diakonie? Diakonische Seelsorge!, in: Anzeiger für die Seelsorge (2011) 1, 14-17.
(2012): Humor - Lebensfreude - Gelassenheit. Typisch Christlich?, in: Pock, Johann, Birgit Hoyer, Michael Schüßler (Hg.): Ausgesetzt. Exklusionsdynamiken und Exposureprozesse in der Praktischen Theologie. Wien/Berlin, LIT, 213-256.
(2012): Aus Fehlern lernen. Historische Hypotheken und glaubwürdige Neuaufbrüche in der Seelsorge, in: Köhl, Georg, G. Lames (Hg.): Abenteuer Hoffnung. Lebenszeugnisse und Glaubenszeugen. Berlin, LIT, 798-809.
(2013): Brennen statt Verbrennen. Anti-Burn-out-Strategien angesichts komplexer Belastungsfaktoren, in: Anzeiger für die Seelsorge (2013) 1, 11-15.
(2013): Diakonisch handeln? Gottes Auftrag an uns Menschen!, in: Anzeiger für die Seelsorge 122 (2013) 9, 11-14.
(2013):(Katholieke) Geestelijke Verzorging. Een constructief-kritische blik vanuit het buitenland, in: TGV Tijdschrift Geestelijke Verzorging 16 (2013) Nr. 71, 9-24. = (Katholische) Seelsorge in den Niederlanden. Ein konstruktivkritischer Blick aus dem Ausland
(2013): Keine Angst vor Komplexität! Glaubwürdige Seelsorge im 21. Jahrhundert, in: P&S (Magazin für Psychotherapie und Seelsorge) (2013) November, 52-56
(2014): "Weil nichts bleibt, wie es war". Paradigmenwechsel im christlichen Seelsorgeverständnis, in: Hoppe, Rudolf, Michael Reichardt (Hg.): Lukas - Paulus - Pastoralbriefe. Festschrift für Alfons Weiser zum 80. Geburtstag. Stuttgart, Katholisches Bibelwerk, 373-387.
(2014): Grund zur Freude. Christliche Anthropologie und lebenspraktische Folgen, in: Diakonia 45 (2014) 1, 12-19.
(2014): Krankenhausseelsorge. Glaubwürdiger christlicher Dienst in und an der pluralen Gesellschaft, in: Augustin; George u.a. (Hg.): Christentum im Dialog. Freiburg im Breisgau, Herder, 421-432.

NAUMANN, BETTINA, WOLFGANG RATZMANN (2002): Segen zwischen Abschluss und Neubeginn, in: Entwickeltes Leben. Neue Herausforderungen für die Seelsorge. Hg. v. Michael Böhme. Leipzig, Evangelische Verlagsanstalt, 43-68.

NAURATH, ELISABETH
(2002): Auf dem Boden stehen und nach dem Himmel greifen, in: Diakonia 33 (2002) 268-273.
(2003): „Die Seele spüren" Herausforderungen an die gegenwärtige Seelsorge, in: Pastoraltheologie 91 (2003) 98-113.
(2004): Seele. Praktisch-theologisch, in: Religion in Geschichte und Gegenwart (RGG). 4. Aufl. Hg. v. Hans Dieter Betz u.a. Tübingen, Mohr-Siebeck, Band 7 R-S, 1105-1106.

NEUBERT-STEGEMANN, REDLEF (2008): Zur Aktualität der Pastoralpsychologie. Politische Herausforderungen, theologische Aufgaben, in: Wege zum Menschen 60 (2008) 1, 65-73.

NEUMANN, JOSEF (2007): Die Sehnsucht des Menschen nach Heilsein. Krankheit und Heilung als kulturbestimmte Phänomene, in: Materialiendienst der ZRW 70 (2007) 4, 124-132.

NEUMANN-GORSOLKE, UTE (2004): Herrschen in den Grenzen der Schöpfung. Ein Beitrag zur alttestamentlichen Anthropologie am Beispiel von Psalm 8, Genesis 1 und verwandten Texten. Neukirchen-Vluyn, Neukirchener Verlag.

NEWERG, ANDREW:
(2010): Principles of Neurotheology. Burlington, Asgate.
(2014): Zeigt sich Religiosität im Gehirn?, in: Geist & Gehirn (2014) 4, 60.

NEWBERG, ANDREW, EUGENE D'AQUILI (2003): Der gedachte Gott. Wie Glaube im Gehirn entsteht. München, Kösel. (engl.: Why God won't go away).

NEWBERG, ANDREW, MARK ROBERT WALDMAN: Der Fingerabdruck Gottes. Wie religiöse und spirituelle Erfahrungen unser Gehirn verändern. Kösel, München, 2010 (engl.: How God Changes your Brain).

NICKL, PETER, GEORGIOS TERIZAKIS (Hg.) (2010): Die Seele. Metapher oder Wirklichkeit? Philosophische Ergründungen. Bielefeld, transcript.

NICOL, MARTIN (1998): Leben deuten mit der Bibel, in: Wege zum Menschen 50 (1998) 2-17

NIEDERMACHER, BRUNO KARL (Hg.) (2006): Die menschliche Seele. Brauchen wir den Dualismus? Frankfurt am Main, Ontos Verlag.

NIEMAND, CHRISTOPH
(2002): Die christliche Bibel. Altes und Neues Testament, in: Aufmerksame Solidarität. Festschrift für Bischof Maximilian Aichern zum 70. Geburtstag. Hg. v. Peter Hofer. Regensburg, Pustet, 205-225.
(2003): „Jesus – wie er wirklich war"?, in: Theologisch-Praktische Quartalschrift 151 (2003) 253-263.

NIEMANN, ULRICH
(2005): Befreiung vom Bösen?, in: Stimmen der Zeit 223 (2005) 274-279.

(2006): Das Böse und die Psychiatrie. Zur Diskussion über Besessenheit und Exorzismus, in: *Herder-Korrespondenz* 60 (2006) 3, 119-123.

NIEMANN, ULRICH, MARION WAGNER (Hg.) (2005): Exorzismus oder Therapie? Regensburg, Pustet.

NOBER, STEFAN, STEFFEN STUTZ, GEORG KÖHL (2007): Was trägt ein Kurs zum Thema ‚Seelsorgeverständnis' zur Handlungsfähigkeit in der pastoralen Praxis bei?, in: *Trierer Theologische Zeitschrift* 116 (2007) 4, 291-318.

NOLTE, PAUL (2006): Riskante Moderne. Die Deutschen und der neue Kapitalismus. München, Beck.

NOLAN, STEVE (2010): Spiritual Care at the end of life. The chaplains as a 'hopeful presence'. London, Kingsley.

NOTH, ISABELLE

(2013): Seelsorge(konzepte) zwischen Modernität und religiöser Tradition, in: Ucar, Bühlent, Martina Blasberg-Kuhnke: Islamische Seelsorge zwischen Herkunft und Zukunft. Frankfurt am Main, Lang, 101-106.

(2014): Seelsorge und Spiritual Care, in: Noth, Isabelle, Claudia Kohli Reichenbach (Hg.): Palliative und Spiritual Care. Zürich, Theologischer Verlag, 103-116.

NOTH, ISABELLE, CLAUDIA KOHLI REICHENBACH (Hg.) (2014): Palliative und Spiritual Care. Aktuelle Perspektiven in Medizin und Theologie. Zürich, Theologischer Verlag.

NOTH, ISABELLE, RALPH KUNZ (Hg.) (2012): Nachdenkliche Seelsorge - Seelsorgliches Nachdenken. Festschrift für Christoph Morgenthaler zum 65. Geburtstag. Göttingen, Vandenhoeck & Ruprecht.

NOTHELLE-WILDFEUER, URSULA (2005): Gesellschafts-politische Diakonie der Kirche, in: Müller, Phillip, Hubert Windisch (Hg.): Seelsorge in der Kraft des Heiligen Geistes. Freiburg, Herder, 141-160.

NOUWEN, HENRI J.M. (1991): Schöpferische Seelsorge. 2. Aufl. Freiburg, Herder.

OBERDORFER, BERND (2004): Man müsste sie erfinden. Die Trinitätslehre ist kein überflüssiges Dogma, sondern ein Fenster zum Himmel, in: *Zeitzeichen* (2004) 8, 56-59.

OBERHEIDEN, ANDREA (2013): Neuplatonismus und Christentum. Grin.

OCHS, ROBERT (2006): Rechtfertigung – Ermöglichung einer Praxis unbedingte Anerkennung., in: Bucher, Rainer, Rainer Krockauer (Hg.): Pastoral und Politik. Erkundungen eines unausweichlichen Auftrags. Münster, LIT, 65-81.

OESER, ERHARD

(2002): Geschichte der Hirnforschung. Von der Antike bis zur Gegenwart. Darmstadt, Wiss. Buchgesellschaft.

(2006): Das selbstbewusste Gehirn. Perspektiven der Neurophilosophie. Darmstadt, Wissenschaftliche Buchgesellschaft.

OHL, FRANK, HEINRICH SCHEICH (2006): Hightech im Gehirn, in: *Gehirn & Geist* (2006) 10, 64-67.

OHLIG, KARL-HEINZ (1999): Ein Gott in drei Personen? Vom Vater Jesu zum ‚Mysterium' der Trinität. Mainz/Luzern, Grünewald/Exodus.

OORSCHOT, JÜRGEN van (2001): Menschenbild, Gottesbild und Menschenwürde in: Herms, Eilert (Hg.): Menschenbild und Menschenwürde. Gütersloh, Kaiser, 320-344.

ORIGENES. Vier Bücher von den Prinzipien. Hg. v. Herwig Görgemanns, Heinrich Arpp. Darmstadt, Wissenschaftliche Buchgesellschaft, 1976.

PALM, LISA (2012): Religiös-spirituelle Begleitung (Spiritual Care) und die Erfassung von Spiritual Pain bei schwerkranken Menschen im Akutspital, in: Belok, Manfred u.a. (Hg.): Seelsorge in Palliative Care. Zürich, Theologischer Verlag, 75-86.

PANHOFER, JOHANNES (2003): Gott im Menschen begegnen. Pastoralpsychologie in der Aus- und Weiterbildung von SeelsorgerInnen, in: *Diakonia* 34 (2003) 270- 275.

PANIKKAR, RAIMON (2005): Trinität. Spirituell, in: Neues Handbuch Theologischer Grundbegriffe. Band 4. Hg. v. Peter Eicher. München, Kösel, 376-381.

PAPST JOHANNES XXIII, in: Sudbrack, Josef (Hg.): Entzünde in uns das Feuer deiner Liebe. Gebete zum Heiligen Geist. 3. Aufl. München, 1998.

PAUEN, MICHAEL

(2007): Was ist der Mensch? Die Entdeckung der Natur des Geistes. München, Deutsche Verlagsanstalt.

(2008): Eine unbekannte Spezies?, in: Ganten, Detlef u.a. (Hg.) Was ist der Mensch? Berlin, de Gruyter, 199-203.

(2010): Kein Rätsel des Bewusstseins. Grenzen und Bedingungen einer naturalistischen Erklärung des Geistes, in: Crone, Katja u.a. (Hg.): Über die Seele. Berlin, Suhrkamp, 390-409.

PAUEN, MICHAEL, GERHARD ROTH (2008): Freiheit, Schuld und Verantwortung. Grundzüge einer naturalistischen Theorie der Willensfreiheit. Frankfurt am Main, Suhrkamp.

PAYK, THEO R. (2000): Forscher im Labyrinth der Seele. Stuttgart, Kohlhammer.

PEMSEL-MAIER, SABINE

(2001): Seelsorge – Heilssorge – Leibsorge – Menschensorge. Einige Vorbemerkungen zu einem vieldeutigen Begriff, in: Pemsel-Maier, Sabine (Hg.): Zwischen Alltag und Ausnahme: Seelsorgerinnen. Ostfildern, Schwabenverlag, 11-20.

(2008): Gericht – Himmel – Hölle – Fegefeuer als Hoffnungsbilder lesen, in: *Bibel und Kirche* (2008) 4, 204-209.

(2009): Es geht um's Ganze: Gottes Gnade, in: *Katechetische Blätter* 134 (2009) 39-404.

PENG-KELLER, SIMON

(2010): Einführung in die Theologie der Spiritualität. Darmstadt, Wissenschaftliche Buchgesellschaft.

(2012): Spiritualität im Kontext moderner Medizin, in: Belok, Manfred u.a. (Hg.): Seelsorge in Palliative Care. Zürich, Züricher Verlag, 87-98.

(2014): Zur Herkunft des Spiritualitätsbegriffs. Begriffs- und spiritualitätsgeschichtliche Erkundungen mit Blick auf das Verständnis von Spiritual Care, in: *Spiritual Care* 3 (2014) 36-47.

PERSINGER, MICHAEL A. (1987): Neuropsychological bases of God beliefs. New York, Praeger.

PESCH, OTTO HERMANN (1986): Gott – die Freiheit des Menschen, in: Breuning, Wilhelm (Hg.): Seele. Problembegriff christlicher Eschatologie. Freiburg, Herder, 192-224.

PETERSEN, CLAUS (2005): Die Botschaft Jesu vom Reich Gottes. Aufbruch zum Neubeginn. Stuttgart, Kreuz.

PETZOLD, HILARION

(1972): Psychodrama als Instrument der Pastoraltherapie, der religiösen Selbsterfahrung und der Seelsorge, in: *Wege zum Menschen* 24 (1972) 41.

(2005): Unterwegs zu einem „erweiterten Seelsorgekonzept" für eine „transversale Moderne", in: Henke, Katharina u.a. (Hg.): „Aus dem Etwas machen, wozu ich gemacht worden bin". Gestaltseelsorge und Integrative Pastoralarbeit. Stuttgart, Kohlhammer, 213-237.

PETZOLD, HILARION (Hg.) (2012): Die Menschenbilder in der Psychotherapie. Krammer.

PFENNIGHAUS, DIETMAR (2011): Neue Horizonte. Beziehungen stärken durch Systemische Seelsorge. Marburg, Francke.

PICHLER, JOSEF, CHRISTOPH HEIL (Hg.) (2007): Heilungen und Wunder. Theologische, historische und medizinische Zugänge. Darmstadt, Wissenschaftliche Buchgesellschaft.

PIES, INGO (2005): Chancen und Risiken der Globalisierung. 10 Thesen. Universität Halle-Wittenberg.

PIEPER, DIETMAR (2013): Anfang einer neuen Zeit. Das Leben und Sterben des jüdischen Wanderpredigers Jesus von Nazareth markiert eines der wichtigsten Daten der Weltgeschichte, in: Grossbongardt, Anette, Dietmar Pieper (Hg.): Jesus von Nazareth und die Anfänge des Christentums. München, Goldmann, 17-25.

PIPER, JOSEF (1995): Über das christliche Menschenbild. Freiburg, Johannes Verlag.

PLATON (2010): Von der Unsterblichkeit der Seele (Phaidon). München, Beck.

PLATTE, EBERHARD (2011): Wie Jesus Menschen begegnet. Von dem Sohn Gottes Seelsorge lernen. Dillenburg, Christliche Verlagsgesellschaft.

POCK, JOHANN
(2004): Biographisch erfahrbares Heil. Wie Wege zu den Sakramenten eröffnen?, in: Bucher, Rainer (Hg.): Die Provokation der Krise. Zwölf Fragen und Antworten zur Lage der Kirche. Würzburg, Echter, 220-237.
(2008): Seelsorger(innen) als Wegbegleiter. Optionen für eine personorientierte Seelsorge, in: *Anzeiger für die Seelsorge* (2008) 3, 16-19.
(2010): Pastorale Chancen und Grenzen von Pfarrzusammenlegungen. Anmerkungen im Kontext einer Reich-Gottes-Arbeit, in: *Anzeiger für die Seelsorge. Zeitschrift für Pastoral und Gemeindepraxis* (2010) 3, 5–8.
(2013): Seelsorge als Dienst. Herausforderung an eine diakonische Pastoral, in: *Anzeiger für die Seelsorge* (2013) 9, 15-17.

PÖHLMANN, HORST GEORG (2004): Wo aber bleibt die Seele? Leben nach dem Tode, in: Wasmuth, Werner (Hg.): Wo aber bleibt die Seele? Interdisziplinäre Annäherungen. Münster, LIT, 141-150.

POENSGEN, HERBERT (1997): Alles ist Fragment. Kritische Anfragen zu Konzepten heilender Seelsorge in der Pastoral, in: *Theologisch-praktische Quartalschrift* 144 (1997) 155-167.

POHL-PATALONG, UTA
(1996): Bibliodrama - zur gesellschaftlichen Relevanz eines Booms, in: *Pastoraltheologie* 85 (1996) 522-535.
(1996): Seelsorge zwischen Individuum und Gesellschaft. Stuttgart, Kohlhammer.
(1999): Individuum und Gesellschaft in der Seelsorge, in: Seelsorge im Plural. Hg. v. Uta Pohl-Patalong, Frank Muchinsky. Hamburg, EB Verlag, 113-126.
(2000): Seelsorge transversal. Chancen der Theorie der Postmoderne für den Seelsorgediskurs, in: *Wege zum Menschen* 52 (2000) 221-236.
(2000): Individuum und Gesellschaft in der Seelsorge, in: Schneider- Harpprecht, Christoph (Hg.): Zukunftsperspektiven für Seelsorge und Beratung. Neukirchen-Vluyn, Neukirchener Verlag, 117-126.
(2001): Vom „Rübermachen nach Amerika", „Kribbeln im Rücken" und anderen religiösen Phänomenen. Religiöse Kompetenz in der Seelsorge, in: *Praktische Theologie* 36 (2001) 1, 4-15.
(2004): Seelsorge. Konzeptionen und Methoden, in: Religion in Geschichte und Gegenwart (RGG). 4. Aufl. Hg. v. Hans Dieter Betz u.a. Tübingen, Mohr-Siebeck, Band 7 R-S, 1114-1116.
(2005): Bibliolog. Gemeinsam die Bibel entdecken. Stuttgart, Kohlhammer.
(2006): Der Pfarrberuf in einer veränderten Kirche. Kybernetisch-pastoraltheologische Reflexionen, in: *Pastoraltheologische Informationen* 26 (2006) 2, 224-238.
(2009): Gesellschaftliche Kontexte der Seelsorge, in: Engemann, Wilfried (Hg.): Handbuch der Seelsorge. 2. Auflage. Leipzig, Verlagsanstalt, 63-84.
(2010): Kaum zu glauben und doch so wichtig. Auferstehung als Thema im Religionsunterricht, in: *Jahrbuch der Religionspädagogik* 26 (2010) 205-214.

POLAK, REGINA
(2006): Megatrend oder Megaflop? Zur Wiederentdeckung von Spiritualität, in: *Diakonia* 37 (2006) 386-392.
(2006): Religion kehrt wieder Handlungsoptionen in Kirche und Gesellschaft. Ostfildern, Schwabenverlag.

POPKES, ENNO EDZARD (2009): Die Heilungen Jesu und die Anfänge der Jesusbewegung, in: Thomas, Günter, Isolde Karle (Hg.): Krankheitsdeutung in der postsäkularen Gesellschaft. Stuttgart, Kohlhammer 186–202.

PRINZ, WOLFGANG: Neue Ideen tun Not, in: *Gehirn & Geist* (2004) 6, 34-35.

PROBST, CHARLES (2001): Gehirn und Seele. Aus der Sicht von Neurochirurgie und Hirnforschung, in: Der Mensch als Gottes Ebenbild. Christliche Anthropologie. Hg. v. Franz Breid. Buttenwiesen, Stella-Maris-Verlag, 123-154.

PROBST, MANFRED (1999): Der Große Exorzismus. Ein schwieriger Teil des Rituale Romanum, in: *Liturgisches Jahrbuch* 49 (1999) 4, 247-262.

PROBST, MANFRED, KLEMENS RICHTER (2002): Exorzismus oder Liturgie zur Befreiung vom Bösen. Münster, Aschendorff.

PROFT, INGO
(2010): Würde oder der 'Mehrwert' des Menschen. Ethische Überlegungen für die Pflege, in: Niederschlag, Heribert (Hg.): Recht auf Selbstbestimmung? Vom Umgang mit den Grenzen des Lebens. Mainz, Grünewald, 95–112.
(2010): Heilung und Heil in Begegnung. Freiburg, Herder.

PRÜLLER-JAGENTEUFEL, GUNTER (2006): Schuld als Beziehungsgeschehen, in: *Diakonia* 37 (2006) 90-96.

PRÜLLER-JAGENTEUFEL, VERONIKA (2002): Keine Banalitäten. Segen als anspruchsvoller Zuspruch, in: *Diakonia* 33 (2002) 1–4.

PSYCHOLOGIE im 21. Jahrhundert – Eine Standortbestimmung. Führende deutsche Psychologen über die Lage und Zukunft ihres Faches und die Rolle der psychologischen Grundlagenforschung, in: *Gehirn & Geist* (2005) 7-8, 56-60.

404 Literatur

Literatur

PUCHALSKI, CHRISTINA
(2002): Spirituality and End-Of-Life Care, in: *Journal of Palliative Medicine* 5 (2002) 289-294.
(2014): Spiritual Care – eine Zeit des Zuhörens und Mitgehens, in: Feinendegen, Norbert u.a. (Hg.): Menschliche Würde und Spiritualität in der Begleitung am Lebensende. Würzburg, Königshausen & Neumann, 235-266.

PUCHALSKI, CHRISTINA u.a.: Improving the quality of Spiritual Care as a dimension of Palliative Care, in: *Journal of Palliative Medicine* 12 (2009) 885-904.

QUITTERER, JOSEF
(2003): Ist unser Selbst Illusion oder neurobiologische Realität? Ein Beitrag zur Aktualität des Seelenbegriffs, in: Neuner, Peter (Hg.): Naturalisierung des Geistes – Sprachlosigkeit der Theologie? Freiburg, Herder, 79-97.
(2010): Das Erklärungspotential des Seelenbegriffs, in: Gasser, Georg, Josef Quitterer (Hg.): Die Aktualität des Seelenbegriffs. Paderborn, Schöningh, 253-270, 271-283.

RADLBECK-OSSMANN, REGINA
(2012): Die Zurückhaltung aufgeben! Heil und Heilung als Thema der Systematischen Theologie, in: *Lebendiges Zeugnis* 67 (2012) 2, 83-94.
(2013): Kranke heilen, Besessene befreien. Eine Spurensicherung zum heilenden Wirken Jesu, in: Wolfradt, Uwe u.a. (Hg.): Dissoziation und Kultur. Lengerich, Verlag Dustri, 71-82.

RAGER, GÜNTER (2011): Selbst und Bewusstsein: Grundlagen der Neurowissenschaften, in: MÜLLER, TOBIAS (Hg.): Ich denke, also bin ich? Göttingen, Vandenhoek & Ruprecht, 29-46.

RAGER, GÜNTER, MICHAEL VON BRÜCK (Hg.) (2012): Grundzüge einer modernen Anthropologie. Göttingen, Vandenhoek & Ruprecht.

RAHNER, KARL (1984): Grundkurs des Glaubens. Freiburg, Herder.

RAISER, KONRAD (2004): Christlich-Theologische Anthropologie in der Ökumenischen Diskussion, in: Graf, Michael u.a. (Hg.): „Was ist der Mensch?" Stuttgart, Kohlhammer, 53-70.

RAMACHANDRAN, VILAYANUR
(2002): Die blinde Frau, die sehen kann. Rätselhafte Phänomene unseres Bewusstseins. Reinbek, Rowohlt.
(2005): Eine kurze Reise durch Geist und Gehirn (= The emerging mind). Reinbek, Rowohlt.
(2013): Die Frau, die Töne sehen konnte. Über den Zusammenhang von Geist und Gehirn. Reinbek, Rowohlt.

RATZINGER, JOSEPH, BENEDIKT XVI.
(1968): Einführung in das Christentum. Vorlesungen über das Apostolische Glaubensbekenntnis. München, Kösel.
(2007): Jesus von Nazareth. Freiburg, Herder.

RAVENSCROFT, IAN (2008): Philosophie des Geistes. Eine Einführung. Reclam.

REBER, JOACHIM (2005): Das christliche Menschenbild. Augsburg, St. Ulrich Verlag.

REICHERTZ, JO (Hg.) (2006): Akteur Gehirn oder das vermeintliche Ende des handelnden Subjekts. Eine Kontroverse. Wiesbaden, Verlag für Sozialwissenschaften.

REININGER, WINFRIED (2013): „Rückkehr in die Diakonie" – Schicksal der Kirche?, in: Reiniger, Winfried, Ingrid Reidt (Hg): Kirche an der Seite der Armen. Praxisbuch zur Sozialpastoral. Freiburg im Br., Lambertus, 64-72.

REININGER, WINFRIED, INGRID REIDT (Hg.) (2013): Kirche an der Seite der Armen. Praxisbuch zur Sozialpastoral. Freiburg im Br., Lambertus.

REINKE, OTFRIED (2006): Die Bedeutung der Kognitionswissenschaften für Philosophie und Theologie, in: *Deutsches Pfarrerblatt* (2006) 12, 631-634.

REINMUTH, ECKART (2006): Anthropologie im Neuen Testament. Tübingen/Basel, Francke.

REIS, DAVID (2009): Thinking with Soul. Psyche and Psychikos in the construction of early Christian identities, in: *Journal of Early Christian Studies* (2009) 4, 563-603.

REITZINGER, GERHARD (2009): Wer trägt Seelsorge? Pastoraltheologische Untersuchungen zu einer kirchlichen Grundfrage. Wien, LIT.

REMELE, KURT (2001): Tanz um das goldene Selbst? Therapiegesellschaft, Selbstverwirklichung und Gemeinwohl. Graz/Wien/Köln, Styria.

REMENYI, MATTHIAS (2013): Gemeinde - das Gesicht der Kirche vor Ort? Lokale Strukturen in globaler Perspektive, in: *Stimmen der Zeit* 231 (2013) 10, 681-690.

RENZ, ANDREAS u.a. (Hg.) (2012): „Der stets größere Gott". Gottesvorstellungen im Christentum und Islam. Regensburg, Pustet.

RENZ, MONIKA
(2014): Hoffnung und Gnade. Erfahrungen von Transzendenz in Leid und Krankheit – Spiritual Care. Stuttgart, Kreuz.
(2014): Hinübergehen. Was beim Sterben geschieht. 5. Aufl. Stuttgart, Kreuz.

RESE, MARTIN (2009): Sterben und Tod unter Seelsorge- und Kulturaspekten - aus christlicher Sicht, in: Miggelbrink, Ralf (Hg.): Gotteswege, Zürich, Schöningh, 259-270.

RETZBACH, JOACHIM (2012): Schlau auf Rezept? Hirndoping, in: *Gehirn & Geist* (2012) 12, 60-66.

REUTER, WOLFGANG
(2002): Der heilsame Blick aufs Fragment, in: Fürst, Walter (Hg.): Pastoralästhetik. Freiburg, Herder, 265-277.
(2004): Heilsame Seelsorge. Münster, LIT.
(2012): Relationale Seelsorge. Stuttgart, Kohlhammer.
(2013): "Wie Rituale abgehen". Rituelle Kompetenz in Sport und Kirche, in: *Communio* 42 (2013) 4, 367-378.
(2013): Vermitteln und Begegnen. Relationale Seelsorge. Eine Innenansicht, in: *Lebendige Seelsorge* 64 (2013) 6, 388-393.

RHAWN, JOSEPH (2001): NeuroTheology, Brain, Science, Spirituality, Religious Experience. San Jose.

RICHARDT, GERTRAUD (Hg.) (2002): Notfallpsychologie – Erste Hilfe für die Seele. Bonn, Deutscher Psychologenverlag.

RICHARD, PABLO (2002): Die unterschiedlichen Gesichter Jesu in den synoptischen Evangelien, in: *Concilium* 38 (2002) 34-41.

RIEDEL-PFÄFFLIN, URSULA
(2010): Gestalter Kairos. Interreligiöse Seelsorge in Event, Kunst und Ritual, in: Weiß, Helmut u.a. (Hg.): Handbuch interreligiöse Seelsorge. Neukirchen-Vluyn, Neukirchener Verlag, 97–113.
(2012): Systemische Seelsorge als Aufgabe gesellschaftspolitischer und spiritueller Kommunikation, in: Noth, Isabell, Ralph Kunz (Hg.): Nachdenkliche Seelsorge - seelsorgliches Nachdenken. Göttingen, Vandenhoeck & Ruprecht, 2012, 73-85.
RIEDEL-PFÄFFLIN, URSUALA, JULIA STRECKER
(1998): Flügel trotz allem. Feministische Seelsorge und Beratung. Gütersloh, Gütersloher Verlagshaus.
(2011): Flügel für alle. Feministische Seelsorge und Beratung. Konzeption – Methoden – Biographien. Bielefeld, Daedalus
RIEDEL-SPANNENBERGER, ILONA (1998): Seelsorge und Sendung in der kirchlichen Rechtsordnung, in: Dies./ Peter Boekholt (Hg.): Justitia et Modestia. München, Don Bosco, 54-74.
RIEDNER, CAROLA, THOMAS HAGEN (2009): Spirituelle Anamnese, in: Frick, Eckhard, Traugott Roser (Hg.): Spiritualität und Medizin. Stuttgart, Kohlhammer, 229-234.
RIEGER, MICHAEL (2013): Dem Tod entgegenwachsen – Sterben als Abbruch oder Vollendung?, in: Bieneck, Andreas (Hg.): An den Grenzen des Lebens. Neukirchen-Vluyn, Neukirchener Verlagsgesellschaft, 89-95.
RIESS, RICHARD
(1996): Zeit der Schuldlosen?, in: Riess, Richard (Hg.): Abschied von der Schuld? Stuttgart, Quell, 74-94
(2007): Zorn Gottes, List des Teufels und der Aufstand des Menschen. Der Mythos vom dunklen Gott und die Bedeutung des Bösen in Bildern der Bibel, in: *Pastoraltheologie* 96 (2007) 3, 124-138.
(2007): Was es heißt, ein Mensch zu sein. Gespräch mit dem Praktischen Theologen und Psychologen über Sünde, Schuld und Vergebung, in: *Zeitzeichen* 8 (2007) 6, 29-32.
(2009): Die Frage nach dem Proprium der Seelsorge, in: Engemann, Wilfried (Hg.): Handbuch der Seelsorge. 2. Auflage. Leipzig, Verlagsanstalt, 177-186.
(2009): Die Wandlung des Schmerzes. Zur Seelsorge in der modernen Welt. Göttingen, Vandenhoek & Ruprecht.
RIST, JOHN M (1998): Platonic soul, Aristotelian Form, Christian Person, in: Self, soul and body in religious experience. Hg. v. A. J. Baumgarten, J. Assmann, G.G. Stroumsa. Boston, Köln, Leiden, Brill, 347-362.
RÖSCH, WOLFRAM (1997): Mystagogie unter der Herausforderung der Gemeindepraxis, in: *Pastoraltheologische Informationen* (1997) 253-265.
RÖSEL, MARTIN
(2009): Die Geburt der Seele in der Übersetzung. Von der hebräischen näfäsch über die psyché der LXX zur deutschen Seele, in: Wagner, Andreas (Hg.): Anthropologische Aufbrüche. Göttingen, Vandenhoek & Ruprecht, 151-170.
(2009): Der hebräische Mensch im griechischen Gewand. Anthropologische Akzentsetzungen in der Septuaginta, in: Janowski, Bernd, Kathrin Liess (Hg.): Der Mensch im Alten Israel. Freiburg im Br., Herder, 69-92.
(2012): Von der Kehle zur Seele. Neue Akzente im Menschenbild der Septuaginta, in: *Bibel und Kirche* 67 (2012) 1, 30-35.
RÖSSLER, DIETRICH (1973): Rekonstruktion des Menschen. Ziele und Aufgaben der Seelsorge in der Gegenwart, in: *Wege zum Menschen* 25 (1973) 181-196.
RÖSLER, FRANK (2004): Es gibt Grenzen der Erkenntnis – auch für die Hirnforschung, in: *Gehirn & Geist* (2004) 6, 32.
ROHR, ELISABETH (2003): Interkulturelle Kompetenz, in: *Wege zum Menschen* 55 (2003) 507-520.
ROLF, SYBILLE
(2003): Vom Sinn zum Trost. Überlegungen zur Seelsorge im Horizont einer relationalen Ontologie. Münster, LIT.
(2005): „Ich will euch trösten..." (Jes 66,13). Überlegungen zur Frage nach dem Menschenbild in der Seelsorge, in: Scheuchenpflug, Peter (Hg.): Tröstende Seelsorge. Würzburg, Echter, 50-64.
ROLLER, SUSANNE, MONIKA MÜLLER (2013): Die Sorge um die Seele, in: Leitfaden Palliative Care - Paliativmedizin und Hospizbetreuung. München, Urban & Fischer, 546-549.
ROLOFF, JÜRGEN (2012): Jesus. München, Beck.
ROOS, KLAUS (2012): Sagt den Verzagten: Habt Mut! Für einen Blickwechsel in der Seelsorge. Ostfildern, Schwabenverlag.
ROSE, NIKOLAS (2012): „Mancher leidet am Gehirn-Übertreibungssyndrom", in: *Gehirn & Geist* (2012) 4, 44-47.
ROSENAU, HARTMUT, THEOBALD, WERNER (2011): Menschenbilder. Berlin, Münster, LIT.
ROSER, TRAUGOTT
(2005): „Spiritual Care". Seelsorge in der Palliativmedizin, in: *Praktische Theologie* 40 (2005) 4, 269-276.
(2007): Spiritual Care. Ethische, organisationale und spirituelle Aspekte der Krankenhausseelsorge. Ein praktisch-theologischer Zugang. Stuttgart, Kohlhammer.
(2009): Spiritual Care - neuere Ansätze seelsorglichen Handelns, in: Körtner, Ulrich u.a. (Hg.): Spiritualität, Religion und Kultur am Krankenbett Wien, Springer, 81–90.
(2009): Vierte Säule im Gesundheitswesen? Dienstleistungen der Seelsorge im Kontext des Sterbens, in: Thomas, Günter, Isolde Karle (Hg.): Krankheitsdeutungen in der postsäkularen Gesellschaft. Stuttgart, Kohlhammer, 580-592.
(2009): Innovation Spiritual Care. Eine praktisch-theologische Perspektive, in: Frick, Eckhard, Traugott Roser (Hg.): Spiritualität und Medizin. Stuttgart, Kohlhammer, 45-55.
(2010): Anforderungen zur Feldkompetenz in verschiedenen Seelsorge-Bereichen, in: Seelsorge, in: Muttersprache der Kirche. Dokumentation eines Workshops der Evangelischen Kirche in Deutschland (Hannover, 16.11.2009). epd-Dokumentation 10/2010, 13-20 (http://www.ekd.de/seelsorgekonferenz/downloads/seelsorge.)
(2011): Spiritual Care. Herausforderungen im Gesundheitssystem für (kirchliche) Seelsorge Frühjahrskonvent der KrankenhausseelsorgerInnen in der Evangelischen Kirche im Rheinland, Nümbrecht-Bierenbachtal, 22.02.2011.
(2012): Spiritualität und Gesundheit. Überlegungen zur Bedeutung eines unbestimmbaren Begriffs im interdisziplinären Diskurs, in: Kunz, Ralph, Claudia Kohli Reichenbach (Hg.): Spiritualität im Diskurs. Zürich, Theologischer Verlag, 227-240.
(2013): Seelsorge und Spiritual Care, in: Klessmann, Michael (Hg.): Handbuch der Krankenhausseelsorge, 4. Aufl. Göttingen, Vandenhoeck & Ruprecht, 58-76.

ROSER, TRAUGOTT, GIAN D. BORASIO (2008): Der Tod als Rahmenbedingung. Spiritual Care in der Palliativmedizin, in: *Praktische Theologie* 43 (2008), 43-51.

ROSER, TRAUGOTT, MARGIT GRATZ (2011): Spiritualität in der Sterbebegleitung, in: Kränzle, Susanne u.a. (Hg.): Palliative Care. 4. Aufl. Heidelberg/Berlin, Springer, 54-58.

ROTH, GERHARD
(2004): Wie macht das Gehirn die Seele? Eröffnungsvortrag: Life-Mitschnitt Lindauer Psychotherapiewochen 2001. Müllheim, Auditorium Netzwerk.
(2004): Fühlen, Denken, Handeln. Wie das Gehirn unser Verhalten steuert. Frankfurt am Main, Suhrkamp.
(2005): Willensfreiheit und Schuldfähigkeit aus Sicht der Gehirnforschung, in: Gestrich, Christoph (Hg.): Freier oder unfreier Wille? Berlin, Wichern Verlag, 37-47.
(2007): Persönlichkeit, Entscheidung und Verhalten. Stuttgart, Klett-Cotta.
(2009): Aus der Sicht des Gehirns. Vollständig überarbeitete Neuauflage. Frankfurt am Main, Suhrkamp.
(2010): Wie einzigartig ist der Mensch? Berlin, Spektrum Verlag.
(2012): Macht das Gehirn die Seele?, in: *Junge Kirche* 73 (2012), 4, 24.
(2013): „Das Gehirn nimmt die Welt nicht so wahr, wie sie ist.", in: Eckoldt, Matthias (Hg.): Gespräche über Hirnforschung und die Grenzen unserer Erkenntnis. Heidelberg, Auer, 117-140.

ROTH, MICHAEL
(2003): Die Seelsorge als Dimension der Ethik, in: *Pastoraltheologie* 92 (2003) 7, 306-318.
(2003): Trinitätslehre als Rahmenkonzept? Überlegungen zur Einheit Gottes in der Vielfalt seines Wirkens, in: *Kerygma und Dogma* 49 (2003) 52-66.
(2013): Sein-Lassen als Voraussetzung eines gelingenden Lebens, in: *Lutherische Beiträge* 18 (2013) 4, 207-228.

RUEGGER, HEINZ (2006): Das eigene Sterben. Auf der Suche nach einer neuen Lebenskunst. Göttingen, Vandenhoeck & Ruprecht.

RUFF, WILFRIED, BERTRAM von STEIN (2010): Exorzismus – Befreiung vom Bösen?, in: *Münchner Theologische Zeitschrift* 61 (2010), 177-189.

RUFFING, JANET K. (2012): Die akademische Spiritualitätsforschung in den USA, in: Kunz, Ralph, Claudia Kohli Reichenbach, (Hg.): Spiritualität im Diskurs. Zürich, Theologischer Verlag, 55-70.

RUH, ULRICH (2013): Neue Konkurrenz. Pfingstler und Charismatiker als Herausforderung für die katholische Kirche, in: *Herder-Korrespondenz* 67 (2013) 6, 305-309.

RUNGGALDIER, EDMUND
(2007): Unsterblichkeit der Seele, in: *Theologie der Gegenwart* 50 (2007) 4, 252-262.
(2012): Unsterblichkeitshoffnung und die hylemorphische Einheit von Leib und Seele, in: Koenen, Karl-Ludwig (Hg.): Seele oder Hirn? Münster, Aschendorff, 95-126.

RUNKEL, GUNTER (Hg.) (2005): Funktionssystem der Gesellschaft. Beiträge zur Systemtheorie von Niklas Luhmann. Wiesbaden, Verlag für Sozialwissenschaften.

RUSSMANN, HANS (2013): Spiritual Care als Herausforderung für das pastorale Handeln der Kirche, in: *Anzeiger für die Seelsorge* (2013) 11, 11-15.

RUST, HEINRICH C (2013).: "Heilt Kranke!" (Mt 10,8). Zur Heilungskompetenz der Gemeinde Jesu Christi, in: *Theologisches Gespräch* 37 (2013) 3, 121-133.

RUSTER, THOMAS; HEIDI RUSTER (2013): …bis dass der Tod euch scheidet? Die Unauflöslichkeit der Ehe und die wiederverheirateten Geschiedenen. Ein Lösungsvorschlag. München, Kösel.

SANDER, HANS- JOACHIM (2006): Pastorale Berufe in der Zweiheit von Religions- und Pastoralgemeinschaft – eine Topologie der Seelsorge nach dem Konzil, in: Köhl, Georg (Hg.): Seelsorge lernen in Studium und Beruf. Trier, Paulinus, 450-464.

SAUNDERS, CICLEY
(1988): Spiritual pain, in: *Journal of Palliative Care* (1988) 4, 29-32.
(2009): Sterben und Leben – Spiritualität in der Palliative Care. Zürich, Theologischer Verlag.

SAUTER, SABINE (2008): Den roten Faden im Leben finden. Biographiearbeit im Kontext kirchlicher Arbeit, in: *Renovatio* 64 (2008) 3, 9-14.

SCALA, MONIKA (2012): Der Exorzismus in der Katholischen Kirche. Ein liturgisches Ritual zwischen Film, Mythos und Realität. Regensburg, Pustet.

SCHÄRTL, THOMAS
(2006): Platon und Wittgenstein und die Bedeutung für ein theologisches Konzept von Seelsorge, in: Köhl, Georg (Hg.): Seelsorge lernen in Studium und Beruf. Trier, Paulinus, 253-262.
(2007): Gotteserfahrung denken, in: *Stimmen der Zeit* 225 (2007) 7, 444-456.

SCHÄFER, THOMAS, TINA HORLITZ (2007): Jenseits des Dualismus, in: *Gehirn & Geist* (2007) 12, 69.

SCHALK, HANS (2010): Erlöst leben. Die befreiende Botschaft Jesu. Innsbruck/Wien, Tyrolia.

SCHARFENBERG, JOACHIM (1990): Pastoralpsychologische Kompetenz von Seelsorgern/Innen, in: Baumgartner, Isidor (Hg.): Handbuch der Pastoralpsychologie. Regensburg, Pustet, 135-153.

SCHAUPP, WALTER
(2010):Medizin, Spiritualität und Menschenbild, in: Aigner, Maria Elisabeth (Hg.): Räume des Aufatmens. Pastoralpsychologie im Risiko der Anerkennung. Wien, LIT, 249–263.
(2014): „Wiederkehr des Religiösen". Gesellschaftliche Entwicklungen als Herausforderung für das Gesundheitswesen, in: Ders. u.a. (Hg.): Gesundheitssorge und Spiritualität im Krankenhaus. Innsbruck/Wien, Tyrolia, 11-28.

SCHAUPP, WALTER u.a.: Vorwort, in: Dies. (Hg.): Gesundheitssorge und Spiritualität im Krankenhaus. Innsbruck/Wien, Tyrolia, 2014, 7-9.

SCHEFFCZYK, LEO
(2001): Der Dreifaltige Gott als Lebens- und Weltgeheimnis, in: Breid, Franz. (Hg.): Der Eine und Dreifaltige Gott als Hoffnung des Menschen zur Jahrtausendwende. Steyr, Ennsthaler, 122-143.

(2001): Grundfragen christlicher Anthropologie, in: Breid, Franz (Hg.): Der Mensch als Gottes Ebenbild. Christliche Anthropologie. Buttenwiesen, Stella-Maris-Verlag, 9-28.

SCHEICH, HENNING, FRANK W. OHL (2013): Direkter Zugang zum Gehirn, in: *Spektrum Spezial* (2013) 1, 62-69.

SCHELLENBERG, ANNETTE (2011): Der Mensch, das Bild Gottes? Zum Gedanken einer Sonderstellung des Menschen im Alten Testament und in weiteren altorientalischen Quellen. Zürich, TVZ.

SCHEUCHENPFLUG, PETER (Hg.) (2005): Tröstende Seelsorge. Chancen und Herausforderungen für christliches Handeln in der pluralen Welt. Würzburg, Echter.

SCHIBLER, GINA (1999): Kreativ-emanzipierende Seelsorge. Stuttgart, Kohlhammer.

SCHICK, LUDWIG (2011): Glaubensfreude in der Pastoral. Zehn Anregungen zu einer frohmachenden Pastoral, in: *Anzeiger für die Seelsorge. Zeitschrift für Pastoral und Gemeindepraxis* (2011) 4, 5–8.

SCHIEDER, ROLF
(1994): Seelsorge in der Postmoderne, in: *Wege zum Menschen* 47 (1994) 26-43.
(1998): Um welche Seele sorgt sich die Seelsorge?, in: Glaube und Erfahrung. Festschrift für Friedrich Lemke. Hg. v. Helmut Fox, Roman Heiligenthal. Landau, Knecht, 295-307.
(2009): Seelsorge und Lebenskunst, in: Engemann, Wilfried (Hg.): Handbuch der Seelsorge. 2. Auflage. Leipzig, Verlagsanstalt, 2009, 377-389.

SCHILSON, ARNO (2005): Inkarnation/Menschwerdung. Aus der Sicht systematischer Theologie, in: Neues Handbuch Theologischer Grundbegriffe. Band 2. Hg. v. Peter Eicher. München, Kösel, 192-199.

SCHIPANI, DANIEL S., L.D.BUECKERT (Hg.) (2009): Interfaith Spiritual Care. Kitchener, Pandora, 2009.

SCHIRRMACHER, FREIMUT
(2005): Multimodalität in der Seelsorge, in: Seelsorgliche Kirche im 21. Jahrhundert. Modelle - Konzepte – Perspektiven. Hg. v. Kramer, Anja, Freimut Schirrmacher. Neukirchen-Vluyn, Neukirchener Verlagshaus, 52-63.
(2012): Seelsorge als Beziehungsgeschehen. Neukirchen, Neukirchener Verlag.

SCHIRRMACHER, THOMAS (2003): Der Christ und die dämonischen Mächte. "Weichet nicht zur Rechten noch zur Linken", in: *Evangelikale Missiologie* 19 (2003) 4, 122-134.

SCHJODT, UFFE (2011): The neural correlates of religious experience, in: *Religion* 41 (2011) 1, 91-95.

SCHLAGETER, HOLGER (2004): Verlorene Spiritualität? Rückbesinnung auf das Wesentliche der Kirche. Mainz, Grünewald.

SCHLEIM, STEPHAN
(2010): Cognitive Enhancement – sechs Gründe dagegen, in: Fink, Helmut, Rainer Rosenzweig (Hg.): Künstliche Sinne, gedoptes Gehirn. Neurotechnik und Neuroethik. Münster, mentis, 179-207.
(2011): Die Neurogesellschaft. Wie die Hirnforschung Recht und Moral herausfordert. Hannover, Heise.
(2012): Die 7 größten Neuromythen, in: *Gehirn & Geist* (2012) 4, 38-42.
(2014): Zu viel versprochen, in: *Gehirn & Geist* (2014) 4, 50-54.

SCHLEMMER, KARL (2011): "... und führe uns in Versuchung". Unkonventionelle Gedanken zum Sakrament der Versöhnung, in: *Anzeiger für die Seelsorge* (2011) 4, 29–33.

SCHLENKER, JOCHEN (2013): "Das habe ich noch nie so gesehen!" Durch Reframing Alternativen ins Gespräch bringen, in: *Wege zum Menschen* 65 (2013) 3, 267-284.

SCHLICHT, TOBIAS (2007): Erkenntnistheoretischer Dualismus. Paderborn, mentis.

SCHLIPPE, ARIST von (2004): ‚In des Menschen Brust ist Unendlichkeit'. Annäherungen an den Gegenstand der Psychologie, in: Wasmuth, Werner (Hg.): Wo aber bleibt die Seele? Münster, LIT, 5-19.

SCHMÄLZLE, UDO (2003): Seelsorge – Leben mit Ambivalenzen, in: *Pastoraltheologische Informationen* 23 (2003) 1, 136-139.

SCHMATZ, FRANZ (1983): Begleitung: Die vergessene Dimension in der Seelsorge. Wien, Herder.

SCHMID, PETER F.
(1989): Personale Begegnung. Würzburg, Echter.
(1990): Personzentrierte seelsorgliche Beratung und Begleitung im Einzelgespräch, in: Baumgartner, Konrad, Wunibald Müller (Hg.): Beraten und Begleiten. Regensburg, Pustet, 74-92.
(1994): Begegnung ist Verkündigung. Paradigmenwechsel in der Seelsorge, in: *Diakonia* 25 (1994) 15-31.
(1998): Der Mensch ist Beziehung: Personalität aus sozialpsychologischer und philosophisch-anthropologischer Perspektive, in: *Diakonia* 29 (1998) 229-239.
(2002): Seel-Sorge und Körper-Sorge. Eine kleine Kairologie der Leiblichkeit, in: *Diakonia* 33 (2002) 229-234.
(2003): Menschengerechte Förderung und Herausforderung, in: *Diakonia* 34 (2003) 234-239.
(2006): Was wir einander schulden, in: *Diakonia* 37 (2006) 77-83.
(2009): Es ist gut, dass es dich gibt. Wertschätzung als Lebens-Notwendigkeit, in: *Diakonia* 40 (2009) 1,5-12.

SCHMIDBAUER, WOLFGANG (2000): Vom Umgang mit der Seele. Entstehung und Geschichte der Psychotherapie. Frankfurt am Main, Fischer.

SCHMIDT, WERNER H.
(1984): Gott. Altes Testament, in: Theologische Realenzyklopädie. Band 13. Berlin, de Gruyter, 608-626.
(1995): Vielfalt und Einheit des alttestamentlichen Glaubens, in: Schmidt, Werner H. (Hg.): Einheit und Vielfalt alttestamentlichen Glaubens II. Neukirchen-Vluyn, Neukirchener Verlag, 180-214.

SCHMIDT, ULRICH (2009): Glaube und Gehirn. Eine theologische Auseinandersetzung mit gegenwärtigen Ergebnissen und Trends der Hirnforschung, in: *Deutsches Pfarrerblatt* (2009) 12, 628-631.

SCHMIDT, JAN , LARS SCHUSTER (Hg.) (2003): Der entthronte Mensch? Anfragen der Neurowissenschaften an unser Menschenbild. Paderborn, mentis.

SCHMITZ, BERTRAM (2013): „Was ist der Mensch?" Eine religionswissenschaftliche Gegenüberstellung des Menschenbildes in den Weltreligionen, in: Boehme, Katja (Hg.): Wer ist der Mensch? Berlin, Frank und Timme, 185-214.

SCHNABEL, ULRICH
(2008): Die Vermessung des Glaubens. 2. Aufl. München, Blessing.

(2010): Unterm Mystikhelm. Hirnforscher erkunden die Wirkung religiöser Überzeugungen auf Körper und Psyche. Wie die Naturwissenschaft auszog, Gott zu suchen – und dabei den Glauben fand, in: ZEIT ONLINE 2010/29.

SCHNEIDER, ALBAN: Spiritual care am Lebensende. Eine empirische Studie zu Formen des modernen Sterbens. Akademiker Verlag, 2012.

SCHNEIDER, THEODOR (2006): Der einzige ist der Dreieine. Israels Gotteserfahrung und das christliche Glaubensbekenntnis, in: Riedel-Spannenberger, Ilona, Erich Zenger (Hg.): „Gott bin ich, kein Mann". Paderborn/ München/ Wien/ Zürich, Schöningh, 40-54.

SCHNEIDER-FLUME, GUNDA
(2002): Leben ist kostbar. Wider die Tyrranei des gelingenden Lebens. Göttingen/Zürich, Vandenhoeck & Ruprecht.
(2005): Zur Frage nach dem christlichen Menschenbild, in: Becker, Eve-Marie (Hg.): Biographie und Persönlichkeit des Paulus. Tübingen, Mohr Siebeck, 347-365.

SCHNEIDER-HARPPRECHT, CHRISTOPH
(1989): Trost in der Seelsorge. Stuttgart, Kohlhammer.
(1999): Fremdheit und Annäherung: Interkulturalität in der Seelsorgeausbildung, in: *Wege zum Menschen* 51 (1999), 370-380.
(2000): 'Empowerment' und 'kulturelle Sensibilität', in: Schneider-Harpprecht, Christoph (Hg.): Zukunftsperspektiven für Seelsorge und Beratung. Neukirchen-Vluyn, Neukirchener Verlag, 53-66.
(2001): Ethisch-moralische Kompetenz in der Seelsorge, in: *Pastoraltheologie* 90 (2001) 12, 485-503.
(2001): Interkulturelle Seelsorge. Göttingen, Vandenhoeck & Ruprecht.
(2002): Was ist interkulturelle Seelsorge? Eine praktisch-theologische Annäherung, in: Handbuch Interkulturelle Seelsorge. Hg. v. Karl Federschmidt, Eberhard Hauschildt, Christoph Schneider-Harpprecht, Klaus Temme, Helmut Weiß. Neukirchen-Vluyn, Neukirchener Verlag, 38-62.
(2003): Seelsorge als systemische Praxis, in: *Wege zum Menschen* 55 (2003) 427-443.
(2005): Die Rolle der Seelsorge angesichts der Krise der Kirchen – Thesen, in: Seelsorgliche Kirche im 21. Jahrhundert Modelle - Konzepte – Perspektiven. Hg. v. Kramer, Anja, Freimut Schirrmacher. Neukirchen-Vluyn, Neukirchener Verlagshaus, 27-34.
(2005): Leib-Sorge? Die Wiederentdeckung des Leibes in der Seelsorge, in: Schneider-Harpprecht, Christoph (Hg.): Psychosoziale Dienste und Seelsorge im Krankenhaus. Göttingen, Vandenhoeck & Ruprecht, 202-223.
(2005): Interkulturelle systemische Seelsorge, in: Nauer, Doris, Rainer Bucher, Franz Weber (Hg.): Praktische Theologie heute. Bestandsaufnahmen und Zukunftsperspektiven. Stuttgart, Kohlhammer, 224-230.
(2005): Das Profil der Seelsorge im Unternehmen Krankenhaus, in: Schneider-Harpprecht, Christoph, Sabine Allwin (Hg.): Psychosoziale Dienste und Seelsorge im Krankenhaus. Göttingen, Vandenhoek & Ruprecht, 150-174.
(2006): Thesen zur Ethikberatung im Alltag der Seelsorge, in: *Wege zum Menschen* 58 (2006) 3, 283-286.
(2009): Die Person des Seelsorgers als Gegenstand der Seelsorge, in: Engemann, Wilfried (Hg.): Handbuch der Seelsorge. 2. Auflage. Leipzig, Verlagsanstalt, 106-127.
(2012): Seelsorge zu Beginn des 21. Jahrhunderts, in: *Theologische Rundschau* 77 (2012) 1, 88-131.
(2012): Seelsorge – Christliche Hilfe zur Lebensgestaltung. Berlin, LIT, 2012.

SCHNEIDER-HARPPRECHT, CHRISTOPH, SABINE ALLWINN (2005): Psychosoziale Dienste und Seelsorge im Krankenhaus. Göttingen, VandenhoeK & ruprecht.

SCHNEIDEREIT-MAUTH, HEIKE
(2009): Ressourcenorientierte Seelsorge. Salutogenese als Modell seelsorglichen Handelns, in: *Wege zum Menschen* 61 (2009) 164-171.
(2013): Spiritualität als heilsame Kraft. Ein Plädoyer für Spiritual Care in der Klinik, in: *Wege zum Menschen* 65 (2013) 5, 404-418.

SCHNELLE, UDO (1991): Neutestamentliche Anthropologie. Jesus, Paulus, Johannes. Neukirchen, Neukirchener Verlag.

SCHOBERT, WOLFGANG (2006): Einführung in die theologische Anthropologie. Darmstadt, Wiss. Buchgesellschaft.

SCHOCKENHOFF, EBERHARD
(2007): Geleitwort, in: Roser, Traugott: Spiritual Care. Stuttgart, Kohlhammer, 11-12.
(2013): Das erlittene Kreuz im Leben. Niederlagen und Scheitern als Schlüsselerfahrungen des Glaubens, in: Knop, Julia, Ursula Nothelle-Wildfeuer (Hg.): Kreuz-Zeihen. Ostfildern, Grünewald, 263-275.

SCHÖNE-SEIFERT, BETTINA u.a.(Hg.) (2009): Neuro-Enhancement. Ethik vor neuen Herausforderungen. Münster, mentis.

SCHÖNHERR-MANN, HANS (2012): Willensfreiheit und Verantwortung zwischen Philosophie und Hirnforschung, in: *Ethica* 20 (2012) 3, 237-253.

SCHÖPFLIN, KARIN (1999): Seele. Altes Testament, in: Theologische Realenzyklopädie. Hg. v. Gerhard Müller u. Gerhard Krause. Band 30. Berlin, de Gruyter, 737-740.

SCHOLL, NORBERT (2006): Das Geheimnis der Drei. Kleine Kulturgeschichte der Trinität. Darmstadt, Wissenschaftliche Buchgesellschaft.

SCHRAGE, BRUNO: Ein möglicher Aufbruch. Laien als ‚Begleiter in der Seelsorge', in: *Anzeiger für die Seelsorge* (2011) 11, 30-35.

SCHREIBER, MATTHIAS
(2007): Die Reise ins Licht, in: *Der Spiegel* (2007) 15, 120-134.
(2009): Über die Unsterblichkeit der Seele. München, Goldmann.

SCHREIBER, STEFAN (2013): Der politische Jesus. Die Jesusbewegung zwischen Gottesherrschaft und Imperium Romanum, in: *Münchner Theologische Zeitschrift* 64 (2013) 174-194.

SCHRÖTER, JENS (2013): Jesus im Judentum seiner Zeit, in: *Münchner Theologische Zeitschrift* (2013) 157-173.

SCHROM, MICHAEL
(2011): Ist die Seele tot?, in: *Christ in der Gegenwart* (2011) 11, 83- 84.
(2012): Wann ist der Mensch tot?, in: *Christ in der Gegenwart* 16 (2012) 171-172.

SCHÜNGEL-STRAUMANN, HELEN
(2000): Menschenbilder in der Bibel: Mann und Frau in Gen 1-3, in: *Renovatio* 56 (2000) 1, 25-32
(2004): Das Menschenbild der Bibel, in: Lederhilger, Severin (Hg.): Seele wo bist Du? Frankfurt am Main, Lang, 143-165.
(2005): Heiliger Geist/Pneumatologie. Biblisch, in: Neues Handbuch Theologischer Grundbegriffe. Band 2. Hg. v. Peter Eicher. München, Kösel, 103-107.
SCHÜSSLER, WERNER (Hg.) (2000): Philosophische Anthropologie. Freiburg/München, Alber.
SCHULTE, HELKE (2000): Leben und Erlebnis. Seelsorge in der Erlebnisgesellschaft. Aachen, Shaker.
SCHULTE, VOLKER, CHRISTOPH STEINEBACH (2014): Gesellschaftliche Bedeutung von Palliative Care, Fakten und Trends, in: Dies. (Hg.): Innovative Palliative Care. Bern, Huber, 17-25.
SCHULZ, MICHAEL (2013): Die Hoffnung stirbt zuletzt. Hinweise zum Verständnis der Hoffnung in christlicher Perspektive, in: Bieneck, Andreas (Hg.): An den Grenzen des Lebens. Neukirchen, Neukirchener Verlagsgesellschaft, 34-43.
SCHULZE, GERHARD
(1992): Die Erlebnisgesellschaft. Kultursoziologie der Gegenwart. Frankfurt am Main, Campus.
(2006): Die Sünde. Das schöne Leben und seine Feinde. München, Hanser.
SCHULZE, MARKUS (1992): Leibhaft und unsterblich. Zur Schau der Seele in der Anthropologie und Theologie des Hl. Thomas von Aquin. Freiburg.
SCHUSTER, NORBERT (2006): Organisationskompetenz als vergessene Qualifikation für die Pastoralarbeit, in: Köhl, Georg (Hg.): Seelsorge lernen in Studium und Beruf. Trier, Paulinus, 528-539.
SHUSTERMAN, RICHARD (1995): Die Sorge um den Körper in der heutigen Kultur, in: Kuhlmann, Andreas (Hg.): Philosophische Ansichten der Kultur der Moderne. Frankfurt am Main, Fischer 241-277.
SCHWARTE, JOHANNES (2001): Dynamisierung des christlichen Menschenbildes, in: *Die Neue Ordnung* 55 (2001) 2, 117-130.
SCHWARZ, ANDREA
(2009): Wer lacht, hat mehr vom Leben, in: *Anzeiger für die Seelsorge* (2009) 1, 18-21.
(2013): Bibliolog. Miteinander biblische Texte entdecken, in: *Bibel und Kirche* 68 (2013) 3, 163-167.
SCHWÖBEL, CHRISTOPH
(2002): Gott in Beziehung. Studien zur Dogmatik. Tübingen, Mohr Siebeck.
(2002): Menschsein als Sein-in-Beziehung. Zwölf Thesen für eine christliche Anthropologie, in: Schwöbel, Christoph: Gott in Beziehung. Studien zur Dogmatik. Tübingen, Mohr Siebeck, 193-226.
SEEBASS, HORST (2004): Seele. Alter Orient und Altes Testament, in: Religion in Geschichte und Gegenwart (RGG). 4. Aufl. Hg. v. Hans-Dieter Betz u.a. Tübingen, Mohr-Siebeck, Band 7 R-S,1091-1092.
SEELSORGLICHE KIRCHE IM 21. JAHRHUNDERT (2005). Modelle - Konzepte – Perspektiven. Hg. v. Anja Kramer, Freimut Schirrmacher. Neukirchen-Vluyn, Neukirchener Verlagshaus.
SEIDL, HORST (1999): Seele. Philosophie, in: Theologische Realenzyklopädie. Hg. v. Gerhard Müller u. Gerhard Krause. Bd. 30. Berlin, de Gruyter, 749-759.
SEITZ, MANFRED
(1994): Wüstenmönche, in: Möller, Christian (Hg.): Geschichte der Seelsorge in Einzelporträts, Band I. Göttingen, Vandenhoeck & Ruprecht, 81-111.
(2011): Worum es geht, wenn wir 'Seelsorge' sagen, in: *P&S. Magazin für Seelsorge und Psychotherapie* (2011) 1, 6-9.
SELLMANN, MATTHIAS
(2009): Seelsorge oder: Warum die Seele Aufmerksamkeit verdient, in: *Lebendige Seelsorge* 60 (2009) 5, 340-342.
(2010): Von der "Gruppe" zum "Netzwerk". Große pastorale Räume als Chance für eine durchbrechende Vielfalt kirchlicher Sozialformen, in: *Anzeiger für die Seelsorge* (2010) 3, 19–23.
(2013): Aus welchen Ressourcen schöpft die Gemeinde der Zukunft?, in: Ders. (Hg.): Gemeinde ohne Zukunft? Freiburg, Herder, 395-426.
SELLMANN, MATTHIAS (Hg.) (2013): Gemeinde ohne Zukunft? Theologische Debatte um praktische Modelle. Freiburg im Br., Herder.
SENNETT, RICHARD (1998): Der flexible Mensch. Die Kultur des neuen Kapitalismus. Berlin, Berlin Verlag.
SIEGERT, FOLKER (2013): Von der Sterblichkeit der Seele zur Leiblichkeit der Auferstehung. Neutestamentlicher Einspruch gegen den kirchlichen Platonismus, in: Swarat, Uwe, Thomas Söding (Hg.): Gemeinsame Hoffnung – über den Tod hinaus. Freiburg im Br./Basel/Wien, Herder, 50-70.
SIEGMANN-WÜRTH, LEA
(2011): Ethik in der Palliative Care. Frankfurt am Main, Lang, 2011.
(2014): Palliative Care - theologische und medizinethische Aspekte, in: Noth, Isabelle, Claudia Kohli Reichenbach (Hg.): Palliative und Spiritual Care. Zürich, Theologischer Verlag, 43-60.
SINGER, ALFRED (2006): Teufel, Dämonen, Besessenheit, Exorzismus. Aktuelles zu einem umstrittenen Thema – 30 Jahre nach 'Tode und Teufel in Klingenberg', in: *Materialdienst der EZW* 69 (2006) 7, 253-266.
SINGER, PETER
(2002): Praktische Ethik. 2. Aufl. Stuttgart, Reclam.
(2010): Interview, in: *The Weekend Australian Magazine* (2010) 6-7 March, 7.
SINGER, WOLF
(2003): Unser Menschenbild im Spannungsfeld zwischen Selbsterfahrung und neurobiologischer Fremdbeschreibung. Münster, Aschendorff.
(2003): Ein neues Menschenbild? Gespräche über Hirnforschung. Frankfurt am Main, Suhrkamp.
(2011): Ich denke, also bin ich? Philosophische Implikationen der Hirnforschung, in: Müller, Tobias (Hg.): Ich denke, also bin ich? Göttingen, Vandenhoek & Ruprecht, 15-28.
(2013): „Heute weiß ich weniger über das Gehirn, als ich vor 20 Jahren zu wissen glaubte.", in: Eckoldt, Matthias: Gespräche über Hirnforschung und die Grenzen unserer Erkenntnis. Heidelberg, Auer, 194-2017.

SINGER, WOLF, THOMAS METZINGER (2002): „Ein Frontalangriff auf unser Selbstverständnis und unsere Menschenwürde." Diskussion, in: *Geist & Gehirn* (2002) 4, 32-35.

SLOAN, RICHARD u.a. (2000): Should physicians prescribe religious activities?, in: *New England Journal of Medicine* 342 (2000) 1931-1916.

SMEETS, WIM
(2006): Spiritual care in a hospital setting. Leiden, Brill, 2006.
(2012): Identity and spiritual care, in. *Journal of empirical theology* 25 (2012) 1, 22-56.
(2013): Ministry and spiritual care, in: *Journal of empirical theology* 26 (2013) 1, 87-119.

SMEETS, WIM, TESSA MORICE-CALKHOVEN (2014): From ministry towards sprital competence. Changing perspectives in spiritual care in the Netherlands, in: *Journal of Empirical Theology* 27 (2014) 1, 103-129.

SMOLTCZYK, ALEXANDER (2008): Auf Teufel komm raus., in: *Der Spiegel* (2008) 2, 64-68.

SÖDING, THOMAS
(2003): Inkarnation und Pascha, in: *Communio* 32 (2003) 7-18.
(2006): Der Gottessohn aus Nazareth. Das Menschsein Jesu im Neuen Testament. Freiburg, Herder.
(2007): Ereignis und Erinnerung. Die Geschichte Jesu im Spiegel der Evangelien. Paderborn u.a., Schöningh.
(2009): Rettung durch das Gericht. Zur Eschatologie der paulinischen Rechtfertigungslehre, in: *Communio* 38 (2009) 4, 342-363.
(2012): Schwere Geburt – glückliches Ende. Neutestamentliche Wege zum Osterglauben, in: *Anzeiger für die Seelsorge* (2012) 4, 16-19.
(2013): Koalitionspartner Jesus, in: *Jahrbuch Politische Theologie* 6/7 (2013) 72-87.
(2013): Kreuzesnachfolge. Golgatha im Blickwinkel Jesu und seiner Jünger, in: Knop, Julia, Ursula Nothelle-Wildfeuer (Hg.): Kreuz-Zeihen. Ostfildern, Grünewald, 155-168.
(2014): Prophetischer Realismus. Der politische Ansatz Jesu und seine neutestamentlichen Variationen, in: *Zeitzeichen* 15 (2014) 1, 32-34.

SONG, EUREE (2009): Aufstieg und Abstieg der Seele. Diesseitigkeit und Jenseitigkeit in Plotins Ethik der Sorge. Göttingen, Vandenhoek & Ruprecht.

SONS, ROLF (1995): Seelsorge zwischen Bibel und Psychotherapie. Die Entwicklung der evangelischen Seelsorge in der Gegenwart. Stuttgart, Calwer Verlag.

SOOSTEN, JOACHIM (1995): Lebe wild und gefährlich! Kontraste und Kontakte, in: *Lutherische Monatshefte* (1995) 7, 17-20.

SORGER, KARLHEINZ (2003): Synoptische Gleichnisse als Leitbilder für die Pastoral, in: *Lebendige Seelsorge* (2003) 324-327.

SPAEMANN, ROBERT (2012): Seele und Tod, in: Koenen, Karl-Ludwig u.a. (Hg.): Seele oder Hirn? Münster, Aschendorff, 127-140.

SPENDEL, AURELIA (2005): Jenseits von Eden – oder mitten drin? Sakramentale Aufbrüche heute, in: *Diakonia* 36 (2005) 329-334.

SPIEGEL, EGON (2014): Pastoral als Beziehungshandeln, in: *Anzeiger für die Seelsorge* (2014) 1, 31-36.

SPINDELBÖCK, JOSEF (2001): Der Mensch als soziales Wesen, in: Breid, Franz (Hg.): Der Mensch als Gottes Ebenbild. Christliche Anthropologie. Buttenwiesen, Stella-Maris-Verlag, 73-98.

SPIRITUELLE BEGLEITUNG IN DER PALLIATIVVERSORGUNG. Konzept des Arbeitskreises ‚Spirituelle Begleitung' der ‚Deutschen Gesellschaft für Palliativmedizin' 10. Mai 2007.

SPLETT, JÖRG (2013): Seele?, in: *Zeitschrift für medizinische Ethik* 59 (2013) 1, 53-56.

STAMPLER, THERESA MARIA (2011): Provokation Spiritual Care? Saarbrücken, Verlag Dr. Müller.

STAUBLI, THOMAS (2010): Das Menschenbild der Bibel. Düsseldorf, Patmos.

STEIGER, JOHANN ANSELM (2000): Seelsorge. Kirchengeschichtlich, in: Theologische Realenzyklopädie. Hg. v. Gerhard Müller u. Gerhard Krause. Band 30. Berlin, de Gruyter, 7-31.

STEINKAMP, HERMANN
(1995): Die „Seele" – Illusion der Theologen, in: *Wege zum Menschen* 47 (1995) 84-93.
(1999): Die sanfte Macht des Hirten. Mainz, Grünewald.
(2000): Gemeinschaft und Solidarität, in: Handbuch Praktische Theologie. Band 2. Hg. v. Herbert Haslinger. Mainz, Grünewald, 480-493.
(2003): ‚Leiten heißt Beziehung stiften'. Ja - aber..., in: *Theologisch-praktische Quartalschrift* 151 (2003) 339-347.
(2005): Seelsorge als Anstiftung zur Selbstsorge? Münster, LIT.
(2012): Diakonie statt Pastoral. Ein überfälliger Perspektivenwechsel. Münster, LIT.
(2013): Selbst "wenn die Betreuten sich ändern". Das Parochialprinzip als Hindernis für Gemeindeausbildung, in: *Diakonia* 44 (2013) 4, 256-265.
(2013): Sozialpastoral. Plädoyer für einen Perspektivenwechsel. Ein Gespräch von Winfried Reininger mit Hermann Steinkamp, in: Reiniger, Winfried, Ingrid Reidt (Hg): Kirche an der Seite der Armen. Freiburg, Lambertus, 13- 23.

STEINMEIER, ANNE M.
(1996): Wiedergeboren zur Freiheit. Skizzen eines Dialogs zwischen Theologie und Psychoanalyse zur Begründung des seelsorglichen Gesprächs. Göttingen, Vandenhoeck & Ruprecht.
(2008): Poesie der Seele. Zur Kunst der Seelsorge im Gespräch und Liturgie, in: *Wege zum Menschen* 60 (2008) 263-281.
(2011): Kunst der Seelsorge. Religion, Kunst und Psychoanalyse im Diskurs. Göttingen, Vandenhoek & Ruprecht.
(2014): Figuralität der Seele, in: *Wege zum Menschen* 66 (2015) 2, 169-193.

STENDEBACH, FRANZ JOSEF (2001): Wege der Menschen, Versuche zu einer Anthropologie des Alten Testaments. Frankfurt am Main, Verlag für Interkulturelle Kommunikation IKO.

STENGER, HERMANN
(1976): Beziehung als Verkündigung, in: Reuss, J.M. (Hg.): Seelsorge ohne Priester? Zur Problematik von Beratung und Psychotherapie in der Pastoral. Düsseldorf, Patmos, 73-90.

(2002): Im Zeichen des Hirten und des Lammes. Mitgift und Gift biblischer Bilder. Innsbruck, Tyrolia.
(2002): Andere begleiten, in: *Ordensnachrichten* 41 (2002) 4, 16-31.
STIEGLER, STEFAN (2012): Spiritual Care – eine Haltungsfrage, in: Geistesgegenwärtig pflegen. Hg. v. Diakonisches Werk der EKD. Neukirchen, Neukirchener Verlagsgesellschaft, 249-254.
STIER, MARCO (2011): Verantwortung und Strafe ohne Freiheit. Paderborn, mentis.
STOLINA, RALF (2008): Das Geheimnis Gottes und die Würde des Menschen, in: Plattig, Michael, Ralf Stolina (Hg.): Das Geheimnis Gottes und die Würde des Menschen. Ostfildern, Grünewald/Schwabenverlag, 10-37.
STOCK, KONRAD (2003): „...auf der Suche nach ihrer Seele..."? Überlegungen aus systematisch-theologischer Sicht, in: *Pastoraltheologie* 92 (2003) 114-118.
STOLLBERG, DIETRICH
(1971): Die Seelsorgegruppe als Medium der Rechtfertigungsbotschaft, in: Knowles, J. W. (Hg.): Gruppenberatung als Lebenshilfe. München, Kaiser, 188-196.
(1972): Mein Auftrag - Deine Freiheit. Thesen zur Seelsorge. München, Kaiser.
(1978): Gottes Wille - unsere Freiheit, in: *Wissenschaft und Praxis in Kirche und Gesellschaft* 67 (1978) 64-70.
(1978): Wahrnehmen und Annehmen. Seelsorge in Theorie und Praxis. Gütersloh, Mohn.
(1990): Gottesbilder in der Seelsorge, in: Psychologie hilft glauben. Hg. v. P. Raab. Freiburg, Herder, 60-73.
(1996): Seelsorge, in: Evangelisches Kirchenlexikon. Band 4. 3. Aufl. Göttingen, Vandenhoeck & Ruprecht, 173-188.
(1998): Seelsorge im Wandel: Der narzißtische Aspekt, in: Stollberg, Dietrich u.a. (Hg.): Identität im Wandel in Kirche und Gesellschaft. Richard Riess zum 60. Geburtstag. Göttingen, Vandenhoeck & Ruprecht, 261-269.
(2002): Die Zukunft der Seelsorge, in: Entwickeltes Leben. Neue Herausforderungen für die Seelsorge. Hg. v. Michael Böhme. Leipzig, Evangelische Verlagsanstalt, 69-94.
(2003): Das persönlichkeitsspezifische Credo, in: *Wort und Dienst* 27 (2003), 397-406.
(2005): Die ‚Wut des Verstehens'. Hermeneutik als praktisch-theologische Grundlagendisziplin für Seelsorge und Predigt, in: Seelsorgliche Kirche im 21. Jahrhundert. Modelle - Konzepte – Perspektiven. Hg. v. Kramer, Anja, Freimut Schirrmacher. Neukirchen-Vluyn, Neukirchener Verlagshaus, 64-78.
(2007): Der Umgang der Kirche mit dem Bösen, in: *Pastoraltheologie* 96 (2007) 3, 74-93.
(2008): Die Bedeutung des Apostels Paulus für die Seelsorge, in: *Glaube und Lernen* 23 (2008) 2, 164-176.
(2009): Pastoralpsychologische Richtungen in der Seelsorge, in: Engemann, Wilfried (Hg.): Handbuch der Seelsorge. 2. Auflage. Leipzig, Verlagsanstalt, 202-226.
(2009): Psychotherapeutische Aspekte des seelsorglichen Gesprächs, in: Engemann, Wilfried (Hg.): Handbuch der Seelsorge. 2. Auflage. Leipzig, Verlagsanstalt, 202-226.
(2010): Seelsorge und Geistliche Begleitung. Eine Diskussion, in: *Pastoraltheologie* 99 (2010) 7, 306-315.
STRECKER, JULIA (1999): Körperorientierte und kreative Methoden in der Seelsorge, in: Seelsorge im Plural. Hg. v. Uta Pohl-Patalong, Frank Muchinsky. Hamburg, EB Verlag, 153-166.
STREIB, HEINZ: (1996): Heilsames Erzählen, in: *Wege zum Menschen* 48 (1996) 339-359..
STRIET, MAGNUS
(2002): Spekulative Verfremdung? Trinitätstheologie in der Diskussion, in: *Herder Korrespondenz* 56 (2002) 4, 202-205.
(2003): Offenbares Geheimnis. Zur Kritik der negativen Theologie. Regensburg, Pustet.
(2011): Wie heute über Sünde reden? Zwischen Ballast und Befreiung, in: *Herder-Korrespondenz* 65 (2011) 11, 568-572.
(2012): Erlösung durch den Opfertod Jesu?, in: *Zur Debatte* 42 (2012) 3, 19-21.
(2014): Vorwort, in: Fuchs, Ottmar: Der zerrissene Gott. Mainz, Grünewald, 9-12.
STRIET, MAGNUS, JAN-HEINER TÜCK (Hg.) (2012): Erlösung auf Golgata? Der Opfertod Jesu im Streit der Interpretationen. Freiburg im Breisgau, Herder.
STROTMANN, ANGELIKA (2012): Der historische Jesus. Eine Einführung. Paderborn, Schöningh.
STRUCK, OLAF (2006): Arbeit und Gerechtigkeit. Entlassungen und Lohnkürzungen im Urteil der Bevölkerung. Wiesbaden, Verlag für Sozialwissenschaften.
STRUNK, REINER (2013): Die Seele im Prozess spiritueller (R)Evolution, in: Janowski, Bernd, Christoph Schwöbl (Hg.): Gott – Seele – Welt. Neukirchen-Vluyn, Neukirchener Verlag, 1-12.
STUBBE, ELLEN (2001): Jenseits der Worte. Gebet, Schweigen und Besuch in der Seelsorge. Zürich, Theologischer Verlag.
STUBENRAUCH, BERTRAM (2002): Dreifaltigkeit. Regensburg, Pustet.
STÜTZ, OTMAR (2006): Sich frei spielen. Zeit-Management in der Seelsorge, in: *Theologisch-praktische Quartalschrift* 154 (2006) 4, 375-385.
STURM, VOLKER (2013): Neuronale Schrittmacher, in: *Spektrum Spezial* (2013) 1, 70- 73.
STURMA, DIETER (Hg.) (2006): Philosophie und Neurowissenschaften. Frankfurt am Main Suhrkamp.
SULMASY, DANIEL .P. (2002): A biopsychosocial-spiritual model for the care of patients at the end of life, in: *The Gerontologist* (2002) October, 24-37.
SWARAT, UWE (2013): Jenseits des Todes – Unsterblichkeit der Seele oder Auferstehung des Leibes?, in: Swarat, Uwe, Thomas Söding (Hg.): Gemeinsame Hoffnung – über den Tod hinaus. Freiburg im Br./Basel/Wien, Herder, 13-35.
SWARAT, UWE, THOMAS SÖDING (Hg.) (2013): Gemeinsame Hoffnung – über den Tod hinaus. Freiburg im Br./Basel/Wien, Herder, 2013.
SZLEZAK, THOMAS ALEXANDER (2010): Der Begriff ‚Seele' als Mitte der Philosophie Platons, in: Crone, Katja, u.a. (Hg.): , (Hg.): Über die Seele. Berlin, Suhrkamp, 13-34.
TAMEZ, ELSA
(1998): Gegen die Verurteilung zum Tod. Paulus oder die Rechtfertigung durch den Glauben aus der Perspektive der Unterdrückten und Ausgeschlossenen. Luzern, Exodus.
(1999): Die Rechtfertigung durch den Glauben aus der Sicht der Ausgeschlossenen, in: *Ökumenische Rundschau* 48 (1999) 3, 324-340.
THE NEW SCIENCE OF THE BRAIN. Themenheft. *National Geographic* 2014, Heft 2.

THEILEMANN, WILFRIED (2007): Unfreie Frei-Willigkeit. Seelsorge und Anthropologie, in: *Wege zum Menschen* 59 (2007) 1, 3-15.

THEISSEN, GERD
(2008): Symbolisches Heilen in der Nachfolge Christi. Neutestamentliche Überlegungen zum diakonischen Heilungsauftrag, in: Eurich, Johannes, Christian Oelschlägel (Hg.): Diakonie und Bildung. Stuttgart, Kohlhammer, 43-67.
(2013): Glaubenssätze. Ein kritischer Katechismus. Gütersloh, Gütersloher Verlagshaus.

THEISSEN, GERD, ANNETTE MERZ (2011): Der historische Jesus. 4. Aufl. Göttingen, Vandenhoek & Ruprecht.

THEOBALD, CHRISTOPH (2001): „Gott ist Beziehung". Zu einigen neueren Annährungen an das Geheimnis der Trinität, in: *Concilium* 37 (2001) 34-53.

THEOBOLD, ROLF (2013): Zwischen Smalltalk und Therapie. Kurzzeitseelsorge in der Gemeinde. Neukirchen, Neukirchner Verlag.

THIERFELDER, CONSTANZE (2001): Gott im Werden. Gottesvorstellungen in psychoanalytischer Perspektive, in: *International Journal of Practical Theology* 5 (2001) 2, 227-248.

THILO, HANS-JOACHIM (1969): Beratung in der Seelsorge, in: *Lutherische Monatshefte* 8 (1969) 287-290.

THOMPSON, RICHARD (2010): Das Gehirn. 3. Aufl. Heidelberg, Spektrum.

THUBERG, HANS CHRISTIAN (2004): Die Psychiatrie und die Seele – die leidende Seele, in: Wasmuth, Werner (Hg.): Wo aber bleibt die Seele? Interdisziplinäre Annäherungen. Münster, LIT, 71-78.

TÖPFER, FRANK, LARA HUBER, MATTHIS SYNOFZIK (2006): Ein neues Menschenbild? Bemerkungen zum ‚Manifest elf führender Neurowissenschaftler', in: *Zeitschrift für medizinische Ethik* 52 (2006) 1, 71-79.

TRACK, JOACHIM (1996): Theologie am Ende – am Ende Theologie? Ein Gespräch mit Jean-Francois Lyotard, in: Luibl, Hans Jürgen (Hg.): Spurensuche im Grenzland. Wien, Passagen, 15-64.

TRAUB, RAINER (2013): Auf der Suche nach dem guten Ende. Die moderne Welt tut sich schwer mit dem Tod, in: Grossbongardt, Anette, Rainer Traub (Hg.): Das Ende des Lebens. München, Deutsche Verlagsanstalt, 17-31.

TRETTER, FELIX (2014): Brücke zum Bewusstsein. Warum es sich lohnt, das Gehirn einzuschalten, bevor man selbiges erforschen will, in: *Der Spiegel* (2014) 9, 122-124.

TREUSCH-DIETER, GERBURG (2005): Metamorphose und Struktur. Die Seele bei Platon und Aristoteles, in: Jüttemann, Gerd. U.a. (Hg.). Die Seele. Ihre Geschichte im Abendland. Göttingen, Vandenhoek & Ruprecht, 15-42

TUSCHI, RONALD (2005): Der Krieg der Armen? Der Terrorismus in der Neuen Weltordnung. Münster, agenda.

UCAR, BÜLENT, MARTINA BLASBERG-KUHNKE (Hg.) (2013): Islamische Seelsorge zwischen Herkunft und Zukunft. Frankfurt am Main, Lang.

UEHLINGER, CHRISTOPH (2001): Dem Segen Raum geben. Biblische Impulse für eine umweltverträgliche Anthropologie, in: *Diakonia* 32 (2001) 393-400.

UHSADEL, WALTER (1952): Der Mensch und die Mächte des Unbewussten. Kassel, Stauda.

UNFRIED; ANDREAS u.a. (2012): XXL Pfarrei. Monster oder Werk des Heiligen Geistes? Würzburg, Echter.

UTSCH, MICHAEL
(2005): Religiöse Fragen in der Psychotherapie. Psychologische Zugänge zu Religiosität und Spiritualität. Stuttgart, Kohlhammer.
(2006): Streit um Geist und Seele. Wie die Hirnforschung das Menschenbild prägt, in: *Materialiendienst der EZW* 69 (2006) 3, 85-92.
(2009): Geistheilung, in: *Materialdienst der EZW* 72 (2009) 11, 430-435.
(2010): Spiritualität in Medizin und Pflege, in: Kottnik, Klaus-Dieter, Astrid Giebel (Hg.): Spiritualität in der Pflege. Neukirchen-Vluyn, Neukirchener Verlag, 21-33.
(2011): Psychotherapie und Seelsorge, in: *P&S. Magazin für Seelsorge und Psychotherapie* (2011) 1, 28-29.
(2012): Wer sorgt für die Seele eines kranken Menschen? Das Konzept "Spiritual Care" als Herausforderung für die christliche Seelsorge, in: *Materialdienst der EZW* 75 (2012) 9, 343-347.
(2012): Neurotheologie, in: *Materialdienst der EZW* 75 (2012) 5, 193-196.
(2012): Zum Profil christlicher Spiritualität, in: *Materialdienst der EZW* 75 (2012) 1, 14-18.
(2013): Besessenheit, in: *Materialdienst der EZW* 76 (2013) 9, 350-355.
(2013): Spiritualität in der psychiatrisch-psychotherapeutischen Praxis, in. Armbruster, Jürgen u.a. (Hg.): Spiritualität und seelische Gesundheit. Köln, Psychiatrieverlag, 27-47.
(2014): Bewusstseinskontrolle, in: *Materialdienst der EZW* 77 (2014) 1, 29-33.

UTSCH, MICHAEL (Hg.) (2000): Wenn die Seele Sinn sucht. Herausforderung für Psychotherapie und Seelsorge. Neukirchen-Vluyn, Neukirchener Verlag.

UTSCH, MICHAEL, JOHANNES FISCHER (Hg.) (2003): Im Dialog über die Seele. Transpersonale Psychologie und christlicher Glaube. Münster, LIT.

UTSCH, MICHAEL, SABINE KERSEBAUM (2011): Hilfe von oben, in: *Gehirn und Geist* Dossier (2011) 2, 42-47.

VAAS, RÜDIGER (2007): Schöne neue Neuro-Welt. Die Zukunft des Gehirns. Eingriffe, Erklärungen und Ethik. Stuttgart, Hirzl.

VAAS, RÜDIGER, MICHAEL BLUME (2011): Gott, Gene und Gehirn. Warum Glaube nützt. Die Evolution der Religiosität. 3. Aufl. Stuttgart, Hirzl.

VANDENHOEK, ANNE (2013): Chaplains as specialists in spiritual care for patients in Europe, in: *Polskie Archiwum Medycyny Wewnetrznej* 123 (2013) 552-557.

VASEK, THOMAS (2010): Seele. Eine unsterbliche Idee. Warum wir mehr sind als die Summe unserer Teile. München, Ludwig Buchverlag, 2010.

VATTIMO, GIANNINI (2004): Jenseits des Christentums. Gibt es eine Welt ohne Gott? München, Hanser.

VERWEYEN, HANSJÜRGEN (2014): Ist Gott die Liebe? Regensburg, Pustet.

VIVARELLI, LUCA (2005): Körperbild und Leibfeindlichkeit, in: *Wort und Antwort* 46 (2005) 2, 70-75.

VLIEGENTHART, DAVE (2011): Can neurotheology explain religion?, in: *Archiv für Religionspsychologie* 33 (2011) 2, 137-171.

VOGELSANG, FRANK, CHRISTIAN HOPPE (Hg.) (2008): Ohne Hirn ist alles nichts. Impulse für eine Neuroethik. Neukirchen, Neukirchener Verlag.

VOGD, WERNER (2014): Seele, Sorge, Seelsorge. Soziologische und anthropologische Überlegungen zur Seinsvergessenheit in unserer Gesellschaft, in: *Wege zum Menschen* 66 (2014) 2, 141-154.

VOLAND, ECKART, EBERHARD SCHOCKENHOFF (2006): „Das wäre die Abschaffung des Menschen". Fordert die Hirnforschung den Glauben heraus? Ein Streitgespräch, in: *Gehirn & Geist* (2006) 7-8, 51-55.

VORGRIMLER, HERBERT
(2002): Randständiges Dasein des dreieinigen Gottes?, in: *Stimmen der Zeit* 220 (2002) 545-551.

(2003): Gott. Vater, Sohn und Heiliger Geist. Münster, Aschendorf.

(2007): Das Kreuz Jesu und die Leiderfahrungen von Menschen, in: *Diakonia* 38 (2007) 91-97.

(2007): „...und das ewige Leben. Amen!" Christliche Hoffnung über den Tod hinaus. Münster, Aschendorff.

(2007): Unsterbliche Seele?, in: Ders.: „...und das ewige Leben. Amen!" Christliche Hoffnung über den Tod hinaus. Münster, Aschendorff, 2007, 24-31.

VOSS, REINHARD (2006): Zeichenhaftes Handeln – zeugnishaftes Leben – visionäre Praxis. Spiritualität weltweiter Verantwortung für Gerechtigkeit, Frieden und Bewahrung der Schöpfung, in: *Diakonia* 37 (2006) 408-413.

VOSSENKUHL, MILHELM u.a. (Hg.) (2009): Ecce Homo! Menschenbild – Menschenbilder. Stuttgart, Kohlhammer.

WACKER, MARIE-THERES (2005): Reich Gottes. Biblisch, in: Neues Handbuch Theologischer Grundbegriffe. Band 4. Hg. v. Peter Eicher. München, Kösel, 9-15.

WAGENSOMMER, GEORG (1998): Klagepsalmen und Seelsorge. Der Psalter als Ausdruck persönlicher Frömmigkeit und Sprachhilfe für Kranke. Münster, LIT.

WAGNER, HARALD (2002): Seelsorge und Sinnfindung in säkularer Umwelt, in: Entwickeltes Leben. Neue Herausforderungen für die Seelsorge. Hg. v. Michael Böhme. Leipzig, Evangelische Verlagsanstalt, 155-176.

WAGNER, ROBERT (1996): Die Informationsgesellschaft. Chancen für eine neue Lebensqualität am Beginn des dritten Jahrtausends. Waxmann.

WAGNER, UTE (2006): Teamfähigkeit als Basisqualifikation seelsorglichen Handelns, in: Köhl, Georg (Hg.): Seelsorge lernen in Studium und Beruf. Trier, Paulinus, 306-308.

WAGNER-RAU, ULRIKE
(2000): Segensraum. Kasualpraxis in der modernen Gesellschaft. Stuttgart, Kohlhammer.

(2008): Seelsorge als Gespräch, in: *Wege zum Menschen* 60 (2008) 20- 32.

WAHL, HERIBERT
(1998): Seelsorge in der Individualisierungsfalle, in: *Trierer Theologische Zeitschrift* 107 (1998) 262-282.

(1999): Seelsorge als heilendes Handeln am ganzen Menschen?, in: Luksch, Thomas u.a. (Hg.): Zuerst der Mensch. München, Don Boso, 12-23.

(2003): „Wenn Seelen blühen" Seelsorge zwischen Psycho-Kitsch und „Seelenmaschine", in: *Diakonia* 34 (2003) 241-246.

(2003): Vier Impulse zum „Einfall Gottes" – oder: Wie kommt die Religion in die Seelsorge?, in: *Wege zum Menschen* 55 (2003) 211-217.

(2003): Aus Gottes Lebenskraft Menschen zum Miteinander- und Füreinanderleben befähigen, in: *Pastoraltheologische Informationen* 23 (2003) 1, 153-156.

(2004): Seele. Psychologisch, in: Religion in Geschichte und Gegenwart (RGG). 4. Aufl. Hg. v. Hans Dieter Betz u.a. Tübingen, Mohr-Siebeck, Band 7 R-S, 1106-1107.

(2005): Seelsorge zwischen Moral und Evangelium. Soll kirchliches Handeln Werte vermitteln?, in: *Trierer Theologische Zeitschrift* 114 (2005) 4, 318-330.

(2006): Schuld und Schuldgefühle. Psycho-theologische Aspekte, in: *Diakonia* 37 (2006) 2, 110-115.

(2009): Tiefenpsychologische Aspekte des seelsorglichen Gesprächs, in: Engemann, Wilfried (Hg.): Handbuch der Seelsorge. 2. Auflage. Leipzig, Verlagsanstalt, 227-251.

WALACH, HARALD (2011): Spiritualität. Warum wir die Aufklärung weiterführen müssen. Klein Jasedow, Drachen.

WALTER, HENRIK (2009): Sind wir alle vermindert schuldfähig?, in: Schöne-Seifert, Bettina u.a. (Hg.): Neuro-Enhancement. Ethik vor neuen Herausforderungen. Münster, mentis, 247-276.

WANDINGER, NIKOLAUS (2003): Die Sündenlehre als Schlüssel zum Menschen. Berlin, LIT.

WANKE, JOACHIM
(2000): Seelsorge zwischen ‚Beruf' und ‚Berufung', in: Hillenbrand, Karl (Hg.): Glaube und Gemeinschaft. Festschrift für Paul-Werner Scheel. Würzburg, Echter, 235-241.

(2001): Lasst uns das Licht auf den Leuchter stellen. Leipzig, Benno Verlag.

WAS IST DIE SEELE?, in: *Stern* (2011) 8, 58-66.

WASMUTH, WERNER (2004): Wo aber bleibt die Seele?, in: Wasmuth, Werner (Hg.): Wo aber bleibt die Seele? Interdisziplinäre Annäherungen. Münster, LIT, 5-20.

WEBER, FRANZ
(1995): Not lehrt handeln. Lateinamerikanische Kirchenerfahrungen als Ermutigung zu einer Neugestaltung unserer Seelsorge, in: Windisch, Hubert. (Hg.): Seelsorge neu gestalten. Graz, Styria, 81-110.

(2003): Wahrhaft menschlich – entklerikalisiert – interkulturell, in: *Pastoraltheologische Informationen* 23 (2003) 1, 157-160.

(2005): Im Gegenwind und Aufwind, in: *Diakonia* 36 (2005) 439-444.

(2009): Seelsorge im Miteinander von Charismen, Diensten und Ämtern. Erfahrungen aus der Weltkirche, in: *Lebendige Seelsorge* 60 (2009) 5, 343-345.

WEBER, SUSAN (2009): Erfahrungen mit Spiritual Care in Deutschland und den USA, in: Frick, Eckhard, Traugott Roser (Hg.): Spiritualität und Medizin. Stuttgart, Kohlhammer, 202-209.

WEGNER, DANIEL M. (2002): The illusion of conscious will. Cambridge, MIT Press.

WEGNER, MARCUS (2009): Exorzismus heute. Der Teufel spricht deutsch. Gütersloh, Gütersloher Verlagshaus.

WEIHER, ERHARD
(2007): Spirituelle Begleitung in der palliativen Betreuung, in: Knipping, Cornelia (Hg.): Lehrbuch Palliative Care. 2. Aufl. Bern, Huber, 438-456.
(2008): Das Geheimnis des Lebens berühren. Spiritualität bei Krankheit, Sterben, Tod. Stuttgart, Kohlhammer.
(2009): Spiritualitäten achten und Gott im Spiel halten. Die Replik von Erhard Weiher auf Gert Hartmann, in: *Lebendige Seelsorge* 60 (2009) 4, 229-230.
(2009): Seelsorge und Spiritualität, in: *Lebendige Seelsorge* 60 (2009) 4, 218-223.
(2010): (Klinik-)Seelsorge als Kommunikation spiritueller Erfahrung, in: Lames, Gundo (Hg.): Psychologisch, pastoral, diakonisch. Trier, Paulinus, 231-244.
(2012): Wenn das Geheimnis die Lösung ist, in: *Spiritual Care* (2012) 1, 82-83.
(2014): Spiritualität und Würdeempfinden. Möglichkeiten spiritueller Begleitung am Lebensende, in: Feinendegen, Norbert u.a. (Hg.): Menschliche Würde und Spiritualität. Würzburg, Königshausen & Neumann.

WEISER, ALFONS
(1971): Worauf gründet ein Christ seinen Auferstehungsglauben?, in: *Lebendiges Zeugnis* (1971) 1, 28-46.
(2009): Das Konzept von Krankheit, Heilung und Diakonie im Markusevangelium, in: Augustin, George u.a. (Hg.): Christliches Ethos und Lebenskultur. Paderborn, Bonifatius, 291-308.

WEIß, HELMUT
(2000): Den Fremden bei uns begegnen, in: Zukunftsperspektiven für Seelsorge und Beratung. Hg. v. Christoph Schneider-Harpprecht. Neukirchen-Vluyn, Neukirchener Verlag, 184-2000.
(2005): Ansätze einer Hermeneutik des helfenden Gesprächs in interreligiöser Hilfe und Seelsorge, in: Weiß, Helmut u.a. (Hg.): Ethik und Praxis des Helfens in verschiedenen Religionen. Neukirchen, Neukirchener Verlag, 241-247.
(2005): Grundelemente einer Interkulturellen Seelsorge, in: Seelsorgliche Kirche im 21. Jahrhundert. Hg. v. Anja Kramer, Freimut Schirrmacher. Neukirchen-Vluyn, Neukirchener Verlagshaus, 79-93.
(2009): Interreligious and intercultural pastoral care and counseling from a German perspective, in: Schipani, Daniel S., Leah Dwan Bueckert: Spiritual Care. Kitschener Ontario, Pandora Press, 235-258.
(2010): Grundlagen interreligiöser Seelsorge, in: Ders. (Hg.) u.a. : Handbuch Interreligiöse Seelsorge. Neukirchen-Vluyn, Neukirchener Verlag, 2010, 73-96.
(2011): Seelsorge - Supervision - Pastoralpsychologie. Neukirchen-Vluyn, Neukirchener Theologie.

WEIß, HELMUT, FEDERSCHMIDT, KARL H., THEMME, KLAUS (Hg.) (2010): Handbuch interreligiöse Seelsorge. Neukirchen-Vluyn, Neukirchener Verlag.

WEIß, UWE (2014): Der Beitrag der Seelsorge im palliativen Versorgungsteam, in: *Wege zum Menschen* 66 (2014) 1, 80-90.

WEITZ, BURKHARD (2014): Gibt es ihn noch, den Heiligen Geist?, in: *chrismon* (2014) 6, 22-23.

WENDEL, SASKIA (2013): Gott Heiliger Geist – der störende Dritte?, in: *Theologie der Gegenwart* 56 (2013) 2, 133-142.

WENZEL, KNUT (2003): Sakramentales Selbst. Der Mensch als Zeichen des Heils. Freiburg, Herder.

WERBICK, JÜRGEN
(2005): Erlösung. Aus katholischer Sicht, in: Neues Handbuch Theologischer Grundbegriffe. Band 1. Hg. v. Peter Eicher. München, Kösel, 237-243.
(2005): Geschichte/Handeln Gottes, in: Neues Handbuch Theologischer Grundbegriffe.. Band 1. Hg. v. Peter Eicher. München, Kösel, 494-511.
(2005): Von Gott sprechen an den Grenzen zum Verstummen. Münster, LIT.
(2007): Überlegungen zum Menschenbild in Auseinandersetzung mit Peter Singer, in: Werbick, Jürgen: Gott verbindlich. Eine theologische Gotteslehre. Freiburg im Br., Herder, 305-333.
(2010): Kirche in der Nachfolge der Diakonie Christi, in: Augustin, George (Hg.): Die Kirche Jesu Christi leben. Freiburg im Br./Basel/Wien, Herder, 160-178.

WERNER, DIETRICH (2008): Ökumenische Perspektiven zum Heilungsauftrag von Kirche heute. in: Solo Verbo. Hg. v. Knut Kammholz u.a. Kiel, Lutherische Verlagsgesellschaft, 2008, 436-447.

WERNER, GUNDA (2006): Die Grenze als Ort von Seelsorge, in: *Diakonia* 37 (2006) 4, 290-295.

WERNER, THOMAS (2013): Die Seele. Vorstellungen und Bekenntnisse der Philosophie. Radeberg, Zeitenwende.

WESSEL, WERENFRIED (2012): Im Tod die Vision vom Leben stärken. Ängste und Hoffnungen von Sterbenden, in: *Lebendige Seelsorge* 63 (2012) 5, 341-343.

WEYMANN, VOLKER (1989): Trost? Orientierungsversuch zur Seelsorge. Zürich, Theologischer Verlag.

WIEDENHOFER, SIEGFRIED (2005): Offenbarung, in: Neues Handbuch Theologischer Grundbegriffe. Band 3. Hg. v. Peter Eicher. München, Kösel, 283-300.

WINDISCH, HUBERT
(2008): Nutzt die Zeit (Eph 5,16). Potentiale einer Pastoral der Langsamkeit, in: *Anzeiger für die Seelsorge* (2008) 7/8, 29-32.
(2010): Die Krankensalbung - das vergessene Sakrament. Denkanstöße für die Pastoral in Gemeinde und Krankenhaus, in: *Anzeiger für die Seelsorge. Zeitschrift für Pastoral und Gemeindepraxis* (2010) 11, 5–7.

WINKLER, KLAUS
(1993): Die Seelsorgebewegung, in: *Wege zum Menschen* 45 (1993) 434-442.
(2000): Kommende Herausforderungen für die Seelsorge, in: Petzold, Klaus (Hg.): Vertraut den neuen Wegen. Praktische Theologie zwischen Ost und West. Evangelische Verlagsanstalt, 453-463.
(2000): Die Seelsorge zwischen Spezialisierung und Globalisierung, in: Schneider-Harpprecht, Christoph (Hg.): Zukunftsperspektiven für Seelsorge und Beratung. Neukirchen-Vluyn, Neukirchener Verlag, 3-11.
(2003): Grundmuster der Seele. Pastoralpsychologische Perspektiven. Göttingen, Vandenhoeck & Ruprecht.

WINTER-PFÄNDLER, URS
(2011): Gesellschaftliche Veränderungen und Palliative Care. Herausforderungen für die Kirchen und die Seelsorge, in: *Schweizerische Kirchenzeitung* (2011) 5, 75-78.

(2011): Zum Wohl des Patienten und aller Beteiligten. Spiritual Care. Spirituelle Sorge in einer ganzheitlichen palliativen Versorgung, in: *Praxis Palliative Care* (2011) 10, 24-25.

(2011). Vernetzung als Schlüssel zu einer guten Zusammenarbeit. , in: *Krankenpflege*, 3, 18-21.

WITTRAHM, ANDREAS

(2001): Seelsorge, Pastoralpsychologie und Postmoderne. Eine pastoralpsychologische Grundlegung lebensfördernder Begegnungen angesichts radikaler postmoderner Pluralität. Stuttgart, Kohlhammer.

(2006): Auch ich verurteile dich nicht... Zum Umgang mit Schuld in der seelsorglichen Begegnung, in: *Diakonia* 37 (2006) 97-101.

(2007): Das Kreuz zwischen Heil und Unheil. Pastoralpsychologische Anmerkungen zu Erfahrungen eines Glaubenssymbols, in: *Diakonia* 38 (2007) 104-109.

WODTKE-WERNER, VERENA (1995): Heiliger Geist oder Heilige Geistin im Trinitätsfresko von Urschalling, in: Moltmann-Wendel, Elisabeth(Hg.): Die Weiblichkeit des Heiligen Geistes. Gütersloh, Gütersloher Verlagshaus, 1995, 77-117.

WOHLMUTH, JOSEF (2004): Trinität – Versuch eines Ansatzes, in: Striet, Magnus (Hg.): Monotheismus Israels und christlicher Trinitätsglaube. Freiburg, Herder, 33-69.

WOLF, CHRISTIAN (2013): Uneingelöste Versprechen, in: *Gehirn & Geist* (2013) 3, 52-57.

WOLFF, HANS WALTER (1974): Anthropologie des Alten Testaments. München, Kaiser.

WRIGHT, TOM

(2011): Von Hoffnung überrascht. Was die Bibel zu Auferstehung und ewigem Leben sagt. Neukirchen-Vluyn, Neukirchener Verlag.

(2013): Jesus. Wer er war, was er wollte und warum er für uns wichtig ist. Francke Verlag.

WUNDER, BERNHARD (2003): Weißt du, wovon du sprichst? Zum Sprachgebrauch der Begriffe Seelsorge und Pastoral, in: *Pastoralblatt für die Diözesen Aachen, Berlin, Essen, Hamburg, Hildesheim, Köln, Osnabrück* 55 (2003) 4, 117-119

WUSTMANS, HILDEGARD

(2004): Lebens-Mittel. Wie Liturgie feiern?, in: Bucher, Rainer (Hg.): Die Provokation der Krise. Zwölf Fragen und Antworten zur Lage der Kirche. Würzburg, Echter, 238-254.

(2011): Topologien der Not sind Topologien der Pastoral, in: *Theologisch-praktische Quartalschrift*. 159 (2011) 2, 154-161.

(2012): Gemeinden und der Wechsel von der Utopie zur Heterotopie, in: Felder, Michael, Jörg Schwaratzki (Hg.): Glaubwürdigkeit der Kirche – Würde der Glaubenden. Freiburg, Herder, 145-154.

WYDLER, HANS, PETRA KOLIP, THOMAS ABEL (Hg.) (2010): Salutogenese und Kohärenzgefühl. Grundlagen, Empirie und Praxis eines gesundheitswissenschaftlichen Konzeptes. Weinheim/München, Beltz Juventa.

YOUNG, PAUL WILLIAM (2012): Die Hütte. Ein Wochenende mit Gott. Allegria Verlag.

ZABOROWSKI, HOLGER

(2005): Im Zorn die Liebe. Wie von Gott sprechen – und wie nicht, in: *Communio* 34 (2005) 383-390.

(2008): Spielräume der Freiheit. Zur Hermeneutik des Menschsein. München, Alber, 2008.

(2013): Vom Geschehen des Rituals, in: *Communio* 42 (2013) 4, 327-339.

ZACHHUBER, JOHANNES (2004): Seele. Dogmen- und theologiegeschichtlich, in: Religion in Geschichte und Gegenwart (RGG). 4. Aufl. Hg. v. Hans-Dieter Betz u.a. Tübingen, Mohr-Siebeck, Band 7 R-S, 1101-1103.

ZAUNER, WILHELM (1987): Sorge um die Seele, in: *Theologisch-Praktische Quartalschrift* 135 (1987) 148-154.

ZEHENTBAUER, JOSEF (2006): Chemie für die Seele. Lehmann,o.O.

ZEHN JAHRE ‚DAS MANIFEST‘. ‚Mich wundert, wie zahm wir waren'. Interview mit Gerhard Roth und Katrin Amunts, in: *Gehirn & Geist* (2014) 3, 64-69.

ZEHNPFENNIG, BARBARA (2011): Platon. Zur Einführung. Hamburg, Junius.

ZERFASS, ROLF

(1988): Seelsorge/Seelenführung, in: Schütz, C. (Hg.): Praktisches Lexikon der Spiritualität. Freiburg, Herder, 1119.

(2008): Pastoral und Spiritualität. Der Beitrag Henry Nouwens, in: Kläden, Tobias (Hg.): Kommunikation des Evangeliums. Festschrift für Udo Schmälzle. Berlin/Münster, LIT, 83-98.

ZIEMER, JÜRGEN

(1992): Annäherungen an die Wahrheit im seelsorglichen Gespräch, in: Veritas et Communicatio. Ökumenische Theologie auf der Suche nach einem verbindlichen Zeugnis. Göttingen, Vandenhoeck & Ruprecht, 122-130.

(1993): Pastoralpsychologisch orientierte Seelsorge im Horizont einer säkularen Gesellschaft, in: *Wege zum Menschen* 45 (1993) 144-156.

(1998): Rezension zu: Eberhard Hauschildt: Alltagsseelsorge, in: *Wege zum Menschen* 50 (1998) 424-428.

(2000): Seelsorgelehre. Eine Einführung für Studium und Praxis. Göttingen, Vandenhoeck & Ruprecht.

(2000): Zur interkulturellen Seelsorge, in: Schneider-Harpprecht, Christoph (Hg.): Zukunftsperspektiven für Seelsorge und Beratung. Neukirchen-Vluyn, Neukirchener Verlag, 66-70.

(2004): Seelsorge. Zum Begriff, in: Religion in Geschichte und Gegenwart (RGG). 4. Aufl. Hg. v. Hans-Dieter Betz u.a. Tübingen, Mohr-Siebeck, Band 7 R-S, 1110-1111.

(2004): Weltlichkeit und Spiritualität. Seelsorge unter den Bedingungen der Säkularität, in: *Wege zum Menschen* 56 (2004) 1, 21-37.

(2004): Seelsorge. Geschichtlich, in: Religion in Geschichte und Gegenwart (RGG). 4. Aufl. Hg. v. Hans-Dieter Betz u.a. Tübingen, Mohr-Siebeck, Band 7 R-S, 1111-1114.

(2005): Seelsorge als Grenzerfahrung, in: Seelsorgliche Kirche im 21. Jahrhundert. Modelle - Konzepte – Perspektiven. Hg. v. Kramer, Anja, Freimut Schirrmacher. Neukirchen-Vluyn, Neukirchener Verlagshaus, 35-51.

(2009): Psychologische Grundlagen der Seelsorge, in: Engemann, Wilfried (Hg.): Handbuch der Seelsorge. 2. Auflage. Leipzig, Verlagsanstalt, 34-62.

(2009): Sünde und Gnade, in: Kramer, Anja u.a. (Hg.): Ambivalenzen der Seelsorge. Michael Klessmann zum 65. Geb. Neukirchen-Vluyn, Neukirchener Verlag, 32-45.

(2009): Die Beziehung zwischen Ratsuchendem und Seelsorger, in: Engemann, Wilfried (Hg.): Handbuch der Seelsorge. 2. Auflage. Leipzig, Verlagsanstalt, 143-157.

(2012): Christliche Seelsorge im Kontext „forcierter Säkularität", in: Noth, Isabelle, Ralph Kunz (Hg): Nachdenkliche Seelsorge – seelsorgliches Nachdenken. Göttingen, Vandenhoek & Ruprecht, 86-104.
(2013): Andere im Blick. Diakonie, Seelsorge, Mission. Leipzig, Evangelische Verlagsanstalt.
(2013): Seelsorge. Grundfragen zu einem kirchlichen Handlungsfeld, in: *Praxis Gemeindepädagogik* 66 (2013) 2, 54-57.
ZIMMER, ANDREAS u.a. (2014): Sexueller Missbrauch in kirchlichen Institutionen. Weinheim/München, Beltz.
ZIMMER, CARL (2013): Das Gehirn als Netzwerk, in: *Spektrum Special* (2013) 1, 7-12.

ZIMMERLING, PETER
(2000): Seelsorgliches Handeln in charismatischen Bewegungen als Herausforderung kirchlicher Poimenik, in: Josuttis, Manfred u.a. (Hg.): Auf dem Weg zu einer seelsorglichen Kirche. Göttingen, Vandenhoeck & Ruprecht, 163-173.
(2001): Die charismatische Bewegung. Göttingen, Vandenhoeck & Ruprecht.
(2003): Knien, stehen, tanzen. Der charismatischen Bewegung geht es um neue Glaubenserfahrungen, in: *Zeitzeichen* 9 (2003), 42-45.
(2004): Die Bedeutung der Gemeinschaft für den Menschen angesichts der Postmoderne, in: Hille, Rolf, Herbert Klement (Hg.): Ein Mensch – was ist das? Zur theologischen Anthropologie. Wuppertal, Brockhaus, 217-232.
(2009): Mittel der Seelenhygiene. Warum die Beichte im Protestantismus wieder einen höheren Stellenwert bekommen sollte, in: Zeitzeichen 10 (2009) 9, 36-39.
(2009): Krankheit und Krankenheilung. Ein Vergleich zwischen der lutherischen Agende 'Dienst an Kranken' und dem pfingstlich-charismatischen Programm der Krankenheilung, in: Thomas, Günter, Isolde Karle (Hg.): Krankheitsdeutung in der postsäkularen Gesellschaft. Stuttgart, Kohlhammer 2009, 563–579.
(2012): Das evangelische Profil christlicher Spiritualität, in: Geistesgegenwärtig pflegen. Hg. v. Diakonisches Werk der EKD. Neukirchen, Neukirchener Verlagsgesellschaft, 2012, 53-62.

ZIMMERMANN-ACKLIN, MARKUS
(2007): Bioethik und Spitalseelsorge – Anknüpfungspunkte für ein Gespräch, in: Albisser, Rudolf, Adrian Loretan (Hg.): Spitalseelsorge im Wandel. Münster, LIT, 39-56.
(2012): Palliative Care- Möglichkeiten und Grenzen aus sozialethischer Sicht, in: Belok, Manfred u.a. (Hg.): Seelsorge in Palliative Care. Zürich, Züricher Verlag, 61-74.
(2014): Sterbehilfe und Palliative Care – Überlegungen aus ethischer Sicht, in: Schulte, Volker, Christoph Steinebach (Hg.) Innovative Palliative Care. Bern, Huber, 80-91.
ZINKEVICIUTE, RENATA (2007): Karl Rahners Mystagogiebegriff und seine praktisch-theologische Rezeption. Frankfurt am Main, Lang.
ZINTZEN, CLEMENS (2005): Bemerkungen zur neuplatonischen Seelenlehre, in: Jüttemann, Gerd u.a. (Hg.): Die Seele. Ihre Geschichte im Abendland. Göttingen, Vandenhoek & Ruprecht, 43-58.
ZOCK, HETTY (2008): The split professional identity of the chaplain as a spiritual care giver in contemporary Dutch health care, in: *Journal of Pastoral Care and Counseling* 62 (2008) 137-139.
ZULEHNER, PAUL
(2002): Im Gespräch mit Karl Rahner. Denn du kommst unserem Tun mit Deiner Gnade zuvor. Zur Theologie der Seelsorge heute. Ostfildern, Schwabenverlag.
(2003): Megatrend Religion, in: *Stimmen der Zeit* 221 (2003) 2, 87-96.
(2008): Eine missionarische Kirche ist eine heilende Gemeinschaft, in: Kreidler, Johannes (Hg.): Zeichen der heilsamen Nähe Gottes. Ostfildern, Schwabenverlag, 2008, 146-151.
(2011): Verbuntung. Kirchen im weltanschaulichen Pluralismus. Religion im Leben der Menschen 1970-2010. Ostfildern, Schwabenverlag, 2011.
ZULEHNER, PAUL, JOSEF BRANDNER (2002): Meine Seele dürstet nach Dir. Ostfildern, Schwabenverlag.
ZULEHNER, PAUL, REGINA POLAK, URSULA HAMACHERS-ZUBA (2005): Respiritualisierung als „heilsgeschichtliches Muss", in: Nauer, Doris, Rainer Bucher, Franz Weber (Hg.): Praktische Theologie heute. Bestandsaufnahmen und Zukunftsperspektiven. Stuttgart, Kohlhammer, 270-281.
ZUMSTEIN, JEAN (2004): Seele. Christentum, in: in: Religion in Geschichte und Gegenwart (RGG). 4. Aufl. Hg. v. Hans-Dieter Betz u.a. Tübingen, Mohr-Siebeck, Band 7 R-S, 1100-1101.
ZWAHLEN, REGULA M. (2010): Das revolutionäre Ebenbild Gottes, Münster, Fribourg.
ZWINGMANN, CHRISTIAN, CONSTANTIN KLEIN (2013):Sind religiöse Menschen gesünder, und wenn ja, warum? Ergebnisse empirisch-sozialwissenscahftlicher Forschung, in: *Spiritual Care* (2013) 2, 21-36.